예술사 구술 총서

005
박완서

예술사 구술 총서 005 소설가

박완서
朴婉緒

못 가 본 길이 더 아름답다

한국문화예술위원회 예술자료원
수류산방

(001) 아치울의 가을, 손수 가꾼 뜰에서 곱게 핀 꽃을 보며. 2008년.

📷 (002) 시어머니와 큰딸과 더불어 나들이 다녀오는 길, 충신동 골목에서. ↑.
📷 (003) 큰딸 원숙과 함께, 충신동 자택에서. ↗.

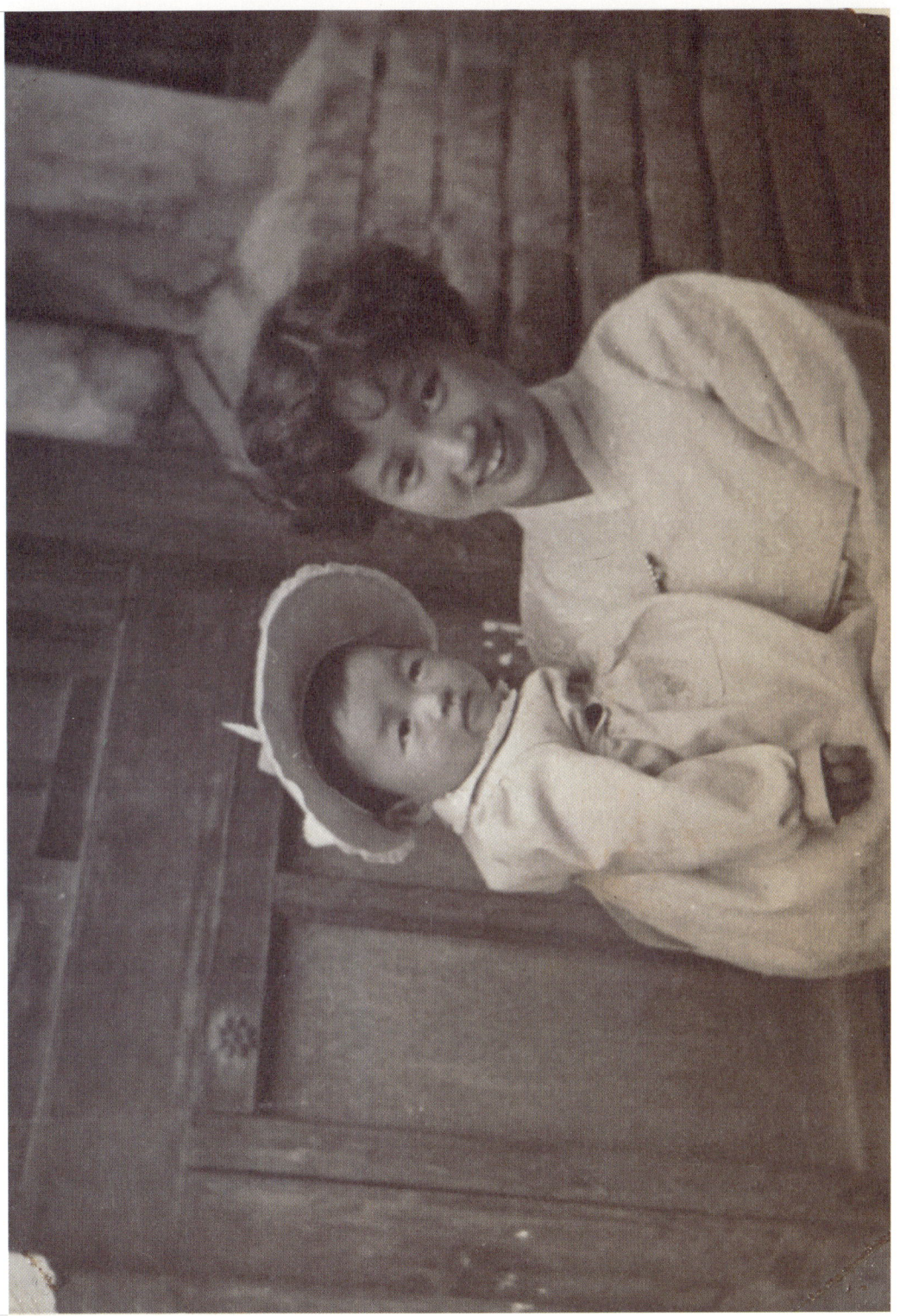

(004) 부산에서 손자들과 함께. 1980년대.

(005) 작가의 환한 웃음 뒤에 금관문화훈장이 보인다. 2003년에 은관문화훈장을 받았고, 사후 (2011년)에 금관문화훈장이 주어졌다.

예술사 구술 총서 〈예술인·生〉 | 한국문화예술위원회 예술자료원(舊 국립예술자료원)은 2003년부터 '한국 근현대 예술사 구술 채록 사업'을 해 왔습니다. 힘든 역사 속에서 단절과 공백을 겪었던 우리 예술의 흐름을 되짚고 예술사 연구 기초 자료를 메우기 위해 생존한 원로 예술인들의 체험과 작품 세계, 예술계의 풍경을 집중 기록하는 작업이었습니다. 그 동안 수많은 우리 문화 예술 자료들이 흩어지고 사라졌습니다. 예술사 구술 채록 사업은 그 빠진 톱니를 조금씩 채워 가는 작업이었습니다. 문학, 시각 예술과 공연 예술을 중심으로 다양한 예술 장르에 걸쳐 2017년까지 305명의 원로 예술가들의 구술 속에서 소중한 기억을 건져올렸습니다. 이 자료들은 한국문화예술위원회 예술자료원에 아카이브로 집적되어 열람실 또는 웹사이트를 방문한 분들에게 제공되어 왔습니다. 2010년부터 한국문화예술위원회 예술자료원은 지금까지 연구 자료로 활용되었던 이 아카이브를 바탕으로 다시 보충하여 널리 알리고자 책으로 출간하기 시작합니다. 새로운 채록, 유족의 협조와 열의를 다한 편집으로 원채록문에서 한 단계 더 깊어지고 풍부해진 예술사 구술 총서의 1차분은 예술평론가 박용구 선생, 화가 전혁림 선생, 연극인 장민호 선생으로 시작했습니다. 이번에 선보이는 2차분은 문학 분야의 박완서 선생과 건축 분야의 장기인 선생입니다. 그 동안의 어떤 예술 이론서와도 다른, 연륜이 깃든 가르침과 예술적 활기가 생생한 가르침을 전할 것이라 믿습니다. 예술사 구술 총서 〈예술인·生〉은 한국 근현대 예술의 풍경과 예술에 혼을 바친 창조적 영혼의 울림 속으로 독자 여러분을 초대합니다.

채록 일지

2008년 '한국 근현대 예술사 구술 채록 사업' 당시의 채록은 7월에 총 5차례 이루어졌다.
- 제1차 | 07월 04일 (금) | 박완서 자택 | 장미영 채록연구
- 제2차 | 07월 11일 (금) | 박완서 자택 | 장미영 채록연구
- 제3차 | 07월 18일 (금) | 박완서 자택 | 장미영 채록연구
- 제4차 | 07월 24일 (목) | 박완서 자택 | 장미영 채록연구
- 제5차 | 07월 31일 (목) | 박완서 자택 | 장미영 채록연구

본문에 두 차례의 강연 채록을 더했다.
- 2001년 06월 22일 (금) | 금요일의 문학이야기 : 박완서 편 | 문학과 체험 | 한국문화예술진흥원 본관 3층 강당
- 2005년 10월 18일 (화) | 문학, 작가의 목소리로 남다 : 박완서 편 | 환멸을 견디는 일상의 힘과 인간의 윤리 | 사회 최성실 | 한국문화예술위원회 아르코예술정보관 3층 세미나실

이 책의 추가 채록은 2011년 12월에 1차례 이루어졌다.
- 제1차 | 12월 13일 (화) | 박완서 자택 | 심세중, 이지은, 정영순

본문에서 '**장**'은 장미영, '**최**'는 최성실을 가리키며, '**호**'는 박완서 선생의 딸 **호원숙**이다. 그 이외의 질문자는 기타 참가자로 표시했다.

예술사 구술 총서 〈예술인·生〉 005
박완서 朴婉緖 1931~2011 | 못 가 본 길이 더 아름답다

프롤로그
화보 004
총서 소개 · 채록 일지 012
일러 두기 017
책머리에 | 못 가 본, 새로운 길의 더 아름다움 | **김병익** 021

제01장 **박적골에서 현저동으로** 033
출생 이야기와 생일 035
할아버지와 어린 시절 039
아버지의 죽음 041
서울, 현저동 045

제02장 **숙명여고의 문학 소녀들** 049
일제 식민 통치기 이야기 051
서울 소개(疏開) 053
해방 공간의 개성 061
보이지 않는 선을 넘어 069
숙명여고 시절 친구들 : 동기 같던 한말숙 071
숙명여고 시절 친구들과 문예반 활동 073
박노갑 선생 075
입시 준비 079
아쿠타가와, 이상, 김유정을 읽던 여고 시절 081
해방 후 서울의 교육 현실 087
오빠와 좌익 사상 091
빨갱이집 소리를 피한 네 번의 이사 093

제03장 **전쟁** 097
1950년 6월, 서울대 입학 099
6·25 발발과 서울대의 여름 103
오빠의 납북 105
인천상륙작전, 조카가 태어나던 날 109

서울 수복과 전쟁기의 혼란상	113
수복 후의 서울대	117
1·4 후퇴 직전에 돌아온 오빠	119
현저동, 다시 인민군 치하로	121
임진강만 건너지 말자고	125
오빠의 죽음	127
문학이라는 복수	131

제04장 PX 시절의 만남 135

미군 PX 취직	137
기쁨과 수치가 뒤섞인 일자리	141
남편 호영진과 만남	143
초상화부의 행운과 악운	145
박수근을 만나다	151
미군 부대 물품의 영외 유통	153
PX 시절이 가져다 준 안정	155

제05장 결혼 생활과 등단 159

결혼과 출산	161
딸의 엄마, 아들의 엄마	163
다섯 자녀 교육과 살림	169
여성 교양 잡지의 유행	171
등단의 계기가 된 박수근 유작전	173
불길처럼 치솟는 증언의 욕구	175
허가받은 거짓말, 소설	179
상금 50만 원과 엄마의 자존심	183
습작 없이 쓴 처녀작 1,200매	187
6·25와 PX에 대한 증언	189

제06장 등단 후 작품 활동 193

등단 후의 글쓰기 연습과 박영준 선생	195

	초기 단편 발표와 1970년대 작가군	197
	첫 연재 소설, 『목마른 계절』	201
	산업화 시대의 세태와 『휘청거리는 오후』	203
	창작의 밑거름이 된 독서와 즐겨 읽은 동시대 작품들	205
	천주교 세례를 받게 된 계기	207
	이해인 수녀와 만남	213
	『미망』 연재 재개	217

제07장 글쓰기에 대한 생각과 문단의 교류 221

글 쓸 때 223
글이 써지지 않을 때 223
나만의 창작 방법 : 진실된 언어 찾기의 어려움 224
나만의 창작 방법 : 글쓰기의 고통과 기쁨 225
깊어지는 삶의 맛 227
페미니즘에서 휴머니즘으로 231
풀 같은 삶들 속에 흐르는 역사 233
문학상 심사와 신인의 평가 기준 239
책 읽기와 종이 책의 행복감 243
문인들과의 교류 247
문학 평론가 김윤식과 첫 작품집 247
고 박경리 선생과의 인연 251
토지문학관의 기여 253
말년의 박경리 선생 257
마음을 나누는 또래 문인들 261
시인 김용택과 곽재구 263

제08장 소설 외의 작품과 사회 활동 269

수필, 콩트, 동화에 관하여 271
여행 이야기 273
네팔 트레킹과 여성의 개명 277
유니세프 친선 대사 활동 281
이 땅의 흙에 감사하며 283

	여성 교육의 중요성	287
	원로의 사회 참여와 갈등	289
	고구려역사문화보전회와 토지문화재단	291
	예술원 활동	293

제09장 집으로 더듬어 보는 작품의 궤적   295

이상향을 상실함	297
얼굴의 집에서 숫자의 집으로	301
되찾은 꽃밭	303
무너진 고가	307
대문을 똑바로 마주하며	311
서울의 한옥	315
새끼를 깔 둥지	317
그 남자네 집	323

제10장 딸 호원숙의 참고 구술   327

어머니로서의 모습	329
노동의 존중	333
데뷔 전의 박완서	335
살았던 집과 장소들	339
담낭 제거, 처음 한 큰 수술과 혈액형	345
투병 생활, 마지막 기억들	347
돌아가신 후	349

에필로그   353

채록 후기 | 삶을 증언하는 이야기꾼의 기억 | **장미영**	354
🎧 도판 목록	362
📖 각주 목록	363
박완서 약력	367
저서 목록	373

일러 두기

일반 사항

1. 구술문의 흐름과 구성, 장 구분과 소제목은 원 채록문을 바탕으로 중복을 피하고 읽기에 편하도록 재구성한 것이므로 원 채록문과 일치하지 않음을 밝혀 둔다.
2. 원 채록문을 바탕으로 하되 뜻을 해치지 않은 선에서 읽기에 편하도록 문장은 일부 다듬었다. 구술자의 호흡과 발음, 현장성을 존중하여 때로 맞춤법 원칙에 어긋난 표현이나 문법에 어긋난 비문을 남겨 둔 곳이 있다. 문장의 흐름을 위해 내용을 덧붙였으나 다른 해석의 여지가 있는 곳에는 대괄호(〔 〕)를 썼다.
3. 외래어 및 외국어 표기는 구술자의 발음에 따라, 때로 요청에 의해 표기법 원칙과 다른 경우가 있다. 표기법과 격차가 클 때는 괄호 안, 또는 옆 쪽의 주석에 국립국어원의 현행 표기법 원칙에 따른 발음을 달았다.
4. 모든 작고한 사람의 인명은 처음 등장할 때 원어 표기와 생몰년도를 병기하는 것을 원칙으로 삼았으나 때로 원어나 생몰년도를 알아내지 못한 인물들은 불가피하게 누락되었다. 생몰년도에 대해서 여러 개의 설이 공존하는 경우 주석에 밝혀 두었다.
5. 주석은, 원 채록 당시의 주석을 기본부로 하여 정리한 것과, 편집부에서 새로 작성한 것이 같이 들어가 있다. 두 개 이상의 사전 및 인명 데이터베이스, 해당 분야 서적 등을 참조하여 공통된 내용을 중심으로 정리했으며, 구술문과의 관계상 필요한 내용을 덧붙인 경우도 있다. 주석의 출처나 참조 표시, 보충 설명 등은 "(☞)"로 표시했다.
6. 단행본과 정간물은 겹낫쇠(『』), 기사나 단문은 홑낫쇠(「」), 영화제 등 단체 공연 행사와 전시회는 겹꺾쇠(《》), 연극, 무용, 영화, 미술 등 개별 작품은 홑꺾쇠(〈〉)로 표기했다.
7. 본문에서 "🎤" 기호는 구술자의 구술을, "🎧" 기호는 주석을, "🖼" 기호는 도판을 가리킨다. 또 주석에서 구술자(또는 관련 인물)의 저작을 인용한 것은 "📖" 기호를 붙였다.
8. 수록된 작품 도판 및 기록 사진은 유족과 한국문화예술위원회 예술자료원이 제공하여 수록한 것이며 전시장 및 유품은 새로이 촬영한 것이다. 역사적 인물의 사진은 널리 퍼져 있는 것들을 이용했다. 출처가 명확하지 않은 이미지에 대해서는 추후 저작권의 소유자와 협의할 수 있다.

개별 사항

1. 구술자의 작품은 여러 차례 판본을 거듭할 때 조금씩 내용과 표기가 바뀌었기 때문에 인용문은 출처가 된 판본의 출판사와 초판 연도를 밝혔다. 원문에서 명백히 오자로 보이는 것들은 고쳐 옮겼다.
2. 서울대학교, 홍익대학교 등은 주석에서 서울대, 홍익대 등으로 줄여 썼다.

예술사 구술 총서 〈예술인·生〉
005
박완서

프롤로그

(006) 아치울 자택의 서재 창가에서. 2008년.

책머리에

못 가 본, 새로운 길의 더 아름다움

박완서 선생의 구술 총서 발간의 의미

김병익

나는 1970년 박완서 선생님이 『여성동아』 장편 공모전에서 「나목(裸木)」으로 문단에 처음 데뷔할 때 당시 동아일보사 문화부 기자로서 인터뷰를 하며 40대로 들어선 주부 작가의 새 출발을 소개했고, 그분이 77세 되시던 2007년에는 그의 창작집으로는 아마 마지막일 『친절한 복희씨』의 해설을 쓰며 여기서 지목되는 '노년문학'의 의미를 천착했다. 그 분이 뜻밖에 세상을 버린 병원으로 문상을 하며 나는 그 분의 시작과 끝을 여닫았음에도 그 사이 근 40년 동안 이곳 저곳에서 우연히 만나고 인사를 나누고는 했지만 식사나 술은 고사하고 차 한 잔 마시며 제대로의 대화를 나눈 적이 거의 없다는 사실을 깨달았다. 그 탓이 내 게으름과 무뚝뚝함에 있음을 거듭 자책하면서, 마치 그 벌을 받듯, 2011년 한 해 동안 그 분의 소설 두 권에 잇달아 해설을 썼다. 각각 다른 출판사에서 나온 그 소설집은 『그 많던 싱아는 누가 다 먹었을까』(웅진지식하우스)와 『그 산이 정말 거기 있었을까』(세계사)인데, 우연찮게도 앞의 것은 그의 출생부터 대학에 입학하자 6·25 전쟁이 발발하여 꿈 많은 순진한 처녀의 삶이 짓이겨지기 시작할 때까지의 회고였고, 두 번째 것은 그 3년간의 전쟁에서 남북으로 찢기는 아픔을 이겨내며 겨우 삶의 터전을 잡고 드디어 결혼을 하여 안정된 주부의 길로 정착해 가던 시절의 회상이었다. 박 선생은, 그가 소설가가 아닌 다른 쪽 인사였다면 당연히 '자서전' 혹은 '회고록'으로 명명해도 좋을 이 연작을 굳이 '자전 소설' 혹은 '자화상'으로 이름 붙이셨던 것은 아

(007) 아치울 자택의 정원을 돌볼 때 쓰던 도구들. 호미도 보인다. 2011년 겨울.

마도 자신이 작가이며 이 두 작품도 작가이기에, 작가로서 쓴 고백이라는, 당연히 부여되는 문학적 의미에 집착한 때문이 아닐까 나는 추측했다.

이번에 가제본으로 먼저 보게 된 '예술사 구술 총서' 제5권으로 간행되는 『박완서—못 가 본 길이 더 아름답다 : 1931~2011』에서 박완서 선생이 대담을 통해 회고한 이력은 내가 본 두 권의 '자전 소설'과 그 줄거리가 거의 같았다. 한 생애에 대해 그 주인공이 말하는 삶의 이력이 물론 달라질 수는 없는 일이었다. 그럼에도 면밀히 대조해 보지 않아도 그 두 고백에는 차이가 있었다. 물론 구술 고백에서는 결혼 이후 문단에 데뷔하고 창작 활동을 하며 가족사의 비극을 당하며 그럼에도 삶의 마지막까지 최선을 다하는 모습이 술회되고 있음에 비해 내가 읽은 그 자전 소설은 태어나서 결혼까지라는 시한으로 마치고 있다는, 당초의 구성에서 빚어진 시간적 유한성이 이미 전제가 되어 있는 것이다.

글로 쓴 고백과 말로 한 고백

같은 시절을 말하고 혹은 쓰는 데도, 그래서 사건의 성격과 진행에 대한 당사자의 술회에는 큰 차이가 없지만, 그럼에도 사건에 대한 세밀한 보고와 그에 대한 감정적 밀도, 그 진술에서의 억양의 차이를 비롯한 '구술'과 '저술'의 차이가 뚜렷하게 보였다. '저술'에서는 내면적 사유와 감정적 움직임이 선명하고 섬세하며 때로는 격렬하고 진지하게 서술되고 있지만 '구술'에서는 하나의 사태에 대한 진술과 그에 대한 자신의 느낌 혹은 회상을 비교적 간명하며 대범하게, 현재의 회포도 섞어 가며 자연스럽게 술회하고 있었다. 이 차이에는 아마도 글로 쓰고 혹은 말로 이야기하던 당시 박 선생의 연륜이 다른 점도 작용했을 것이고 원고지를 대하는 것과 질문자와 녹음기를 앞에 놓고 하는 것의 진술 환경의 차이도 있을 것이다. 그러기에 앞의 글에서는 박완서의 내면이 보다 치열하고 심각하게 다가왔지만 뒤의 말에서는 마치 할머니의 옛날 얘기를 듣는 듯한 여유와 재미가 대담의 밝은 분위기 속에서 감도는 것이었다.

같은 사실을 놓고 같은 사람이 고백하는데도 '글로 쓰기'와 '말로 하기'는 이처럼

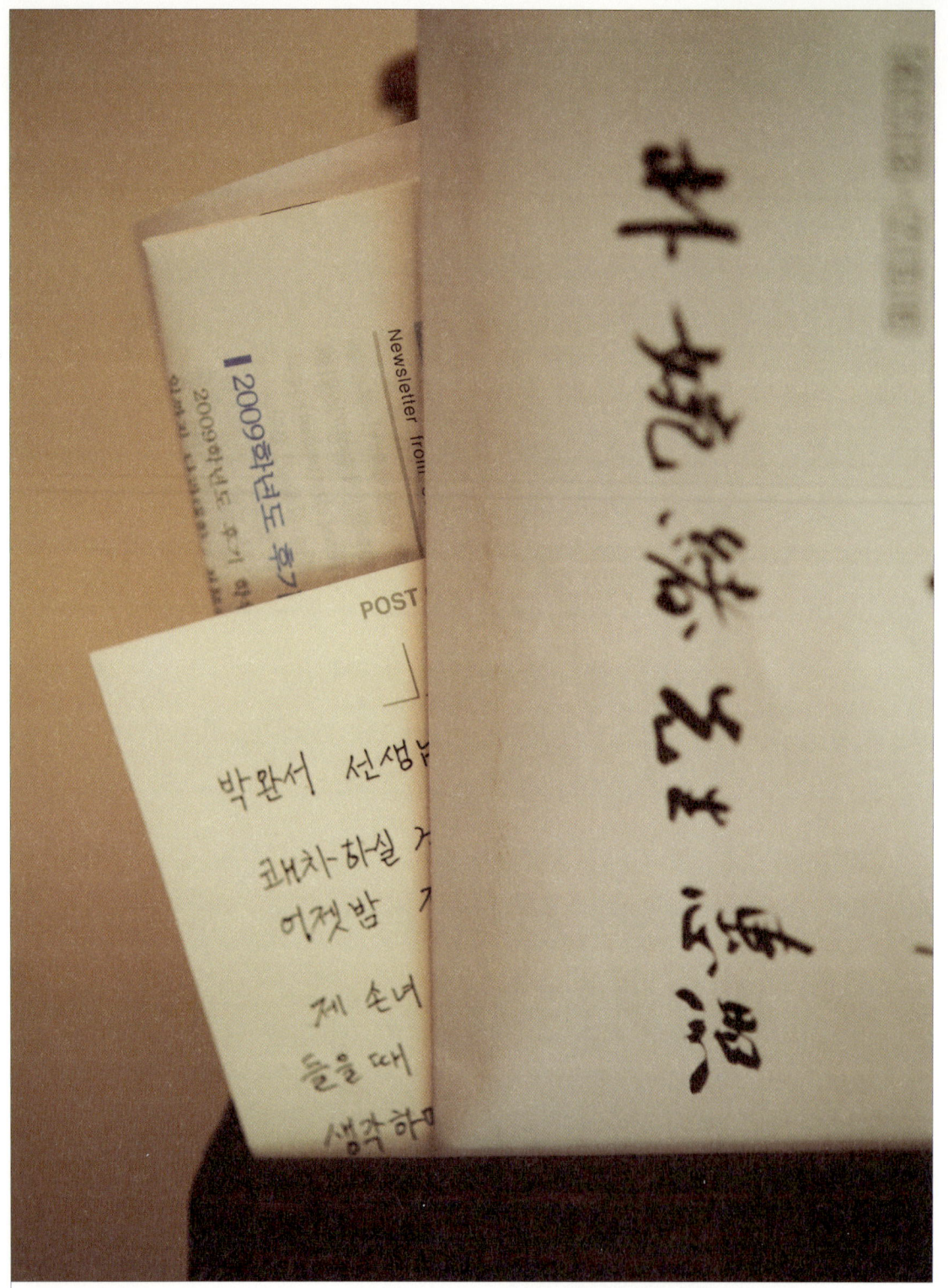

📷 (008) 아치울 자택의 서재, 우편함. 2011년.

진술의 다른 양상을 빚어 놓는다. 글로 쓴다는 것은 자신을 향해 스스로 고백하는 것이기에 감정의 자유로운 움직임을 드러내는 데 주저하지 않고 자상하게 논리적 설명을 가하는 것이 마땅하게 여겨지며 사고의 여과를 통한 글쓰기의 장식적이고 혹은 구성적인 효과를 기대하게 마련이다. 그러나 말로 술회하는 것은 때로 더 격정적일 수도 있고 혹은 거꾸로, 보다 여유 있는 기분일 수도 있고, 말하기의 성격 탓에 더러는 엇나가기도 하고 문맥이 달라지며 주제에 대한 회고마저 흔들릴 수도 있어 성찰을 통한 진술이기보다 '말이 말을 몰고 오는' 즉흥적인 반응으로 발언되기도 한다. 그러나 이런 약점이 오히려 한 인간의 생애를 구성하는 데 보다 강한 힘이 될 수도 있다. 그것은 우선 글쓰기의 분식(粉飾)을 받지 않기에 보다 솔직한 고백으로 받아들이게끔 만드는 진술함이 서려 있다. 그 말들은 문자의 수식으로 분장하지 않기에 사실의 맨몸으로 우리에게 다가옴으로써 '진상'을 알고 싶어 하는 우리의 욕구에 제대로 부응하는 것이다. 그러기에, 혹은 그럼에도, 그 대담에 나오기 십상인 실언, 감탄사, 췌언(贅言), 때로는 기억의 모호함까지도 주인공의 심리와 내면의 진상을 이해하는 자료가 될 수 있는 것이다. 이른바 포스트 구조주의가 '글쓰기 중심주의'에 대해 한계를 느끼며 '말 중심주의'로 분석의 대상을 바꾸어야 한다고 주장하는 것도 바로 구술자의 실수에서 오히려 그의 진정한 내면을 탐색해낼 수 있다는 관점에서 비롯된 것이다.

그러니까 우리는 박완서라는 한 시대의 표징을 연구하면서 그가 저술한 두 권의 '자전 소설'과는 다른 '구술 자료'에서 또 다른 '진면목의 박완서' 그러니까 글 쓰는 박완서가 아니라 말하는 박완서를 통해 한 인간의 진정한 내면이 발견되기를 바라는 것이다. 진실은 하나지만 그것을 고백하는 방식에 따라 그 모습이 다를 수 있다는 것, 우리가 진상을 제대로 이해하기 위해서는 그 두 가지가, 혹은 앞으로 예상될 수 있는 그의 전기까지 다양한 자료들을 수집하고 갖가지 정보들을 섭력하며 그것간의 같음과 다름을 종합적으로 해석해 내야 할 것이다. 박완서의 인간사에 대한 바른 인식은 그래서 그의 작품과 글들 모두와 그에 대한 타인의 분석과 함께 그 자신의, 그리고 그녀에 대한 타인들의 발언까지 모두 아우를 수 있을 때 가능할 것이며 구술 채록의 자료들은 물론 그것의 제1차적인 원자료가 되는 것이다.

📷 (009) 아치울 자택의 지하 서재. 오른쪽에 화가 박항률 선생의 원화도 보인다. 이 공간은 지금은 딸 호원숙 선생이 주로 쓰고 있으며 박완서 선생이 생전에 냈던 거의 모든 책들이 빽빽이 들어찬 서가가 있다. 2011년.

예술사 구술 총서가 주는 의미

한국문화예술위원회의 아르코예술정보관이 국립예술자료원(2014년 한국문화예술위원회 예술자료원으로 다시 통합되었다.)으로 개편되면서도 여전히 '한국 근현대사 구술 채록 사업'을 진행하며 '수류산방'과 제휴하여 간행하는 '예술사 구술 총서'는 우선 이런 점에서 문화 연구의 높은 성과를 길어 올리고 있다. 이 총서의 다섯 번째 책으로 나오는 『박완서—못 가 본 길이 더 아름답다 : 1931~2011』에서도 그 분의 구술 작업 정리의 의미를 크게 평가하게 되는데, 그런 자기 술회의 기회가 적은 다른 분의 경우에는 그 의미가 더욱 귀중하고 간곡하지 않을 수 없다. 박 선생은 이미 글로써 자신의 생애에 대한 고백록을 집필하여 발표했고 많은 연구자들이 그 책들과 숱하게 많은 작품들을 분석하며 박 선생과 그의 생애에 얽힌 개인적·공적 이력과 삶, 정신과 예술에 대한 검토를 받아온 분이어서 내가 그 책에 대해 할 수 있는 말도 '구술'과 '저술', 말하기와 글쓰기의 차이 정도로 그치는 것이지만, 가령 앞서 간행된 음악 평론가이며 공연 기획자인 박용구 선생이나 방송·연극인 장민호 선생, 화가 전혁림 화백, 전통 가옥 건축가인 장기인 선생은 이처럼 섬세하게 글이나 여타의 방식으로 자신의 생애를 기록하지 않았기에 그분들의 구술 기록 작업은 한 평생을 예술 창작에 바친 일생에 대한 개인적인 기록인 동시에 그의 예술관, 그 작업이 남긴 성과와 영향들에 대한 소개이며, 그가 산 시대와 그 분야의 문화와 예술의 역사적 정보를 제공한다는 점에서 큰 성과의 반열에 오르는 것이다.

근래 역사학계의 미시사(微視史)적 방법론과 때를 같이하여 우리 문화계도 한 인간의 구체적인 생애를 자상하게 돌이켜보는 개인적 구술 작업을 시도해 왔다. 뿌리깊은나무의 '민중 자서전'과 도서출판 눈빛의 '한국민중구술열전'이 그런 예인데 각 20여 권의 이 총서들은 우리 사회의 평범한 '민중'들의 일생을 재현함으로써 서민들의 일상적인 삶을 그려 주고 그들이 당한 개인적·사회적 사태와 사건들을 통해 우리 역사의 속살을 보여 주고 있다. 국립예술자료원의 '예술사 구술 자료 총서'는 그 동기는 비슷하지만 그 대상을 우리 근대 문화 예술의 전개에 주역을 맡아 온 분들로 설정하고, 그 분들의 삶에 대한 고백적인 술회를 통해서 한국 근대 문화사의 맨몸을 보고자 하는 것이다. 이 작업은 그러므로 근래 우리 저술계나 출

(010) 여러 나라 언어로 번역 출간된 박완서 선생의 저서들, 아치울 자택에서. 2011년.

판계에서 늘어나고 있는 자서전, 평전, 회고록과 한 분야에서, 그러나 솔직한 대담과 진술한 고백이라는 다른 방식으로, 개인을 통해 우리 근현대 문화 예술의 총체적 모습에 귀중한 자료와 정보를 주고 있는 것이다.

자료원 자체 발간서 「예술사 구술채록 사업의 추진 경과와 기획의 변천 과정」(국립예술자료원, 『한국 근현대 예술사 구술 채록 사업 방법과 사례 : 2003~2010』)에서 예술인 구술 채록의 치밀한 준비와 계획에 내가 감탄하며 거기서 목표로 한 각계 인사 100명만이 아니라 더 넓고 다양하게 채록 작업이 이루어지기를 바라는 것은 이런 이유 때문이다. 이를 위해서는 정부와 민간의 지원이 절실하다는 것을 강조하며, 이 같은 작업을 통해 우리의 오늘에 이르기까지의 근대와 현대 문화 예술사의 부실한 이해를 넘어 참된 실상과 발전의 구체적인 과정이 드러나기를 바란다. 또 그것들이 드러내는 다양한 의미와 함께 고난과 싸우며 자기 분야의 창작과 예술에 헌신한 문화 예술인들의 각고의 노력들이 모이고 쌓이기를 바라는 것 역시 같은 이유에서다.

경제적으로 어느 정도 여유가 있어진 우리 나라에서 경제적 성장 못지않게 도서관, 박물관, 기념관이 곳곳에서 예상보다 빠르게 신설되고 확장되며 내실화되고 있음을 바라보며 이 환영할 진척들에 나는 깊이 감동해 왔다. 그러나 내 욕심은 그 정도로 그치지 않는다. 더 많은 문화 공간이 필요하고 더욱 풍부한 콘텐츠를 축적해야 하며 그것을 관리하고 이용하고 효과적으로 정보화할 유능한 인력이 더더욱 충원되어야 한다고 생각한다. 아직 더 많은 콜렉션과 아카이브, 자료관과 개인 문고가 만들어져야 하고 거기에 더 많고 다양한 자료들이 수장되어야 하며 연구와 발표, 관리와 복원이 더욱 활발해져야 한다. 이런 문화적 자산과 그 활용이 풍부하게 집적되었을 때에야 그것이 바로 국력임을 알게 되며 그것들을 자유롭고 세련되게 활용할 수 있을 때에야 삶의 내면이 풍요로운 고상한 국격(國格)을 보일 것이고 그를 통해 우리가 보다 높은 수준의 충실한 문화를 향유할 수 있는 진정한 선진국형의 삶을 이룰 것이다. 그것이 우리가 부자 나라를 거쳐 아름다운 나라로, 어느 지식인이 말한 '선진국(先進國)이기보다 선진(善眞)한 나라로의 발전'을 진정으로 바라는 바이다. 그 아름다움, 선하고 진실한 사회는 이와 같은 문화적·예술적 성과들의 집요한 수집과 문화사적 자료들의 축적 등 사소하게 보이는 일들에

(011) 2012년 1월 19일과 20일, 돌아가시기 이틀 전 남긴 마지막 일기. 딸 호원숙 선생이 펼쳐 보여 주셨다.

서 출발하여, 그것들을 정리·관리·활용하며 더불어 함께 누리는 문화적 복지 차원의 정책 실행을 기반으로 하여 가능할 것이다.

못 가 본 길을 향해

나는 『박완서—못 가 본 길이 더 아름답다 : 1931~2011』의 박완서 구술록에서 무척 많은 꿈을 걸고 있는지도 모른다. 그러나 그 꿈이 크다고 해서 결코 허망한 것은 아닐 것이다. 개성의 변두리 마을에서 자란 평범한 한 시골 소녀가 수난으로 점철된 한국 근대사의 속살로 살아오며 오늘의 한국 문학에 가장 풍성한 실속을 만들어 남겼듯이, 이 당찬 예술사 구술 총서가 근현대 한국 문화 예술사의 척수가 되어 우리 문화를 알고 이해하고 존경하는 기초를 이룰 것으로 믿는다.

이 총서의 끊임없는 작업과 그 확장, 그것을 위한 관계자들의 노력과 지원을 간곡하게 기원하는 것은 이 작은 빌미가 거창한 우리의 꿈을 이루는 자산이 될 것이기 때문이다. 그러기에 박완서 편의 구술 채록이 우리 문화사 전개에 '못 가 본' 새로운 길의 '더 아름다움'을 열어 주는 한 구비를 만들고 있음에 축하와 격려를 다함없이 드리며 이 작업에 참여한 모든 분들께 감사의 인사를 올린다.

김병익 | 1938년 경북 상주에서 태어나 서울대 문리대 정치학과를 졸업했다. 동아일보 문화부에서 기자 생활(1965~1975년)을 했고, 계간 『문학과지성』 동인으로 참여했다. 1975년에 문학과지성사를 세워 대표로 재직하다 2000년에 퇴임하고 인하대 국문과 초빙 교수와 한국문화예술위원회 초대위원장(2005~2007년)을 지냈다. 현재 문학과지성사 상임 고문으로 있다. 저서로는 『상황과 상상력』『전망을 위한 성찰』『열림과 일굼』『숨은 진실과 문학』『새로운 글쓰기와 문학의 진정성』『21세기를 받아들이기 위하여』등의 비평집과, 『한국문단사』『지식인됨의 괴로움』『페루에는 페루 사람들이 산다』『게으른 산책자의 변명』 등의 산문집, 그리고 『현대 프랑스 지성사』『마르크시즘과 모더니즘』등의 역서가 있다. 대한민국문학상, 대한민국문화상, 팔봉비평상, 대산문학상 등을 수상했다.

예술사 구술 총서 〈예술인·生〉
005
박완서

제01장

박적골에서 현저동으로

출생 이야기와 생일 | 할아버지와 어린 시절 | 아버지의 죽음 | 서울, 현저동

🎧 (주001)

개풍과 송도

임진강 건너편으로 보이는 북한의 개풍군.

개풍은 현재 북한의 행정 구역상 황해북도 남쪽에 위치하며 북쪽과 동쪽은 개성시에, 서쪽은 예성강을 사이에 두고 배천군에 접한다. 남쪽은 한강을 사이에 두고 인천광역시와 가깝다. 지금은 황해북도의 군이지만, 원래는 고려의 도읍이었던 송도(개성의 옛 이름)와 함께 일제 시대에는 인구 14만 정도의 큰 도시였던 송도 주변을, 개풍군이 둘러싸고 있는 형태였다. 6·25 전쟁 휴전 후에 수복되지 못하여 북한의 통치하에 놓인 경기도 지역(개성시와 그 주변)이 개성직할시로 재편성됐고, 2003년에는 황해북도에 속하게 됐다. 대한민국 정부는 개풍군을 미수복 경기도로 규정하고 있다.

🎧 (주002)

개성 사람, 송도 사람

📘 개성 사람이란 예성강 유역으로부터 임진강 유역까지의 광활한 지역에 사는 사람들을 통틀어 뜻했다. 시대에 따라 개성이란 지역도 넓어졌다 좁아졌다 하고 호칭도 도(都), 군(郡) 혹은 부(府)나 현(縣)으로 변천을 거듭했음에도 불구하고 그 지역 사람들은 한결같이 자신을 개성 사람으로 자처하는 데 긍지를 느꼈고 개성 사람다운 문화적인 동질성을 지니고 있었다. 그들은 또 그들의 독특한 문화의 중심지인 송악(松嶽)을 중심으로 한 고려의 서울이었던 성곽 안을 따로 송도(松都)라 불렀고 이씨 왕조의 서울인 한양과는 상관없이 송도야말로 개성 사람들 마음의 서울이었다. 그들은 송도에서 한양 가는 것을 내려간다고 했고 한양에서 송도로 오는 것을 올라온다고 할 만큼 송도에 대한 서울 대접에 철저했다. 송도 근교의 개성 사람들에게 송도는 마음의 서울일 뿐 아니라 언제고 한 번 큰 꿈을 펴볼 수 있는 꿈의 대처였고 넓으나 넓은 미지의 세상으로 열린 문호였다. 고려는 망했으나 정치적으로 망했을 뿐, 멀리 아라비아 상인까지 자유롭게 드나들던 상업 도시로서의 번영과 영화는 면면히 이어지고 있었다. 개성 사람들이 한양길을 굳이 내려간다고 할 만큼 서울로서의 권위를 인정하려 들지 않은 건 그들이 유독 정치적인 꿈, 즉 벼슬하고픈 욕망으로부터 자유로웠기 때문이었다. 과거 할 마음이 없는 이상 구태여 정치적인 서울에 연연해 할 필요가 없었다. ―『꿈엔들 잊힐리야(원제 '미망')』(세계사, 1996년판) 중에서.

개성 시내 전경, 일제 강점기 사진 엽서.

장미영 : 안녕하십니까? 한국문화예술위원회가 주최하는, 한국 근현대 예술사 문학 부문 구술 채록 사업의 일환으로 이루어지고 있는 원로 문인 박완서 선생님과의 면담입니다. 2008년 7월 4일 금요일 오전 10시, 구리시 아치울마을에 있는 박완서 선생님 자택에서 시작합니다. 앞으로 선생님을 모시고 선생님과 어린 시절에 대한 추억, 늦은 나이에 문단에 데뷔하셨는데 문단에 데뷔하기 전까지의 일상의 이야기, 그리고 문인들과의 교류, 작품 창작에 대한 이야기 등을 듣고자 합니다.

출생 이야기와 생일

장 : 선생님, 안녕하세요? 이렇게 만나뵙게 돼서 영광이고 기쁩니다.
🎤 네.
장 : 1931년 10월 20일 경기도 개풍 출생으로 되어 있는데 맞나요?
🎤 아, 안 맞습니다.(웃음) 저의 원 양력 생일은 1931년 9월 15일입니다. 음력으로는 8월 4일이고, 옛날에 우린 면소재지까지도 한 이십 리 떨어진 시골이니까 아마 늦게 출생 신고를 했겠지요.
장 : 지금까지 나와 있는 자료에는 이렇게 되어 있는데요. 수정을 해야겠네요.
🎤 저도 나중에 수정을 할려고 그랬어요. 우리 본적이 개성 쪽에 돼 있어서 6·25 후에 서울로 옮겼어요. 예전에는 본적〔증명〕을 자기 본적지에서 떼지 않습니까? 근데〔분단이 되니까〕 그걸 할 수 없어서 이리로 옮길 적에 바로잡는 게 얼마든지 가능했어요. 그런데 그 때 바로잡질 않았더니, 후에 졸업 증명이라든가 모든 것이 동일인으로 맞아야 되잖아요. 그러니까 수정을 못 하고 그냥 그대로〔쓴 거지요〕. 시골 출신은 그런 경우가 많아요. 그래도 저는 한 달 차이밖에 안 되니까.(웃음)
장 : 아, 다른 서류들하고 날짜가 안 맞아서….
🎤 네, 이거는 한 번도〔밝힌 적이 없었는데〕, 지금 들으니까 사실대로 하는 게 옳을 것 같애요. 그래서 밝힙니다. 다른 데 정정할 마음도 없고요.
장 : 개풍이란 곳이 어떤 곳인가요, 선생님?
🎤 개성 지역에 속합니다. 🎧(주001) 우린 어려서부터 개성 사람, 개성 사람 그래 왔습니다. 우리 개성 사람들은 개성 시내 사람을 송도 사람이라고 불렀어요. 🎧(주002) 부모님이나 마을 사람들이 개성 시내로 뭐 팔러 나갈 때 송도 간다, 송도 간다 그

🎧 (주003)

박적골

🌱 박적골엔 이렇게 두 양반집과, 열여섯인가 열일곱 호의 양반 아닌 집이 있었지만 지주와 소작인으로 나누어져 있진 않았다. 바위라고는 하나도 없이 능선이 부드럽고 밋밋한 동산이 두 팔을 벌려 얼싸안은 듯한 동네는 앞이 탁 트이고 벌이 넓었다. 넓은 벌 한가운데를 개울이 흐르고, 정지용의 시 말마따나 "옛이야기 지줄대는 실개천"은 아무 데나 있었다. 우리 집에서 뒷간에 가려도 실개천을 건너야 했다. (…중략…) 거의 흉년이 들지 않는 넓은 농지는 다 우리 마을 사람들 소유였다. 땅을 독차지한 집도 땅을 못 가진 집도 없었다. 다들 1년 먹을 양식 걱정은 안 해도 될 자작농들이었고 부지런했다. 그런 고장에서 여덟 살까지 자라는 동안 이 세상에 부자와 가난뱅이가 따로 있다는 걸 알 기회가 없었다. ―『그 많던 싱아는 누가 다 먹었을까』(웅진지식하우스, 2005년판) 중에서.

🎧 (주004)

아치울로 이사한 일

🌱 옷가지나 물건도 충동 구매를 한 적이 거의 없는 내가 명색이 집을 충동적으로 장만하게 된 것은 내 고향집 동네와 절묘하게 닮은꼴 때문이었다. 삼면이 밤나무가 주종인 동산에 편안히 둘러싸여 있고, 넓은 들이 부챗살처럼 펴져 있고, 그 끝으로 한강물이 보였다. 내가 태어난 시골도 첩첩한 산에 삼태기처럼 안긴 동네였다. 동구 밖으로는 넓은 들이 펼쳐지고 그 끝으로 큰 시냇물이 흐르고 있었고, 시냇물을 따라가면 저수지가 나왔다. 마을에서 저수지는 산모롱이에 가려 보이지 않았다. (…중략…) 이사 오고 며칠 있다가 주민등록증을 옮기면서 비로소 경기도 사람이 된 걸 실감했다. 여덟 살에 경기도 촌구석에서 서울로 왔으니 60년 만이었다. 오직 자식들을 서울에다 말뚝박게 하려는 일념 하나로 당시의 관습이나 남의 이목을 아무렇지도 않게 무시할 수 있었던 못 말리는 우리 엄마 생각이 났다. 그때 나에게 스며든 엄마의 단단한 손힘이 지금도 어딘가에 남아 있는 것처럼 서울을 벗어나 경기도 사람이 됐다는 게 문득 섭섭하게 느껴졌다. 너무 쉽게 충동적으로 결정한 게 아닐까 하는 후회의 예감에 내심 당황했다. 도시의 좋은 점, 백화점 버스와, 철 따라 바뀌는 녹지대의 서양 화초와 전철로 반 시간이면 갈 수 있는 인사동 거리와 교보문고가 그렇게 하찮을것없는 것들이었을까? 아니지, 그건 아니다 싶은 대책없는 상실감이 온종일 마음을 어지럽혔다. 그러나 아

🎧 (주005)

고향 마을의 개울

🌱 마을엔 핏줄처럼 도처에 개울이 흘렀다. 어린애도 깡충 뛰어넘을 수 있는 실개천이, 걸레도 빨고 닳아 빠진 놋숟갈로 감자도 한 양푼씩 깎던 개울물이 되기도 하고 장마철엔 폭포수 소리를 내는 여울물이 되기도 했다. 우리집도 실개천을 끼고 있었다. 뒷간이 텃밭머리에 있었는데 실개천을 건너야 했다. (…중략…) 이렇게 풍부한 물이 앞벌에 논물을 넉넉히 대 주면서 더 큰 시냇물로 흘러들어갔지만 논에는 또 군우물이라는 걸 두고 있었다. 군우물은 논 한쪽 귀퉁이에 파놓은 우물보다는 크고 연못보다는 작은 웅덩이였는데 어린이에게는 깊이를 알 수 없는 충충한 것이었다. 딴 고장에선 본 적이 없으니 우리 고장에만 있는 게 아닌가 싶은데 그 안에 샘이 솟는 건지 흐르는 물을 가둔 건지도 확실하지 않지만 작은 저수지의 구실을 하지 않았나 싶다. (…중략…) 윗말 아랫말에 하나씩 있는 우물과는 달리 군우물물은 지저분하고 온갖 물풀들과 물벌레가 살았다. 올챙이가 알에서 깨어 나오는 것도 군우물에서였고 여름의 모기가 들끓는 것도 군우물 때문이었을 것이다. 그 밖에도 물방개, 소금쟁이, 물장군, 장구애비, 물땅땅이 등이 푸르고 느글느글한 물풀 사이를 떠다녔다. 아이들은 곧잘 해진 체나 삼태기를 가지고 개울로 고기를 잡으러 다녔지만 군우물에서는 그런 짓을 안 했다. (…중략…) 먹을 수 있는 물고기는 주로 흐르는 물에 살았다. 그러나 넓은 벌 한가운데를 흐르는 시냇물이나 더 멀리 저수지로 천렵을 나가는 건 부녀자들이 물맞으러 가는 것처럼 남자들이 날 정해서 하는 일이고, 아이들이 물장난 겸해서 삼태기나 체로 고기를 잡는 건 개울물에서였다. 가장 흔하게 잡히는 게 보리새우였다. 체로 하나 가득 보리새우를 건져가도 어른들은 반기지도 야단도 안 치고 저녁에 아욱국 끓이는 데다 들어트리곤 했다. 된장국 속의 보리새우는 새빨간 빛깔로 변신해 국맛을 구수하고도 달착지근하게 해 주었다. ― 수필「내가 잃은 동산」(『꼴찌에게 보내는 갈채』, 세계사, 2002년판) 중에서.

침에 눈뜰 때마다 지척에 바라다보이는, 내 어릴적 고향 동네와 너무도 닮은 야트막한 밤나무숲은 고달픈 타향살이에서 마침내 돌아와 푹 자고 난 것처럼 깊은 평화와 안도감을 준다. ―「아치울 통신」(『두부』, 창작과비평사, 2002년판) 중에서.

랬어요. 제가 서울에서 자리 잡았어도, 할머니 할아버지 계실 적엔 늘 내려갔지요. 도중에 돌아가시고 나서도 가업을 지키던 우리 삼촌이 있었고, 또 일찍 돌아가셨지만 우리 아버지가 장손이니까 거기가 우리 집이라는 느낌이 강했습니다.

장 : 선생님이 태어나서 자란 곳은 개성 시내가 아니라 조금 떨어진 곳이었지요?

● 어후, 개성역에서 내려서 우리집까지 걸어갈려면 버스도 없고, 험한 산 고개를 셋 넘고 평야 지나고, 어렸을 때 느낌으론 아주 먼 길이었지요. 오새같이 신발이 좋을 적이 아니니까 운동화 신고 가면 발에 물집 잡혀서 따고 그랬어요.

장 : 문명의 혜택을 받는 삶으로부터는 조금 떨어져 있었겠고요.

● 그렇죠. 벽촌이라 나중에 6·25 나던 해까지 등잔불…. 전기가 안 들어 왔어요.

장 : 문명과 동떨어진 삶이 선생님이 작품하실 때, 미친 영향이 있다면요?

● 항상 농촌에 대한 그리움이 있지요. 아마 제가 이 나이에 여기 와서 사는 것도 맨 처음에 이 동네를 발견했을 때, 지금은 다 개발이 됐지만, '아, 우리 고향 마을 같다' 생각을 했어요. 🎧(주003) 우리 고향 마을도 밤나무숲에 둘러싸여 있었는데 저기가 밤나무숲이거든요. (거실 창 밖으로 보이는 숲을 가리킴) 그리고 윗동네는, 여기 들어올 때 조금 높잖아요? 시골 마을 구조가 대개 그렇습니다. 저 쪽으로 한강이 보이잖아요? 고향은 물론 한강보다는 작은 물이지만은 시냇물이 저 멀리 보이고 거기까지 부챗살처럼 벌이 딱 뻗쳐 있고, 그런 동네에요. 그런 농촌 구조하고 너무 비슷해서 정을 느꼈어요. 🎧(주004) 난 서울 와서 살면서도 내가 촌뜨기 티가 나고 그랬어도 부끄럽지가 않고, 긍질 느꼈어요. 서울 애들하고 물론 잘 지내고 싸운 건 아니지만 어린애 적에도 서울 애들이 서로 동무로서 지내기에 뭔가 좀 알팍한 것 같고, 그래 어서 방학 때 시골 가서 어릴 적 동무를 만나고 싶고 그랬지요.

장 : 어릴 적 동무들하고는 뭘 하면서 시간을 보내셨어요?

● 우린 소꿉장난도 하고, 공기 놀이, 또 물이 많으니까 집에서 체, 삼태기 갖고 나가서 물장난하고, 거기다 받으면 보리새우 같은 게 많이 잡혀요. 그냥 그런 거죠. 시골 애들이 놀 거 많죠. 산이나 들로 나물 뜯고, 하루가 어떻게 가는지 모르지요. 🎧(주005)

장 : 싱아도 따 가지고 놀기도 하고요?

● 아, 싱아뿐이 아니에요. 서울에 오니까 싱아가 없어요. 🎧(주006) 서울 애들이 아카시아꽃들을 따 먹는 걸 보고, 나도 먹어 보니까 아우, 너무 느글느글해서, 그 싱아의 상큼한 맛을 그리워하는 데서 [소설 제목을] 따 온 거고. 🎧(주007) 주전부리할

037

🎧 (주006)

싱아(Aconogonum polymorphum)

우리 산록에서 흔히 자라는 마디풀과의 여러해살이다. 한반도 원산으로 중국에도 분포한다. 키는 1미터 안팎이며 가지가 많이 갈라지지만 줄기는 대개 곧추 자란다. 잎은 피침형으로 양끝이 좁고 가장자리에 물결 모양의 톱니가 있으며 길이 약 6~10센티미터, 폭은 약 2.5~5센티미터다. 여름에 흰 꽃이 피었다가 칠팔월 무렵 세모꼴의 광택이 나는 열매가 여문다. 봄에는 어린 잎과 줄기를 뜯어 나물로 먹고, 어린 대는 날로도 먹는데 신맛이 난다. 한방에서는 폐렴이나 기침의 치료제로 쓰기도 한다.

🎧 (주008)

자연의 주전부리

📖 "이맘때가 용수산이 가장 아름다운 때란다. 싱아도 한참 먹을 만한 때지. 용수산엔 싱아가 많을 걸. 태임이도 싱아를 좋아하쟈?" "네, 할아버지." "그래, 계집애들은 다 싱아를 좋아하지. 아녀석들은 칡뿌리를 좋아하고. 칡뿌리도 이맘때가 제일 단물이 오를 때지." (…중략…) 영감은 말없이 싱아 껍질을 벗겨 연한 줄기를 태임에게 내밀었다. 머리꼬랑이에 물린 댕기를 가지고 손장난을 하고 있던 태임이가 그걸 받아 씹으며 부르르 진저리를 쳤다. 꽤 신 모양이다. "산엔 사시장철 먹을 게 지천으로 있단다. 삘기, 진달래, 송기, 칡뿌리, 송순, 송홧가루, 찔레순, 싱아, 무릇, 멍석딸기, 산딸기, 까마중, 머루, 다래, 가얌, 밤, 도토리… 할아버지 어렸을 땐 산에서 허기를 달랜 적이 많았느니라." ―『꿈엔들 잊힐리야(원제 '미망')』(세계사, 1996년판) 중에서.

🎧 (주007)

『그 많던 싱아는 누가 다 먹었을까』

작가의 유년기를 풀어낸 자전 소설로, 1992년 웅진출판에서 처음으로 출판됐다. 송도 부근의 박적골에서 어린 시절을 보낸 주인공이 교육열 뜨거운 어머니의 손에 이끌려 서울로 와, 대학에 진학할 때까지의 시기를 다루었다. 그 후의 이야기를 담아낸 『그 산이 정말 거기에 있었을까』와 함께, 예민한 감수성을 지닌 소녀의 눈으로 바라본 일제 강점기와 6·25라는 시대상을 생생하게 담은 자전 소설 연작을 이룬다. 새로운 세상에 살아남기 위해 더욱 강인해져야 했던 어머니, 전쟁의 상흔에 점점 쇠약해져 끝내 세상을 뜬 오빠 등, 개인적 차원의 기억과 상실로 이루어진 이야기들은, 당대를 살아내야 했던 모든 이의 비극을 아우른다. 2004년에는 청소년판의 성장 소설로 각색되어 웅진지식하우스에서 출판되었고, 중학교 1학년 국어 교과서에 수록되었다. 2005년에는 어린이용 만화로도 각색되어 세계사에서 나왔다.

걸 자연에서 구하죠. 🎧(주008)

장 : 그 때 같이 하셨던 동무들 중에 지금까지 연락이 닿는 분 있으세요?

● 없습니다. 스무 살 때까지지요. 암만해도 소학교부터 서울에 와서 다닌 애는 저밖에 없어요. 그러면 어렸을 때보다 거리가 생기지요. 걔네들은 일찍 시집을 가서 어디로 갔는지도 모르고요.

장 : 그 곳의 경험들이 자연에 대한 원체험이 되는 거네요.

● 그렇지요. 어른이 된 지금 꿈을 꿔도 꼭 내가 노는 마당은 그 쪽이에요. (웃음)

할아버지와 어린 시절

장 : 그 곳에서 조부모들이랑 함께 사셨지요?

● 네.

장 : 집성촌이었나요?

● 아닙니다. 박씨 집은 우리하고 두 집이 있어요. 아주 가까운 친척 간이고요, 그래서 그 집 애들이랑 많이 놀았지요. 그러고는 남양 홍씨의 집성촌이었습니다. 🎧(주009)

장 : 집성촌이다 보면 그렇지 않은 집을 배타하는 분위기가 있다고도 들었는데요.

● 아마 그 때까지도, 양반 상놈이라고 하면 이상하지만, 농사꾼하고 양반하고 좀 다른 게 있었던 것 같애. 할아버지가 그 마을에서 존경을 받으시는 분이었던 것 같애요. 동네 애들 천자문도 가르치고, 이를테면 한학을 많이 하는 분으로 알려져 있었기 때문에, 그 사람들이 배타적이라기보다는 뭐든지 와서 물어 보는, 이런 [분위기였어요]. 옛날에는 달력도 별로 없습니다. 책력이라는 건 할아버지만 갖고 계셔. 서울에 아는 친척이 부쳐 주면 음력하고 양력, 그런 것 갖고 여러 가지 물어들 보고요. 아이들이 태어나면 이름도 지어달라고 하고, 또 간단한 한의학 약방문…, 그건 옛날 선비들이 상식으로 알고 있었던 거라고 생각을 해요. 직접 약을 짓진 않으셔도 누가 아프다고 하면 약방문을 내 주셔서 약국 가서 짓게 한다든가. 또 그냥 거기서 구할 수 있는 뭘 달여 먹으면 좋다든가, 돌팔이인지도 모르지만 아무튼 동네에서 그런 역할을 하셨기 때문에 할아버지하고 나하고 길을 걸어갈 때면 할아버지 동년배나 더 나이 많은 분도 존경의 표시라고 옆으로 비켜서고 그런 걸 보고

🎧 (주009)

홍씨 집성촌과 할아버지의 서당

❧ 홍씨들의 씨족마을이었고 다들 일 년 계량은 할 정도의 농토를 가진 자작농들이고 여자들이 부지런하여 집치장을 번듯하게 하고 넉넉하게 사는 편이었는데도 신식교육에는 둔했다. 학교가 있는 읍내까지는 이십릿길이나 되는 궁벽한 고장이어서 일고여덟 살 적령기에 보내는 건 거의 불가능했다. 오빠도 열 살에 입학을 했고 삼촌들은 더 늦게 갔을 것이다. 열 살이 넘으면 일손이 달리는 농촌에서는 부려먹기 딱 좋은 나이다. 학교 간답시고 왕복 사십릿길에서 체력을 소모하게 할 필요가 없었다. 여자들은 언문이나 깨치면 되고 남자들은 천자문이나 떼면 관공서에 가서 볼일 보는 데 지장이 없다는 생각들을 가지고 있었다. / 할아버지가 소일거리로 연 서당은 고개 넘어 이웃마을로 다니던 우리 동네 사내아이들을 다 흡수해 적막하던 사랑채가 시끌시끌 활기있어졌다. 할아버지 음성도 카랑카랑한 쇳소리를 회복했다. 나는 그때 언문을 깨친 뒤였다. 그때 우린 한글을 언문이라고 했던가. 언제 깨쳤는지 확실치 않고 누가 가르쳐준 것 같지도 않은데 저절로 읽을 수가 있었다. 집에 읽을거리라고는 오빠의 교과서가 전부였지만 꼼꼼히 모아두었기 때문에 제법 됐다. 오빠가 학교 다닐 때까지만 해도 일본말을 가르치는 국어 말고 조선어 교과서가 따로 있었다. 오빠의 육학년 교과서까지 술술 읽는 걸 알게 된 할아버지가 나를 사랑으로 불러들여 맨 앞에 앉히고 천자문을 가르치셨다. 서당에 오는 학동들 수준은 천자문에서 공자 왈 맹자 왈까지 일정치가 않았다. 지금으로 치면 일학년부터 육학년까지 같은 반에서 수업을 하는 것과 마찬가지였다. 읽을 때는 각기 제 책을 목청껏 읽기 때문에 보통 사람 귀로는 악머구리 끓듯 시끄럽기만 한데 할아버지는 틀리게 읽거나 대충 얼버무려 넘어가는 건 영락없이 가려내어 그 아이 정수리에 장죽을 날렸다. 책 한 권을 떼면 그 아이 집에선 책거리로 떡을 해보내 아이들이 넉넉하게 나눠 먹게 했다. 나도 천자문을 뗀 날 숙모가 떡을 해서 사랑으로 내왔다. 할아버지는 서당에서 제일 어린 내가 그렇게 빨리 천자문을 뗀 걸 신통해하신 나머지 지나치게 소명하여 단명할까 걱정이라는 말씀까지 하셔서 할머니한테 구박을 받으셨다. ─「석양을 등에 지고 그림자를 밟다」(2010년 발표, 『기나긴 하루』, 문학동네, 2012년판) 중에서.

🎧 (주010)

할아버지에 대한 기억

❧ 할아버지의 독특한 걸음걸이는 말로 표현할 수는 없었지만 강렬한 빛처럼 직통으로 나에게 와 박혔다. '우리 할아버지다!'라고 생각하자마자 나는 총알처럼 동구 밖으로 내달았다. 단 한 번도 착각 같은 건 하지 않았다. 숨을 헐떡이며 열렬하게 매달린 할아버지의 두루마기 자락은 다듬이질이 잘 돼 칼날처럼 차게 서슬이 서 있었다. 그리고 송도의 냄새가 묻어 있었다. 나는 그 냄새가 좋았다. 그러나 할아버지는 곧 오냐, 오냐, 내 새끼 하면서 번쩍 안아 올렸고, 그의 품은 든든하고 입김은 훈훈했다. 할아버지의 입김에서 언제나 술 냄새가 났다. 나는 할아버지의 훈훈함과 함께 그 술 냄새 또한 좋아했다. 할아버지는 나를 내려놓고 나서 두루마기 주머니에서 먹을 것을 주섬주섬 꺼내 쥐여 주는 것을 잊으신 적이 없었다. 노란 편지 봉투에 싼 미라사탕 아니면 잔칫상에서 염치 불구하고 집어넣었음직한 약과나 다식 따위였다. 그런 것들을 맛보느라 할아버지 손목을 놓고 깡충깡충 앞장서 뛸 때는 얼마나 의기양양했던지, 집에 들어가면 할머니한테 눈꼴이 시다는 핀잔을 들을 지경이었다. ─『그 많던 싱아는 누가 다 먹었을까』(웅진지식하우스, 2005년판) 중에서.

저는 굉장히 으쓱했던 생각이 나요. 그 대신 나중이지만 비판적인 생각도 많이 들었죠. 그냥 양반 타령을 많이 하셨어요. 서울 와서 보니까 아무 것도 아니었는데도 세상에서 제일가는 양반인 줄 알고. 🎧(주010)

장 : 할아버지께서 특히 선생님을 안타깝게 여기시기도 하고 귀히 하셨다고 작품에 자주 드러나는데요.

🞇아, 삼촌들도 애들 낳고 그래도 저를…. 그런 특별한 귀여움을 받아서 나중까지도 나는 특별한 아인가 보다 생각을 했어요. 으쓱하고 사촌들한테도 재고 그랬는데, 생각해 보면 그게 아니라, 우리 오빠하고 저하고 나이가 열 살 차이가 납니다. 그 사이에 셋을 잃은 거예요. 돌 지나서 잃은 애가 하나고 둘은 삼칠일 안에 잃고요, 옛날에는 왜인지는 모르지만 그런 일이 많아요. 그런데 제가 곤잘 자라고 또 아버지가 돌아가시니까 밑에 애를 낳을 수 없으니까요. 🞇위에 한 명 있는 오빠까지도 장남으로서 조숙하다고 그럴까, 그러니 주위에서 아버지 대신으로 애를 대해 줘야 되겠다, 이런 거 같애. 아버지 없는 서러움이라든가 그런 거는 못 받았어요. 옛날 대가족 제도의 장점이라고 생각해요. 같이 사는 삼촌들도 형님이 없을 적에 그런 역을 대신하고요. 아버진 일찍 돌아가셨지만 사랑의 결핍은 모르고 자랐습니다. 모든 것이 나한테 바쳐지는 것같이, 이 세상이 나를 위해 돌아가는 것처럼 느꼈어요. 🞇특히 초등학교 적부터 서울 와서 다니는 애는 [나밖에 없었으니까요]. 우리 사촌들도 다 거기서 공부했지요. 그건 엄마의 극성도 있었고요. 일찍 과부가 되면 자유로워지고 맘대로 할 수 있는 게 있죠. 맏며느리니까 어느 정도 발언권도 있고.

아버지의 죽음

🞇엄마는 서울 근교 사람이지 개성 사람이 아닙니다. 엄마 쪽 사촌이라든가 그런 사람들이 서울에서 공부를 했나 봐요. 어렸을 때 엄마한테 밤낮 들은 얘기가 숙명 진명 얘기야. 누구도 숙명에 다니고…. 그건 엄마가, 자기도 그랬으면 좋겠다, 꿈에 그리던 거였는데 못한 것 같애요. 숙명 교복은 어떻고, 진명 교복은 어떻고, 다 치마저고리예요. 숙명 애들은 겨울에 자주 저고리에다 깜장 치마를 입었다든가…. 🎧(주011) 너도 그렇게 해야 된다. 🞇결정적으로 엄마가 아이들을 데리고 서울로 올

🎧 (주011)

숙명, 진명 등, 근대기 여학교의 출현

1935년 제정된 전쟁여교교복. 엄 귀비가 두 번째 개교한 학교라는 뜻으로 두 줄의 흰 선을 치마 아래에 둘렀다.

구한말, 개화가 시작되면서 교육계의 가장 큰 변혁 중 하나는 여성의 사회 진출과 여성 교육 기관의 설립이었다. 우리 나라 최초의 여학교는 1886년 미국 감리회 해외 여선교회에서 파견된 메리 스크랜튼(Mary F. Scranton) 선교사가 정동에 세운 이화학당(현재의 이화여자중고등학교)이다. 이를 계기로 『독립신문』이나 『황성신문』에 여학교 설립을 찬성한다는 논지의 사설이 실리는 등, 여성 교육의 중요성이 여론화되었다. 그 후 뜻있는 사람들의 활동으로 1899년 대한제국 교육 관제 예산에 '녀학교(여학교)' 항목이 등장했고, 3,750원이 배정된다. 하지만 관료들의 보수적 성향으로 인해 관립으로 허가되기는 힘들었고, 대신 사립 여학교들이 등장하기 시작했다. 기존의 이화학당은 규모가 커져 개화와 신식 여성 교육의 상징적 존재로 주목받았다. 1906년 스크랜튼 선교사의 양딸이자 이화학당의 졸업생인 엄 귀비가 진명여학교를 세웠고, 한 달 후에는 명신여학교(1909년 숙명고등여학교로 개칭)가 설립되면서 여성 교육은 힘을 얻었다. 순종 즉위 이듬해인 1908년에는 한성고등여학교(훗날 경기여자고등보통학교로 개칭, 현 경기여고)가 개교했는데, 이 학교는 이화나 진명, 숙명 같은 사립이 아닌 최초의 관립 여학교였다. 이렇게 여학교들이 신설되면서 신교육을 받은 여성들의 다수가 '신여성'과 '모던걸'로서 사회 곳곳에서 두각을 드러냈고, 새로운 시대로 나아갈 여성의 이미지를 선도하기도 했다.

🎧 (주012)

아버지의 죽음

📖 엄마는 우리가 도회지에서만 살았어도 아버지가 그렇게 일찍 세상을 뜨지 않았다고 굳게 믿고 있었다. 그런 엄마의 생각엔 나도 훗날 철들고 나서 동의할 수밖에 없었다. 아버지는 형제 중 가장 체격이 좋고 잔병 한 번 치른 일 없는 건강체였다고 한다. 그런 분이 어느 날 갑자기 복통으로 데굴데굴 구르는 것을 할아버지는 당신의 약방문에 의한 생약 한약 등으로만 다스리고, 할머니는 무당집에서 푸닥거리를 하는 사이에 마침내 기사경에 이르렀다. 그 때서야 엄마는 단호히 아버지를 달구지로 송도까지 싣고 갈 수가 있었다. 이미 아버지의 맹장염은 복막염을 일으켜 뱃속 가득 고름이 찬 것을 뒤늦게 수술을 했지만 항생제도 없을 때라 결국은 덧나서 죽음에 이르렀다고 한다. ―『그 많던 싱아는 누가 다 먹었을까』(웅진지식하우스, 2005년판) 중에서.

수 있었던 거는, 아버지가 돌아가신 게, 지금 생각하면 맹장염 정도의 병입니다. 숙부들도 장수하고 할아버지도 그 때로서는 장수하신 분인데, 그야말로 아주 건강하던 분이 지독한 복통을 일으켰어요. 그걸 금세 병원으로 가질 않고, 그 시절에도 개성만 나와도 맹장염 정도는 수술할 수 있었는데…, 할아버지는 독특한 자기 약 방문을 짓고 또 할머니는 너무 아파하니까 무당집에도 가고 그랬나 봐요. 막 배가 부어오를 정도가 되니까 그 때 달구지에 싣고 개성으로 가서 고려병원이란 데서 수술을 하긴 하셨습니다. 근데 벌써 수술했을 때 복막염이 돼 갖고 고름이 차서, 그것도 참 원시적인 방법으로 병원 옥상에다 수술한 배를 내놓고 고름을 말린단 식으로 했다나 봐요. 우리 어머니는 어딜 지날 때 고려병원 앞으로 지나질 않으셨어요.(웃음) 그렇게…, 이래 갖고 안 되겠다, 다시 집으로 데려가라, 수술을 해 놓고도 집에 와서 돌아가셨거든요. 우리 어머니는 그 때 벌써 이건 병원에만 가면은 절대로 안 죽는 병이란 걸 알았지요. 항생제는 없었어요. 감염이 되니까 돌아가신 거지요. 항생제는 해방이 되고 생겼지요. 일제 시대엔 수술이 잘 안 되면 죽는 거야. 절대로 이런 벽촌에서 아이를 기르면 안 되겠다. 이게 엄마한테 강했던 것 같애요. 그래도 우리 오빠는 거기서 소학교 다녔는데, 아들을 서울 가서 공부시키고 싶다 그래서 소학교 나온 오빠를 데리고 서울 왔어요. 🎧(주012) 🗣 저는 할머니 밑에 있는데 어느 날 저까지 데릴러 왔어요. 집안에선 난리가 났죠. 우린 부자도 아니고 엄마 맘대로 집을 나오니 할아버지는 저를 안 보내고 싶어 했어요. 그 때만 해도 계집애가 〔학교〕 가는 애도 없고, 저는 할아버지한테 소학교 가기 전에 천자문을 배우고, 언문은 어른들한테 배웠어요. 여자는 천자문 가르치면 되지 이 정도였던 것 같애요. 할아버지는 무릎 앞에다 놓아 두고 싶은 거 있잖아요. 그래서 할아버지는 아주 싫어하셨지만 그냥 엄마 끌려서 서울에 왔지요. 저는 소학교부터 여기 서울서 나왔습니다.

장 : 아버님 돌아가실 때 선생님, 세 살이었나요?

🗣 세 살 때.

장 : 전혀 기억이 없으시겠네요.

🗣 네, 네.

장 : 함께 사셨던 숙부님 중에서 영향을 많이 주신 분이 있다면요?

🗣 작은 숙부. 작은 숙부에게 애가 없었어. 서울에서도 살아서 가장 가까운 거리에 있었고. 많이 그리워. 서울 와서는 그 분한테 귀여움을 제일 많이 받았지요. 제가

(주013)

삯바느질

엄마는 아침부터 화롯불을 끼고 앉아 온종일 삯바느질을 했다. 오빠의 말이 정말이라면 그건 기생들의 옷일 터였다. (…중략…) 나는 주로 엄마의 삯바느질거리와 거기서 떨어지는 색색가지 헝겊 조각에서 화제를 끌어냈다. 양단·모본단·공단·호박단·하부다이·자미사… 나는 곧 옷감을 보기만 하면 척척 그 이름을 알아맞히게 됐다. 다 된 저고리에서 깃고대를 너무 되게 앉혔다는 둥, 도련을 너무 후렸다는 둥, 그럴듯한 결점까지 찾아내게 됐다. 홈질, 박음질, 감침질, 공그리기도 익혔다. 그러자니 네모난 헝겊을 접어 괴불도 만들고 세모난 헝겊을 네모나게 붙이기도 하다가 꽤 큰 조각보가 되기도 했다. ─「엄마의 말뚝 1」(『엄마의 말뚝』, 세계사, 1994년판) 중에서.

(주015)

현저동의 인상

이상한 동네였다. 시골집의 한데 뒷간만한 집들이 상자갑을 쏟아부어 놓은 것처럼 아무렇게나 밀집돼 있었다. (…중략…) 더럽고 뒤죽박죽이었다. 길만 해도 당초에 길을 내고 쏟아놓은 상자갑더미의 상태를 달리 고쳐 볼 엄두를 못 내고 체념한 주변머리 없는 사람들이 굶어 죽지 않을 만큼의 먹이를 물어 들이기 위해 가까스로 내놓은 통로가 길이었다. 상

정범태, 〈물지게와 소녀〉, 현저동, 1960년대.

자갑만한 집들이 더러운 오장육부와 시끄러운 악다구니까지를 염치도 없이 꾸역꾸역 쏟아놓아 더욱 구질구질하고 복잡한 골목이 한없이 계속됐다. "여기가 서울이야?" 나는 힐난하는 투로 말했다. "아니" 엄마가 뜻밖에 단호하게 머리를 흔들었다. 나에겐 그건 거기가 서울이라는 것보다 훨씬 더 뜻밖이었다. "여긴 서울에서도 문밖이란다. 서울이랄 것도 없지 뭐. 느이 오래비 성공할 때까지만 여기서 고생하면 우리도 여봐란듯이 문안에 들어가 살 수 있을 거야. 알았지." ─「엄마의 말뚝 1」(『엄마의 말뚝』, 세계사, 1994년판) 중에서.

(주014)

현저동(峴底洞)

지금의 서울시 서대문구 현저동(峴底洞)은 인왕산과 안산(무악)이 이어지는 무악현의 아래에 있던 데서 지명이 유래했다. 조선 시대에는 한성부 서부 반송방(盤松坊, 조선 초부터 성 밖에 있던 한성부 서부 9방 중의 하나)에 속했다. 1867년 고종 4년에 편찬된 『육전조례』에는 서부 반송방 지하계(池下契)에 속했고 갑오개혁으로 행정 구역을 개편하면서 1895년에는 서서(西署, 조선 말과 대한제국 때 서울 안의 오서 가운데 서부를 관할하던 경무 관서) 반송방 지하계 모화현이라 하였다. 1911년에는 경성부 서부 모화현이 되었고, 1914년에 일제의 의해 경성부의 행정 구역이 대폭 개편되면서 경성부 현저동이 되었다. 1936년 동명을 일제식으로 바꿀 때는 현저정이 되었다가 1946년 해방 후 서대문구 현저동이 되어 오늘에 이른다. 1975년에는 의주로 큰 길 동쪽 인왕산 기슭의 현저동 지역이 종로구 무악동으로 편입됨으로써 행정 구역이 절반으로 축소되었다. 박완서의 소설『엄마의 말뚝』에서 묘사된 것처럼 과거 현저동은 작은 집들이 상자갑처럼 옹기종기 밀집되어 아무렇게나 들어찬 서울의 대표적인 난개발 지역 중의 하나였다. 하지만 소설 속

(위) 일제 때 현저동 악박골 샘터.
(아래) 현저동 101번지 서대문형무소와 산동네.

의 '엄마'가 서울이 아니라고 그토록 단호하게 머리를 흔들며 부정한 것은 현저동의 이같은 달동네 모습보다는 성문 밖 동네라는, 열패감 때문이었을 것이다. 내력 있는 집안 출신의 엄마로서는 인정할 수 없는 현실이었을 것이다.

대학교에 들어갔을 때도 등록금을 주겠다고 그러고. 그 때는 없어서가 아니라, 오빠도 직장 다닐 때인데도…. ● 6·25 때 돌아가셨습니다. 그 분 돌아간 거하고 우리 오빠 죽은 게, 모든 걸 다 잃은 거나 마찬가지였지요.

서울, 현저동*

● 1930년대에는, 시골에서는… 남자애는 간혹 학교를 보내지만 대개 서당엘 보냅니다. 여자애는 한글이나 깨치면 고만인데, 전 부잣집 딸도 아닌 걸, 시골 사람들이 수근수근허고요, 서울에서 뭘 하길래 말이지. 저는 그 때 머리도 이렇게 땋고, 촌 애였죠. 그걸 우리 어머니가 그냥 탁 단발머리 시켜 갖고 데리고 서울로 왔어요. ● 서울로 와 보니까, 우리 엄마가 서울 가서 뭐 하나 그랬더니, 아, 굉장히 어려운 동네서 바느질품을 팔고 계셨어요. ◎(주013) 무악재고개 밑에 현저동◎(주014) 이라고 지금은 좋은 동네에 속하지만 그 때는 문밖의 아주 어려운 동네였어요. ◎(주015) 전 할머니 밑에 있으면 얼마나 좋을 텐데 서울로 오는 게 참 싫었고 서울 오니까 빈민굴에서 셋방살이를 하는 거예요. 엄마는 서울에 절 데려왔을 뿐 아니라 서울에서도 그 후진 동네서 학교를 보내질 않고 또 부자 동네 학교로 주소를 옮겨요. 우리 어무니가 나중까지도 그래요. 해방 후에는 학군이 변하는 일이 많이 있었지 않습니까. 덕수국민학교를 보낸다, 혜화국민학교를 보낸다, 밤낮 그럴 적에 제가 아휴, 조카들한테 너희 할머니는 학군 위반의 원조라고 그랬어.(웃음) ● 제가 어려서 헷갈리던 게 우리 집안의 교육 중에 특별한 건 없어도 옛날 선비의 집에서 거짓말 시키는 건 아주 절대로 [못 하게], 정직 교육은 수없이 받았습니다. 지금도 조끔만 거짓말을 시켜도, 필요에 의해 시켜도 항상 찌릿찌릿 할 정도로…. 그런데 학군은 거짓말을 시킨 거예요. ◎(주016) 촌에서 별안간 데려다 학교를 보내고 우리 어머니 하시는 말씀이, 선생님이 느이 집 주소 어디냐 물어 보면 친척집, 사직동 몇 번지 몇이라고 그래라, [해요.] 근데 제가 서울 처음 왔으니까 길을 잃어 버릴 수도 있잖아요. 만일 길을 잃어 버리면 파출소에 가서 집의 주소를 대는데 그건 여기 현저동이다.(웃음) 저는 그 주소는 지금까지도 안 잊어버려요. 현저동 46에 418이에요. 주소 그게 저 어려서 너무너무, 입학 무렵에 절 놓고 엄마가 밸안간 물어 봐요. "너희 집 주소, 어디 사니?" 그러면 현저동이라고 그래야 하고 "너, 지금 선생님

🎧 (주016)

초등학교 입학

❦ 엄마는 그 동네 아이들이 다 가게 돼 있는 무악재고개 너머에 있는 학교를 갑자기 타박하면서 나를 꼭 문안에 있는 국민학교에 보내야 한다고 우기기 시작했다. 국민학교도 시험 쳐야 들어가는 시절이었지만, 학구제라는 게 있어서 함부로 타동네 학교를 지원하는 건 금지돼 있었다. (…중략…) 현저동에서 가까운 문안에 사는 친척을 남대문 입납으로 찾아나서는 엄마를 보자 오빠까지 참 엄마도 주책이셔 하면서 쓴웃음을 짓고 외면했다. / 그러나 엄마는 그런 친척을 기어이 찾아내고 말았고 내 기류계는 그댁으로 옮겨졌다. 그댁은 사직동에 있었고 내가 가야 할 학교는 매동학교였다. (…중략…) 나는 기류계를 옮긴 날부터 친척댁 주소를 외워야 했는데 그렇다고 정작 살고 있는 주소를 잊어버려도 되는 건 아니었다. 길 잃었을 때는 정작 주소를 대야 하고 입학 시험 칠 때나 학교 들어가고 나서 선생님한테 말씀 드릴 일이 있을 때는 가짜 주소를 대야 한다는 일은 나에게 적잖이 심리적 부담이 되었다. 실상 주소 두 군데쯤 외고 있는 게 그렇게 어려울 것은 없었고 실제로 주소를 대야 할 경우도 있을지 말지 했다. 그러나 엄마는 너무 고지식한 분이었다. 주소를 속였다는 걸 마음속으로 꺼림칙해 하고 있는 것만큼 내가 혹시나 두 가지 주소를 헛갈리는 실수를 할까 봐 자주자주 점검을 하려 들었다. / 너 어디 살지? 지금 넌 집을 잃어버린 거야. 너 어디 살지? 지금 넌 선생님 앞이야. 이렇게 엄마는 내가 두 가지 주소를 헛갈리는 실수를 저지를까 봐 지나친 신경을 썼기 때문에 되레 그걸 헛갈리는 실수를 자주 저질렀다. ―「엄마의 말뚝 1」(『엄마의 말뚝』, 세계사, 1994년판) 중에서.

🎧 (주017)

사직동 가정 방문

❦ 일학년 처음 가정 방문 날 엄마는 사직동 친척집 대청마루에서 안방마님 행세를 하면서 정중하게 선생님을 맞았다. 4월 입학이었으니 가정 방문은 6월쯤이었던가, 행랑어멈이 미숫가루를 타서 선생님을 대접하던 생각이 난다. 딸을 위해 그런 정성을 다하면서 엄마는 딸이 공부를 잘하리라는 걸 조금도 의심하지 않았다. 언문은 저절로 깨친 아이, 천자문을 애아범 같은 사내 녀석들보다도 빨리 뗀 아이라는 건 엄마도 알고 있었으니까. 그러나 나는 일학년을 마치고 이학년으로 진학할 때까지 공부를 지지리도 못하는 열등생이었다. 아마도 낙제 제도가 없었기 때문에 진급을 시켜주었을 것이다. 걱정하던 산수는 도리어 쉬웠다. 무의미한 숫자를 외야 할 필요는 없었고 고작 10 미만의 더하기 빼기였다. 난관은 국어였다. 식민지하에서 우리는 일본어를 국어라고 했고 중점 과목이었다. 상급 학교 입시도 국어 산수 두 과목에 한정돼 있었다. 말하기는 곧 익혔지만 읽고 쓰기가 도무지 되질 않았다. 금방 반에서 지진아로 전락했다. 요새 애들이 웬만한 집에선 한글 정도는 익혀서 초등학교에 보내는 것처럼 그때도 중산층 이상의 가정에서는 취학 전에 일본어의 '가타가나' 정도는 익혀서 보냈다. 아무리 교육열이 유별한 엄마라지만 엄마 자신이 일본어에 까막눈인데 어쩔 것인가. 미리 언문을 외고 있었다는 게 오히려 장애가 되었다. 저절로 깨쳤다고 어른들이 믿는 것처럼 음과 기호가 동시에 입력이 돼 '가'자는 '가'라고 발음할 수밖에 없는 모양을 하고 있었다. '가'에다 'ㄱ'을 한 게 '각'이라면 '아'에다 'ㄱ'을 하면 당연히 '악'이라고 읽을 수밖에 없었다. 그러나 새로 배운 일본어의 '가타가나'는 왜 그 글씨를 '가'로 발음해야 하는지 '아'로 발음해야 하는지 도무지 납득할 수가 없었다. 식민지 백성에게 가장 중점을 두어 가르치는 국어가 제대로 안 되니 지진아로 뒤처질 수밖에 없었다. ―「석양을 등에 지고 그림자를 밟다」(2010년 발표, 『기나긴 하루』, 문학동네, 2012년판) 중에서.

이 물어 본다, 어떻게 할 거니?" 그럼 사직동. 🗣 이렇게 저를 혼란시키면서 우리 어머니가 주입시켰던 거는, 그러니까 딸까지 서울에 데리고 와서 남녀 차별도 심했던 세상에서 어머니가 원했던 거는, 그 마을에서도 독특했지만 그 때로서는 서울 사람으로서도 독특했던 거 같아요. 그냥 시집 잘 가라는 게 아니라 여자도 경제력이 있어야 된다는 생각을 한 거예요. 어머니가 아마 바느질품 팔면서, 자기 바느질을 자기가 해 입던 그 옛날에 비단 옷을 샀바느질 시키는 사람은 대개 기생 같은 사람이었어요. 기생 바느질 한다 그랬죠. 얌전하게 바느질을 해서 기생한테 갖다 주면서 굴욕감도 많았을 거고, 여자가 벌어서 공부시키기가 얼마나 힘들겠어요. 🗣 우리 어머니가 이상으로 삼았던 것이 학교 선생님이었어요. 일제 시대 때 사범 학교 간다는 거 아주 특별히 여기고 선생님이 하느님같이 [보이고]. 그래서 제가 선생님이 되었으면… 선생님이 처음에 가정 방문을 올 적에는 사직동 친척집에 우리 어머니가 딱 가서 앉아 계시고(웃음), 선생님이 그리로 오고 그랬어요. 🎧(주017)

예술사 구술 총서 〈예술인·生〉

005

박완서

제 02장

숙명여고의 문학 소녀들

일제 식민 통치기 이야기 | 서울 소개(疏開) | 해방 공간의 개성 | 보이지 않는 선을 넘어 | 숙명여고 시절 친구들 : 동기 같던 한말숙 | 숙명여고 시절 친구들과 문예반 활동 | 박노갑 선생 | 입시 준비 | 아쿠타가와, 이상, 김유정을 읽던 여고 시절 | 해방 후 서울의 교육 현실 | 오빠와 좌익 사상 | 빨갱이집 소리를 피한 네 번의 이사

🎧 (주018)

고종 황제 인산(因山)

고종은 1919년 1월 21일 아침 6시경 별세했는데, 이를 두고 뇌일혈이나 심장마비가 사인이라는 자연사설과 죽기 직전 마신 음료에 독이 있었을 것이라는 독살설이 있었다. 아직까지 사인이 명확하게 밝혀진 것은 아니나, 당시 독살설이 확산되면서 3·1 운동의 도화선이 되기도 했다. 고종의 장례식은 3월 3일 거행되었다. 조선의 26대 왕이었고, 대한제국의 첫 번째 황제이기도 했으나, 경술국치 이후 일본 제국이 내린 '이태왕'이라는 지위로 강등된 신분으로 서거했다. 하지만 당시 많은 조선 백성들 마음속에서는 빼앗긴 국가의 주군이었다. 많은 사람들이 고종의 승하를 애도하기 위해 서울로 모였다. 장례식을 이틀 앞둔 3월 1일 대대적인 만세 운동이 일어난 것도, 대한제국의 황제였던 고종에 대한 국민의 기억이 특별했던 것과 무관하지 않다.

🎧 (주019)

몸뻬(もんぺ)

🍃 여자들 옷 입은 게 몸뻬 때문에 여간 꼴사나울 때가 아니었다. 여염집 여자건 학생이건 화류계건 아랫도리는 몸뻬 일색이었다. 여염집 여자가 저고리에 몸뻬를 입어 허리가 드러나보이는 것도 민망했지만 기생의 몸뻬차림은 난봉꾼이 아닌 점잖은 남자라도 살맛이 안 나게 했다. —『미망』(문학사상, 1996년판) 중에서.

1940년대 전쟁 중 숙명여고 교복.

☞ 주로 여성들이 노동할 때나 보온용으로 입는 바지로 '왜바지'나 '일바지'라 하기도 한다. 일제 강점기에 강제로 보급되었지만 통이 넓고 발목을 좁게 만들어 활동하기에 편해 이후 널리 퍼졌다.

일제 식민 통치기 이야기

장 : 선생님께서 성장하는 동안이 일제 강점기였지 않습니까? 학교 다니면서 또는 어렸을 때 이게 나라를 잃은 국민이구나, 실감하실 만한 일들은 없었습니까?

🎤 일제 시대 때 할아버지가 유난히(웃음) 반일 감정이 강한 거야. 독립 운동가도 아니면서, 아주 그냥. 내가 오새 어디 쓰기도 했는데. 일본 사람들을 얕잡아서 보고 할아버지가 긍지로 말씀하신 게, 3·1 운동 때 서울 와서요, 그렇다고 당신이 만세 부르지도 못했어요. 얘기 들어 보면. 🎤 할아버지는 3·1 운동이라고 안 그러고 고종(高宗, 1852~1919년) 황제 인산(因山) 때라고 그러셔요.🎧(주018) 아마 고종 황제 돌아가고, 시골 선비인 자기가 상복 같은 걸 입고 어디 가서 망곡(望哭)을 했다고 그러시는 걸 들었어요. 🎤 그러고, 나는 창씨개명을, 안 했습니다. 우리 반에서 [안 한 아이가] 한두 명밖에 없을 때, 할아버지 때문에 못했습니다. 그 때까지도 할아버지가 세대주예요. 물론 제가 소학교 몇 학년 땐가 할아버지가 돌아가시지만, 그래도 할아버지가 강력하게 그러던 걸 돌아가셨다고 금세 못합니다. 그래서 난 일제 말기, 졸업하고 숙명 갈 때까지도, 창씨개명 안 했어요. 남들 창씨개명 안 하고 일제 시대 때 견딘 얘기 들으면 학교 선생님한테 구박받았다고도 그러는데 나는 그런 건 몰라요. 그냥 내 느낌으로 일본 애들 이름이 더 예쁜 것 같고, 아이들이 놀린 적이 있었어요. 선생님이 "안 하니?", "언제까지 하냐?" 이러긴 했어요. 물론 우리 나라 선생님이었던 적도 있지만, 5학년 때는 아주 무서운 일본인 선생님이었어요. 그 분은 군인이었는데, 군대 갔다 부상을 해 갖고 제대하고 선생 노릇 하는 분이어서 교련 선생도 하는 분이었는데도 그런 거는 하나도…. 그랬으면 내가 할아버지의 저거니까 학교 안 간다고 막 이랬을 건데…. 그건 제가 선생님 잘 만나서 그런지도 모르죠.

장 : 학교의 분위기가 일본이 주도하는 강압적인 풍토는 아니었나 봐요?

🎤 아, 그래도 그야말로 다 몸뻬 바지 입고 그러죠.🎧(주019) 학교 들어갈 적에 봉안전(奉安殿)이라고 그러지? 일본 뭐 모셔 놓고. 거기 최경례라는 걸 해요. 아주 90도로 [인사]하는 거. 보통 사람한테 하는 거는 보통 경례고요.🎧(주020) 이런 거 지키고, 아침마다 황국 신민의 맹세🎧(주021) 그런 게 아침 의례가 되지요. 그런 사회적인 분위기가 압박이 되지. 하지만 내가 그것 때문에 속으로 꼭 우리도 창씨개명을 해야 될 텐데, 그런 마음은 없었어요.

🎧 (주020)

봉안전(奉安殿)과 최경례(最敬禮)

제일 먼저 배운 일본말은 호안덴이었다. 호안덴은 운동장 우측 꽃나무를 잘 가꾸어 놓은 화단 속에 있는 회색빛 작은 집이었다. 교문에 들어설 때, 반드시 그 쪽을 향해 절을 해야 하고 그 절은 선생님한테 하는 절보다 더 많이 굽혀 몸을 직각으로 만드는 최경례라야 된다는 것도 배웠다. 그 집은 창도 없고 문도 굳게 닫혀 있다가 경절날만 열렸다. (…중략…) 그 엄엄한 행렬이 그 집으로 갈 때까지는 우리가 그냥 서 있어도 되지만 그 집을 돌아 나올 때는 벼락같이 "최경례"라는 구호가 떨어지고 우리는 머리를 깊이 조아리고 그 높은 사람들의 구두 끝이나 겨우 바라보고 있어야 했다. —『그 많던 싱아는 누가 다 먹었을까』(웅진지식하우스, 2005년판) 중에서.

☞ 최경례(最敬禮)는 가장 존중하는 뜻을 담아 정중하게 경례하는 것, 혹은 그 동작을 일컫는다. 일제는 그들의 유일신을 모시는 신전 '호안덴'(봉안전, 奉安殿)을 학교뿐 아니라 학생의 집에도 비치하게 하고 아침, 저녁으로 가장 정중하게 몸을 굽혀 절하는 '사이게이레이'(최경례)를 하는 숭배 교육을 실시했다. 이러한 방법으로 조선인을 초등학생(당시에는 국민학생) 때부터 황국 신민으로 의식화하려 한 것이다.

🎧 (주021)

황국 신민 서사(皇國臣民誓詞)

'황국 신민의 맹세'라는 의미로 일제가 1937년 만들어 조선인들에게 외우게 하고, 출판물에 반드시 싣도록 한 맹세이다. 조선총독부 학무국에서 교학 진작과 국민 정신 함양을 도모한다는 명목 아래 기획했다. 당시 학무국 촉탁이었던 이각종(李覺鍾)이 문구를 만들었고, 학무국 사회교육과장이었던 김대우(金大羽)가 관련 업무를 지시했다. 내용은 다음과 같다. "1. 우리는 황국 신민(皇國臣民)이다. 충성으로서 군국(君國)에 보답하련다. 2. 우리 황국 신민은 신애협력(信愛協力)하여 단결을 굳게 하련다. 3. 우리 황국 신민은 인고단련(忍苦鍛鍊)하여 힘을 길러 황도를 선양하련다."

🎧 (주022)

문화 정치와 산미 증산 계획

일제 강점기의 통치는 크게 3기로 나눌 수 있다. 제1기 1910~1919년의 무단 정치 시대, 제2기 1919~1931년까지 문화 정치 시대, 제3기 1931~1945년까지 병참 기지화 및 전시 동원 시기가 그것이다. 문화 정치기는 3·1 운동으로 위기감을 느낀 일제가 기존의 무단 정치 대신 문화 정치를 내세우며 고도의 민족 분열 정책을 폈던 기간이다. 경제적으로는 조선 경제를 완전히 일본에 종속시키려는 시도를 펼친 시기이기도 하다. 1919년 사이토 미노루(齋藤實)가 새 총독으로 부임하면서 "일선융화(日鮮融化), 일시동인(一視同仁)"이라는 구호를 내세우고, 총독부 관제를 개정한다. 문관(文官) 총독의 임명을 허용하고, 헌병 경찰 제도를 보통 경찰제로 개정, 그 사무 집행권을 도지사에게 넘기고 지방 분권적 자치 제도를 표방했다. 또한 조선인 관리 임용 범위를 확대하고 관리·교원의 착검·제복도 폐지했으며, 『동아일보』『조선일보』등 우리말 신문의 간행을 허락하는 등 약간의 언론 자유를 허용했다. 하지만 경제 수탈은 강화해, 이른바 산미 증산 계획을 내걸고, 일본 내의 식량 문제를 한반도에서 해결하려 했다. 증산 계획은 뜻대로 되지 않았으나, 쌀 수탈은 그대로 행해졌기 때문에 결과적으로 조선의 농민은 비참한 굶주림을 겪어야 했다. 많은 농민들이 화전민, 노동자로 전락하거나 나라 밖으로 유랑을 떠났다. 당시 통계로는 1926년부터 1931년까지 5년 사이에 결식자가 1만에서 16만 3천 명으로, 춘궁기에 초근목피로 사는 궁민(窮民)이 29만 6천에서 104만 8천 명으로, 겨우 궁민을 면한 극빈 영세민이 186만에서 420만 명으로 늘었다.

장 : 불안한 마음은….

● 그런 거는 있지. 그렇지만 할아버지가 명령하는 건 할 수 없다는 것도 있었어요.

장 : 일제 시대에 대해서는 특별히 고통스런 기억이 별로 없다고 보아도 될까요?

● 일본 사람들이 그 때 한참 한국 사람을 포섭하는 정책을 쓸 때니까, (주022) 일제 말기에 우리의 인력도 필요하고. 오빠가 징병은 면했지만 한창 나이니까 그런 것 때문에 불안하지요. 전체 사회 분위기의 불안함이고. 또, 아이고, 식량난, 그 결핍, 고통스럽지요. 쌀 배급을 점점점 조금 주다 나중에는 콩깻묵 같은 거 섞어 주다가…, 도저히 먹을 수 없는 거죠. (주023) 그러면 인제 엄마가 시골 가서 쌀을 가져 오는데 그것도 막….

장 : 제재를 받았나요. 가져올 수도 없게?

● 그럼요. 처음에는 안 그랬지요. 지금도 시골에서 돈이 귀한 것처럼 시골에서 돈은 못 줘도 쌀도 부쳐서 먹고, 김장 때 배추 같은 것도 부쳐오고 그랬어요. 일제 말기는 시골도 거의 쌀이 없을 때지만 서울보다 조금은 낫죠. 가져올 때 기차 칸에서도 뒤지면 뺏기거든요. 쌀을 몸에다 두르고 오고 별짓을 다 했습니다. (주024)

장 : 본인이 농사 지은 쌀인데도, 본인이 가질 수 없게요.

● 그러믄요. 뺏어요. 공출한다고 그래요. (주025)

장 : 그럼 농사 지은 것을 한번에 다 공출했다가, 조금씩 다시 배급을 주는 건가요?

● 시골은 배급을 안 주죠. 먹을 만큼 미리 남겨 놓아요. 그것도 아주 극소량이라서 서울에서 한 사람 앞에 하루 몇 홉을 준다 그러면 시골도 거기에 준해서 남겨 주는 거예요. (주026) 시골 사람들은 그거 먹고 살 수가 없어요. 시골 사람들은 쌀 팔아서 살아야 되니까요. 그러니 시골도 쌀을 감추어 놓느라고 난리를 치지요. 말기에는 쌀, 그것 때문에 아주 비극적인 일이 많았어요. 그 때는 대동아 전쟁이라고 그랬지. 2차 전쟁 나기 전까지는 그냥, 어린 마음이어서 그랬는지, 또 일제 시대 때 태어나고 그랬으니까. 일본이 밉단 마음도 없고 그렇게 힘들단 마음도 없었어요. 그런데 전쟁 나니까 청년들을 군인 뽑아 가고.

서울 소개(疏開)

● 정신대 같은 것도 서울에서 좋은 학교 다니는 여학생들한테는 그런 위협이 안

🎧 (주023)

공출과 배급

🔖 이어서 남양군도를 속속 함락시켰고 무진장한 천연 자원을 가진 그쪽 땅덩이가 일본의 손아귀에 들어왔다는 걸 과시하고 자축하기 위해 전국의 국민학생에게 고무공을 한 개씩 나눠 주었다. 황공하옵게도 천황 폐하가 내리신 하사품이라고 했다. 남양군도에는 고무뿐 아니라 설탕의 원료도 무진장하다고 했다. 그러나 곧 고무신과 설탕은 배급제로 바뀌었고 흰고무신은 사치품이 되었다. 남양군도는 또 석유 철강 등 군수 용품의 보고라고 했다. 그러나 시골의 등유도 배급제가 되더니 어느 날 신문이 제기를 귀축미영을 무찌르는 총알을 만드는 데 써 달라고 헌납한 갸륵한 종갓집 얘기를 대서 특필한 걸 시작으로 너도나도 유기 그릇을 헌납하지 않으면 안 되는 사태가 벌어졌다. (…중략…) 그래도 20리 길이 채 안 되는 개성까지 식량을 실어 나르는 게 가장 수월했다. 수시로 드나드는 나뭇짐, 거름 달구지를 이용할 수 있었고 들켜도 지주의 세도를 무시 못 하는 하급 관리를 무마하는 것쯤은 문제 없었다. 자연히 샛골에서 여생을 보내려는 노인들의 자손 중 경성에 생활 기반이 있는 이들이 개성으로 옮겨오거나 식구들만 개성으로 보내는 일도 연달아 생겨났다. / 식량이 배급제가 될 때만 해도 한 사람 앞에 백미를 하루 삼 홉씩 계산해 주던 걸 잡곡을 섞더니, 다시 잡곡 섞어 이 홉 오 작, 이 홉 삼 작으로 줄이고, 연달아 반나마 섞는 잡곡이란 게 도저히 사람이 먹을 수 없는 콩깻묵으로 변한 판국이니 자연히 그리 될 수밖에 없었다. ─『미망』(문학사, 1996년판) 중에서.

🎧 (주024)

몸에 쌀을 숨겨 오는 일

🔖 2차 대전이 막바지로 접어들자 우리들 콩깻묵밥 안 먹이려고 자주 송도 왕래를 해야 했다. 기차간에서의 쌀 수색이 심해지자 엄마는 빈몸으로 갔다가 빈몸으로 돌아왔다. 달라진 게 있다면 호리호리한 엄마가 대보름만하게 뚱뚱해져 돌아오는 거였다. 대개 밤기차를 탔기 때문에 자정 못미처 돌아온 엄마가 등화 관제용 갓이 내려진 어두운 전등 밑에 쭈그리고 앉아 배나 허리, 젖가슴, 정강이 등 여기저기서 올망졸망한 쌀자루를 꺼내 양동이에 쏟아붓는 걸 실눈 뜨고 보고 있으면 절망과 슬픔이 목구멍까지 괴어 와서 이를 악물곤 했다. 엄마의 그짓은 아주 위험한 짓이었다. 목구멍이 포도청이란 말이 그 때만큼 절실했던 적도 없으리라. 일본 순사가 뚱뚱한 여자만 보면 창으로 찔러 본다는 소문이 파다했다. ─「엄마의 말뚝 1」(『엄마의 말뚝』, 세계사, 1994년판) 중에서.

🎧 (주025)

공출(供出)

사전적 의미로는 국가의 수요에 따라 국민이 농산물이나 기타 물자 등을 의무적으로 정부에 매도하는 일을 뜻한다. 일제 강점기의 공출 제도는 처음에는 생산 의욕을 높이기 위해 실시했으나, 태평양 전쟁 도발로 재정과 식량 사정이 악화되면서 전체 조선 농민을 대상으로 자가 소비용을 제외한 쌀 전량과 잡곡은 물론 면화나 고사리까지 강제 매도하게 했다. 공출 대가는 공정 가격으로 지불한다고 선전했으나 전시 채권 구입이나 강제 저축 등으로 농민의 수중에 돌아가는 현금은 거의 없었다. 반발이 커지자 총독부는 공출 사전 할당제, 부락 공동 책임제 등의 편법을 동원해 강행해 가며 조선 농촌을 남김없이 수탈했다. 1940~1945년까지 농촌 생산량의 40~60%가 강제 공출되었고, 전쟁 말 농민들은 하루 쌀 1홉과 잡곡 1~1.3홉으로 연명해야 했다.

🎧 (주026)

일제 강점기의 배급 정책

일제는 중일 전쟁과 태평양 전쟁 과정 중에 이른바 「국가총동원법」 및 이와 관련된 제반 법령을 배경으로 전면적 통제 경제를 실시한다. 이들은 물자 지급의 우선 순위를 정했다. 최우선 순위는 군사 용품, 그 다음은 생산력 확충 용품이었고, 군수와 관련된 정도에 따라 그 안에서도 순위를 다시 세분했다. 민수용 소비 물자는 최하위였다. 이와 같이 결정된 순위에 따라 소요 물자를 배당하거나 배급했고, 생필품을 배급받을 때도 차등이 있었다. 구체적으로는 군수 공장과 일반 기업 사이에 현격한 차별이 있었고, 일본인과 조선인 사이에도 차등이 있었다. 예를 들어 식량 배급 때 일본인에게 백미를 배급하지만 조선인에게는 비료나 사료로 쓰는 대두박(大豆粕, 콩깻묵, 콩기름을 짜고 남은 찌꺼기)을 대용으로 배급하는 식이다. 생필품 또한 설탕, 비누 등의 품목은 일본인에게만 배급하고 조선인에게는 배급하지 않았다.

🎧 (주027)

호수돈여고

🗨 "개중(開中) 때 호수돈 여학생만 보면 왜 그렇게 가슴이 떨리고 다리가 후들댔던지…. 하여튼 하나같이 미인이었어요. 똑바로 보지를 못했으니까 그럴 수밖에요. 서울 가서 보전(普專) 들어가던 해 봄이었어요. 곤색 쓰메에리 입고, 사각모 쓰고 내려와서 부모님께 절하고 나서 어델 제일 먼저 갔는 줄 아세요? 내 장하고 자랑스러운 모습을 호수돈 아가씨들한테 보이고 싶어 내려온 거지 부모님은 그 다음이다구요. 시쳇말로 폼 재면서 호수돈 둘레를 지치지도 않고 뱅뱅 돌았죠. 벚꽃이 만발한 호수돈은 참 아름다웠어요. 내가 열아홉 살 때였으니까 아름다운 시절이었구요." 그가 아름답던 시절에 연모한 건 호수돈 전체였을 뿐 나 같은 건 안중에도 없었다는 듯한 말투에 나는 모욕감을 느꼈다. ―「저녁의 해후」(1984년 발표, 『꽃을 찾아서』, 창작사, 1986년판) 중에서.

☞ 1899년 미국인 여성 선교사 갈월(A. Carroll)이 개성에서 주일학교(Sunday School)를 개교하여 개성여학당이라 칭한 것이 호수돈여고의 시작이다. 1910년 5월 교사를 신축하여 학교 이름을 호수돈여숙이라 하고, 1938년에는 호수돈고등여학교로, 이어 1941년 명덕여학교가 되었다가 휴전 직후인 1953년 대전으로 옮겨 1954년 호수돈여자중학교와 호수돈여자고등학교로 개칭해 오늘에 이른다. 해방 전의 호수돈여고는 일제에 항거하는데 앞장 섰을 뿐 아니라 우수한 인재를 많이 배출한 개성 지방의 명문여고로 도산 안창호 선생이 "조선의 딸을 길러 주는 훌륭한 학교"라 칭송했다고도 한다. 시인 모윤숙과 유안진, 최초의 여성 장군 양승숙, 방송인 지승현, 탁구 국가 대표 선수 김경아 등이 호수돈여고를 졸업했다.

1899년 개성에서 개성여학당(오른쪽)으로 시작한 호수돈여고는 1910년 석조 4층 교사(왼쪽)를 신축했다.

🎧 (주028)

식량 공출

🖎 1944년, 대본영 발표는 여전히 대일본제국 군대가 귀축미영을 무찌르고 있다고 으스댔지만 조선 사람이 느끼기는 그와 정반대였다. 경성에는 소개령이 내려 집과 사람을 가차없이 솎아냈고 농가에 매기는 공출량도 터무니없어졌다. 말은 추수한 쌀에서 도시 사람 배급량만큼의 1년 양식을 떼놓고 산출한 양이라지만 시골 사람이 그렇게 먹고 농사를 지을 수도 없었거니와 그만큼 남겨 주지조차 않았다. 자연히 쌀을 감추게 되고 군량미에 갈급이 난 그들은 면서기나 순사를 시켜 수시로 농가를 급습했다. 짚단 낟가리, 갈잎 낟가리, 두엄더미, 심지어는 솜이불까지 쇠붙이가 달린 장대로 마구 찔러보고 나서 허탕을 치면 욕지거리를 남겨놓고 다음 집으로 옮겨갔다. 끝은 뾰족하고 몸체는 대롱을 절반으로 갈라놓은 것처럼 생긴 쇠붙이는 평화로울 때도 싸전에서 쌀가마 속에 든 쌀의 질을 가마니를 끄르지 않고도 소비자에게 보여 주기 위해 요긴하게 쓰이던 기구였다. 그러나 유난히 긴 장대 끝에서 번쩍이는 그 쇠붙이를 앞세우고 각반 친 면서기나 순사들이 동구 밖을 들어서는 걸 보면 울던 아이도 그치고 어른들은 치를 떨었다. 만일 그 쇠붙이가 숨겨둔 쌀가마나 쌀자루를 정통으로 찔러 흰쌀이 담겨져 나온다면 농부는 욕먹고 얻어맞기 전에 심장을 찔리고 선혈을 흘리는 듯한 고통을 맛보아야 했다. 유기그릇을 수탈해 갈 때는 그래도 희망이 있었다. 그러나 쌀 공출이 그악해지자 그놈의 전쟁이 오래 못 가리라는 희망은, 살아서 일본이 망하는 걸 보지 못하고 굶어죽으리라는 절망으로 변했다. —『미망』(문학사상, 1996년판) 중에서.

🎧 (주029)

쌀가마니 괴담

🖎 설마설마 하는 사이에 더 나쁜 일이 생겼다. 그건 같은 면내에서 생긴 일이기 때문에 소문이 아니라 실제 상황이었다. 동구 밖에서 감춰 놓은 곡식을 뒤지려고 나타난 면서기와 순사를 보고 정신대를 뽑으러 오는 줄 지레짐작을 한 부모가 딸애를 헛간 짚더미 속에 숨겼다고 했다. 공출 독려반들은 날카로운 창이 달린 장대로 곡식을 숨겨 두었음직한 곳이면 닥치는 대로 찔러보는 게 상례였다. 헛간에 짚가리로 창을 들이대는 것과 그 부모네들이 안 된다고 비명을 지른 것은 거의 동시였다. 창끝에 처녀의 살점이 묻어 나왔다고도 하고, 꿰진 창자가 묻어 나왔다고도 하고, 처녀는 그 자리에서 죽었다고도 하고, 피를 많이 흘리면서 달구지로 읍내 병원으로 실려 갔는데 죽었는지 살았는지 모른다고도 했다. 아무튼 그 소문의 파문은 온 면내의 딸 가진 집을 주야로 가위눌리게 했다. —「그 여자네 집」(1998년 발표, 『그 여자네 집』, 문학동네, 2006년판) 중에서.

왔습니다. 다 시골에서 일어났지.

장 : 선생님 자라셨던 개성에서도 그런 예를 보신 적이 있으세요? 가까운 사람이나 동네 사람 중에서요.

🎙 그러믄요. 그거는… 더 비극적인 일인데, 우리도 일제 말기에 시골로 내려갔어요. 역사에도 나올 거예요. 소개(疏開)시킨다고 그래요. 서울 시민들을 시골에 연고지만 있으면 시골로 가라. 그 때 오빠도 여기서 회사 다니고 그럴 때 징용 문제도 있어서, 아무튼 우리가 시골로 내려갔어요. 서울에서 견디다가 거의 해방되기 조금 전에, 우린 암만해도 시골에 가면 살기가 편하니까요. 나는 숙명 다니다가 내려가서 학교에 다녀야 되니까… 호수돈여고라고 거기서 명문 여고예요.🎧⁽주027⁾ 거기로 전학을 가고요. 1945년 봄입니다. 🎙 2학년 올라가고 나서였어요. 그 때는 전학하는 것도 아주 쉬워요. 소개 간다, 그러면은 총독부에서 다 해 줘요. 개성에서 어느 학교 가고 싶으냐, 호수돈여고 가겠다 그러면, 그것도 바로 가는 게 아니라 내가 집에 있는 동안에 통지가 와요. 학교에서 와라 하고. 인제 [전학 신청해 놓고 내려] 가서 개성 시내서 이삼십 리 떨어진 우리 집에 있는데, 그 때 어려서 친구들, 친구들이라고 해서 꼭 내하고 동갑은 아니잖아요. 중에 남아 있는 동무들이 열대여섯 살예요. 열일곱, 열여덟 되는 애들이 없어요. 다 시집을 보낸 거야. 정신대 뽑아간다 이래 가지고. 아우, 정말 놀랬어요. 그 때는 할아버지 돌아가셨으니까 사촌들이랑 있는데 아주 비극적인 일이 동네에서 일어났어요. 소설에도 몇 번 썼어요.(가라 앉은 목소리) 나에게 너무 충격적인 일이라…. 🎙 수시로 면사무소에서 뒤지러 와요. 쌀 감춰 놓은 거 어디 있나… 사람들은 애들이 있거나 임산부가 있을 때도 그렇고, 제사를 중요하게 생각하지 않습니까. 제사 때 쓸 쌀, 이런 건 꼭 공출 안 내 놓고 숨겨 놓지요. 마당에 큰 갈잎 낟가리를 쌓아 놓는 데도 숨겨 놓고, 천장에도 숨겨 놓고, 심지어 그 땐 비닐 같은 것도 없었는데 우물에도 숨겼다고 그래요. 🎙 난, 일제 말기에 서울에서는 못 보던 걸 시골 가서 생생하게 본 것이 뭐냐면, 그 사람들이 별안간 나타나 갖고는 여기저길 찔러 봐요. 큰 장대 같은 끝에 요렇게 쇠붙이가 달렸어요.🎧⁽주028⁾ 근래에도 왜 쌀을 가마니로 팔 때, 좋은 쌀인지 [찔러 보잖아요.] 그렇게 생긴 쇠붙이가 끝에 달린 긴 장대를 갖고 천장, 또 아궁지 밑도 속으로…, 그 땐 쌀을 가마니에 놓을 때니까 찔러 보면 쌀이 딸려 나오는 거죠. 🎙 그런데 또 그 때 징용, 정신대 여자들 뽑아가는 것도 면사무소에서 해요. 그러니까 면사무소에서 순사를 앞세우고 양복 입은 사람들이 마을에 들어선다 그

정신대 징집

정신대(挺身隊)는 '어떤 목적을 위해 솔선해서 몸을 바치는 부대'라는 의미로 일제 강점기 시절 일본이 전쟁을 위해 동원한 인력 조직이었다. 남녀 모두 그 대상이 되었는데 농촌 정신대, 보도 정신대, 의료 정신대, 근로 정신대 등이 있었다. 그 중 여성들로만 구성된 정신대를 여성 정신대라고 하였고, 이 여성 정신대가 대부분 일본군의 위안소로 연행되었기 때문에, 정신대라는 말이 주로 일본군 위안부를 지칭하는 말로 굳어졌다. 과거에는 '종군 위안부'라는 말을 쓰기도 했으나, 자발적 지원의 의미가 강하기 때문에 부적절한 용어다. 최근 유엔 인권 위원회는 위안부라는 용어 대신에 '일본군 성노예'라는 표현으로 일본군의 조직적이고 강제적인 동원 사실을 명확히 하기도 했다. 일본군이 처음으로 위안 부대를 창설한 것은 1932년 상해 사변을 일으키면서다. 당시 일본군 병사들의 중국 여성들에 대한 강간이 심화돼 반일 감정이 높아지자 나가사키 현 지사에게 군대 위안부의 모집을 요청한 것이 계기가 되었다. 위안부들의 증언과 미국 전시 정보국이 위안부들을 상대로 심문한 조서에 의하면, 1938년까지 위안부 모집은 도시의 여공이나 식당 종업원 등을 인신 매매하는 수법으로 이루어졌다. 그러나 1940년 무렵에는 군의 허가를 받은 매춘업자들이 경찰이나 면장의 안내를 받으며 농촌의 어린 여성들에 접근해 특수 간호부나 군간호 보조원을 모집한다며 속여 꾀었다고 한다. 조선총독부는 조선의 도·군·면에 동원 칙령을 은밀히 하달하고 면장 책임하에 위안부를 동원하도록 하기도 했다.

전시 노력 동원

일제는 「국가총동원법」과 「국민근로보국령」에 따라 여러 가지 동원령을 발표했다. 그 가운데 학생은 보수를 주지 않으면서도 부족한 노동력을 대신할 수 있는 동원 인력으로 간주되었을 뿐더러, 노동을 천시하는 풍조를 교정하는 교육의 일환으로 합리화되었다. 국민학교 고학년부터 중등학교, 전문학교 학생들은 교직원을 중심으로 군대 조직을 닮은 학도보국대를 편성해 그 안에 소속되도록 했다. 근로보국단 학생들은 철도, 신사, 기지 등을 건설하거나 농사로 식량 증산을 돕거나 군수품 공장, 병원 등에서 일손을 도왔다. 처음에는 방학 때 열흘쯤 동원되던 것이 한 달, 몇 개월로 동원 기간이 늘어났고, 농번기에도 일손을 돕게 했다. 1944년 들어 「학도근로령」을 공포하는데, 노동은 곧 교육이라는 논리로 학생들을 거의 1년 내내 동원했으며, 농업 실습이라는 이름으로 유실수나 고구마 등을 심어 키우기도 했다. 1945년 5월에는 「전시교육령」을 공포해 아예 학도대 조직을 의무화하고 결전 태세를 갖추도록 했다.

러기만 하면 사람들이 으레 공포에 질려요. 우리 마을에서 생긴 일은 아니지만 이웃 마을에서 시집 못 보내고 데리고 있던 딸이 있는데 조금 모자라는 애랍니다. 모자라는 애니까 시집을 못 보냈는데 집에선 밤낮 불안한 거예요. 동구 밖에서 아, '누구네 뭐 온다더라' 그러니까 이 사람들이 놀래 갖고, 마당에 갈잎 낟가리가 집채만 해요. 개성서는 나무를 장작으로 많이 하지 않고, 못 베게 하니까요, 산에서 막 긁은 것들을 해다가 크게 쌓아 놓지요. 끼니 때는 몇 삼태기를 갖다가 때야 돼요. 거기다 애를 숨긴 거예요. 근데 그 사람들이 거길 찌른 거예요.

장 : 아, 어떡해.

● 쌀 대신 피가 묻어나온 거예요. 소문이 흉흉하지요. 🎧(주029) 걔가 어디로 실려가서 죽었다느니, 또 아니라느니. 그 때는 유언비어 죄가 무서워요. 난 학생이니까 당당하게 집에 있는데 할머니가 "빨리 너 개성으로 가라, 시내로." 정신대도 그렇고 인민군 들어왔을 때도 그래요. 시골이 뭐든지 더 심해요. 서울이 살기가 나아요.(웃음) 지금도 그러니까 다 서울로들 오잖아요.

장 : 위기의 시대 때는 오히려.

● 그렇지요. 나 학교 다닐 때도 정신대령이 내렸다는 거는 신문에서 보고 알았지만 학교에서 "너희들 나가고 싶냐?" 이런 말조차 들어 본 적이 없어요. 학교에서 뽑아갔다 이런 건 거짓말입니다. 모르지요, 시골 구석 학교에서는, 혹시 교장 선생님한테 몇을 뽑아 보내면 어쩐다 이럴 수도 있었겠지요. 그렇지만 절대로 서울, 명문 사립 학교에서는 그런 일 없었어요. 🎧(주030)

장 : 여학생들을 강제로 징집한 일은 없었고요?

● 네. 혹시 이런 일은 있을 수 있어요. 정신대 간 사람 중에 월급 받고 갔다고 말하는 사람이 있잖아요. 니들 학비 어려우면 이거로 어려움 없이… [그런 말로 데려갔을 수는 있겠지요.] ● 1945년 4월달입니다. 4월달이 신학기가 시작되는 달이고, 여기서 별로 안 댕기고 글로 갔으니까요. 할머니가 거기서 오란 통지 나오기도 전에 넌 학교를 호수돈으로 가래는 증명도 있으니까, 그대로 빨리 [가라고 재촉하셨어요.] 개성에다 셋방을 얻어서 왔어요. 왔다가 조그만 집을 하나 샀지요, 우리 오빠도 개성 어디로 직장을 구하고요. 얼마 안 댕기고 나서 8·15가 된 거지요. 난 학교 며칠 가지도 않고 그냥 집으로 왔지요.(웃음) 방학은 7월달에 하지 않습니까. 그 해 방학도 길었어, 8월 15일에 해방이 되니까.

장 : 전쟁 막바지에는 수업 진행이 정상적으로 안 되었겠지요?

🎧 (주032)

운모 작업

운모(雲母)는 화강암 가운데 많이 들어 있는 규산염 광물의 하나로 흔히 육각의 판 모양을 하며 얇은 조각으로 잘 갈라져 돌비늘이라 불리기도 한다. 운모는 절연성이 뛰어나고 화학적으로 안정적 성질을 띠기 때문에 축전기나 전기 절연체로 사용되고 유리를 대신해 쓰이기도 한다. 박완서의 구술에서 '운모 작업'이란 일제 강점기 막바지 일제에 의해 중·고등학교 학생들이 운모를 얇게 자르는 데 동원된 일을 말한다. 당시 보통 오전에 두 시간 수업을 받고 나면 학교는 간이 공장으로 변했다. 군복에 단추를 다는 작업도 했지만 가장 오래 지속된 작업은 육각, 오각, 사각 등으로 각이 진 반투명의 운모를 얇게 벗기는 운모 작업이었다. 운모를 사용하는 작업장에서는 미세한 분진이 발생하기 때문에 규페증과 유사한 산업 재해를 일으키는 것으로 알려진다.

1940년대의 화보 『사진 순보』, 전시 노력 동원되어 작업 중인 이화여고 등 서울의 여학교를 소개했다.

🎧 (주033)

소개령(疏開令)

적의 공습이나 화재 등으로부터 피해를 줄이기 위해 한곳에 모여 있는 주민들을 분산시키는 명령. 일제 강점기 말기에 패색이 짙어진 일본은 경성에 소개령을 내려 연고가 있는 지역으로 주민들을 반강제적으로 내려 보냈는데 1945년 8월 15일 해방 후 갑작스레 그어진 38선으로 인해 북한 지역으로 소개됐던 주민들이 다시 되돌아오지 못하는 일도 있었다.

🎧 (주034)

삼팔선의 형성

1945년 8월 15일부터 1953년 7월 27일 휴전 협정이 성립될 때까지, 남북한 간의 정치적 경계선이 된 삼팔선은 애당초 순수한 군사적 목적에 따라 일시적 편의를 위해 책정된 것이었다. 2차 대전 종전 후의 한반도는 얄타 회담과 포츠담 선언 등에 따라 미국과 소련군이 분담하여 점령하기로 하고 일본의 패망 후 북위 38도선을 기준으로 북쪽에는 소련군이, 남쪽에는 미군이 주둔하게 되었. 표지석, 경계선도 그어 놓지 않은 상태에서 초기의 38선은 그 경계를 어디에 두느냐로 극심한 혼란이 벌어졌다. 이남 지역에 속하던 지역이 하룻밤 사이에 이북 지역으로 편입되거나 그 반대의 사태도 비일비재했다. 『동아일보』 1963년 8월 15일자 기사를 인용한다. "8·15 당시 평화 속에 자고깨던 강원도 인제군 남면 부평리 구만동. 그곳에도 뜻하지 않은 비극의 38선이 가로놓여 아늑한 마을을 남과 북으로 잘라놓았다. 마을에서 북으로 십여 미터 앞에는 소양강 상류가 동에서 서로 흘러내리는데, 삼팔선은 이 마을에서 사는 정종회 씨네 초가의 지붕을 길게 반쪽으로 쪼개놓고 말았다."

● 그럼요, 난 여기서 숙명 다닐 때도 정신대 위협보다도, 영어 과목도 없어지고 수업도 오전 중만 하고, 오후에는 군복 이만큼 쌓아 놓고 단추 다는 거…, 대강만 해 놓은 거를 마무리 하는 거죠. 노동. 어떻게 보면 정신대나 마찬가지지.(웃음) 🎧(주031)

장 : 전쟁 말기에는 어떤 형식으로든 전쟁에 동원됐군요.

● 네. 두 가지 일을 했는데, 군복하고 운모 작업이라는 걸 했어요. 군수품으로 쓰나 봐요. 운모를 이만큼 주고 칼을 줘요. 얇게 슬라이스하는 작업. 요렇게, 요렇게 날카롭게, 아주 얇게 만들어요. 그게 유리, 비행기…. 🎧(주032) 아주 분진 같은 게 안 좋답니다.

장 : 당시에 서울 소개라는 게 어떤 배경 속에서 이루어진 건가요?

● 역사에도 나와요. 소개령 🎧(주033)이라고 해 가지고요. 정신대도 령이라고 그러지요. 그렇게 강제성을 띤 건 아니지만, 공습 때문에, 인구가 조밀한 지역을 분산시키기 위해서 한 거죠. 시골에 연고지가 있고 그런 사람에게는 어차피 식량난도 심하니깐요. 소개 간 사람 많습니다. 그 때 우리 반도 애들이 많이 줄었지요. 소개 갔다가 안 돌아온 애들이 많은데, 어떻게 해서냐면, 나는 그 때 개성이 삼팔 이남이니까 망정이지. 우리 숙명에는 평안도 애들도 많은데 소개가 되었으니, 또 마침 방학이니까 내려갔다가, 삼팔선 생기면서요. 나중에 삼팔선을 뚫고 왔다든가 이런 일도 많이 있지요. ● 소개가 진행될 때 헐리는 집도 많아요. 어느 지역을 헐거나, 조그만 골목을 큰 길로 한다든가 그런 일도 있었어요. 자기 집이 헐리는 거예요. 다른 데 집을 줬는지 모르지만….

장 : 선생님께서는 소개령 이후 개성으로 갔다가 해방 후 언제쯤 서울로 돌아오셨습니까?

● 아, 난 2학기 때부터는 숙명으로 다시 왔으니까.

장 : 그럼 1학기 한 학기 정도 개성에 계셨던 거네요, 선생님?

● 그렇지요. 네.

해방 공간의 개성

장 : 2학기에 돌아왔을 때 해방기 정국이랄까, 도시에서 정말 해방이 됐구나 실감

🎧 (주035)

태극기의 유래와 변천

↑ 동덕여자의숙 태극기, 등록문화재 384호.
╱ 남상락 자수 태극기, 등록문화재 386호.

태극기는 1882년(고종 19년)에 제물포 조약의 사후 문제로 일본에 가던 수신사 박영효(朴泳孝) 일행이 배 위에서 고안했다고 전해진다. 하지만 규장각에 어기(御旗) '태극 팔괘도'가 먼저 존재했고 태극기의 기원임이 밝혀졌다. 1883년 고종은 임금을 뜻하는 붉은 바탕에 푸른색(관원), 흰색(백성)기를 만들려 했으나 일장기와 유사하다는 지적이 있자 붉은색과 푸른색의 태극을 중심으로 조선 팔도를 뜻하는 팔괘를 넣어 만든 기를 제작하여 사용하도록 했다. 태극기라는 명칭은 1942년 임시 정부에서 처음 사용했고, 해방 후 1949년 국기시정위원회에서 지금의 형태로 정했다.

🎧 (주036)

개성 지도

🔹 그는 어디서 주웠는지 벽돌 깨진 조각으로 지도를 그리기 시작했다. / 송악산 용수산 남대문을 그리고, 시가지를 북부 남부 서부 동부로 나누고 나서 싱그나무골 시접골 모라재 열두골 장작재 핼래다리 당성다리 고리고개 큰웅굴 작은웅굴 시우물골 궁골 마하리골 합적골 가재다리 기생골 항명사골 감전골 메주물골 큰각삿골 작은각삿골 모락재 장작재⋯ 등등 그 고장 특유의 골목과 고개와 다리 이름을 줄줄이 끝도 없이 써넣기 시작했다. 남의 아이라도 아이의 영민한 기억력을 보면 귀엽고 신통한데 늙은이의 지칠 줄 모르는 기억력은 왜 그렇게 싫은지 그만, 제발 그만두라고 들입다 소리치고 싶은 걸 참기가 여간 고통스럽지 않았다. ─「저녁의 해후」(『꽃을 찾아서』, 창작사, 1986년판) 중에서.

☞ 개성시 남산동은 개성 남대문의 남쪽으로 구리개(동현)와 메주물골(미조정) 일부를 병합해 1914년에 남산정으로 신설한 것이다. 해방 후 용산동에 편입되었다가 1967년 다시 남산동이 되었고, 1993년 남산일동과 남산이동으로 나뉘었다.

🎧 (주037)

경의선(京義線)

서울을 기점으로 개성─사리원─평양을 거쳐 신의주까지 우리 나라 관서 지방을 관통하는 종관철도(縱貫鐵道)로 수많은 지선이 이어져 있다. 일제가 대륙 침략 목적으로 부설권을 침탈해 1904년 착공했다. 일제에 의해 엄청난 물자와 인력이 강제로 동원되어 2년도 안 되는 733일 만에 총 길이 499킬로미터로 완공됐다. 평시에는 원료와 공업 제품 수송을 했으나 1931년 만주 전쟁을 일으킨 이후에는 군용 노선으로 이용되었다. 신의주에서 압록강철교를 건너 만주로 이어지나, 분단으로 남쪽은 서울과 문산 사이 46킬로미터만을 운행하고 있다.

1906년 경의선 개통 시운전.

할 수 있었습니까?

● 아, 개성에서 금세 돌아왔다기보다는 집도 팔아야 되니까요. 그럴 때 개성이라는 지역이 묘했어요. 삼팔선을 긋는데, 선을 근다는 게 쉬운 게 아니지요.^(주034) 아마 개성으로 선이 지나갔던 것 같애. 맨 처음에는 삼팔 이남이었다고 그랬나, 아무튼 미군이 들어왔어요. 조금 있다가 소련군이 들어왔다가 아, 이건 잘못됐다 그래서 미군이 들어오고…, 이런 일이 있고는 아주 삼팔 이북이 됐지요. 아주 혼란스러웠던 시긴데요. 그래도 우리가 해방되고 나니까 〔들뜨고〕 그럴 적에 막, 내가 가장 인상적이었던 거는, '우리는 태극기를 만들어야 된다'. 일본 국기는 집집마다 있죠. 그것 갖고 태극기를 만드는 게 쉬워요. 그렇지 않아요? ● 먹이 흔하잖아요. 지금 태극기는 파랗지만 우리는 빨강을 남기고 검은 걸로 다 그리고, 사괘도 엉터리로나마 그렸어요. 지금도 〔태극기 모양을〕 누구나 다 외는 게 아니잖아요. 그렇게들 하는 무렵에, 개성 시내 어떤 집에서 태극기를 내걸었는데, 공단 천에다가 박음질을 한 거예요. 그 집에서 오랫동안 접어서 간직하고 있던 거지요.

장 : 아.

● 진짜 태극기예요. 지금 태극기하고는 좀 달랐던 것 같애.^(주035) 그런 걸 딱 내다 걸었는데…, 어우 저 집은 정말 품위 있어 보이고 그걸 간직하고 있었구나.

장 : 일제 시대 때 징용 가거나 잡혀갔던 사람들이 귀환하는 모습도 보셨고요?

● 네. 봤지요. 우리가 개성의 남산동에 살았는데 남산동은 지금도 그…, 저기 지도도 있는데,^(주036) 서울로 오는 경의선^(주037) 철길이 우리 집에서 조금 나가면 바로 지나가요. 그러면 〔그 길로〕 사람들이 기차로도 못 오고 그냥 조금씩 식량을 싸 갖고 길이 미어지게 와요.

장 : 걸어서요?

● 네. 그럼 나가서 구경도 하고 물어도 보지요. 어디서 오느냐? 만주에서 온다, 어디서 온다, 고향으로 돌아오는 거지요. 기차 있는 데까지는 타고, 또 걸어도 오고. 대개 서울로 가는 사람들인데 개성까지 오면 거의 다 온 거예요. ● 또, 개성 시내에도 여러 청년 단체가 생기면서 길에 벽보 같은 게 많이 붙고요.^(주038) 신문도 여러 가지 새로 나오는데 좌익계 신문도 있고, 일본이 우리 조국인 줄 알고 산 국민들을 계몽해야 하잖아요. 우린 일본에게 교육을 어떻게 〔받았냐면〕 서양 사람들, 영국이나 미국을 귀축(鬼畜)이라 그랬어요. 귀는 귀신, 축은 축생이라는, '귀축미영'^(주039)이라고 배운 사람들한테 거기가 연합군이고 우리를 해방시키려고 온다

해방 직후의 개성

🎧 (주038)

💭 며칠간의 행정의 공백기를 장악했던 자위대는 인민위원회로 변신을 하고 각 기관을 접수하기 시작했다. "공장은 노동자에게, 토지는 농민에게"라는 벽보가 개성 부내는 말할 것도 없고 촌구석 토담까지 붙었다. 경천동지할 희소식이었다. 일본놈을 등에 업고 거들먹거리던 족속들을 한 번 혼내 주고 싶어서 너도나도 휩쓸렸던 파괴 행위는 제각기 주인 노릇 할 장소를 찾으려는 개별적인 하극상과 약탈로 변했다. 부내의 유일한 교통 수단인 인력거만 봐도 "타는 사람은 누구고 끄는 사람은 누구냐"는 식으로 깨부수고 양쪽을 다 욕보였다. 위계 질서의 혼란은 곧 행정력의 마비를 가져와 불과 며칠 사이에 부내는 무법천지가 되고 말았다. ─ 『미망』(문학사상사, 1996년판) 중에서.

귀축미영(鬼畜米英)

🎧 (주039)

1940년대 일본 제국주의자들이 일본과 조선의 젊은이를 전쟁으로 내몰며 적개심을 높이려고 미국과 영국을 '귀신(鬼神) 짐승(家畜)의 나라'라는 의미로 부르던 말. 일제는 이 전쟁을 '성전(聖戰)'으로 미화했다. 이광수(李光洙)는 '맹수 독충'이라고 표현하며 학도병 지원을 재촉하는 어용시 「조선의 학도여」를 1943년에 발표했다. "아세아는 세계의 성전 / 세계의 낙원, 이상향 / 신앙과 윤리와 예술의 원천 / 그러한 아세아를 세우려고 / 맹수 독충을 몰아내는 성전 / 일본 남아의 끓는 피로 / 아세아의 해(海)와 육(陸)을 / 깨끗이 씻어내는 성전"

개성의 삼팔선

🎧 (주040)

💭 일본이 패망한 건 방학 때여서 시골집에 있을 때였다. 조국이 해방된 소식도 사나흘 늦게 알려질 정도의 벽촌이었다. 시내에 나와 보니 무조건 기뻐 날뛰던 시골 사람들과는 달리 화제는 온통 38선이 어디로 그어지냐였다. 미국과 소련이 북위 38도선으로 한반도를 나누기로 한 것은 벌써 기정사실로 받아들인 듯, 초미의 관심사는 38선이 개성 어디를 지나냐였다. 지리 시간에 경선(經線)과 위선(緯線)에 대해서 배워서 그게 뭐라는 걸 상식적으로 알고 있었지만 그게 실지로 땅을 경계 지을 수 있는 구체적인 선이 될 수 있으리라고는 한 번도 상상해 본 적이 없었다. 그 초유의 엄청난 일을 저지른 강대국들도 땅 위에 실질적인 금을 긋기는 쉽지 않았던 거 같다. 개성이라는 작은 도시를 놓고 그 선이 한때 왔다 갔다 했던 것으로 기억된다. 처음에는 개성 북쪽 송악산이 38선이라고 하면서 미군이 주둔했다. 살기등등하고 질서 정연한 일본군의 행진만 보다가 웃고 손 흔들고 장난치듯이 무질서하게 걸어 들어오는 그들이 전쟁에 이겼다는 게 잘 믿어지지 않았다. / 미군이 주둔한 지 며칠 안 되어 삼팔선이 잘못 그어져 개성이 소련군 점령 지역에 들어갔다고 했다. 미군이 물러가고 소련군이 들어왔다. 별안간 민심이 흉흉해졌다. 가게 문을 닫고 부녀자들이 바깥 출입을 삼갔다. (…중략…) 다리 한가운데가 38선인 듯 다리 이쪽은 소련군이 저쪽은 미군이 지키고 있었다. 그러나 기차가 없어서 도보로 떼 지어 가는 사람들은 미군도 소련군도 바라만 볼 뿐 검문도 제지도 없었다. 나는 다리 한가운데에 줄이 그어졌나, 새끼줄이라도 매놨나 찾아봤지만 아무런 표시도 없었다. ─ 수필 「내가 넘은 38선」(『호미』, 열림원, 2007년판) 중에서.

미군의 사탕과 개성 사람

개성 시가, 일제 강점기 사진 엽서.

🛡 부윤이 베푼 인삼잔의 질탕한 잔치의 효험이 나타나고 말고 할 새도 없었다. 북위 38도선을 정확하게 긋고 보니 개성은 그 이남이 된다고 했다. 봉동역에서 끊겼던 경의선도 개성을 지나 토성(土城)까지 이어졌다. / 미군이 들어오자 새하얀 밀가루와 알록달록한 알사탕을 한바탕 공짜로 풀었다. 첫선을 보인 미제 물건이었다. 나이 지긋한 개성 사람들은 지금도 해방 후를 회상할 때 이렇게 말하기를 좋아한다. / "전국에서 유일하게 우리 개성 사람들은 그 때 미제사탕을 안 받아 먹었답니다. 사탕발림을 거부한 거죠." / 그러나 그전에 기생들이 부민을 대신해서 겪은 치욕에 대해선 아무도 말하지 않는다. ─『미망』(문학사상사, 1996년판) 중에서.

다와이

🛡 다와이라는 말이 유행을 하면서 시장이 다와이를 당했다, 밭의 채소도 다와이를 당했다, 여자들까지 다와이를 당했다고 난리였다. ─『그 많던 싱아는 누가 다 먹었을까』(웅진지식하우스, 2006년판) 중에서

☞ 러시아어 давай[다바이]에서 온 말로 추정된다. 원 형태는 давать[다바쩨]이다. 영어의 give와 같은 뜻이다. 무언가를 강제로 빼앗기거나 혹은 그 상태를 표현한다.

야다리

☞ 개성 시내 동남 끝자락 보정문(지금의 장패문) 안에 있다. 몽고 병사가 낙타 50마리를 매어 놓았다는 이야기가 전한다.

🎧 전영감 아니라도 개성 사람들은 아이들이 예쁘게 굴 때도 밉게 굴 때도 야다리 밑에서 주워왔단 우스갯소리를 잘했다. 전영감은 문득 그런 야다리말고 새로운 야다리를 태임이에게 가르쳐 주고 싶어진다. "태임아, 이 할아버지가 지금부터 하는 말, 잘 들어두어야 한다. 야다리는 그 옛날 고려가 이 송도를 서울로 하고 융성했을 때, 수만리 밖 서역의 오랑캐들이 고려 임금에게 예물로 바치려고 약대를 몰고 와 매어놓았던 자리가 지금 남아 있는 다리란다." "약대가 뭔데요? 할아버지." "소문에 듣기론 등에 큰 혹이 달린 큰 짐승인데 물 모금 안 마시고도 먼 길을 갈 수 있고 짐도 많이 싣는단다." "할아버지도 못 본 짐승이 있어요?" "그럼 이 나라 안에 없는 짐승이니까." "약대는 새끼를 못 낳나 보죠." "새끼를 못 낳는 게 아니라 새끼를 받을 새 없이 야다리 밑에서 굶겨 죽였단다." "왜요? 할아버지, 불쌍하잖아요." "그 땐 우리 고려의 힘이 그만큼 셌단다. 그래서 그까짓 오랑캐들이 바치는 예물에 허겁지겁하지 않는다는 의젓함을 보여 주려고 그런 것이지. 알겠냐?" — 『미망』(문학사상사, 1996년판) 중에서.

🎧 어머니는 나를 조부모님 밑에 떼어놓고 멀리 서울 살림을 나셨기 때문에 나의 어린 시절은 외롭고 쓸쓸했다. 동네 아이들하고 싸울 때마다 아이들은 "알라리, 쟤네 엄마는 야다리 밑에서 떡장수 한대요. 알라리" 하면서 내 약을 올렸다. 나는 슬피 울면서 집 안으로 들어왔다. 방구석이나 헛간의 짚북데기 속에 파묻혀 훌쩍이면서 나는 마음껏 상상의 나래를 폈다. 나는 그 때 서울 간 엄마말고 야다리 밑에서 떡장수 하는 생모가 따로 있었으면 하고 마음속으로부터 바랐다. (…중략…) 저만치 보이는 야다리는 내가 어린 날 꿈에 그리던 아름다운 다리가 아니었다. 서울에서도 얼마든지 볼 수 있는 콘크리트로 된 평범한 회색빛 다리였다. 그 밑으로 맑은 물이 흐르고 있는지 살필 겨를도 없었다. 어머니는 나에게 구질구질한 타월을 하나 꺼내 주면서 머리에 푹 쓰라고 눈짓하셨다. 나는 그대로 했다. (…중략…) 우리는 천천히 야다리를 건넜다. 물론 땅만 보고. 속으론 결사적인 용기를 쥐어짜냈지만 겉보기엔 지칠 대로 지친 장사치처럼 일부러 한껏 느릿느릿 야다리를 무사히 통과했다. — 수필「살아 있는 날의 소망」(『아름다운 것은 무엇을 남길까』, 세계사, 2000년판) 중에서.

🎧 할아버지든가 삼촌으로부터 들은 야다리의 유래는 더욱 그 다리를 비현실적으로 만들었다. 옛날, 송도가 온 세상 장사꾼의 중심이었을 적에 멀리 청국보다 더 먼, 펄펄 뛰게 뜨거운 먼 나라의 장사꾼들이 약대라는 진기한 짐승에다 그 나라의 금은보화를 잔뜩 싣고 와서 고려 인삼과 바꾸려 했을 때, 약대를 매어놓았던 자리가 바로 야다리라고 했다. 야다리가 약대에서 유래한 이름이라고 하면서도 약대가 어떻게 생긴 짐승인지는 아무도 설명을 못 했다. (…중략…) 그 후 야다리에 대한 소식을 들은 것은 1985년, 딱 한 번 성사된 남북고향방문단의 일원으로 평양을 다녀온 분의 글을 통해서였다. 판문점에서 버스로 15분 만에 야다리를 건너 개성에 이르렀는데 야다리 모습은 그대론데 이름은 통일다리로 바뀌어 있더라는 것이었다. — 수필「야다리와 구름다리」(『어른 노릇 사람 노릇』, 작가정신, 1998년) 중에서.

고요. 자유 민주주의에 대해서 계몽하고요. ● 제가 생생한 게, 미군이 저기 오니까 막 자발적으로 나가서 박수들 치고 이러는데, 그 [일본] 군인이라는 건 얼마나 무섭든지 착착 행진을 하는데, 미국 사람들은 아무렇게나 껌을 쫀득쫀득 씹으면서 우리한테 웃고…. 저렇게 규율이 없으면서 어떻게 일본군을 이겼나 그랬어요. ● 그 때까지는 집도 팔고 그래야 되니까 못 오고 있다가, 할머니 밑에서 정신대 때문에 개성 시내 급히 온 것처럼 개성 시에서 또 서울로 급히 오게 된 게, 미군이 있다가 소련군이 들어왔어요. 삼팔선이 잘못됐다는 거예요. 그 때는 송악산이 삼팔선이라고 그랬는데 이제 조금 더 남쪽으로 내려와 갖고 야다리라는 데가 경계선이다 이래 가지고는 미군이 어느 틈에 없어지고 소련군이 들어오는데, 아 이거는 분위기가, 환영한 것도 아니고 어느 틈에 소련군이 깔렸어요. 🎧(주040) 미군이 들어왔을 때는 곧 식량 같은 거 밀가루도 나눠 주고, 굶주렸는데 사탕도 주고요. ● 그 때 개성 사람들이, 그건 아주 역사에도 남아 있어, 서울 사람들은 좋아서 막 받아먹는데, 개성 사람들은 사탕을 안 받아먹었어. 🎧(주041) 개성 사람들이 좀 저거한 데가 있어요. 개성이 일본 사람들도 발을 못 붙인 데라고 유명합니다. 왜냐하면 일본 사람들한테 가게를 안 팔았기 때문에요. 어느 도시에든지 일본 사람들 상가가 있어요. 서울도 지금의 명동, 신세계백화점 건너쪽이 혼마쩌(本町), 본정이라고 일본 사람 상가고 한국 사람은 종로통[에 모였죠]. 우리 한국 사람들이 그 쪽 상가에 가면 위축이 돼요. 거기는 다 일본 사람들이고, 일본 사람들 과자 냄새도 나고 어떤 분위기가 있어요. 조금 정결하고 깨끗하지. ● 개성은 그렇지 않아도 정결한 도시예요. 개성의 기질 같은 게 참 재밌어요. 그래 갖고는 [미군이 준] 드롭스도 안 받아먹고 그랬는데. 소련군이 들어오니까, 고 잠깐 동안이었는데도 별안간 자유로운 분위기가 얼어붙으면서요. 난 그 때 개성을 나왔어요. 엄마가 소련 사람들이 부녀자 겁탈한다고 [해서요]. 미국 사람들은 그렇게 자유로워 보여도, 그 사람들은 여자들을 이렇게 할 때도 사지, 강제로 겁탈한 거는 별로 없거든요. 나중에 양공주라는 게 많이 생긴 것도, 겁탈을 하면 왜 생기겠어요.

장 : 네.

● 소문이 뭐라고 흉흉하게 도느냐 하면, 소문이 아니라 진짤 것 같애, 소련군들이 늙은이 젊은이도 못알아봐서 할머니도 데리고 간다더라…. 또, 아마 뭘 달라는 걸 "다와이"🎧(주042)라 그러나 봐. 뭐든지 달라고 그런대. 어떤 사람은 시계를 여기서부터 여기까지 [온 팔에] 차고 다니는 걸 봤다느니, 또 시골에서 군대 나온 애들이

서울 가는 경의선 열차

경의선은 봉동역에서 멎어 있었다. 봉동역은 인산인해였고 무법천지였다. 경성 가는 기차를 타기 위해 사람들은 승강구에서 밀치고 밀려나기보다는 숫제 유리창을 깨부수고 밑에서 밀어 주고 안에서 잡아당기는 방법을 쓰고 있었다. 매표소도 개찰구도 비어 있었다. 경우도 남들이 하는 대로 무임 승차를 했다. 유리창을 이용하지 않고 승강구에서 머리악을 쓴 건, 밖에서 밀어 주고 안에서 당겨 줄 동행이 없었기 때문이었다. 이윽고 기차가 움직였다. 그렇게 기를 쓰고 올라탔으면서도 아무도 기차가 실제로 움직일 수 있다는 걸 믿지 못했던 양 일순 여기저기서 환성이 일었다. 경우는 숨막히게 짓눌린 상태에서 그래도 키가 큰 덕으로 유리가 하나도 남아나지 않은 창문을 통해 드문드문 피어나기 시작하는 코스모스가 뒤로 물러가는 것을 볼 수 있었다. ─ 『미망』(문학사상사, 1996년판) 중에서.

☞ 경의선 경성(서울)과 개성 사이의 역은 개성부터 다음과 같았다. 개성─봉동─장단─문산─금촌─일산─능곡─수색─가좌─신촌─경성. 1953년 종전 후 장단역은 폐역되고 남한 쪽 경의선 종착역은 문산역이 되었다.

돼서 밭에 가서 아무거나 뽑아서 요리도 안 하고 그대로 먹는다…. 잠깐 동안인데도 밖에 나가면 안 된다고 그래요. 그러고 기차도 안 와요. 장단이니 거기까지만 오고. 거기 이제 선이 [난 거예요].

보이지 않는 선을 넘어

● 엄마가 집은 어찌 됐든지 간에 누구 다른 사람한테나 친척들한테 팔아 달래고 해도 되고, 우선 서울로 가자. 저 때문에 서울로 온 거지요. 어차피 학교도 서울 가서 다녀야 되고.

장 : 짧은 시간 안에 많은 일들이 급격하게.

● 그렇지요, 9월인지 10월인지 생각이 안 나요. 개성 위쪽 소련 점령 지역에서 미군 점령 지역으로. 걸어서 '야다리'를 건너야만 서울로 와요. (주043) 개성 남쪽에 있는 다리예요. 야다리 이 쪽에는 소련군이 지키고 있고, 다리 저 쪽에는 미군이 지키고 있어요. 거기가 길목이니까 그걸 걷는데 그 때만 해도 못 건너게 하는 게 없어요. 가는 사람 가게 내버려 두는데 나는 아, 야다리 가운데가 삼팔선이라더니 무슨 선이 있나 아무리 봐도 없어.(웃음) 삼팔선, 삼팔선 해서 선을 그어 놓은 줄 알았어요. 봉동역인가, 장단역인가 아무튼 한 이십 리나 걸었을 겁니다. 역에 오니까 기차가 있어요.

장 : 서울로 가는 기차였어요?

● 네. 기차도 혼란이에요. 그냥 기차가 있으니까 걸어가다가 막 탔어요. 뭐 기차 표 사지도 않았어요.

장 : 누가 그런 표를 검사하지도 않고요?

● 그런 것도 없이. 산 사람도 있고 안 산 사람도 있고 짐짝처럼 서울로 가는데, 어휴, 서울 가서 기차표를 안 샀다고 하면 벌금을 문다든가 뭐 그렇겠지. 그리고 서울 왔는데 또 아무도 받는 사람도 없고 그런 식이었던 것 같애요. 공짜 기차를 타고요. 근데 유리창도 다 깨지고 기차가 그냥 형편이 없어요. (주044) 나중에 다시 개성에 미군이 들어오고 삼팔 이남이 되니까 기차가 개성까지 가고 그 해 겨울 방학에 집에 내려갔을 거 아니에요? 내려가면서 보니까 해방됐다는 게 내 생각에는 한심하게 느껴졌어요.

🎧 (주045)

한말숙(韓末淑, 1931년~)

서울에서 태어났다. 숙명여고, 서울대 언어학과를 졸업하고 1956년 『현대문학』에 「별빛 속의 계절」과 「신화의 단애」가 추천되면서 문단에 나왔다. 1950년대 실존주의 문학 논쟁의 주요 대상이 된 「신화의 단애」는 현재에만 모든 가치를 두는 전후 여성을 중심으로, 전쟁을 겪은 인간의 존재감과 도덕적 가치에 질문을 던진 작품이다. 이후 한말숙은 실존주의 경향을 보이며 인간 심리의 내밀한 양상을 그려내고, 특히 여성 심리를 특유의 필치로 묘사했다. 1963년 「흔적」으로 현대문학신인상을, 1968년 딸의 병상을 지켜보는 어머니의 심리를 묘사한 「신과의 약속」으로 제1회 창작문학상을 수상했다. 작품집으로 『신화의 단애』(1960년) 『하얀 도정』(1964년) 『별빛 속의 계절』(1965년) 『이 하늘 밑』(1965년) 『신과의 약속』(1968년) 『잃어버린 머플러』(1977년) 『여수(旅愁)』(1978년) 『모색시대』(1986년) 『행복』(1999년) 『아름다운 영혼의 노래』(2000년) 등이 있다. 1962년 가야금 연주자 황병기와 결혼했다.

🎧 (주046)

한무숙(韓戊淑, 1918~1993년)

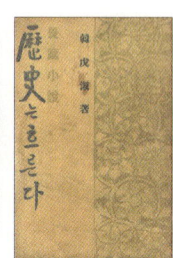

서울에서 태어났다. 호는 향정(香庭). 아버지의 부임지인 부산에서 부산고등여학교를 졸업했다. 원래 화가를 지망해 일본인 화가 아라이(荒井筏久代)를 사사했다. 18세에 김말봉(金末鳳)의 장편 소설 『밀림(密林)』의 삽화를 그리는 등 재능을 보였으나 결혼 후 그림 활동이 여의치 않자 소설을 쓰기 시작했다. 1942년 『신시대(新時代)』의 장편 소설 공모에 「등불 드는 여인」으로 등단하고 1948년 부산 『국제신보』 장편 소설 공모에 「역사는 흐른다」가 당선되면서 본격적으로 작가 활동을 시작했다. 초기에 근대사를 다루었다면, 중기에는 인간의 내면을 들여다보는 『월훈(月暈)』(1956년) 『감정이 있는 심연』(1957년) 등을 발표했다. 후기에는 한국 고유의 여인상에 관심을 가지며 『유수암(流水庵)』(1963년) 『생인손』(1972년) 『송곳』(1982년) 등을 썼다. 1957년 자유문학상, 1973년 신사임당상을 받았다. 한국여류문학인회 회장, 한국소설가협회 대표위원, 예술원 회원을 지냈다. 남편 김진흥은 주택은행장을 지낸 금융인이다. 1953년부터 작고할 때까지 살았던 명륜동의 한옥은 현재 한무숙문학관으로 운영되고 있다.

🎧 (주047)

한말숙의 부친과 오빠

한무숙, 한말숙 자매의 부친 한석명(韓錫命, 1890년~?)은 대한제국 말기에 통역관으로 근무하다가 경술국치 후 일제의 경찰로 전직했다. 경남 도경찰 고등과 형사 등을 거쳐 총독부 군수로 천거되었다. 사천군, 동래군, 하동군 군수를 지냈다. 경찰 근무 시절 일왕의 대례 기념장(훈장)을 받았고, 1935년에 총독부가 편찬한 『조선공로자명감』에 수록되었다. 2002년 국회에서 발표한 친일파 명단 경시 부문에 포함되었다. 장남 한복(韓宓, 1914~1994년)은 도쿄 제국대학 법학부를 나왔다. 1938년 부산지방법원에 발령받아 예비 판사, 판사를 거쳐 1942년 경성지방법원 판사를 지냈다. 1944년부터 광복 때까지 평안남도 이사관을 지냈다. 광복 후 서울에서 변호사를 개업했고 1960년대 증권거래소 자문위원, 대한법률구조공단 단장, 1970년대 국제라이온스협회 한국지부 회장 등을 지냈다. 장남 복 밑으로 정숙, 무숙, 묘숙, 말숙 네 자매가 있었다.

1967년 소설가 펄 벅(Pearl S. Buck)이 방한했을 때 한무숙(왼쪽)**의 집에서 가야금을 타는 한말숙**(오른쪽).

장 : 너무 혼란스러워요?

● 기차표는 사고 파는데, 풀색 나는 우단으로 되어 있는 기차 시트를 다 도려 가고 없어. 속에서 막 이상한 게 나오고 유리는 깨지고.

숙명여고 시절 친구들 : 동기 같던 한말숙

장 : 그렇게 해서 서울에 오셔서 다시 숙명에 다니기 시작하셨지 않습니까?

● 네.

장 : 숙명에서 기억에 남는 선생님이나 친구분들이 있으신지요? 한말숙(韓末淑, 1931년~)🎧(주045) 선생님이 같이 공부를 하셨다는 얘기를 들었는데 그 때 이야기를 해 주세요.

● 아, 말숙이는 전학을 왔어요. 그래도 거의 입학생이나 마찬가지로. 1학년 때인지, 2학년 때인지는 생각이 안 나요. 처음부터 친했던 건 아니지만 왜 중간에 문과 이과로 나뉘고 반이 바뀌잖아요. 졸업할 때까지 거의 같은 반 6년 동안에, 대학도 같이 가고. 나중까지도 걔는 일찍 작가가 되고, 저 결혼해서 애 젖먹일 때도 걔가 우리 집에 오고요. ● 우리는 충신동 살았고 서울대 문리대는 동숭동, 거기 바로니까 걔는 공부 남은 거 우리 집에 와서도 하고요. 또 언니 한무숙(韓戊淑, 1918~1993년)🎧(주046) 씨 댁은 명륜동 쪽이에요. 언니네 갔다가 우리 집에도 오고… 단짝이라기보다 동기간 같은(웃음) 거의 숨기는 거 없이 편안한 친구. 걔에 대해서는 문우라거나 동창생이라는 느낌이 없죠.

장 : 여자 동기간처럼.

● 네. 걔한테 좋은 일이 있으면 나도 기쁘고, 나한테 좋은 일이 있으면 걔도 기뻐하고, 걔도 우리 집안 사정 다 알고 나도 걔네 집 사정도 다 알고. 걔네 집이 부유했어요. 우린 중산층 정도지만 나중엔 어렵다가 오빠가 인제 그렇게 되잖아요. 걔네는 아버지 직업은 잘 몰라도 아주 괜찮게 살고, 걔네 오빠는 변호사고요.🎧(주047) 그러면서도 문학적인 분위기의 집안이었던 것 같아요. 왜냐하면 내가 읽고 싶은 책이 그 집에는 너무너무 많았어요. 빌려다가도 보고요. 걔네 언니도 한무숙 씨라고, 우리가 5학년 땐가?「역사는 흐른다」이런 장편 소설로『국제신보』🎧(주048)란 신문에 당선이 됐어. 그 땐 주부였지요. 어우, 내 친구 언니가 소설가라니, 아주

🎧 (주048)

『국제신보』

1947년에 창간된 종합 일간지로 대표적인 지역 신문으로 꼽힌다. 1947년 9월 1일 부산에서 『현대문학』이란 이름으로 창간했다. 6·25 전쟁은 이 신문의 급속한 확장 발전의 계기였다. 중앙의 신문과 통신 시설이 완전히 마비되었을 때, 최신 수신기 등을 구비하고, 로이터·AFP·PANA·AP·주오샤(中央社) 등 해외 통신사와 특약을 맺어, 당시 국내 유일의 뉴스 제공 신문사로 각광을 받았다. 1950년에 제호를 『국제신보』로 바꾸었고, 1977년 다시 『국제신문』으로 변경했다. 1980년 언론 통폐합 때 강제 폐간되어 『부산일보』에 통합되었다가, 1989년 복간되어 현재에 이른다.

🎧 (주049)

벨벳 치마

📚 내가 겪은 유행 중 가장 추악한 유행은 아마 6·25 사변 중 유행한 비로드 치마가 아닌가 싶다. 모든 산업 시설이 파괴돼 무명 한 치 못 짜내는 주제에 어쩌자고 일제 밀수품인 그 값비싸고 사치한 옷감이 그렇게도 극성맞게 유행을 했었는지. / 검정 비로드 치마 한 벌이면 여름 겨울 없이 입을 수 있는 특급의 나들이옷이었으니 한번 장만하기가 힘들어서 그렇지 장만만 해놓으면 경제적인 면도 없지는 않았지만 말이다. / 그런데 이 비로드라는 게 털이 눌리면 번들번들 그 자국이 여간 흉하지가 않았고 다려도 안 펴지고, 그렇다고 빨면 통째로 감을 망치게 되는 통에 그 치마를 입고 앉을 때가 큰 문제였다. 의자, 특히 버스나 전차에서 좌석에 앉을 때는 실로 가관이었다. 빈자리가 났다 하면 우선 치마 뒷자락을 번쩍 치키고 속치마나 내복 바람의 궁둥이를 거침없이 들이댄다. 그런데 그 속치마나 내복이 또 문제였다. / 그런 것의 국내 생산이 전연 없을 때라 상급의 내복이란 게 양키 시장에서 산 미군의 헌 군용 내복이 고작이었다. 내복의 남녀 구별 같은 것도 따질 때가 아니었다. / 상상만 해 보아라. 꾸깃꾸깃 때문은 인조 속치마가 아니면 구럭 같은 군용 내복을 무릎까지 걷어올려 고무줄로 동이고 양말이라고 신은 모습을 거침없이 보이며 아무 데나 쑥쑥 궁둥이를 들이대는 처녀들을. 내 기억으로뿐만 아니라 아마 우리 나라 4천 년의 역사 중에서도 가장 여자가 추악하고 파렴치했던 때로 꼽히리라. — 수필 「노상 방뇨와 비로드 치마」(『아름다운 것은 무엇을 남길까』, 세계사, 2000년판) 중에서.

희귀한 거죠. 꿈 같고요. 내가 학교 다닐 때 느낌 중에 소설가 선생님이 우리 담임으로 온 거, 그리고 내가 친동기같이 여기던 애의 언니가 소설가. 걔네 집 가면 걔네 언니도 잘 보지요. ● 우리가 대학교 시험 보고 나서, 그 때는 전화가 있는 것도 아니고 방을 보러 가야 돼요. 방을 보러 갔다가 붙은 걸 알고 집으로 가지 않고 거기서 놀고 있으니까 작은 언니, 그러니까 한무숙 씨는 큰언니가 아니야. 큰언니는 한정숙 씨라고 있고. 그 때 벨벳 치마(주049)라는 게 아주 좋은 건데. 그걸 입고 두 분이 왔어. 붙었나 방 보러 간 애가 집에 빨리 안 오니까…. 마침 우리 올케 언니도 왔어. 우리 올케 언니는 너무너무 촌 여자같이 보이고 그 사람들은 아주 멋쟁이처럼 보이던, 그런 생각도 나요. (웃음)

장 : 한무숙 선생님하고는 나이 차이가 어느 정도 났어요?

● 꽤 되지요.

장 : 선생님께서 한무숙 선생님과 대화를 하면서 소설가에 대한 꿈이 커진 건가요?

● 그런 대화를 나눈 것 같지는 않아요. 그냥 말은 했겠지만, 같은 집에 산 건 아니니까요. 나중에 저 소설가 되고 나서 한무숙 선생이 각별히 대해 주셨어요.

숙명여고 시절 친구들과 문예반 활동

장 : 숙명여고에는 한 학년에 몇 학급이 있었어요, 선생님?

● 세 학급밖에 없었어요.

장 : 한 학급의 학생은 몇 명쯤 되었고요?

● 들어갈 때 육십 명. 근데 중간에 저거해서 졸업할 때 보면은 백팔십 명이 미처 안 되더라고요. 백오륙십 명 정도.

장 : 박명성 선생님이라든지 다른 친구 분들도 있으셨죠?

● 박명성(주050) 이런 애는 같은 반이 아니었던 적도 많지요. 나중에 문과 이과로 나뉠 때 걔도 문과가 됐지요. 말숙이하고 나는 그렇게 모범생이 아니었어요. 부러난 소리만 하고, 수업 시간에도 딴짓 많이 하고…. 그런데 박명성은 반장이었어요. 아주 착한 반장. 반장들이 원래는 좀 극성맞잖아요. 문과는 그 때도 통제가 잘 안 되는 자유로운 분위기였는데 그걸 통제하기에는 너무, (웃음) 순하고.

🎧 (주050)

박명성(朴明星, 1932년~)

경남 창녕에서 태어났다. 숙명여고를 거쳐 서울대 국문학과를 졸업하고, 숙명여고 교사와 서울대 음대 강사를 지냈다. 1958년 『현대문학』에 「장미」와 「십오야(十五夜)」가 추천되어 등단했다. 1965년 첫 시집 『장미시집』을 발간하고 '여류시'의 동인으로 활동하며 고전적인 시를 썼다. 『해 속의 해』(1972년) 『나그네 길에서』(1982년) 『해바라기의 꿈』(1991년) 『천산에 누운 사막』(2001년) 등의 시집을 냈다.

🎧 (주051)

김양식(金良植, 1931년~)

서울에서 태어났다. 숙명여고를 거쳐 이화여대 영문과와 동국대 불교대학원 인도철학과에서 수학했다. 1969년 『월간문학』 제1회 신인현상문예에서 시 「풀꽃이 되어 풀잎이 되어」가 당선되어 등단했다. 한국 여성의 정한이 드러나고, 인도 철학의 영향을 깊게 받은 작품들을 내놓았다. 『초이시집』(1974년) 『숫고양이 한 마리』(1980년) 『새들의 해돋이』(1986년) 『은장도여 은장도여』(1999년) 『쓸쓸하지 않은 사람들』(1998년) 『겨울로 가는 나무』(2005년) 『하늘 먼 자락에 구름 날리면』(2009년) 등의 시집을 발간했다. 한국인도문화연구회 회장, 국제펜클럽 회원, 한국현대시인협회, 한국여류문학회 임원 등을 지냈다.

🎧 (주058)

이경숙(李慶淑, 1931년~)

서울에서 태어났다. 숙명여고를 거쳐 서울대 음대, 미국 하버드 대학원에서 수학했다. 미국에서 유학을 마친 직후부터 본교인 서울대에서 후진 양성에 힘썼다. 제자로 소프라노 조수미와 박미혜 등이 있다. 또한 국립오페라단의 창립 단원으로 활동하며 오페라가 우리 나라에서 하나의 예술 장르로 정착하고 발전하는 데 공헌했다. 서울대 음악대학 명예교수, 국립오페라단 자문위원 및 고문, 예술원 회원 등을 지냈다.

장 : 학교 다니면서 문학 활동을 하시거나 문예반이 있었나요?

● 그런 게 있었어요. 참여를 했어요. 특별 활동반이라고 몇 개 반을, 그것도 늦게 만들기 시작했던 것 같애. [반을 들어야 하는데] 우리야 운동을 하는 것도 아니고 미술반이 가장 극성맞았던 것 같애. 우리는 문과고 문예반에 담임 선생님이 있었으니까. 무슨 발표회 같은 것도 했던 것 같애. 시 써 가지고 읽는다든가 이런 거죠, 뭐. 뛰어난 걸 보여 준 애도 있어요. 김정숙이라고 지금 남아 있는 작가는 아니지만 글도 쓰고 나중에 번역 같은 것도 했습니다. 또 김양식⦿(주051), 한말숙 이런 애가 좋은 시 써 갖고 낭송하고 그랬어요.

장 : 그 때 문예반을 지도해 주셨던 선생님은요?

● 박노갑(朴魯甲, 1905~1951년)⦿(주052) 선생님.

박노갑 선생

장 : 아, 담임 선생님이셨죠.

● 담임이었고 또 문예반 선생님.

장 : 박노갑 선생님에 대한 기억나는 에피소드가 있나요, 선생님?

● 예, 그 때는 대학 입시하고 관계없는 과목도 많았어요. 창작 시간이란 것도 있었어요. 고전은 대학 입시하고 관계가 있겠지. 고전, 창작, 국어 이런 걸 그 분 혼자서 다 했어요. 그렇다고 고단할 정도는 아니고 창작도 일주일에 한 번이라든가… 또 국어 시간에 문학 개론도 가르치시고요. 근데 엄격하게 가르치신 게 뭐냐면 왜 소녀들이 빠지기 쉬운 거 있잖아요. 감각적인 미문, 센티멘털한 미문…, 자기 느낌이 아닌데도 빌려오는 느낌이 많잖아요. 특히 그 때까지도 우리 나라 책이 제대로 안 나올 땝니다. 그러니까 우리의 갈증을 달래 주는 건 일본 말로 된 책이에요. 우리 읽은 세계 문학 전집도 다 일본 말로 된 거였지요. ● 6·25 나고도 한참 있다가 새로 나왔지, 그럴 때니까, 물론 좋은 책도 많이 읽었지만, 일본의 소년 소녀 소설이라는 게 아주 얇게…, 지금도 그런 거 나오잖아요. 뭐라고 그러나, 일본 말로 야시시하다는 거. 나이 또래의 경험이란 게 있잖아요. 근데 그런 것과는 상관없는 아름다움, 그런 흉내. 아 어쩌고, 오 어쩌고 그런 감탄사가 들어간 글을 쓴다든가 이러면은 선생님은 속에 닭살이 돋는 거 같았나 봐. 그런 얼굴을 하면서 몹시 야단

박노갑(朴魯甲, 1905~1951년)

충남 논산에서 태어났다. 한국 소설의 도시 소설화 경향을 작품에 드러내 주목을 받은 작가다. 휘문고보를 거쳐 일본 호세이 대학(法政大學) 법문학부에서 수학했다. 1933년 『조선중앙일보』에 단편 소설 「안해」를 발표하면서 작가 활동을 시작했고, 조선중앙일보사 등 신문사와 출판사, 잡지사에서 기자로 일하기도 했다. 광복 후엔 '조선문학가동맹'에 가입하여 활동을 하다가 1949년부터 휘문중학교와 숙명여자고등학교에서 교사로 근무했다. 작품의 경향은 초기엔 「춘보(春甫)의 득실(得失)」(1936년) 「꿀」(1937년) 등을 통해 주로 농촌의 사회 문제를 다루었다면, 후기에는 「고양이」(1938년) 「이랑이」(1938년) 「사십년」(1940년) 등과 같은 작품에서 식민지 상황 아래 놓인 도시 지식인의 현실 인식을 이야기했다.

박노갑 선생님과 관련된 묘사

송사묵은 해방을 전후한 십여 년 동안 그다지 재미는 없지만 씹을 맛 있는 소설을 꾸준히 발표해 온 소설가였고 나의 고등학교 시절의 국어 선생님이었다. 장차 소설을 써 보는 게 꿈이었던 문학 소녀 때 진짜 소설가가 국어 선생님으로 부임해 왔다는 건 가슴 울렁거리는 사건이었다. 어떡하든지 그 선생님한테 인정을 받고 싶었고, 그래서 그의 작은 칭찬도 잊지 않고 인정의 표시로 간직하게 되었고, 그걸 훗날 소설을 쓰기 시작할 때 비빌 언덕으로 삼을 수가 있었다. 이렇듯 나에게 거대한 영향을 끼친 분이 문학사에 오르내리는 게 반가우면서도 성명 가운뎃자가 실종된 채인 게 서운하고 죄송스럽더니만 이제 떳떳이 복원된 걸 생각하니 감개가 무량했다. / 오래 살고 볼 일이야. 세상이 좋아지긴 과연 좋아졌구나. 나는 송사묵이란 이름과 함께 복원된 이름들을 훑어내리면서 우선 세상 칭송부터 했다. 그러나 내 만족감은 오래 가지 않았다. 복원된 건 그의 성명 삼자 뿐이었기 때문이다. 우선 그 문학선의 표제는 월북 납북 문인 선집으로 돼 있는데 송사묵 선생은 사형을 당한 것이지 월북을 한 것도 납북당한 것도 아니었다. 월북이나 납북이 사형보다 듣기에도 좋고, 보다 희망을 걸 여지가 남아 있는 것은 사실이나 그분의 진상은 아니었다. 망가지고 흩어진 걸 복원하는 데 있어서 제 조각을 찾으려는 노력 없이 딴 조각으로 메운 걸 진정한 복원이라고 볼 수 있을까. (…중략…) 비록 방대하거나 화려하진 않지만 그분이 남긴 문학을 몽땅 모아논 자리라면 의당 그분의 생애도 정직하게 복원돼야 마땅했다. 그건 내 감수성이 가장 순수했을 때 존경과 동경을 바쳤던 분에 대해 이 나이에도 할 수 있는 유일한 공경의 방법이었다. 그분은 사람이고 문학이고 요사스러운 걸 가장 싫어했다. 그 때는 국어 시간에 문장 지도도 했었는데 제발 못 써도 좋으니 요사만 떨지 말기를 엄하게 경계하던 그 카랑카랑한 목소리는 지금까지도 잊혀지지 않는다. 겉멋, 허영, 장식으로서의 여고생 문학 취미도 적당히 봐주지 않던 그분이 철 지난 늙은이들이 꾸미는 이 요사스러운 장난을 보면 뭐라고 할 것인가. 머리가 희끗희끗한 나이에도 유난히 맑고 진국스럽던 그분의 눈빛이 생각났다. ―「복원되지 못한 것들을 위하여」(1989년 발표, 『저 문 날의 삽화』, 문학과지성사, 1991년판) 중에서.

을 치셨어요. 사실적인 문장을 좋아하셨어요. 너희들이 꽃 하나를 그리더라도 니가 보기에 니 느낌대로 표현을 하지 그렇게.🎧⁽주⁰⁵³⁾

장 : 남의 것을 흉내내지 말아라.

● 예, 너 독특한 걸 쓰라고요.

장 : 그 때 박노갑 선생님도 창작을 하셨나요?

● 그럼요. 아주 중견 작가였습니다. 우리 가르치실 때 『조선일보』에 연재도 하셨어요.

장 : 수업 시간이라든지 문예반 시간에 선생님이 쓰신 작품에 대해서도 얘기하진 않으셨나요? 습작을 박노갑 선생님이 지적해 주신다라든지요.

● 그 때 작품이란 게 뭐 있나요. 짧은 콩트 같은 것도 쓰고, 교지 같은 게 나와요. 그러면 교지에 실게 하신 것 같애. 나는 그 때도 시는 별로 안 썼던 것 같애요. 칭찬도 들었던 것 같은데 잘 생각은 안 나요. 암튼 청찬들은 것이 있어서 나중까지도 저 선생님이 나를 귀여워하는구나 하는 느낌은 가졌어요.

장 : 박노갑 선생님 소설 특징 중 하나가 사실적으로 묘사하는 경향이잖습니까.

● 네, 니 경험이 실리지 않은 남의 느낌을 빌려오지 말아라. 이런 거는 아주 뚜렷하게 우리에게 심어 주실라고 애를 썼어요. 지금도 안 잊어버려지는 게 문학 개론 할 적에, 제가 대학을 가긴 갔지만 많이 댕기지 못했으니까 문학 수업을 제대로 받을 기회가 있었으련만 못 받았잖아요. 그러니까 어떻게 보면 그 문학 개론 들은 게 마지막 기회였어요. 그 때 플로베르(Gustave Flaubert, 1821~1880년)의 '일사일언(一事一言)'🎧⁽주⁰⁵⁴⁾ 있잖아요. 한 가지 물건을 표현할 때 정확한 말은 하나밖에 없다. 아주 지독하게 그 말씀을 또 하고 또 하고 했어. 근데 그 방법을 쓴 선생님 작품을 신문에서 읽을 적에, 어우, 참 재미가 없더라고요. 아, 사실주의 이렇게 재미가 없구나. 생각을 했어요.(웃음)

장 : 그래도 선생님 글도 사실주의잖아요. 박노갑 선생님한테는 그런 글쓰기의 태도를 배웠다고 할 수 있네요.

● 네. 〔그 시절〕 내 느낌으로 재미가 없었겠지요.

🎧 (주054)

귀스타프 플로베르(Gustave Flaubert, 1821~1880년)와 일물일어(一物一語)

프랑스 루앙에서 태어났다. 열 살 때부터 소설, 희곡을 쓰기 시작했으며, 1856년 처음으로 발표한 소설 『보바리 부인』은 이른바 프랑스 사실주의 문학의 대표작으로 떠오른다. 의사였던 아버지의 영향은 냉철한 관찰력의 바탕이 되었고, 동시에 노르만 혈통인 어머니의 몽환적이면서 낭만적인 경향 역시 이어받았다. 플로베르는 자유로운 공간과 자연의 감정을 중시하는 낭만주의와, 사물을 있는 그대로 그리는 사실주의가 함께 존재하는, 자연주의 문학을 선도했다. 주요 작품으로 『살람보』(1862년) 『감정교육』(1869년) 『성 앙투안의 유혹』(1874년) 『세 가지 이야기』(1877년) 등이 있다. 특히 돌 한 개를 묘사하는 데에도 그것에 가장 알맞은 단 하나의 낱말을 찾았다는 이야기는 유명하다. 이 일물일어설로 한국에서 플로베르는 사실주의자로 널리 알려지게 되었다. 이에 대한 그의 언급은 다음과 같다. "아름다운 형식이 없는 아름다운 생각은 없다. 그 반대의 경우도 마찬가지다. 예술의 세계에서 아름다움은 형태로부터 스며 나온다. 우리의 세계에선 그것에서 사랑과 유혹이 나오는 것처럼. 이것은 당신이 한 물체에서 그것을 형성하는 질—즉 색깔, 면적, 견고성 등을 제거할 수 없는 것과 마찬가지다. 텅 빈 추상으로 떨어짐 없이, 한 단어로 그 문장을 훼손시킴 없이, 생각에서 형태를 제거할 수 없다. 왜냐하면 생각은 형태에 의해서만 존재하기 때문이다. 형태가 없는 생각을 상상해 보라. 그것은 불가능하다. 생각을 표현하지 않는 형태도 불가능하긴 마찬가지다." 이처럼 그의 창작 태도는 객관주의와 과학주의를 견지하며, 감상이나 주관적 묘사를 강력하게 부인했다. 문학사에서 그는 사실주의의 완성자로서, 발자크(H. de Balzac)에 이어 소설 장르에 세련을 더하여, 라신(J. B. Racine)이 고전 비극에 한 업적과 같은 완성을 가져왔다는 평가를 받는다.

🎧 (주055)

황성모(黃性模, 1926~1992년)

경남 사천에서 태어났다. 서울대 사회학과와 동 대학원을 거쳐 독일 뮌스터 대학에서 사회학을 전공하고 철학 박사 학위를 받았다. 초기에 문화사회학, 사회계급론 등 구미 사회학 연구 동향을 국내에 소개했고, 이후 근대화 연구를 중심으로 한국 사회학의 정립과 토착화에 힘썼다. 민족주의와 민족 통일 문제 연구 중 1968년 '민족주의비교연구회사건'에 연루되어 옥고를 치르기도 했다. 서울대 강사, 이화여대 사회학과 교수, 서울대 사회학과 교수, 한국사회학회 회장, 한국정신문화연구원 교수 및 부원장을 지냈고, 1984년에 국민훈장석류장을 받았다.

입시 준비

장 : 그렇게 수학하다가 대학에 입학하기까지, 그 때도 입시 준비가 있었나요?

🎧 입시 준비… 별로 없었어요. 그냥 내버려 뒀지. 과외 공부란 거는 있지도 않고. 참, 서울대는 제2외국어를 시험을 봤어요. 그 때 독일어를 제대로 하는 사람이 없으니까. 서울대 강사 나가던, 나중에 유명한 서울대 교수가 됐지만 그 때는 교수는 아니었어, 황성모(黃性模, 1926~1992년)🎧 (주055) 교수가 우리 학교에 독일어 시간 강사로 나오실 땐데요. 독일어 수업이 한 주일에 한 번인가 있을까 말깐데 그 분이 우리 보고 서울대 갈 애들은 학교에 남으라고 그래요. 소위 과외 공부지. 독일어를 너무 못하니까, 영어도 잘 못하고. 지금 생각해 보면 얼마나 고마운 거예요. 수업 시간에 가르치면 됐지, 돈을 받는 것도 아니고요. 한두 번 하다가 그것도 싫어서 도망을 가기도 했지요. 참 철도 없었다 싶어요. 그 때 선생님들이 고맙기도 하고요.

장 : 입시 준비를 혹독하게 했던 기억은 별로 없으신 거네요.

🎧 네. 그 때 종로서관🎧(주056)이 처음으로 생겼을 때에요. 나중엔 없어졌지만 그 당시로 본다면 처음부터 아주 대형 서점이었습니다. 우리 반에 아까도 얘기한, 그 글도 잘 쓰고 그런 김정숙이란 애, 걔 집이 그걸 경영을 했어요. 종로서적 때문에 걔한테도 책을 많이 빌려도 보고, 거기 가서 요것저것 오랫동안 서서도 보고. 그냥 꿈의 서점이었어요. 그 때는 거기가 책에 대한 갈증을 [채워 준 데지요].🎧(주057)

🎧 그 때도 대학 입시 문제집이라는 게 나왔어요. 아주 굉장히 두꺼운 거. 내가 한 유일한 공부가 그걸 빌렸어. 그것도 잘 보고 도로 갖다줬어.(웃음)

장 : 다시 팔 수 있도록요?

🎧 입시 무렵에, 한 며칠 만에 갖다 줬어요. 며칠에 새우고 본 그게 유일한 공부고 학교에서 고3 때는 모의고사라는 것도 몇 번 봤어요. 그렇다고 모의고사를 위해서 애쓴 것도 아니고 모의고사 등급 나와도 별로 신경도 안 쓰고 그랬어요.

장 : 학업에 충실하지 않았다고 말씀하셨는데 그러면 친구들하고 주로 뭘 하셨어요, 선생님?

🎧 학업에 충실하지 않았다는 게, 과외 공부 이런 거 안 하고, 그냥 학교에서만 열심히 [했다는 거지요]. 또 이경숙🎧(주058)(☞ 074쪽) 씨라고 서울 음대 교수였지. 지금 정년 퇴직하고 예술원 회원이고… 걔도 그렇게 친했어요. 이상하게 우리는

🎧 (주057)

종로서적에 대한 기억

🛑 종로서적이 처음 개점할 때 이름은 종로서관이었다. 아마 숙명여고 2학년 때였을 것이다. 일본어 번역본을 통해 문학의 세례를 받은 문학 소녀들에게 그 곳은 꿈의 궁전이었다. 처음 보는 대형 서점이었다. 들어갈 때마다 가슴이 울렁거렸다. 어마어마하게 큰 매장이 우리말로 된 책으로 꽉 차 있다는 건 생각만 해도 가슴 벅찬 일이었다. 순수 문예지 『문예』가 창간된 것도 그 무렵이었다. (…중략…) 종로서관 집 딸이 나하고 친하다는 생각만 해도 나는 어쩌면 이렇게 복이 좋을까, 가슴이 뿌듯해지곤 했다. 그는 예사 동무가 아니었다. 학교에서뿐 아니라 한동네 동무이기도 해서 나는 그 댁 어른들과도 깍듯이 인사하고 지내는 사이였다. (…중략…) 개업 초기에 그 책방은 가족끼리 경영한 것 같다. 아버지는 물론 할아버지까지 나와 계셨는데 할아버지는 매장보다 높은 발코니같이 생긴 곳에 서서 매장을 내려다보고 계셨다. 누가 책을 훔쳐가나 망을 보시는 거였다. 할아버지는 두루마기를 입고 안경을 쓰고 계셨는데 안경알이 실내의 전등을 반사해서 어디를 보고 계신지 종잡을 수가 없었다. (…중략…) 그 때 나를 황홀하게 사로잡은 건 우리말의 묘미였다. 열다섯 살에 해방이 되었는데 가갸거겨부터 배우기 시작했으니 동무들끼리의 대화엔 아직도 일본어를 섞어야 자유로울 때였다. 그래서 오히려 교과서나 옛 시가를 통해 접한 우리말은 놀랍고도 아름다운 신천지였다. 그 때 내가 책방에 서서 읽은 책들은 소설책보다는 시집이 주였다. (…중략…) 신간을 공짜로 보기가 눈치 보여서 어렵게 돈을 모아 최초로 산 책도 서정주의 『귀촉도』였다. / 전쟁 중에는 종로서관도 없어졌다가 환도 후 다시 개점을 했다. 그 동안 나는 학생에서 가정 주부로 신분이 변해 있었다. 사고 싶은 책이 있을 때마다 전차 타고 종로서관까지 나가는 게 사는 낙이자 평범한 일상의 매듭이었다. (…중략…) 내 최초의 창작집이 서점에 깔린 걸 보러 간 데도 종로서적이었다. 그 크고 좋은 서점에 내 책이 당당하게 한 자리를 차지하고 있는 게 어쩌나 자랑스럽던지. 내가 처음으로 독자와의 대화를 가진 것도 종로서적에서였다. ― 수필 「두 친구」(『호미』, 열림원, 2007년판) 중에서.

🎧 (주056)

종로서관

1907년 이 자리에 '예수교서회'라는 이름으로 처음 서점이 문을 열었다. 성경과 찬송가 등 기독교 관련 출판물을 판매하다가 1931년 교문서관을 거쳐 1948년 종로서관으로 이름이 바뀌었다. 출판도 겸하여 1954년부터는 정식으로 등록하고 주로 성경 등을 출간했다. 1963년에 장하구·하린 형제가 인수하며 이름을 종로서적센터로 바꾸었다. 종로서적은 국내 최대의 대형 서점이자 종로의 명물이었다. 동네 책방에서 벗어나지 못했던 서점 운영의 대형화, 기업화를 처음으로 체계적으로 이루면서 성장을 거듭하여 연매출 100억 원이 넘는 기업으로 발전했다. 종로서적은 전성기 때 출판 영업 분야의 우수한 인재들을 배출하여, '종로서적 사관학교'로 불리기도 했고 이들은 훗날 전국 대형 서점 설립의 주역이 됐다. 1997년 최초의 인터넷 서점을 만들고 1999년 미국에 지사도 설립하며 대형 서점의 입지를 지켰으나, 교보문고와 영풍문고 등의 새로운 대형 서점의 등장과 다소 시대에 맞지 않은 경영 방침 등으로 인해 경영난에 부딪혔다. 결국 2002년 1세기를 넘게 종로를 지키던 종로서적은 최종 부도처리가 되어 역사 속으로 사라졌다.

짝이 없어. 가운데 줄은 짝이 있는데 우리 맨 창가 줄은 짝이 없고, 내가 키가 컸어요. ● 아, 김정숙이가 더 컸구나. 고3 때는 자리도 바꾸지 않고 김정숙이가 맨 뒤. 그리고 나, 내 앞에 이경숙, 고 앞에 딴 애 하나 있고 말숙이. 그 때도 키가 작았어요. 편지 같은 것도 돌리고. 옆으로 나란히 앉았으면 더했을 것 같애. 고렇게 선생 비평도 하고, 밥 먹을 때는 물론 같이 먹고. 아무튼지 간에 못된 짓은 아니라 해도, 있잖아요, 그 나이 또래의. 방과 후에 책 읽은 얘기, 또 김정숙하고 제가 영화관 많이 가고요. 그 때는 화신백화점에 영화관이 있었어요. ● 시험 때는 물론 따로따로 공부했겠지요. 그러나 경쟁심 같은 건 없지요. 걔네들은 전부 공부 잘하는 애⋯, 말숙이하고 나하고 문리대 갔지. 명성인 좀 떨어졌어도 문리대 갔지. 또 김정숙이는 사대지만 갔지. 이경숙이 음대 갔지. 다 공부 쟁쟁한 애지만 "쟤는 몇 등 했는데 쟤는⋯" 그런 거 신경써 본 적도 없어요.

아쿠타가와, 이상, 김유정을 읽던 여고 시절

장 : 그 때 많이 말씀 나눴던 책, 기억나는 책 있으세요?
● 응. 일본 책 중에 아쿠타가와(芥川龍之介, 1892~1927년)🎧(주059) 책이요. 그것도 말숙이네서. 괴상하다고, 아쿠타가와의 『나생문』🎧(주060), 말고도 여러 가지 있어요. 그 사람이 나중에 겪은 정신 분열증 비슷한 증상을 고대로 쓴 소설, 또 도스토예프스키(Fyodor Mikhailovich Dostoevskii, 1821~1881년)🎧(주061)의 『죄와 벌』, 이경숙이랑 제일 많이 얘기하고, 어디서 나타났는지 책도 시험 때 많이 나타나서 시험 공부도 안 하고 읽는데, 『제인 에어』🎧(주062)하고, 동생, 아, 브론테(Emily J. Bronte, 1818~1848년)🎧(주063)의 『폭풍의 언덕』. 🎧(주064)
장 : 문학 소녀로서의 감수성이랄까, 이런 것이 만들어진 거네요.
● 그렇지요. 우리 6학년인지 5학년 때, 그 때는 고3을 6학년이라고 했어. 이상(李箱, 1910~1937년)🎧(주065)의 산문 중에 「권태」라는 게 나왔어. 한글로 된 걸 경숙이랑 같이 봤나, 돌려 보면서 아휴, 쇼크 받았어요.
장 : 어떤 점에서요, 선생님?
● 아, 그건 말할 수 없지. 우리는 이상의 「오감도」니 그런 걸 남들이 해설을 붙이면 그런가 보다 그러지. 우리보다 전 세대, 돌아가신 분의 소설 봐도 왜 그렇잖아

🎧 (주059)

아쿠타가와 류노스케(芥川龍之介, 1892~1927년)

일본 도쿄에서 태어났다. 일본의 대표적인 근대 소설가로, 장편은 쓰지 않고 150편이 넘는 단편 소설을 남겼다. 생후 8개월에 어머니가 발광하며 사망하고, 친정 오빠에게 양자로 보내졌다. 그는 평생 어머니의 광기가 유전될지 모른다는 두려움을 지니고 살았다. 양자로 간 가정은 부유하지는 않으나 문예를 사랑하는 가풍으로, 어릴 때부터 책이나 그림, 골동품 등을 가까이할 수 있었다. 도쿄 제국 대학에 입학하면서 습작을 시작하여 1915년『데이코쿠분카쿠(帝國文學)』에「라쇼몽」을 발표하면서 주목을 받았다. 이어 1916년『신샤초(新思潮)』에「코(鼻)」를 발표하여 나쓰메 소세키(夏目漱石)의 격찬을 받았다. 당시 자연주의 문학 사조가 대세였던 일본 문단은 있는 그대로의 인생을 묘사하는 데 주력하며, 허구 세계를 도외시했다. 하지만 아쿠타가와는 그의 자전적 소설인「다이도지 신스케의 반생(大導寺信輔半生)」(1925년)에서 밝혔듯 "인생을 열기 위해서 길 가는 행인은 관찰하지 않았다. 오히려 행인을 관찰하기 위해서 책 속의 인생을 알려고 했다." 이러한 자세는 그의 작품 전반에 드러나며, 당시 문단의 통념이 버린 상상력과 꿈을 되살려 장엄한 허구의 세계를 구축하려 했다. 이 작품과 더불어「소년」(1924년)「어느 바보의 일생(或阿呆の一生)」(1927년)을 자전적 소설로 꼽는다. 그 밖의 대표작으로는「라쇼몽」,「쟈슈몬(邪宗門)」(1918년)「덤불 속(藪の中)」(1918년)「갓파(河童)」(1927년)「하구루마(齒車)」(1927년) 등이 있다. 환각과 불안에 시달리다, 1927년에 "어렴풋한 불안(ぼんやりとした不安)"이란 말을 남기고 자살했다. 그가 죽은 지 8년 후인 1935년 친구이며 문예춘추사 사주였던 기쿠치 간(菊池寬)이 아쿠타가와 상을 만들었다. 이 상은 현재 일본의 가장 권위 있는 문학상으로 신인 작가의 등용문이다. 본문에서 언급하는 작품은「하구루마」다.

🎧 (주060)

「라쇼몽(羅生門)」(1915년)

아쿠타가와 류노스케의 단편 소설. 라쇼몽은 헤이안쿄(지금의 교토)의 남쪽 성문이다. 줄거리는 이렇다. 주인에게 해고당한 하급 무사가 라쇼몽 아래에서 비를 피하고 있다. 그는 도적이 되어버릴까 고민하지만 결단을 내리지 못하고 갈팡질팡하다가 라쇼몽 위의 누각에 들어간다. 거기에서 죽은 사람의 머리카락을 뽑는 노파를 만난다. 노파는 그것이 나쁜 짓임은 알지만, 생계를 위해서는 어쩔 수 없다고 말한다. 무사는 그 말을 듣고는 노파의 옷을 빼앗으며 '나도 이렇게 하지 않으면 굶어 죽을 것이다'라 말하며 사라진다. 아쿠타가와 류노스케의 데뷔작으로『라쇼몽 및 그 밖의 이야기』라는 단편 모음집에 수록되었다. 살기 위해 악을 행하는 인간의 에고이즘을 짧고 강렬하게 묘사했다는 평가를 받았다. 1950년에 구로사와 아키라(黑澤明) 감독에 의해 같은 제목으로 영화화(아래 사진)되어 더욱 유명해졌다.

🎧 (주061)

도스토예프스키
(Fyodor Mikhailovich Dostoevskii, 1821~1881년)

러시아 모스크바에서 태어났다. 러시아 문학의 거장이며 20세기 소설에 지대한 영향을 끼쳤다. 그의 소설은 극단적 심리를 지닌 인물들을 등장시켜 인간 내면에 대한 놀라운 통찰력을 보여 주고, 당대 러시아의 정치·문화·사회상을 날카롭게 분석한다. 의사 집안에서 태어났지만 넉넉하지는 않았고, 가부장적 아버지 밑에서 엄격한 교육을 받았다. 자애롭던 어머니가 세상을 뜬 후 형 미하일과 함께 공병 학교에 들어간다. 하지만 소심하고 병약하던 도스토예프스키는 군사 훈련이 잘 맞지 않았고, 유일한 위안이 문학이었다고 한다. 1841년 공병 학교를 졸업하고 육군성 제도국 소위로 임관하지만, 1944년 제대하고 소설을 쓰기 시작한다. 1846년 첫 작품 『가난한 사람들』로 '제2의 고골리'로 불리며 문단에 데뷔한다. 하지만 이어 발표한 『백야』나 『분신』은 혹평을 받는다. 이 시절 도스토예프스키는 공상적 사회주의를 신봉하는 급진적 정치 모임에 참가하다가 1849년 정치 사상범으로 체포되어 사형 선고를 받는다. 총살형 집행 직전에 기적적으로 시베리아 유배로 감형되어 가까스로 목숨을 건졌다. 이 사건은 그의 문학 세계에 깊은 영향을 끼친다. 1854년까지 수형 생활 중에 죄수와 민중의 생활상을 겪으며 사회주의자에서 기독교적 인도주의자로 변모한다. 1861년 형과 함께 잡지 『시대』를 발간하고, 「학대받는 사람들」 「죽음의 집 기록」 등을 연재하며 인기를 얻는다. 하지만 이 잡지가 이듬해에 발행 금지를 당해, 1864년 형과 함께 다시 새로운 잡지 『세기』를 창간하지만 크게 실패하여 막대한 빚을 지고 만다. 1866년 『죄와 벌』을 완성하고, 1867년에는 해외에 거주하면서 『백치』 『악령』 등을 쓴다. 1874년 발표한 『미성년』으로 경제적 어려움에서 벗어날 수 있었고, 1880년 최후작인 『카라마조프가의 형제들』을 발표하고, 몇 달 뒤인 1881년 1월 28일 폐동맥 파열로 사망한다.

🎧 (주062)

『제인 에어(Jane Eyre)』(1847년)

영국 소설가 샬럿 브론테의 장편 소설. 커러 벨(Currer Bell)이라는 필명으로 런던의 스미스, 엘더 사에서 처음 냈다. 열 살 때 부모를 잃고 고아가 된 제인 에어는 외숙모의 집에서 천덕꾸러기로 자란다. 불행한 소녀 시절을 보내고 자유를 갈망하며 손필드 저택에 가정 교사로 들어가 괴팍한 성격의 주인 로체스터와 사랑에 빠지지만, 그의 미친 부인이 집안에 아직 살아 있다는 것을 알고 떠난다. 눈 쌓인 광야를 걷다 지쳐 쓰러진 제인은 세인트 존 목사의 구조로 목숨을 구하고, 그와 결혼하여 인도로 가기로 한다. 하지만 환상 속에서 자신을 부르는 로체스터의 목소리를 듣고, 손필드 저택으로 가 보니 큰 불이 나 로체스터의 부인은 죽고 로체스터도 화상을 입고 실명한 상태. 제인은 자신의 진정한 사랑을 깨닫고 로체스터와 결혼한다. 초판 출판 당시에 낭만적 내용과 정열적 캐릭터, 인습을 깬 대담한 결말로 센세이션을 일으켰다. 게다가 작가가 여성이라는 것이 밝혀져 더 큰 화제가 되었다.

🎧 (주064)

『폭풍의 언덕(Wuthering Heights)』(1847년)

영국 작가 에밀리 브론테의 유일한 소설이자 유작. 고향 요크셔의 자연이 주된 배경이 된다. 황량한 산지에 외따로 서 있는 저택 '폭풍의 언덕'엔 언쇼와 그의 아들 힌들리, 딸 캐서린이 산다. 언쇼는 버려진 소년을 데려와 히스클리프라는 이름을 붙여 주고 자식들과 함께 키우지만 세월이 지나며 히스클리프를 학대한다. 히스클리프는 캐서린과 서로 사랑을 느끼지만 캐서린이 지주의 아들 에드거와 결혼할 것이라는 소식에 절망하여 가출한다. 3년 후 복수를 결심한 히스클리프는 '폭풍의 언덕'으로 돌아와 힌들리를 타락시키고, 자신은 에드거의 누이와 결혼하여 그녀를 학대한다. 캐서린은 딸을 낳고 죽고 히스클리프도 죽어 캐서린 옆에 묻힌다. 애증으로 가득한 이 복수담은, 가히 악마적이라 할 주인공 히스클리프의 대를 거치는 비극적 서사로 강렬하게 독자를 끌어당긴다. 이러한 점이 당대에는 이질적이라며 혹평을 받았으나, 오늘날에는 셰익스피어의 비극, 멜빌의 『백경』에 필적하는 영국 문학사의 명작으로 꼽힌다. 1939년 와일러 감독에 의해 영화화되기도 했다.

브론테 자매들

1834년 브론테 자매의 남동생 브란웰이 그린 자매의 초상. 왼쪽부터 샬럿, 에밀리, 앤.

샬럿 브론테(Charlotte Bronte, 1816~1855년)와 에밀리 브론테(Emily Jane Bronte, 1818~1848년) 자매는 영국 요크셔 북부에서 아일랜드 인 성공회 사제의 딸들로 태어났다. 어머니를 일찍 여의고, 이모의 손에서 자랐다. 1824년 샬럿과 동생 에밀리는 이종 사촌 언니들과 기숙 학교로 옮겼는데, 환경이 형편없어 두 언니는 영양 실조와 결핵으로 일찍 죽고 만다. 훗날 이 악덕 학교는 『제인 에어』에 생생하게 묘사되었다. 이 비극적 사건으로 샬럿과 에밀리는 벨기에로 유학가 어학을 공부하고 같은 해에 귀국한다. 1846년 샬럿, 에밀리는 막내 동생 앤과 함께 『커러, 앨리스, 액톤 벨 시집(Poems by Currer, Ellis, and Acton Bell)』을 자비로 출판했으나 반응이 좋지는 않았다. 하지만 에밀리는 「죄수(The Prisoner)」 「내 영혼은 비겁하지 않노라(No Coward Soul is Mine)」 등의 시로 영국 시단에서 자기 세계를 구축한다. 1847년에 첫 소설 『폭풍의 언덕』을 발표하고 이듬해 폐결핵에 걸려 짧은 생을 마친다. 동생 앤도 몇달 후 언니 에밀리의 뒤를 따랐다. 맏이었던 샬럿도 1854년 아버지의 대리 신부 벨 니콜스와 결혼하지만 9개월만에 폐렴으로 사망한다.

이상(李箱, 1910~1937년)

서울에서 태어났다. 본명은 김해경(金海卿). 세 살 때 아들이 없던 백부 김연필의 장손으로 입양된다. 백부의 교육열이 높아 보성고보, 경성고공 건축과에서 공부하고 총독부의 건축과 기수로 일한다. 문학가로서 활동은 1930년 『조선』에 첫 장편 소설 「12월 12일」을 연재하면서 시작했다. 1931년에 처녀시 「이상한 가역반응」 「BOITEUX·BOITEUSE」 등을 『조선과 건축』에 발표한다. 이후 시 「건축무한육면각체」를 발표할 때부터 '이상'이란 필명을 쓰기 시작했다. 1933년 『가톨릭 청년』에 「꽃나무」 「이런 시」 「거울」 등을, 1934년에는 『월간 매신』에 「지팽이 역사」를, 『조선중앙일보』에 「오감도(烏瞰圖)」를 발표하는 등 활발한 시작(詩作)을 했다. 「오감도」는 난해함으로 당대의 문단에 큰 충격을 주었고, 독자들의 항의로 연재가 중단되기도 한다. 이후 소설 「날개」(1936년) 「동해(童骸)」 등을 발표했다. 1933년 폐결핵으로 인한 각혈로 황해도의 온천으로 요양을 갔다가 돌아와 종로에서 다방 '제비'를 여는데 여기서 여러 문학 인사들을 만난다. 1934년에는 구인회(九人會)에 가입하고 소설가 박태원(朴泰遠)과 친해져, 『소설가 구보씨의 1일』에 삽화를 그리기도 했다. 1937년에 도쿄에서 사상 불온 혐의로 구속되었고, 이 때 지병인 폐결핵이 악화되어 그 해 4월 도쿄 대학 부속 병원에서 사망한다. 모더니즘이 한창 유입되던 1930년대에 자의식 문학과 초현실주의 시의 선구로서, 모순과 비극으로 점철된 현실에 지적으로 반응하며 한국 문학의 새로운 경지를 개척했다고 평가된다. 1966년 시·산문·소설을 모은 『이상 전집』 3권이 간행되었다. 문학사상사에서는 1977년부터 '이상문학상'을 정해 매년 시상하며 박완서는 1981년 수상자이기도 하다. 본문에 나오는 「권태」는 1936년 말 도쿄에서 쓴 것으로 그 한 해 전의 성천 기행 체험을 바탕으로 쓴 수필이다.

🎧 (주066)

김유정(金裕貞, 1908~1937년)

강원도 춘천에서 태어났다. 명문 양반가의 막내로 일찍 부모를 여의고 고향을 떠나, 12세에 서울 재동보통학교에 입학했다. 휘문고보에 입학한 지 1년 만에 연희전문학교 문과에 진학하나 곧 중퇴한다. 일찍 잃은 어머니에 대한 그리움이 커서 이후 연상의 여인에 대한 짝사랑으로 곧잘 발현되곤 했다. 열정에 방황하는 시기를 보내 1932년 고향인 강원도 춘천의 실레마을로 가서 계몽 운동을 펼친다. 이 무렵은 1920년대 산발적이었던 '브나로드 운동'이 조직화되던 시기로, 그도 고향에서 야학당을 열어 아이들을 가르치고, 청년들을 모아 농우회를 조직하는 등 활발하게 운동했다. 이 때 경험한 하층민과의 교류는 그의 작품 전체에 영향을 미친다. 가족과의 불화로 셋방을 전전하는 떠돌이 생활을 하는 악조건 속에서 소설 쓰기에 본격적으로 매달린다. 1935년 단편 「소낙비」가 『조선일보』, 「노다지」가 『중앙일보』 신춘문예에 각각 당선됐고, 구인회의 일원으로 창작 활동을 했다. 등단하던 해 「금 따는 콩밭」 「떡」 「산골」 「봄봄」 등을 발표하고, 이듬해에 「산골 나그네」 「봄과 따라지」 「동백꽃」 등을, 1937년에는 「땡볕」 「따라지」 등을 발표한다. 1937년 폐결핵으로 서른 살의 나이로 요절할 때까지 2년여의 짧은 기간 동안 폭발력 있는 필력을 보였다. 특히 대표작인 「동백꽃」은 사춘기 남녀가 어슴푸레하게 느끼는 성적 에너지와 사랑의 감정을 서정적 전원의 묘사와 함께 해학적으로 풀어내어 지금까지도 큰 사랑을 받고 있다. 토속적이고 질퍽한 어휘, 해학과 유머, 그리고 내면에 흐르는 비애로 가득한 그의 작품 세계는 친한 벗이었던 이상의 활동과 함께 한국 문학의 중요한 문학적 성취로 기록되고 있다.

🎧 (주067)

문남식(文南植, 1906~1997년)

숙명여고 15회 졸업생으로 1947년부터 1961년까지 숙명여고 교장으로 재직했다. 재임 기간에 "밝고 다습고 씩씩하게 / 나라를 사랑하자 민족을 사랑하자 / 자기와 가정과 학교를 사랑하자"라는 교훈을 제정하고 6·25 전쟁 중에는 1951년 부산에 피난 학교를 세워 명맥을 이었다. 2008년에는 문남식 교장의 숙명여고에 대한 공헌과 정신을 기려 동문들이 문남식 장학 기금을 발족시키기도 했다. 이후 상명학원 이사장, 서울 교육 위원, 가정 법원 조정 위원 등을 지냈다. 남편은 성균관대 총장을 지낸 권오익(權五翼)이었다.

🎧 (주068)

박완서의 재학기 숙명여고 교장

해방 전까지는 일본인인 노무라 모리노스케(왼쪽)가 제3대 교장이었다. 해방 후 공백이 있다가 1946년 제4대 최삼식 교장(오른쪽)이 취임해 1947년 3월까지 있었고 4월 제5대 문남식 교장이 취임한다.

(주069)

공민(公民) 시간

공민(公民)은 '국가 사회의 일원으로서 그 나라 헌법에 의한 권리와 의무를 가지는 백성'을 의미한다. 8·15 해방 후에는 현재의 일반 사회 교과서를 공민 교과서라 한 적이 있었는데 이 과목을 배우는 시간을 공민 시간이라고도 했다. 일본에서는 지금도 일반 사회 교과서를 공민 교과서라 한다.

(주070)

박순천(朴順天, 1898~1983년)

정치인. 부산에서 태어나 1926년 일본 니혼여대 사회학부를 졸업했다. 일제 치하이던 1919년 보안법 위반으로 1년간 복역했고, 1945년 중앙여중 부교장, 1948년 『부인신문』을 창간하여 사장으로 취임한 이래 대한부인회 총회장, 대한여자청년단장 등을 거쳐 의회에 진출한다. 제2, 4, 5, 6, 7대 국회 의원을 역임했으며 민중당 대표 최고 위원, 신민당 고문을 지냈다. 정계 은퇴 후에는 통일원 고문, 근명학원 이사장, 육영수 여사 추모사업회 이사장 등을 지냈다.

(주071)

해방 공간의 집회 장소, 남산과 동대문운동장(서울운동장)

8·15 해방 직후 서울 남산에서는 좌익 세력들의 정치 집회가 자주 개최됐다. 1946년 3·1절 기념식이 처음이었다. 해방 이후 처음 맞이하는 3·1절이었음에도, 반탁운동과 모스크바 3상회의 협정 지지로 분열된 좌우익 세력들이 서로 다른 곳에서 기념 행사를 개최한 것이다. 남산에서 행사를 마친 후에는 남대문과 종로 등으로 가두 행진을 하곤 했다. 그 해 12월 29일에 모스크바 3상 협정 1년을 맞아 좌익 계열 집회가 남산에서 열렸고, 이듬해 3·1절 기념식도 남산에서 거행됐다. 기념식 후 남산에서 내려오던 행렬과 서울역에서 남대문을 향해 행진하던 우파 사이에 충돌이 있었고, 이를 진압하려 경찰이 발포하여 1명이 사망하고 수십 명이 다친다. 당시 수도경찰청은 괴한들이 남조선노동당 본부가 있던 남대문 근처의 빌딩 옥상에서 우익 학생들을 향해 발포했는데, 이들이 떨어트린 보자기에 소련 국기가 그려진 군표가 있었다면서 책임을 좌파에게 뒤집어 씌우는 발표를 했다. 그 해 5월 1일 노동절 집회가 남산에서 개최됐는데, 참여 학생 200여 명에게 퇴학 처분이 내려지기도 했다. 1948년 남한에 단독 정부가 수립된 후 좌파 계열은 공개 집회를 할 수 없게 되었다. 그 뒤로 남산은 우파의 행사장이 되어 대동청년단의 창립 1주년 기념식이 1948년 9월 19일 남산광장에서 열렸으며 1949년 8월 9일에는 경찰과 준경찰 조직인 민보단의 합동 전투 훈련 장소로 이용되기도 했다. 해방 공간에서 남산이 좌파들의 집회 장소로 애용되었다면, 동대문의 서울운동장은 찬탁 및 반탁 집회, 노동절 집회, 여운형과 김구(金九)의 장례식 등 정부 차원의 대규모 집회 장소가 되었다.

(왼쪽) 1946년 동대문의 서울운동장 삼일절 행사. 오세창, 신익희, 윤치영, 임영신, 장택상 등이 보인다. (오른쪽) 남산의 좌익 계열 집회.

요. 지금 감각으로 재미가 없는 소설이 많아요. 근데 김유정의 소설이라든가, 이상 거는요, 지금 우리보다 앞서가는 어떤 걸 가졌어요.

● 그러고 나서 뭐야, 저기 소설 중에 이상의 것, 「날개」.

장 : 그런 작품들을 구해서 읽으실 수 있었던 거네요?

● 네. 그 때 나왔어요. 그 때도 이상은 죽었을 땝니다. 이상의 소설이 조금씩 소개가 될 때였지요. 그건 걔네들하고 막 공감하면서 읽은 거고, 나는 김유정(金裕貞, 1908~1937년) 🎧(주066)의 소설도 좋아했어요.

해방 후 서울의 교육 현실

장 : 서울 돌아와서 학교 다니시면서 친구분들하고 그렇게 즐겁게 지내셨지만, 사회가 안정되지는 않았잖아요.

● 친구들하고 친해진 것은 문과 이과 나눠지고도 한참 됐을 때고…. 2, 3학년 때까지도 학교가 혼란스러웠어요. 그 전까지는 학교와 군대가 비슷할 정도로 딱딱 그런 교육을 받고. 그러다가 미국식 교육이 우리에게 왔잖아요. 학생 자치라는 게 처음 생겼죠. 자치회장이라는 거, 지금이야 아무렇지도 않겠지만, 그 때는 너무도 신기하고…. 초기에는 학교 선생님들도 우리가 배척을 할 수 있다고 생각했어요. 저 선생님은 우리가 내쫓자.(웃음) 그런 결의도 막 했어요. 일제 시대 때 더 협력한 선생님 있잖아요. 일본식의 군대식 교육을 몹시 시키고 미움을 받은 선생님. 문남식(文南植, 1906~1997년)🎧(주067) 선생님이 교장 선생님으로 새로 부임해올 때도 왜 그랬는지 우리가 배척 운동을 했어요. ● 아마 좌익 우익 관계도 있었을 거야. 일제 시대 때는 일본 교장이었는데 그 분은 물러가고 중간에 교장 선생님이 계셨는데 그 분도 어떻게 해서 물러나고요.🎧(주068) 새로 온 분은 우리 숙명 졸업생이고… 아주 자격도 훌륭한 선생님이신데 왜 그런 말이 나왔는지 잘 생각도 안 나요. 아무튼 새 교장 선생님 취임식 하는 날, 강당에서 하는데 우리는 가지 말자. 그게 돌아서. 아, 그저 알지도 못하고 안 가고 반에 있었어요. ● 문남식 교장 선생님이 나중까지도 인기가 없었어요. 그 선생님이 지금으로 치면 좀 보수적인 사람이고 그 때 아이들이 지금으로 치면 진보적이었는지(웃음) 그렇게 생각이 돼요. 그런데 그 교장 선생님이 좋은 선생님을 많이 모셔왔어요. 아까 황성모 이런 분도 그

🎧 (주072)

메이데이(May-day, 노동절)

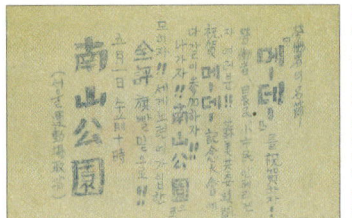

해방 후 남산에서 열린 메이데이 기념 행사에 모이라는 내용의 유인물.

열악한 근로 조건을 개선하고 노동자의 지위를 향상시키기 위해 각국의 노동자들이 연대 의식을 다지는 날로, 매년 5월 1일이다. 1886년 미국 노동자들이 벌인 투쟁을 기념해 이 날로 정해졌다. 열악한 노동 환경과 저임금에 시달리던 미국 노동자들은 8시간 노동 실현을 위해 총파업을 결의하고 1886년 5월 1일을 1차 시위의 날로 정했다. 이 날 전 미국 노동자들이 파업했고 5월 3일 시카고에서 21만의 노동자와 경찰이 충돌하는 유혈 사태가 벌어졌다. 1889년 파리에서 열린 제2인터내셔널 창립 대회에서 5월 1일을 "기계를 멈추자, 노동 시간 단축을 위한 투쟁을 조직하자, 만국의 노동자여, 단결하여 노동자의 권리 쟁취를 위해 동맹 파업을 행동하자"는 세 가지 결의를 실천하는 날로 선언했다. 1890년 첫 대회가 개최된 이래 여러 나라에서 5월 1일을 메이데이로 기념한다. 우리 나라에서는 일제 치하였던 1923년 5월 1일, 조선노동총연맹이 2천여 명의 노동자를 모아 "노동 시간 단축, 임금 인상, 실업 방지"를 주장하는 최초의 행사를 치렀고 해방 후에는 조선노동조합 전국평의회가 행사를 주도했다. 그러나 정부는 1958년 한국노총의 전신인 대한노동조합총연맹 창립일인 3월 10일로 정하고 1963년 노동법을 개정할 때 명칭도 '근로자의 날'로 바꾸었다. 5월 1일을 되찾은 것은 30여 년이 지난 1994년, 민주 노조 진영의 끈질긴 투쟁이 간신히 얻어낸 성과였다. 하지만 정부에서 붙인 공식 명칭은 여전히 '근로자의 날'이다.

🎧 (주073)

민청(民靑, 민주 청년 동맹)

📘 "네가 빨갱이였다는 것만 해도 온통 학교가 발칵 뒤집힌 후에야 난 알았잖아? 그래도…" "겨우 그 소리야? 그만둬 줘. 그 얘기라면 그건 그 때로서 끝나 버린 거니까" 진이는 미간을 찌푸리고 흰 자기병에서 온 방안에 달콤한 향기를 뿜고 있는 장미꽃을 신경질적으로 하나하나 뜯어내기 시작한다. 벌써 일 년이나 너머 전, B고녀의 민청 지하 조직이 발각되어 무더기로 정학 처분을 당한 일이 있었고 그 중에 진이도 끼었었던 것이다. ―『목마른 계절〔원제 '한발기(旱魃期)'〕』(세계사, 1994년판) 중에서.

☞ 청년층을 대상으로 한 북한 노동당의 가장 중요한 단체인 김일성사회주의청년동맹이 형성되는 과정에서 한시적으로 결성됐던 민주청년동맹의 약칭. 북한에서 민주청년동맹 결성 작업이 본격화된 것은 1945년 10월부터다. 북한 5도 청년대표대회가 열리고 이어 1946년 1월 북조선민주청년대표자회의에서 민주청년동맹 창립을 선언했다. 1951년에 형식적으로 남북의 민주청년동맹 통합을 거쳐 1964년 5월 조선사회주의노동청년동맹(사로청)으로 바뀌었다. 북한의 움직임에 영향을 받아 남한에서 자생적으로 조직된 좌익 성향의 청년 동맹들도 흔히 민청이라 불렸으나 정부의 탄압 등으로 대부분 일시적인 조직들에 그쳤다. 구술문의 민청학련은 널리 알려진 1974년의 민청학련 사건이 아니라 해방 공간의 민청을 잘못 표현한 듯하다.

렇고, 영어도 서울대 문리대에서 강의하신 고석호 선생님이라든가, 그 때 전임 강사 하던 분들이 우리 졸업하고 전부 대학교로 가셨더라고요. 어떻게 생각하면 우리가 과외 공부도 안 하고 대학 갔던 게 실력있는 선생님 모셔온 덕이었어요. 정말 열성적으로 가르쳤지요.

장 : 이미 대학 교수 수준의 교육을 받으신 거네요, 선생님?

🎧 네.

장 : 학교 체제는 변동이 있었나요? 그 전에는 일본식으로 이루어졌다면 해방 후에는 미국식이었나요, 아니면 새로운 한국식의 조직이 만들어졌나요?

🎧 아, 교과 과정에 우리 나라 국사를 배운다든가, 자유니, 민주주의에 대해서 새롭게 배웠던 것 같아요. 공민 시간🎧(주069)이 있었어요. 지금 사회 생활 이런 과목이죠. 그 때 우리가 오해를 했던 것 같애. 그냥 학교의 주인은 학생이다, 이러니까 우리가 다 좌지우지하려고 했던 것 같애. 🎧 새로운 스타들도 생겼어요. 반장 선거도 우리가 하고, 임명을 하잖아요. 학생회 할 적에 나가서 말 잘하는 애가 있어요. 우리가 학생회장을 뽑으면, 지금은 이름을 잊어버렸지만, 어떻게 합시다, 이렇게 선동적인 언어를 잘 쓰는 선배 언니들이 있어요. 또 선생님들이 강연 시간을 만들어 가지고 나중에 국회의원이 된 박순천(朴順天, 1898~1983년)🎧(주070) 그런 분, 학교에 데려다가 민주주의 교육을 시켜야 되니까 남녀 평등이라는 거는 어떤 거다. 강연 하고요.

장 : 자기 전문 영역에서 활동하고 계신 분들이 오셔서 법률이라든지, 여성학 강의를 한 거네요.

🎧 네. 해방기 제일 먼저 들은 게 민주주의, 자유. 민주주의의 몇 대 요소가 언론 출판의 자유, 집회의 자유. 집회의 자유가 있으니까, 집회도 막 가고요. 2학년 때 복학하고 나서 1, 2년이 가장 혼란스러웠을 때입니다. 🎧 그래도 좋았어요. 생각하면 몸으로, 민주주의니 자유니… 그 말이 지금은 진력 나잖아요. 그 때는 그렇게 신선하게 들렸어요. 처음 듣는 말이니까. 모든 주권은 국민에게 있다, 지금이야 너무너무 웃기는 소리 같지.

장 : 학교 안의 혼란이 그랬다면, 선생님이 느끼기에 사회의 혼란은 어땠습니까?

🎧 아, 좌우 대립이죠. 3·1절날인가 해방날인가도 지금으로 치면 보수 진영 쪽에서는 서울운동장서 하고 또 남산에선 진보 진영이 하고 그랬습니다.🎧(주071) 또 노동절, 메이데이라는 것도 하면은 가는 애들도 있었고요.🎧(주072) 저도 학교를 안 가

🎧 (주074)

근로인민당과 여운형(呂運亨, 1886~1947년)

여운형은 신한청년당 당수로 3·1 운동을 기획하고 1920년대부터 고려공산당에 가입해 독립 운동을 해 왔다. 일제가 인품에 감화받은 데다 국민들의 동요를 겁내 회유를 벌이다 1929년 체포한다. 옥살이 후 언론인 등으로 활동하다가 광복 후 좌우 합작 운동을 벌였지만 양쪽으로부터 냉대를 받았다. 좌우 합작 운동을 원활하게 수행하고자 중도 좌파 성격의 근로인민당을 창당했는데, 창당대회 위원장은 여운형, 부위원장은 백남운(白南雲), 장건상(張建相)이었다. 그러나 창당 후 좌익과 우익으로부터 더 맹렬히 테러를 당했고 1947년 7월 19일 오후 1시에 혜화동에서 극우파의 18세 청년 한지근(韓智根)에게 총격을 당했다. 한지근은 스스로를 "애국투사"라고 밝혔고, 배후는 끝내 밝혀지지 않았다. 여운형은 병원으로 호송 중 숨을 거두었는데 마지막으로 남긴 말은 "조국⋯." 그리고 "조선⋯."이었다고 한다. 1947년 8월 3일 광화문 앞에서 인민장으로 치러진 장례식 때는 60만 명의 추모 인파가 몰렸다고 한다. 영결식은 동대문 서울운동장에서 치러졌다. 여운형 사후 근로인민당 당수는 벽초 홍명희(洪命熹)가 맡았으나 사실상 와해되었고 좌우 합작 운동도 중단되었다. 2005년에야 건국훈장 대통령장(2등급)이 추서되었고 2008년에 비로소 건국훈장 대한민국장(1등급)이 추서되었다.

1947년 근로인민당 창당대회.

🎧 (주075)

좌익 사상

📖 연합군이 국토를 갈라놓은 것처럼 연합군이 가져온 좌우의 이데올로기가 부모 자식 사이까지 이간질시켰다. 어느 시대에나 있게 마련인, 부모 세대가 현실 안주적이라면 자식 세대가 이상주의적이라는 평범한 세대차가 좌우의 대립이라는 사상적 갈등으로 나타났다. 그렇다고 이제 막 한글을 배우기 시작한 주제에 무슨 투철한 사상이 있었겠는가. 우리는 젊은 혈기로 우리가 안 가진 걸 원했다. 북쪽에 이상향이 있을 것 같았다. 북쪽이 단행한 것 중 가장 마음에 드는 건 친일파의 철저한 숙청이었다. 해방 후의 남쪽 정국에서 가장 실망스러운 건 친일파가 여전히 거들먹거리며 요직을 차지하고, 일제의 충직한 개 노릇을 하던 악명 높은 형사가 빨갱이 잡아들이는 도사로 둔갑하여 경찰 간부가 돼 있다는 기막힌 사실이었다. 그러나 우리 부모 세대는 털어서 먼지 안 나는 사람 어디 있느냐는 식의 편리하고 구역질 나는 아량으로 오직 미군이 베푸는 밀가루와 캔디에만 정신이 팔려 있었다. 삼팔선을 꾸역꾸역 넘어오는 북쪽 사람들의 이북 정치에 대한 증언도 우리의 생각을 바꾸지는 못했다. 월남민들은 다 지주나 친일파 계급이려니 싶었던 것이다. — 수필「운명적 이중성」(『어른 노릇 사람 노릇』, 작가정신, 1998년) 중에서.

고 남산에 집회 갔던 적이 있어요. 문남식 선생을 배척한 것도 그런 뜻이었던 것 같애요. 보수적인 쪽이라서. 그러다가 금세 안정이 됐지요. 그 때는 우리 집안이, 오빠도 좌익 사상이 많을 때고, 지식인 중에 소위 진보적인 생각을 가진 사람이 많았어요. 그런 것이 나중에 우리 집이 다 몰락하는 경우가 됐지만. ♣ 지금 생각하면은 학생회 안에도 그런 세력이 있었을 것 같애요. 민청🎧(주073)이라고 했던 것 같애. 민청 조직의 어떤 모임에도 내가 가 본 적이 있고. 또 남산의 모임에 간 다음날 학교 안 온 애들 앞에 나오라고…, 엄마 오라고 해 가지고 뭐 쓰고 그랬어요. 나는 그 날 학교를 안 갔어. 고 다음날도 안 갔어요. 징계받을 생각을 하니 무서워서(웃음), 학교도 툭 하면 봐 주기도 잘했어요. 몸도 조금 약하고 그래 가지고 나중에 가니까 아무 소리도 없더라고요.

오빠와 좌익 사상

장 : 선생님께서 이른바 좌익 사상 경향을 접하게 된 계기는 무엇이었습니까?
♣ 오빠가 그랬으니까요. 오빠가 읽는 선동적인 팜플렛 같은 것만 봐도, 대단한 책도 아닌데, 정말 세상이 이래서는 안 된다. 그 때 팜플렛이 지금도 가슴을 울렁거리게 하는 게 많아요. 이념적인 편향이 한참 때는 그렇게 생기는 경우가 많습니다.
장 : 그 때 좌익 성향을 가졌다는 게 구체적으로 어떤 생각인가요, 선생님? 정치세력에 대한 반대였습니까?
♣ 이북에서 하는 게 옳은 것 같은 느낌, 친일파 제대로 척결 못했다는 거. 지금은 배후가 있다고 하면 욕먹지만 그 때야말로 여기서도 당당한 뭐 차지하고 있었을 테니까요. 공산당은 없었지만 여운형(呂運亨, 1886~1947년) 씨 계통의 당🎧(주074)이 있을 때고 민청학련 같은 것도 있고요. 오빠는 아주 정식으로 운동을 했어도 난 그렇게까지는 안 해서 잘은 모르지만요. 나는 그런 서적을 읽고, 거기 물들기도 했지만… 해방이 돼도 여전히 친일파나, 그 전에 부자였던 사람이 부자인 거에 대해서 우리가 불만을 가졌죠. 역시 분배의 문제가 지금도 가장 그렇잖아요. 빈부의 차, 이건 너무 옳지 않다. 노동자, 일하는 사람이 잘살아야 된다. 이런 건 우릴 감동시키기에 알맞지요. ♣ 서구에서 공산당 운동을 한 사람의 이야기가 있는 책을 보게 되었어요. 그 사람은 부두 노동자였는데 어떤 해에 흉년이 들었나. 지

🎧 (주076)

토지 개혁

북한의 토지 개혁은 1946년 3월 북조선임시인민위원회의 주도하에 무상 몰수·무상 분배 원칙에 따라 실시되었다. 일본인·민족 반역자·5정보 이상의 토지를 소유한 지주의 땅을 몰수해 토지가 없거나 부족한 농민에게 가족 수에 따라 무상 분배했다. 분배된 토지는 채무 등이 완전 면제되었고, 매매·소작·저당이 금지되었다. 지주 가운데서도 독립 운동에 공헌했거나 토지 개혁에 우호적인 경우에는 우대해 준 반면 반항한 지주들은 토지를 몰수하고 강제로 이주시켰다. 토지 개혁의 결과 북한에서는 부농이 위축되고 빈농·농업 노동자들이 정권의 지지 기반이 되었다. 남한에서는 농지 개혁이라는 이름으로 유상 매상, 유상 분배가 이루어졌으나 분배의 본래 목적을 이루지 못했다는 비판도 크다.

🎧 (주077)

최승희(崔承喜, 1911~1969년?)

(위) 1930년대 최승희, 남편 안막과 딸 성희.
(아래) 1940년대 숙명여고를 방문한 최승희.

강원도 홍천 또는 서울에서 태어나 숙명여고를 졸업했다. 이시이 바쿠(石井漠)의 공연을 보고 무용가가 되기로 마음을 먹고 1926년 일본 이시이 바쿠 무용 연구소로 유학을 떠났다. 이시이 바쿠에게 실력을 인정받으며 빠르게 성장했으나 1929년 이시이가 실명하자 귀국했다. 1931년 평론가 안막(安漠)과 결혼하고 이 무렵 현대 무용을 위주로 세 차례 발표회를 가지면서 지식인 사이에서 호응을 얻었다. 하지만 경제적 어려움이 커서 1933년 일본으로 가 이시이 문하에 다시 들어간 후 일본 언론에서 크게 각광받고, 유럽·미국·중남미 등 세계 무대에 진출해 명성을 얻었다. 1940년대에 북경에서 매란방 등과 교유했고 해방 이후 남편 안막을 따라 월북해 최승희무용연구소를 운영했으나 1958년 남편이 숙청된 후부터는 냉대 속에서 말년을 보냈다고 한다. 북한에서는 사후 복권되었

🎧 (주078)

국민보도연맹(國民保導聯盟)

제주 4·3 사건, 여순 사건 등을 수습하면서 정부에서 전향자들을 체계적으로 관리, 감시하고자 일제가 운영하던 친일 전향 단체를 본떠 1949년에 조직됐다. 공안 검사로 악명을 떨친 선우종원(鮮于宗源)과 오제도(嗚制道)가 주도하고, 초대 간사장은 민족주의민족전선 출신 박우천(朴友千)이, 회장은 공산주의 운동가였다가 전향한 정백(鄭栢)이 맡았다. 전향자들은 반드시 보도연맹에 가입해야 했고, 활동 목표는 대한민국 정부의 절대 지지와 북조선 정권의 절대 반대, 공산주의 사상 배격이었다. 1950년 초에 회원 수가 30만 명이 넘었는데 이는 당시 공무원과 경찰이 실적 때문에 반강제로 가입을 독려해, 상관이 없는 일반 농민이나 10대 학생들도 아무것도 모른 채 가입했기 때문이다. 전적을 면책하겠다는 약속과 달리 연맹원은 불시에 소집되어 체벌이나 반공 교육을 받아야 했고, 불참하면 주변 사람이 피해를 입었다. 6·25 전쟁 중 국군과 우익 청년 단체들은 보도연맹 안에 위장 전향한 좌익 세력이 있다고 보고 연맹원들을 조직적으로 학살한다. 부녀자와 어린이를 포함해 20만 명 이상을 야산이나 폐광 등으로 데리고 가서 총살한 것으로 추정한다. 보도연맹은 다양한 반정부 세력을 좌익으로 몰아 이승만 정권을 강화시키는 데 큰 기여를 했다.

다. 딸 안성희는 1933년 태어났고 모스크바에 유학해 발레를 배우고 북한에서 안무가로 활동했다.

금이야 유럽에서는 거의 굶주리는 나라는 없습디다. 그 때는 어려운 사람들이 굶주릴 땐데 밀을 사재기한 사람들이 그 밀값을 더 올릴려고 사실은 노나 먹으면 국민들이 다 먹을 수가 있는데 그 밀을 바다에다 빠뜨리고…. ● 간혹 지금도 있잖아요. 시위할 때 농산물이라든가, 그런 거야 화가 나서지만, 하역하는 노동자 노릇을 하면서 자기는 굶주린 노동잔데 멀쩡한 밀을 값을 더 받으려고 그럴 적에 거기서 운동가가 되었다는 얘기가 나왔어. 나도 그런 눈으로 모든 걸 보게 되고. ◎(주075)
● 사실 처음에는 북쪽이 더 잘했어요. 토지 개혁◎(주076) 제대로 하고, 우린 토지 개혁한다면서도 토지 가진 사람은 다 괜찮고 어려운 사람은 그냥 어렵고 소작인들이 더 나아진 것도 없고 그랬으니까요. 그런 것이 옳지 않다는 정의감 같은 게 북쪽에서 말하는 선전하고 굉장히 맞아 떨어졌어요. 그야말로 예술가 중에도 이북으로 올라간 사람도 있었고 최승희(崔承喜. 1911~1969년)◎(주077) 같은 사람도 있잖아요. 최승희 딸이 우리 학교에 한 학년 밑이야. 걔가 얼굴도 참 예쁘고 인기였는데 어느 날 없어졌어요. 북쪽으로. 그런 일들이 많지.

빨갱이집 소리를 피한 네 번의 이사

● 우리 오빠는 몰래 삐라도 붙이고 다니고 그런 사람들끼리 모여서 토론도 하고 그랬어요.
장 : 그런 활동을 하는 청년들에 대한 탄압도 있었지 않습니까?
● 물론이지요. 고 무렵에 우리 집이 그런 모의를 하는 아지트같이 되니까, 우리 엄마가 너무너무 그걸 싫어하는 거예요. 아, 저것들 그냥, 요새도 엄마들 그렇잖아요. 우리는 이사란 거를 몇 번 안 댕겼는데, 나중에는 그것들 꼴보기 싫어서 이사 간다고(웃음). 신문로 살다가 집을 줄여 갖고 돈암동으로 갔다가 돈암동에서도 아예 집을 팔고 작은집으로 합쳐서 우리 집이 거기 들어가서 살고. 아주 우리 거처를 없앤다는 거죠. 아무튼 해방에서 6·25까지 사이에 네 번, 일 년에 한 번씩 이사를 할 정도로 엄마가 싫어했어요. 그 이사가 오빠의 좌익 운동하고도 관계가 있었던 거지요. ● 오빠는 집안의 장남으로서 책임감이 있잖아요. 뭘 해도 돈을 벌면서 해야겠다고 마음을 고쳐서 직장을 잡았어요. 고양중학교 선생으로 갔어요. 그 때 좌익하던 사람이 왜 전향해서 들어가는 거 있잖아요. 보도연맹◎(주078), 글루 갔지요.

🎧 (주079)

돈암동 집

🔖 성북동 골짜기에서 발원하여 삼선교·돈암교를 거쳐 우리 동네 앞을 흐르던 개천을 우리는 그 때 '안감내(安甘川)'라고 불렀다. 안감내는 수량이 풍부하고 맑아서 동네 사람들은 큰 빨래만 생기면 그리로 들고 나왔다. 개천과 나란히 난 천변 길은 인도와 차도가 따로 있을 정도로 너른 한길이고 개천 쪽으로는 수양버들이 늘어져 있어 차가 많지 않은 당시에는 다른 동네 사람들끼리 일부러 산책을 올 정도로 한적하고 낭만적인 길이었다. 내 머릿속 지도의 한가운데를 대동맥처럼 관통하던 안감내는 찾아지지 않았다. 그게 안 보이는데 무슨 수로 어디가 어딘지 분간을 한단 말인가. 안감내가 복개됐다는 건 진작부터 알고 있었을 것이다. 복개됐더라도 개천과 천변 길을 합치면 8차선 넓이의 대로로 남아 있어야 했다. 1980년대 초 처음으로 유럽 여행을 가서 센 강을 보고 애걔걔 그 유명한 센 강이 겨우 안감내만 하네, 라고 생각할 정도로 내 기억 속의 안감내는 개천치고는 넓은 시냇물이었다. 집만 나서면 개천 건너로 곧바로 성북경찰서의 음흉한 뒷모습과 거기 속한 너른 마당이 바라다보였다. 그만한 거리감 없이 우리 식구가 거기서 허구한 날 그 건물을 바라보며 살 수는 없었을 것이다. 그 동네에 그렇게 넓은 이면 도로는 없었다. 복개된 개천 자리 다음으로 표적이 될 만한 건 성북경찰서였다. 그건 금방 찾을 수 있었다. 내가 찾은 게 아니라 우리가 맴돌던 지점에서 후배가 조기라고 손가락질해 보여 주었다. 그제서야 내가 천주교회와 신선탕 중간 지점에 서 있다는 걸 알았다. 나의 옛집은 바로 신선탕 뒷골목에 있었고 그 남자네 집은 천주교당 뒤쪽에 있었다. 천주교당도 신선탕도 천변 길에 있었다. 교회는 증축을 했는지 개축을 했는지 그 자리에 있으되 외양은 많이 바뀌고 커져 있었지만 목욕탕은 그 때 그 모습 그대로이고 이름까지 그대로였다. 세상에, 오십 년 전 그 목욕탕이 그대로 남아 있다니. 오십 년이면 목욕탕이 온천이나 사우나 찜질방으로 변하고도 남을 시간이 아닌가. 나는 그놈의 목욕탕 때문에 그 넓지 않은 이면 도로가 안감내를 복개한 길이라는 걸 믿을 수밖에 없었다. 내 머릿속 지도의 거리는 실재하는 거리가 아니라 다만 확보하고 싶은 거리에 지나지 않았던 것이다. ─「그 남자네 집」(『친절한 복희씨』, 문학과지성사, 2007년판) 중에서.

🎧 (주080)

오빠의 전향

🔖 서울에서 불과 사오십 리쯤이 뭐 그리 대단한 두메산골이라고 열이는 주말마다 색다른 이야깃거리를 가지고 왔다. 그가 시골의 단조로운 교사 생활에서 그렇게 풍부한 화제를 마련할 수 있다는 건 그만큼 그가 그의 둘레를 애정을 가지고 바라보는 징조였다. / 정말 시골 학교 훈장으로 끝내 안주할 작정인가…. / 모를 내다가 종아리에 피를 빠는 거머리를 손가락으로 뚝 떼어 버리고 목을 축이는 막걸리 맛이라니 천하일품이란다. 공기는 맑고 우물물은 달고 시리단다. 학생들은 순하고 총명한데 또 교장은 무골호인이라나. / 그런대로 열일 견딜 만한 모양이다. 열의 취직이 이 집안 생활에 안정과 평온을 가져온 건 사실이었고, 진이의 대학 진학이 순조로웠던 것만 해도 오빠의 취직 덕이라 슬며시 감사하는 마음이 없지 않으면서도 진이는 오빠의 목가적인 생활에의 안주(安住)에 심한 저항을 느끼고 있는 스스로를 어쩔 수 없었다. 실상 얼마 전까지만 해도 좌익의 조직 생활에 몸담았던 진이로서, 같은 좌익의, 그것도 진이에게는 까마득한 상부 조직의 지하 운동자였던 오빠의 전향(轉向)인지 도피인지 모를 애매한 처세가 고분고분 받아들여질 리 만무했다. ─『목마른 계절〔원제 '한발기(旱魃期)'〕』(세계사, 1994년판) 중에서.

🎧 (주081)

오빠의 결혼

🔖 나는 어머니에게 오빠가 빨갱이일 거라고 일러바쳐 어머니를 전전긍긍하게 했다. 어머니는 서둘러서 오빠를 장가들였다. 외아들이니 빨리 손을 봐야겠기도 했지만, 처자식이 생기면 자연히 책임이란 것을 의식하게 될 테고 그러면 위험한 짓도 삼가게 되려니와 직업도 갖게 될지도 모른다는 게 어머니의 속셈이었다. / 오빠는 순순히 장가를 들어 주었고, 이내 첫애기를 본 게 또 아들이어서 제법 푸짐하게 백날 잔치까지 하고 나서 며칠만에 육이오가 터졌다. ─「카메라와 워커」(1975년 발표, 『부끄러움을 가르칩니다』, 한양출판, 1994년판) 중에서.

장 : 좌익 운동을 하다가 이념 전향한다는 것도 쉬운 일이 아니잖아요.

❧ 네.

장 : 오빠에게 전향할 수밖에 없는 계기가 있었나요?

❧ 그거까지는 내가 알 수가 없지요.

장 : 가족들한테 피해도 많이 주고요?

❧ 나중에 이사 간 집, 그게 돈암동 집🎧(주079)인데요, 그 집에서는 비교적 안정된 생활을 했어요. 내가 대학교 들어갈 무렵인데 오빠야 내적인 고민도 있었겠지만 학교가 그 때로서 괜찮은 직장이고 안정되게 살려고 그랬던 것 같아요.🎧(주080) 자기도 아들이 하나 생겼고, 또 와이프가 (임신한 사람의 배를 손으로 표현하며) 달이 차고요. 혁명가를 동경했지만 그렇게 살 수는 없다는 걸 느꼈겠지요. 굉장히 효자예요. 우리 엄마가 하도 그러고, 자기도 애에 대한 책임도 있고 여동생도 있고….🎧(주081) 엄마는 나하고 그냥 서울 돈암동 집에 살기로 하고 오빠하고 올케하고 고양으로 보낼라고 그랬는데 미처 가기도 전에 6·25가 났지요. 전향하고 얼마 안 있다가요.

❧ 고 집으로 처음 이사 갔을 때는 우리 집이 빨갱이집이라는 걸 아무도 모를 땐데… 곧 6·25 나면서 우리가 그 후에 오빠 때문에 고생을 받았던 거는….

장 : 전쟁은 서울대를 입학하고 나서 얼마 만에 터진 건가요?

❧ 아휴, 그냥 금세. 그 달에 터졌어요.

장 : 전쟁 터지고 피난은 어떻게 어디로 가셨어요?

❧ 6·25 때 피난 안 갔지요.

장 : 안 가셨어요? 서울에 계셨어요?

❧ 네. 6·25 때 대개 안 갔어요.

장 : 아, 그렇습니까?

❧ 네. 피난 갔다고 하면 다 1·4 후퇴 때지, 별안간 쳐들어왔는데 어떻게 피난을 가요. 사람들이 6·25 때 어쨌다 그런 이야기 하는 것은 서울에 남아서 겪은 거지요. 그리고 6·25 때 바로 피난 갔으면 되레 고생이 덜했지요. 그러나 특별한 사람 외에는 다.

장 : 1·4 후퇴 때 간 거네요.

❧ 그럼요.

예술사 구술 총서 〈예술인·生〉

005

박완서

제03장

전쟁

1950년 6월, 서울대 입학 | 6·25 발발과 서울대의 여름 | 오빠의 납북 | 인천상륙작전, 조카가 태어나던 날 | 서울 수복과 전쟁기의 혼란상 | 수복 후의 서울대 | 1·4 후퇴 직전에 돌아온 오빠 | 현저동, 다시 인민군 치하로 | 임진강만 건너지 말자고 | 오빠의 죽음 | 문학이라는 복수

🎧 (주082)

숙명여고 졸업

🎓 졸업식은 전통적인 격식대로 지루했으나 식후의 기분은 더할 나위 없이 즐겁고 풍선처럼 부푼 것이었다. 송사(送辭)나 답사는 구태의연하게 회고와 감상을 늘어놓았으나 아무도 회상 따위에 잠기려 들지는 않았다. / 그녀들은 분명 사년제 여고에 입학하였는데, 해방과 더불어 변경된 학제로 부당히도 이 년씩이나 더 옹색한 제복과 완고한 교칙 밑에 억류당했던 것이다. 부당하게시리… 억울하게시리…, 어른의 세계에 이 년씩이나 지각을 하다니. 이 엄청난 시간의 낭비… 티끌만한 미련도 없이 다만 성급히 앞일만 생각하며 부산스레 설레는 것이었다. ―『목마른 계절』(세계사, 1994년판) 중에서.

🎧 (주083)

서울대 동숭동 캠퍼스

학생들은 꽤 오래 전부터 대학 본부 및 문리과대학 앞의 대학천을 '세느 강'이라 부르고, 그 위 다리를 '미라보 다리'라 불렀다. 맨 처음 이름을 붙인 사람이 누구인지는 모르지만, 한낱 콘크리트 다리에 지나지 않는 다리를 '미라보 다리'라고 즐겨 부른 것은 대학인만이 가지는 독특한 낭만 기질이었다. 그렇지만 그 주위 경치는 '미라보 다리'라는 명칭만큼이나 낭만적이고 대학인들이 잊지 못하는 명소였다. (…중략…) 대학천을 옆에 두고 법과대학 정문 앞에서부터 문리과대학 후문에 이르는 가로가 바로 대학가였다. 그 길을 따라 양 쪽으로 우람한 플라타너스들이 줄지어 있어 가히 '가(街)'라는 명칭이 어색하지 않았다. 또한 문리과대학 정문에서 좌우로 대학천 연변에는 개나리들이 숲을 이루었다. 문리과대학을 졸업한 사람들이 봄이면 한 번 찾아와 보는 이 곳은 대학가에 제일 먼저 봄을 전하는 곳이었다. 이 곳의 개나리가 한창일 땐 대학가 전체가 노랗게 물들 정도였고, 그래서 가히 '명소'라 할 만했다. 〔☞『서울대학교 60년사』(2006년)에서.〕

1950년 6월, 서울대 입학*

장 : 입학을 몇 월에 하셨어요?

♣ 6월에 했어요.

장 : 그 때는 6월이 입학이었어요, 선생님?

♣ 어째서 그러냐 하면, 정확하게 알아 둘 필요가 있어요. 그 한 해만 그랬어요. 일제 시대 땐 항상 4월 달이 새 학기였지요. 근데 8월 달에 해방이 됐잖아요. 해방되고 몇 년은 9월이 학기 초가 되도록 했어요. 미국식으로 그렇게 한다고 그랬어요. 그러다가 아니다, 우리는 우리 식으로 다시 4월로 돌아와야 된다, 이렇게 되었어요. 처음엔 9월이 학기 초가 되다 보니, 일제 말기 최후에는 공부도 별로 안 하던 시기였으니까, 4월서부터 8월까지 몇 달이면 한 것도 없이 한 학년이 올라갔어요. 그렇게 올라가도 올라가는 거야 상관이 없어. 줄어들 때는 상관이 있을 거 아니에요? 그러니까 줄어들 적에 과도기적인 조치로 우린 5월달에 졸업을 했습니다.

장 : 아, 1950년 한 해만요?

♣ 네, 우리의 독특한 거죠. 졸업장을 봐도 5월달로 돼 있어요.🎧(주082) 입시도 5월달에 했고요. 입학은 6월 초에. 그리고 6·25가 났지요. 그러니까…, 두어 주 다니다가. 제게 문리대의 기억은 그 때보다는 되레 저 때[전쟁 중]가 많지요. 나중에 이야기하겠지만요. 지금도 대학로 나가면 진짜 항상 가슴이 찡한데, 그 전에 참 좋았어요. 앞에 강이 흐르고 저, 봄에 개나리가 촤악 쫙 늘어져 있고. 좋은 거리였어요.🎧(주083) 지금처럼 관악산으로 가기 전에 건너 저쪽은 서울대 의대고 이쪽은 본부 대학이라고 그랬죠. 서울대 본부가 있고요. 더 이화동 쪽으로 가면 법대가 있고요. ♣ 지금의 인문대와 자연대를 합친 게 문리대, '문' 자하고 '이' 자에요. 그 때 문리대의 프라이드라는 건 굉장했습니다. 지금은 인문학에 대해서 별로고 응용 학문을 선호하지만, 그 전에는 기초 학문, 인문학에 대한 숭상이 굉장했죠. 제가 문리대에 가니까 어머니가 국민학교 선생에서 쪼끔 높여서 중학교 선생이 됐음 좋겠다 했어요. 제가 숙명 들어갔을 때도 우리 어머니가 그 때서부터 (손을 위로 올리며) 좀 높이는 거예요. 너 숙명에서 공부 잘하면은, 일제 시대 때니까 1등으로 졸업하면 일본의 나라 고사(奈良高師)든지 동경 고사(東京高師)든지 보내 준다. 고등사범학교🎧(주084), 고등사범학교 하면 우리 어머니가 하늘 같이 우러르는 거죠. 그런데 불행하게도 저는 어머니가 원하는 대로 [선생님이 되지 못하고] 이렇게…

나라 고사(奈良高師)

🎧 (주084)

📖 "저 발음은 참 특이하군요." "일본식, 아니 나라 여고사식 발음이랍니다. 노 여사는 아마 저 발음이 옳다는 생각을 미국 가서도 절대로 못 고칠걸요. 고치긴요. 저 발음으로 그쪽 사람의 돼먹지 않은 발음을 호령이나 안 했으면 좋으련만…." "고집이 대단한 노인이군요." "일종의 자존심인데, 여기서나 그러지 딴 데서야 못 그러겠죠? 우리니까 나라 여고사가 잘난 거 알아 주지 요즈음 사람들한테야 어디 통할 법이나 한 소립니까?" "그래요 할아버지. 나라 여고사가 뭐 해먹던 뎁니까?" 같은 둔덕에서 쉬면서 그들의 말을 엿듣고 있던 젊은이가 불쑥 끼여들었다. "에게 이 사람 뭐 해먹던 데라니? 학교 이름이야. 일본 나라(奈良)에 있는 여고산데 여간한 수재 아니면 못 들어가는 데였다구. 특히 한국 사람이 들어가긴 어려웠던 모양이야. 나오면 중학교 교사가 됐으니까 지금의 사범대학과 맞먹는 교육 기관이지. 고등사범이건 그냥 사범이건 하여튼 일본 사람들은 사범학교 교육 하나만은 난다긴다 하는 수재로만 뽑아다가 공들여서 기차게 잘 시켰었지." 조 의원의 말씨에 알게 모르게 향수 같은 게 배어 있었다. ─「천변풍경」(1981년 발표.『아저씨의 훈장』, 문학동네, 1999년판) 중에서.

☞ 교사는 일제 강점기 여학교 졸업생들이 가장 선호하던 직업이었다. 여성 교사 양성 과정은 1911년에 경성여자고등보통학교 내에 설치된 사범과 1년 과정만 있었다. 입학 경쟁이 치열한 데다 그나마 관립 여자고등보통학교 출신들 차지여서 일본 유학이 성행했다. 주로 도쿄(東京) 여자고등사범학교와 나라(奈良) 여자고등사범학교 두 군데로 진학했다. 1875년에 개교한 도쿄 고사는 명문이었는데, 숙명여고 출신으로는 송금선, 임숙재, 성의경 등이 이 학교를 졸업하고 돌아와 모교에서 교사 생활을 했다. 1910~1920년대 숙명여고보는 장차 숙명여자전문학교를 설립하고자 전략적으로 도쿄 여고사에 유학을 보냈다. 1908년에 개교한 나라 여자고등사범학교(왼쪽 사진)는 간사이 지방의 여성고등사범교육의 중심이었다. 여자 유학생들은 1920년대 전반까지 도쿄에 몰렸고, 나라 고사는 주로 1930년대 이후다.〔☞ 문화콘텐츠닷컴(www.culturecontent.com) 문화원형 라이브러리 중「신여성 문화」참고.〕

1908년 개교할 당시의 나라 여자고등사범학교(나라 고사).

탈옥한 사상범들과 맥주 파티

"어머니두 도둑놈이 뭐예요. 아마 형무소에서 풀려 나온 좌익 운동하던 오빠의 옛 동지들이겠죠. 오늘의 영웅들이에요. 보고 싶어요." 마루에는 막 술상이 벌어져 있었다. 펌프 가 수조(水槽)에는 여남은 병이나 됨직한 맥주가 채워져 있었으나, 술상은 간소하였다. 동그란 소반에 동글동글 썬 새파란 오이 한 접시와 역시 동그랗게 썬 토마토, 구운 오징어 등을 놓고 대여섯 명의 때묻고 창백한 얼굴들이 기고만장해 서로 기염을 토하고 있는데 (…중략…) 모두 조금씩 낯익은 얼굴들이다. 열이 시골 학교로 떠나기 전까지 뻔질나게 드나들다가 퍼뜩 발길이 끊겼던 이들, 뭣 하는 사람인지 진이 편에서 먼저 짐작하고 무던히도 도와 주고 싶었던 이들, 가끔 자기 방을 회합 장소로 기꺼이 내주기도 하고 연락하는 쪽지를 성심껏 전해 주기도 했던 그들에게 이제 열렬한 환호를 받으며 섞여 앉아 있는 것이다. ―『목마른 계절』(세계사, 1994년판) 중에서.

동네 사람들의 변화

출감한 청년들이 진이네서 베푼 요란한 잔치의 소문은 입에서 입으로 남의 말하기 좋아하는 동네 사람들 사이를 삽시간에 퍼져 열이가 남로당(南勞黨)의 큰 두목처럼 이야기되고 있었다. "글쎄 진이네 그 골샌님 같은 이가 빨갱이 두목이라지 뭐유?" "인제 알았수? 28일날 감옥에서 풀려 나온 빨갱이들이 제일 먼저 그이한테 인사를 왔다면 다 알조지." "어쩌면…." "쉿, 말조심해요. 그 집 노인네 듣는데 행여 허튼소리 삼가요. 노인네라고 무관하게 알았다간 큰코다칠 테니." "그런데 왜 집에 틀어박혀 있을까? 나가서 한자리하지 않고." "으레 송사리들이 먼저 날치는 법이에요. 두목들이야 슬슬 명령이나 내리구 그러다가 높은 데서 모시러 오면 거드름을 피우구 나가겠지." 그래서 동네 말단조직이 감히 진이네를 넘보지 못하고 열은 마치 여름 방학이 좀 일찍 시작된 듯한 한가한 날을 보낼 수 있었다. ―『목마른 계절』(세계사, 1994년판) 중에서.

인민위원회(人民委員會)

1946년 북조선인민위원회 선거.

인민위원회는 해방 직후인 1945년 8월 말에 전국 각지에서 자치 기구로서 결성되었고, 그 중에는 건국준비위원회를 거치지 않고 지역민들이 직접 결성한 곳도 있었다. 강령은 대체로 비슷한데, 경남 통영군의 인민위원회의 경우를 예로 들면, "첫째, 모든 일본인의 재산은 한국인에게 돌려 준다. 둘째, 모든 토지와 공장은 노동자·농민에게 속한다. 셋째, 모든 남녀는 평등한 권리를 갖는다." 등이다. 많은 지역에서 실질적 통치 기능을 발휘할 정도로 지지 기반이 컸으나 남한에서는 미 군정청에서 인민위원회 자치를 부인하면서 위축되었다. 소 군정청 지역에서는 조선노동당에 의해 1946년 2월 북조선임시인민위원회가 건설되었고, 1947년 2월에 북조선인민위원회로 개칭되었다. 북조선인민위원회는 토지 개혁과 남녀 평등, 주요 산업들에 대한 국유화 등을 단행한 후 이듬해 1948년 9월 9일 조선민주주의인민공화국 건국의 모태가 되었다. 북한에서 중앙의 인민위원회는 의회의 기능을 수행하며, 각 도·시·군·구 단위의 지역 인민위원회는 지역의 행정 활동을 감찰한다. 6·25 때 인민군이 점령한 남한 지역에서 인민위원회 활동이 일시적으로 재개되었다.

🎧 (주088)

인민군 점령 직후 서울대의 수업

🎵 아침 조회의 수령(首領)을 예찬하는 노래로부터 차츰 열광하기 시작하여 그 날 발표되었다는 수령의 호소문을 다시 열광적으로 지지 호응함으로써 완전히 뜨거운 분위기가 조성된다. / 다음은 민청위원장의 훈시로 먼저 영용한 인민군대가 어제는 어디어디를 해방시키고 계속 물밀듯이 남진한다는 전과 보도와 앞으로 한층 선전 선동 사업과 등교 공작에 창의성을 발휘하여 이번 전쟁을 승리로 이끌자는 장황한 연설은 중간중간에 열띤 갈채로 몇 번이고 중단되기까지 한다. 그리고 제국주의와 이승만 괴뢰 도당에 대한 증오의 대목에 가서 마침내 그 열기는 숨막힐 듯이 고조되고, 그 고조된 상태의 지속을 위해 그 날의 모든 과업이 있었다. / 진이는 이런 분위기에서 뭔가 몹시 허덕이고 있었다. 등교한 지 일주일이 넘었건만 아직 한 번의 강의도 없었거니와 교수들의 얼굴 한 번 본 적이 없다. 학원은 완전히 학생들의 것이었다. / 교양 시간이란 것이 매일 있었지만 민청위원장과 문화선전부장이 교대로 교양을 맡고 있었고 교재는 신문이 주였다. ─『목마른 계절』(세계사, 1994년판) 중에서.

🎧 (주089)

등교 공작

🎵 문화선전부에서 긴하게 맡은 일이란 전에 그려 놓은 지도에 새로운 해방 지역을 붉게 칠해 가는 일이었으나 붉은 잉크의 침윤의 속도는 조금씩 늦어졌다. 숫제 붉은 칠을 할 필요가 없는 날이 며칠씩 계속되기도 했다. / 지도의 붉은 침윤이 늦어질수록 상부로부터 내려오는 과업은 대수롭지 않은 것까지 신경질적으로 다급해졌다. 신문을 온통 뒤덮은 김일성의 호소문을 읽고 해설하고 경각심을 높이는 일이라든가 등교 공작 따위, 특히 등교 공작에는 혈안이 되다시피 초조하게 서두르고 있었다. 6·25 전 학교에 제출한 학생 조서의 주소와 약도는 등교 공작에 많은 편의를 주었지만 결과는 시원치 않았다. / 오후면 으레 몇 장석의 학생 조서가 나누어지고 호별 방문을 지령받았지만 다음날 학생 수는 별로 느는 것 같지 않았다. / 진이도 몇 번의 호별 방문에서 겪은 일이지만 한결같은 정중한 냉대는 정말 어쩔 수 없었다. 등교 공작과 아울러 노린 선전 선동 사업도 이 두터운 거부의 벽앞을 치사스럽게 서성대다 말았을 뿐이었다. / 어쩌면 그렇게 한결같이 그런 학생은 없노라고, 며칠 전에 나가서 안 들어온다고, 어디 갔는지 알 수나 있는 세상이냐고, 두려움과 경멸이 뒤섞인 싸늘한 시선으로 그러면서도 깍듯이 공손하게 대답하는 것일까? ─『목마른 계절』(세계사, 1994년판) 중에서.

🎧 (주090)

인민군 점령 중 서울대의 풍경

🎵 S대 건물은 대부분이 인민군에게 점거되어 겨우 본관에서 꽤 떨어진 함석 지붕의 창고 비슷한 건물을 민청 문리대 민청위원회에서 빌어 쓰고 있었고. (…중략…) 서쪽 창 바로 밑엔 몇 포기 안 되는 칸나가 창 높이만큼 자라 진홍빛 꽃을 유리에 맞대고 있었다. 그것뿐 인민군들이 웅성대는 본관까지의 제법 아득한 광장이 나무 한 그루 풀 한 포기 없이 작열하는 태양 밑에 희게 마치 백지처럼 희게 무의미하게 펼쳐져 있었다. ─『목마른 계절』(세계사, 1994년판) 중에서.

(왼쪽) 1940년대 말 서울대 수의과대학. (오른쪽) 문리과대학 정문.

🎵 나는 (…중략…) 그들이 이승만 정부 욕하는 데 공감했고, 노동자 농민에 대한 약속에 공감했다. 거의 잊고 지내던 팜플렛을 보고 맛본 공산주의에 대한 최초의 감동과 매혹까지 생생하게 되살아나 그들의 승승장구에 박수갈채를 보내고 싶었고, 한때 민청 조직에 들어 있었다는 걸 대단한 투쟁 경력처럼 자부하고 싶은 생각까지 들었다. (…중략…) 나는 바뀐 세상에 참여하고 싶었고, 내가 속할 만한 데는 대학밖에 없었다. 등교해 보니 문리대 건물은 인민군이 차지하고, 연건동에 있는 수의과대학에서 등록을 받는 걸로 돼 있었다. ─『그 많던 싱아는 누가 다 먹었을까』(웅진지식하우스, 2005년판) 중에서.

6·25 발발과 서울대의 여름

● 나는 속으로 6·25 났을 때 좋아했어요. 아, 이제 오빠가 기 펴고 살 수 있는 세상이 오는구나. 암만해도 나는 그 쪽 이념을 좋아했던 것 같애. 보통 사람들도 그때는 좌익 성향이 많고 좌익 성향 아닌 사람도 살기 위해 나와서 인민군 환영하죠.
● 감옥이 딱 열렸잖아요. 나온 사람들이 죄수복을 입고 트럭을 타고 막 서울 시내 다닐 때, 그 사람 중에 일부가 우리 집으로 온 거예요. 그 때 죄수 중에는 파렴치범도 있을 땐데, 죄수복을 그냥 입은 사람들은 아무튼 사상범이야. 우리 집에서 동네 사람들하고 막 맥주 같은 걸 갖다가 파티 벌이고 갔지요. 🎧(주085) 그래서 [이사 가서 얼마 안 되었는데] 동네 사람들이 우리 집이 그 쪽인지 알게 되었어요. 🎧(주086) 그 중에 한 사람은 나중에 이북으로 막 쫓겨 갈 때도 우리 집을 들렀는데, 돌아와 갖고 인천시 부시장도 했어요. 부시장이라고 그러지 않고 인민위원회 부위원장이지. 🎧(주087) ● 6·25 때 웬만한 집에서는 학교도 안 나가는데 저는 학교엘 나갔습니다. 한 8월달까지 나갔던 것 같애요.

장 : 전쟁 중에도 학교가,

● 그럼요. 계속해 있었죠. 그러니까 전쟁 중에 서울대가 어땠다는 것에 대해서 저는 기억해요. 그 전에는 꽤 좌경 학생들이 많았어요. 수업은 거의 안 했습니다. 그래도 김일성대학에서 왔단 사람이 강의해 주고요. 🎧(주088) 우리가 학교 나가서 한 것도 학교 안 나오는 학생 집에 지도 갖고 찾아 가면서 나오라고 동원하는 일, 모이면 궐기 같은 걸 해서 의용군으로 내보내는 일을 하 더라고요. 찾아다닌다고 나오는 사람도 별로 없지만 될 수 있으면 여학생네라는 델 찾아가게 되더라고요. 🎧(주089) 나중에 결국 여학생만 꽤 많이 남았어요. 그 쪽 간부들하고요. 문리대가 지금 동숭동 자리 있다가 그 자리, 대학 본부 자리를 인민군이 쓰게 됐는지, 지금은 원남동 모퉁이에 무슨 산업 단지 이렇게 돼 있는데 그 때는 거기가 수의과대학이었어요.

장 : 서울대병원 있는 쪽이요, 선생님?

● 서울대병원에서 조금 더 원남동 쪽으로 모퉁이 있지요. 그게 수의과대학이었습니다. 서울대 수의대를 우리가 같이 썼어요. 🎧(주090)

장 : 문리대랑 수의대.

● 네. 인민군이 서울에 있을 동안입니다. 그러다 제가 학교에서 하는 일에 회의

🎧 (주091)

돌아오지 않은 오빠

💬 "재교육을 받게 됐어. 교육자로서의 자격이 없다는 거야. 내일부터 삼청동 S국민학교에서. 아마 남반부 해방 지구의 중등 교사들이 거지반 다 모일 거야." "지원인가요, 강젠가요?" "지원이구 강제구 없어. 오늘 아침 명단과 함께 상부로부터의 명령이야. 젊은 선생이 우선적으로 걸린 것 같다." (…중략…) 열은 끝내 안 돌아오고 말았다. 그가 안 돌아온 밤은 길고도 무더웠다. 뒤늦게야 아직도 밤이 미진한 양 침침하게 어두운 아침이 왔다. ─『목마른 계절』(세계사, 1994년판) 중에서.

🎧 (주092)

미아리고개의 납북자 행렬

💬 미아리고개로 통하는 전찻길 가에 있는 숙부네 집에서 야밤에 군대나 민간인이 이동하는 소리를 늘 들을 수가 있었다. 오빠도 북으로 끌려가면서 인솔하는 인민군에게 잠시 양해를 구해 가족에게 소식이라도 전하고자 들렀던 것이다. 겨우 그 말만 전하고 다시 끌려가는 조카를 그냥 보내서는 안 된다는 생각 하나로 숙부하고 숙모는 속옷 바람으로 무작정 미아리고갯마루까지 따라가다가 인솔자가 총대로 밀어내는 바람에 놓쳤다고 했다. 길가로 물러나 바라보니 어둠을 틈타 끌려가는 장정들의 행렬이 가도 가도 끝이 없어 다소 위로가 되더라고도 했다. 숙모는 그 행렬을 끝까지 보고 나서 곧장 우리 집으로 달려와서 일러 주는 건데도 우린 잘 믿기지가 않아 어리벙벙했다. 날이 밝으니 더욱 숙모가 헛것을 보고 나서 헛소리를 지껄이고 갔으려니 하는 생각밖에 안 들었다. ─『그 많던 싱아는 누가 다 먹었을까』(웅진지식하우스, 2005년판) 중에서.

🎧 (주093)

미아리고개

서울 성북구 돈암동서 길음동으로 넘어가는 고개. 돈암동 고개, 돈암현(敦岩峴)이라고도 한다. '되놈'이 여기를 넘어 한양에 침입했다 하여 병자호란 이후에는 되너미고개로 불리기도 했는데, 의정부로 가는 길목인 이 고개가 끝나면 고개가 없으므로 끝에 이른 고개, 마지막 고개라는 뜻으로 되너미고개가 되었다는 설도 있다. 미아리고개는 6·25 당시에는 서울 북쪽을 오갈 수 있는 유일한 도로였기에 전쟁 발발 초기에 치열한 교전이 벌어졌으며, 인민군이 후퇴할 때는 피랍된 사람들의 가족들이 기약 없는 마지막 배웅을 해야 했던 곳이다. 1956년의 트로트 곡 「단장의 미아리고개」는 이 때의 미아리고개에 얽힌 사연을 담은 노래로, 동족 전쟁에서 살아 남은 많은 사람들의 가슴을 울렸다. "미아리 눈물 고개 님이 넘던 이별 고개 / 화약 연기 앞을 가려 눈 못 뜨고 헤매일 때 / 당신은 철사줄로 두 손 꽁꽁 묶인 채로 / 뒤돌아보고 또 돌아보고 / 맨발로 절며절며 끌려가신 이 고개여 / 한 많은 미아리고개(…하략)."

를 느끼고 안 나가게 된 것이 8월입니다. 왜냐면 음…, 전 학교에 애착도 있고 좌익 운동하던 사람이잖아요. 인민군이 자꾸 밑으로 점령해 내려갈 때니까 아, 우리 나라가 다 김일성 세상이 되는 것 같이 느꼈습니다. 그러다가 이게 아니다 싶었던 때 우리 오빠가 북쪽으로 가게 됐어요. 보도연맹 들었던 사람을 핍박을 하면서 무슨 교육을 시킨다는 명목으로 어디 데려다가, 집에도 안 들어오고 이틀인가 있다가요. 🎧(주091)

오빠의 납북

🎤 북쪽으로 갈 적에 음… 미아리 전차 길가에 우리 숙부가 살았는데 거기를 잠깐 들렀어요. 뒤에 인민군이 이렇게 포위를 하고 왔더래요. 그 때 오빤 벌써 초췌해 갖고 울먹하고, 투사 기질이 하나도 없고, 내가 간다, 그러고 북쪽으로 갔습니다.
장: 사실은 본인은 가고 싶지 않으셨을지도….
🎤 물론이지요. 애 하나 있고 우리 올케 만삭이고 이럴 땐데….
장: 교사로 활동하셨을 때였죠?
🎤 그렇죠. 교사의 단체가 있어요. 거기서 모여 갖고 교사로서 뭘 받았는지 확실치 않아요. 우리 숙모가 들창을 두들겨서 내다보니까 우리 오빠가 그 때 여름이라 밀짚 모자 쓰고 모시옷 입고 서 있고요. 🎧(주092) 잠깐 인사를 하고 뒤에 서 있는 사람들이 다시 재촉해서 가더래요. 우리 숙부, 오전에도 얘기했지만 애가 없어서 우리한테 어머니 아버지처럼 보살핌을 준 분이니까, 종손인 우리 오빠가 울면서 강제로 소집돼 가니까 웬일이냐고 그냥 따라갔대요. 거의 미아리고개까지. 🎧(주093) 이렇게 쫙 많은 사람들이, 밤중에 고개를 넘어서 북쪽으로 가는데, 그러니까 강제로 납치당한 사람들이 가는 때에요.
장: 민간인들이 그렇게 다?
🎤 그렇죠. 막 총대로 막아서 더는 못 따라갔다고 그러더라고. 그런데 가족들이 따라가는 사람들이 그렇게 있더래요. 그 전까지만 해도 오빠가 좌익 운동을 하던 사람이니까 오빠에게 좋은 세상이 올 것 같고 우리가 꿈꾸던 세상이 올지도 모른다 그랬는데… 점점 세상이 험악하고 우리가 겪어 보니까 참 힘들더라고요. 🎤 제게 가장 힘들었던 건, 가족이 모여서 밥 한 끼 먹을 수가 없이 단체에 다 속해야 돼요.

가족의 해체

🎧 (주094)

💬 "아무리 그 이념이 좋은 이념이라 해도 어떻게 온종일 그 생각만 하고 그것만 찬양하고 삽니까. 난 우리 어머니까지 여맹에서 끌어내는 걸 보고 그 때부터 숨어 살았어요. 춘희네도 엄마는 여맹, 위로 둘은 민청, 꼬마들은 소년단, 그 여러 식구가 하나도 빼놓지 않고 다 단체에 속해서 식구들끼리 오순도순 모여 앉았을 시간이 없었으니까요. 난 그쪽 이념이 아무리 좋아도 가정 생활을 할 시간을 안 주는 건 못 참겠더라구요. 이념 공부를 안 했으니까 이념의 입장은 될 수 없고, 고작 사람의 입장에서 나하고는 안 맞는다고 생각한 거니까, 그걸 사상이라고 부르긴 뭣하고 취향밖에 더 되겠어요?" ─『그 남자네 집』(현대문학, 2004년판) 중에서.

생계의 책임

🎧 (주095)

💬 그녀는 재빠르게 냉엄한 생활의 자세를 취했다. 며칠이고 계속해 넋이 빠진 듯이 망연히만 있으려 드는 어머니와 올케를 다그쳐 가며 집안일을 야무지게 해 나갔다. 집안일이래야 결국 먹는 걸 마련하는 일이었지만. / 식구들과 의논해서 당장 입고 벗을 것이 아닌 옷가지들을 시장에 내다가 중간 상인들을 통하지 않고 직접 버티고 앉아 팔아서 가장 실속 있고 푼한 있는 양식거리를 사 온다든가, 뚝섬에 가서 열무 같은 푸성귀를 사다가 단을 지어서 말아 밑천만 빼고 나머지는 먹는다든가, 이런 일을 몸에 밴 일처럼 능숙하고 억척스럽게 해 나갔다. 물론 해산 예정일이 가까운 혜순을 위해 두어 말의 흰 쌀과 미역을 장만하는 일까지도 잊지 않았다. (…중략…) 그러던 어느 날 순덕이 불쑥 찾아왔다. (…중략…) "오늘 네 과업은 나를 등교시키는 거겠지? 네 과업 완수를 위해 등교해 주지." ─『목마른 계절』(세계사, 1994년판) 중에서.

학생 대상 선전 선동

🎧 (주096)

💬 조회의 형식적인 순서가 끝나자 최치열이 전에 없이 거만한 걸음걸이로 단상에 오르더니 어제 발표되었다는 수령의 호소문을 읽는다. 수령의 호소는 비행기 기금 모금 운동에 민청 산하 전체 학생들이 총궐기하라는 간단한 것이었으나 그것을 낭독할 동안 최치열은 시종 침범할 수 없는 존대(尊大)함을 풍기고 있었다. 마치 일제시 경절날 천황의 칙어를 읽을 때의 시골 학교 교장 선생의 존대함을 닮은, 절대적인 신성함을 후광 삼았다는 자신에서 오는 비천한 자의 존대함. 그러나 이런 존대함이 회의를 일사불란하게 이끌었다. 환호성과 함께 미제국주의의 야만적 폭격에 대항할 비행기 기금을 민청의 이름으로 마련하자는 굳은 결의가 거듭되고 다시 거듭되고 그리고 되풀이해서 계획의 초과 달성의 다짐을 서로서로 주고받았다. / "이제야 여러 동무들에게 과업다운 과업이 생긴 겁니다. 이 기회에 S대의 저주스러운 전통을 씻고 새로운 영광을 찾읍시다. 그 동안 모든 과업에 태만했던 동무들도 이 기회에 창의성을 발휘하여 당과 수령이 마련해 준 이 명예로운 과업을 초과 달성시킵시다." ─『목마른 계절』(세계사, 1994년판) 중에서.

우리 오빤 거기 나가고 난 학교엘 나가면 암말 없는데 집에 있으면 꼭 어딜 나오래요. 엄마나 우리 올케도 여맹에 나와서 뭘 하라고 그러고. 저녁마다 무슨 모임에 가족을 다 나와라 그러니까. 보통 우리는 누가 하나 나가서 일하고 가족은 오순도순 사는 재미가 있잖아요. 가족의 균열이라고 그럴까. 못 견뎌했어요.🎧(주094) 우리는 이상주의적인 사회주의자였지. 그렇게 운동 치열한 사람들이 아니니까. 그 때서부터 저도 학교도 안 나가고….

장 : 그런 생활이 언제까지 지속됐던 건가요?

🖤 그러고는 점점 폭격이 심해졌지요. 학교에서 절 되레 데릴러 왔는데도 슬슬 피해 다니고 또 집도 내가 있지 않으면 안 될 상황이었죠.🎧(주095) 우리 올케가 9월에 해산했으니까 8월에 한창 만삭일 때고 어머니는 노동력도 없으니까 내가 식량 구하러 가야 된다느니 이러면서…. 그래도 서울대는 점잖았어요. 강제로 나오라는 것도 없었고 아무래도 여자니까. 다른 대학은 아마 집에서 못 견뎠어요. 어떻게든지 데리고 가서, 대부분 숨어 있었지요. 제가 여학생이니까 숨지 않고 있을 수 있었지요.

장 : 나가서 뭔가 하는 건가요, 선생님?

🖤 걔네들은 선동 사업이라고, 누가 굉장히 멋있게 연설을 하고, 무슨 선전에 나가야 된다. 이 전쟁에서 우리가, 남조선 해방을 위해서 [힘써야 한다.] 해방 덜 된 데가 있으니까요. 그리고 미군 성토하는 거지요.🎧(주096)

장 : 학생들도 연사로 참여하고, 외부에서 인사들이 와서 하기도 하고요?

🖤 그렇지요. 그러다가 살기가 점점 더 어렵고 그야말로 우리 올케가 조금 있으면 애 낳을 때, 쌀 조금이라도 구하기 극히 어려울 때지요. 그 사람들은 유언비어라고 그러지만, UN군이 참전을 하고, 북에서는 물밀듯이 낙동강까지 내려갔지요.

🖤 낙동강 전투🎧(주097)가 아주 굉장해 거기서 더는 못 내려가고 대치를 하고 있었고, 점점점 더 폭격이 세졌지요. 서울에서도 식량 얻으러 나간 민간인들도 폭격을 맞아 죽는 사람들이 생겼죠. 그것도 그 사람들은 미군이 민간인을 학살한다구 그랬어요. 🖤 그 때 누구라도 밖에 나가려면 우리도 빨갱이다, 너희와 동조한다. 이럴 수밖에 없는 거예요. 그래서 유행한 게 뭐였냐면 식량 얻으러 나갈 때 자전거 많이 타는데 민간인들도 밀짚 모자에 빨간 리본을 달아요.(웃음) 빨간 헝겊 오려서 리본같이 해서 요런 데 좀 달고, 표시처럼. 속으로 그래서가 아니라 특이한 상황이었죠.

🎧 (주 097)

낙동강 전투

1950년 8월에서 9월 사이 낙동강 지역을 둘러싸고 북한 인민군과 연합군 사이에 벌어진 전투다. 1950년 8월초 대구 다부동 전투에서 승리한 한·미 연합군은 낙동강을 경계로 방어선을 구축했다. 8월 4일 새벽 1시를 기해 형성된 낙동강 방어선은 남북 160km, 동서 80km의 타원형을 이루었는데, 낙동강 일대의 방어는 주로 미군이, 동북부 산악 지대의 방어는 국군이 맡았다. 국토의 90%를 점령한 인민군에게 낙동강 방어선은 함락해야 할 돌파선이었고, 국군과 미군에게는 빼앗겨서는 안 되는 마지막 저지선이었다. 인민군이 8월 15일까지 부산을 점령해야 한다는 계획 아래 포항, 왜관, 영천, 진주, 대구 등 방어선의 요충지를 공격함으로써 낙동강 전투가 본격적으로 시작되었다. 북한군은 미군 정면에 제1군단, 국군 정면에 제2군단을 배치하고 대대적 공격을 감행했다. 대구 방어 전투, 영천 전투, 동해안 지구 전투 등 여러 곳에서 격렬한 공방전이 전개되었다. 한미 연합군은 내선 작전(內線作戰)의 이점과 제공·제해권의 우위를 활용하며 버티다가, 9월 15일의 인천상륙작전 개시와 더불어 반격을 시작했다. 전쟁을 조기에 끝내고자 낙동강 전투에 병력을 집중시켰던 인민군이 이 전투에서 패배하면서 전쟁의 주도권은 한미 연합군 쪽으로 넘어오게 되었다.

낙동강 전투 중 왜관의 미군 전투 장면, 1950년 9월(『Korean War Photographs』에서).

🎧 (주 098)

인천상륙작전

1950년 9월 15일 국제연합군의 맥아더의 지휘 아래 인천에 상륙해 6·25 전쟁의 전세를 뒤바꾼 군사 작전이다. 6·25 전쟁이 일어난 후 인민군은 남진을 계속하다 연합군의 참전으로 낙동강에서 교착 상태를 맞는다. 연합군은 인민군 남하의 허리를 절단한다는 계획을 세워 첫 작전으로 인천상륙작전을 감행한다. 그 첫 단계로 9월 15일 오전 6시 한·미 해병대가 월미도에 상륙하기 시작해 2시간 만에 점령을 끝냈다. 2단계로 한국 해병 4개 대대와 미국 제7보병사단, 제1해병사단이 인민군이 대오를 가다듬기 전에 인천을 점령하고 김포비행장과 수원을 확보했다. 20일 주력 부대가 한강을 건너 26일 정오 중앙청에 태극기를 게양한다. 인민군이 38선을 넘어 낙동강 방어선까지 진격하는 데 81일이 걸렸지만, 인천상륙 후 연합군과 국군이 서울을 수복하고 38선까지 돌아오는 데는 15일이 걸렸다.

(위) 인천상륙작전 당시 함포 사격. (아래) 1950년 가을의 서울. 『라이프』 촬영 사진.

인천상륙작전, 조카가 태어나던 날

● 우리 둘째 조카가 태어난 게 9월 15일 인천상륙작전🎧(주098)이 성공한 날입니다. 인천하고 서울하고 얼마나 가까워요? 기총 소사, 함포 사격이란 게 있습니다.
장 : 배에서 육지로 쏘는?
● 그렇지요. 육지에 무차별적으로 함포 사격을 하는 소리가 계속해서 나요. 박격포탄이라는 게 서울도 날아와요. 자기 위로 지나갈 땐 공기를 가르는 소리가 앵 하고 납니다. 소리가 지나가면 자기 집은 괜찮은 거예요. 그리고 어디 가서 팍 폭발하는 소리가 나지요. ● 불은 안 나가고 어딜 맞춰서 파괴 하는 것 같애. 같은 동네에 사는 숙명 동창애네 집도 바깥채가 박격포탄을 맞아서 다 산산이 나갔어요. 그럴 때 놀라움. 내가 가 보니까 그 집 식구는 무서우니까, 안에 한 군데 모여 있어요. 사랑채 괜찮고.『나목』에도 박격포탄 맞아서 형제가 죽은 이야기가 나오는데 개네 집이 내 인상에 아주 강하게 남아서 쓴 겁니다. (☞ 제09장 참조)
장 : 인천상륙작전 사격이 서울까지도 미쳤던 거네요.
● 그러믄요, 박격포탄이 그렇게 무서웠어요. 영등포에서 쏘는지 어디서 쏘는지는 모르겠습니다. 그냥 멀리 가는 거래요. 얼마나 무서울 때였는지 우리 큰조카 태어날 때는, 옛날이라도 우리 어머니가 받은 게 아니거든요. 올케네 친정에 보내 갖고 산파를 댔어요. 애 낳는 걸 처음 보는 거잖아요. 그러니까 너무 무서워 갖고요. 그 때 할머니가 살아계셔서 숙부네 집 계실 땐데요, 우리 오빠가 들러갔다는 전차길가 집, 아들네 가 계실 적인데요. 그래도 할머니가 시골에서 애 낳는 걸 봤을 테니까요. 제가 안 잊어 버린 게, 우리 엄마가 너무 벌벌 떨면서, 올케가 산기가 있으니까 빨리 가서 할머니 모시고 오라고 그래. ● 9월 15일 날, 그냥 서울 상공에 비행기가 떠나질 않아요. 정찰기가 돌고요. 정찰기라는 게 아주 무섭습니다. 이렇게 낮게 도는데, 폭격은 안 해요. 그리고 조금 있다 와서 폭격하고요. 길에 사람이 없지요. 내가 우리 살던 성북경찰서 뒤에서 돈암동까지 가는데, 여름이니까 가로수 밑에 섰다가 또 비행기가 없으면 고 다음 가로수 밑으로 가면서, 거기까지 가는 데 얼마나 걸렸는지 모르지요. 또 돌아올 때도 그러고 올 거 아니에요. 또 밑에 있고, 또 밑에 있고 그래 가지고 우리 집에 왔지요. 몇 시간 걸렸는지 모르지요. 시계를 차고 있는 것도 아니고. 오니까 애를 다 낳았어. 씻겼어, 씻겼어.(웃음) 엄마가 부엌에서 이렇게 이렇게….🎧(주099)

🎧 (주099)

기총 소사와 올케의 출산

🎙 유난히 극성스러워진 폭격과 간단없는 박격포탄 (…중략…) 소리가 함포 사격 소리라는 걸 안 것은 무슨 질긴 인연인지 삼선교 집에서 잡혀간 혁명가의 아내의 방문을 통해서였다. (…중략…) 인천시가 밤낮없는 집중적인 함포 사격으로 거의 초토화돼 가고 있다는 걸 알았고 인천시를 포기할 날이 멀지 않았다는 소리도 들었다. (…중략…) 온 천지가 불바다가 됐다 싶게 시내 쪽 하늘에 화광이 충천하(…중략…)는 날 아침에 하필 올케는 산기가 있었다. 첫 손자 볼 때 난산이었던 걸 본 엄마는 혼자 당하기가 겁이 났던지 나한테 빨리 숙모를 좀 불러오라고 했다. 나도 얼떨결에 밖으로 뛰쳐나오긴 했지만 보통걸음으로 십 분이 채 안 걸리는 숙모네를 한 시간 가까이 걸려서도 도달하지 못하고 집으로 돌아오고 말았다. / 거리엔 인적이 끊기고 무기들만이 (…중략…) 포효하면서 맹렬한 살의를 내뿜고 있었다. / 지상에서 움직이는 것만 봤다 하면 병아리를 발견한 매처럼 곧장 땅을 향해 내리꽂히는 비행기의 기총소사 때문에 추녀 끝과 가로수 밑만을 골라 이동하느라 그렇게 오래 걸렸건만 거의 다 가서 돌아오고 만 것은 전찻길을 건널 방도가 없었기 때문이었다. —『그 많던 싱아는 누가 다 먹었을까』(웅진지식하우스, 2005년판) 중에서.

🎧 (주100)

갓난 둘째 조카

🎙 올케는 순산을 해서 아기를 뉘어 놓고 조용히 울고 있었고, 엄마는 첫국밥을 짓고 있었다. 또 아들이었다. 뱃속에서 못 얻어먹어서 그런지 고구마만한 얼굴에 보이는 건 이마에 굵은 주름뿐이었다. 너무 작아서 산고도 없이 쑥 빠져나오더라고 했다. —『그 많던 싱아는 누가 다 먹었을까』(웅진지식하우스, 2005년판) 중에서.

🎙 특히 난리 나던 해의 9월, 함포 사격과 무차별 폭격 중에 태어나, 젖과 보살핌의 부족으로 사람 될 것 같지 않던 어린 조카가 우유를 실컷 먹을 수 있게 되자 토실토실 살이 오르기 시작한 건 기쁨이자 보람이었다. 아기의 놀라운 생명력은, 무덤의 곁방살이인 양 살아 있는 건지 죽어 있는 건지 분간이 안 될 만큼 침체된 생활에 하루하루 생기를 불어넣었다. 식구들은 아기를 따라 웃기 시작했고 나에게 미안해 할 줄도 알게 되었다. 올케는 자신에게 살아보겠다는 의욕이 생기자 딴 사람처럼 용감해졌다. —「여덟 개의 모자로 남은 당신」(『저문 날의 삽화』, 문학과지성사, 2002년판) 중에서.

🎧 (주101)

9·28 수복

6·25 전쟁 중 1950년 6월 28일 인민군에게 점령당한 수도 서울을 국군과 유엔군이 같은 해 9월 28일 탈환한 일. 9월 15일 인천상륙작전이 성공하면서 전세가 역전되고, 서울 탈환의 교두보가 확보되었다. 미국 해병 제1사단과 한국군 해병대는 18일 김포비행장을 탈환한 다음, 행주나루터 맞은편에서 한강을 건너 그 일부는 영등포와 여의도비행장 방면으로 진출했다. 그리고 미군 제7사단과 한국군 제17연대는 서빙고 방면을 공격하고, 그 일부는 시흥·안양·수원 방면으로 진격해 낙동강 전선에서 올라오는 인민군의 퇴로를 차단했다. 한·미 해병대는 19일 행주산성을 점령하고, 21일 수색을 지나 서울의 서쪽 안산·연희 일대로 진격했다. 이 무렵 서빙고 부근에서도 한강 도하 작전이 이루어져 미군은 남산·왕십리 방면을 제압하고, 한국군은 망우리 일대를 탈환했다. 북쪽의 의정부 방면을 제외하고 서울을 3면에서 포위한 한·미 연합군은 25일 오후부터 시가전을 치르며 서울 중심부로 들어왔다. 26일을 고비로 북한군의 저항은 기가 꺾여 다음날 오전 6시 10분 한국군 해병대가 중앙청에 태극기를 게양했고, 9월 28일 빼앗긴 지 90일 만에 서울을 수복했다. 이 때부터 이듬해 1·4 후퇴 전까지 서울은 남한 땅이었고, 시정 업무가 재개되었다. 피난에서 돌아온 사람들이 주도하여 수복 전까지 인민군에게 부역한 이들에 대한 재판이 이루어지기도 했다.

9·28 수복 후 돌아온 서울 시민들.

장 : 어머니가 산바라지를 하신 거네요.

● 당하면 다 된다고요. 그리고 잘 못 먹어서 순산이에요. 애가 작아요. 큰 애는 덩실하게 낳았는데 걔는 얼굴이, 어떻게 이렇게 보기 싫을까. 이마에 막 주름이 잡힐 정도로. 그래서 그 조카에 대해서〔제가 쓰곤 했지요.〕🎧(주100) 아, 그 때 그 무서움, 그리고 맨 처음 얘기했듯이 나의 진짜 생일도 9월, 걔도 9월에 태어나서 안 잊어집니다. 지금 대학에서 전자공학 가르치는 교수가 돼 있습니다만, 그렇게 태어난 날이 무서웠습니다. ● 그러고 얼마 있다가 9·28 수복🎧(주101)이 되었지요. 인천서 남쪽서부터 해방이 됐겠지요. 영등포까지 진격해 와 갖고 한강 건너서 서울에 국군하고 UN군이, 그 전에는 UN군이 우리 나라에 와 있었던 게 아니죠, 미군만 있었고요, UN군이 진주하는 것을 볼 적에 정말 다들 나가서 눈물을 흘렸어요. 그 때 쏟아져 나온 사람 보고는 우리 오빠를 숨겨 주지 못한 게 너무 한스러웠지요. 우리가 좌익 사상이 있었기 때문에 그냥 나간 거예요. 나갔다가 금세 실망을 했고 끌려가고 그랬지만.

장 : 사실은 짧은 시간이었는데… 조금만 피하셨으면….

● 그렇지요, 그래도 석 달이 긴 시간이었습니다. 그 땐 사람 숨겨 놨나 뒤지러도 다녔어요. 우리 오빠가 그렇게 되고 나서, 저하고 동갑인 사촌 오빠가 있어요. 우리 엄마의 친정 조카지. 나한테는 외삼촌의 아들이니까. 나이는 동갑인데 그이가 조금 일찍 났어요. 어렸을 때 내가 오빠라고 안 그래서, 나한테 오빠라고 안 그러면 너 어쩌고, 그렇게 친하게 지내던 오빠가 있었어요. 같은 돈암동 조금 떨어진 곳에 살았어요. 우리 오빠는 이왕 끌려간 걸 동네에서 다 알고 의용군 나갔다 그러면 떳떳하거든요. 우리 집은 안 뒤지러 올 테니까, 그 오빠를 엄마가 우리 집 다락에 숨겨 줬어요. 우리가 나중에 저거할 각오하고, 재라도 살려야 된다고(웃음). ● 그렇게 무서운 세상이야. 다락에서 자고 밥 먹을 때만 눈치 봐 갖고 나오고요. 얼마나 각박한 세상인지 숨겨서 재우긴 했어도 먹을 건 없어서 우리 집에서 못 먹여. 가까우니까 우리 외삼촌 댁이 아들 밥을 싸 갖고 와요.(웃음) 그것도 눈치가 보이니깐 저녁 때 되면 마실 오는 것처럼 하루치 밥을 쓱 갖고 와서 걔는 지 밥을 먹고 우린 우리 밥을 먹고 그랬다고. 🎧(주102)

장 : 수복 후에 그 오빠는 안전하게 돌아갔나요?

● 그렇지요. 안전하게 시기를 넘기고 수복 후에 자기 집에 갔지요.

장 : 수복이 된 다음에 서울의 상황은 어땠어요, 선생님?

🎧 (주102)

다락에 숨겨 준 사촌

❧ 날씨가 더운데도 저녁상은 안방 아랫목에 차려졌다. 철수를 위해서였다. 대문을 꼭꼭 잠갔는데도 철수는 바스락 소리에도 깜짝깜짝 놀라 구석만 찾고 그렇다고 다락 속에 외상을 차려 주기도 안 되어서였다. (…중략…) 가끔 밤이 이슥할 즈음이면 당숙모가 흘금흘금 뒤를 살펴가며 다락방에 숨겨 놓은 철수를 보러 오곤 했다. 닥치는대로 장사를 하고 지낸다는 그녀의 주름과 기미투성이의 새카맣게 탄 얼굴하며 몽당치마에 땀에 쩌든 적삼이며 불과 한 달 전쯤의 곱살하고 사람 얕잡기 좋아하던 그 도도한 모습은 비치지도 않았지만 눈엔 이상하리만큼 생기가 번들대고 있었다. (…중략…) 진이는 당숙모의 방문을 은근히 기다리고 있었다. 당숙모는 올 적마다 제법 푸짐하게 과일이니 보리개떡이니 싸 가지고 와 철수에게도 먹이고 온 집안 식구에게 선심을 썼기 때문이다. ―『목마른 계절』(세계사, 1994년판) 중에서.

🎧 (주103)

수수풀죽

❧ 물에 담가 불린 수수를 갈고 있었던 듯, 맷돌을 앉힌 양동이에 불그죽죽한 수수 같은 물이 반쯤 괴어 있었다. 크게 마음먹고 찾아오긴 왔어도 말주변 없는 서 여사는 서먹서먹하기만 구는 이들을 달랠 말을 찾지 못하고 불쑥 한다는 소리가. / "아유 맛난 거 하시네 무슨 날유?" / 그러자 고부(姑婦)의 얼굴이 함께 붉게 상기하다가 다시 핏기가 싹 걷히더니 마나님이 먼저 떨리는 소리로 서여사 턱밑에 마구 삿대질을 해가며, / "맛난 것? 무슨 날?… 여봐요, 어서 썩 나가지 못해요. 당신네 쌀밥 먹는 자세를 어디다 대고 하는 거요? 이게 바로 우리 저녁거리요. 멀겋게 수수풀을 쒀서 입에 풀칠할 거란 말요. 알아들었으면 썩 나가지 못해요. 꼴도 보기 싫어." ―『목마른 계절』(세계사, 1994년판) 중에서.

🎧 (주104)

물물교환

❧ 영천시장엔 한 귀퉁이에 제법 시장까지 선다고 했다. 아무리 공화국의 하늘 아래라 해도 사람 사는 세상인 이상 먹어야 사는 것 다음으로 참을 수 없는 것이 사고파는 일이라는 건 흥미 있는 일이었다. 그러나 그 사고파는 일 때문에 식량이 될 만한 것 다음으로 식량하고 바꿀 수 있는 것에도 도심(盜心)이 동하지 않을 수가 없게 되는 것 같았다. 시장에서는 현금 거래보다는 물물교환이 훨씬 위험 부담이 덜 하다고 하는데 양식 가진 이가 가장 선호하는 것은 뉴똥이나 양단 등 값비싼 본견으로 만든 한복이나 은수저, 그리고 팔목 시계부터 괘종 시계까지 각종 시계들이라고 했다. 금붙이는 물론 더 좋겠지만 그런 건 피난 가는 이들이나 갖고 갈 수 있는 물건이지 남아 있는 가난뱅이들에겐 가당치도 않거니와 더군다나 빈 집을 털어서 나올 만한 품목도 아니었다. 우리도 피난 못 간 보따리 속에 은수저 몇 벌과 올케가 시집 올 때 해 가지고 온 비단옷이 몇 벌 있다는 건 당장 바꾸러 나갈 만큼 절박하지는 않다고 해도 여간 힘이 되는 게 아니었다. ―『그 산이 정말 거기 있었을까』(웅진지식하우스, 2005년판) 중에서.

🎧 (주105)

뉴똥 치마

뉴똥은 빛깔이 곱고 보드라우며 잘 구겨지지 않는 명주실로 짠 비단 원단을 말한다. 주로 춘추복 감이었다. 지역과 시대에 따라 유동, 웅동, 유동, 율동 등으로 다르게 표현되는 이 말의 기원은 순 우리말이라는 설도 있고 일본에서 변형된 것이라는 의견도 있으나 정확하지 않다. 견섬유 특유의 광택이 고급스러운 느낌을 주며, 값도 비쌌기 때문에 20세기 중반까지도 여성들이 "웅동 치마 입어 보기가 소원"이라고 증언할 정도로 뉴똥으로 지은 치마나 저고리는 부유한 여인들의 전유물로 대표되기도 했다. 지금은 거의 쓰지 않는다.

서울 수복과 전쟁기의 혼란상

♣ 아이고, 사람 뽑아가는 거하고, 먹을 거 없는 거, 정말 힘들게 살았습니다. 우리도 하루 먹을 걸 어디 가서…. 그래도 수수가 있었어, 수수밥을 짓는 게 아니라 집에 맷돌은 있으니까 수수를 갈아 갖고 풀떼기 같이 만들어요. 그러면은 뻐얼건, 참, 너무 먹기가 싫은데 반찬도 없고, 거기다가 팥을 조금 넣으면 훨씬 먹기가 나아.

장 : 수수죽처럼?

♣ 죽도 아니고 더 묽게 갈아요. 🎧(주103) 고추장 같은 거는 다 있잖아요. 보통 때는 먹지도 않는 고추장이, 그 때는 달아요.

장 : 9·28 수복 전에는 인민군에게 동조하기 위해서 속은 아니지만, 표식을 하고 다녔다고 하셨잖아요. UN군이 다시 들어오게 됐을 때는 어땠어요?

♣ 달고 다니는 거야 벌써 함포 사격 때 떼어 버리죠. 그런 건 맨 처음이고, 9월달 되고 나서는 사람이 폭격 때문에 밖엘 나가지 못해요. 집에서 지내고요. 그래도 시장 가면, 돈암시장 추녀 밑에서 물물교환 같은 걸 해요. 🎧(주104) 쌀 있는 사람이 쌀을 조금 갖고 나와서. 그 때는 비단 뉴똥 치마라는 게 제일 좋은 거었어. 🎧(주105) 우리도 울 엄마가 내 혼수 한다고 미리 끊어 놓은 것도, 그럴 때 다 바꿔 먹었어요. 전 졸업할 적에 우등상으로 은수저를 받았어요. 뒤에 '숙명 우등상'이라고 적혀 있으니까 엄마가 그걸 자랑스럽게 여겨 갖고 이건 너 시집갈 때 준다고 뒀는데 그것도 다 바꿔 먹었어.(웃음) 🎧(주106)

장 : 아….

♣ 먹는 게 그렇게 무서와요.

장 : 생활은 이후에 어떻게 안정화되어 갔나요?

♣ 그 때는 국군에 진짜 많이 나갔죠.

장 : 자원해서요?

♣ 그러믄요. 남쪽 부산에서도 의용군이라고 해서 참여하고요, 학생들도 일본서도 오고요. 군에 확, 다 기꺼이 나가고 그랬지요. 물론 군인이라는 건 반발이 많고, 안 나가고 싶어 하는 사람이 많지만, 그래도 대학생들도 솔선해서 소집 영장이 나오면 그냥 나가고요. 그 때처럼 애국심이 고조돼 있을 때가 없었습니다. 적령기의 사람들, 자원해서도 나가고 징병 제도도 있었으니까 스물 몇 살 먹은 사람도 나갔

🎧 (주106)

숙명여고 우등상 은수저

🗣 "그럼 이것만이라도…." / 서 여사는 소심하게 힐끔거리며 보따리 갈피를 뒤져서 갸름한 상자를 꺼낸다. 진이가 재빨리 낚아채 뚜껑을 여니 은수저가 한 벌 뽀얗게 빛나고 있었다. 올 봄 진이가 고등학교를 졸업할 때 받은 우등상의 부상이었다. / 올 봄! 먼 옛날 같다. 그런 때도 있었던가. 사람이 조금쯤은 사람스럽게 살았던 시절의 회상은 아득하지만 또한 생생하다. 진은 도리질까지 해가며 황급히 회상을 떨쳐 버리고 은수저마저 보따리 갈피에 끼운다. / "그건 '상'이라는 글씨까지 새겨진 건데. 이 다음에 시집 가면 시부모나 남편한테 자랑거리도 될 수 있는 건데. 그것만은 남기지 않고…." / 서 여사는 이제 사뭇 애원을 하건만 그녀는 표정 없이 짐을 꾸려 가지고 당숙모와 함께 새벽길을 떠난다. 산다는 근원적인 것을 빼먹고 어떻게 미래를 설계하며 무엇 때문에 추억 따위를 되씹으려 드는 것일까? 딱하고 답답했다. / 은수저를 포함한 몇 벌의 비단옷과 바꿀 수 있는 건 기껏 서너 말의 보리쌀이었다. 그것도 당숙모 친척의 각별한 호의로. 시골사람들이 서울사람보다 몇 배 이악하고 교활해져 있었다. ─『목마른 계절』(세계사, 1994년판) 중에서.

🎧 (주107)

제2국민병

(위) **제2국민병 수첩.** (아래) **창덕궁에 집결한 서울 지역 제2국민병.**

6·25 전쟁 때 17세 이상 40세 미만의 장정으로 조직된 군대로 '국민방위군'이라고도 한다. 1950년 12월에 공포된 「국민방위군설치법」에 따라 경찰과 군대에 가지 않은 만 17세 이상 40세 미만의 장정으로 조직했다. 이에 따라 약 50만 명의 장정들이 동원되어 중공군의 개입으로 불리해진 전선에 급거 투입되었다. 그러나 병력 수송과 훈련, 무장 등에 필요한 예산이 확보되지 못하고 행정 조처도 미흡하였으며, 우익 단체인 대한청년단 단원들을 마구잡이로 뽑아 현역으로 배치했기 때문에 지휘 통솔력이 부족해 많은 문제점을 낳았다. 실제 이들이 1·4 후퇴 때 부산까지 걸어서 후퇴하면서 굶주림과 추위로 9만여 명의 사망자가 나왔다. 1951년 1월 피난지 부산에서 열린 국회에서 이 문제가 추궁당하자 정부는 그 해 2월 36세 이상 장병들을 귀향 조치하기도 했다. 이 과정에서 국민방위군 간부들이 인원을 조작하여 거액의 금품을 착복하고 다량의 양곡을 부정 처분한 것이 드러나 부통령 이시영(李始榮)과 국방부장관 신성모(申性模)가 사임하는 '국민방위군 사건'이 발생했다. 1951년 5월 국회 결의에 따라 해체되었다.

고요. ● 제2국민병이라는 게 있었어요. 마흔 살 안 된 청년들은 다 데려갔어요.

장 : 청년뿐만 아니라 장년층까지도 다시 군대에 입대해야 되는 상황이었네요.
● 제2국민병은, 나중에 역사에도 나옵니다. 데리고 내려가기만 했지 곧 저쪽에서 반격해서 중공군이 올 때 장년층을 거의 안 냄기고 데리고 가서, 남한 정부에서도 그 사람들한테 참 잘못한 것도 많았어요. 난 확실히 모르지만 군인이 된 사람은 괜찮은데 데려다가 급식 제대로 못해서 굉장히 굶주리게 만들고, 나중에 귀가 조치해서 왔는데 거지꼴이 돼서 왔다든가 이런 경우도 있고…. 나중에 거기 관련돼서 이 쪽에서 굉장히 중벌을 받은 일이 있습니다. ●(주107)

장 : 아들뿐 아니라 남편, 가장들이 다 전쟁터에 나가면, 생계는 누가 책임졌나요?
● 전쟁 때는 다 궁핍해도 인민군 때처럼 어렵지는 않아요. 그 때는 목숨이 달리게 궁핍했던 거고요. 미군이 들어오면 먹는 거 하나는 편해져요. 배급이니 무상 원조가 많아요. 먹는 것만 흔해도 살 것 같습니다. ● 인민군 때도 농촌은 괜찮아요, 쌀 생산을 하니까. 저 치하에서 우리가 굶주린 이유는, 유통이 안 되니까요. 인민군 정부에서 미국놈 때문이다, 호되게 폭격을 하니까 [못 가지고 오는 거죠.] 그러니까 식량을 스스로 구하러 나가는 거지요. ● 가을에 보리라도 구하러 나가려면 필수품, 옷감, 옷, 그 때는 내복도 성하면 갖고 나가 팔아요. 생산 공장이 없으니까 파는 게 다 헌옷가지죠. ● 장사란 게 그래서 필요한 거예요. 왜 고아원 원장이 거저 주는 거로 어쨌다느니 그런 말 많잖아요. 지금도 우리가 어려운 나라에 구호 보내잖아요. 그런 것이 유통이 되니까. 구호 물자라는 게 다 거저로 오는 거죠. 외국서는 나눠서 쓰라고 의류품을 거둬서 보내는데, 고아원에 왕창 주거든요. 어린애들한테 맞는 옷을 보낸다기보다는 그냥 보내니까 그걸 원장들이 좀 팔 수 있잖아요. 그 때도 유니세프, 유네스코가 도와 주고, 애들 예방 접종시켜 주고 학교에 무료 급식도 되고, 많이 해이해져요. 구호 물자 빼돌리는 장사가 생기는 거예요. ● 유통되는 과정에서 더 좋은 걸 빼돌린다든가요. 아무튼지 간에 6·25 후에 미국이랑 세계 각국에서 무상 원조라는 게 많이 왔죠. 나라가 어려울 때 국제 사회하고 끊고 못삽니다. 북쪽이 지금 어려운 것도 국제 사회하고 [교류가 없어서 그런 거니까 우리가] 교류를 트라고 그러는 거죠.

장 : 그래도 전쟁기였잖아요, 선생님? 폭격의 위험이라든지 그런 건 없었나요.
● 저 쪽은 공군력이 없었어요. 인민군이 들어올 때 처음 본 무기가 탱크예요. 탱크를 밀고 들어왔어요, 개네들의 무기라는 게 따발총●(주108)이 처음 보는 총이었어

🎧 (주108)

따발총

2차 세계 대전 때 소련이 개발한 기관 단총인 PPSH를 남한 사람들이 불렀던 별칭. 북한에서는 따바리, 뚜르레기라 했다. 총을 쏠때 나는 소리가 유난했기에 붙여진 별칭이다. 철판으로 찍어내기 때문에 대량 생산이 가능했으며 전투 상황에서 관리가 쉽도록 개발되었다. 6·25 전쟁시 북한 인민군의 기본적인 개별 화기로 사용됐다.

🎧 (주109)

수복 후의 서울

❦ 사람들이 거리를 마음대로 다닐 수 있고 지껄이고 싶은 것을 마음대로 지껄일 수 있는 세상이 돌아왔다. 여자들은 석 달 동안의 궁상맞고 너절한 탈을 벗고 하루하루 아름다워지고 요즈음 부쩍 는 남자들의 군복과 좋은 대조를 이루었다. / 군인도 순경도 청년 단원도 종업원도 온통 군복차림으로 자랑스럽게 거리를 누볐다. / 군복은 전시(戰時)의 예복, 남자들은 그런대로 늠름하고 멋이 있었다. / 곱게 화장한 여자들의 아름다운 비단옷을 마냥 볼 수 있다는 건 얼마나 큰 즐거움인가? 여자들이 아름다운 거리, 낙엽 지는 가로수 밑에서 애국이 아닌 생각, 자기만의 미래라든가 사사로운 행복의 꿈을 마음껏 펼 수 있다는 것은 또한 얼마나 크나큰 기쁨일까? —『목마른 계절』(세계사, 1994년판) 중에서.

🎧 (주110)

학도호국대(학도호국단, 學徒護國團)

1949년 대통령령으로 공포된「대한민국 학도호국단 규정」에 따라 발족된 학생 단체. 고등학교와 대학교에서 단체 훈련을 통해 사상 통일과 국가에 봉사하게 할 목적으로 조직했다. 중앙학도호국단 산하에 시·도의 중등학교 이상 각급 학교 학도호국단이 있었고, 교직원 및 학생으로 조직되었다. 남북 대결의 상황에 대응하는 방편으로 반공 교육을 실시하고, 수양·단련·단체 작업 등을 통해 우익 국가관을 주입하고자 했다. 학도호국단은 4·19 혁명 때 해체되었으며, 5·16 군사 쿠데타 이후에는 학풍 쇄신과 정신력 배양을 목적으로 발족한 재건학생회가 그 기능을 이었고, 1975년 유신 정부에 의해 부활했다. 유신 시기 학도호국단은 중학교를 제외하고 고등학교와 대학교에만 설치되었는데, 대학 자치 조직을 통제하려는 의도도 있었다. 1980년대 이후 학도호국단은 민주화 시위를 가속화하는 구실을 했기 때문에 제5공화국 정부는 1985년 대학 학도호국단을 폐지하고 학생회를 부활시켰다. 이듬해인 1986년 고등학교 학도호국단도 폐지되면서 모든 학도호국단이 사라졌다.

(위) 1950년대 중반 학도호국대의 종로 시가 행진. (아래) 1970년대 다시 창단된 학도호국단의 창단식.

🎧 (주111)

환도 후의 학생 심사와 등록증 발급

❦ 산 넘어 산이었다. 대학을 다시 다니게 될 것 같지도 않았거니와 공산 치하에서 학교에 나간 것은 명백한 부역이기 때문에 나는 처벌이 무서워 학교 앞에 얼씬도 못 하고 있는 중이었다. 대학마다 학도호국단 감찰부에서 학생을 심사하는데 학교에 따라서는 가혹 행위도 한다는 소리를 전해 듣고 있었다. 각 기관마다 심사가 유행이었고 심사 과정에서 별의별 일이 다 있었다. 두려웠지만 시민증이 없다는 것은 죽은 목숨이나 마찬가지였기 때문에 어떤 수모나 폭력도 견딜 각오를 단단히 하고 학교에 나갔다. 이번엔 유엔군이 문리대를 쓰고 있어서 대학 업무는 동숭동 교수 관사에서 한다고 했다. 등교해서 등록 서류를 작성하는 걸 옆에서 보고 벌써 내가 누구라는 걸 알고 수군댈 만큼 나는 이미 부역한 학생 명단에 올라 있었다. 그런 형편이니 그 날로 등록증을 받을 수는 없었지만 며칠 걸려 최종적으로 감찰부장이 심문을 하고 훈계를 하고 학생 등록증을 발급해 주었다. 천신만고 끝에 발급받은 등록증을 제시하니 시민증도 쉽게 나왔다. 지금까지도 그 때 문리대에서 받은 심사에 대해서는 고마운 마음을 간직하고 있는데 그건 시민증을 받는데 도움이 됐기 때문만이 아니라 처음으로 인간 대우를 받을 수 있었기 때문이었다. 부역의 혐의와 인간 대접의 양립은 두고두고 고마웠고 결과적으로 인간에 대한 최종적인 믿음만은 잃지 않게 도와 주었다. 내가 그런 혐의를 받고 있기 때문에 더욱 그렇게 느꼈겠지만 부역자 숙청이 한창일 때는 제일 무서운 게 사람이어서 사회가 온통 흉흉한 공포 분위기였다. —『그 많던 싱아는 누가 다 먹었을까』(웅진지식하우스, 2005년판) 중에서.

요. 아주 무서와요, 아주. 쏘는 건 못 봤지만 들고 다니는데 보통 총하고 다르게 생겼는데, 한꺼번에 많이 나간답니다. 그런 신무기를 갖고 내려왔지만 비행기는 없었어. 공군력이 있긴 있었겠지만 미군에다 댈 게 아니죠. 미군이 인천 상륙해서 진격해 올 때는 그 진격을 엄호하는 게 위에서 아주 비행기가 쫙 항상, 그리고 낙하산 부대라는 게 있고. 그럴 적에는 민간인이 교통을 할 수가 없지요. 그것만 없어도 살 것 같은 거예요. 우선 자유롭게 다닐 수가 있는 거야. 폭격을 안 하니까. 🎧(주109)

수복 후의 서울대

장 : 일상은 회복되기 시작하고 유지가 되는데. 그럼 학교는 전쟁 나면서 궐기 대회에 다니는 동안만 다니고 이후에는 안 나간 건지요?

● 아니, 9·28 수복 되니까 학교 갔지요.

장 : 아, 서울 교정이 다시 교육이 이루어졌나요?

● 교육은 안 이루어지고요, 학교도 파악을 해야 되잖아요. 가서 등록하고 (인민군 치하에서) 학교 나왔다는 걸로 교수들한테 너 왜 학교 나왔냐고 야단도 맞았어요. 학도호국대에서 심사도 하고요. 🎧(주110) 학교 나갔다고 그랬지만 괜찮다고 통과가 되어서 학교 등록증을 해 줍디다. 그러니까 다닌 동안이 꽤 오래돼요. 9·28 때 나가도 수업은 안 하고 숨어 있던 남자 애들은 나와서 군인에 많이 지원하고. ● 지금 동숭동의 문리대는 큰 건물을 미군이 쓰고 있었고, 그 뒤에 동숭동 일대에 교수들의 관사가 있었어요. 그 때 학장 관사에서 그런 등록 사업, 학생 심사하는 사업을 했습니다. 🎧(주111)

장 : 학생 신분은 보장이 됐지만 수업은 진행이 안 된 거네요?

● 수업은 못했지요. 교수가 아니라 교사(校舍)가 없는데 어떻게 해요?

장 : 그럼 학교가 정상화된 거는 휴전 이후에.

● 그렇겠지요. 부산에 피난 교사가 있었다고 그러긴 하는데, 피난 가서 다 흩어져 있었기 때문에, 우리 또래들은 고 년도에 졸업을 못했어요. 말숙이 그런 애들도 부산에 있었어도 1~2년은 다 늦어졌지요.

장 : 선생님은 전쟁기 동안 내내 서울에 계신 거네요?

● 그렇지요.

🎧 (주112)

1·4 후퇴

6·25 전쟁 중이던 1950년 말에서 이듬해 1월초 사이, 중공군의 공격으로 국제연합군의 주력이 서울에서 물러나고 공산 진영이 서울을 재점령한 사건. 서울을 빼앗긴 날이 1월 4일이라 1·4 후퇴라 하며, 2월 11일에는 일시적으로 서울을 수복했으나 다시 빼앗겼다가 3월 14일 다시 서울을 수복하게 된다. 6·25 전쟁 당시의 피난이라 하면 대부분 이 1·4 후퇴 때 이루어진 것으로 보면 된다. 6·25 발발하자마자는 여름이었고 한강 물이 깊어 다리로 건너야 하는데 국군이 인민군의 도하를 막기 위해 한강 다리를 폭파했기 때문에, 한강 이북에 주로 살았던 서울 시민들은 거의 피난을 가지 못했다. 반면 1·4 후퇴 때는 정부와 군이 작전상 후퇴임을 시민들에게 미리 알려 줬고 강이 얼어붙는 계절이라 수많은 사람들이 피난을 갈 수 있었다. 당시 서울 인구가 1백만 명 정도였는데 대략 30~40만 명이 피난을 갔을 것으로 추정한다.

🎧 (주113)

시민증과 도민증

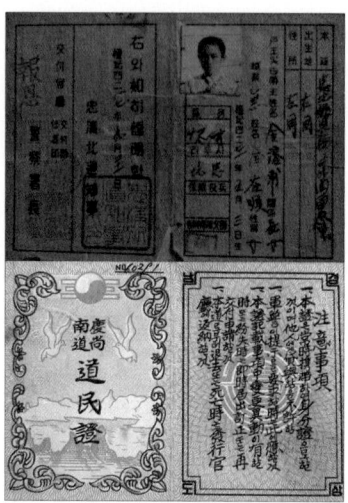

(위) 1938년 충북 도민증. (아래) 1958년 경북 도민증.

오늘날의 신분증으로 쓰이는 주민등록증 제도가 처음 실시된 것은 1962년 5월 10일 주민등록법을 제정하면서부터다. 그 이전에는 일제 강점기의 시민증과 도민증을 거쳐 1941년부터 황국민증을 발급했던 것을 그대로 쓰고 있었다. 6·25 발발 후 남한에서는 각 시와 도 단위로 다급하게 시민증이나 도민증을 발급했는데 시와 도에 따라 모양이 달랐다. 시민증이나 도민증에는 본적과 출생지, 주소뿐만 아니라 직업·키·체중·특징·말씨·혈액형까지 적게 되어 있었다. 1962년 법 제정 이후에도 주민등록을 했을 뿐 새로운 신분증의 발급과 부여는 곧바로 이루어지지 않았으나, 1968년 1월 21일 청와대 무장 공비 침투 사건이 계기가 되어 주민등록증 발급과 소지가 다급하게 의무화되었다. 그 해 10월 20일 처음으로 주민등록번호가 기입된 주민등록증이 발급되기 시작했다.

1·4 후퇴🎧(주112) 직전에 돌아온 오빠

🎤 그러고 나서 더 중요한 게, 서울 수복 때 막 쳐올라갔잖아요. 서울만이 아니라 압록강까지, 북쪽 땅도 해방시키면서 올라갔잖아요. 그럴 적에 북한에 의용군 나간 사람들이 탈출해서 서울로 온 사람 많습니다.

장 : 네.

🎤 우리 오빠도 그 때 탈출해서 왔어요. 근데 다른 사람들은 아주 일찍 왔는데 우리 오빠는 늦게 왔지요. 압록강까지 왔다가 중공군이 개입을 해서 1·4 후퇴 거의 앞두고 있을 겨울에, 우리는 오빠가 오든 말든 피난짐 싸고 이럴 적에 우리 오빠가 아주 거지꼴이 돼서 왔습니다. 갈 때 입었던 모시, 그걸 그냥 입고 위에다 뭐 걸치고 덜덜 떨고 왔는데 그 때 우리 오빠의 몰골이라는 게 이루 말할 수가 없었어요. 지금도 북쪽 사람하고 상봉하는 걸 보면, 거기서 어떻게든지 비볐어도 죽지는 않았을 텐데, 아부하고도 살아남을 수 있잖아요. 🎤 그 몰골보다도, 왜 왔는지, 어떤 경로로 가서 어떻게 왔는지 말을 아주 안 해. 지독한 우울증이라고 그럴까. 몸이 피폐한 것뿐만 아니라 마음이, 대인 공포증이라고 그럴까. 밤에 잠을 못 자는 거예요. 집에 와서도 그냥. 자기 없을 때 낳은 애를 들여다보는 것도 아니고 밖에 누가 문을 흔들기만 해도 깜짝 놀라고. 🎤 그 때는 시민증🎧(주113)이 가장 중요해요. 시민증이 안 나오면 피란도 못 가고 어떡할 수가 없어요. 나는 학생 등록증 때문에 시민증을 금세 받았는데 우리 오빠는 시민증을 받을 수도 없어. 집안에 아는 사람도 다 피난을 가고, 또 좀 유력한 사람은 미리 가고, 그 때까지 남아 있는 사람은 대개 가난한 사람들인데, 우리 가까운 친척으로 가장 괜찮게 된 사람 중에 군인 중위인 사람이 있었어요. 그이도 정규 장교가 아니라 그 때는 여러 가지로 장교 된 사람들이 많은데요. 군인이 아주 막강할 때지. 거기도 후퇴를 해서 부대가 구파발에 어디 주둔을 해 있는데 거기서 군속을 쓴다고, 나이는 비슷하지만 항렬로는 우리 오빠가 그 사람의 할아버지뻘이에요. 그 때는 젊은 사람을 할아버지라고 부르기가 그러면 대부라고 그래요. 대부님을 제가 군속으로 써 갖고 후퇴를 같이 [하자], 전투부대가 아니니까 [안전할 거다], 우리는 우리대로 후퇴하고 군부대는 어디로 후퇴하기로 돼 있으니까, 그래 갖고는 오빠가 거기 가 있다가, 피난을 오늘 내일 할 때인데, 1·4 후퇴 때는 비행기에서도 어서 피난 나가라고 난리를 칠 때예요. 우리 오빠가 그 군부대에서 다리에 관통상을 입었어요. 🎤 오발 사건이라고 그러는데 어

🎧 (주114)

오발 사고와 오빠의 부상

🍃 최악의 소식이 왔다. 그 무렵 국도 주변의 들판은 밤이면 후퇴하는 유엔군과 국군들의 야영장으로 변하곤 했는데 큰 건물도 마찬가지였을 것이다. 나중에는 국민방위군과 합쳐졌지만 당시에는 청년방위군이라는 게 있었는데 국군과는 어떻게 다른지 모르지만 아무튼 무장도 하고 전투도 하고 후퇴도 하는 중이었다. 그 청년방위군이 마침 그 학교에 주둔하게 되었고, 숙직실에 머물던 오빠는 따뜻한 구들목을 찾는 장교와 같이 자게 된 모양이었다. 아침나절 총기를 분해해 점검하던 사병이 잘못해서 총알이 나간 게 오빠의 다리를 관통했다는 것이었다. / 급보를 받고 달려 나갔을 때 오빠는 구파발의 아직 피난을 못 가고 남아 있던 조그만 병원에 방치돼 있었고 부대는 이동한 뒤였다. 진상을 더 자세히 알아도 소용없는 일이었지만 오빠는 우리가 전해들은 거 이상을 말하려 들지 않았다. 다량의 출혈로 창백해진 오빠는 되레 평온해 보였다. 초로의 의사는 친절했지만 그 집도 피난 갈 채비를 하고 있었다. 생명에는 지장이 없지만 덧나면 골치 아프다고 앞으로 계속해야 할 치료법을 일러주었다. 치료법이래야 간단한 최소한의 것이었다. 의사가 시범으로 관통한 총구멍에서 피 묻은 심을 빼고, 소독한 심을 서리서리 한없이 집어넣는 것을 옆에서 지켜보면서 나는 그 구멍이 지옥으로 통하는 나락만큼이나 어둡고 깊게 느껴졌고, 그 안으로 하염없이 빨려 들어가는 듯한 공포감을 맛보았다. ─『그 산이 정말 거기 있었을까』(웅진지식하우스, 2005년판) 중에서.

🎧 (주115)

오빠를 데리고 현저동으로 피신

🍃 차를 얻어 탈 수 있는 건 소수의 혜택받은 사람들이고, 그런 사람들은 다 진즉 떴고, 나중판에는 널빤지에다 바퀴만 달아 손수레를 만들어서 아이나 긴요한 짐을 싣는 게 유행처럼 돼 있었다. 십중팔구는 부실해서 버리고 떠났을 손수레에다 오빠를 실었다. 엄마하고 올케는 아이를 하나씩 업고 보따리를 이고 들었으니 손수레는 내 몫이었다. 내 짐은 천근이었다. 마지막 후퇴의 대열에 무작정 뛰어들긴 했지만 우리는 점점 뒤처졌고 겨우 무악재를 넘고 나서 나는 지쳐서 나자빠졌다. 날이 어둑어둑해지고 있었다. / "조금만 더 가자, 으응 조금만 더." / 엄마가 무자비하게 다그쳤다. / "한강다리가 어떻게 조금만 더야." / 나는 쌓이고 쌓인 분노로 당장 폭발할 것 같았다. / "피난도 팔자에 있어야 가지 아무나 가는 게 아닌가 보다. 그러니 피난 가는 척이라도 해 보자꾸나. 저 동네에 아는 집이 있으니 거기 머물렀다가 세상이 또 한 번 바뀌어 사람들이 돌아올 무렵 우리도 피난 갔다 오는 것처럼 우리 동네로 돌아가자꾸나. 그 수밖에 없다." / 엄마는 줄창 그런 계략을 짜고 있었던 듯 차분하고 조리 있게 말하며 거기서 바라보이는 동네를 가리켰다. 우리가 가짜 피난지로 정한 동네는 현저동이었다. 다시 현저동이라니. 그러나 이상하게 마음이 가라앉으면서 한 발자국도 못 움직일 것 같던 팔다리에 새로운 힘이 솟았다. 층층다리를 통하지 않고 올라갈 수 있는 길은 좀 돌게 돼 있었지만 손수레 때문에 그 길을 택했다. 마지막 피난민이 드문드문 맹수에 놀란 토끼처럼 화들짝 뛰어내리는 길을 거슬러 우리는 숨가쁘게 새로운 피난처에 도착했다. / 엄마가 점찍어 놓은 집은 숙부네 옥바라지할 때도 신세진 일이 있는 바로 그 집이었다. 그 집도 피난을 떠나고 집이 잠겨 있었다. 그러나 허술한 집일수록 자물쇠도 허술한 법이어서 우리는 힘을 합해 아예 문고리째 뜯어챘다. 방금 떠난 것처럼 아랫목에 온기가 남아 있었고, 윗목엔 먹다 남은 밥상이 그냥 헤벌어져 있었다. 총각김치의 이빨자국이 선명했다. 우리는 먼저 양식이 있을 만한 데를 뒤졌다. / 우리가 가진 양식은 너무 적었고 어느 세상에서나 목구멍이 포도청이었으므로 우리는 우리가 하는 짓에 조금도 양심의 가책을 느끼지 않았다. 쌀은 없고 잡곡 한 움큼과 밀가루가 반 자루 가량 남아 있었다. 저녁은 새로 짓지 않고 남기고 간 찬밥으로 때웠다. ─『그 산이 정말 거기 있었을까』(웅진지식하우스, 2005년판) 중에서.

떻게 해서 그랬는지 도대체 알 수도 없어요. 🎧(주114)

장 : 그 다음에도 밝혀지지가 않은 건가요?

🔊 우리 손자뻘 되는, 중위인 개가 우리 오빠를 구파발 무슨무슨 십자병원, 아직 피난 안 간 병원에다가 놓고 우리한테 통지를 했어. 그 때는 전화가 있습니까, 우리 부대는 관통상 감당할 여유가 없다. 젊은 사람들 다 걸어가고 일부나 트럭 타고 갈 텐데 정규 군인도 아닌 거를 태울 수는 없잖아요. 그 때 군속이라는 건 군복만 입혀 갖고 하는 건데, 누가 총을 닦다가 그랬다고 전해지기만 하지 우리 오빠는 거기에 대해서 말을 안 해요. 그냥 운수가 나빠서 이렇게 됐다. 우리가 가니까 응급 조치만 해서 있어요. 어떻게 된 건지 양 발을 관통을 해 버린 거예요.

장 : 양쪽 다리를 다….

🔊 네. 우리는 오빠를 끌고 피난을 갈려고 하고, 오빠는 오빠대로 죽어도 이 인민군 세상에 또 남을 수 없다고 자기 끌고 가라고 하고. 구파발에서 우리가 뭐가 있는 게 아니잖아요. 피난 갈 때 차 타고 가는 사람도 없고 다들 리어카도 아닌, 바퀴를 하나 얻어 갖고 만들어요. 그래서 애들도 태우고 짐도 싣고, 걸어가는데 어떻게 어떻게 날림으로 뭘 하나 만들어서 우리 오빠를 태우고 손수레 같은 걸 끌지….

장 : 달구지처럼요?

🔊 달구지도 못 되죠. 제일 장정이 그렇게 됐으니 업을 수도 없고, 무악재고개 넘어서 전에 살던 현저동까지 와 갖고 결국 바퀴도 다 물러나고 못 타게 돼서. 거기 조금 연고 있는 집, 피난 가고 없지만 남의 집을 들어갈 수는 없고, 그 엄동설한에 아는 집을 따고 들어갔어요. 〔이런 사연으로〕 우리가 1·4 후퇴 때 피난을 못 갔습니다. 🎧(주115)

장 : 아….

현저동, 다시 인민군 치하로

🔊 처음 6·25 났을 때는 대부분의 사람들이 서울에 남아 있었어요. 일부 국회의원들도 남아 있다가 납치당하고 숨어 있고 그랬지요. 군인도, 고위 공직자도 많이 그랬지요. 영등포 이런 데 사람들이야 모르지만. 왜냐면 다들 한강 못 건너서요. 한강 다리 폭파해 버렸잖아요. 🔊 그런데 1·4 후퇴 때는 서울에 아무도 없을 때예

🎧 (주116)

피난 가지 못한 이들의 서울살이

📖 분하다 못해 생각할수록 억울한 것은 일사후퇴 때 대구나 부산으로 멀찌가니 피난 가서 정부가 환도할 때까지는 절대 안 움직일 태세로 자리 잡고 사는 이들은, 서울 쭉정이들이 북으로 남으로 끌려 다닌다는 것에 대해 아무것도 모르고 자기들의 피난살이 고생만 제일인 줄 알겠거니 싶은 거였다. 부산 대구 피난살이의 고달픔이 유행가 가락에 매달려 천 년을 읊어 댄대도 어찌 서울살이의 서러움에 미칠 수 있을 것인가? 그게 왜 그렇게 억울한지 몰랐다. 부러웠기 때문일 것이다. ―『그 산이 정말 거기 있었을까』(웅진지식하우스, 2005년판) 중에서.

🎧 (주117)

6·25 전쟁 체험을 다룬 소설들

박완서의 데뷔작이 된 『나목』뿐만 아니라 『목마른 계절』, 『그 산이 정말 거기 있었을까』 등은 이 시대를 배경으로 한 장편 소설이다. 중편 정도에 해당하는 『그 많던 싱아는 누가 다 먹었을까』, 『그 남자네 집』과 세 편의 단편 연작 『엄마의 말뚝』도 자전적인 소설로 많은 부분이 이 시기를 다룬다. 그 밖에 단편 가운데 「아저씨의 훈장」 「복원되지 못한 것들을 위하여」 「여덟 개의 모자로 남은 당신」 「꽃을 찾아서」 등 수많은 작품에서 부분적으로 이 시대의 체험을 녹여냈다.

🎧 (주118)

국가보위부(국가안전보위부)

북한의 비밀 경찰 기구로 8·15 해방 직후인 1947년 북조선인민위원회 보안국으로 출발했다. 반당·반체제 주민들과 사상 이반자들을 색출하고 감시하는 사회 통제 기구로서 6·25 전쟁시에는 남한의 점령지에서 무소불위의 권력을 행사하여 우익 인사 및 주민들에게 공포의 대상이 되기도 했다. 1970년대 이후부터는 김일성 부자 세습 독재 체제를 유지하기 위해 북한 주민의 사상과 동향을 감시하고 있다. 반체제 사범 색출, 김일성 부자 비방 사건의 수사를 전담하고, 이와 관련된 죄목으로 체포된 정치범들을 수용하는 수용소를 관리하고 있다. 그밖에 반탐(反探), 즉 대간첩 업무와 해외 정보의 수집, 해외 공작 임무를 수행하며, 국경 경비 및 출입국 관리 업무도 맡고 있다.

🎧 (주119)

보위부 군관

📖 "동무도 여자요?" / 앞장선 군관이 싸늘하게 웃으면서 오빠에게 물었다. 인민군을 본 오빠가 갑자기 실어증에 걸렸는지 으, 으, 으, 하고 신음할 뿐 뜻이 통하는 소리는 한 마디도 못했다. / "갸아 여자는 아니지만서두 병신이에요. 사람값에 못 가는 병신이니까 여자만도 못하죠." (…중략…) 그 후 그들은 겸상 내기로 자주 우리집에 드나들었다. 그 중엔 보위부 군관도 있었는데 오빠에 대해 뭔가를 눈치채고 있는 것 같았다. 우리들하고 천연덕스럽게 고향 얘기나 처자식 얘기를 하다가도 갑자기 오빠를 노려보면서 딴사람같이 카랑카랑한 목소리로 동무 혹시 인민군대에서 도주하지 않았소? 한다든가 동무, 혹시 국방군에서 낙오한 게 아니오? 하면 간이 콩알만큼 오그라들었다. (…중략…) 그 보위부 군관은 남달리 집요한 데가 있었다. (…중략…) / "어머니, 어머니를 보면 딱해 죽갔어. 아들 하나가 어쩌다 저꼴이 됐을까? 그렇지만 배안의 병신은 아니지? 그치? 배안의 병신만 아니면 고칠 수 있어. 우리 북반부 의술은 세계적이거든. 그러고도 가난한 사람 우선이야. 내가 얼마든지 좋은 의사 보내 줄 수 있으니까 바른 대로만 말해. 언제부터 왜 저렇게 됐나." 자주 드나들면서 언제부터인지 우리 어머니를 어머니라고 부르면서 이렇게 응석 섞인 반말지거리까지 했다. 차고 모질게 굴 때보다도 그럴 때는 어머니도 벌벌 떨면서 횡설수설하기가 일쑤여서 곁에서 지켜보는 나를 불안하게 했다. ―「엄마의 말뚝 2」(『엄마의 말뚝』, 세계사, 2002년판) 중에서.

요.🎧⁽주116⁾ 우리가 남아 있었습니다. 그래도 그렇게 먹기가 힘들지는 않았어요. 어떡해요. 남의 빈집도 들어가면 김치도 있고 겨울이니까 잡곡도 좀 있고 그랬어요.
🖤 하지만 처음엔 밥도 못 끓이고 생쌀을 씹다, 인민군이 들어온 거 아는데 인제 연기가 나면… 〔들키니까〕.

장 : 오빠가 부상이 심한 상태였는데 치료를 받을 수가 없지 않았습니까?

🖤 지금 같으면 아무것도 아니지요. 결국은 출혈이 많이 됐을 거 아니에요? 병원 의사도 놓고 가 버리고. 그래도 의사들이 한두 달 새살이 나올 때까지 집어 넣는 거, 어차피 떠나가니까 약이랑 소독약 같은 거, 어떻게 치료하라는 거 알려 줘서 열심히 치료해서 아물고 그랬지만 사람이 비쩍 마르고 몸이 쇠약하고. 정신적으로도 대인 기피증에다가. 그리고, 정신 분열에 가까운 공포감을 일으킨 이유는, 우리가 그렇게 숨어 살다 또 인민군한테 오빠를 들켰어요. 🖤 그 때 오빠는 그냥 얼굴이 하얗고 아주 폐병쟁이 같았어요. 〔인민군들이 보기에〕 청년이 있고 애들도 있고, 젊은이가 있는 집이 거의 없으니까…, 아 그건 너무 길어서 말할 수도 없어요.(웃음) 🖤 그 얘기까지만 하고 말아야겠다. 고 후에는 모든 것이 순조로워서 할 얘기가 많지를 않아요. 그 때 얘기 여러 가지로 변형시켜서 소설도 많이 썼어요.🎧⁽주117⁾ 오빠가 폐병 걸려서 〔피난을〕 못 갔다, 그러니까 인민군들도 인정을 해요. 약도 있고 불쌍하다고 하면서도 자꾸만 이상하게 여겼어요. 연령으로 봐서도 그렇고. 그러다가 결국은 우리 오빠가 총상을 입었다는 걸 들킨 거야. 이 사람들이 딱, "넌 국군이었지." 그러는 거야. 🖤 보통 사람이 왜 총을 맞느냐는 거지. 부상병이 낙오한 거 아니냐. 으, 그 사람들 물러갈 때까지 우리 오빠 때문에 받은 고통이라는 것, 말도 못해. 1·4 후퇴 때 서울에 들어왔다가 그 해 봄에 물러갔거든요. 3월달인지, 4월달인지. 🖤 6·25 전까지 우리가 좌익 사상이라는 얘기 했잖아요. 근데 정말 반공, 반공주의자가 돼 버렸어.(웃음) 진짜로 너무 그 때 〔고생을 해서〕. 우리 오빠가 교사 신분증이 있었어. 국군이 아니라고 그래도, 선생도 다 군인 나가지 않았느냐고. 발급된 날짜 보여 줘도 그렇게, 국가보위부원🎧⁽주118⁾이라는 게 있어. 그 사람들은 보위군관이라고 그랬어. 조금 군복도 다르고, 정보 계통인가 봐요. 사람을 이렇게 뜨고 저렇게 뜨고, 아무튼 뱀 같애요.🎧⁽주119⁾ 우리는 그런 사람들이 아니라고, 이런 병자를 누가 군인으로 데려가느냐 그랬더니, 자기네가 후퇴할 적에 충성을 맹세하라느니 그러다가….

🎧 (주120)

임진강만 건너지 말자는 약속

그 날을 앞두고 식구들은 잠을 이루지 못했다. 벌떡벌떡 일어나 앉으면서 가슴을 쥐어뜯곤 하는 엄마를 올케가 천사 같은 목소리로 위로했다. / "곧 만나게 될 거예요. 임진강만 안 건넌다면요." / "오냐, 오냐, 나도 그렇게 생각했다. 어떻게든지 임진강만은 건너지 말거라." / 올케하고 엄마가 입을 맞추는 임진강 소리가 나에겐 암호처럼 들렸다. 내 마음 속에는 삼팔선이, 그들의 마음 속엔 임진강이 각각 넘어서는 안 될 선으로 그어져 있었다. 마침내 떠나지 않을 수 없는 날이 되었다. 어두운 녘에 떠나기로 했다. 군대의 이동처럼 피난길도 될 수 있는 대로 밤의 어둠을 이용해서 걸을 수 있을 때까지 걷다가 낮 동안은 민가나 하늘 가릴 만한 데를 찾아 내어 잠도 자 두고 먹어 두기도 하라는 것이었다. 그런 것까지 지시를 안 해 줘도 그럴 수밖에 없게 되어 있었다. 특히 북으로 난 국도 위로 퍼부어 대는 폭격과 기총소사는 너무하다 싶을 정도로 움직이는 거라면 쥐새끼 한 마리도 놓치지 않을 기세였다. 애 업은 여자하고 짐 진 여자하고 하룻밤에 얼마나 걸을 수 있나 보다는 어둠과 추위와, 전장(戰場) 돌파라는 모험에 대한 공포가 어찌 없었을까마는 그 동안 단련이 됐달까, 비인간화 됐달까 막상 그 날은 늠름해져 있었다. ―『그 산이 정말 거기 있었을까』(웅진지식하우스, 2005년판) 중에서.

🎧 (주121)

교하로 피난

"이 동네가 아주 고약한 동네라우, 산이 깊어서. 지난 가을에도 미처 도망 못 간 인민군이 산으로 들어갔다구 소탕전인가 뭔가 하느라구 이 근처가 온통 전쟁터가 됐었다우. 동네 사람이 상하진 않았어도 집은 폭격 맞은 집보다 그 때 불태워진 호수가 더 많을 걸. 아마. 이번에도 암만 해도 무사히 지나갈 것 같지 않아요. 그러니까 교하면으로 가 있어요. 이 근처선 교하가 옛부터 양민들 피난 고장이라우. 두 강이 만나는 평지라 몸 숨길 데는 만만찮고 도망가기는 어려워서 전쟁터론 마땅치가 않아서 그럴 거요. 논이 많아서 먹을 것도 많고 인심도 후하다오. 난들 왜 서운하지 않겠소. 젊은 사람들 냄새만 맡아도 어딘데." 마님이 일러 주는 말은 간곡했고 우리를 보내기 서운해 한다는 것도 의심할 여지가 없었다. (…중략…) 교하는 두 줄기의 큰 강이 만나는 데여서 강으로 흘러드는 크고 작은 시냇물들이 넓은 들을 적셔 주는 비옥한 고장이었다. 우리는 얼음 녹은 강물을 끼고 느리게 걸었다. 당장 비행기가 나타난대도 숨을 곳이 없다는 게 우리를 되레 자유롭게 했다. 강가에 빨래하는 아낙도 있고 개펄에서 뭔가를 쑤석거리고 있는 아녀석들도 있는 게 신기하고 별세상 같았다. 밖에 나와 노는 아이들을 본 지가 얼마 만인지 몰랐다. ―『그 산이 정말 거기 있었을까』(웅진지식하우스, 2005년판) 중에서.

임진강만 건너지 말자고

● 그 때 서울에 남아 있던 북쪽 사상을 가진 사람들을 이북에 데려갔어요. 그 사람들은 솔선해서 가니까요. 우리 보고, 오빠는 저러니까 못 가더라도 나하고 올케를 북에 가자는 거예요. 그렇게라도 가지 않으면 우리 오빠를 그냥 안 놔둘 것 같이 얘기했어. 우리 오빤 살려 달라고 그러고. 생각을 해 보세요. 말이 됩니까. 여섯 식구가, 그 사람들이 가래는 대로, 결국 우리 엄마가 그 병자, 어린 손자를 데리고 현저동 집에 남고요. 저하고 우리 올케는 젖먹이 조카 업고 북쪽으로 갔어요. ● 그 사람들이 애도 달리고 그랬으니까 너희들이 잘 가도록 트럭에다 태워 갖고 가겠다, 어디어디서 기다리겠다고 그랬는데 꾀를 냈어. 모이는 시간에 우리가 안 나갔어요. 왜 안 나왔느냐고 찾으러 왔는데 집에 무슨 큰일이 난 것처럼 해 갖고 우리가 그 시간에 못 대갔다, 걸어서 가겠다. ● 걸어서 가는 사람들은 피난증을 해 줘요. 가다가 검문소가 많으니까 이걸 내면서 어디…. 우리는 고향이 개성이니까 개성 어디까지 가는 걸로 해서 줬어요. 우리 어머니가 참 현명한 분이에요. 우리 올케하고 저한테, 너희들이 북쪽으로 가더라도, 우리가 다시 만날려면 임진강은 절대로 건너지 말아라. 임진강 건너면 다시 못 만난다. 🎧(주120) 그래 갖고 느릿느릿…. 낮에는 못 걸어요. 미군이 들어올려니까 그냥….

장 : 폭격이 심해지고….

● 네. 밤에 조금 걷다가, 천지에 빈 집이에요. 밤에 빈 집에 들어가서 뭐도 좀 끓여 먹고. 시골집에 들어가면 양식도 있고 그래요. 애를 하나 업었으니, 여기서 먹을 걸 가져가지 못했지. 그러면서 지금의 파주 쪽까지 갔습니다. 거기 가는 것도 한 일주일쯤 걸려서요. 아주 괜찮은 마을에 숨어 있을 수가 있었어요. ● 지금도 탄현면이라는 데가 있을 겁니다. 파주군 탄현면에서도 산골에 있었어요. 그 집이 우리 올케 쪽 먼 친척이 돼요. 그 집도 피난을 가고 할머니만 남아 있는데 그 동네에서는 제일 큰 집이라 인민위원회에서 사무실로 쓰더라고, 그 때도 인민위원회라는 게 다 있어요. ● 노인네 혼자 있으니까 반가워하더라고요. 그 집에 있는데 점점점 북이 불리해지고 다시 서울을 내놓게 되니까 피난을 시킬 게 아니에요? 서울도 국군이 들어왔다는 말이 나오고요. 할머니가 우리에게, 이 동네는 산이 높고 옛날서부터 피난진데 지금은 빨치산이라는 사람들이 산골에 많이 숨는다, 너희는 여기 있으면 불리하다, 교하라는 데로 가라고 가리켜 줬어요. 옛날서부터 임진강하고

🎧 (주122)

낙하산 부대

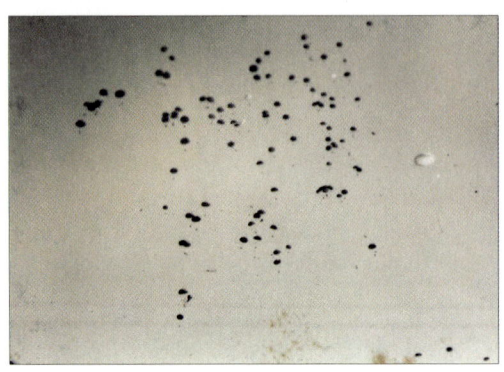

🔖 밖에선 동네 아이들이 즐겁게 아우성치며 어디론지 달려가고 있었다. 나는 자연스럽게 아이들과 한무리가 되어 깃대빼기가 있는 언덕으로 치달았다. 아이들이 환성을 지르며 좋아할 만한 구경이 멀지 않은 북쪽 하늘에서 펼쳐지고 있었다. 구름 한 점 없는 하늘에서 낙하산 부대가 낙하하는 광경은 그 아름다움과 소리 없음 때문인지 전쟁과는 전혀 무관한 묘기처럼 보였다. 마치 하늘에서 커다란 꽃송이가 차례로 피어나는 것처럼 신비스럽고도 평화로운 광경이었다. 아이들은 좋아서 어쩔 줄을 몰랐다. 깃대빼기에서 인공기는 시침 딱 떼고 유연히 펄럭이고 있는데. ―『그 산이 정말 거기 있었을까』(웅진지식하우스, 2005년판) 중에서.

6·25 전쟁 중 문산 일대에 북한군 퇴로를 차단하기 위해 투하되고 있는 미군 낙하산 부대.

🎧 (주123)

돈암동 집으로 귀가

🔖 돈암동 성북경찰서가 보이는 천변가에는 수양버들이 벌써 삼단 같은 머리를 늘어뜨리고 살랑대고 있었다. 마침내 우리 동네였다. (…중략…) 우리 집이라고 사람이 살고 있을까 싶지 않게 동네의 적막은 깊고 완강하고 배타적이었다. 우리 집을 처음 찾아오는 사람에게 성북경찰서 다음으로 일러 주기 쉬운 표적이 됐던 신안탕의 이층 건물도 멀쩡하게 남아 있었지만 목욕탕 영업을 하는 것 같진 않았다. 신안탕만 끼고 돌고 나면, 뒷걸음질을 친다 해도 우리 집이 보이게 돼 있었다. (…중략…) 돈암동 집 대문은 반쯤 열려 있었다. 우리가 떨리는 마음으로 소리 안 나게 그 틈으로 마당에 들어서서 제일 먼저 본 것은 오빠였다. 오빠는 한 손으로 지팡이 자루를 만지작거리며 어둠이 모락모락 고여오는 마당을 물끄러미 내려다보는 자세로 마루에 걸터앉아 있었다. 거의 투명할 정도로 흰 피부와 바싹 여윈 몸에 엷은 옥색 옥양목 바지저고리는 헐렁한 대로 너무 잘 어울려 학 같았다. 오빠를 저렇게 환상적으로 멋 부려 놓을 수 있는 사람은 엄마밖에 더 있을까. 엄마와 찬이의 무고함까지 함께 확인한 셈이었다. 오빠는 우리를 보자마자 지팡이를 짚고 벌떡 일어섰다. 오빠가 일어설 수 있다는 데 대해 올케와 나는 비명에 가까운 소리를 질렀고, 그 바람에 이 방 저 방에서 여러 사람들이 뛰어나왔다. 할머니까지 개성 숙부네가 여섯 식구, 우리가 여섯 식구, 모두 열누 식구가 한 자리에 모인 것이다. 우리는 여태 최악의 경우만 생각해 왔기 때문에 갑자기 펼쳐진 이 행복한 대단원에 얼른 적응을 하지 못했다. ―『그 산이 정말 거기 있었을까』(웅진지식하우스, 2005년판) 중에서.

한강하고 만나는 가운데 평야 지역은 강 때문에 되레 피난지였다고요. 그래서 그리로 갔어요. ✤ 교하 갔더니 그렇게 인구가 많아요. 다른 데는 인구가 적은데. 인민군이 없고, 아마도 오히려 도망갈 때 불러서 군대가 없었나 봐요. 🎧(주121) 평화롭고 꽤 큰 마을인데, 사람들이 많으니까 우선 이 집 저 집 섞여 있기가 좋더라고. 개성에서 남쪽으로 피난을 오다가 미처 못 따라가 눌러앉은 사람도 있고, 거기 주인은 또 딴 데로 가 버렸다든가. 거기에 우리도 엄벙덤벙 섞여 있는데 군인이 아니라 미군 낙하산 부대가 마을에 먼저 들어오더라고. 하늘에서 낙하산이 쫙 내려오는데 아, 이제 살았구나. 🎧(주122) ✤ 교하면의 동네 이름은 잊어버렸는데 그냥 교하로 가라, 교하로 가라 하면서 갔던 생각이 납니다. 미군이 들어오면 우리는 통행이 자유로워지는 거예요. 애가 있으니까 대낮에 이틀인지 사흘인가 걸려서, 서울에 와서 식구가 상봉을 한 거죠.

오빠의 죽음

✤ 상봉을 해 갖고 맨 처음에 돈암동 우리 집으로 갔어요. 🎧(주123) 서울도 미군이 들어왔고요. 환도를 정식으로 안 했어도 조금씩 서울로 돌아오는 사람들이 생기고요. 그 해 여름, 1951년 7월달에 오빠가 고요하게 갔습니다. 아주 더울 때, 좋은 치료도 받을 수도 없었고 무슨 병인지도 모르죠. 🎧(주124)
장 : 자연사네요.
✤ 그렇지, 대충 보는 의사들이 마을에 있어요. 봐 달랬더니만 자세한 건 몰라도 결핵이지 않을까 그래요. 좋은 의사가 들어오지는 않았잖아요. 워낙 오빠가 기울어서 그런지 그 때 귀하던 마이신도 그냥 주더라고. 우리가 열심히 이뤄 내서 거의 다 아물었어. 고름이 나오진 않는데도 일으켜서 좀 걷게 할려면 다리가 절여 놓은 것처럼 말라 가지고 못 일어나요. 우리가 운동을 해야 산다고 그래도 삶의 의욕도 없고. 기침을 하는 것도 아닌데 옛날의 폐병쟁이처럼 바싹 야위니까….
장 : 다리 총상 때문에 돌아가신 게 아니고, 마음의 상처도 이유가 컸겠네요.
✤ 네… 피 많이 흘리면 그 전엔 영양 실조로 잘 그랬지. 그 안에도 여러 가지로 일이 있었지요. 조금이라도 치료해 볼라고.
장 : 장손이었고 하나뿐인 아들이었는데 어머니께서 충격이 크셨겠어요?

🎧 (주124)

오빠의 죽음

오밤중인지 새벽인지 분명치 않았다. 한잠을 자고 일어났는지 잠 못 이루고 뒤척이고 있었는지도 확실하지 않았다. 울부짖음 같은 소리가 멀리서 들려왔다. 멀다는 거리감이 시간을 거슬러 올라간 아득한 원시로 느껴질 만큼 그 비명은 간략하게 절제돼 있어 사람의 소리 같지가 않았다. 올케가 먼저 화들짝 뛰쳐 일어나더니 박차고 나갔다. 올케의 나부끼는 허연 속곳 가랑이를 보면서 나도 비로소 소름이 쫙 끼쳤다. 엄마가 말을 잃은 외마디소리로 우릴 부르고 있었다. 오빠는 죽어 있었다. 복중의 죽음도 차가웠다. 그 때가 몇 시인지 우리는 아무도 시계를 보지 않았고 왜 엄마 혼자서 임종을 지켰는지도 묻지 않았다. 엄마도 자다가 옆에서 끼쳐 오는 싸늘한 냉기 때문에 깨어났을지도 모른다. 체온 외엔 오빠가 살아 있을 때하고 달라진 건 아무것도 없었다. 눈 똑바로 뜨고 지키고 앉았었다고 해도 아무도 그가 마지막 숨을 쉬는 순간을 포착하지 못했을 것이다. 총 맞은 지 팔 개월 만이었고, '거기' 다녀온 지 닷새 만이었다. 그는 죽은 게 아니라 팔 개월 동안 서서히 사라져 간 것이다. 우리는 아무도 그의 임종을 못 본 걸 아쉬워하지 않았다. 그 대신 그의 너무 긴 사라짐의 과정을 회상하고 있었다. 우리는 새삼스럽게 슬퍼할 것도 곡을 할 것도 없이 가만히 앉아 있었다. 우린 미리 상갓집에 잘 어울리는 표정을 짓고 있었기 때문에 아무것도 할 것이 없었다. ―『그 산이 정말 거기 있었을까』(웅진지식하우스, 2005년판) 중에서.

🎧 (주125)

숙부의 죽음

처음부터 경찰로 붙들려간 숙부는 재판에서 사형을 언도받았다. 그 사실을 출옥하는 사람 편에 숙부가 보낸 편지를 통해 알았을 정도로 우리는 숙부에게 옥바라지도 제대로 할 형편이 못 됐다. 숙부의 편지는 내가 왜 사형을 당해야 하는지 모르겠다. 변호사라도 대서 나를 좀 살려 달라는 거였다. 어쩌면 우리에게는 힘이나 백이 돼 줄 만한 친척이 그렇게도 없었던지 우리 집안이 무 밑동 잘라 놓은 것처럼 고적하고 보잘것없는 처지라는 걸 그 때처럼 절감한 적도 없었다. 부역한 죄수가 하도 많을 때라 솜옷 한 번 차입하는 데도 온종일 걸렸다. 마침 오래 형무관 생활을 한 친척이 있어 그 정도의 편의는 봐 주길 기대하고 청을 해 봤는데 어림도 없더라는 것이었다. 말단 공무원이 부역자하고 상종하기를 꺼릴 수밖에 없는 세상이란 걸 알면서도 치가 떨리게 야속했다. 될 수 있는 대로 이른 새벽에 줄을 서려고 엄마는 예전에 현저동에서 각별하게 지내던 집을 찾아가 염치없이 하룻밤을 드새곤 했는데 그럴 때마다 따뜻한 위로와 대접을 받았다며 없는 사람이 훨씬 인정스럽더라고 했다. 그나마의 옥바라지나마 못 하게 된 사이에 숙부는 처형을 당했다. 실은 언제 처형을 당했는지 그 날짜도 모른다. 숙부의 편지 한 장 외엔 아무런 연락도 없었고, 사형을 집행했으니 시체를 인수해 가란 통고 같은 것도 물론 받은 바 없다. 사형을 당했다는 어떤 증거도 없지만, 곧 1·4 후퇴가 있었고, 그 후 숙부의 존재나 이름은 어디에서도 찾아볼 수 없게 되었으니 후퇴 전의 제반 상황으로 미루어 집단적으로 처형됐을 것이다. 빨갱이 목숨은 파리 목숨만도 못했고, 빨갱이 가족 또한 벌레나 다름없었다. ―『그 많던 싱아는 누가 다 먹었을까』(웅진지식하우스, 2005년판) 중에서.

● 그래도요, 아, 지금도 생각하면, 갖다 묻고도 밥 먹고 다 했어요. 인간이 뭐 그래요. 그리고 오빠가 사람 될 것 같지가 않았어요. 몸보다도 저래서 어떡하나 그럴 정도로. 자기가 좋아하고 이상으로 하던 거에 대해서 부끄러움이 있었던 것 같애요. 오빠가 부끄러워한 건, 우리 오빠 때문에, 거기서 살았던 삼촌 있잖아요. ● 그 분도 오빠를 자기 아들 같이 생각했어요. 장사하던 분이니까 크게 뭘 하진 않아도, 그 분댁도 여맹 같은 데… 나와서 일하라고 그러면 협조를 하고. 길가에 살면 그런 게 있어요. 지금은 큰 빌딩이 돼 있는데 가게가 컸어요. 인민군이 내려오다가 그 집을 숙소처럼 정했어요. 그 동안에 가게는 못 했어요. 한 쪽을 사무실로 쓰고 말도 매 놓고 무슨 기마 그런 걸 하고. 우리 삼촌, 숙모는 밥 해 주고. 그 집은 밥 걱정은 안 했어. 그래도 우리 집에 쌀 한 톨 못 가져오죠. 그렇게 무서운 세상이에요. ● 아무튼 이웃 사람들에게 빨갱이 짓을 한 걸로 보였나 봐요. 우리 삼촌이 아무 데도 들진 않았는데도, 그런 비극이 어딨겠어요. 붙잡혀 갔어요. 수복된 후에. ● 수복됐을 적에 우리 집은 난리인 게 오빠는 도망을 오고, 한가족같이 살던 그 집은 숙모도 숙부도 붙들려 가고요. 숙모는 여맹 했다고, 숙부는 한 게 없는데도 조카도 빨갱이인 데다가, 저 사람도 보위부래나 끌어들여서 자기네 집에서 잘 먹고 잘 살았다, 이래 갖고요. 숙모는 1·4 후퇴 미처에 석방돼서 나왔어요. 그리고 숙부는 사형을 당했습니다. 🎧(주125) ● 정부에서 피난 적에 사형 선고한 사람을 다시 상고할 기회도 없이 마구 사형을 시키고 갔나 봐요. 우린 시체도 못 찾았고요, 사형을 받았다는 것도 삼촌이 '내가 사형을 받았다. 날 변호사라도 대 달라.' 쪽지를 보냈는데, 그 때 우리는 변호사고 뭐고 오빠가 와서 총 맞고 그럴 무렵입니다. 사형 언도 한 사람은 다 사형하고 간다는 말만 들었지 시체를 찾으려고 애쓰지도 않았어요.

장 : 시신도 못 찾으신 거예요?

● 그러믄요.

장 : 숙부가 보내신 쪽지로만 확인하신 거네요?

● 네…. 생각해 보세요. 우리 오빠가 올 적에 그래도 아버지 같은 숙부가 의지가 됐을 거 아녜요. 우리 숙부는 소학교밖에 안 나오고 장사를 한 사람이니까 이념적인 게 전혀 없는 사람이고, 조카가 이북 간 것도 괜찮게 생각했을 수도 있고, 동네 사람한테 숨기지 않았을 것 같지 않아요? 그런 걸 아는 우리 오빠는 어떻게 생각이 됐겠어요. 자기 때문에 완전히 다….

장 : 죄책감에 시달리셨겠네요.

🎧 (주126)

오빠의 됨됨이

🏴 오빠는 날로 말이 많아졌다. 세상이 좋아지면…. 이렇게 늘 같은 말로 운을 떼었다. 좋아진 세상이란 다시 국군이 서울을 수복시키고 난 후의 세상이라는 것은 말할 것 없었다. (…중략…) 그 다음엔 딴 사람이 되어 사는가 싶게 살아 보겠노라는 소리를 오빠는 지치지도 않고 반복했다. 세상이야 어떻게 돌아가든, 남이야 어떻게 살든 내 알 바 아니게 내 식구 생각만 하겠노라고 했다. 수단 방법 안 가리고 돈을 벌어서 내 식구 호강시키며 살겠노라고 미리 뻐기는 오빠를 직시한다는 것은 차마 못 할 노릇이었다. 쉽게 말해 개같이 벌어서 정승같이 살겠다는 건데 딴 사람도 아닌 우리 오빠 입에서 저런 소리가 나올 수 있을까 차라리 귀를 막고 싶은 심정이었다. 어쩌면 배신감이었을지도 모른다. 오빠는 나에게 천성의 생각하는 갈대였다. 그런 그가 지금 살전 돼지가 되려고 열심히 자신과 식구들을 훈련시키고 있었다. 말이 많아지면서 표정도 과묵하던 때의 준수한 모습은 간데없이, 소심하고 비루해지고 있었다. 오빠가 넘어온 이데올로기의 전선은 나로서는 처음부터 상상을 초월한 것이긴 했지만 이런 오빠를 보고 있으면 그 선의 잔인하고 음흉한 파괴력에 몸서리가 쳐지곤 했다. 오빠 같은 한낱 나약한 이상주의자가 함부로 넘나들 수 있는 선이 아니었다. ―『그 산이 정말 거기 있었을까』(웅진지식하우스, 2005년판) 중에서.

🎧 (주127)

이웃의 고발

🏴 엄마가 또 만나기를 가장 꺼리던 반장집도 돌아왔다. 엄마가 그 집을 싫어한 건 전쟁 나던 해 가을, 서울이 수복되고 나서 시민들에게 시민증을 발급할 때부터였다. 반장이 우리집에만은 신청서를 나누어 주지 않고 끼고 있어 끝까지 애를 먹였다. 시민증이 목숨 같을 때였다. 결국은 나누어주었고 발급해 주는 심사를 할 때는 보증까지 서 주어서 시민증을 발급받을 수 있었는데도 아버지와 오빠를 고발한 건 반장이라고 믿고 있었다. 이웃이 무서울 때였다. 인공 때 숨어 있지 않고 버젓이 나다닌 죄밖에 없는데 그걸 아는 사람이 골목 안 사람밖에 더 있겠느냐는 것이었다. 그 때부터 엄마는 툭하면 이웃사촌이 아니라 이웃이 바로 원수다, 라고 한탄을 하곤 했다. 엄마는 스스로 반장네와 우리를 가해자와 피해자의 관계로 설정해놓고, 어떻게 된 세상이 때린 놈은 다리 뻗고 자고, 맞은 놈은 새우잠을 자게 되었는지 모른다고 개탄했다. ―『그 남자네 집』(현대문학, 2004년) 중에서.

🙍 삶의 의욕을 완전히 잃고요. 사실 오빠는 생활력도 삼촌만 훨씬 못하고, 학교 선생님이란 게 그렇잖아요. 나약한 지식인이 자기 가책이 많잖아요. 사회주의자였다기보다 이상주의자였죠. 🎧(주126)

장 : 실제는 오빠가 준 거라기보다는 시대 상황이 그랬을 뿐인데도….

🙍 네, 네…. 문학 청년이었어요.

문학이라는 복수*

🙍 처음 인민군이 들어오고 서울에 남아 있을 적에 우리가 겪은 거, 9·28 수복 돼서 우리 오빠 오기 전에 우리 집이 빨갱이집이라고 겪은 거, 저 쪽에서는 반동이라고 그러고 이 쪽에서는 빨갱이집이라고 그러고, 우린 어떻게든지 빨갱이 누명은 벗어야 되겠고, 그건 지금은 노인네 분들이나 아실 겁니다. 우리 오빠는 이 세상에도 저 세상에도 적응을 못하고, 그 고초…. 이념을 갖고 하는 좌우의 대립에서 좌에도 못 끼고 우에도 못 끼고, 이 세상이 오면 좌익으로 몰리고 저 세상이 오면 우익으로 몰리고…, 한 가족이 일루 절루 박해를 받으면서요. 🎧(주127) 또 저도 한참 대학생이고 6·25 때 학교에 나온 적도 있으니 저대로 얼마나 고초를 받았겠어요. 그 때는 청년단이라는 세력이 굉장합니다. 🎧(주128) 우리 오빠도 청년단에서 그렇게 됐구. 서북청년단, 아주 무서워요. 그런 사람들이 데려다가, 학교에서도 학교 호국단에서, 또 1·4 후퇴 때 남아서 보위사, 인민군 시달리고, 별거 다 갖고 우리를 [괴롭히고요.] 또 저도 젊은 여자니까 저라도 데려다 쓸려 그럴 때[였어요]. 🙍 제가… 음, 이상하게 그 전엔 문학 애호가였어도 별로 [직접 쓰는 것은 생각해 보지 않았어요.] 근데 그 때 그런 저를 버팅겨 준 건 문학이라는 걸 참 고맙게 생각해요. 저는 그 때 아주 불 같은 느낌으로 아… 언젠가는 이 상황을 증언하리라. 🙍 전쟁통에는, 보잘것없는 사람들이라도 굉장히 인간의 고귀함 또는 사랑을 지키는 사람들이 있어요. 오만한 것도 나누는 사람, 무조건 사람을 감싸고 감춰 주는 사람, 믿어 주는 사람도 있고요. 그렇지만, 대부분의 사람은 짐승 같이 됩니다. 자기 자식도 길에다 버리고 가는 수도 있고, 별 수가 다 있어요. 우리가 이산 가족 만날 때 보면 참 우습게들 헤어지죠. 저도 그런 거를 소설로 많이 썼습니다만…. 여러 사람을 겪고, 사람 같지도 않은 인간에게 벌벌 기고. 정말 얻어 맞기도 하고 고문

🎧 (주128)

청년단

해방 공간 남한에는 대한독립촉성국민회청년단, 대동청년단, 대한독립청년단, 서북청년회, 조선민족청년단, 청년조선총동맹 등 여러 우익 청년 단체들이 활동하고 있었다. 이 중 서북청년회(또는 서북청년단, 약칭 서청)는 미군정 때이던 1946년 11월 대한혁신청년회, 함북청년회, 황해회청년부, 북선청년회, 평안청년회 등 이북 출신 청년회가 합쳐져 결성되었다. 회원은 주로 개신교도였고, 사무실은 동아일보 사옥에 있었다고 한다. 이후 회원의 일부는 대동청년단으로 들어갔다. 쇠익 색출을 명분으로 서북청년회원들이 제주 양민들에게 자행한 극악한 횡포는 1948년 제주 4·3 사건의 직접적 계기가 되었다. 한편 여성 우익 단체도 있어서 모윤숙, 김활란, 임영신, 황근옥, 박순천 등이 주로 이끌었다. 다양한 우익 단체들은 이승만의 지시에 따라 대한청년단(약칭 한청)으로 통합한다. 대한민국 정부 수립 직후 여순 사건이 일어나자 불안해진 이승만 대통령은 통일된 우익 청년 단체를 조직하고 군사 훈련을 시켜서 남한 내의 공산주의 세력을 일소하고 국군을 민간에서 지원하기를 원했기 때문이다. 대한청년단은 1948년 10월에 창단되고 12월에 전국 조직망을 갖추었다. 총재는 이승만, 단장은 신성모였으며 김두한이 감찰국장 겸 건설국장을 맡았다. 10개 도지부, 9개 서울 구지부, 17개 지방지부, 180개 시지부, 4,230개의 군·읍지부에

🎧 (주129)

빨갱이 혐의

🎞 나는 그 동안 목청껏 악다구니를 쳤다. 공포감이 극에 달하니까 돌변해서 겁나는 게 아무것도 없어졌다. 하고 싶은 말을 저 회색 건물 안까지 끌려들어가기 전에 다 해 버려야 한다고 생각했다. 그 안에만 들어가면 알지 못하는 딴 손으로 넘겨지고 그러면 아무 말도 못 하고 말 것 같았다. 그건 우리 집안 형편을 다 살펴보고 우리를 끌고 가는 사람에 대한 일종의 믿음이랄까 친밀감일 수도 있었다. 별의별 소리를 다 했다. 그러나 애원은 아니었다. / ― 그래, 우리 집안은 빨갱이다. 우리 둘째 작은아버지도 빨갱이로 몰려 사형까지 당했다. 국민들을 인민군 치하에다 팽개쳐 두고 즈네들만 도망갔다 와 가지고 인민군 밥해 준 것도 죄라고 사형시키는 이딴 나라에서 나도 살고 싶지 않아. 죽여라, 죽여. 작은아버지는 인민군에게 소주를 과 먹였으니 죽어 싸지. 재강 얻어먹고 취해서 죽은 딸년의 술냄새가 땅 속에서 아직 가시지도 않았을라. 우리는 이렇게 지지리도 못난 족속이다. 이래 죽이고 저래 죽이고 여기서 빼 가고 저기서 빼 가고, 양쪽에서 쓸 만한 인재는 체질하고 키질해서 죽이지 않으면 데려가고 지금 서울엔 쭉정이밖에 더 남았냐? / 그래도 뭐가 부족해 또 체질이냐? 그까짓 쭉정이들 한꺼번에 불싸질러 버리고 말지. / 대강 이런 소리를 입에 거품을 물고 퍼부어 댔다. 사설은 무한히 복받치는데 시간과 목청은 모자라 눈앞이 아뜩하면서 현기증이 왔다. 살고 싶지 않다는 말은 조금도 거짓이 아니었고, 내가 한 말 중 가장 가슴을 저미는 듯하여 눈물이 핑 돌았다. ―『그 산이 정말 거기 있었을까』(웅진지식하우스, 2005년판) 중에서.

단원 300만 명에 이르렀다. 이 거대 조직이 이승만의 정치 도구로 활용된 것은 다음의 선언문을 보아도 알 수 있다. "첫째, 우리는 총재 이승만 박사의 명령을 절대 복종한다. 둘째, 우리는 피와 힘을 뭉치어 남북 통일을 시급히 완수하여 대한민국의 국위를 천하에 선양하기를 맹서한다. 셋째, 민족과 국가를 파괴하려는 공산주의 적구도배(赤狗徒輩)를 남김없이 말살하여 버리기를 맹서한다. 넷째, 우호 열방의 세계 청년들과 제휴하여 세계 평화 수립에 공헌하고자 맹서한다." 통합 후 출신 단체의 계파에 따른 주도권 싸움과 국민에 대한 기부 강요 등으로 문제가 발생하기도 했다. 이들은 빨치산·빨갱이 색출에 열을 올렸고, 보도연맹원 처리 등을 맡기도 했다. 특히 제2국민병을 국민방위군에 편입한 후 그 운영을 대한청년단에 일임했고 청년단에서는 이 임무를 원활히 수행하기 위해 간부들을 육군고등군사반에 입교시켰기 대문에 국민방위군의 간부는 모두 대한청년단 출신이 되었고, 이렇게 해서 청년단 출신의 상당수가 정계나 군에 진출했다. 1953년 7월 모든 청년 단체를 해산하고 민병대에 편입하라는 대통령 담화에 따라 9월 17일 자체 해산했다.

도 당하면서 제가 인간의 존엄성이랄까, 아주 마지막까지 버려지가 안 되고 저를 지킬 수 있었던 거는, 그런 생각을 할 때 제가 어떤 희미한 구원의 빛 같은 걸 느꼈는데, 뭐냐면 언젠가는, 내가 언젠가는, 인간 같지 않은 사람을 만났을 때도 언젠가는, 저 자를 내가 글로 쓰리라, 내가 글 속에서 저걸 다시 한 번 살려 내리라. 내가 당한 부당한 박해에 대해서 꿈꾸는 유일한 복수의 방법이었어요. 그리고 이(머리를 흔들며)…, 전쟁이, 동족간의 전쟁이, 이 이념이라는 게 얼마나 허망한 건가, 도대체 사람 나고 이데올로기 났지, 이데올로기 나고 사람이 난 게 아니잖아요. 근데 전쟁통에는, 사람을, 즉결 처분이라고 그래서 빨갱이다 이러면, 뒤에서 쏴 죽여도 고만이에요. 무지막지한 시대였어요. 제가 정말 꽃다운 20세 나이에 그걸 겪으면서 속에서 품은 복수의 꿈이었어요. (주129) 어떻게 보면 그건 약한 꿈일 수 있죠. 하지만 그게 문학적인 소질이 아니었나 싶어요. 왜냐 하면, 복수의 꿈은 누구든지, 우리가 부당한 권력에 의해서 박해를 받을 때 어떻게든 판검사가 돼 갖고 저런 놈 같은 권력을 쥐어 보겠다든가, 정치를 해서 세상을 바로 잡아보겠다든가 하죠. 또 돈이 없어서 돈 있는 사람한테 좀 꿔 달라고 그랬는데 안 꿔져서 자식을 굶겼을 때 우리가 가난에 대해서 꾸는 복수심이라는 게, 언젠간 어떡허든지 돈을 한번 실컷 벌어봐야겠다, 허다 못해 시집가서 시어머니헌테 구박을 받으면 이담에 나도 시어머니 노릇할 때 며느리한테 갚아 줘야겠다, 이런 생각 하는 경우가 많지 않습니까?(웃음) 내가 설움을 받았으니까 며느리한테는 안 줘야겠다, 이러는 게 사람일 거 같은데 안 그렇죠. 언젠가는 이걸 글로 쓰리라 꿈꿀 때 제가 박해받는 상황, 그 서러움, 여러 가지 문제를 견디는 데 한결 도움이 되었어요. 내가 아무리 밑바닥꺼지 내려가서 인간 이하의 대접을 받지만 나중에 나를 회상할 때 내가 싫은 거… 아휴 그 때 내가 왜 그랬던가, 진저리가 쳐질 수 있잖아요. 그렇게까지 되면 안 된다, 인간으로서 최소한의 품위는 지켜야 되다, 그런 생각으로 이년 저년 소리를 듣고 발길질을 당하는 상황에서도 정신을 똑똑히 차리고 그 상황을 챙겨 놓고 의식화했던 것 같습니다. 그 시기를 그래도 아주 마지막까지 가지 않고… (고개를 끄덕이며) 넘어갈 수 있었다고 생각합니다.

예술사 구술 총서 〈예술인·生〉
005
박완서

제04장

PX 시절의 만남

미군 PX 취직 | 기쁨과 수치가 뒤섞인 일자리 | 남편 호영진과 만남 | 초상화부의 행운과 악운 | 박수근을 만나다 | 미군 부대 물품의 영외 유통 | PX 시절이 가져다 준 안정

🎧 (주130)

PX(Post Exchange)

📖 우리가 일찍이 경험해보지 못한 이런 이국적인 활기와, 정신을 혼미하게 하는 천박의 근원지가 바로 피엑스였다. 피엑스를 중심으로 남대문시장 쪽의 번영과 화려가 오직 피엑스에서 흘러나온 미제 물건을 주로 취급하는 양키 시장 덕이라면, 그 반대쪽에 줄행랑처럼 즐비한 가건물마다 들어선 한국 토산품점이 한국 사람에게도 낯선 온갖 잡화와 조잡한 수예품들을 미친년 키질하듯 덮어놓고 휘둘러 대며 달러를 만져 볼 수 있는 것은, 피엑스를 드나드는 외국 군인들 때문이었다. 양구, 포천, 철원, 문산 등지에서 휴가 나온 사병들은 피엑스에서 필요한 물건을 사고 남은 달러를 그 토산품 가게를 기웃대며 야금야금 날렸다. 자기가 속한 사단이나 군단 마크를 수놓은 인조견 스카프를 사서 목에 걸어보기도 하고, 길다란 장죽을 사서 입에 물고 사진을 찍는가 하면, 통통을 메거나 지게를 진 목각 인형을 사서 고향에 부치려고 길바닥에 내놓은 걸상에 앉아 편지를 쓰기도 하면서, 남의 나라 전쟁의 초연에서 잠시 멀어진 해방감을 느긋하게 음미하려 들었다. 그러다가는 십중팔구 펨프의 유혹에 걸려들게 돼 있었지만. —『그 산이 정말 거기에 있었을까』(웅진지식하우스, 2005년판) 중에서.

🎧 (주131)

미제 물건

📖 피엑스 물건 하면 곧 고급의 사치품을 의미했다. 럭키 스트라이크와 카멜 담배, 밀키 웨이 초콜릿, 럭스 비누, 나비스코 비스킷, 참스 캔디, 폰즈 크림, 콜게이트 치약. 그런 미제 물건들이 좌판에 빤짝빤짝하고 알록달록하게 모여 있는 것만 봐도 즐거운 눈요기가 되었고, 미국이란 나라에 대한 무조건적인 동경을 불러일으켰다. 구질구질한 시장 속의 난데없는 꽃밭 같은 이 작은 좌판들이 곧 미국의 부와 문화의 상징이었던 것이다. 여북해야 점잖은 척하는 신사도 어쩌다 럭키 스트라이크를 한 갑 사서 피우고 나서는, 그 맛보다는 그것으로 인한 과시할 수 있는 품위를 잊지 못하여 그 갑에다 국산 담배를 넣어 가지고 다니겠는가. 이렇게 껍질조차 아까워서 못 버리는 미제를 통틀어 피엑스 물건이라 칭하지 않던가. —『그 산이 정말 거기에 있었을까』(웅진지식하우스, 2005년판) 중에서.

☞ 미국 군대 안에서 군인과 허가된 인원에게 식품이나 일용품 등을 판매하는 매점으로 세계 도처의 미군 주둔 지역에 산재해 있다. 면세된 가격으로 물품을 판매하는 군대의 봉사 기관의 하나로, 한국군에서는 흔히 PX라고 부른다. 일본의 군 매점인 슈호(酒保)에서 유래해 우리 나라에서도 한때 군대 내 매점을 '주보'라고 부른 적이 있었으나 6 · 25 전쟁 후 미군이 주둔하게 되면서 PX라는 말이 흔히 쓰이게 됐다. 이곳을 통해 유통되는 상품은 면세이기 때문에 시중 가격보다 낮은 게 일반적인데 이 점을 이용해 부당한 이익을 취하는 자들이 많았다. 이런 부정적 이미지를 염두에 둬서인지 요즘 육군에서는 군 매점을 충성클럽 또는 충성마트라는 용어로 바꾸어 부르는 것을 권장하고 있다.

미군 PX 취직

장 : 숙부도 돌아가시고 오빠도 돌아가시고요.

● 그러니까 어떻게 되겠어요, 우리 집은. 제가 인제 가장 아니에요? 오빠 돌아간 그 해 겨울, 1951년입니다. 11월달인가, 12월달에 내가 PX🎧(주130)에 취직한 거예요. ● 지금도 북쪽하고 여기하고 대면 여기는 아무리 어려운 사람들도 못 먹지 않는 것처럼, 국군이고 미군이 들어와 있을 때는, 아무리 험악하고 어렵다 해도 인민군 때와는 댈 것도 아니었어요. 미군들이 버린 게 넘치는 세상이에요. 길에서 꿀꿀이죽이라도 사 먹으면서 영양 부족이 되지는 않게 할 수 있고, 무상 배급 그런 게 많고, 아, PX에 진작 취직을 했으면 오빠한테 더 좋은 걸 먹일 수 있었다 생각도 했을 정도니까. ● 다섯 식구 아닙니까? 나밖에 뭘 할 사람이 없잖아요. 물론 남쪽으로 가면 뭐가 있겠지만 여기는 정식으로 수도 서울이 안 왔을 때니까 관공서가 있습니까, 공장이 있습니까? 대개 서울에는 군부대가 많지요, 최전방이니까. 동두천서 맨날 전투가 벌어지고. 지금도 삼팔선이 얼마나 가깝습니까. 임진강도 얼마나 가까워요. 이 쪽에서 전선이 왔다갔다 할 때니까 군인 세상이고 특히나 미군 부대가 많지요.

장 : 부대 자체가 많아졌고….

● 그렇지요. 여기저기 큰 건물은 부대가 차지하고요. 어려웠던 사람 중에는 양공주 한 사람이 많아요. 양공주까지는 아니라도 부대에는 여자들이 취직하기가 훨씬 낫지요. 그 때 남자들은 다 군인. 그렇지 않으면 숨어서 지내고요. 군인 피하는 사람도 미군 부대에 취직을 하면 좀 해결이 돼요. 미군 부대에서 군복… 얻어 입을 수 있으니까. 그러니까 미군 부대라는 게 좋은 직장이었죠.

장 : 그 때는 생산 시설이 없었기 때문에, 미군 부대 외에는 경제 기반이 없겠네요.

● 전혀 없지요. 이렇게 좋은 국산품이 생긴 게 그렇게 오래되지 않습니다. 조악하게 생긴 것도 60년대…. 생산이 되기 시작한 건 뭐니뭐니 해도 박정희 때, 그 사람이 수출 몇십만 불을 외치고 그랬잖아요. ● 50년대는 아무것도 생산이 안 될 땝니다. 물건이라고는 다 미제. 미제라면 쳐 줬지. PX에서 나오는 게 새로운 물건🎧(주131)이고 그렇지 않으면 구호품. 구호품이 무진장 들어왔지요. 거저 주는 건데도 내다 팔잖아요. 그거 물들여 입고요. 저도 PX에 취직했다고 처음 입고 나간 것도 미군 바지. 그 때는 고급 옷이에요. 사지라고 그러나, 겨울 바지, 염색하면 아

🎧 (주132)

가다마이

🐚 근숙이 언니가 나에게 내일부터 출근할 양장이 있냐고 물었다. 대학에 들어간 게 늦은 봄이었고, 그때 엄마가 해 준 게 하늘하늘한 조젯 치마에다 수저고리였다. 그러고 나서 아직까지 양장은 고사하고 치마저고리도 새것을 얻어 입어 본 적이 없었다. 피난 갈 때마다 끌고 다니던 옷감은 몇 벌 있었다. 언니는 취직 선물을 하고 싶다며 당장 동대문시장으로 끌고 갔다. 천변가에 즐비한 옷 가게나 양품점은 돈암시장보다 훨씬 번창했지만 기성복은 역시 구제품이 주종을 이루고 있었다. 손질을 잘해 옷걸이에 걸어 놓은 것을 보면 그럴듯해 보였지만 입어 보면 딴판이었다. 수수한 정장 윗도리로 보이는 것도 입어보면 허리가 너무 길고 꽉 끼고, 소매 역시 좁고 긴 게 단박 구제품 티가 났다. ─『그 산이 정말 거기에 있었을까』(웅진지식하우스, 2005년판) 중에서.

☞ 양복은 상의 단추가 한 줄로 된 싱글 양복과 두 줄로 된 더블 양복, 두 종류가 있는데 일본어로는 싱글 양복을 '가타마에(片前, かたまえ),' 더블 양복은 '료마에(兩前, りょうまえ)'라 부른다. 이 가타마에란 말이 일제 강점기 때 우리 나라에 들어오면서 '가다마이'로 변해 지금까지 쓰인다. 간단히 '마이'라 부르기도 한다.

🎧 (주133)

씨레이션(C-ration)

제2차 세계 대전과 6·25 전쟁 당시 미군의 전투 식량으로 주로 깡통에 들어 있다. 한 끼에 대개 1,200칼로리가 되도록 맞춰져 있으며 데우거나 익혀 먹지 않아도 돼 먹을 것이 부족한 전후 우리 나라 사람들에게 큰 인기를 끌기도 했다. 당시 미군 부대에서 불법적으로 흘러나온 껌, 과자, 땅콩, 베이컨 등의 식품과 비누, 수건이 담긴 주한 미군의 C-레이션 박스는 암시장의 인기 품목이 되기도 했다. 특히 회충약으로도 오인되기도 하고 각성제로도 마셨던 '설탕 탄 비싼 물,' 커피의 인기는 하늘을 찔렀다.

🎧 (주134)

8군

한국에 주둔하는 미국 육군의 최고 단위 부대인 주한 미 제8군을 말한다. 1950년 극동 지역 방위 체제 구축을 목적으로 설립, 6·25 전쟁이 발발한 이래 유엔군의 일원으로 참전한 미국 육군 부대 전부를 그 예하에 거느린다. 따라서 공산군의 구축 작전에 참전한 미군을 비롯해, 현재까지 한국에 주둔하고 있는 미국 육군을 총칭한다. 현재 8군 사령관은 주한유엔군 총사령관과 미국 태평양육군 사령관, 주한 미국군(통합군) 사령관을 겸임하며, 사령부는 서울 용산구에 있다.

주 좋아요. 순모죠.

장 : 아…, 저지요.

● 위에도 구제품 중에 입을 만한 가다마이 🎧(주132)를 사서 입고 갔어요.

장 : 전쟁 중에는 미군 중심으로 경제 활동이 이루어지고, 취업도 거기에서 이루어진 거고요.

● 그렇지요, 먹을 것도 다 씨레이션 깡통🎧(주133), 그거죠. 군인들도 먹고 남으면 내다 팔기도 하고 던져 주기도 하잖아요. 그 때 보면 같은 초콜릿이라도 군인들이 먹던 것하고 PX에서 나온 거하고 포장이 다르고요. ● 그 때 8군🎧(주134)의 메인 PX가 지금의 신세계백화점 자리였습니다. 지금 미도파백화점, 고 앞에 중앙우체국은 건물만 서 있지 다 속이 불타고 파괴되고… .

장 : 폭격을 심하게 맞아서요… .

● 네, 9·28 돼서 시내 나갔더니 종로 거리가 완전히 폐허였어요. 온전하게 남아 있는 게 신세계백화점. 그 전엔 동화백화점🎧(주135)이라고 그랬어요. 그걸 미군이 자기네 메인 PX로 썼습니다. ● 미군 부대라도 취직을 했으면 좋겠다 했는데, 그것도 다 알음알음, 어떻게 쉽지 않겠더라고요. 어떻게 취직을 했느냐 하면, PX라는 데가 직원을 뽑는 일이 많았던 게 PX는 부정을 하기가 제일 쉬운 데예요. 월급보다도 그걸 더 중요시하지요. 물건 빼돌려서 파는 거, 블랙마켓 했다가 걸리면 블랙리스트에 올리고, 그러면 다른 데 취직을 못해요.🎧(주136) 그 사람들은 달러 맛을 보았으니 양공주 노릇을 하기 쉽고요. 그런 구조가 돼 있을 땐데, 거기는 해고를 시키면 충원을 해야 되잖아요. ● 충원을 할려는데 어떻게 해서 연결이 된 거예요. 영어를 할 수 있냐 하면서 간단한 걸 물어봐요. 학교 물어볼 적에 내가 서울대학이라고 그랬어. 영문과를 다닌다고 그랬어. 국문과를 다니는데. 내 취직하기 위해서 거짓말을 한 거죠. 근데 거짓말시켜서 어떻게 하나, 가슴이 두근두근하거나 이런 것도 없었어요. 재학증명서를 떼어 오랄 것도 아니고. 서울대학이라는 게 위력을 발휘한 게 그 때 처음… . 다른 부대에 있던 신원을 조사해 블랙리스트에 올라 있으면 안 되고, 거기서 사람 뽑으려고 나온 사람 말마따나, 난 새 거란 말이에요. 학교는 쉬고 있다 그래 갖고 당장 취직이 된 거예요. 그 날로 임시 패스가 나왔습니다. 그걸 가지고 다음날 출근을 했죠. 부대도 아니고 PX. 부대는 좀 저거한 게 아니에요? PX에 취직한 게 어떤 액이 지나가고 우리 집에 행운이 온 것처럼 느꼈어요. ● 그냥, 남대문시장 근처에, 취직된 기쁨 때문에 그 길을 어떻게 갔는지를 잘

🎧 (주135)

동화백화점(東和百貨店)

신세계백화점의 전신으로 1955년 설립되었다. 동화백화점은 1930년 같은 자리에 세워졌던 일본의 미쓰꼬시(三越) 백화점 경성점으로 시작된다. 미쓰꼬시 백화점이 1945년 8월 15일 해방과 더불어 영업이 중시되자 한국인 점원들이 중심이 되어 그 이틀 후 영업을 재개하고 상가로서 명맥을 잇다가 9월 15일 '동화'라는 새로운 이름으로 영업이 재개되었다. 6·25 전쟁 중에는 미군 PX로 이용되기도 했다. 이 과정에서 백화점의 소유권은 관재청이 가진 채 몇 차례에 걸쳐 관리권만 변경되는 혼란기가 이어지다 마침내 1955년 (주)동화백화점이 설립되었다. 하지만 동화백화점은 5·16 군사정권의 외래품 판매 금지 정책에 따른 경영난을 이기지 못하고 1962년 동방생명에 소유권을 내주고 곧바로 삼성에 편입된 뒤 신세계백화점(주)으로 상호를 변경하게 된다.

🎧 (주136)

블랙마켓(black market, 暗市場)

📖 "그러다 들키면 당장 해고구, 해고당하면 블랙리스트에 오르고, 그러면 다시는 미군 계통에 취직을 못하는데도 그 짓에 맛들이면 그만두지들 못해. 미제 아니면 물건 같지도 않고, 미군 아니면 사람 같지도 않게 눈만 높아져가지고 해고당해 봐, 갈 데가 어디겠어? 십중팔구 양공주로 빠지더라구. 난 미군 부대 일이 여기가 처음이 아니야. 처음엔 미군 부대면 어떠냐고 이것도 당당한 직업이라느니, 영어 배우기 첩경이라느니 장담하던 애들도 다들 그렇고 그런 데로 빠지게 되더라구. 내가 왜 이런 소리 하는 줄 알아? 한국물산부에도 마음만 먹으면 아주 기회가 없는 건 아니거든. 직접 빼돌리지는 못해도 친한 미군을 만들어서 넌지시 필요한 물건을 사 달랄 수도 있으니까." / "돈 주고 사 달라는 것도 죄가 되나요?" / "애 좀 봐, 그럼 누군 돈 안 내고 훔치냐? 피엑스 속에서는 껌 한 개도 훔치는 건 불가능해. 한국 사람이 달러를 소지하는 것도 불법이니까, 그걸로 물건을 사서도 안 되는 거지. 난 여기 파자마부 생길 때부터 있었지만, 그래 봐야 반년도 안 되는데 그동안 해고당하는 애들 숱하게 봐 왔어. 미국물산부에선 석 달을 버텨도 장수하는 거야" — 『그 산이 정말 거기에 있었을까』(웅진지식하우스, 2005년판) 중에서.

☞ 상품이 정상 가격보다 비싼, 또는 싼 가격으로 거래되는 음성적인 시장을 말하며 우리말로는 암시장이라 한다. 암시장은 국가나 권력자의 지나친 시장 간섭 및 물가 조정 또는 전쟁이나 재난 또는 그밖의 다른 이유로 금지 품목이 생길 경우, 상품이 공정가를 넘어서거나 밑도는 가격에 판매되는 시장이다. 블랙마켓은 미국에서 처음 쓰이기 시작한 속어로 우리 나라에서는 1950년대에 들어와 미국 화폐를 사고 파는 암달러상, 미국이나 일본 등 각종 외제 상품을 사고 파는 암거래가 성행하면서 극성을 부렸다.

생각이 안 나는데. 친구하고 같이 간 것 같기도 하고, 여럿이 무리 지어 있었기 때문에 용기가 났던 것 같은데. 어깨를 펴고 PX 안에 들어갔는데요. 근데 저만 남아서 더 세밀한 걸 물어 볼 때는 어디 [다른 부대] 다니다가 온 사람보다 영어가 달리고 발음도 시원찮고요. 처음 취직하고 나서 너무 간단한 영어가 안 통하는 데 내가 너무 놀랐어요. 지금은 다들 그렇게 쓰지만, 물을 달라고 그럴 때 워터라고 우리는 배웠는데 워러, 레러, 리를, 이게 무슨 소린가. 그러면서 절망스럽더라고요.🎧(주137)

기쁨과 수치가 뒤섞인 일자리

♣ 나하고 몇 뽑혀 들어간 애들은 다들 좋은 자리로 갔어요. 좋은 자리라는 게, 월급 말고도 돈벌이가 되는 데. 양담배, 초코렛, 여러 가지 물건을 밖으로 가져 올 수 있는 데. 빈곤한 시대에 거길 들어가니까 황홀해요.(웃음) 지금의 백화점에다는 댈 것도 아니지만 그 궁상맞고 가난할 적에, 거기만 전깃불도 환하고 그 속에 있는 모든 물건이 미제 물건 아닙니까. 다 빤짝빤짝하고 정말 별세상 같아요. 지금은 국산이 너무 좋지만 그 전에야 미국 물건이라면 담배 한두 보루만 갖고 나와도 그야말로…. 물론 도둑질해 갖고 나오는 건 아니에요. 거기 있으면 미군이라도 조금 친해진다든가 이러면 돈을 좀 주고 밖으로만 내다 주면은, 바로 PX 뒤가 남대문 시장이야. 시장이라[고 파]는 게 그 때 뭐가 있습니까? 야채 말고는 다 미국 물건이니까. 그 때 남대문 시장이 융성했고요. 거기서는 청소부 자리가 참 좋아요. 보루바쿠?🎧(주138) 큰 데다가요, 지금도 우리가 선물 같은 거 받으면 포장 있잖아요. 그 때 미군도 마찬가지로 큰 포장을 쭉 밀고 나가면은, 나가는 데는 물론 지키는 사람이 있어요. 그렇지만 다 짬짜미. 그거는 우리가 갖고 나가는 거보다 크지요. 몇 상자 갖고 나가면 밖에서 거래가 이루어지고. 그러면 그 뒤로, 거기서 뒤지는 사람들, 갖고 나간 사람, 매장에 있는 아가씨들이 다 나누는데 그 이익이 굉장합니다. 월급 같은 거는 우습게 알 정도로요. 그 대신 몇 탕 하고 나면 쫓겨나는데. ♣ 그런데 나는 혼자 남겼다가 아주 코너에 있는 우중충한 데로 데려가요. 드러운 카텐이 쳐 있고, 초상화부였어요. 아, 너무 기가 막힌 거예요. 쫓겨날 염려는 없는 데지만 초상화를 들고 나가서 팔아먹겠어요. 뭐하겠습니까.(웃음) 그 직장을 나로서는 부끄럽게 알았어요. 어차피 PX걸🎧(주139) 그러면, 양갈보 같이는 아니어도 '저것들

🎧 (주137)

영어로 겪은 곤욕

💬 내 영어 실력은 거의 늘지 않았다. 이 군처럼 꼬시지 않아도 손님이 저절로 꼬이는 매장이기도 했지만, 내가 입이 떨어지는 영어는 '메이 아이 헬프 유우.'하고 '투엘브 달라스 투에니 센스' '원 달라 덜리 센스'가 고작이었다. 그나마도 투엔티를 투에니로, 서티를 덜리로 고치는 데 며칠이나 걸렸다. 나는 아무리 쉬운 영어도 그걸 머릿속에서 스펠링으로 써 볼 수 있어야만 비로소 알아들을 수가 있었고, 발음을 흉내 내는 것도 그 다음의 문제였다. 피엑스 종업원은 남녀 점원 말고도 수많은 노무자들이 있었다. 하루 몇 번씩 매장 안을 쓸고 걸레질하는 것은 주로 아줌마들이었지만, 전기를 고치고, 석탄을 때서 난방을 유지하고, 물건을 박스째 나르고, 빈 박스를 내가고 하는 것은 남자들이었다. 그들도 다들 영어 몇 마디는 지껄일 줄 알았다. 미군들도 장교로부터 사병까지 피엑스에 종사하는 인원이 꽤 있어서, 노무자들과 인사 정도는 하고 지냈고, 툭툭 건드리며 농지거리도 했다. 그럴 때 가장 자주 쓰는 말이 '왓스마리유?'였다. 청소부 아줌마들이 즈이끼리 말하다가도 써먹는 그 말을 나는 아무리 들어도 무슨 말인지 몰랐다. 너무 쉬운 말이라는 것은 확실한데 누구한테 물어 보기도 싫었다. 거의 열흘도 넘게 혼자서 끙끙댄 끝에 겨우 그 말뜻을 짐작한 연후에 알아 낸 스펠링은 'What's matter with you?'였나. 너 기막힌 일은 그 말을 내가 배운 대로 '왓쓰 메터 위드 유우?'했을 때 아무도 못 알아듣는다는 사실이었다. 워터를 워러, 레터를 레러로 혀를 굴려 발음한다는 걸 알아듣는 선에서 내 듣기 실력은 정지했고, 말하기는 그것보다 더 더디었다. 어떤 경우 T가 ㄹ이 되는지 짐작은 되었지만 혓바닥이 말을 듣지를 않았다. 그보다 더 절망스러운 것은 머릿속에 철자법이 떠오르기 전에는 도저히 흉내를 낼 엄두조차 안 난다는 거였다. —『그 산이 정말 거기에 있었을까』(웅진지식하우스, 2005년판) 중에서.

🎧 (주138)

보루바꾸

영어 'board box'를 일본식 발음으로 읽은 '보루도 바쿠쓰'를 옛날 어른들이 더 줄여 짧게 읽은 것. 여기서는 상품 포장용으로 쓰이는 두꺼운 종이 박스의 뜻으로 쓰였다.

🎧 (주139)

PX걸

1950~60년대에 미군 PX에 근무하는 한국인 여점원을 낮춰 부르던 말이다. 당시 미군 PX에서는 불법·탈법적인 유통과 거래를 통해 사적 이득을 취하는 한국인들이 많아 일반인들의 인식이 좋지 않았는데 이 곳에 근무하던 여점원들은 여기에 더해 미군들에게 물건은 물론 때론 몸을 팔 수 있는 여자로 취급을 받기도 했다. 자신의 누이며 딸이며 동생이기도 한 여성들을 비하해 부르던 'PX걸'이란 호칭은, 기지촌에서 몸 파는 '양갈보'만큼은 아니어도, 한국인들의 일종의 자기 모멸의 언어였다.

이…,' 그러지 않아요? 아무리 돈 많이 번다고 그래도 경멸하는 마음이 강하고요. 이왕 이런 직장에 취직한 바에는 실속이라도 차렸으면 좋은데 실망했어요. '이건 행운이 아니라 악운이었다, 난 어떻게 이렇게 재수가 나쁠 수 있을까.' (웃음) 🎤 물론 취직된 게 기뻤어요. 정식 월급만 해도 아주 우리 식구로서는 먹고 살아. 물자가 흔한 곳에 취직을 했으니까 어디 가서 청소를 한다든가, 이런 거하고는 다르지요. 더군다나 동네 사람들이 저 집 어떻게 하나 걱정하던 차에 PX에 취직했으니까 아, 이제 살게 됐구나. 엄마도 기뻐하고 그랬지만 이웃에는 쉬쉬하지요. 미군 부대 다닌다는 게 나중에 시집갈 때 뭐 어쩔까 봐 걱정도 되고, 그냥 수치스러운 거예요. 나중에 생각해 보면 그래도 내 20대 후에 평온한 생활의 시작이 거기서 비롯된 게 아닌가? 그것도 어떤 운명이 아닌가 싶어요. 남편도 거기서 만났어요.

남편 호영진과 만남

🎤 우리 그이는 미군 PX에 소속된 건 아니지만, PX가 동화백화점에 있었을 적에 백화점 사장이 그 쪽에 파견한 사람이었어요. 이를테면 건물에 대해서 잘 아는 사람이 하나 있어야 되거든요. 자기 밑에 기사를 몇 거느리고 PX 바깥에 붙은, 통관 지역 비슷하게 패스포트 내고 들어가고 사람들 몸수색하는, 사무소에 있었어요. 월급을 여기서 받는 사람이 아니었는데, 그래도 일이 있을 때마다 전기면 전기 기사 데리고 밤낮 패스 안에 들락거려요. 보일러실 옆에 자기 사무실 있고요.

장: 건물 관리 일을 하셨네요.

🎤 그렇지요. 건물주의 직원이지요. 건물주는 동화백화점 강 무슨 사장이었어요. 🎧(주140) 그 사람은 토목 기사였거든요.(웃음) 그러니까 본업은 아니지만 그 때는 다 직업이 없을 때니까. 그이는 병역도 면제받을 수 있었고요.

장: 자기 전공대로 일을 할 수 있는 시대가 아니었기 때문에….

🎤 그렇지요.

장: 결정적으로 만나게 된 계기는 무엇이었나요?

🎤 뭐, 인제 잘 생각도 안 나요. 나는 내가 취직한 것 때문에 그런지 그 안에서 일하는 사람을 처음에 무시하고 싫어했어요. 저 사람은 그 안에서 일하지 않는다, 전쟁이 끝나고 미군이 철수해도 딴 할 일이 있는 사람이고. 그냥 좋은 사람이었어요.

🎧 (주140)

동화백화점의 건물주

1945년 8월 15일 해방과 함께 영업을 중단한 미쓰코시 백화점 경성지점은 한 달 후인 9월 한국인 김계조 씨를 초대 관리인에 임명하고 '동화'라는 새 이름으로 영업을 재개한다. 이후 백화점은 종업원 대표가 관리하다가 6·25 전쟁 중에는 미군 PX로 이용되기도 하는 과정에서 백화점의 소유권이 귀속 재산 처리를 위해 일시적으로 설치되었던 관재청의 관할이 되고, 여러 차례 총괄 임대 방식으로 관리권만 변경되는 상황이 되었다. 동화백화점이 개인 소유가 된 것은 정부가 개인에게 불하하기로 결정한 1958년부터였다. 당시 돈으로 6억 7천만원을 들여 동화백화점을 산 이는 김희원이란 사람으로, 현재 화폐 가치로 환산하면 약 300억 원 정도라고 한다. 박완서 작가가 기억하는 건물주 강 사장은 동화백화점이 PX로 이용되던 시기에 관재청에서 임명한 관리인 중의 하나로 짐작된다.

(맨 위) **신세계 인수 직후.**
(가운데) **1961년 국산품 직매장 입점 광고.**
(아래) **1963년 동방생명 사보의 이미지 광고.**

🎧 (주141)

대학생 가방

📖 나는 아직도 양갈래로 땋은 생머리 그대로였고, 핸드백도 없어서 대학 들어가서 산 가죽 책가방을 그대로 들고 다니고 있었다. '오리가방'이라 불리는 그 책가방은 당시 대학만 들어가면 으레 장만하게 돼 있어서 유난히 학생 티가 나는 거였지만, 도시락을 넣고 다니기 편했고 무엇보다도 그 바닥에서 거지 떼가 안 덤벼서 편했다. —『그 산이 정말 거기에 있었을까』(웅진지식하우스, 2005년판) 중에서.

🎧 (주142)

박수근(朴壽根, 1914~1965년)

강원도 양구에서 태어났다. 독학으로 미술을 공부하고 1932년 제11회 《선전》에 입선했다. 1952년 제2회 《국전》에서 특선하고 《미협전》에서도 입상했다. 1958년 이후 미국 월드하우스 화랑, 《조선일보사초대전》 《마닐라 국제전》 등 국내외 전시회에 출품하고, 1959년 제8회 《국전》에서는 추천 작가, 1962년 제11회 《국전》에서는 심사 위원을 지냈다. 회백색을 주조로 하여 단순화시킨 화면에 한국 서민의 생활 풍경을 주제로, 가난한 이들에 대한 따뜻한 시선을 담았다. 〈빨래터〉 〈나무와 두 여인〉 〈할아버지와 두 손자〉 등의 대표작을 남겼다. 특히 박완서의 데뷔작인 『나목』의 실제 모델로도 유명하다. 〈빨래터〉는 2009년 국내 미술 작품 사상 최고 경매가인 45억 원에 낙찰된 이후 위작 논란이 일어난 바 있다. (☞ 『박수근 화집』, 현대화랑, 열화당, 1985년. 참고.)

박수근, 〈나무와 두 여인〉.

인상도 좋고. 그 사람도 또 나를 이런 데 다닐 여자가 아닌데, 좀 순진하고 학생 티를 안 벗은 사람으로 봤나 봐요. 내가 학교 다닐 때 쓰던 가방을 그냥 들고 다녔어요. 그 전에 대학 들어가면 모든 애들이 대학생 티를 내면서 드는 가방이 있었어요. 핸드백 말고 저 비슷한 가죽 가방을(PD의 가방을 가리키며) 사 주는 게 그 전의 풍습이에요. 책도 넣고 도시락도 넣게 돼 있는 가방. 그걸 갖고 그 사람이 놀리기도 하고 그랬어요. 여기가 대학인 줄 아냐고. 🎧(주141)

초상화부의 행운과 악운

● 그러고 거기서 만난 사람이 박수근(朴壽根, 1914~1965년) 화백 🎧(주142)입니다. 그러니까 우리 남편 만나서 결혼해서 편하게 살았고 또 박수근 화백 만나서 나중에 그 사람을 주인공으로 해서 쓴 게 내 처녀작『나목』입니다. 사람이라는 게 그래요. 조금 실수로 큰 부상을 입는 수가 있고, 재난이 계기가 되는 수도 있고…. 내가 PX 댕겼다는 걸 굉장히 숨기고 싶어 했는데, 거기서 행운이 왔다고도 생각이 돼요. ● 어떻게 해서 나를 초상화부로 보냈을까? 영어가 유창하지 않아서 그런 것 같애. 사람들 보면 그런 게 있잖아요. 뽑긴 했는데 얘는 안 되겠다. 초상화부가 보니까 그림 그리는 사람들이라는 게, 그 때 극장도 다 문 닫았을 때니까 극장에서 간판 그리던 사람들이에요. 비슷하게만 그려 주면 되니까요. 저 사람은 수도극장에서 왔다, 저 사람은 중앙극장에서 왔다, 늙수그레한 사람들이… 자기의 기술 가지고 전시에 밥 먹고 살려는 거죠. 그런 사람들이 책상에 죽 앉아 가지고요. 나보고 그림 그리라는 건 아니지요. 나는 사무직인데 여러 가지 할 일이 있지요. 우선 주문을 맡아야 돼요. 주문 맡는데, 지 얼굴 그려 달라는 사람은 없습니다.

장 : 아….

● 샘플로 진열해 놓은 것도 다 여자들 그린 거예요. 남자 그려 놓은 건 없어요. 왜 사진 갖고 다니잖아요. 와이프라든가, 걸 프렌드, 엄마 그리는 사람도 있고 누이 동생. 간혹 액자에 그린 것도 있긴 있었어요. 캔버스 같은 게 아니고 천도 귀할 때니까 조그만 천에다가 애교(아교) 발라 갖고 뻣뻣하게 만들어서 그려 주었지만 우리가 주로 한 건 스카프였습니다. 스카프 하나 그려 주는 게 6달러였습니다. 우린 실크라고 그러지만, 양복지 안에 넣는 하얀 인조, 한귀퉁이에 나염이 돼 있어요. ●

🎧 (주143)

파자마부의 인조견 스카프

❦ 파자마부에서 파는 인조견 스카프는 한쪽 귀퉁이에 용 모양을 나염한 건데 용과 대각선으로 반대되는 쪽에 그린 초상화가 가장 많고, 캔버스에 그린 것은 얼마 되지 않았다. 캔버스라는 것도 노방 조각에다 아교를 입혀 빳빳하게 만든 거였고, 스카프에 그린 것보다 오히려 값이 쌌다. 파자마부에서 파는 작은 손수건에다 그린 것도 있어서 어딘지 파자마부의 진열장하고 느낌이 비슷했다. 물론 잘 그린 것만 진열해 놓았겠지만, 얼마나 닮게 그렸다는 걸 보여 주려는 듯이 본이 된 사진을 옆에 붙여 놓고 있었다. —『그 산이 정말 거기에 있었을까』(웅진지식하우스, 2005년판) 중에서.

🎧 (주144)

초상화부의 미군 호객

❦ 미군한테 초상화를 그리라고 권하는 것은, 어깨를 으쓱하고 팔을 펴 보이면서 입을 삐쭉하는 그들 단골의 아니꼬운 꼴을 보고 싶어 하는 것과 다름없었다. 백인의 우월감을 강하게 풍기는 양키도 초상화 같은 건 안 그렸다. 지식이 있어 뵈는 미군도 상대 안 하는 게 좋았다. 흑인은 절대로 안 그렸다. 안 그릴 뿐 아니라 상소리가 분명한 야유나 이상한 몸짓이나 하고 가기 십상이었다. 졸병 중에는 철딱서니가 없고 어릴 적 호기심이 고스란히 남아 있어 소년같이 보이는 이가 꽤 있었다. 그런 지 아이는 일단 꼬셔 볼만했다. 넌 참 핸섬하다. 물론 걸 프렌드 있지? 너 같은 애, 걸 프렌드는 얼마나 예쁠까? 보고 싶다. 사진 있으면 보여 줄래. 만일 결혼 했다면 걸 프렌드를 와이프로 바꾸면 되었다. 그러면 대개 물론, 하면서 패스포트를 꺼내 여자 친구나 아내의 사진을 보여 주었다. 그들의 패스포트는 사진첩과 마찬가지였다. 쭈욱 펼치면 걸 프렌드는 물론 부모 형제자매 조카들의 사진까지, 적어도 이십 폭 병풍은 되었다. 패스포트를 펼치게 하는 데까지만 가면 일단 다 된 거나 마찬가지였다. 그러나 아무리 가족 사진이 여러 장 펼쳐져도 그 중에서 여자 친구나 아내를 집중적으로 공략하는 게 요령이었다. 어쩌면 굉장한 미인이다. 내 이럴 줄 알았어. 넌 참 행운아야. 네가 아무리 멀리 떨어져 있어도 이렇게 아름다운 애인을 기쁘게 하는 걸 잊지 말아야 돼. 만약 전쟁터에 나간 내 보이 프렌드가 나를 자나깨나 사랑한다는 표시로 내 초상화를 그려서 보내 준다면 나는 얼마나 감격할까. 나는 아마 행복에 겨워 영원한 사랑을 수없이 맹세할 거야. 이런 뜻의 말을 손짓 발짓까지 곁들여 가며 지껄이고 나면, 그 여자의 사진은 패스포트를 빠져나와 내 책상 위에 놓이게 마련이었다. —『그 산이 정말 거기에 있었을까』(웅진지식하우스, 2005년판) 중에서.

한국을 기념하는 용 같은 것, 우리 나라 지도 비슷한 데다 판문점, 양구, 철원, 이런 일선 전쟁터의 이름 새겨 가지고, 한국, 그 땐 한국 전쟁으로 한국을 알았을 때니까요. 하얀 스카프에 한쪽 귀퉁이에는 고런 기념될 만한 문양이 있고 나머지는 비워져 있는데 대각선으로 그려 주는 게 유행이었어요. 그 사람들은 조금 우리 군인보다 자유스러우니까 목에 하고 다니기도 하고, 집에 보내기도 하지요. 🎧(주143)
🐞 다른 물건은 영어 못해도 팔아먹을 수가 있습니다. 정가대로 팔면 되죠. 에누리 하는 것도 아니고. 그 사람들 필요한 거 듣고 원 달라, 휘프티 센트(fifty cent), 그러구 탁 돈 받고, 못할 사람이 누가 있겠어요. 근데 초상화는 누가 괜히 와서 사진 꺼내 놓고 그려 달라고 그러지 않아요. 진열장에 샘플 진열된 걸 구경하고 지나가지요. 그러면 그걸 그리라고, 남대문시장에서 사람들 붙들고 하듯 호객 행위를 해야 됩니다. 또 주문을 받으면 언제까지 찾으러 온다든가, 자기가 하고 다니려는 사람은 찾으러 오지만, 부치는 건 주소를 써 놓고 그 부치는 송료도 받아 가지고 2층에 가면 우체국하고 포장 센터가 있어요. 부쳐 주고, 이런 일을 해야 되는 거예요. 🐞 근데 호객, 저는 지금도 다른 건 몰라도(고개를 가로젓고 손을 흔들며) 우스갯소리로 굶어 죽게 돼도 파출부는 하겠지만(웃음) 장사는 못한다고, 왜 소질이 없는 게 있잖습니까. 어려운 친구들이 고무 장갑이니 갖고 와서, 얘 이것 좀 팔아 주라, 부탁하는 일 있잖아요. 제가 다 사면 다 샀지 누구보고 사란 말은 도저히 안 돼. 그런 사람을 앞혀 놓았으니. 말문이 안 떨어지고 주문을 받질 못하겠는 거야. 난 속으로 죽어도 못하겠다, 사람을 붙들고 이거 그리라 할 수가 없었어요, 며칠을. 🐞 아침이면 출근하는 게 죽기보다 싫어요. 나는 속으로, 화가들은 그림 그리는 대로 받지만 전 월급제예요, 어떻게든 취직을 했는데 한 달치 월급은 죽어도 받고 나온다, 이러고 한 일주일 이상을 버텼어요. 그런데 뒤에서 화가들이 막 뭐라 그래요. 그 사람들은 그리는 대로 받는데 재고가 줄어 가잖아요. 지금 화가들이 그리고 있는 건 전에 있던 사람이 주문 맡아놓은 거고요. 사오십 된 사람들이, 예전엔 아이도 많이 낳잖아요. 서울에 남아 있는 사람들은 다 극빈한 사람들이에요. 웬만한 사람들은 대구 부산 가 있고. 나 보고 미스 박, 미스 박 누구 굶어 죽는 꼴 보려느냐, 주문을 맡아야지 어떡하느냐고 막 그래요. 아우… 우리 다섯 식구를 먹여 살리려고 여기 나왔는데 저 사람들 식구하고 합치면, 내 이 어깨에 하…! 미치겠어요. 일을 안 하고 돈을 받는 거는 안 된다는 것을 자연히 느끼게 되더라구요. 🎧(주144) 🐞 조금씩 말문이 열리더라고요. 지나가는 모습 보면 벌써 눈치가 와요. 한국

초상화부 화가들을 얕잡아 봄

초상화부 매상이 정상으로 회복하자, 나는 나 때문에 그들이 먹고 산다는 교만한 마음과 엉터리 영어를 온종일 지껄여야 하는 스트레스를 주체 못 해 툭하면 그들을 아랫사람 대하듯 방자하게 대했다. 다섯 명의 화가가 거의 다 아버지나 아저씨뻘은 되는 중년이었는데 나는 박씨, 장씨, 황씨라고 불렀다. 성씨 끝에 선생님은 못 붙여도 아저씨 소리라도 붙였으면 좋았을 것을, 하인 부르듯이 함부로 대했다. 말이 좋아 화가지 간판장이들이라는 것도 대 놓고 얕잡을 수 있는 근거가 되었다. 그뿐이 아니었다. 그들이 그림을 그리고 있는 책상 사이를 누비고 다니면서 눈을 착 내리깔고 그림과 사진을 대조하고 있는 내 모습은 뒷짐 진 손에 회초리만 안 가졌다 뿐 영락없이 열등생 시험 감독 들어간 선생님 꼴이었다. 그림을 너무 못 그린다 싶으면 손끝으로 책상을 똑똑 두드리면서, "아니, 누굴 골탕 먹이려고 이것도 그림이라고 그리고 있어요? 재주가 없으면 요령이라도 있어야지, 원. 요령 몰라요? 요령. 닮게 그리되 사진보다 더 예쁘게 그려 봐요. 양키들이 좋아라고 입을 헤벌리고 찾아갈 테니. 우리도 그런 경험 있잖아요. 사진관에서 사진 찍고 나서 찾으러 갔을 때 생각을 해 봐요. 지 생긴 생각은 안 하고 사진이 지 얼굴보다 잘나 보이면 잘 나왔다고 좋아하고, 생긴 대로 나온 것은 못 나왔다고 짜증부리는 심리는 양키라고 다를 게 없단 말예요. 사진 기계야 우리 마음대로 못 하지만 사진 보고 실물보다 잘생긴 얼굴 빼내는 건 간판장이 마음대로일 거 아녜요."라고 야죽야죽 잔소리를 해 쌓으면 사십 줄 오십 줄의 화가들은 고개를 길게 늘어뜨리고 벌 받듯이 경청을 했다. 어디서 저런 못돼먹은 계집애가 다 있을까, 속으로는 이를 간다는 걸 알고 있었지만, 내가 양키들한테 당하는 수모에다 대면 아무것도 아니니까 그들도 한번 당해 봐야 한다고 생각했다. 그러고 났다고 해서 속이 시원해지는 것도 아니었다. 나의 본래의 좋은 점, 관용, 신뢰, 겸허, 연민, 동경 따위를 더 이상 담아 둘 데가 없을 정도로 밑바닥까지 까져 버린 자신을 느끼고 소스라치듯이 참담해지곤 했다. —『그 산이 정말 거기에 있었을까』(웅진지식하우스, 2005년판) 중에서.

물산 파는 매장에서 그런 허접한 것들을 괜히 호기심에서 사는 거는 절대로 장교들은 아닙니다. 쌀쌀하고요. 계급 낮고 어린 병사들이, 젊은 애가 쳐다보면 윙크도 하고 그래요. 그러면 아, 너 참 잘생겼다, 핸섬, 이런 거 우리도 알잖아요. 걸 프렌드 있니, 그러면 걸 프렌드 없는 게 수치스러운가 봐요. 그러니까 막 있다고 그러고 사진도 보여 줘요. 너 걸 프렌드 얼마나 이쁘니, 요기 초상화 그려서 보내 주면 굉장히 좋아할 거라고 하면서 주문을 시작했지요. 근데 초상화부라는 게 그런 영어만 해서 되는 것도 아니고 찾으러 올 때 보고 맘에 안 들어 하는 사람도 많아. ● 그걸 또 어떻게 비위를 맞춰요. 다시 그려 준다 그러면 화가들한테 손해가 나거든요. 시간도 그렇고. 좋게좋게 해서 보내야 돼. 나도 화가들 때문에 먹고살고 화가들도 나 때문에 먹고사는 거지만, 밤낮 서로 갈등하는 관계예요. ● 또 주문 맡길 때 다 흑백 사진이에요. 서양 여자들은 머리 빛깔도 브론드, 그레이도 있고, 라이트 브라운, 무슨 브라운, 아주 많잖아. 눈도 그래요, 브라운 아이, 블루 아이, 네이비 블루, 여러 가지가 있어요. 깊은 브라운이리고 해도 다크 브라운…, 아주 노랑도 있고요. 그런 걸 다 적어서 사진 뒤에다 붙여서 줘. 바빠요. 옷 빛깔까지도 물어봐야 돼요. 그렇잖아요? 자기 와이프의 옷 빛깔도 그냥 흑백으로 나왔지만 이쁜 옷으로, 옷은 그렇다 치지만 얼굴은 더 이쁘게 그려 주길 바래지요. 그래서 주면 뭐도 틀리게 그렸다, 그러니까 난 화가들한테 조금 잘 그리라고… 아, 내가 무슨 학교 선생님처럼 그냥 손을, 그리는 탁자를 탁탁 쳐 가면서 야단도 치고, 요거보다 조금 더 이쁘게 그리라고, 똑같이 그릴 필요 없다. 왜 간판 그리는 사람이 그걸 못하느냐고. 🎧(주145) ● 우리가 사진관에 가서 사진 찍을 때, 지금도 그렇잖아. 자기가 이쁘게 나오지 않으면 그 사진 막 찢어 버리더라고. 자기 얼굴이 밉게 나오면 찾아가지도 않고 돈도 안 주고 싸우기도 하잖아요. 여럿이 찍어도 딴 사람은 안중에도 없어. 그거나 마찬가지다. 조금만 이쁘게 그려라…. ● 내가 이 이야기를 길게 하지요? 왜냐하면은(웃음) 그 후의 삶은 너무 평탄해서 할 얘기가 없어요.

장 : 흑백 사진을 컬러 사진처럼 그림으로 그려 주는 거네요.

● 그렇지요. 정식 캔버스에다 그리면 잘못 그렸을 때 뭉개기라도 하지만 그거는 스카프 값이니 물어내야 해요. 〔스카프 대는〕 주인이 있으니까. 약간 눈 빛깔이 다른 건 고쳐 줄 수 있지만. 그러니까 어떻게 하든지 틀리면 안 돼요. 나는 화가들을 아저씨라고 해도 되고 김 선생, 이 선생 해도 되는데, 사람을 하대할 때 이 씨, 김 씨 그러잖아요. 정말 이 씨, 김 씨 부르면서 일하는 사람 나무라듯이 나무라고요.

🎧 (주146)

《선전(鮮展)》

《조선미술전람회》의 약칭. 서화협회(書畵協會)와 《서화협회전》이 심상치 않은 민족 의식과 주체성 있는 단합으로 창작 활동을 하는 데 주목한 조선총독부는 1922년 조선에서의 문화 정책을 표방하고 최대 규모의 종합 미술전으로서 《조선미술전람회》를 설정하고 작품을 공모하여 그 해 6월 1일 제1회 전람회를 열었다. 동양화, 서양화, 조각, 서예, 사군자의 5개 부문으로 나누어 공모·시상했으며, 1944년 제23회를 끝으로 폐지되었다.

🎧 (주148)

석란희(石蘭姬, 1939년~)

서울에서 태어났다. 부친은 의사였다. 언니가 서울대 미대를 나온 영향으로 서울 예고를 거쳐 홍익대 서양화과를 졸업하고 파리에 체류했다. 이중섭 미술상, 석주미술상 등을 수상했다. 홍익대 시절 은사였던 김환기의 영향을 받아 푸른색을 즐겨 쓰면서 자연의 울림과 생명의 순환을 일관되게 표현해온 작가로 인정받고 있다.

🎧 (주147)

박수근을 만남

📖 어느 날 박씨라는 체격이 듬직한 화가가 화집을 하나 끼고 나왔다. 나는 한번도 화가들 개개인에 대해 개별적인 호기심이나 관심을 가져 본 적이 없었다. 간판장이들로 족했고, 이름도 알고 있는 이가 없었다. 다행히 다섯 명의 화가들 우성이 다 달랐다. 박씨, 황씨, 장씨, 노씨, 마씨였다. 성씨만으로 구별해 부를 수 있으니 그만이었다. 박씨도 다섯 명의 간판장이 중의 하나일 뿐 그만의 특색이나 사건으로 인상에 남을 만한 건수는 없었다. 나는 박씨가 두툼한 화집을 끼고 나오는 걸 보고 속으로 코웃음을 쳤다. 꼴값하고 있네. 화집만 끼고 다니면 간판장이가 화가 되나. 피엑스 걸 중 못생긴 아가씨들 사이에서 타임이나 라이프 같은 영문 잡지를 말아서 끼고 다니는 게 유행할 때였다. 뜻밖에도 박씨는 나를 생각하고 그 화집을 가지고 나온 거였다. 한산한 오전 시간에 겸연쩍은 미소를 띠고 나한테 화집을 들고 왔다. 일제 때 선전에 입선한 작품을 모은 화집이었다. 그는 미리 특정의 페이지를 펴 가지고 와서 나에게 보여 주면서 자기 그림이라고 했다. 농가 여자들이 마주 보고 절구질을 하고 있는 그림이었다. 특선이나 무감사 같은 특별한 그림은 아닌 듯했다. 꽤 크게 나온 그림도 있었는데, 그의 것은 명함만한 크기로 흑백으로 나와 있었다. 그 밑에 들어 있는 작가 이름을 보고 처음으로 나는 그가 박수근(朴壽根)이라는 걸 알았다. 박씨라는 성 외에 이름을 더 알았다 뿐, 그전부터 박수근이라는 화가를 알고 있었던 것은 아니다. 그래도 진짜 화가가 우리 초상화부에 있었다는 것은 나에게는 사건이요 충격이었다. 우선 그 동안 내가 너무 버르장머리 없이 군 게 무안했다. 그는 그 화집을 내 책상 위에 놓고 갔다가 저녁에 퇴근할 때나 가져간 것 외에 아무런 의사 표시도 하지 않았다. 나는 막연히 나의 신경질과 오만 불손에 대한 그 나름의 항거, 최소한의 꿈틀거림이 아닐까, 정도로 추측했다. 너만 잘난 게 아냐, 여기 잘난 사람 또 있어, 라고 말해 주고 싶은 게 아니었을까. 그 후 나는 다시는 지진아 지도하는 국민학교 여선생 같은 짓거리를 안 하게 됐다. 안 했다기보다는 못 했다는 말이 더 맞을 것이다. 그 전에도 그랬지만, 그 후에도 박수근이가 다른 화가하고 다른 점은 전혀 눈에 띄지 않았다. 자세히 보면 그의 눈은 황소처럼 순했고 그림 그리는 태도는 진지하다기보다는 덤덤했다. ─『그 산이 정말 거기에 있었을까』(웅진지식하우스, 2005년판) 중에서.

박수근을 만나다

🔸 어느 날 그 중에 한 화가가 두꺼운 화집을 하나 끼고 왔어. 지금에야 좋은 책 천지지만. 그런 것도 드물 때고. 딱 보니까 곁에 써 있는 게 조선미술전람회, 선전(鮮展) 🎧(주146). 일제 시대 때는 조선미술전람회가 관에서 하는 굉장한 전람횝니다. 사적인 전람회 별로 없을 때죠. 전후에 유명한 작가들이 다 선전 출신이죠. 내가 속으로 아, 꼴값한다. 간판쟁이가 저런 걸 끼고 댕기나, 그렇게 생각을 했어요. 🔸 그랬는데, 내 앞에 와서, 그러니까 내가 그 사람한테도 아주 버르장머리없이 굴었을 것 같애요. 누구누구 가린 것도 아니니까. 자기 체면을 너가 그러면 안 된다는 나무람이었을지 모르겠는데, 어느 그림을 펼쳐 주면서 이게 자기가 선전에서 특선한 그림이라고, 시골 부인네가 절구질 같은 걸 하고 있는, 노동하는 여자의 그림이었는데, 그걸 펼쳐 보여 주더라고요. 깜짝 놀랐지요, 난 그냥.

장 : 간판쟁이 정도로 생각했는데….

🔸 그렇지요. 무시하는 마음밖에 없었는데…. 원래부터 나에게 미술가, 음악가, 이런 예술가들을 덮어 놓고 존경하는 마음이 강해요.(웃음) 아휴, 그러고 나서는, 버르장머리 없어진 거는 아니라도…. 🎧(주147) 🔸 내가 밤낮 틱틱거린 게, 나는 이런 데 있을 사람이 아니다, 이런 생각이었던 것 같애. 그 사람들에게 그걸 과시하고 싶은 마음이 있었겠죠. 그리고 아, 월급 봉투가 두둑해요. 갖고 가면 집에서 좋아하죠. 하지만 이게 신성한 직업이란 생각보다는 내가 어쩌다 이렇게 됐나, 내가 적어도 서울대 학생인데… 밑바닥까지, 더할 수 없을 정도로 밑바닥까지 전락을 했다, 이런 느낌이 강했던 것 같애요. 근데 아, 여기도 저런 사람이 있구나. 그러고 보니까 조금 있다 새로 들어온 화가 중에는, 여자 분 둘이 들어왔는데 하나는 나하고 똑같이 서울대 미대 들어간 동기가 들어왔어요. 걔하고 아주 친했지요. 그 사람은 이제 미술 활동을 안 하지만 그 동생도 미대 나왔는데 석란희(石蘭姬, 1939년~) 🎧(주148)라고… 유명한 화갑니다. 아버지도 의사였고 집안도 좋은데, 거기서 그림 그리는 거예요. 아르바이트도 하나도 부끄러운 게 아니더라고요. 또 나중에 도예 하는 사람도 그림 그린다고 왔지만 그 이는 석란희보다 훨씬 선배, 나중에 이대 교수도 한 분인데 먹고살기 어려우니까. 🔸 우리 학교 선배, 문리대 영문과 사람도 통역이래요. 통역도 다른 사람보다 나을 것도 없어. 또 청소하는 아줌마 중에도 현직 국어 교사도 있고 고학력이 많아요. 🔸 박수근 그림 보면 남자들은 우두커니 앉았고

(012)

데뷔작 『나목』의 배경, 미8군 PX 근무 시절. 1951년.

여자들이 뭐 이고 가는 게 많습니다. 애를 업고 머리에 이고. 여자들이 밥벌이하는 게, 요새 직장이 저거하면 음식점 내는 거 마찬가지예요. 지금은 혹시나 길에 앉아서 하면 저거(단속)하지만, 저기 뚝섬 같은 데 열무 같은 거 받아서 이고 댕기면서 길바닥에서 단 지어서 팔고. 그게 양가집 아낙네들이 하는 짓이에요. 우리 집에 박수근 화백의 판화가 하나가 있는 걸 우리 손자가 보더니, 모자 쓴 거네요? (웃음) 광주리를 큰 모자로 본 거죠. 왜 저렇게 이고 가는 사람이 많으냐고 그럴 정도로, 지금 애들에겐 생소하지만 그 전에는 그렇습니다. 별안간 과부된 여자도 많고. 우리 올케도 과부되고 처음에는 시장에 나가서 옷가지 같은 거 받아서 팔았어요.

미군 부대 물품의 영외 유통

● 그러고 나서 보니 나는 나 외에는 없었어. 내 안에 갇혀 있는 것처럼 내가 왜 여기 왔나, 이 생각만 했는데. 거기서 일하는 다른 사람을 보니까 참 먹고사는 일은 신성한 일이다 싶어요. 존경받던 선생님들이 그렇게 하고, 우린 청소부는 한 단계 낮은 줄 알았는데 청소부가 우리보다 수입도 많고.(웃음) ● 또 별걸 다 보죠. 화장실이 그런 덴데, 물건을 뗀다고 그래. 부피가 적고도 값 나가는 양키 물건. 그 땐 치약, 우리 나라는 치약도 없고 소금으로 닦았으니까. 또 껌, 초콜렛, 담배. 보루로 떼어 갖고 화장실에 와요. 겨울에 아주 좋아요. 내복을 입고 오면, 여기서부터 고런 걸 한 단을 싸요. 그러고는 고무줄 매고 고 다음 쌓고요. 그러면 한복 입으니까 얼마든지 집어넣어요. 점심 먹으러 나갈 때나, 차고 나간다고 그러는데 날씬한 여자들은 허리에도 차고 여기(다리와 등을 짚으며)에도 다 차요.

장 : 한복은 몸매가 드러나지 않으니까 그럴 수 있었나 봐요?

● 그렇지요. 그래도 우리가 보기에는 알아요. 아이고 또 한탕하는구나. 밖에서는 몸수색하는 사람이, 남자는 남자가 여잔 여자가 하는데 여자는 순경이 해요. 파견된 여순경이 있어도 직접 하진 않아요. MP◉(주149)인지 그 사람이 이렇게 서 있고 직접 뒤지는 사람은 다 우리 나라 사람이에요. 그러니까 서로 나눠 먹는 거죠. ● 눈감아 주고 나가면 거기 밖에 그게 있고. 안에서 물건 파는 여자들은 PX걸이라고 아주 예쁘고 날씬하게 하고 댕기고, 그 사람들하고 청소 아줌마들하고, 자기 매장 거를 그 아줌마들한테 빼돌리고. 돈만 맞춰 주면 되니까, 돈은 다 맞게 주고 사서

🎧 (주149)

MP(Millitary Police)

헌병. 군대 안의 경찰 활동을 주임무로 하는 전투 지원병, 또는 헌병 병과에 소속된 장병.

🎧 (주150)

청소부들의 밀반출

이층엔 세탁소, 우체국, 포장 센터, 여자 화장실이 있고, 화장실 옆에는 베니어판으로 벽을 친, 여종업원이 옷도 갈아입고 담배도 피울 수 있는 간이 휴게소가 있었다. 양키들은 여자들의 전용 구역이라고 정해진 데는 전혀 침범을 안 했기 때문에 그 안에서는 무엇이든지 할 수가 있었다. 그 안에서 청소부들은 매장에서 빈 박스를 치우는 척하고 그 안에 넣어 가지고 나온 껌이나 담배, 치약, 로션, 초콜릿, 캔디 따위를 몸에다 찼다. 여름에는 어떻게 하는지 몰라도 겨울이라 치마 안에 입은 내복을 발목까지 걷어 내리고, 종아리로부터 위로 미제 물건을 쌓아 올리는 기술은 제 눈의 시력도 의심스러울 정도로 요술적이었다. 한 켜를 쌓고는 고무줄로 동이고 그 다음 켜를 쌓곤 했으므로, 절대로 흘러내리거나 한군데 뭉칠 염려가 없었다. 그러고 나서 그 위에 다 수더분하고 풍성한 한복 치마저고리를 입으면 감쪽같았다. 그곳은 한국 사람하고도 여자들만의 전용 구역이었기 때문에 그런 짓을 하는 동안 누가 보건 말건 상관도 안 했다. 점심 시간이나 퇴근 무렵, 순식간에 그 일을 해치우고는 어기적어기적 걸어 나가는 걸 보고 있으면, 어쩌나 징그러운지 얼른 잊어버리고 싶어서 고개를 젓곤 했다. 내가 견디기 어렵게 징그러워한 것은 결코 아줌마들의 행동이 아니었다. 미제 물건으로 갑옷을 해 입은 아줌마들의 몸을 맨몸인 듯 시침 딱 떼고 더듬을 여순경의 부드러운 손길이었다. 여순경은 미제 물건과는 인연이 먼 한국물산부 직원들의 소지품은, 김치 냄새가 코를 찌르는 도시락통 속까지 샅샅이 뒤졌다. ─『그 산이 정말 거기에 있었을까』(웅진지식하우스, 2005년판) 중에서.

🎧 (주151)

파티에서 처음 먹어 본 콜라와 팝콘

그날 밤 파티에서 처음으로 콜라도 마셔 보고, 빙글빙글 도는 정결한 기계가 토해 내는 꽃잎처럼 가볍고 새하얀 팝콘도 먹어 보았다. 그러나 그거 얻어먹기가 쉬운 게 아니었다. 스낵바가 워낙 좁은 건지, 사람이 많은 건지, 파티장은 발 들여놓을 틈이 없었다. 준비한 팝콘은 이미 동이 나 맹렬하게 돌아가는 기계 앞에 줄을 서 있었고, 콜라는 어디서 어떻게 주는 건지 병째 마시는 이가 있는가 하면 유리컵으로 마시는 사람도 있었지만, 못 얻어먹은 사람이 더 많아서, 콜라는 어디서 주느냐고 갈증 난 얼굴로 서로 묻고 밀리고 밀리면서 두리번댔다. (…중략…) 처음 마셔 보는 콜라는 약 냄새 같은 게 나서 내 입맛엔 맞지 않았다. 그러나 팝콘 맛은 마냥 먹고 싶게 고소했다. 사람들이 떠들고 킬킬대는 소리와 내 입속에서 팝콘 부서지는 소리 외에는 아무 소리도 들리지 않았다. ─『그 산이 정말 거기에 있었을까』(웅진지식하우스, 2005년판) 중에서.

넣는 거지만 그래도 들키면은 이제 다.

장 : 같은 라인에 있던 사람들은 한꺼번에 떨려 나갈 수밖에 없는 거네요.

● 그래도 항상 그 여자들이 걸리지 어떻게 돼 있는지 청소부들은 잘 안 걸리더라고. 청소부지만 저녁 때 잘 차려입고 나가면 그 때로선 귀부인이죠, 뭐. 🎧 (주150)

● 저 같은 사람도 먹을 거를 사다 받을 순 있어요. 뭐 좀 사다 달라고 그러면, 왜 밀키웨이라는 초콜렛이 있어, 지금도 있나 모르겠어. 속에는 찐득한 뭐가 들고. 그게 제일, 하나만 먹어도 든든해요. 먹다가 가져가는 건 괜찮아요. 팔 게 아니니까. 많이는 못하지만 도시락 속에 넣어가도 되고, 우리는 평소 그런 거(훔쳐 가는 거) 안 하는 걸 아니까 그냥 나가라고 그래요. 그리고 뭐더라, 타다라는 게 깔죽하고 맛있는데 그건 내가 조금 마시고 집으로 가져가요. 그런 걸 한두 개 가져가면, 애들이 얼마나 좋아합니까. 내가 PX 다니고 나서 아, 조카들 둘이 버짐 먹었던 게 없어지더라고…. 어쩌면 그렇게 금세 뽀얗고 예뻐져요.(웃음) ● 또 그 때 햄버거라는 걸 처음 봤어. 지금은 가장 싸구려 음식이지만 거기서 일 년에 한 번 파티 같은 걸 해요. 그러면 밖에서 구경도 못하는 팝콘, 콜라, 햄버거, 실컷 먹을 수가 있어요. 그런 거야 먹다가 좀 갖고 간다든가, 그러면 버터 냄새 나는 거를 애들이 너무 좋아하고. 🎧 (주151)

PX 시절이 가져다 준 안정

장 : 박수근 화백도 그런 걸 싸 갖고 가기도 하고 그랬나요?

● 아휴, 전혀. 그건 나나, 여자니까, 좀 친해진 미군들이 오면서 뭘 주기도 하고, 걔네들은 휴가를 일본으로 가요. 언제 일본 간다, 뭐 사다 줄까? 이러기도 하고요.

장 : 거기 안에서 근무하더라도 여자 직원들은 나름대로 부수입도 올릴 수 있었지만 남자 직원들은 상대적으로 그런 것들이 힘들었겠네요.

● 그렇지요. 그리고 아, 초상화부 사람들은 어디서 그런 게 나요? 그림 그리는 사람들, 고지식해. 생각도 못하지. 물론 어떻게 먹을 게 나한테 생겼을 때 같이 노놔 먹고 그럴 수 있지요.

● **장** : 박수근 화백과는 그렇게 알게 된 후에 친분 관계가 이어졌습니까?

● 그렇지요. 같이 끝까지, 그 분 고향이 양구란 것도 알았고 애들도 넷인지, 셋인

🎧 (주152)

동대문시장

1905년 7월 개설되어 처음에는 동부 이현(梨峴)의 예지동(禮智洞)에 세워졌다 하여 '배우개장'으로도 불리다가 그 해 11월 동대문시장 관리를 위한 광장주식회사가 설립되면서 '광장시장'으로도 불렸다. 광장(주)은 포목상으로 거부를 이룬 종로 상인 박승직(朴承稷)·장두현(張斗鉉)·최인성(崔仁成)·김한규(金漢奎) 등이 설립하여 동대문시장의 경영과 함께 토지·가옥의 매매와 금전 대부를 겸영했다. 6·25 전쟁 전까지는 기와 건물로 동서남북에 각각 문이 있어 시장이 파하면 문을 닫았다. 6·25 전쟁으로 시장은 완전히 파괴되었으나 주로 월남 피난민의 생활 터전으로 생활 필수품과 군용 물자·외래품의 암거래를 포함하는 시장 거래가 활기를 띠면서 재발족되었다. 자유당 말기에는 이정재(李丁載)를 수령으로 하는 여당의 폭력 행동대의 거점이 되기도 했다. 1959년 대지 3,600평 지상에 연건평 5,700평의 단일 선물을 세워 시장으로서의 면모를 갖추었다. 재건 중인 1958년과 재건 후인 1960년에 화재가 있었으나 복구하여 현재에 이르고 있다.

🎧 (주153)

올케의 개업

🎧 올케가 드디어 동대문시장에 가게터를 장만했다. 1953년 초였다. 기지촌 장사를 다닌 지 일 년 남짓 지나서였다. (…중략…) 우리 엄마를 마냥 양키 턱찌끼로 부양할 수는 없나는 오기가 없었다면 올케하고 나하고 그렇게 손발이 잘 맞지는 못했을 것이다. 올케와의 우정이 흐뭇하고 자랑스러웠다. / 엄마가 한 또 하나의 큰 일은, 신안탕 뒷집을 팔고 더 큰 집으로 옮기면서도 돈을 보태지 않고 오히려 남겨서 올케가 가게터를 사는 데 보탠 일이었다. (…중략…) 그건 화폐개혁 덕이었다. / 인플레는 날로 심해지는데 가장 고액권이 고작 천 원 짜리인지라, 나 같은 말단 월급쟁이도 월급날은 핸드백 대신 큰 가방을 들고 나갈 정도니 돈이 돈이 아니었다. 전쟁 중에 화폐개혁이 단행됐다. '원'이 백 대 일로 '환'이 되었다. 내가 오십만 원 받던 월급이 오천 환이 된 것이다. 화폐개혁이란 돈의 부피만 줄이는 데 목적이 있는 게 아니라 숨은 거액의 돈을 찾아내는 데도 그 뜻이 있어, 처음에는 일 가구당 교환해 주는 액수에 한도가 있었다. 그러나 여론이란 안 그런 척하면서도 가진 사람들에게 유리하게 조성되게 돼 있는지라, 경제를 위축시키면 안 된다는 명분으로 거의 다 바꿀 수 있게 되었고, 물가만 뛰기 시작했다. 특히 집값의 오름세가 심했다. 즉 천만 원 하던 집이 백 대 일이 됐다고 십만 환이 되는 게 아니었다. 또 휴전이 될 듯 될 듯 한 것도 집값을 부채질하는 요소였다. 휴전이 되면 당연히 정부가 환도하게 될 테고, 뒤따라 서울 인구가 급격히 팽창할 것은 삼척동자도 내다볼 수 있는 일이었다. 집값이 장마철의 채소 값처럼 폭등하는 틈바구니에서 먼저 사고 늦게 팔게 됐으니, 앞을 내다보고 저지른 일 같았다. 엄마가 의기양양해할 만했다. 게다가 올케가 산 가게터는 동대문시장에 새로 들어서는 포목 백화점 내의 한 자리여서, 신축 중에 이미 계약을 해 놓아서 값을 올려 받을까봐 걱정을 안 해도 되었다. ─『그 산이 정말 거기에 있었을까』(웅진지식하우스, 2005년판) 중에서.

지 있고 와이프도 있고 힘들게 산다는 것. 그 사람도 다른 거 해서 돈 벌 사람이 아니야. 그냥 그림밖에 몰라요. 그림 그려서 먹을려니 그 때 누가 그림을 삽니까.

장 : 거기에서 박수근 화백과는 언제까지 같이 근무하신 건가요?

🎤 나는, 우리 남편이 빨리 결혼하고 싶어해서 일 년 남짓 다니다가 고만뒀어요. 그리고 우리 올케도 처음에는 시장통 나가서 남의 집 추녀 밑에 가게 없이 쫓겨 다니면서 헌옷가지 받아서 팔던 게, 내가 조금 벌어서 생활이 나아지니까 자기도 돈을 모았어요. 밑천도 장만하니까 환도하기 전에 동대문시장🎧⁽주152⁾에 조그만 자릴 하나 잡았어요.🎧⁽주153⁾ 환도하고 나서는 동대문시장이 올랐지만, 〔그 때는 좀 쌌어요〕. 동대문시장이 구호품 취급하면서 조금씩 활성화될 때였어요. 그 때 나하고 결혼할 사람이 자리를 살 수 있게 도와 줬지요. 내가 고 때로서는 아주 좋은 수입이었으니까. 🎤 우리 올케는 오래 못 살고 일찍 죽었어요. 그래도 애들 다 키워서 군대는 보냈지만 결혼을 못 시키고 죽었지요. 광장시장에서 포목점을 했습니다. 광장시장은 이북서 온 사람들이 많이 일을 하고, 그 때에는 거기가 한복의 중심이었어요. 거기 가게 하나 있으면 괜찮게 살 수 있어서 우리 친정집은 아주 잘 살았습니다. 그 후에 애들도…. 🎤 어떻게 보면 내가 일으켰지요. 그 시기에.

장 : 그러면 일 년 정도 근무하시다가 결혼을 하시게 된 거네요.

🎤 네, 네.

예술사 구술 총서 〈예술인·生〉

005

박완서

제05장

결혼 생활과 등단

결혼과 출산 | 딸의 엄마, 아들의 엄마 | 다섯 자녀 교육과 살림 | 여성 교양 잡지의 유행 | 등단의 계기가 된 박수근 유작전 | 불길처럼 치솟는 증언의 욕구 | 허가받은 거짓말, 소설 | 상금 50만 원과 엄마의 자존심 | 습작 없이 쓴 처녀작 1,200매 | 6·25와 PX에 대한 증언

🎧(주154)

충신동 집

🗨 서울시 종로구 충신동 62번지의 1. / 18평짜리 한옥은 아버지가 할머니와 함께 사시던 집인데 아버지가 측량기사로 토목 공사에 따라다닐 때 받은 월급을 모아 샀다고 했다. 작은 집이었지만 지내기에는 무난하였다. 종로 5가에서 동숭동 쪽으로 효세국민학교를 지나 오른쪽에 있는 낙산 밑이었다. 낙산엔 산꼭대기까지 판잣집들이 들어차 있었고, 무너질 듯이 지어진 무허가 판잣집들에 비해 작은 기와집은 대궐 같았는데 ㄷ자 형의 전형적인 서울집으로 화초담까지 있었다. / 그 공간에서 우리는 1961년까지 살았다. 어머니는 그 집에서 딸 넷을 낳으셨다. ─ 호원숙, 「행복한 예술가의 초상」, 『박완서 문학앨범』, 웅진출판, 1992년판) 중에서.

🎧(주155)

작은 한옥집의 신접 살림

🗨 그의 집은 내가 살던 안감냇가의 집보다도 작았다. 엄마가 조선 기와집의 제일 조건으로 치는 굴도리집은 아니었지만 재목은 능히 조선 기와지붕을 지탱할 만큼 실했다. 마루고 기둥이고 장판 방이고 니스칠을 안 했는데도 길이 들어서 만들여졌다. 사랑받는 집이라는 게 여실히 보였다. 오리목 양기와집하고는 격이 달라서 나는 거의 감개무량한 눈으로 넓지도 않은 집 구경을 오래도록 했다. 특히 길이 잘 든 우물마루는 기껏해야 평반 정도밖에 안 되련만 옛 정자처럼 집을 넓히고 마음까지 트이게 했다. 참 좋다고 칭찬을 하자 그의 어머니가 기다렸다는 듯이 아들이 이 집을 처음으로 장만했다는 것, 자기는 아들이 벌어오는 돈을 집 장만을 위해 차곡차곡 모으면서 장차 내 집 대문에 걸 아들의 문패 먼저 만들어서 부적처럼 모셔놓고 살았다는 얘기를 자랑스럽게 했다. (…중략…) 신랑이 자수성가해서 장만한 집, 시어머니의 부지런하고 정성 어린 손길로 반질반질 윤이 나는 작고 예쁜 집이 막상 그 안에 있게 되니 사방에서 나를 옥죄는 것처럼 짜증나게 좁았다. ─『그 남자네 집』(현대문학, 2004년판) 중에서.

🎧(주156)

박완서의 자녀

박완서는 결혼한 이듬해인 1954년 첫 딸(호원숙)을 낳았다. 1955년에 둘째 딸(원순), 1958년에 셋째 딸(원경), 1960년에 넷째 딸(원규)을 낳았다. 결혼한 지 십 년이 지난 1963년에 다섯째이자 첫 아들(원태)을 낳았다.

결혼과 출산

장 : 결혼은 몇 년도에 하셨습니까?

● 1953년 4월에 했어요. 얼마 있다가, 그 해 7월에 휴전이 됐지요.

장 : 미군 부대에 왔다갔다 하는 다른 사람들에 비해서 그 분이 좋으시고….

● 미군 부대 왔다갔다 하는 사람들 다 좋았어요. 결혼할 적에 들러리 서는 사람이 미군 부대 통역관이었는데 그 사람도 나중에 보니까 은행원이에요. 환도해서 은행 오니까 자기네 직장으로 돌아갔지요. ● 휴전되면서 PX는 축소가 되어 용산으로 갔어요. 박수근 화백은 용산까지 따라가서 거기서도 계속해 그렸습니다. 내가 결혼할 때까지는 PX가 거기 있어서 가끔 놀러 가기도 하고 그랬는데. 그 후에 용산 가고 나서는 언제까지 했는지 모르고요.

장 : 선생님도 살림을 하게 됐으니까 교류도 없으셨겠어요.

● 네. 결혼 1953년에 하고 1954년에 애 낳고. 시어머니 한 분 계신 데로 갔어요.

장 : 신접 살림은 어디에 내셨어요, 선생님?

● 충신동이요, 종로 5가에 조그만 한옥. 🎧(주154)

장 : 처음부터 시어머니를 모시고 사셨고요?

● 네. 시어머니 한 분 있는 데로 갔으니깐요.

장 : 부군께서는 형제 관계가 어떻게 되셨는지요?

● 위로 한 분 있는 형님이 6·25 때 납치를 당해 갔어요. 그 형님은 거물이라 납치 당해 간 게 아니라… 치과 의사였고, 시숙의 처는 소아과 의사였고요. 나에겐 형님이지요. 둘이 다 의사였고 아들이 둘이나 있었어요. 6·25 때 서울대병원에 있다가 북한군 후퇴할 때 실려간 거예요. 우리 오빠하고는 또 다른 케이스지요. ● 시아버지도 계셨는데, 우리 남편까지가 우리 시어머니가 낳은 애고, 그 때 시아버님은 작은집을 얻으셨어요. 거기서 또 아들 둘, 딸 하나 삼남매를 보시고요. 형제가 많은 집이죠. 우리 시어머니가 낳은 건 우리 남편밖에 안 남았으니까 나에게는 홀시어머니지만 사실 홀시어머니가 아니지. ● 조그만 한옥이 자기 집이라 시집 가서 평안하게 살았어요. 🎧(주155) 이 사람 너무 착한 사람이다, 이렇게 생각한 것처럼 집안도 인심이 좋은 집안이라 무난하게 살아서 정말이지 할 얘기가 없어요. ● 내가 시집가고 나서 우리 엄마 조금 걱정시킨 건 딸만 자꾸 낳은 거지. 🎧(주156) 산아 제한을 할려고 해도 어수룩해서 못하고. 그 때만 해도 지금 같은 피임 기구에

🎧 (주157)

집에 식모를 두던 시절

❦ 동생과 나는 사촌 간이지만 같은 집에서 태어났고 한 집에서 유년기를 보냈다. 그러나 나는 공부 잘하는 아이로 낙인 찍힘으로써 집안일은 조금도 거들고 공부만 하다가 시집을 가게 되었다. 시집가서는 살림살이에 집착이 많은 시어머님과의 평화 공존을 위해 살림실이에서 겉돌다가 남편의 수입이 늘면서 나 대신 시골서 상경한 소녀를 시어머니 조수로 붙여 줌으로써 살림이라는 걸 배울 기회를 영영 놓치고 말았다. 내가 시집살이 할 1950년대는 다들 살기가 지금과는 댈 것 아니게 곤궁했고 도농 간의 격차도 더 심해 집에서 한 입이라도 덜려고 도시로 식모살이 오는 소녀들이 넘쳐날 때였다. 공부에 별 취미가 없던 동생은 중학교도 낙방을 해 초등학교 졸업에 그쳤다. 숙부에겐 맏딸인 동생은 몸 약한 숙모를 거들어 집안일을 도맡아 하고 대학까지 간 두 동생 뒷바라지도 잘해서 딸년 대학 공부까지 시켜서 남 좋은 일만 한 우리 어머니의 우월감을 납작하게 만들었다. ─「그리움을 위하여」(2001년 발표, 『친절한 복희씨』, 문학과지성사, 2007년판) 중에서.

🎧 (주158)

출산을 대하는 시어머니의 모습

❦ 나는 내가 낳은 첫아기가 딸이라는 걸 알자 속으로 약간 켕겼다. 외아들을 둔 시어머니가 흔히 그렇듯이 그분도 아들을 기다렸음직하고 더구나 그분의 남다른 엄숙한 해산 준비는 대를 이을 손자를 위해서나 어울림직했기 때문이다. 그러나 퇴원한 나를 맞아들이는 그분에게서 섭섭한 티 따위는 조금도 찾아볼 수 없었다. 그 잘생긴 해산 바가지로 미역 빨고 쌀 씻어 두 개의 해산 사발에 밥 따로 국 따로 퍼다가 내 머리맡에 놓더니 정성껏 산모의 건강과 아기의 명과 복을 비는 것이었다. 그런 그분의 모습이 어찌나 진지하고 아름답던지, 비로소 내가 엄마 됐음에 황홀한 기쁨을 느낄 수가 있었고, 내 아기가 장차 무엇이 될지는 몰라도 착하게 자라리라는 것 하나만은 믿어도 될 것 같은 확신이 생겼다. 대문에 인줄을 걸고 부정을 기(忌)하는 삼칠일 동안이 끝나자 해산 바가지는 정결하게 말려서 다시 선반 위로 올라갔다. 다음 해산 때 쓰기 위해서였다. 다음에도 또 딸이었지만 그 회색이 만면하고도 경건한 의식은 조금도 생략되거나 소홀해지지 않았다. 다음에도 딸이었고 그 다음에도 딸이었다. 네 번째 딸을 낳고는 병원에서 밤새도록 울었다. 의사나 간호사까지 나를 동정했고 나는 무엇보다도 시어머니의 그 경건한 의식을 받을 면목이 없어서 눈물이 났다. 그러나 그분은 여전히 회색이 만면했고 경건했다. 다음에 아들을 낳았을 때도 더도 아니고 덜도 아닌 똑같은 영접을 받았을 뿐이었다. ─「해산 바가지」(1985년 발표, 『꽃을 찾아서』, 창작과비평사, 1996년판) 중에서.

대해서 아주 무지했습니다. 열심히 애 낳고요. ❀ 어려운 시대지만 중산층이 살기 좋았던 것 중에 하나는, 살기 좋았다 그러면 안 됐지만, 1950년대, 1960년대만 해도 사람을 부리고 살았습니다. 시골에선 먹기가 어려울 때니까, 열대여섯 살만 되면은 서울로 보내 갖고, 한 입 더는 걸 중요시했어요. 월급도 적지요. 🎧(주157) 시어머니가 애 봐 주고 식모애 있으니까 그냥 위로 딸을 넷을 낳고 아들, 그 소중한 아들 잃어서, 그건 나중에 얘기하겠지만, 오 남매를 낳고요. 자연히 단산이 됐으니까 망정이지 난 더 많이도 낳으래면 할 수….(웃음) 그냥 애가 자주 들어서서, 결혼할 때까지만 해도 우리 남편이 날 꼬실라고 그랬는지 결혼해도 복학해서 학교 다니라고 그랬어요. 학비 걱정도 없었는데 운명적인 게 있는 것 같애. 공부할 팔자가 아니었나 봐요.(웃음)

장 : 모르는 사람들이 상상하는 것처럼 시댁에서 아들을 원해서 계속 낳은 건 아니네요, 선생님.

딸의 엄마, 아들의 엄마

❀ 사람들이 그렇게 알아서, 참 내가 좋은 시집을 만났다고 그래. 우리 이웃에서 봐도 그래. 옛날에, 〔딸을〕 셋만 낳아도 미역국을 안 끓여 주고 돌아간다, 그런 얘기 있잖아요. 셋째 딸, 넷째 딸한테 밤낮 그래요. "애, 너희들, 너이 할머니한테 고마운 줄 알아야 돼. 너희 할머니가 조금이라도 섭섭한 눈치를 했으면 그 시집 안 살아, 난 당장 데리고 나와." 너희들이 태어나지도 못했다고. ❀ 우리 시어머니는 딸이란 걸 못 낳아 봤대요. 아들 넷을 낳아서 둘을 건졌대요. 그 중에 하나는 이북으로 가고 그래서 그런지, 그냥 애를 그렇게 소중하게…. 삼칠일을 문 밖에도 못 나가게 하고. 생명을 받아 안는 그 자세가 참 너무 좋았던 것 같애. 🎧(주158) 애들을 꼭 업어 기르시고. 그 전엔 기저귀를 다 빨 때잖아요.

장 : 네.

❀ 집에 식모애가 있어도 절대로 기저귀를 안 빨려요. 왜 내 귀한 손주 걸 남의 애한테 찡그리고 빨게 하냐고, 참 좋은 분이었어요. 대신 나중에 망령들어서 속을 많이 썩였지.(웃음)

장 : 시어머니는 언제까지 사셨어요?

🎧 (주159)

시어머니의 망령

시어머님은 큰 구실이 하나 생긴 셈이었다. 아침 일찍 우리 방으로 건너와 요강을 내가고 밤이 이슥해 어리어리 잠이 들 만하면 요강을 받쳐들고 와서 머리맡에 놓고 나갔다. 우리 부부는 이상하게도 그날부터 밤오줌을 누기 시작했다. 나도 남편이 잠들었건 말건 궁둥이를 허옇게 끼고 요강에다 사뭇 요란스럽게 방뇨를 했다. 행여 그 일을 누구한테 빼앗길세라 첫새벽에 요강을 들고 들어올 때의 그분의 표정은 아무도 흉내낼 수 없을 만치 특이했다. (…중략…) 내 눈엔 그 분의 그런 짓이 평범한 망령으로 보이지 않았다. 빌어먹을 프로이트 때문인지 성적인 연상을 하고 내 속에 또 하나의 지옥을 만들었다. 그분은 점점 더 자주 우리 방으로 야행을 하였고, 당신 방으로 아들을 불러냈다. "아범 추워 죽겠어, 정말이야 냉골이라니까. 늙은이 얼어죽는 꼴 안 보려면 한번만 와서 만져 봐." "아범 나 배고파 죽겠어. 어멈이 나를 굶겨. 정말이야. 배가 등짝에 붙었어. 와서 한번만 만져 보라니까." 이렇게 새록새록 구실을 만들어냈다. 구실만 새로워지는 게 아니라 망령 노릇도 새록새록 새로워졌다. 겨울에서 봄이 되어도 엷은 옷으로 갈아입히기가 며칠은 걸릴 만큼 힘든 일이 되었다. 그런 증세가 점점 심해져 옷 자체를 안 갈아입으려 들어 어쩔 수 없이 강제로 내복을 갈아입히려면 동네가 떠나가게 비명을 지를 만큼 망령은 날로 심해졌다. 갈아입기를 싫어하고부터는 씻지도 않았다. 목욕을 시키기는 갈아입히기보다 더 힘이 들었다. 순순히 몸을 맡겨도 애정이 없는 분의 속살을 만진다는 건 극기(克己)를 요하는 일인데 길길이 뛰며 마다는 걸 씻길 엄두가 나지 않았다. 그분이 정성과 힘을 다해 하루도 빠지지 않고 닦아 주는 건 오로지 아들의 놋요강 밖에 없었다. / 이렇게 나는 구원의 가망이 조금도 안 보이는 지옥을 살면서도 아이들이나 친척과 이웃들에겐 여전히 무던하고 참을성 있는 효부로 보이길 바랐다. 내가 양다리를 걸친 두 세계 사이의 심한 격차로 미구에 자신이 분열되고 말 것을 번연히 알면서도 나는 나의 이중성에 악착같이 집착했다. ― 「해산 바가지」(1985년 발표, 『꽃을 찾아서』, 창작과비평사, 1996년판) 중에서.

🎧 (주160)

조카의 첫 소풍

나는 지금도 조카의 첫 소풍날을 잊을 수 없다. 그 때도 국민학교 일학년 첫 소풍은 창경원이었다. / 어머니는 아침부터 줄창 조카를 따라다니기로 하고 나는 점심을 싸 가지고 나중에 가서 창경원 속에서 만나기로 했다. 만나는 장소는 연못가로 하여 행여 어긋나는 일이 있을까 봐 나는 용의주도하게 남편이 결혼 전에 차던 팔목 시계까지 어머니 팔목에 채워 드렸다. 그리고도 나는 어머니가 못 미더워 골백 번도 더 "열한 시 정각에, 연못가." 소리를 했더랬다. 그런 내가 한 시간이나 더 늦게 가고 말았다. 도시락도 요리책을 봐 가며 좀 멋을 부려 봤지만, 내 모양을 내는 데 분수 없이 시간을 잡아먹었다. 미장원에 가서 머리도 새로 했고, 화장도 정성 들여 했고, 옷도 거울 앞에서 몇 번을 갈아입어 봤는지 모른다. 그 때만 해도 내 용모에 어느만큼은 자신이 있을 때라 나는 군계일학처럼 딴 엄마들 사이에서 뛰어나길 바랐다. 그래서 조카까지도 그런 우월감으로 엄마 대신 고모라는 서운함을 메울 수 있기를 바랐다. ― 「카메라와 워커」(1975년 발표, 『부끄러움을 가르칩니다』, 한양출판, 1994년판) 중에서.

● 제가 마흔여덟, 저하고 25년을 같이 사셨으니까(웃음). 팔십삼사 세까지 사셨어요. 칠십오 세 지나고 우연히 망령이 드셔 갖고 참 힘들게 하셨어요. 망령 든 후에 망령의 특징이 있어요. 안 씻으려고 그러고, 안 갈아입으려고 하고. 그럴 때 막 속상하다가도 아, 저 분이 나한테 잘하던 생각을 하면서 내 위로를 했어요. ◐(주159)

장 : 선생님께서 여자들의 문제를 다룬 작품을 많이 쓰셔서, 시집살이라든지, 가부장적인 삶의 어려움을 느끼셨나 하는 추측도 있는데 사실은 아니군요?

● 전혀 아니에요. 그렇지만 내가 욕심이 많았다고 그럴까, 시집 와서 놀란 게 있어요. 시집하고 친정이 가까웠어요. 친정이 삼선교, 나는 종로 5가. 걸어가도 될 정도의 거리에 있었어요. 올케가 있으니까 내가 우리 어머니까지 모시지는 않더라도, 꼭 일주일에 한두 번은 찾아가. 우리 어머니가 날 시집 보내고 얼마나 그거했겠어요. 난 몰랐는데 막 우셨다더라고요. 그런 소리만 들어도 너무 마음이 아파. 당연히 난 아무렇지도 않게 여기는데 시어머니가 친정 가는 걸 그렇게 싫어하셔요.

● 또 우리 오빠하고 내가 나이 차이가 많으니까, 우리 오빠의 애들이 나는 그냥… 올케는 시장에서 장사를 하니까, 나 정말 우리 친정한테 너무 잘했어요. 개네들 소풍갈 때는 할머니가 따라간 게 아니라 내가 꼭 같이 따라갔어요.

장 : 조카들 소풍갈 때요?

● 네. 제일 처음 창경원 가요. ◐(주160) 그럴 때 꼭 따라갔고요. 이런 게 시어머니에겐 친정만 안다 생각이 됐겠지요. ● 난 우리 집에서 어려서부터 할아버지, 오빠한테서도 너무 존중 받고 자라고, 또 엄마한테 그렇게 배워서, 남녀 문제에서는 그렇게 차별이라는 걸 못 느꼈어요. 그랬는데, 아니 내가 자길 언제 봤다고 여기 와서 모시고 사는데, 내가 친정 가는 걸 저렇게 샐쭉해 허시나. 내가 간다고 그러면 자기도 어딜 간다고 이런다든가. 그러면 집을 누가 봐야 되잖아요? ● 내가 우리 엄마한테 말은 안 하지. 우리 엄마는, 그냥 "너희 시어머니 부처님 가운데 토막"이라고 그러셔. ● 아휴, 또 우리 시어머니가 누구한테나 사돈마님 참 안 됐다고 불쌍해 하는 거야. 아들이 없으니까. 자긴 아들이 있고. 은근히 동정하는 것도 나는 너무 싫더라고. 왜 내가 있는데 저러는가…. ● 딸의 엄마하고 아들의 엄마하고, 남이 보는 거나 그게 얼마나 다른가, 사회적 지위가 있는 건 아니지만, 거기에서 아마 제 페미니즘 문학이 탄생한 게 아닌가 싶어요. 요새는 거의 같다고 그래도, 결혼할 때도 딸 쪽에서 그거하는 게 있잖아요? ◐(주161) 나는 결혼할 때도 그런 걸 전혀 안 받았어요. 내가, 대가 센 여자, 주장이 강한 여자예요. 우리 남편도 너무 잘

🎧 (주161)

딸의 엄마, 아들의 엄마

❧ 그녀는 딸 때하고 달라서 사돈한테 그닥 신경이 써지지 않았다. 생각할수록 아들이 좋다 싶은 게, 사돈한테 잘 보여야 한다는 생각이 별로 들지 않는 거였다. 사돈한테 죄지은 거 없이 저자세로 굴지 않아도 된다는 게 그렇게 신날 수가 없었다. 더군다나 결혼시까지 치른 후가 아닌가. 힁잡혀 봤댔자였다. 확실하게 칼자루를 쥐고 있는 느낌이라고나 할까. 아들하고 대학 동기인 며느리가 아들이 군대 가 있는 동안 마음 변치 않고 조신하게 기다려 준 게 기특하긴 해도 꼭 그래 줬으면 하고 바란 것도 아니었다. 기특하게 여기는 마음보다도 여자로서는 한물간 동갑내기라는 걸 서운해 하는 마음을 더 드러내보이고 싶은 게 시에미의 꼬부장한 심정이었다. 지금 처가살이를 하고 있긴 하지만 그것도 사돈한테 면목없을 게 없었다. 식 올린 지 아직 한 달도 안 됐고, 곧 둘이 같이 유학을 떠나기로 예정돼 있었다. 그 동안 시집살이 안 시키는 걸 그쪽에서 고마워할 일이지 이쪽에서 미안해 할 일이 아니었다.—「너무도 쓸쓸한 당신」(1998년 발표, 『'98 현장비평가가 뽑은 올해의 좋은 소설』, 현대문학, 1998년판) 중에서.

🎧 (주162)

사위는 백년손

❧ 친정 나들이만 해도 그렇다. 내가 시집으로 아주 오던 날 엄마가 목 놓아 울었다는 소리를 올케한테 들은 바 있기 때문에 나는 될 수 있는 대로 자주 친정 나들이를 해서 내 얼굴을 많이 보여 드리는 게 엄마의 상실감을 위로하는 길이라고 생각했다. 그러나 친정 나들이만 다녀오면 시어머니의 표정이 새쭉했다. 팥빵이나 인절미 등 잡술 것을 사가지고 들어가면 표정을 풀어드릴 수 있다는 요령이 생겼지만 엄마까지도 점점 자주 오는 딸을 반기지 않자 나만 속이 상하게 됐다. 내가 시집살이를 무난하게 유지하는 건 엄마에게 행복한 모습을 보이고 싶다는 기특한 마음도 있었기 때문에 친정에서 환영받지 못하는 건 목적 상실처럼 타격이 되었다. 그럴 때 만만한 건 남편밖에 없었다. 당신만 외아들이냐, 나도 귀한 외동딸이다. 귀한 외동딸은 안따노 오까상을 모시고 사는데 당신은 우리 엄마를 위해 해준 게 뭐가 있느냐는 식으로 남편을 들볶았다. 그는 관대한 사람이었지만 능글능글한 데도 있었다. 그럼 바꿔 살까? 라고 나를 약 올렸다. 싸움이 안 되는 입씨름 끝에 나 대신 그가 일주일에 한 번씩 처갓집에 들러 남자 손이 필요한 일을 도와드리고 엄마의 말벗도 돼드리기로 합의를 보았다. 그는 약속을 잘 지켰고 나는 회심의 미소를 지었지만 바꿔서 효도하긴 오래가지 못했다. 오랜만에 들른 친정에서 엄마는 기다렸다는 듯이 비명을 질렀다. 무슨 일로 청승맞게 사위 혼자 오게 되었는지 그 까닭을 알자 일단 안심은 하면서도 기가 막히다는 듯이 나를 나무랐다. / "아이고 이 한심한 철부지야. 사위는 백년손이란 소리도 못 들었냐? 혼자서 우두커니 와 앉았으면 내외 간에 무슨 일이 있었나, 가슴 먼저 내려앉고, 입 짧은 사위 대접하는 것도 큰 일이고, 이게 웬 고생인가 싶더니만 네 짓이었구나. 당장 그만두거라. 시집갔으면 저나 시집살이 잘 할 일이지 친정 에미까지 시집살이 시킬 일 있다던."—『그 남자네 집』(현대문학, 2004년판) 중에서.

알았지요. 시어머니가 그런 눈치를 챘고요. 우리 남편하고 나하고 싸운 모든 원인이 그거예요. ✊ 옛날 조그만 집이니까 시어머니가 혹시 들을까 봐, 일본말로 안따노 오카상이 당신 어머니란 소리예요. 안따노 오카상 이러고 저러고, 맨날 바가지를 긁는 거예요. 그러면 절대로 대답을 안 해요, 우리 남편은. 돌아눕고 말어. 조금 있다 보면 코를 골아요. 내가 너무 속상해서 꼬집어. 꼬집어서 깨고, 깨고. 어느 날은 회사 나가는데 보니까 푸릇푸릇하게 멍이 들었어. "어, 이게 뭐야? 당신이 밤에 꼬집은 거 아냐". 내가 긴 거 입고 나가라고 그러면, "괜찮아, 누가 당신이 꼬집었다고 생각하겠어."(웃음) 그러고 그냥 나가요. 그 정도였어요. ✊ 지금 생각해 보면 대단치 않은 건데, 그걸 못 참겠는 거야. 우리 엄마가 어떤 엄만데. 나중에는 남편한테 "여봐, 내가 당신 엄마를 언제 봤다고 삼시 세끼 밥 해다 바치고 모시고 사는데, 우리 엄마는 나 오는 게 낙인데, 우리 엄마도 당신 좋아하잖아." 그만큼은 당신도 우리 엄마한테 잘해야 된다, 그러니 토요일이면 나 대신 가서 저녁 먹고 오라고, 볼일 있으면 집안 봐 주기도 하고 거기는 아들이 없으니까 애들이랑 드나들면 좋지 않으냐고 했어요. 남편도 잘 생각했다고 하면서 몇 번 그랬어요. 도움도 많이 줬고요. ✊ 그러고 났더니 우리 엄마가 "얘, 제발 호 서방 좀 보내지 말라."고 해. 사위는 백년손이라는데 온다면 뭐 차려야 되고. 듣고 보니 그럴 것 같애요. 나는 우리 시어머니를 차려 먹이지만 우리 어머니는 반대로 사위를…. 🎧⁽ᵏ162⁾

장 : 그렇지요.

✊ 우리 시어머니는 애를 절대로 친정 못 데려가게 해. 빨리 오라는 뜻도 있지만 혹시 우리 엄마도 애 보고 싶을 테니까 데리고 갔다오거나 자고 오면 감기가 들었다느니, 외갓집 갔다오면은 애가 탈이 난다는 거예요. 어떻게든 싫은 거야. 난, 그런 거에서, 아주 제도화된 거 있잖아요. 거기서 모든 것이 시작이 되는 거죠.

장 : 큰 이데올로기가 아니라.

✊ 그렇지요. 거기 이데올로기가 있는 거예요.

장 : 시어머니께서 자녀 교육에도 많이 관여하셨어요?

✊ 아니요. 우리 시어머니는 한글도 모르는 분이에요. 유식한 분이지만 학교를 안 다녔어요. 아이들 소풍을 나는 안 따라가도 우리 시어머니가 다 따라가고 정말.

🎧 (주163)

보문동(신설동) 집

🔖 행정 구역상으로는 동대문구 신설동 205의 54번지. / 55평 대지에 건평이 서른 평쯤 되는 전형적인 ㄷ자 형 한옥이었고 춘양목으로 지어진 굴도리집이었다. 어머니는 대청마루에서 자랑스러운 듯 구석구석을 보여 주었다. 충신동 집에 비한다면 대궐이었고 골목도 시원시원했다. 진찻길에서 좀 멀긴 하지만 교통도 좋고 근처에는 아직 집이 들어서지 않은 공간도 많고 논과 밭도 있었다. 꽤 넓은 마당에는 큰 장독대와 일본식 목욕탕도 있었다. 둥근 가마솥처럼 생긴 쇠로 된 욕조에다 나무깔개를 하면 목욕도 할 수 있었기 때문에 우리는 갑자기 문화 생활을 하는 듯했다. / 어머니가 선택한 집이었고 유난히 햇빛이 잘 드는 집이었다. 어머니는 마당 가운데다 화단을 만들어 샐비어와 칸나를 심었다. 어머니는 뜰 가꾸기에 정성을 다했기 때문에 우리 집 화초는 윤기가 났고 빛깔이 더 화려해 보였다. — 호원숙, 「행복한 예술가의 초상」(『박완서 문학앨범』, 웅진출판, 1992년판) 중에서.

☞ 신설동이 후에 보문동으로 편입되었다.

🎧 (주164)

자모회

🔖 나는 공립 학교에 딸을 넷씩이나 보내 본 경험으로 참관일 날 빈손으로 가서 그야말로 수업 참관만 하고 돌아온다는 것이 얼마나 면목없는 일인가를 익히 알고 있었다. / 돈을 걷는 소위 대의원이라는 자모가 끔찍이 두려워 슬슬 피하다가 어쩌다 잡히는 날이면 멋쩍게 비실비실 웃으며 / "저어~ 오늘 마침 돈을 안 가지고 나왔구먼요…." / "아유 그러셔요. 호호호 뜻만 있으시면 애기 이름하고 액수만 적어놓으시고 내일 애기 편에 보내 주셔도 돼요. 호호호. 애기 이름이?… 네?…" / "그게 글쎄. 요다음 달부터나 어떻게, 이달엔 흐흐 히히…." / 나는 열없게 비적비적 웃으며 내 웃는 꼴이 얼마나 흉할까 혼자 속으로 몸서리를 친다. / 상대방은 이미 웃음을 거두고, 모멸의 일별을 던지고는 다른 자모에게로 옮겨 간다. — 「세모」(1971년 발표, 『부끄러움을 가르칩니다』, 한양출판, 1994년판) 중에서.

🎧 (주165)

장보기

🔖 시장 바구니를 들고 시장에 갈 수 있다고 생각하니까 가슴속에서 폭죽이 터지는 것 같은 기쁨이 솟구쳤다. 이왕이면 동대문시장에 가고 싶었다. (…중략…) 손에는 핸드백 대신 전깃줄로 엮은 시장바구니를 들고, 긴 치마는 끌리지 않게 허리띠로 가뜬하게 묶어서 부잣집 아씨가 장보러 간다는 티를 내는 것도 잊지 않았다. 집에서 버스 한 정거장 거리만 걸어가면 종로5가 전차길이 나오고 길을 건너면 바로 동대문시장 중에서 가장 활기 넘치는 곳이었다. 온갖 싱싱한 채소와 생선과 건어물과 익은 음식과 날음식과 고래고래 악을 써서 손님을 부르는 소리와 에누리하고 흥정하는 소리가 전후의 빈곤을 비집고 참을 수 없는 힘으로 분출하는 곳을 향해 나는 썩썩하게 돌진했다. (…중략…) 음식을 만드는 것은 시어머니 담당이었지만 생활비는 나에게 주었기 때문에 시장을 봐오는 일은 내 담당이었다. 시장에 가는 게, 시장 중에도 가장 활기 넘치는 동대문시장에 매일매일 가는 게 나의 유일한 돌파구였다. — 『그 남자네 집』(현대문학, 2004년판) 중에서.

다섯 자녀 교육과 살림

장 : 자녀 교육은 어떻게 하셨나요?

🗣 그 전엔 지금 같지 않아요.

장 : 선생님의 어머니께서는 교육에 열성적이셨잖아요. 선생님도 그러셨는지요.

🗣 그렇지요, 뭐. 그 때로서는 열성적으로 했겠지요. 그렇지만 지금 하는 거 보면 아휴, 어떻게 그걸 하니, 그러지요.

장 : 1960년대, 1970년대 당시 잡지에 나온 기사들을 보면, 교육의 문제가 지금 못지 않았던 것 같은데요, 선생님?

🗣 그 때는요, 우리 큰 애, 둘째 때까지도, 중학교부터 입학 시험 있었어요. 그럴 때는 대학생 애가 과외를 해 주기도 하고 대학교 댕기는 사촌 시동생이 와서 봐 주기도 하고, 저학년 때는 [학교 마치고] 오면 제가 숙제도 같이 해 주고 했지요. 🗣 우리 충신동 살 때는 효제국민학교 다녔고, 고 다음 보문동🎧(주163) 와서는 동신국민학교 다녔어요. 저의 극성의 한계는, 내 나름의 주관은 뚜렷했어요. 우리 어머니는 나를 학군 위반해서 매동국민학교 보내셨듯이 돈암동 사시면서 손자들도 다 위반해 가며 혜화국민학교를 보내셨어요. 근데 저는 그냥 학군대로 동신국민학교 보냈지만, 거기서 공부 잘하게 하려고 애는 썼지요. 🗣 학교 들어가기 전에, 요새는 그 정도는 아무것도 아닌데, 어떻게든 한글은 가르쳐서 보낼라고(웃음) 집에 가, 갸, 거, 겨 써서 붙여 놓고요. 치맛바람이라는 게 그 무렵 생겨났어요. 6학년 되면은 선생님한테 엄마들이 잘 가르쳐 달라고 막 돈 걷어서 드릴 때, 왕초 노릇은 안 했어도 항상 걷는다고 하면 내고, 모임에 오라면 가고, 그런 성의는 다했지요.🎧(주164) 변두리 학교에 다니니까 그 정도만 해도, 아이들이 공부를 곧잘 하면, 큰 문제는 없었어요.

장 : 당시에 유행으로 교육계에 치맛바람도 있었지만 또 춤바람도 있었잖아요?

🗣 그런 건 전혀 몰랐죠. 보통 동네 살고, 아 애가 줄줄이 달렸는데 애 하나 젖 떨어지면… 한가할 틈이 없잖아요. 내가 데뷔하고 나서 많이 쓰니까 사람들이 아, 그렇게 많이 쓸 걸 진작 쓰지 어떻게 참았냐는데, 그런 걸 생각할 여지가 없었어요. 애가 다섯이면 생각을 해 봐요. 내가 밤낮 그래요, 어렸을 때 누구 하나 손톱 깎으려면 애들이 다 와요. 다섯이면 발톱까지 하면 백 갭니다.(웃음) 🗣 보문동 살 땐 조금 지대가 높은데 집에 식모가 있었지만 매일같이 장을 보잖아요.🎧(주165) 옛날에

🎧 (주166)

『여성동아(女性東亞)』

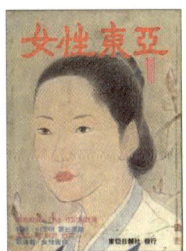

『여성동아』
1977년 1월호.

1967년 10월 동아일보사에서 창간한 월간 여성 잡지. 20대부터 60대에 이르기까지 다양한 연령의 여성을 독자층으로 삼았다. 내용은 생활 전반을 고루 다루되, 특히 가정과 사회의 문제점을 파헤쳐 현대의 여성, 특히 주부가 알아야 할 지식과 교양을 제공하는 것을 창간 당시 편집 방침으로 했다. 문예 방면에도 힘을 기울여 소설·시·수필·콩트에 많은 지면을 배당했다. 기획·특집과 연재물을 비롯해 요리·패션·미용·문화·레저·성·건강·다이어트·재테크·교육·육아와 생활 정보, 인물, 운세 등 다양한 내용을 다루고 있다. 해마다 여성 작가의 소설을 공모하는데, 박완서는 1970년 『여성동아』 공모전에 장편소설 『나목』이 당선되어 문단에 나오게 되었다.

🎧 (주167)

『여원(女苑)』

『여원』 창간호.

1955년 10월 학원사에서 창간한 여성 잡지로 그 이듬해부터 학원사에서 독립한 여원사에서 발간되었다. 교양·오락·생활 정보·독자 수기 등 다양한 내용으로 꾸며 1950년대 후반에서 1960년대 전반에 걸쳐 신태양사에서 발행하던 『여상(女像)』과 함께 우리 나라 여성 교양지로 주목을 끌었으며, 특히 직업 여성과 여대생들에게 인기가 많았다. 여성들을 대상으로 정기적인 요리·꽃꽂이 강습을 개최하는 등 부대 사업도 활발히 하였고, 내용도 본격적인 상업지로서 체재를 갖춘 여성 잡지였으나 그 뒤 창간된 『주부생활』 『여성동아』 『여성중앙』 등과의 치열한 판매 경쟁 끝에 경영난으로 1970년 4월호 통권 175호를 내고 폐간되었다. 해방 후 우리 나라에 처음으로 등장한 여성 종합지라는 점에서 잡지계와 여성들의 교양을 높이는 데 큰 영향을 미친 잡지로 평가받는다.

🎧 (주168)

최일남(崔一男, 1932년~)

소설가. 전북 전주 출생으로 서울대 국문과를 졸업하고 1953년 『현대문학』을 통해 등단했다. 『여원』 편집장, 『민국일보』·『경향신문』·『동아일보』 문화부장 등 언론사에 재직하면서 「두 여인」 「축축한 오후」 「노란 봉투」 「이런 해후」 등의 작품을 발표했다. 급격한 도시화와 산업화가 이루어진 시기에 출세한 시골 출신 도시인들이 느끼는 부채 의식과 소시민의 초라한 모습 등을 해학적 문체로 풀어냈다. 1980년 동아일보사에서 강제 해직된 후에는 「고향에 갔더란다」 「거룩한 응답」 「서울의 초상」 등의 작품을 통해 역사적 감각과 현실 비판 의식을 전면에 드러내기도 했다. 후기 작품들에서 사회 비판은 날카로운 창이 아닌 에둘러 눙치는 해학을 통해서 이뤄지고 해결은 통념에 따른 상식이라는, 최일남만의 스타일을 완성시켜 나간다. 작품집으로 『서울 사람들』 『거룩한 응답』 『누님의 겨울』 『그리고 흔들리는 배』 『하얀 손』 『만년필과 파피루스』, 수필집 『홀로 생각하며 걸으며』 『바람이여 풍경이여』, 시사 평론집 『왜소한 인간의 위대함, 위대한 인간의 왜소함』 등을 펴냈다. 월탄문학상, 한국창작문학상, 이상문학상, 은관문화훈장 등을 수상했다.

야 냉장고 있어도 그래요. 냉장고도 한 1960년대에 들여놨을 것 같애요. 어떤 땐 너무 사들이니까 창피할 지경이야. 제일 많을 때 아홉 식구의 먹을 것, 군것질 사 봐요. 저녁에도 제 아빠가 들어올 때 과자 같은 거를 늘 사 갖고 들어와요. 사들여도 사들여도 매일 장엘 가야 돼요. 그 때야 배달이라는 게 있나. 또 연탄 갈고 그런 집에서 도대체가.

여성 교양 잡지의 유행

장 : 주부로서의 일만으로도 하루가 빠듯하게 돌아가는군요.

● 네.

장 : 당시에 중산층 여성들이 여성 잡지를 보기 시작했잖아요.

● 네.

장 : 구독해서 보시던 여성지가 있었나요?

● 정기 구독 같은 건 없었어요. 여성지 사다 주는 게 애 낳고 누워 있을 때.(웃음) 사다 보긴 했어도요, 정기 구독 같은 거 있는지는 모를 때였어요, 네.(웃음)

장 : 그 시절 여성지는 지금 여성지하고 조금 달랐지요?

● 좋았지요.『여원』,『여성동아』아주 좋은 잡지였습니다.

장 : 잡지를 통해서 등단하신 문인들도 많았고요.

● 저도『여성동아』🎧(주166)로 나왔어요.

장 : 여성지에 대한 인식은 어땠습니까?

● 여성지가 그 때는, 좀 '아이, 저런 걸 읽나' 싶은 게『아랑』이라는 게 있었고 또 뭐가 있었나? 조금 저질 잡지로 본 잡지들입니다. ●『여원』🎧(주167)은 아주 고상하게 봤지요, 요새도 최일남(崔一男, 1932년~)🎧(주168) 선생님을 뵈었더니, 첫번에 취직한 자리가『여원』이었다던가,『여성동아』에도 계셨고,『동아일보』문화부장 하기 전에 잡지사를 셋을 거쳤는데 두 개가 여성지였다고 들었어요. 지금하고는 달라서 계몽적이었고요. 저도 가끔 사 본 게『여원』, 지식인 여성들이 기뻐하면서 읽었습니다.『여성동아』는 그 후에 창간됐고요.

장 : 그런데 여성 잡지였음에도 불구하고 남성 필자들이 글을 많이 발표했잖아요.

● 그렇지요. 연재 소설도 있고, 단편 같은 것도 실리고 또 수필 같은 것.

🎧 (주169)

『샘터』

『샘터』의 창간호.

1970년 4월 사단법인 샘터사에서 창간한 월간지. '거짓 없이 보람 있게 인생을 걸어가며, 조국을 사랑하며 나라 일을 소중히 여기고, 충성을 다하며 직장을 가정처럼 만든다'는 3대 정신을 바탕으로 발행되었다. 고등학생·대학생·근로 청소년들의 독서 습관과 독서 인구의 저변 확대를 목적으로, 언제 어디서나 간편하게 읽을 수 있는 내용과 크기로 만들어졌다. 창간 때부터 한글만 쓰기를 원칙으로 하고, 고운 우리말 찾기에 앞장섰다. 법정, 이해인, 정채봉(丁埰琫) 등의 글과 최인호의 소설 『가족』 등의 장기 연재로 이름을 얻었다.

🎧 (주170)

『슈후노토모〔主婦之友(주부지우)〕』

『슈후노토모』, 1941년 12월호.

1917년에 일본의 도쿄가정회(東京家庭會)에서 여성, 특히 주부들을 대상으로 창간한 잡지. 1920년대부터 여성들의 기호에 맞는 음악회와 강연회 개최 등 여성 주부들의 기호에 맞는 부대 사업을 통해 부수를 크게 늘렸다. 2000년대에 들어와 매체 환경의 변화로 인한 부수 감소로 2008년 사실상 폐간에 다름없는 휴간에 들어가 현재까지 발행되지 않고 있다.

🎧 (주171)

『후진코론〔婦人公論(부인공론)〕』
『주오코론〔中央公論(중앙공론)〕』

『부인공론』, 1961년 6월호.

『주오코론〔中央公論(중앙공론)〕』은 일본의 유서 깊은 종합 월간 문예지다. 1887년 교토 니시혼간 사(西本願寺)에서 학생들의 수양 단체인 한세이카이(反省會)가 창간한 기관지가 시초다. 1899년에 『주오코론』으로 제호를 바꾸면서 종교색을 없애고 문예와 평론을 다루기 시작했다. 이 무렵 저명한 편집자 다키다 초인(瀧田樗陰)이 잡지를 맡으면서 아쿠타가와 류노스케, 기쿠치 간 등의 문인을 데뷔시켰고 20세기 전반 일본 신진 작가들의 권위 있는 등용문이 되었다. 사회 사상의 새로운 흐름을 소개하고 진보적 정치 논평을 다루어 지식인과 문인들에게 널리 읽혔으나 1930년대에는 자유주의적·반군국주의적 편집 방침으로 인해 군부의 탄압을 받았다. 2차 세계 대전 중 폐간당했다가 1946년 복간되었다. 『가이조(改造)』가 폐간된 후 『세카이(世界)』와 함께 일본 종합 잡지의 쌍벽을 이루며 오늘에 이른다. 중앙공론사에서는 1913년부터 여성 관련 특집을 몇 차례 다루었는데 이것이 반응이 좋자 1916년부터 여성 관련 내용을 아예 독립시켜 『후진코론〔婦人公論(부인공론)〕』을 창간했다. 『후진코론』은 2차 세계 대전이 시작되기 전까지 『슈후노토모〔主婦之友(주부지우)〕』 등과 함께 일본 4대 여성 잡지로 꼽혔다. 현재 『주오코론』과 『후진코론』을 발행하는 중앙공론신사는 일본 요미우리 그룹에 합병되어 있다.

🎧 (주172)

안락한 함정

🔖 "자기를 못 믿어서 하는 소리가 아니라 내가 못 미더워 하는 소리야. 자기 공부 끝나 봐, 아이 낳고 싶을 걸. 아이 낳고 기르려면 천상 집에 들어앉을 수밖에 없고 그러다 보면 살림 재미에 푹 파묻혀버리지. 공부는 무슨 공부를 하겠어, 뻔해." / "그래서 나쁠 건 또 뭐니? 팔자가 늘어졌지." / "나는 그 늘어진 팔자라는 게 싫어. 그 안락한 함정에 빠진다는 게 무엇을 의미하는지 자기는 아마 모를 걸. 난 알아, 난 그럴 수가 없어." / 연지가 다시 지리멸렬해졌다. 그녀는 어머니를 떠올리고 있었다. 그 아름답고 팔자 좋은 여자를. 모든 사람들이 그녀의 팔자를 부러워했다. 그럴수록 그 여자는 자신의 외면상의 행복을 갑주(甲冑)처럼 굳히고 함부로 사람들 위에 군림하려 들었다. 그러나 연지는 알고 있었다. 적나라한 그 여자가 얼마나 참담한가를. —『서 있는 여자』(세계사, 1995년판) 중에서.

장 : 그런 것들에 대한 거부감은 없었습니까.

🎤 남자들이 발표 지면이 별로 없을 때니까요. 그리고 그것이 팔리는 잡지니까 거기에서 쓰는 게 반향이 있겠지요. 소설은 암만해도 문예지가 낫겠지만 그 후에 나온 『샘터』 🎧 (주169)도 그렇지만, 시론, 수필, 시도 실리고요. 소위 교양지지요.

장 : 실제로도 교양지 역할을 했던 거네요?

🎤 네. 일본에도 『여성공론』이라고 『중앙공론』 🎧 (주170)하고 같이 나오는 잡지하고 『슈후노토모』 🎧 (주171), '주부지우(主婦之友)'라고 돼 있는 거, 그 때 일본 잡지도 많이 수입이 되고 그랬어요. 나도 여기 욕구가 충족이 안 되니까 어렵게 얻어 보고 그러면 『중앙공론』, 『여성공론』, 아주 좋은 잡지였고요, 우리 나라에서도 그거 못지않은 게 『여원』하고 그 후에 나온 『여성동아』지요.

장 : 여성 문인들이 여성지로 등단하는 것에 대해서 부끄럽게 생각하는 분위기는 아니었겠네요?

🎤 그렇지요.

장 : 주부로서 바쁘게 생활을 했는데 작품을 쓰시겠다고 마음먹게 된 동기가 따로 있었습니까?

등단의 계기가 된 박수근 유작전

🎤 제가 편안한 결혼 생활을 했습니다. 너무 부자도 아니고 너무 가난하지도 않고 애 낳아서 건강하게 기르면서 평온한 생활을 했어요. 평온한 생활, 행복한 가정이라는 게 남자들에게는 창조적인 힘의 근원이 되는데 여성들은 거기서 확 퍼지게 돼 버려요. 잠재하던 불꽃이 타오르는 계기가 있지 않으면 그냥 만족하게 돼요. 🎧 (주172) 애를 한 해 걸러 낳는 동안에 전연 글을 쓰리라는 생각도 없고, 극성맞게 기르면서 옆에 원고지 놓고 이런 것도 [없었고요]. 책 읽는 건 늘 좋아했습니다. 🎤 그래서 박수근 화백을 만났던 게 고마움이 돼요. [PX에서] 그렇게 지내고 서로 따로 지내다가, 예술이라는 게 배고플 때는 안 됩니다. 지금 같은 세상이 될 거라고는 생각을 안 했지만 1960년대, 유신 시대도 거치고 조금씩 생활이 나아지면서 사람들이 밥걱정을 덜 할 때예요. 전시회라는 것도 열리고 박수근 화백도 지금같이는 아니지만 조금 이름이 나 갖고, 전시회를 그 때 신문회관 🎧 (주173), 지금 서울신

(주173) 신문회관

신문회관 전시실.

1962년 현재의 태평로 한국프레스센터 자리에 세워졌던 건물. 1년 전 쿠데타로 정권을 잡은 군사 정부가 민주 언론 창달을 명분으로 건립했다. 20여 년간 언론인들의 상호 협력과 친목 도모의 중심지 구실을 하다 1985년 한국프레스센터가 건립되면서 그 역할을 넘겨 주었다. 지금도 이 건물 1층에는 미술 작품 전시를 위한 공간이 운영되고 있다.

(주174) 반도화랑

현재의 소공동 롯데호텔 갤러리에 있던 화랑. 1950년대 말과 1960년대에 박수근, 이중섭, 김종학(金宗學) 등이 반도화랑을 중심으로 작품 활동을 펼쳐 이름을 얻었다. 반도화랑은 한국 최초의 상설 화랑이자 상업 화랑으로 반도호텔 안에 1956년 문을 열었다. 미국인 화상 실리아 짐머만(Celia Zimmerman)이 조직한 '서울 아트 소사이어티'가 반도화랑의 최초 설립자이다. 이후에는 화가 도상봉(都相鳳), 이대원(李大源) 등이 운영을 하다가 1974년 반도호텔이 롯데로 넘어가면서 화랑도 문을 닫게 됐다.

반도화랑이 있던 반도호텔.

(주175) 현대화랑 사장 박명자

1970년 현대화랑을 열어 우리 나라 상업 화랑의 발전을 주도해 왔고 국내 미술계에 큰 영향력을 갖고 있다. 1972년 현대화랑에서 기획·전시했던 《이중섭전》은 문화 예술계 내에서만 사랑받던 이중섭의 이름을 전 국민의 가슴에 심으면서 이중섭 신화를 촉발시킨 전시로 기억된다. 숙명여고를 졸업한 박명자 사장은 현대화랑을 설립하기 전 약 10여 년 동안 반도화랑 직원으로 근무했는데 이때 박수근, 이중섭 등 화가들과 교유한 인연으로 2004년 양구의 박수근미술관에 박수근의 작품 55점과 서귀포의 이중섭미술관에 이중섭 등 한국 대표 작가 38명의 작품 54점을 기증해 화제를 모으기도 했다. 현대화랑은 갤러리현대로 이름을 바꾸어 오늘에 이른다.

박수근미술관 개관식에서 박수근의 아들 박성남(왼쪽), 딸 박인숙(가운데)과 함께 미술관을 둘러보고 있는 박명자 사장.

(주176) 박수근과 아내

"나는 외출해서 돌아올 때(그 땐 우리집 있는 곳에 밭이 많고 집이 없어 먼 곳에서도 잘 보였다.) 우리집 용마루만 보아도 내 집이 어떻게 사랑스러운지 모른다."고 말씀하신다. 뭐가 그리 사랑스러우냐 물었더니 "먼 발치에서 우리집을 바라보면서 저 집안에 죽었다 살아온 나의 사랑하는 처자식과 동생이 있다는 생각을 하면 그렇게도 기쁠 수가 없다."고 하신다. 그이는 자기가 밖에 나가서 잡수신 것은 조금이라도 호주머니에 넣어 가져다 주셨고 언제나 새해를 맞아 달력이 새로 나오면 나의 생일날을 찾아 빨강 연필로 크게 동그라미를 그려놓고 나의 생일 전날 저녁에는 과일과 고기를 사들고 들어오셔서 인숙이 보고 "내일은 너의 어머니 생일이니 네가 아침에 밥을 지어라."고 하신다. / 결혼 후 한 번도 나의 생일을 그저 넘긴 적은 없었다. 나는 지금도 생각하면 돈이 호주머니에 넉넉히 있는 것도 아니고 버스 타실 차비를 걸어다니면서 아껴 미리 양복 윗저고리 안 호주머니에 모아 두었다. 그렇게 해주신 생각을 하면 너무나도 감사하며 지금도 내 생일날이 오면 그이가 전날 저녁에 먹을 것을 한아름 사들고 들어오시던 모습이 너무나도 선명하게 떠올라 나 혼자 울곤 한다. ─ 김복순(박수근의 아내), 「아내의 일기」(1990년 발표), 『우리의 화가, 박수근』, 시공사, 1995년 중에서

문사 자리든가, 동아일보사 자리든가, 아무튼 광화문 근처에 아주 괜찮은 화랑이 었어요. 현대화랑, 이런 거는 하나도 없을 땝니다. 🎧반도화랑🎧(주174)이라는 게 있 었고, 그 반도화랑에서 지금의 현대화랑 주인, 박명자 사장이 일했을 겁니다.🎧(주175) 박수근도 거기다 그림을 갖다 놓고 간혹 팔리면 돈도 받아오고…. 그런 얘기를 나중에 박명자 씨한테 듣기도 했어요. 난 그 사람이 간판쟁이가 아니라 화가였다는 거야 알았지만, 좋은 그림을 그려서 문화 면에도 날 정도라는 건 결혼해서 살면서 신문에서 보고 알았어요. 그 때 그 사람이 돌아갔어요. 아주 가난 속에서 돌아가셨습니다. 그것도 몰랐지요. 어느 글에서 나중에 알았지요. 신문회관에서 할 때가 1968년 유작전이었어요.

장 : 선생님께서 그 전시회를 가 보신 거예요?

🎧 가 보니까는 아, 저 사람이 가난 속에서 백내장 앓고 살았다는 건 그 때도 알았지만…. 그 사람은 반도화랑에 갖다 놓은 게 어쩌다 팔리면 그걸 갖고 집에 가면서 와이프 옷감이라도 하나 끊어 갈까 이런 고민한다고 어디 쓴 걸 본 일이 있는데,🎧(주176) 작품이 꽤 괜찮은 값으로 나와 있고요. 지금하고 댈 것은 아닐 때지만 제값을 받고 팔린 그림도 있더라고요. 그림도 좋았지만요. 🎧굉장히 가슴이 아프고 이상하더라고. 죽은 후에는 행세하는 작가가 돼 있지만, 그 분은 아무런 혜택도 못 보고 돌아가시고요. 그렇다고 유족이라도 풍족했냐면 그것도 아니고, 너무 가난했기 땜에 유족들은 하나도 소장한 게 없습니다. 이 착한 사람이 수모를 겪으면서 살아남기 위해서 그 싸구려 간판을 그렸다…, 이 생각을 하니까 가슴이 저리더라고요. 그것도 우리 나라 사람도 아니고 외국 사람 얼굴을 그렸을 생각을 하면.

불길처럼 치솟는 증언의 욕구

🎧 그 유작전을 보고 나서 그 사람에 대해서 뭔가 쓰고 싶어졌어요. 제가 6·25 때 뭘 쓰고 싶다는 치열한 욕망에 시달렸다는 얘기를 했는데 그 때도 이 사람이 어떻게 살았다는 걸 내가 증언하고 싶다는 생각이 계속해서 들더라고요. 그 때 제 소설의 시작은 아마 증언에 대한 욕구였던 거 같아요. 한 시대에 대한 증언, 한 인물에 대한 증언. 아주 미칠 것 같애요. 그 얘기를 하고 싶어서요.🎧(주177) 돌아간 후에 평가를 받아서 그림 값이 오르기로 쌍벽을 이루는 화가가 이중섭(李仲燮,

🎧 (주177)

증언의 욕구

📖 나는 그 이야기가 하고 싶어 정말 미칠 것 같았다. 나는 아직도 그 이야길 쏟아 놓길 단념 못 하고 있었다. 어떡하면 그들이 내 얘기를 끝까지 들어 줄까, 어떡하면 그들을 재미나게 할까, 어떡하면 그들로부터 동정까지 받을 수 있을까. ㄴ는 심심하면 속으로 내 얘기를 들어 줄 사람의 비위까지 어림짐작으로 맞춰 가며 요모조모 내 이야기를 꾸며 갔다. / 나는 어느 틈에 내 이야기로 소설을 쓰고 있었던 것이다. 토악질하듯이 괴롭게 몸부림을 치며, 토악질하듯이 시원해 하며. ―「부처님 근처」(1973년 발표, 『부끄러움을 가르칩니다』, 한양출판, 1994년판) 중에서.

🎧 (주179)

전쟁기 예술가의 두 가지 모습

📖 나목을 소설로 쓰기 전에 고(故) 박수근 화백에 대한 전기를 써 보고 싶었던 건 사실이지만, 내가 그를 알고 지낸 게 그나 내가 가장 불우했던 전쟁 중, 1년 미만의 짧은 시간이었기 때문에 전기를 쓰기엔 그에 대해 아는 게 너무 없었다. / 그렇지만 예술가가, 모든 예술가들이 대구, 부산, 제주 등지에서 미치고 환장하지 않으면, 독한 술로라도 정신을 흐려놓지 않으면 견뎌낼 수 없었던 1·4 후퇴 후의 암담한 불안의 시기를 텅 빈 최전방 도시인 서울에서 미치지도, 환장하지도, 술에 취하지도 않고, 화필도 놓지 않고, 가족의 부양도 포기하지 않고 어떻게 살았나, 생각하기 따라서는 지극히 예술가답지 않은 한 예술가의 삶의 모습을 증언하고 싶은 생각을 단념할 수는 없었다. ― 열화당에서 재출간된 『나목』 초판 후기 [처음 출판된 동아일보사 판에는 작가의 글이 없으므로 첫 작가의 말이 된다. 『나목』(세계사, 2012년 결정판)] 중에서.

🎧 (주178)

이중섭(李仲燮, 1916~1956년)

평남 평원군에서 태어났다. 1937년 일본 분카(文化) 학원 미술과에 입학한 후, 재학 중 《독립전(獨立展)》과 《자유전(自由展)》에 출품해 신인으로 주목받았으며, 미술창작가협회전에 출품해 협회상(1940년), 태양상(1943년)을 수상했다. 1945년 일본 여성 야마모토 마사코(山本方子)와 원산에서 결혼해 2남을 두었다. 6·25 전쟁이 일어나자 원산을 떠나 제주도를 거쳐 부산에 도착했다. 부인과 두 아들은 일본 도쿄로 건너갔으며, 이중섭은 홀로 남아 부산, 통영 등지를 전전했다. 1953년 밀항해 가족들을 만났으나 굴욕적 처가 신세가 싫어 다시 귀국했고, 이후 줄곧 가족과 재회를 염원하다 1956년 영양 실조로 40세에 적십자병원에서 사망했다. 작품의 소재는 소, 닭, 어린이, 가족 등이 많았다. 부산 피난 시절 박고석(朴古石), 한묵(韓默), 이봉상(李鳳商) 등과 같이 《기조전(其潮展)》을 만들었고, 신사실파에 한때 참여했으며 통영, 서울, 대구에서 개인전을 연 바 있다. 1970년대 이후 갖가지 회고전과 재평가 작업이 활발하게 일어났다. [☞『이중섭―30주기 특별 기획전』(중앙일보사, 1986년) 참조.]

1916~1956년)🎧⁽주178⁾ 화백이죠. 그 분도 술 퍼 마시고 정신 상태가 거의 알코올 없으면 견딜 수 없는 상태로 전쟁통을 보냈죠. 그래서 그 분의 비극적인 삶에 대해서는 많이 알려져 있어요. 왜냐면 그 분은 문인 친구도 많고 또 미술 대학을 나왔잖아요. 근데 박수근 화백은 미술 대학도 안 나왔어요. 독학으로 미술 공부를 한 분이고. 이 사람은 아무튼 묵묵하게 붓대를 놀려서 가족을 부양한 거 아니에요? 제가 생각허기에 PX 같은 데서 저 같은 계집애한테 구박을 받으면서 죽을 기를 쓰고 싸구려 그림을 그려 갖고 가족을 부양한 박수근의 생애가, 그 시대를 못 견뎌서 모든 걸 포기하고 술에 절어 갖고 광기를 부린 이중섭 화백보다 더 비극적으로 느껴지드라구요. 그… 어려운 시대에 예술가가 어떻게 살았나의 두 가지 측면 같애. 🎧⁽주179⁾ 전쟁이라는 건 지식인이나 예술가의 영감, 에스프리를 파괴하는 시대 아닙니까. ✊ 처음에 제가 시작헌 거는 소설이 아니라 전기였어요. 박수근 전기를 써야겠다. ✊ 투고하게 된 것도 처음부터『여성동아』였던 게 아니에요.『여성동아』에서는 7월달에 여류 장편 소설 마감이 있고, 또『신동아』🎧⁽주180⁾가 있지요. 지금은 교양지도 많지만 그 때『신동아』가 아주 고급 교양지였습니다. 거기서는 논픽션 공모를 했어요. 아마 지금도 전통이 그대로 남아 있을 겁니다. ✊ 그것이 5월이 마감인데, 이듬해 1969년이었을 거예요. 논픽션은 기럭지가 길지 않아요. 여류 장편은 1,200매 이상이어야 되는데 이거는 300, 400매만 해도 되고. 그래서 저기다 내야지 하고 쓰기 시작했어요. 써 보려고 하니까 그 사람에 대해서 아는 게 너무 없는 거예요. 그냥 PX에서 그런 일 있었고, 같이 차를 마시면서 어딜 사냐, 창신동 살고… 이런 얘기 외에는. ✊ 6·25 때 고생 안 한 사람이 누가 어딨어요. 양놈의 상판을 그렸다 이것만 생각해도 모욕스럽지만, 🎧⁽주181⁾ 그 정도면 어떻게 생각해 보니 예술가로서는 해피하게 산 거예요. 그것도 많이 그리면 그 때로서는 수입이 높은 거였습니다. 그 정도의 수입이 있었으면, 내가 우리 집을 부양할 수 있었던 것처럼 살 수 있었을 거거든요. 게다가 화가들은 나보다 훨씬 돈을 많이 찾아가요. 내가 주문 잘 맡아서 많이 밀려서 하루 종일 바삐 그리면요. 월급이 아니고 자기 그린 만큼 받아가니까요. ✊ 쓸 거라곤 나 같은 거한테 그렇게 막 취급받고 화가로서는 우중충한 데 앉아서 그리면서 얼마나 모욕스러웠을까. 고거 원고지 열 장도 안 되는 거예요. 논픽션이면 그 사람이 어쩌고 저쩌고 다 있어야잖아요. 그런데 아는 것도 거의 없어요.

장 : 논픽션을 쓰시기에는 자료가 정말 적은 거네요.

(주180)

『신동아(新東亞)』

신동아 1931년 창간호(왼쪽)와
1964년 9월 복간호(오른쪽) 표지.

1931년 동아일보사가 발행한 월간 종합 잡지. "조선 민중의 표현 기관으로서의 자임, 민주주의의 지지, 문화주의의 제창"을 창간 취지로 하여 발행되다 1936년 손기정(孫基禎) 선수의 베를린 올림픽 일장기 말소 사건의 여파로 폐간되었다. 이후 28년 후인 1964년 8월에 9월호로 복간했다. 복간 초기에는 유주현의 대하 소설 『조선총독부』를 연재해 인기를 끌었으며, 논픽션 현상 모집을 시작해 한국 문학에서 논픽션 부문이 자리를 잡는 계기를 만들었다. 현재는 그 영향력이 약해졌으나 우리 나라 잡지 사상 가장 오래된 종합 잡지로서 상당한 의미를 갖고 있다.

(주181)

화가의 모욕

"옥희도 씨 유작전이 있군." / 남편도 지금 그 기사를 읽고 있는 모양이다. / "죽은 후에 유작전이나 열어 주면 뭘 해. 살아서는 개인전 한 번 못 가져 본 분을." / "…." / "흥, 그 분 그림이 외국 사람들 사이에 꽤 인기가 있는 모양인데 모를 일이야." / '흥, 삽송의 쌍판을 헐값으로 그려 준 대가를 제법 받는 셈인가.' / "죽은 후에 추켜세우는 것처럼 싱거운 건 없더라. 아마 어떤 비평가의 농간이겠지…." / '흥, 당신이 생각해낼 만한 천박한 추측이군요.' / "에이, 모르겠다, 예술이니 나발이니. 살아서 잘 먹고 편히 사는 게 제일이지." / '암, 몰라야죠. 당신 따위가 알 게 뭐예요.' ─ 『나목』(세계사, 2012년 결정판) 중에서.

(주182)

옥희도, 박수근

"그분을 보면 화가라기보다는 화가일 수밖에 없는 화가라는 생각이 들어요. 난 해방 후 곧 삼팔선을 넘었지만 그분은 원체 딸린 식구가 많아서 이번 난리통까지 거기서 버티셨으니 그동안 무얼 했을까 문득 궁금해져요. 김일성의 초상화라도 그릴 수밖에 없었지 않나 하고. 고지식하게 한 가지밖에 모른다는 게 이런 경우 비극이 아니고 뭡니까." / 나는 처음 옥희도 씨에게 전직을 물었을 때 "그냥 환쟁이요" 하던 구김살 없이 순박하던 모습을 떠올렸다. / "아마 아이들이 다섯이나 된다던데, 무슨 딴 도리를 생각하지 않고 기껏 그 짓을 하고 있으니…." / '그는 다른 사람과 다르니까, 너 따위하곤 더군다나 다르단 말야.' / "다행히 부인이 똑똑해서 살림을 야무지게 꾸린다더군요." / '그이는 딴 사람하곤 다르다. 아무도 그것을 아는 사람은 없을 게다. 야무진 부인은 바가지나 야물게 긁겠지.' / "우리 형님 말이 부인이 한땐 꽤 미인이었다더군요." / "고만 가요." / 나는 먼저 일어나 밖으로 나왔다. 찬바람이 휙 머리카락을 날렸다. ─ 『나목』(세계사, 2012년 결정판) 중에서.

● 어디 사나? 창신동 어디…. 우리 집이 보문동 살 때니까 금세 찾아가 볼 수도 있겠지만, 그것이 내 적성에 안 맞는다는 걸 느꼈어요. 사람을 추적을 하는, 신문 기자의 기질 같은 거, 그게 싫더라고요. 자녀가 몇인지도, 와이프는 어떤 사람이었는지도 모르겠고. 그냥 내가 추측할 때 박수근 씨가 제일 돈을 많이 찾아갔어요.

장 : 그래도 제일 그림을 많이 부탁했나 보네요.

● 그 사람한테 배당을 많이 준 것도 있었지만 그냥 빨리빨리 그리고, 빠꾸도 많이 당했지만요. 여러 가족을 부양해야 된다는 데 쫓기는 듯했어요. 그래서 나는 와이프를 상상할 때, 그 때는 여자들도 나가서 어떻게 해서든지 돈 벌 때거든요. 한창 때는 여자들이 더 돈을 벌고 그럴 땐데, 저렇게 남편이 나가서 버는데, 저 여자는 그냥 집에서 돈만 밝히는 여자거니, 괜히 그런 생각도 들더라고. 그렇지만 실제는 아닐 수도 있잖아요. 아이들이 더 많이 있는 것 같고 불쌍한 광경이 상상만 되다 뿐이지….🎧(주182) 그러니까 잘 써지질 않아요.

장 : 밝혀진 건 하나도.

허가받은 거짓말, 소설

● 그러니까 자꾸 쓰다가 빗나가면서 내가 상상한 걸 보탤 적이 있어요. 그럴 때는 즐겁게 써져요. 원고지에다가 쓸 때니까 하루 대여섯 장만 써야지 했는데, 이십 장도 써지는 날이 있어. 보면 막 내가 보태는 거야. 고 다음날 계속해서 쓰려고 어제 거 읽어 보면, 이건 아닌 거예요. 진짜만 추리고 나면 뼈대만 남고. 말보다는 거짓말을 보태니까 잘 써진다 싶어요. 거짓말을 시키는 게 내 소질이라는 걸 느꼈어요. 그 때는 생각도 못 했지만, 쪼끔 어려운 말로 하면 상상력이죠. 사실에다 상상력을 보태야지 사실의 뼈대만 갖고 쓰는 건 난 도저히 재미가 없구나. ● 또 하나가 그 사람 얘기만 써야 되는데 내 얘기도 쓰고 싶더라구요. 나는 그 시절 어떻게 살았나. 그 어떤 소설이든지 주인공이 누구든지 간에 자기가 들어가지 않는 소설은 없다고 생각해요. 그 어떤 인격 중에도 자기가 투사가 되는 거지. 이야기 속에 나도 들어가고 싶은 거, 그리고 상상력을 보태고 싶은 이것이 바로 소설의 형식이라고 생각해요. ● 그런데 만약 논픽션에 냈는데 사실이 아니라고 밝혀지면 당선이 됐다가도 취소가 되는 거 아니에요? 거기 규정이 있어요. 논픽션이라는 말 자

🎧 (주183)

『나목(裸木)』

1970년 『여성동아』 장편 소설 공모에 당선된 박완서의 처녀작이다. 6·25 전쟁과 분단 문제, 물질 중심주의 풍조와 여성 억압적 환경에 대한 비판을 당시의 사회 현상과 연관해서 그려냈다. 소설은 6·25 전쟁 중 미군 PX의 초상화 가게에서 일하는 주인공 이경이 가난하고 불우한 화가 옥희도를 만나면서 시작된다. 두 오빠의 죽음이 자신 때문이라는 죄의식에 시달리고 있는 이경은, 옥희도의 눈에서 자신의 모습과 같은 황량한 모습을 느끼며 이성으로 끌리기 시작한다. 이후 명동성당과 완구점 앞에서 계속 만나던 중 옥희도가 가게에 나오지 않자, 그의 집으로 찾아가 캔버스에 고목이 그려져 있는 것을 발견한다. 두 오빠의 환영에 사로잡혀 있던 어머니가 죽고 이경 역시 다른 청년과 결혼해 전쟁의 기억도 사라질 만큼 세월이 흐른 뒤 이경은 옥희도의 유작전에 들른다. 이 전시회에서 이경은 예전에 보았던 그림 속 나무가 '고목(古木)'이 아니라 '나목(裸木)'이었음을 깨닫는다. 삭막한 나무를 고목이 아닌 새싹을 틔울 나목으로 보았던 예술가의 안목을 이경 역시 먼 훗날 뒤늦게 깨닫게 된 것이다. 전쟁 때 두 오빠가 폭격으로 죽은 것이 자신의 잘못 때문이라는 죄의식에 시달리는 이경과 죽은 두 아들의 환영에 사로잡혀 사는 어머니, 진정한 화가가 되기를 원하면서도 미군 매점에서 초상화를 그리며 살아가야 하는 옥희도 등 주인공들은 모두 전쟁이라는 황폐한 상황이 만들어 낸 초상들이다. 주인공이 황량한 정신 세계에 머무르지 않고 평범한 일상으로 돌아가면서 아픔을 극복해 가는 과정과, 진정한 화가의 길로 들어선 뒤 작품을 남긴 채 떠나는 옥희도의 모습 등을 촘촘한 문체로 그려내 평단의 높은 평가를 받았다. 박완서는 공모 당선 때 받은 상금 오십만원으로 남편, 막내 아들과 속리산 여행을 다녀왔다.

🎧 (주184)

화가의 아내

🐚 옥희도 씨는 미처 말을 마치기도 전에 심한 기침의 발작을 일으켰다. 그동안 부인은 조용히 한 손을 남편 등에 대고 기침이 멎기를 기다렸다가 재빨리 사기 재떨이를 입에 갖다 대고 가래를 뱉게 하는 동작이 조용하면서도 지성스러웠다. (…중략…) 나는 그런 그녀를 날카롭게 관찰했다. / 거무스름한 통치마에 윗도리는 국방색 남자용 방한 점퍼를 걸친 초라한 차림새가 그녀의 섬세한 목과 얼굴을 도리어 돋보이게 떠받치고 있었다. / 점퍼의 목둘레가 헐렁한 때문일까, 목이 좀 길어 보이고 그 사이로 드러난 내복이 정결하게 흰 것에 호감이 갔다. / 나는 그녀에게 호감을 느끼는 내가 너무 마음이 좋은 것 같아 좀 화가 났다. / 그러나 그녀의 희고 긴 목은 남의 미움 같은 걸 도저히 감당할 것 같지가 않았다. / 나는 그녀가 권하는 사과 한 쪽을 오래오래 썹었다. 그녀는 애들을 보내는 것도, 사과를 권하는 것도 말없이 그저 눈으로만 했다. 그녀의 눈짓과 동작에는 풍부한 느낌과 사연이 있었다. 나는 점점 더 화가 났다. 도무지 바가지를 긁을 것 같지도 않으니 말이다. / 궁상맞고 헐렁한 방한 점퍼 속의 정결한 내의. / 게다가 희고 긴 목과 섬세한 얼굴은 하필이면 내가 좋아하는 모딜리아니가 그린 여인들을 닮았을 게 뭐람. ─ 『나목』(세계사, 2012년 결정판) 중에서.

체가 그렇잖아. ❧ 그러면 허가 많은 거짓말이라는 건 뭐냐. 픽션이 나에게 맞는구나. 아, 거짓말을 보태니까 이렇게 즐겁고, 쓰는 게 즐거워야 되잖아요? 그래 갖고 쓰던 걸 아주 파기를 해 버렸습니다. 다행스럽게도 날짜도 좋더라고. 내가 그 해, 1970년 초였을 것 같애요. 5월달에 낼려고 쓰던 거를 2, 3월 됐을 때 다 찢어 버리고는 느닷없이 소설로 바꿨어요. 그거는 1,200장이나 되고 마감은 7월이었습니다. 그렇게 안 나가던 붓이 방향 전환을 하고 나니까 너무너무 빨리 써지는 거예요. 물론 한 달에 쓴 건 아니지만 아주 쾌속으로 썼어요. 자유스럽게 상상력을 보탤 수 있고 또 나두, 거기다 한 가닥 들어가서 할 수 있고. 이름도 실명에서 다 고쳐서🎧(주183) 박수근은 옥희도로, 그 사람의 와이프를 돈만 밝히는 악처로 상상을 했는데, 소설에서는 이쁘게 만들어 주자고 아름다운 여자로 만들고.🎧(주184) 너무 즐겁더라고요. 그게 당선이 됐으니까…. PX 시대가 나에게 중요한 시대였고, 거기에서 〔보낸〕 일 년 동안이 내 지금까지의 운명을 다…. 그 전까지는 나는 일류 대학 다니다 거길 갔기 때문에 자꾸 숨기고 싶어하고, 결혼할려면 어떻게 하나, 결혼할 때도 저 남자는 날 다 아니까 그게 편했어요. 그만큼 굉장히 수치스러워했는데, 지금 생각하니까 그 수치스러운 거기서 나의 좋은 모든 것이 나왔던 게 아닌가 싶어요. 내가 40, 50대에 소설 속에서 할 수 없이 나도 거기 댕긴 일이 있다고 쓰면, 사람들은 아휴, 재미있었다 그러고 하나도 흉으로 여기지 않아요. ❧ 나는 외딸로 자라 조그만 불편도 못 참을 만큼 이기적이에요. 그것도 많이 나아졌지만. 하지만 우리 시어머니는 며느리 친정에 보내기 싫어하는 거 외에는 정말 좋은 분이었고, 남편도 착하고. 그리고 우리 아이들, 머리는 내 머리를 닮은 것 같은데 무던해요. 아들을 잃은 게 내 일생 중에 가장 힘든 일이었지만, 배려가 깊고 좋은 아이들 만났고요. 좋은 아이들을 내가 낳았다기보다 그것도 만남 아니에요? ❧ 이렇게 속 안 썩이고 편안하게 살게 해 준 모든 것이(웃음) 거기서 나왔고요. 한 번도 부자로 살아 보지는 않았어. 지금 내가 되레 부자지. 아이들 다 시집 보내고 쓸 일도 없고. 그 동안 부자는 아니었어도 돈 걱정을 안 시켰었어요. 이를테면 아이들 등록금, 다섯 되니 굉장하잖아요. 그래도 딱딱 맞춰 봉투에 넣어서 갖다 줘요. 내가 몇십 몇 원까지 맞춰서 주면 애들이 떼어먹을 수도 없잖냐고 그러면 아, 그래? 고 다음엔 우수릴 부쳐서 주고요. 그 정도로 무던해요. 또 고생 안 시킨 것 중에 하나가, 지금은 우스운 일이지만 그 때는 일 년 먹을 쌀을 가마로 미리 사요. 밥을 많이 먹을 때니까 쌀값 오르는 게 큰 거 아니에요? 쌀 때문에 통일미🎧(주185)도 생겼잖아

🎧 (주185)

통일미(統一米)

해마다 식량 부족으로 곤란을 겪던 1970년대에 일본형과 인도형 쌀을 교잡(交雜)시켜 개발한 쌀의 품종. 기존 쌀 품종보다 월등한 수확량으로 정부에서 전국의 쌀 농가에 생산을 장려히면서 수요 이상으로 생산이 늘어 정부가 쌀 수급 정책을 두고 곤란을 겪기도 했다. 높은 생산성에도 불구하고 맛이 없어 지금은 재배하지 않고 있다.

🎧 (주186)

안정된 소시민의 생활

📖 가을이면 일 년 먹을 양식을 먹고 남게 들여놔서 이듬해 햅쌀 나올 때까지 먹고 남으면 떡을 해서 동네방네 나눠먹는 게 그 집의 오랜 전통이라고 했다. 여름에 묵은내 나고 바구미가 생긴 쌀을 즐거운 듯이 키질하면서 시어머니가 한 밀이다. 마킹스단 말은 생겨나기도 전, 절량농가니 보릿고개니 하는 말이 장마 소식보다 일쩍 올 때였다. 양식뿐 아니라 연탄도 여름에 일 년 쓸 것을 한몫으로 들여놨고, 아직 개량하지 않은 군불아궁이 지필 장작도 청량리 나무장에서 원목으로 사다가 사람을 사 패서 마루 밑에 차곡차곡 쟁여놓고 있었다. 제때 메주 쑤고, 고추 사 말리고, 새우젓 들이고, 김장 담그고…. 철철이 돌아오는 큰돈 쓸 일이 다 그의 주머니에서 따로 나왔고, 그런 일을 행사할 때 그는 권위 있고 당당해 보였다. 시집에 확고하게 자리잡은 그런 안정감도 내가 시집을 부자라고 착각하는 데 한몫을 했을 것이다. 그러나 변화를 꿈꿀 수 없는 안정감이야말로 나에게는 족쇄였다. 남편을 갈구고 따져서 어떡하든지 허점을 찾아내고 싶은 욕망은 족쇄를 느슨하게 할 수 있는 가능성의 모색인지도 몰랐다. ―『그 남자네 집』(현대문학, 2004년판) 중에서.

🎧 (주187)

남편의 귀갓길

📖 술을 좋아하는 남편이 통금이 임박한 시간까지 안 들어오면 찻길에서 집까지 들어오는 동안 두 군데나 열린 채 방치돼 있는 맨홀 구멍 먼저 떠올랐다. 실제로 맨홀 구멍에 빠져 죽은 사고사가 연탄 가스 중독사보다는 덜 해도 꽤 될 때였다. 만약 사고로 남편이 먼저 간다면 나도 별수 없이 이 애새끼들하고 날더러 어찌 살라고, 하면서 울부짖었을 것이다. 내가 그렇게 형편없다는 걸 인정하면서도 내가 먼저 죽었을 때 남편 또한 틀림없이 이 아이들을 나 혼자 어떻게 기르라고, 하면서 통곡하리라는 믿음이 위안이 되었다. ―『그 남자네 집』(현대문학, 2004년판) 중에서.

요. 좋은 쌀 들여 놓고 연탄을 짝으로 들여 놓으면 세상에 걱정이 없는 거야.🎧⁽주 186⁾ ✿ 요샌 쌀을 조금 들여 놓고 먹잖아요. 한꺼번에 많이 들여 놓으면 맛도 없어지고 벌레난다고. 요새 벌레가 조금 나면 큰일나는 줄 알아. 그 전엔 집에 키가 있어 가지고 시어머니가 이렇게 까불어 갖고 벌레 제거하고요. ✿ 그러니까 남편이 호강은 안 시켰어도, 편안하게 살게 해 준 것은 참 고마워요. 내가 만일 사치스러웠으면 사치를 조금 할 수도 있었을지도 몰라. 근데 나는 지금도 돈 계산을 잘 못해요. 숫자를 생각을 하면 골치가 아파. 사업하는 사람한테 매일 돈 달래기 싫잖아요. 여북해 나는 한 달 월급을 주면 계획성 있게 못 쓴다, 그래서 주급을 달라고 그랬다고요. 가계부도 죽어도 못 쓰겠어. 물론 친정서부터 어머니 살림하는 걸 봐서 낭비 안 하고 필요하지 않은 거 충동 구매 안 하고, 고런 건 잘하지요. 옷 안 해 입냐면서 돈을 따로 주기 전에는 괜히 나가서 옷 사거나 안 하고.

장 : 네.

✿ 그런 것도 있었어요. 남편하고 쭉 살면서, 모든 걸 다 잘해 주니까, 애는 많고, 식구도 많고 그러니까 만일 저 남편이 삐끗하면 어떻게 되나? ✿ 전기 무슨 공장도 하고 그랬어요. 술을 좋아하니까 늦게 들어오면 그 전에는 길도 불안하고 차도 별로 없지요. 길에 맨홀 뚜껑 같은 것도 열려서… 그런 데 빠지는 수도 있고. 아, 그러면 어떻게 하나, 만일 별안간 저 사람이 죽으면은 난 꼼짝없이 어떻게 할 수 없는 거예요.🎧⁽주187⁾ 경제력이라고는 요만큼도 없는 거야.

상금 50만 원과 엄마의 자존심

✿ 내가 소설로다 전환을 하면서 지금은 『여성동아』 상금 이천 삼천 해도 적은 돈인데 그 전에는 50만 원도 큰돈이었어요. 나보다 좀 전에, 돌아가신 홍성원(洪盛原, 1937~2008년)🎧⁽주188⁾ 씨가 「디데이의 병촌」이란 걸로 당선이 됐는데 50만 원으로 교외지만 집도 샀다는 얘기 쓴 글을 본 일이 있어요. 그 정도로 컸어요. ✿ 안 써지고 고달플 때도 있잖아요. 아, 이까짓 걸 내가 왜 이렇게 하나 그러다가도 50만 원을 벌어서 남편한테 보이고 싶다는 생각도 나더라고요.(웃음) 만약 당선이 되면, 문명(文名)을 날린다 이런 생각보다도 남편한테 나도 돈 벌었다 그래 보고 싶더라고요. 밤낮 타 쓰는 여자가. 그러면 아주 졸립다가도 벌떡 써져.(웃음) 또

🎧 (주188)

홍성원(洪盛原, 1937~2008년)

소설가. 경남 합천에서 태어나 고려대 영문과를 중퇴하고 1964년 『한국일보』 신춘문예를 통해 문단에 나왔다. 인문주의적 휴머니즘을 바탕으로 현대 사회의 비인간적 허위 의식을 날카롭게 비판한 작품들을 발표했다. 주요 작품으로 『폭군』, 『남과 북』, 『먼동』 등이 있으며, 대한민국문학상, 현대문학상, 이산문학상 등을 수상했다.

🎧 (주189)

대우 워드프로세서

📖 오디오나 비디오 등 가전 제품의 기초적인 조작도 잘 못하는 내가 일찍부터 기계로 글을 쓴다는 걸 사람들은 신기해하고, 스스로도 좀 웃긴다고 생각하고 있다. 지금은 컴퓨터를 쓰고 있지만 워드프로세서가 막 선보였을 적부터 그걸 쓰기 시작한 것도 실은 종이하고 관계가 있다. 나는 원고를 쓸 때 파지를 참 많이 내는 편이다. 특히 소설의 경우 처음 열 장을 쓰기까지는 오십 장 내지 백 장은 되게 파지가 난다. 건물로 치면 기초 공사에 해당하는 부분이 가장 힘들다. / 온종일 악전고투 끝에 건진 원고는 두세 장이나 될까말까 한데, 파지는 방안 가득 널려 있고 그 안에 지칠 대로 지쳐서 망연히 앉아 있는 자신을 발견하게 된다. 스스로 생각해도 참담하고 누구한테 그런 꼴을 들킬까 봐 겁도 난다. 그렇다고 만족할 때까지 고칠 수 있는 것도 아니다. 대개는 원고 마감이 지나 더는 고칠 시간이 없을 때까지 고치다가 제풀에 지쳐 보내버리고 만다. (…중략…) 처음 워드프로세서를 써 보고는 꿈의 기계라고까지 극찬을 아끼지 않았다. 파지 한 장 안 내고 마냥 뜯어고칠 수 있다는 게 그렇게 신기했다. 온종일 아무리 악전고투를 하고 나도 아무런 흔적없이 시침 딱 떼고 앉아 있을 수가 있다는 게 어떤 때는 조금 허전할 지경이다. ─ 수필 「종이와 활자의 참을 수 없는 가벼움」(『어른 노릇 사람 노릇』, 작가정신, 1998년) 중에서.

☞ 1980년 대우전자가 개발한 워드프로세서. '르모'라는 이름으로 출시돼 학자나 문인들로부터 큰 인기를 끌면서 일반에도 보급되기 시작했다. 르모가 성공하자 삼성, 금성, 삼보 등이 잇따라 시장 진입을 했지만 대우 르모의 인기를 따라잡진 못했다. 워드프로세서 시장 현황에 관한 1980년 12월 16일자 『경향신문』 기사를 옮겨 본다. "국내 최초로 르모 I을 개발한 대우전자가 곧 르모 II를 개발, 가격을 120만 원에서 87만 원으로 대폭 낮추면서 이 분야에서 계속 선두 주자를 고수해 오고 있다. 이 달 말경 르모 III를 선보일 예정. 이 신제품은 액정 화면을 기존 제품의 배로 확대하고 무게도 현재의 6.5kg에서 1.5kg 줄인 5kg으로 낮출 예정이다."

내가 유명해지고 소설가가 되면은 공부 좋아하는 우리 엄마가 좋아하겠다, 그 생각. 나 시집 올려고 그럴 때도 우리 엄마가 그냥 못마땅해 했어요. 조금 형편도 낫고 다시 학교 다닐 수 있는데 뭐러 시집을 가느냐고요. 우리 엄마는 딸에게도 기대를 많이 하고 길러서, 나는 내가 제일 잘난 줄 알고 남녀 차별도 못 느끼고 그랬잖아요. 스스로도 내가 남편보다 더 좋은 학교 나왔다고 생각하고…. 그러니 내가 만일 돼서 신문에 나면 우리 엄마가 얼마나 좋아할까. 그 생각 두 가지. ● 내가 과로하고 떨어지면은 창피하니까 아이들 학교 간 다음에 쓴다든가, 밤에 썼어요. 남편만 알았지, 애들은 모르게 했어요. 엄마로서의 체면이 있지 이런 생각도 하고. 졸릴 때 나를 격려해 준 게 50만 원하고 엄마였어요. ● 창피하고 그래서 소중한데도 가져가질 못하고 우편으로 부쳤어요. 원고가 천 장 얼마 되면 분량이 이만합니다. 신설동 우체국엘 갔는데, 지금 같으면 [복사를 해서] 다들 원고가 또 한 벌 있잖아요. 그 때는 그야말로 그것밖에 아무 것도 없고요. 원고지에 정서한 거를 집에서 잘 묶어 가지고, 양회 종이 같은 게 있어요. 노끈으로 묶어서 가지고 가서 등기로 했는데 소포 넣는 데는 저 쪽에 있어요. [우체국 직원이] 이렇게 받아서 놓질 않고 거기다가 던지는 걸 딱 본 거예요. 가슴이 철컥 내려앉으면서 저 사람들이 막 취급하면 안 갈 수도 있고, 나에게는 이렇게 소중하지만 밖에 나오면 저렇게 별게 아니구나. 또 난 정서를 해서 보냈어도 지금도 내 글씨가 형편없어요. 내가 그래서 컴퓨터를 일찍 쓰게 된 것 같애요. PC 나오기 전에 저거부터 썼으니까.

장 : 타자기요?

● 타지기는 쓸려고 하다 못 쓰고 대우에서 나온 워드 프로세서●(주189)라는 게 있었어요. 워드만 하는 건데, 그걸 썼어요. 너무 형편없는 원고를 넘기면 미안하고 오자가 나면 내가 말도 못하겠고 그래서요. ● 우체국에서 구박받는 걸 보고, 구박받는 것도 아닌데 집에 가서 생각에, 심사위원들도 이렇게 열고는, 무슨 국민학생 글씨 [같아서 아예 처다도], 안 볼 것 같애. 그리고 아, 누가 남의 글을 그렇게 열심히 보겠나. 그럴 때 내 글에 대한 애처로움. 지금도 혹여 심사를 맡으면 허투로 봐지질 않아요. 힘들더라고. 그래서 난 심사는 못하겠어.(웃음)

(013) 『**나목**』 초판본. 아치울 자택에서 평소 쓰던 소반 위에 놓고, 2011년.

습작 없이 쓴 처녀작 1,200매

장 : 처음 써 보는데 1,200매를 다 쓸 수가 있었어요, 선생님?

● 그러믄요. 네.

장 : 습작을 안 하셨잖아요?

● 습작 안 해도 책 많이 읽으면 돼요.

장 : 책을 많이 읽는다고 술술 써지는 건 아니잖아요. 더군다나 처녀작인데 1,200매를 쓰셨다는 게 쉽지 않으셨을 텐데….

● 그 전에 물어 보는 사람이 있지 않아요?(웃음) 습작 안 하고 썼다니까 안 믿고.
● 내가 됐다고 인터뷰를 온 거야. 그 집에 전화가 있었나, 없었나. 직접 주소를 찾아왔어요. 기자 두 분이 왔는데 남자 분은 나중에 국회의원도 되고 국회의장도 되고, 임채정(林采正, 1941년~)🎧(주190) 씨. 그 때 기자였어요. 내가 무슨 문학 소녀 티가 나나, 애를 줄줄이 거느리고 시어머니 있고 그런 여자가 나왔겠지. "저, 박완서…." 찾으니까 속으로 '어머, 나 됐구나.' 하면서 나라고 그랬더니, 뭘 좀 보재요. 습작한 거 아무것도 없다니까 증거 될 만한 거 없냐고 그러더라고. ● 내가 애들한테 일기 쓴다, 일기 쓴다 그랬는데 그 전에 파는 일기책 중에 두꺼운 게 있잖아요. 원고지에 쓰기 전에 일기책에 잘게 메모해 놓은 게 있어요. 그걸 안 버렸어요. 보여 줬지. 이렇게 보더니 그제야 "아", 그랬어요.

장 : 진짜 다른 작품으로 습작한 건 없었고 메모가 다였어요?

● 네. 거기다 메모해 가지고 원고지에 옮겨 쓰고 그랬기 때문에요. 그건 그야말로 원고지가 아까우니까 옮겨 쓰기 위해서. 처음에 노트나 쪽지에다 잘게 쓰는 과정은 컴퓨터 안 쓸 때 많이 했어요. 저는 그걸 옮겨 쓰면서 조금 더 정선되게 할 순 있었겠지만 다른 습작을 해 본 일은 없습니다.

장 : 그런데 한 번에 1,200장이 된 거예요, 선생님?

● 네. 물론 한꺼번에 옮긴 게 아니고 고기다 쓰고 며칠 있다 옮기면서 분량을 조절하고 그렇게 했지요.

장 : 『나목』이 첫 작품으로 당선되신 거잖아요.

● 네.

장 : 사람들이 어떻게 그렇게 한 번에 당선이 될 수 있을까 궁금해 하거든요. 픽션을 쓰시려다가 논픽션으로 가셨지만 글을 쓴다는 게 쉬운 일이 아니잖아요? 그 이

🎧 (주190)

임채정(林采正, 1941년~)

정치인. 전남 나주 출생으로 고려대 법대를 졸업하고 『동아일보』 기자로 일하다 1975년 해직됐다. 1988년 평화민주당에 입당해 14대, 15대, 16대, 17대 국회의원과 열린우리당 의장을 거쳐 2006~2008년 국회의장을 지냈다.

🎧 (주191)

PX의 고기 처분

🍃 그 때 서울의 전기 사정은 말이 아니었다. PX는 특선이었지만 정전이 잦았다. 지하에 스낵바가 새로 생기고 나서 얼마 안 되어서의 일이다. 무더운 여름날이었는데 온종일 전기가 나갔다. 다음날 이상한 소문이 꼬리에 꼬리를 물고 퍼졌다. 스낵바에 있는 대형 냉장고 속에 저장한 고기와 계란을 한강에다 갖다 버린다는 거였다. 고기와 계란은 한 트럭도 넘는 부피라고 했다. 그들에겐 정해진 시간 이상 냉장고에 정전이 됐을 때, 그 속의 음식을 절대로 먹을 수 없다는 법이 정해져 있는데, 어제 정전은 바로 그 정해진 시간 이상 계속됐다는 거였다. 그러나 거기서 일하는 한국인 종업원의 말에 의하면 워낙 딱딱하게 얼은 고깃덩어리라, 언 것이 먹기 좋을 만큼 녹았을 정도지 상하려면 아직아직 멀었다는 것이었다. 전기 냉장고라는 게 어떻게 생겼는지 구경도 못 해 본 때였다. 푸줏간에서도, 가운데 톱밥이나 처넣고 이중으로 만든 나무통에 얼음 몇 장 넣고 고기 넣고 팔면 위생적인 걸로 알아 줄 때였다. 그리고 미군 부대에서 흘러나온 음식 찌꺼기를 모아서 한데 넣고 끓인 꿀꿀이죽이 서울 사람의 최고의 영양식이던 때였다. 저희가 못 먹을 거면 우리한테 선심이나 쓰면 어때서 그걸 실어다가 한강물에 던질 게 뭐냐 말이다. 아무리 배부른 족속이기로서니 하늘 무서운 줄을 알아야지. 세상에 벼락을 맞을 짓을 해도 분수가 있지. ― 「공항에서 만난 사람」(『조그만 체험기』, 문학동네, 1999년판) 중에서.

🎧 (주192)

물건이 흔한 나라, 미국

🍃 계단 밑을 이용한 깊숙한 창고에는 새하얗고 보드라운 화장지가 길길이 쌓여 있었다. 그건 그녀가 감히 꿈도 못 꿔 본 부(富)티였다. 황홀했다. 친정에선 재래식 변소에서 신문지를 뒤지로 쓰다가 미국으로 시집 온 거였다. 언니들은 어쩌다 가 본 호텔 화장실에서 흰 두루마리 화장지를 둘둘 말아 핸드백 속에 숨겨가지고 와서 화장을 지울 때만 아껴가며 썼다. 크리넥스를 쓴다는 건 곧 부의 척도였다. 신혼기간 동안 차례를 정해 가며 그들 내외를 초대해 준 남편의 친구나 동기간의 집을 돌면서 느낀 것도 이 나라엔 어쩌면 이렇게 종이가 흔할까 하는 거였다. 저것들을 언니들한테 몇 통만 부쳐 주면 얼마나 좋아할까. ― 「후남아, 밥 먹어라」(2003년 발표, 『친절한 복희씨』, 문학과지성사, 2007년판) 중에서.

전부터 구상을 해 오셨는지요?

● 그게, 전혀 안 했어요. 누굴 사사하면 투고했다가 떨어지더라도 거기에 대한 평이 나오지 않습니까? 그런 거를 안 겪은 거죠. 당선됐을 적에 우리 집에 보러 왔을 때 그 중에 한 사람이 저한테 "아, 이제부터 바빠지시겠습니다." 그래요. 저는 그 때까지도 문단에 데뷔한다는 것의 확실한 뜻도 몰랐어요. 내가 이걸 갖고 나오면은 작가 대접을 받는다 생각도 없었고. 결국은 소설로 돼서 많은 허구를 보태긴 했지만 내가 알린다는 성격, 증언의 욕구가 강했어요.

6·25와 PX에 대한 증언

● 그래서 내가 겪었던 PX의 분위기는 굉장히 사실적으로 썼습니다. PX에서 우리가 겪은 문화의 차이 같은 것도요. 지금으로서는 당연한 일이지만 그 때는 우리가 너무 가난할 때니까 "어머, 어떻게…", 이런 여러 가지가 있었어요. ● 전쟁 중이니까 PX 같은 데도 불이 나갈 적이 있어요. 우리 나라에는 집에 냉장고라는 게 없을 때지요. 저도 결혼하고 한 15년 있다가 냉장고라는 걸 샀는데요, 그럴 땐데 거긴 밑에 식당이 있고 대형 냉장고가 있지 않습니까? ● 지금 병 걸렸다고 닭을 살처분한다 이런 것, 옛날에는 상상도 할 수 없는 일이거든요. 미군 부대에서 먹다 설거지통에서 나온 거를 꿀꿀이죽이라고 시장에서 팔 때니까. 근데 딱 규정이 있어 갖고 몇 시간 이상 정전이 되면 거기 있는 고깃덩어리, 햄버거 해 놓은 거를 그대로 한강에 갖다 버립니다. 그걸 어떻게 빼돌릴 수 없을까, 전혀 안 돼요. 아주 엄격한 MP들이 지키는 가운데 버리거든요. 조금이라도 식중독 전염 위험이 있으면 안 되니까. 🎧(주191) ● 어떤 건 녹지도 않았어요. 그 때 우리 나라는 고깃간이라도 큰 통에다 얼음만 있고 그랬어요. 우리 나라는 군인들도 굶주리고 그럴 땐 데 저 나라는 어떻게 저렇게(웃음) 잘사는 나라일까. 어떤 사람은 발을 구르고, 왜 저걸 갖다 버리나, 저걸! 우리 줘서 먹어도 되는 걸 트럭째 갖다 버리고, 그 문화에 대한 놀라움. 🎧(주192) ● 제품, 그러니까 담배라든가, 이런 건 구녁이 많이 뚫려 있어요. 지들도 알고도 눈감아 주는데 위생 문제는 절대 눈감아 주지 않습니다. 『나목』 안에서 직접 취급하지는 않았지만 다른 소설에서는 이런 것도 많이 취급을 했습니다. 지나고 나니까 박수근 화백도 그렇지만 PX도 증언하고 싶은 특이한 경험 아니

🎧 (주193)

『그 산이 정말 거기 있었을까』

박완서의 대표적 자전 소설의 하나. 1995년에 발표했다. 유년기를 그린『그 많던 싱아는 누가 다 먹었을까』(1992년)의 후속편에 해당한다. 작가가 스무 살의 성년으로 들어서던 1951년부터 1953년 결혼할 때까지의 20대 초반에 겪은 6·25 전쟁의 체험을 그린 이 소설은, 작가 스스로도 인정하듯이 박완서의 작품 가운데 가장 깊은 의미를 갖는 작품이다. 개인적으로 가장 예민하고 감수성이 강하며 사고와 가치관이 형성되던 나이의 이야기이자, 시대와 공간적으로는 가치관의 혼란과 정신적 파탄이 극에 달한 참혹한 전쟁의 한복판이라는 점에서 작가의 문학 세계를 이해하고 해석하는 핵심이 된다.

🎧 (주194)

시대적 고통과 중압감

💬 나는 비로소 깨닫는다. 여지껏 얼마나 교묘하게 스스로를 이중 삼중으로 기만하고 있었나를. / 내 아픔은 결코 틀니에서 기인한 아픔이 아니었던 것이다. / 나는 설희 엄마가 부러워서, 이 나라와 이 나라의 풍토가 주는 온갖 제약으로부터 자유로워진 그녀가 부러워서, 그녀에의 선망과 질투로 그렇게도 몹시 아팠던 것이다. / 나는 그런 아픔이 부끄러운 나머지 틀니의 아픔으로 삼으려 들었고, 나를 내리누르는 온갖 한국적인 제약의 중압감, 마침내 이 나라를 뜨는 설희 엄마와 견주어 한층 못 견디게 느껴지는 중압감조차 틀니의 중압감으로 착각하려 들었던 것이다. / 비로소 나는 내 아픔을 정직하게 받아들였다. 그러나 나는 결코 내 아픔을 정직하게 신음하지는 않을 것이다. / 정교하고 가벼운 틀니는 지금, 내 손바닥에 있건만 아직도 나는 이 세상에서 제일 무거운, 또 하나의 틀니의 중압감 밑에 옴짝달싹 못 하고 놓여진 채다. ─「세상에서 제일 무거운 틀니」 (1972년 발표,『부끄러움을 가르칩니다』, 한양출판, 1994년판) 중에서.

🎧 (주195)

복수심에서 사랑으로

💬 증오와 복수심만으로는 글이 써지지 않는다. 우리 가족만 당한 것 같은 인명 피해, 나만 만난 것 같은 인간 같지 않은 인간, 나만 겪은 것 같은 극빈의 고통이 실은 동족상잔의 보편적인 현상이었던 것이다. 훗날 나타난 통계 숫자만 봐도 그렇다. 우린 특별히 운이 나빴던 것도 좋았던 것도 아니다. 그 끔찍한 전쟁에서 평균치의 화를 입었을 뿐이다. 그런 생각이 복수나 고발을 위한 글쓰기의 욕망을 식혀 주었다. 그러나 세월이 지나도 식지 않고 날로 깊어지는 건 사랑이었다. 내 붙이의 죽음을 몇 백만 명의 희생자 중의 하나, 곧 몇 백만 분의 일로 만들어버리고 싶지 않았다. 그의 생명은 아무하고도 바꿔치기 할 수 없는 그만의 고유한 우주였다는 게 보이고, 하나의 우주의 무의미한 소멸이 억울하고 통절했다. 그게 보인 게 사랑이 아니었을까. 내 집 창 밖을 지나는 무수한 발소리 중에서도 내 식구가 귀가하는 발소리는 알아들을 수 있는 것처럼. 몇백, 몇천 명이 똑같은 제복을 입고 운동장에 모여 있어도 그 안에서 내 자식을 가려낼 수 있는 것처럼. 내 자식이 딴 애들보다 덜 똘똘하고 어리숙해 보일수록 사무치게 사랑스러운 것처럼. ─「석양을 등에 지고 그림자를 밟다」(2010년 발표,『기나긴 하루』, 문학동네, 2012년판) 중에서.

에요? 🎤 제가 쭉 울궈 먹은 밑천이 제 체험의 축적인 기억입니다. 제 안에 내장된 수많은 체험, 그것에 의해 잊지 못하고 있는 기억. 초기 작품은 6·25 이야기를 많이 썼죠. 어떤 평론가가 너무 동어 반복한다고 했는데 거기에 대해서 변명처럼 제가 얘기하고 싶은 거는, 작품에서마다 그 때 상황을 쪼끔씩밖에 드러낼 수 없었어요. 🎤 가장 최근에 쓴 6·25 얘기가 『그 산이 거기 있었을까』일 겁니다. 그 때 비로소 제 가족사도 완전히 드러냈죠. 🎧(주193) 항상 비껴서밖에 얘기 못했어요. 6·25를 겪은 사람으로서 박힌 레드 콤플렉스라는 게 그렇게 무서와요. 전쟁 때 인간이 그 얼마나 비인간적으로 되는가는 국군 쪽이나 인민군 쪽이나 마찬가지였어요. 양민을 죽인 것도 인민군도 많이 죽였지만 국군도 많이 죽였고, 아… 증말 민간인의 죽음이 전투원의 죽음보다 훨씬 더 많은 전쟁이 어떻게 해서 있을 수 있었겠어요. 그건 폭격에 의해서가 아니구 서로 고발해서 죽인 게 더 많습니다. 그것을 정직하게 드러내질 못했어요. 🎧(주194) 항상 억울하게 죽은 사람은 다 인민군이 죽여서 죽은 게 되고. 🎤 조끔씩 조끔씩 시대가 나아짐으로써, 조끔씩 조끔씩 남북 관계가 화해 무드로 되면서, 조끔씩 조끔씩 제가 겪은 경험을, 조끔씩 조끔씩 그 경험에 입혔던 위장을, 하나하나 벗어 내듯이 더 드러내는 과정. 『그 산이 거기 있었을까』에서 제 가족사를 아주 그대루 정직하게 드러내고 난 후에는 인제 저는 더는 (고개를 흔들며) 6·25에 대해선 말하지 않기루 했어요. 그 전까지 뭔가 이렇게, 구두 신고 구두 위로 걷는 것처럼 뭔가 (손을 가슴에 얹으며) 핵에 못 다가간 것 같은 느낌이 있었어요. 시대가 조끔씩 조끔씩 나아지는 걸 따라서 하나하나 껍질을 벗어 가는 과정을 겪었다고 생각합니다. 🎧(주195)

예술사 구술 총서 〈예술인·生〉

005

박완서

제06장

등단 후 작품 활동

등단 후의 글쓰기 연습과 박영준 선생 | 초기 단편 발표와 1970년대 작가군 | 첫 연재 소설, 『목마른 계절』 | 산업화 시대의 세태와 『휘청거리는 오후』 | 창작의 밑거름이 된 독서와 즐겨 읽은 동시대 작품들 | 천주교 세례를 받게 된 계기 | 이해인 수녀와 만남 | 『미망』 연재 재개

🎧 (주196)

『현대문학(現代文學)』

『현대문학』 1955년 1월 창간호.

현대문학사에서 발행하는 우리 나라 최장수 문예지로 1955년 1월에 창간했다. 2012년 8월호로 통권 692호를 기록했다. 창간 당시 '문화의 핵심은 문학'이라는 취지 아래 '한국 현대 문학의 건설'을 목표로 하고, '고전의 정당한 계승과 그것의 현대적인 지양'을 그 구체적 방법으로 삼았다. 순수 문예지로서 시·소설·희곡·수필·평론 등 문학 전반에 걸친 창작 작품들을 주로 게재하며, 고전 문학 및 외국 현대 문학과 사상도 소개한다. 창간한 해에 시·소설·희곡·평론 4개 부문에 기성 작가들을 대상으로 현대문학상을 제정해 매년 시상해 왔고, 신인 추천 제도를 두었다. 『현대문학』을 통해 문단에 나온 이로는 박재삼(朴在森)·황동규(黃東奎)·마종기(馬鍾基)·이성부(李盛夫)·정현종(鄭玄宗)·오규원(吳圭原) 등의 시인, 이범선(李範宣)·최일남·박경리(朴景利)·이문구(李文求)·조정래(趙廷來) 등의 소설가들이 있다

🎧 (주197)

『문학사상(文學思想)』

『문학사상』 1972년 10월 창간호.

1972년에 창간된 월간 문예지. 이어령(李御寧)을 주간으로 하여 삼성출판사에서 발행되다가 1973년부터는 문학사상사에서 발행됐다. 이어령이 경영과 편집을 주도하던 1985년까지 문학사 자료 발굴과 미발표작 발굴, 세계 문학 사상의 흐름을 국내에 소개하는 기획 등을 통해 한국 문학의 발전에 기여한 것으로 평가받는다. 또한 아놀드 토인비(Arnold Joseph Toynbee), 앨빈 토플러(Alvin Toffler), 헨리 밀러(Henry Miller), 루이스 보르헤스(Jorge Luis Borges)와 같은 학자와 작가들을 직접 인터뷰해 그들의 사상과 문학 정신을 알아 보는 기획도 오랫동안 지속했으며, 이상문학상·소월시문학상 제정과 신인 발굴 제도를 두어 창작을 격려했다. 이어령이 주도하던 『문학사상』은 전통적 의미의 문예지보다는 문학에 대한 다양한 접근을 주된 방침으로 삼았지만, 1986년 이후 경영진이 바뀌면서 점점 순수하게 한국 문학만을 다루게 되었다.

🎧 (주198)

『월간문학(月刊文學)』

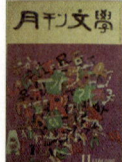

『월간문학』 1968년 11월 창간호.

한국문인협회의 기관지로 문화공보부의 재정 지원을 받아 1968년 9월에 월간문학사에서 창간한 월간 잡지. 창간 당시 주간은 김동리(金東里)로, 한국의 전체 문인들에게 작품 발표의 기회를 마련해 주고자 하는 것이 잡지 발행의 직접적 동기라고 밝혔다. 문예물 중심으로 시·소설·희곡·수필·아동 문학·평론 및 해외 문학 번역 소개 등 현대 문학의 다양한 분야를 다루며 한국문학상·윤동주문학상·동포문학상을 제정해 시행하고 있다.

🎧 (주199)

박영준(朴榮濬, 1911~1976년)

첫 작품집 『목화씨 뿌릴 때』(1946년, 글벗집).

소설가. 평남 강서에서 태어나 연희전문학교를 졸업하고 『신동아』 신인 현상 모집과 『조선일보』 신춘문예를 통해 문단에 나왔다. 1938년 만주에서 교편 생활을 하다 서울로 와 『경향신문』 기자, 수도여사대·한양대·연세대 교수를 지냈다. 해방 전에는 가난한 농촌을 소재로 한 소설을 많이 썼으며 해방 후에는 무대를 도시로 옮겨 소시민의 생활을 중심으로 인간의 고독과 윤리성을 다루었다. 작품집으로 『목화씨 뿌릴 때』·『풍설(風雪)』·『그늘진 꽃밭』·『방관자(傍觀者)』·『고호(古壺)』·『추정(秋情)』 등이 있고 2006년 전집이 나왔다.

🎧 (주200)

김우종(金宇鐘, 1929년~)

문학평론가. 황해도 연백에서 태어나 서울대 국문과를 졸업하고 충남대, 경희대, 덕성여대 교수를 지냈다. 1957년 『현대문학』에 「이상론」을 발표하며 등단했다. 김우종의 문학 연구와 평론은 문학의 현실 반영적 측면을 강조하는 것이 특징이다. 소재와 표현 방식 등에서 다양함을 추구하되 현실 속에서 눈을 뜨고 있는 양심과 정의를 찾아 제시하는 것을 한국 문학이 지향해야 할 목표로 설정했다. 이 점에서 그의 평론 활동은 1960년대의 참여 문학과 1970년대 이후의 민족 문학 논의에 영향을 미쳤다.

등단 후의 글쓰기 연습과 박영준 선생

✤ 나한테 통보해 온 사람이 "이제부터 많이 바쁘시겠습니다." 그래요. "왜요?" 원고 청탁이 막 올 거래요. ✤ 만일 그 때 앞으로 주욱 작가 생활을 하겠단 생각을 했더라면 다른 데 투고도 할 수 있었을 거예요. 신문에 당선됐다는 게 났을 때 제일 먼저 한말숙이가 전화를 해 가지고 축하한다면서, 아 "네가 글을 쓸 줄 알았지만 진짜로 쓸 거였더라면 왜 여성지에다 했냐?" 그래요. 걔도 『현대문학』 🎧(주196) 통해서 나왔어요. 『현대문학』이나 다른 데 얼마든지 투고를 할 수 있는 걸…. 나도 그 땐 벌써 욕심이 생기더라고요. 그러고는 막 겁이 나는 거예요. 혹시라도 어디서 청탁이 오면 어떻게 하나. ✤ 또 그 때는 활자화가 된다는 것이 아주 엄숙한 어떤 분위기를 가졌습니다. 문예지에서 저한테 원고 청탁을 한다 치면 누구의 검증을 거치지 않고 그냥 나가지 않겠어요? 너무 두렵더라고요. 아휴, 그 때, 당선되고 일 년 동안이 되레 저에게는 습작기였다고 생각을 해요. 지금은 장편도 많이 공모하지만 그 때는 청탁 오는 게 거의 단편이었으니까요. 한참 있다가 『자유문학』인가, 『문학사상』🎧(주197), 다른 문예지도 생기지만 고 때는 『현대문학』하고 『월간문학』🎧(주198)밖에 없었을 때예요. ✤ 저의 심사를 맡았던 분 중에 박영준(朴榮濬, 1911~1976년)🎧(주199) 씨라고 있어요. 연대 교수였던 분인데 심사위원 중에 나이가 많았고요. 평론하는 김우종(金宇鍾, 1929년~)🎧(주200)도 심사위원이었는데 그이는 저하고 같은 문리대 국문학과예요. 저는 6·25 때 금세 그만두어서 기억하는 사람이 별로 없는데 그 분은 돈암동 비슷한 곳에 살아서 저를 알아요. 당선된 후에 한 번 만나 점심도 먹고요. 말숙이하고는 잘 알지요. 그래도 그 분한테 의논하기에는 자존심이 상해. 동기니까.

장 : 네.

✤ 박영준 선생님은 연세도 많고요. 왜 친분을 느꼈냐면 당선되면 당선된 본인이 심사위원한테 고맙다고 인사도 하는데, 저는 부끄럽기만 해서 아무것도 안 했어요. 그런데 그 분은 저한테 직접 전화를 하셨어. 어떻게 가정 주부라는데 이렇게 썼느냐, 격려의 말씀을 하시더라고요. ✤ 제가 원고 청탁이 올까 봐 불안해서 일 년 동안에 단편을 다섯 편이나 썼습니다. 맨 처음에 두 편을 썼을 때 박영준 선생님한테 보였어요. 그 분 댁을 누구 통해 알아 가지고요. 북아현동에 사시더라고요. 내가 뭘 사 가지고 갔냐면… 생각을 해도 너무너무…(웃음), 담배를 한 보루 사 가

🎧 (주201)

가화(嘉禾)다방

1960~90년대에 서울시청 맞은 편의 프라자호텔 뒤편에 있던 다방. 1960년대부터 문인·화가·학자 등이 즐겨 찾았다. 이외에도 명동의 갈채·동방살롱·금문디빙·가스등·청동다방, 공평동의 태을, 종로 1가의 회다방, 광화문의 아리스 등이 당대 예술인들이 즐겨찾던 다방들이다. 1987년 가화다방 주인 전순찬(全淳燦) 씨는 대통령 직선제 개헌을 약속하는 노태우(盧泰愚)의 6·29선언이 있자 다방 앞에 "오늘 기쁜 날, 찻값은 무료입니다."라는 문구를 써 붙여 인구에 회자되기도 했다. 1990년대에 고층 빌딩으로 재개발되면서 바로 옆 건물로 이전했다. (02-755-5100).

🎧 (주202)

이문구(李文求, 1941~2003년)

소설가. 충남 보령에서 태어났다. 서라벌예대 문예창작과를 졸업하고 1966년 『현대문학』을 통해 등단했다. 농어촌, 산업화의 소외지대인 도시 변두리의 삶을 작품으로 다뤘다. 문체까지도 이들의 어투에 근접한 사실적 작품 세계를 펼쳐 보여 농민 소설의 새로운 장을 개척한 작가로 평가받는다. 충청도 농촌에서 자란 자신의 추억을 통해 사라져 가는 옛 농촌의 풍경과 정서를 특유의 토속어와 해학적 문체로 형상화한 『관촌수필』은 한국 문학사의 중요한 작품으로 인정받는다. 『우리 동네』 『해벽』 『으악새 우는 사연』 『장곡리 고욤나무』 『만고강산』 등의 작품집이 있다. 한국창작문학상, 한국문학작가상을 수상했다.

🎧 (주203)

어떤 나들이

📖 나는 내 자식들에게 내가 만든 귀여운 옷을 입히는 걸 큰 낙으로 삼았고, 아이들 옷을 재단하고 꿰매는 데 비상한 기쁨을 느꼈었다. 그런데 별안간 어느 날 내 아들은 그런 옷 입기를 거부한 것이다. / 글쎄 그 탱크와 로켓이 아플리케 된 깜찍한 주홍색 우단 새킷을 한사코 마다하고 "내가 뭐 어린인 줄 알아요. 창피하게스리…." 여남은 살밖에 안 된 녀석이 이렇게 나를 핀잔 주고 볼품없는 교복만 입다가 어느 틈에 집에서는 아버지의 헌옷을 걸칠 수 있을 만큼 자라버린 것이다. 더욱 분한 것은 내가 만든 옷을 거부할 임시부터, 그러니까 여남은 살부터 자식들은 내 보살핌까지 멀리하려 들더니 어느 틈에 패류(貝類)처럼 단단하고 철저하게 자기 처소를 마련하고 아무도 들이려 들지 않는 것이다. / 나에겐 패류의 문을 열 불가사리의 촉수 같은 악착 같고 지혜로운 촉수가 없다. 나에겐 또한 남편이나 자식들의 것 같은 스스로를 위한 패각(貝殼)도 없다. 도저히 그들이 나에게 후하게 베푼 무위와 나태로부터 나를 지킬 도리가 없다. / 일 년에 한두 번쯤 상경하는 시골의 시어머니가 그 새쭉한 실눈으로 나를 흘겨보며 / "쯧쯧, 어떤 년은 저리도 사주 팔자를 잘 타고 났노. 시골년이 금시 발복을 해도 분수가 있지. 서방하고 잠자리하는 것밖에 할일이 없는데도 밥이 주러운가 의복이 주러운가…." / 나는 이 소리가 미칠 듯이 징그러울 뿐 추호의 이의도 없다. 팔자가 좋다는 건 얼마나 구원이 없는 암담한 늪일까? ― 「어떤 나들이」(1971년 발표, 『부끄러움을 가르칩니다』, 한양출판, 1994년판) 중에서.

☞ 1971년 『월간문학』 9월호에 발표된 박완서의 단편 소설. 남편과 세 아들을 둔 평범한 가정 주부가 잠깐 일탈을 벌이는 이야기를 통해 주체적이고 능동적인 삶을 영위할 수 없는 여성의 소외감과, 가부장적 질서의 폭력성 등을 다루었다. 「어떤 나들이」의 에피소드는 이후 여러 장편 및 단편에서 반복적으로 등장하는 모티프가 된다. 등단 후 세 번째 발표한 단편 소설로 등단작인 장편 『나목』의 작가적 역량을 단편으로도 확인시켜 준 작품이다.

지고 갔어. 누가 담배를 좋아하신다 그래서. 담배가 귀할 때예요. 그렇게 가서 제가 쓴 거를 보여 드렸는데 아, 당선된 사람이 왜 남한테 보이네요. 또 추천을 받으려고 그러느냐, 아니라고 이것이 글이 되는가 봐 주십사 그랬더니 놓고 가라고, 며칠 있다 오래요. 자기 집은 머니까 시청 뒤에 가화다방🎧(주201)이라는 다방이 있어요. 그 때 문인들이 많이 다니는 곳이었던 것 같애. 거길 나오래요. 그냥 훌륭하다고 그러시더라요. 여기 어떻다 이랬으면 좋은데 암말도 안 하고요.
장 : 평을 안 해 주시고요?
🖤 그러고도 두세 편을 더 써서 한 다섯 편이 모였을 적에 『월간문학』에서 처음으로 왔어요.

초기 단편 발표와 1970년대 작가군

🖤 저한테 원고 청탁 처음 해 주신 분이 돌아가신 이문구(李文求, 1942~2003년)🎧(주202) 선생이에요. 그 분이 거기 『월간문학』 편집〔장이었어요〕. 그 때 우리 집에 전화가 없었는지 어쨌는지 잘 생각이 안 나요. 비교적 전화는 빨리 놓은 편이었는데 저희 집 주소를 몰랐는지, 제가 당선되었을 때 저희 딸이 경기여고 2학년이었어요. 그것이 와전이 돼서 내가 경기여고 선생이다, 그렇게 들었나 봐요. 🖤 경기여고에다 원고 청탁서를 보내신 거예요. 엄마가 당선된 거를 안 국어 선생님이 줘 가지고 걔가 갖고 왔어요. 그런 연유로 해서 박영준 선생님한테 보여 드린 것 중에 하나인 「어떤 나들이」🎧(주203)란 걸, 첫 번째로 보냈어요. 🖤 그 때가 젊은 작가들이 한창 날릴 때에요. 1970년대 작가군(주204) 그래 갖고 최인호(崔仁浩, 1945년~)🎧(주205)가 「별들의 고향」을 『조선일보』에 연재하고 송영(宋榮, 1940년~)🎧(주206), 황석영(黃晳暎, 1943년~)🎧(주207), 기라성 같을 땝니다. 조해일(趙海一, 1941년~)🎧(주208), 조선작(趙善作, 1940년~)🎧(주209), 열 명의 작가군을 쭉 다룰 때 저도 맨 끝에 다뤄 주었습니다. 그런데 저는 글 잘 썼다 소리보다도 마흔 살 넘은, 애가 다섯 달린 주부가 썼다는 걸로 화제가 되고요. 🖤 그런 거 땜에 창피스럽고, 대부분 그러고 다닐 때지만 한복 긴 치마 입고 그런 데 가는 게 면구스럽고. 마침 경기여고로 청탁이 왔기에, 큰딸한테 원고를 줘 보냈어요. 또 월간문학사가 그 근처였어요.

🎧 (주204)

1970년대 작가군

1970년대에 활발히 활동한 작가들 가운데 작품 소재와 주제 면에서 도시 감수성을 특징으로 하며 이른바 통속 소설로 지칭되는 소설을 쓴 작가들을 말한다. 『별들의 고향』 『바보들의 행진』 등을 통해 폭발적 인기를 모은 최인호, 『영자의 전성 시대』의 조선작, 『겨울 여자』의 조해일이 대표 작가들이다. 이들 작품은 소설은 물론 영화로도 제작되어 주목을 받았다. 넓은 의미로는 다양한 경향의 주목되는 작품들을 연이어 발표하며 1970년대 한국 문학의 전성기를 이끌었던 황석영·이문구·조세희(趙世熙)·윤흥길(尹興吉)·전상국(全商國)·김원일(金源一)·이동하(李東河)·김용성(金容誠)·김문수(金文洙)·현기영(玄基榮)·오탁번(吳鐸蕃) 등 소설가와 신경림(申庚林)·이성부·이승훈(李昇薰)·오규원·이시영(李時英)·김지하(金芝河)·양성우(梁性佑)·정호승(鄭浩承)·이성복(李晟馥)·강은교(姜恩喬)·나태주(羅泰柱)·김승희(金勝熙)·최승호(崔勝鎬) 등의 시인을 포괄하여 1970년대 작가라 하기도 한다.

🎧 (주205)

최인호(崔仁浩, 1945년~)

(오른쪽) 소설『별들의 고향』의 표지.

소설가. 서울에서 태어났다. 고등학교 2학년 때인 1963년, 『한국일보』 신춘문예에 '고등학생 입선'이란 기록을 세웠고, 1967년『조선일보』 신춘문예에도 당선됐다. 이른 나이에 문단에 나온 최인호는 이른바 '1970년대 작가군'의 선두 주자로 불리며 군부 독재와 급격한 산업화로 인간 소외가 극을 이루던 1970년대 초에 소설 붐을 일으켰다. 1970년대에 발표한 「타인의 방」「처세술 개론」, 1980년대 초의 「깊고 푸른 밤」등의 단편들은 도시화 과정이 남긴 어두운 상처들을 경쾌한 문체로 그려내 '1970년대적 감성의 혁명'을 열었다는 평가를 받았다. 또 『별들의 고향』『도시의 사냥꾼』『불새』『적도의 꽃』『겨울 나그네』 등의 장편 연재 소설에서 도시적 감수성과 섬세한 심리 묘사로 1970~1980년대 최고의 대중 소설 작가로 자리잡았다. 시대의 아픔을 희극적으로 그려낸 〈바보들의 행진〉〈고래 사냥〉 등 영화 시나리오 작업에도 참여하면서 산업화 시기의 소외되고 왜곡된 삶을 조명하며 작품성과 대중성을 동시에 확보하는 성과를 거뒀다. 1990년대 들어서는 우리의 역사에 천착해 『상도』『해신』『유림』 등을 발표했으며, 암 투병 중이던 최근에는 장편『낯익은 타인들의 도시』를 5년 여의 공백 끝에 발표하며 독자들을 놀라게 했다. 현대문학상, 이상문학상, 아시아영화제 각본상, 대종상 각본상, 불교출판문학상, 가톨릭문학상 등을 수상했다.

🎧 (주206)

송영(宋榮, 1940년~)

소설가. 전남 영광에서 태어나 외국어대 독일어과를 졸업했다. 1967년『창작과 비평』을 통해 등단해 주로 사회의 주류에서 밀려난 개인들의 소외를 다룬 소설들을 발표해 왔다. 실존주의 영향을 받은 한국 작가들 가운데 한 사람인 송영의 작품 세계 전반에는 실존적 불안과 절망의 주제들이 자리한다. 주요 작품집으로『선생과 황태자』『비탈길 저 끝방』『발로자를 위하여』『새벽의 만찬』 등이 있고『또 하나의 도시』『금지된 시간』 등의 장편을 펴냈다. 청년 시절부터 심취했던 서양 고전 음악을 다룬 산문집『송영의 음악 여행』『바흐를 좋아하세요?』를 펴내기도 했다. 1987년 현대문학상을 수상했다.

🎧 (주207)

황석영(黃晳暎, 1943년~)

소설가. 만주에서 태어나 8·15 해방이 되면서 가족을 따라 귀국, 동국대 철학과를 졸업했다. 경복고 재학 중 『사상계』 신인문학상에 입선했다. 이어 『조선일보』 신춘문예에 당선되고 28세인 1971년 『창작과 비평』에 중편 「객지」를 발표하면서 이름을 알리기 시작했다. 「객지」에서 황석영이 보여 준 민중적 리얼리즘은 이후 한국 문학의 주요 흐름으로 자리잡았고 그가 다룬 노동과 생산, 부와 빈곤의 문제 등은 한국 문학의 가능성을 넓힌 성과로 꼽힌다. 황석영의 작품은 크게 세 가지 유형으로 나눌 수 있다. 첫째는 근대화 과정, 혹은 군대 제도나 전쟁 등의 상황에 의한 인간성 상실과 삶의 황폐화를 다룬 작품들로서, 「탑」「낙타누깔」「한씨 연대기」「섬섬옥수」「삼포 가는 길」「북망, 멀고도 고적한 곳」 등이 이에 속한다. 둘째는 인간성을 상실케 하는 조건에서도 건강한 삶을 영위하고자 하는 인물들을 통해 훼손된 가치를 극복하고자 하는 「객지」「돼지꿈」 등의 작품들이며, 특히 「객지」는 집단적 노력으로 현실을 개조하려는 투쟁이 특징적이다. 셋째 유형은 분단으로 인해 고통받는 남과 북의 사람들과 통일에의 염원을 담은 작품들이다. 『바리데기』『손님』『오래된 정원』 등이 여기에 속한다. 황석영의 작품들은 중국과 일본 등 여러 나라에서 번역, 출판됐다. 한국문화예술진흥원 올해의 예술상, 대산문학상, 이산문학상, 만해문학상 등을 수상했다.

🎧 (주208)

조해일(趙海一, 1941년~)

소설가. 만주에서 태어나 1945년 해방과 함께 귀국, 서울에서 자랐다. 경희대 국문과를 졸업하고 1970년 『중앙일보』 신춘문예에 당선되어 문단에 나왔다. 그의 소설은 폭력배, 개도살장 백정, 지게꾼, 기지촌 창녀, 육군 병정, 임꺽정 등 다양한 계층의 인물을 주인공으로 하고 있으며, 사건의 사소한 국면을 기발하게 포착하여 현실의 부조리와 불합리를 풍유적으로 형상화하고 있다. 1972년 발표한 「아메리카」는 미군 부대의 기지촌을 다루며 은폐되고 왜곡돼 왔던 분단이라는 주제를 전면에 드러낸 문제적 작품으로 주목을 끌었다. 또 신문 연재 소설로 인기를 모았던 「겨울 여자」와 「우요일(雨曜日)」에서는 인간 심리에 대한 섬세한 묘사와 유려한 문체로 또 다른 면모를 보이기도 했다. 소설집으로 『아메리카』『왕십리』『겨울 여자』『매일 죽는 사람』『우요일』『지붕 위의 남자』『엑스』『임꺽정에 관한 일곱 개의 이야기』 등이 있다.

🎧 (주209)

조선작(趙善作, 1940년~)

(오른쪽) 『장대높이뛰기 선수의 고독』의 표지.

대전에서 태어나 대전사범학교를 졸업하고 『세대』에 단편 소설 「지사총(志士塚)」을 발표하면서 문단에 나왔다. 그는 현실 사회의 구조적 부조리, 특히 소외 계층의 생활을 소재로 하여 현실에 대한 비판적 태도를 유지하면서도 언어 표현의 새로움과 재치 있는 구성으로 소설적 재미를 잘 살린 작가로 인정받았다. 밑바닥 인생을 살아가는 인물들을 주인공으로 산업화 사회의 보이지 않는 폭력, 고도 성장의 이면에 숨은 우리 사회의 슬픈 자화상을 다룬 『영자의 전성 시대』와 『고압선』 등의 작품들이 특히 주목을 끌었다. 작품집으로 『영자의 전성시대』『외야에서』『장대높이뛰기 선수의 고독』『미완의 사랑』『완전한 사랑』『우수의 사슬』 등이 있다.

🎧 (주210)

박완서의 초기작 제목과 발표 매체

등단 후 5년 동안 박완서의 작품과 발표 매체는 다음과 같다.

- 1970년(40세) : 『나목(裸木)』(『여성동아』 현상 공모)
- 1971년(41세) : 「세모」(『여성동아』 3월호), 「어떤 나들이」(『월간문학』 9월호)
- 1972년(42세) : 「세상에서 제일 무거운 틀니」(『현대문학』 8월호), 「다이아몬드」(『한국일보』), 「한발기(旱魃期)」(『여성동아』 연재 시작, 훗날 단행본 출간시 『목마른 계절』로 변경)
- 1973년(43세) : 「부처님 근처」(『현대문학』 7월호), 「지렁이 울음소리」(『신동아』 7월호), 「주말 농장」(『문학사상』 10월호)
- 1974년(44세) : 「맏사위」(『서울평론』 1월호), 「연인들」(『월간문학』 3호), 「이별의 김포공항」(『문학사상』 4월호), 「어느 시시한 사내 이야기」(『세대』 5월호), 「닮은 방들」(『월간중앙』 6월호), 「부끄러움을 가르칩니다」(『신동아』 8월호), 「재수굿」(『문학사상』 12월호)
- 1975년(45세) : 「카메라 워커」(『한국문학』 2월호), 「도둑맞은 가난」(『세대』 4월호), 「서글픈 순방」(『월간조선』 6월호), 「저렇게 많이!」(『소설문예』 9월호), 「겨울 나들이」(『문학사상』 9월호)

🎧 (주211)

신문 월평

1970년대 주요 종합 일간지에 한 달에 한 번씩 게재되던 문학 작품 비평. 매월 우리 나라의 문예지, 잡지, 신문 등에 발표된 문학 작품을 독자를 대신해 읽고 그 감상을 정리해 독자에게 보여 주는 지면으로 필자는 주로 문학 평론가나 시인, 소설가 등 작가들로 구성됐다. 월평을 통해 독자들은 수많은 작품들을 다 읽지 않아도 작품 감상에 대한 정보를 얻을 수 있었으며 작품을 이해하고 비평하는 안목을 키우기도 했다. 매체에 따라 시, 소설 외에 연극이나 영화 등의 분야 월평을 다루기도 했다.

🎧 (주212)

『목마른 계절』

6·25 전쟁으로 모든 것이 뒤섞이고 무너져 내리던 혼돈의 서울에서 1년 동안 벌어진 이야기를 인민군 부역을 통해 가족의 생계를 꾸려가는 여대생 진이의 시각으로 그린 작품이다. 1·4후퇴로 대부분의 시민들이 피난을 떠나고 남은 서울, 진이의 어머니는 집안의 기둥인 아들의 죽음으로 삶의 의욕을 상실했고, 진이가 홀로 남은 가족을 먹여 살려야 하는 짐을 지게 된다. 갑작스레 바뀐 권력과 이념으로 모든 것이 이분법적 논리로 재단되는 혼란 속에서 살아남기 위한 주인공의 눈물겨운 싸움이 이어진다. 동족 간의 전쟁이 인간에게 어떤 폭력과 상처를 남겼는가를 기록한 『나목』, 『엄마의 말뚝』, 『그 해 겨울은 따뜻했네』 등의 소설들처럼 박완서의 6·25 전쟁 체험 소설이다. 1972년부터 『여성동아』에 5년여 연재를 통해 완성된 소설로 연재 당시 제목은 '한발기(旱魃期)'이며, 나중에 『목마른 계절』로 제목을 변경해 작품집으로 간행됐다.

🎧 (주213)

『휘청거리는 오후』

1977년 『동아일보』에 연재한 장편 소설. 중산층의 물질에 대한 욕망과 허위 의식을 통해 타락한 현실을 비판하고 있다. 평범한 중산층 가족, 결혼 적령기에 접어든 세 딸의 연애와 결혼, 그리고 전직 교감 출신 자영업자 남편과 그의 아내가 주인공이다. 작은 집단의 모습 안에 거대한 사회의 흐름을 투영시켜 표현해 온 박완서 특유의 서사 구조가 잘 표현된 세태 소설로, 초희·우희·말희 세 자매의 연애 및 결혼 과정에 얽힌 자본주의의 물질 숭배와 여성에 대한 이중적 잣대, 사회의 편견과 강박, 물질적 욕망과 허영심으로 파괴되는 삶의 가치 등이 소설을 지배한다. 신문 연재 소설이 지녀야 할 감각적 이야기와 대중적 통속성까지 적절히 갖춘 『휘청거리는 오후』는 박완서에게 작가로서 자리를 확고히 해 준 소설이다. 『동아일보』 연재를 마친 뒤 단행본으로 출간되었으며 영화와 드라마로도 제작, 방영되며 큰 인기를 모았다.

나중에 『동아일보』에 연재할 때도, 애가 졸업했을 때지만 광화문 근처니까요. 걔가 심부름을 많이 했습니다.

장 : 큰 따님이….

● 『월간문학』에 「어떤 나들이」를 하고 나니까 『현대문학』에서 청탁이 오고 고 다음엔 『문학사상』이라는 게 생기면서 청탁 오고 또 『신동아』…. 지금은 『신동아』도 시사지지만, 그 때는 뒤에 꼭 단편을 실었고 여성지에도 단편이 들어갔습니다. 전엔 그런 데가 많았어요. 문인들에게 지면이 없으니까. 일 년 동안 청탁이 안 오다가 다섯 개 써 놓은 거를(웃음) 고 다음에 소화를 했어요. 🎧 (주210)

장 : 미리 써 놓았던 작품들을 발표하신 거네요.

● 그렇지요. 1971년엔 아무 그게 없다가 1972년에 발표한 겁니다.

장 : 초기 다섯 작품 중에서 선생님이 느끼실 만큼 반응이 있었던 작품은 무엇이었습니까?

● 다 반응이 있었어요. 그 때는 신문에 월평 🎧 (주211) 같은 것이 꼭 있었어요. 지금은 다 없어졌지요. 또 문예지가 드물 때니까 문예지에도 뒤에 월평이라는 게 있었어요. 월평에 번번이 나고요.

첫 연재 소설, 『목마른 계절』

장 : 처음에는 기록으로서 소설을 쓰기 시작했고 나중에 청탁을 받으셨잖아요. 연재 소설을 쓰시면서 그 전과 다른 게 있다면요?

● 제가 6·25에 대해 증언하고 싶은 욕구가 강했다고 했는데…. 처음 장편 연재한 것이, 『여성동아』에서 기회를 준 『목마른 계절』 🎧 (주212)인데 그것도 6·25 이야깁니다. ● 6·25 때 문리대 내에서 어떤 일이 일어났냐면, 앞에 말씀 드렸듯이 문리대가 수의과대학 쪽으로 옮기고, 여러 가지 대학 내에서의 일. 서울에 우리 가족만 남아 있을 때 웬만한 사람은 다 서울을 비우고 나가서 여기는 나밖에 증언할 사람이 아무도 없다 생각했던 것처럼, 서울대가 6·25 때 어땠나, 이것도 나만이 할 수 있을 것 같은 느낌이 나요. 다 학교에 안 왔으니까. ● 고 다음에 쓴 게 1976년부터 시작을 했나, 『휘청거리는 오후』 연재. 🎧 (주213) 『동아일보』에서 기획을 해 줘서. 그 때는 『동아일보』 연재란 게 광장한 건데. ● 신인 시절의 저한테 줬을 때 할 수

유신 시대

1972년 중앙청에서 열린 유신 헌법 공포식.

1972년 10월 유신으로 수립된 대한민국의 네 번째 공화 헌정 체제인 제4공화국을 달리 부르는 말로, 영구적인 대통령 1인 독재 체제를 뜻한다. 1972년 7·4 남북 공동 성명을 이용하여 10월 17일, 헌법을 개정하면서까지 장기 집권을 추구하던 대통령 박정희(朴正熙)는 전국에 비상 계엄령을 선포하고 국회 해산, 정당 활동 중지, 일부 헌법의 효력 정지 등의 비상 조치를 발표하고 통일주체국민회의를 구성했다. 이어 11월 21일 국민 투표로 헌법을 확정했고, 12월 15일 대통령으로 박정희를 선출, 27일 취임했다. 이것이 10월 유신으로 이 때 만들어진 헌법을 '유신 헌법'이라 하는데, 유신 헌법의 특징은 국민 기본권의 약화와 대통령의 1인 장기 집권 체제를 제도적으로 확립, 구축한 것이다. 유신 시대는 민주주의를 열망하는 국민들의 끊임없는 저항을 불러일으켰으며 1979년 10·26 사건과 함께 막을 내렸다.

대학생들의 유신 반대 시위와 강제 진압.

새마을운동

"어딜 가나 길 하나는 잘 닦아놨단 말야." / 내 뒤에 앉은 남자가 남방 셔츠를 풀어헤쳐가지고 양손으로 펄럭펄럭 부채질 시늉을 하며 혼잣말을 했다. 나도 동감이었다. / 몇 해 전만 해도 숫제 사람을 키질하듯이 들까불던 흙먼지가 지독하면서도 돌이 많던 시골길이 매끈히 포장돼 낡은 버스가 제법 미끄러지듯이 구르고 있었다. / 저만치 숨이 막히도록 짙푸른 들판 너머 미루나무 숲 사이로 내가 떠나온 마을의 주황색 지붕들이 보였다. / 농가도 많이 변했다. 초가가 슬레이트나 함석 지붕으로 바뀐 것은 누구나 다 아는 사실이지만 저런 강렬하다 못해 독기마저 서린 주황색으로 지붕을 칠할 줄이야. / 미루나무 숲 사이로 어른대는 주황색이 아직도 나에겐 지붕 같지 않고 팔월의 지열이 이글이글 열도 높은 불꽃이 되어 지각을 뚫고 분출한 것을 보는 것 같아 지겹다. —「돌아온 땅」(1977년 발표, 『조그만 체험기』, 문학동네, 1999년판) 중에서.

1970년부터 시작된 범국민적 지역 사회 개발 운동. 1970년 4월 가뭄 대책을 숙의하기 위해 소집된 지방장관 회의에서 수재민 복구 대책과 농촌 재건 운동에 착수하기 위해 대통령 박정희가 자조·자립·협동 정신을 바탕으로 마을 가꾸기 사업을 제창하고 이것을 '새마을가꾸기운동'이라 부르기 시작한 데서 비롯했다. 초기의 새마을운동은 단순히 농가의 소득 배가를 주 목표로 삼았지만 정부의 절대적 지원 속에 전국으로 확대되었고 이를 통해 많은 성과를 거두면서부터 국가 전체의 근대화 운동, 의식 개혁 운동으로 발전했다. 도시의 직장이나 공장 등에서도 근면·자조·협동을 생활화하자는 구호를 외쳤다. 유신 정권이 들어서고부터 새마을운동은 정권을 유지하는 수단으로 기능했다는 비판을 받았고, 전통 문화를 소멸시킨 책임도 크다는 평가를 받는다.

(위) 1970년대 마을 수로 정비 사업을 하는 주민들 위로 새마을 깃발이 펄럭인다.
(아래) 경북 포항 지역 농촌 마을의 개량된 지붕을 시찰하는 박정희 전 대통령.

있을 것인가, 없을 것인가 그러면서요. 🎤 그 때가 유신 시대 아닙니까. 🎧⁽주214⁾ 산업 사회화돼 가면서 사람들이 온통 "잘 살아 보세" 할 때예요. 지금에 비하면 가난하지만 정말 극빈했을 때에 비하면 나아진 때지요. 새마을운동🎧⁽주215⁾이 일어나고 경제 제일주의가 막 일어날 때예요. 그럴 때 인간성은 얼마나 메마르고 타락해지나. 그것을 그리기 위해 쓴 겁니다.

산업화 시대의 세태와 『휘청거리는 오후』

🎤 세 딸을 둔 부모가 중산층 정도의 생활을 유지하는데, 딸들은 결혼을 통해서 신분 상승을 하려는 통에 아버지가, 어렵게 기업을 운영하면서도 사기는 안 칠라고 애를 쓰다가, 소박하게 장사를 하다가 자식들의 결혼에 들어가는 걸 감당 못 해서, 지금도 많이 있을 수 있다고 생각해요. 허세를 부리기 위해서 결국은 중소 기업인으로서 자기 명예를 지키지 못하고, 누가 알아 주는 건 아니지만 신의라는 게 있잖아요. 신의를 바탕으로 장사를 하던 사람이 사기를 친 거예요.

장 : 오늘날에도 그런 이야기들이 있으니까요.

🎤 우리 집이 공장을 했기 때문에 잘 아는 소재로, 국산에다 일제라고 〔상표를〕 붙이는 사기를 하는데, 자살로 끝을 맺어요. 크게 저거한 것도 아닌데 부끄러움을 못 이겨서요. 제가 후기에, 아마 기업인이 양심의 자책 때문에 목숨을 끊는 일은, 주인공인 허성 씨가 마지막이 될 것이다. 그렇게 말했어요. 제가 생각해도 예언적인 말입니다. 그 후에는 더 많이 했어도 고런 걸로 목숨 끊는 사람은 없었습니다.

🎤 우리 남편이 조그맣게 공장을 경영할 때였어요. 그 때는 대기업이 별로 없을 때고, 중소 기업이라는 게 얼마나 내부는 허약하고. 그래도 그 사람들이 경제를 일으킨 게 맞습니다. 🎤 봉제 공장 같은 것도 그렇지 않습니까? 그 때 방산시장 평화시장 같은 데서 일어나고🎧⁽주216⁾. 그게 다… 그 사람들이 산업을 일으킨 주체지만 가 보면 그런 〔형편없는〕 데였어요. 우리도 형광등 부속을 만드는 공장을 했는데 신세계백화점 내에 매장을 갖고 있다가 신세계백화점이 직영을 하면서 세운상가에 매장을 갖고요, 겉으로 보기에는 버젓하고 사장님, 사장님 그러지만 공장을 보면 정말 한심하지요. 안전 장치는 하나도 안 돼 있는. 또 건물 하나 사서 공장으로 쓰기도 했는데, 우리 남편이 나가서 같이 칠도 하고, 주택가에 있으니까 소음난다

🎧 (주216)

1970년대 노동 운동

📖 아저씨의 사업체는 수출하는 의류를 납품하는 봉제 공장이었다. 살벌한 공장 지대에 위치한 공장은 종업원이 백 명도 넘는 제법 큰 규모였지만 사무실은 공장 옆에 혹처럼 붙어 있는 컨테이너 박스였다. 두 개를 잇대놓아 기차간처럼 보였다. (…중략…) 아서씨는 노동 시간에 따른 임금 계산 때문에 공원들과 마찰을 빚을 때마다 자기는 강경한 입장을 취하고 나에게는 공원들 편을 들도록 은근히 부추겼다. 아저씨는 내가 공원들하고 한통속이 되길 바라고 있었다. 자기 사람이 필요하다는 소리는 공원들 동정을 염탐해 줄 첩자가 필요하단 소리였을 것이다. 아저씨는 노조가 생길까 봐 두려워하고 있었다. 그 무렵 이력서에 나하고 같은 고등학교 출신으로 돼 있는 언니가 시다로 들어왔다. (…중략…) 혹시 이 언니가 우리 아저씨 회사에 위장 취업을 한 게 아닌가 하는 생각이 들었다. 중소 기업 사장들이 위장 취업한 운동권 때문에 멀쩡한 회사를 말아먹을까 봐 전전긍긍할 때였다. 우리 아저씨도 그런 불쌍한 사장 중의 한 사람이었다. 나는 나의 의구심을 아저씨한테 고해바치지 않았다. 나는 우리 아저씨보다는 선배 언니에게 더 도움을 주는 사람으로 변해 가고 있었다. 나는 언니가 권하는 딱딱한 책을 잘 읽지도 않았고 별로 좋아하지도 않았다. 어디다 쓸 건지 모르지만 그 언니가 착취당하는 민중들의 의분을 고취시키는 선언문 같은 걸 보여 주면서 느낌을 물었다. 너 정도가 알아듣고 마음을 움직이게 하는 문장을 쓰고 싶은데 그게 잘 안 된다고 했다. 유치한 문장을 쓰기에는 너무 먹물이 많이 배어 있다는 소리로 들렸다. ─「저나 마찬가지」(2005년 발표, 『친절한 복희씨』, 문학과지성사, 2007년판) 중에서.

☞ 노동 운동은 자본주의 사회에서 노동자 계급이 노동 조건이나 생활 조건의 개선과 지위의 향상을 꾀하는 일이다. 우리 나라의 1970년대는 급격한 산업화와 도시화가 이루어지던 시기로 이해 관계를 같이 하는 노동자가 밀집된 지역에서 노동 운동이 대량으로 발생했다. 구술에서 언급하는 평화시장은 전태일(全泰壹)이 최초의 노동자 단체 바보회를 조직하고 1970년에 "우리는 기계가 아니다!"라고 외치며 분신 자살했던 곳이다. 당시 미싱, 재단 등을 하던 노동자들은 하루 14시간 일을 하고 커피 한 잔 값인 50원 정도를 벌었다. 열너댓 살의 미성년자들이 열악한 작업장에서 초과 근무를 하며 분진으로 폐병 등을 얻기도 했다. 초기 노동 운동은 비조직적이며 자연 발생적으로 이뤄지다가 전태일의 분신 등이 기폭제가 되어 점차 노동자 조직으로 발전해 갔다. 조직화된 노조에 의한 이 시기의 노동 운동으로는 청계피복·동일방직·삼원산업·반도상사·한국모방(후에 원풍모방)·YH무역노조 등을 꼽을 수 있다. 이 시기 노동 운동의 또 한 특징은 종교 단체나 지식인들과 결합하곤 했다는 것인데 도시산업선교회·가톨릭노동청년회 등이 조합 결성과 투쟁에 지원을 아끼지 않았다. 1970년대 노동 운동은 유신 체제 말기 정치·경제적 위기가 심화되면서 더욱 치열해져 유신 체제 종언의 계기가 된 10·26 사태를 일으킨 간접적 원인으로 작용했다고 평가받는다.

고 그러면 뭐라도 사다 주고요. 그런 이야기. 선두 재벌로 가지도 못하고, 그렇다고 아주 아래도 아니고요. 그래도 중산층은 하위로 떨어지기가 쉽잖아요. 안 떨어질라고 아둥바둥하면서 결국은 몰락하는 걸로 그렸어요.🎧(주217) 🎤 저는 전혀 체험 안 한 건 못 써요.(웃음)

장 :『휘청거리는 오후』이야기의 바탕이 된 게 선생님의 체험인가요?🎧(주218)

🎤 우리 집의 체험이 아니라 우리 중산층, 일반적으로 사람들이 경제적 상승 욕구가 강할 때 심성은 얼마나 황폐하고 속물스러워지나, 1977년이면… 거의 30년 된 얘긴데도, 제가 전달하려고 하는 메시지는 지금까지도 거의 유효하다고 생각을 합니다.

장 : 주변에 그 인물들의 직접적인 모델이 있었나요?

🎤 그거야 누구, 그러지 않더라도, 그 시대의 전형이죠. 전형을 만들어 내는 거죠.

장 : 인물들을 만들어 내거나 이야기 얼개를 짤 때 가장 염두에 두는 점은 뭔가요?

🎤 나는 항상 그런 말을 하는데, 우리가 앞으로 막 달려가잖아요. 지금도 그렇잖아요. 그 때 우리가 그 전에 믿은 인간성이랄까, 유기(遺棄)해 버린 중요한 가치가 있을 거예요. 소설은 해답이 있는 게 아니란 걸 여러분이 더 잘 알 거예요.

장 : 우리가 자의든 타의든 또는 알고 버렸든, 모르고 버렸든 그런 것을 끄집어내 보여 주고 싶은 것인가요?

🎤 풍속 소설이라고 해도 좋고.

장 : 세태 소설.

🎤 그 시대의 증후를, 가장 예민하게 짚어 냈다고 생각해요. 잠깐, 조금 앞으로 내다보는 것도 있어야 되지 않겠어요?

창작의 밑거름이 된 독서와 즐겨 읽은 동시대 작품들

장 : 선생님께서 데뷔 후 첫 일 년은 두려움을 느꼈다고 하셨는데요, 작품을 발표하기 시작하고 반응이 올 때, 어떤 생각이 드셨어요?

🎤 특별히 사사를 받거나 습작기를 거치지 않았어도 책을 많이 읽으니까 어떤 글이 좋은 글인지 그런대로 아니까요. 일본 사람 중에는 아쿠타가와의 단편을 좋아했고, 서양 사람 중엔 체호프(Anton Pavlovich Chekhov, 1860년~1904년)🎧(주

🎧 (주217)

『휘청거리는 오후』, 허성 씨의 자살

🎬 허성 씨는 외견상의 허탈 상태와는 딴판인 맑은 정신으로 생각하고 또 생각한다. 부실 공사를 바로잡을 실력은 이미 없다. 이익만 소비한 게 아니라 물건을 외상으로 얻을 수 있는 데까지 얻고 거기 해당하는 현금은 모조리 소비했기 때문에 신용이라는 밑천조차 남아 있지 않다. 오로지 남은 건 쇠고랑을 차는 치욕뿐이다. / 어찌 감당하랴 그 불명예를, 남이 알아 주는 세속적인 명예는 없었지만 저승까지 지니고 가고픈 그 나름의 명예가 있었거늘. 그는 생각하고 또 생각한다. / 옆에서 민여사는 어느 틈에 잠이 들어 가볍게 코를 곤다. 허성 씨는 벌떡 일어나 찬장에서 소주를 한 병 찾아낸다. / 왜 진작 술 생각을 못했던가. 그 무색의 액체에 의해 도달할 수 있는 평안과 안식을 왜 진작 못 구했던가. / 그는 조급하게 그것을 들이켜려다 말고 문득 안주를 생각해 낸다. 안주를. 안주를. / 그는 떨리는 손으로 그만이 알고 있는 은밀한 장소에서 초회한테서 압수한 약봉지를 끄집어낸다. 그 속에서 상당량의 세코날을 골라낸다. 캡슐에 든 그것은 빨갛다. 불면에 시달리던 때의 초회의 눈처럼 빨갛다. 사신(死神)의 눈도 이렇게 빨갈까? / 그는 그것을 소주의 안주로 삼기 전에 다시 생각한다. 생각하고 또 생각한다. 죽음과 불명예 어느 쪽을 택할 것인가를. 생각은 번번이 천칭처럼 망설임 없이 죽음 쪽으로 기운다. / 그는 그것을 안주삼는다. 아내 곁에 눕는다. 아내의 숨소리는 고르다. ―『휘청거리는 오후』(세계사, 1993년판) 결말 부분에서.

🎧 (주218)

남편의 사업 체험

🎬 언제고 한몫에 불태워버려야지 하면서 주워둔 명함을 쏟아놓으니 한 소쿠리는 될 것 같았다. / 사장, 사장 대표, 소장, 사장, 사장… 세상에 남편은 얼마나 많은 사장족을 알고 있는 것일까. 그러나 나는 남편이 알고 있는 이들 사장들이 얼마나 보잘것없는 섬포나 가내 공업 규모의 공상의 주인들이라는 걸 알고 있었다. (…중략…) 나는 빽이라는 게 급하게 필요하다고 깨닫고 나서부터 일가 친척 친구로부터 어쩌다 인사를 한 번 교환한 정도의 아는 사람까지를 총망라해서 샅샅이 뒤져본 끝에 단 한 사람의 세도가는커녕 한 사람의 권세부리는 관청의 수위도 찾아낼 수가 없었던 것이다. / 그것으로 나는 우리 부부의 생애, 합하면 근일 세기의 기나긴 생애를 말짱 헛산 것처럼 느꼈다. 그것은 대포알이 가슴을 뚫고 지나간 것만큼이나 엄청난 허망감이었다. (…중략…) 옥바라지하면서 가장 견디기 어려웠던 건 복잡하고 까다로운 수속도 수속이지만, 그런 수속 절차를 거치면서 수없이 부딪쳐야 하는 해당 직원의 철저한 불친절과 경멸와 냉대였다. 그건 사람다운 오기가 손톱만큼이라도 남아 있는 사람이면 견디기 어려운 천시요 구박이었다. (…중략…) 나도 매일매일 주눅이 들면서 고분고분 길들여졌다. 나는 그전까지도 누구에게나 겸손했다. 행상이나 거지에게까지도 상냥하고 공손하게 대하는 게 몸에 배어 있었다. 그러나 그건 결코 겸손이 아니라 나 역시 어떤 세도가나 권력자에게도 동등하게 대우받아야 한다는 내 나름의 오만이었다는 걸 그 때서야 깨달았다. / 나는 매일 아침 면회 갈 때마다 서대문 못 미쳐 광화문서부터 내 오기를 달래야 했다. 오기를 달랠 때처럼 내가 얼마나 오기가 센 여자가를 느낄 적도 없었다. ―「조그만 체험기」(『조그만 체험기』, 문학동네, 1999년판) 중에서.

☞ 남편의 청계천 공장 운영과 사기 사건에 연루된 옥살이 체험은 그 밖에도 『그해 겨울은 따뜻했네』『오만과 몽상』이나 동화「자전거 도둑」등 여러 작품의 소재가 된다.

²¹⁹⁾의 단편을 좋아했어요. 체호프가 참 뛰어난 단편 작갑니다. 그런 데서 내가 배운 바가 많구나, 이런 생각을 했습니다. ❀ 다 어렸을 때 일본 말로 본 거죠. 일본 말 책은 많았어요. 가난했지만 우리 오빠도 문청 기질이 강한 사람이었습니다. 그런 사람들이 좌익으로 기울고 그랬지요. 몇 번 거듭해 본 것도 있고 지금도 그런 책이 저한테 남아 있습니다. ❀ 또 해방되고 얼마 있다가 우리 나라도 출판이 시작될 때, 앞에서 얘기했을 것 같애. 이상, 김유정, 참 좋아했어요.

장 : 작가가 된 이후에는요?

❀ 지금은 별로 안 쓰는데, 그냥 너무너무 좋아했던 작가에 손창섭(孫昌涉, 1922~2010년)🎧⁽주²²⁰⁾이라고 있습니다. 전후에 궁핍했을 때의 우울, 「비오는 날」, 우리 또래하고 말을 맞춰 보면은 좋아했던 사람이 많은데… 일본으로 가 버렸어요. ❀ 이범선(李範宣, 1920~1981년)🎧⁽주²²¹⁾ 선생님 작품도 참 좋아했어요. 「오발탄」 같은 거. 저보다 미리 『현대문학』 통해서 나왔는지 그 전에 나왔는지 모르지만, 그 분도 돌아가셨지, 하근찬(河瑾燦, 1931~2007년)🎧⁽주²²²⁾ 씨의 단편도 아주 좋아했어요. 나중에 장편도 많이 썼지만 「수난이대」 같은 단편. 전쟁에 대해서 쓴 게 좋았어요. 저도 공감하고, 농민 소설 쓴 오유권(吳有權, 1928~1999년)🎧⁽주²²³⁾이라는 분도 있었는데 돌아가셨어요. ❀ 또 돌아가신 분 중에 『현대문학』의 오영수(吳永壽, 1914~1979년)🎧⁽주²²⁴⁾, 키가 훤칠하고 학같이 생긴 분이었는데… 『문학사상』에 쓴 것 때문에 곤욕을 겪고…. 여성으로서 강신재(康信哉, 1924~2001년)🎧⁽주²²⁵⁾도 좋아했어요. 옛날에 『현대문학』에서 단편으로 접한 작가들이죠. 동시대 작가라기보다 까마득한 독자로서 좋아했던 작가들이구요.

장 : 그 분들과 문단에 나와서, 교류는 안 하셨구요.

❀ 네. 전혀 그건 없었습니다.

천주교 세례를 받게 된 계기

장 : 선생님께서 천주교를 믿고 계시지 않습니까?

❀ 네.

장 : 종교를 가지기 시작하신 지는 언제쯤부터….

❀ 1985년입니다. 성당 다닌 건 고 전부터고요. 영세를 받을까, 받을까, 용기는 잘

🎧 (주219)

안톤 체호프(Anton Pavlovich Chekhov, 1860~1904년)

소설가이자 극작가. 러시아 타간로크에서 태어났다. 모스크바 대학 의학부를 졸업했다. 재학 중 가족을 부양하려고 쓰기 시작한 단편 소설들이 호응을 받아, 졸업 후 의사로 근무하면서 글을 계속 썼다. 1880년대 전반에 「관리의 죽음」「카멜레온」「하사관 프리시베예프」「슬픔」 등 풍자와 애수가 담긴 뛰어난 단편을 많이 남겼다. 그 후 「황야」「지루한 이야기」「등불」 등을 발표하며 작가로서 위치를 굳혔고, 30세 때 시베리아 횡단 여행을 하면서부터 작품에 사회 문제를 많이 다루었다. 근대 연극에서 기분극(氣分劇)의 창시자로서도 알려져 있다. 희곡 「갈매기」「바냐 아저씨」「세 자매」「벚꽃 동산」 등은 러시아 근대 리얼리즘을 완성했다는 평가를 받는다. 1888년에 단편 소설집 『황혼』으로 푸시킨 상을 수상했다. 23세 때 걸린 폐결핵이 심해져 독일 바덴바덴에서 요양 중이던 1904년, 44세의 나이에 생을 마쳤다.

🎧 (주220)

손창섭(孫昌涉, 1922~2010년)

소설가. 평양에서 태어나 만주, 일본 등지를 전전하며 고학을 했다. 일본 니혼(日本) 대학을 중퇴했다. 교사, 잡지 편집자 등을 지내면서 집필 활동을 시작, 1949년 『연합신문』과 1953년 『문예(文藝)』 추천으로 문단에 나왔다. 현실의 밑바닥을 어둡고 침통하게 파헤치는 작품 경향으로 주목을 받았는데 한 기형적 인간을 통해 1950년대의 불안한 사회 상황을 사실적으로 그려낸 「잉여인간」은 그 무렵 문단의 최고 화제작이었다. 이 작품으로 1959년 동인문학상을 수상했고, 1961년에 자전적 소설인 「신의 희작(戲作)」과 「육체추(肉體醜)」를 발표한 이후로는 거의 작품을 발표하지 않았다. 성격이 비사교적이고 외곬이어서 문단의 기인으로 알려졌다. 단편집 『비오는 날』과 장편 소설 『낙서족』『부부』가 있으며 1969년에는 『손창섭 대표작 전집』이 간행됐다.

🎧 (주221)

이범선(李範宣, 1920~1981년)

소설가. 호는 학촌(鶴村). 평남 안주에서 태어나 해방 후 월남했다. 동국대 국문과를 졸업했다. 거제고, 대광고, 숙명여고 교사를 거쳐 한국외국어대, 한양대 교수로 근무했다. 1955년 『현대문학』에 김동리(金東里)의 추천으로 문단에 나왔으며 자신이 겪은 우울한 현실을 바탕으로 한에 사무친 무기력한 인간들을 그린 「암표」와 「학마을 사람」들로 주목을 받았다. 6·25 전쟁 이후의 암담한 현실을 사실적 문체에 담아 1959년 『현대문학』 10월호에 발표한 「오발탄」은 이후 그의 대표작이 되었다. 한국문인협회와 소설가협회 등의 문단 활동에도 적극 참여했으며 동인문학상, 월탄문학상 등을 수상했다. 『학마을 사람들』『오발탄』『피해자』 등의 작품집이 있다.

🎧 (주222)

하근찬(河瑾燦, 1931~2007년)

소설가. 경북 영천에서 태어나 전주사범학교와 동아대 토목과를 중퇴한 후 교사, 잡지사 기자로 일했다. 『한국일보』 신춘문예로 등단한 후 인정과 향토성 짙은 농촌을 배경으로 농민들이 겪는 민족적 수난을 사실적으로 그린 작품들을 발표했다. 제2차 세계 대전과 6·25 전쟁 과정에서 수난받는 민족의 현실을 집약한 「수난이대(受難二代)」로 주목을 받았다. 엄격한 소설적 구성과 아름다우면서도 적절한 토속어 사용 등이 특징이다. 『흰 종이 수염』『일본도』『서울 개구리』『화가 남궁 씨의 수염』『내 마음의 풍금』 등의 작품집과 『산에 들에』『여제자 은장도 이야기』 등의 장편 소설을 펴냈다. 한국문학상, 유주현문학상 등을 수상했다.

(주223)

오유권(吳有權, 1928~1999년)

소설가. 전남 나주에서 태어났다. 영산포초등학교를 졸업한 뒤 초등학교 급사, 우체국 직원으로 일했다. 20세 무렵부터 문학을 독학하고 1957년 황순원의 추천을 받아 『현대문학』을 통해 문단에 나왔다. 오유권은 200편이 넘는 작품을 발표하여 가장 많은 소설을 발표한 20세기의 작가 중 한 사람으로 꼽히며, 농촌을 소재로 한국의 전통적 정서를 형상화한 작품들을 잇따라 발표했다. 남도 사투리로 고향인 영산강 유역 농민들의 애환을 생생하게 그려내면서 현실에서 벗어난 근대화나 물질을 우선시하는 근대 문명에 대한 비판적 시각을 견지했다. 작품집으로 『농지상한선』, 장편 소설 『황토의 아침』 『과수원집 딸들』, 자서전 『죽을 때까지 이 걸음으로』 등을 출간했다. 한국일보문학상, 흙의문학상, 문화공보부 장관상, 화관문화훈장 등을 수상했다.

(주224)

오영수(吳永壽, 1914~1974년)

경남 울산에서 태어났다. 어려서 한학을 배우고 1939년 일본 도쿄 국민 예술원에서 공부했다. 만주 등지를 전전하다 해방 후 귀국, 경남여고에서 교사로 일하며 시와 소설을 발표하기 시작했다. 1950년 『서울신문』 신춘문예에 입선하면서 문단에 나왔다. 현대 사회에서 상실돼 가는 인간성과 그 회복을 서민층의 애환 속에서 찾으려는 작품들을 주로 발표했으며 「갯마을」은 이런 작가 정신을 볼 수 있는 대표작이다. 1954년에는 조연현(趙演鉉)과 『현대문학』을 창간했다. 만년에는 고향 근처로 내려가 요양과 창작에 정진했으나 1979년 『문학사상』 1월호에 발표한 단편 「특질고(特質考)」로 뜻하지 않은 파문을 일으켜 심한 정신적 타격을 받았다. '특질고 파문'은 「특질고」의 내용 중 전국 각 지역의 특성을 묘사한 부분이 특정 지역민과 문인 등의 반발을 사 결국 주요 일간지에 사과문까지 게재한 사건이다. "붓을 꺾고 대죄할 각오가 돼 있다."는 취지의 사과문에 더해 국제펜클럽 회원에서도 제명된 오영수는 사건이 터진 4개월 뒤 지병이 도져 사망했다. 『머루』 『갯마을』 『메아리』 『황혼』 등의 작품집을 냈으며 1968년 『오영수 전집』이 나왔다. 한국문학가협회상, 아시아자유문학상 등을 받았고 대한민국예술원 회원이었다. 1993년에는 『울산매일신문』에서 오영수문학상을 제정하고 그 해 제1회 수상자로 소설가 이동하를 선정, 시상했다.

(주225)

강신재(康信哉, 1924~2001년)

소설가. 서울에서 태어나 경기여고, 이화여전에서 수학했다. 1949년 김동리의 추천으로 『문예』에 작품을 발표하면서 문단에 나왔다. 남녀 간의 사랑 안에 존재하는 도덕 관념을 사실적이고도 감각적인 문체로 그린 작품들로 인기를 얻었다. 부모의 재혼으로 오누이가 된 남매의 비극적 사랑을 여성의 시각에서 섬세한 감각으로 묘사한 단편 「젊은 느티나무」는 그녀의 대표작이 되었다. 강신재는 사회와 현실의 문제에도 관심을 두고 점차 다양한 소재를 다양한 주제로 다루어 갔다. 하지만 작가로서의 기량은 주로 여성들의 운명적 불행과 비극적 삶을 다룬 작품들에서 더 빛났으며 다양한 형태의 비극을 역설적 아름다움으로 빚어내는 작가로 평가를 받곤 했다. 소설집으로 『회화』 『청춘의 불문율』 『젊은 느티나무』 『파도』 『황량한 날의 동화』 『사랑의 묘약』 『간신의 처』 등이 있다. 한국문협상, 여류문학상을 수상했다.

🎧 (주226)

가톨릭 신자가 되기까지

▣ 시어머님의 장례를 치르고 나서 종교를 가져야 되겠다는 생각을 진지하게 했다고 했지만 실지로 영세를 받기까지는 사오 년이 더 걸렸다. 그 때 살던 동네엔 가까이에 성당도 없었고, 가톨릭 신자가 되려면 뭘 어떻게 해야 된다는 걸 가르쳐 주는 사람도 없었다. 주일에 냉동성당에 몇 번 가 본 적이 있지만 그게 교리 공부 등 신앙 생활로 연결되지는 않았다. 마치 기독교 염탐을 다니듯이 전통 있는 개신 교회도 몇 차례 기웃거려 보았지만 어디서도 마음이 크게 움직이진 않았다. 그러다 단독 주택에서 잠실에 있는 아파트로 이사를 가게 되었다. 새로 생긴 아파트 단지 상가 2층에 성당이 들어섰다. 그 해 크리스마스 이브에 아이들은 제각기 약속이 있다고 시내로 놀러 나가고 (…중략…) 집에 단둘이 남은 우리 부부는 쓸쓸한 소외감을 느꼈다. 내가 먼저랄 것도 남편이 먼저랄 것도 없이 성당에나 가볼까, 한 것 같다. (…중략…) 남들이 하는 대로 일어섰다 앉았다를 되풀이하면서 장장 세 시간에 걸친 자정 미사를 보고 구유 예배까지 보고 밖으로 나왔다. 그 동안에 날이 바뀌어 성탄 새벽을 바라보는 시간의 추위는 어찌나 매서운지 이빨이 다 딱딱 마주칠 정도였다. 우리 부부는 조금이라도 덜 추우려고 꼭 붙어서 걸으면서 우리가 지금 무슨 짓을 한 거지? 서로 물으면서 큰 소리로 웃었다. (…중략…) 그 후 같은 성당에서 교리 공부를 받기까지는 같은 단지에 사는 교우의 적극적인 권면이 있어서였지만 막상 영세를 받을 때도 그날 밤처럼 뜨거운 기쁨과 감동이 내 마음속 깊은 데서 우러난 적은 없다. — 수필 「그는 누구인가」(『호미』, 열림원, 2007년판) 중에서.

🎧 (주227)

어머니와 불교

▣ 나는 구경이나 관광을 목적으로 하지 않고 절에 가 보기는 그때가 처음이었다. 정초라 많은 신도들이 불공을 드리고 있었다. 사원 경내엔 부처님이 모셔진 법당 외에도 산신당이니 신중당이니 칠성당이니 하는 당집이 신축된 지 얼마 안 된 듯 단청도 화려하게 여기서기 사리잡고 있고 신도들이 이런 곳에 모셔진 화상을 부처님보다 더 열심히 예배하는 걸 나는 이상하고 신기하게 여기며 바라보았다. (…중략…) 칠성당 속 제단에는 '명다리'라 불리는 무명필이 사람의 키보다도 높이 몇 줄이 쌓여 있었고 숨이 막히도록 만수향과 촛불이 타고, 여신도들의 낭랑하나 무질서한 염불소리가 특이한 주술적인 분위기를 만들고 있었다. / 꽤 넓은 칠성당 속에 서로 몸이 닿을 만큼 빽빽이 들어선 신도들은 하나같이 나로서는 이해할 수 없는 열정적인 무아의 경에 빠져 있었는데 나는 그걸 도저히 종교적인 법열로 이해하고 봐줄 수가 없었다. 가장 천박한 탐닉과 집착의 상태로밖에 안 보였다. / 나는 속으로 '이게 아닌데, 이게 아닌데, 이럴 수는 없어, 이럴 리는 없어' 하는 깊은 회의와 반발을 수없이 되풀이했다. (…중략…) 칠성당에서 열정적으로 예배하고, 신들린 것처럼 격정적으로 염불하고 하는 여신도들처럼 물욕적이고 세속적이고 뻔뻔스럽고 파렴치한 얼굴을 나는 버스간에서도 시장 바닥에서도 노름판에서도 본 적이 없는 것 같았다. 그런 밉고 탁한 얼굴을 설마 절에서 보리라고는 어찌 상상이나 했을까. (…중략…) 나의 이런 혼란과는 상관없이 어머니는 여러 신도들 사이에 끼어서 어떤 신도와도 닮지 않은 담담하고 평화롭고 행복한 얼굴을 하고 예배도 하고 염불도 외우시는 것이었다. — 콩트 「어머니」(『나의 아름다운 이웃』, 작가정신, 1995년판) 중에서.

안 났어요.(웃음)

장 : 집안이 천주교를 믿은 건 아니었잖습니까?

● 네. 할아버지 밑에서 자랐으니까 유교 교육 많이 받고요, 또 우리 친정어머니는 절에 열심히 다니셨지요.

장 : 천주교로 세례를 받게 된 동기가 있었나요🎧(주226), **선생님?**

● 그… 우리 어머니도 나이가 들고 여러 가지 일도 겪으시고 나서 절에 다니시더라고요. 어머니 단골 절이 보문동에 있는 미타사라는 절인데, 법회 있는 날마다 제가 모시고 가서 같이 밤낮 이것도 하고 그랬어요.🎧(주227) ● 우리 시어머니는 그런 데도 안 다니셔서 사월 팔일날 구경 간다든가 집에서 가을에 고사(웃음) 열심히 지내는 정도죠. 시어머니가 1979년에, 천수를 다하고 노환으로 팔십 몇 세에, 집에서 돌아가셨어요. 그 때로 하면 많이 사셨지요. 우리 남편이 외아들인데 아무 준비도 없이…. 지금은 병원 가서 하니까 편하잖아요. 우리는 아무것도 모르고 절에도 안 다니시던 분이니까 민간에서 하는 대로 했어요. ● 그 때는 우선 장의사가 있거든요.

장 : 그렇지요.

● 그 사람들이 시키는 대로, 수의도 거기서 준비해 오고요. 엄숙한 게 하나도 없더라고요. 저는 친정아버진 일찍 돌아가셨고, 친정어머닌 살아 계셔서 잘 모르니까 뭐든지 얼마 달라 이럴 때, 깜짝 놀라 그렇게 비싸냐고 그러면 아, 상주가 그런 거 깎는 게 아니래요. ● 염한다고 그러잖아요. 난 그것도 어떻게 입혀 드리고 싶다는 꿈이 있었는데 친척들 다 앉았을 때 막 묶으면서 그 사이에다 돈을 집어넣으래요. 가장 중요한 거다, 저승 갈 적에 이걸로다가 노잣돈 쓸 거니까 아끼면 안 된다고 해요. 친척들도 집어넣고 조카들도 옆에서 보잖아요. 상제들은 그 때 돈으로 제일 비싼 고액권 집어넣으래요. 쫙 돈으로 덮게 만들더라고요. 맨 나중에는 동전 중에 제일 큰 걸 입에도 물리라고 해요. ● 난 그게 묘에 매장을 같이 하는지 알았어요. 저승 노잣돈이라니까. 속으로 나중에 저런 걸 발굴을 하면 옛날 돈은 이렇게 생겼다 그러겠지, 왜 요새도 발굴해서 나오고, 그렇게 되는 줄 알았어요. 나중에 들으니까 우리를 쫄로(웃음) 본 거지. 입관할 때는 착착착 빼 자기네들이 챙겨.(웃음) 입에 넣은 동전만 그냥 두는 거예요.

장 : 네.

● 지금은 다 개발됐는데. 화정이라고, 거기에 선산이 있어. 장지가 조금 높이 올라

🎧 (주228)

이해인(李海仁, 1945년~)

수녀이자 시인. 강원도 양구에서 태어났다. 6·25 전쟁이 발발하면서 아버지가 납북되고 가족의 피난지 부산과 서울에서 성장하면서 먼저 수녀가 된 언니의 영향을 많이 받았다. 1961년 고등학교 졸업 후에 부산 성 베네딕도 수도회(분도회)에 입회했다. 이 때부터 '해인'이라는 필명으로 가톨릭에서 발간하는 『소년』지에 작품을 투고하면서 시인으로도 활동하기 시작했다. 이후 부산 성분도병원, 베네딕도회 수녀회 등에서 소임을 맡아 일하는 한편 필리핀 세인트루이스 대학 영문과 및 서강대 대학원 종교학과를 졸업했다. 자연과 일상에서 행복을 찾으며 신에 대한 감사의 마음으로 구도의 길을 노래한 『사계절의 기도』,『민들레의 영토』『오늘은 내가 반달로 떠도』 등의 시집을 펴냈다. 문단과 선교 활동을 의욕적으로 펼치던 중 2008년 암 판정을 받고 부산에서 휴양 중이다.

🎧 (주229)

남편의 발병과 죽음

📖 내 일상은 보통 때와는 같을 수가 없었다. 이 보통 때와 같은 나날이 오래 지속돼지이다 기도도 하고 보통 때와 같은 날을 연장시킬 수 있는 음식이나 생약을 얻어들은 잡다한 정보에 따라 구하러 다니기도 만들어 보기도 했다. 그는 병원의 시시나 서방해 준 약은 잘 지켰지만 수많은 비방의 생약에 대해서는 매우 냉담해서 먹이기가 여간 힘들지가 않았다. 아무개도 이걸로 나았고 누구도 이걸 먹고 감쪽같이졌댄다고 설득을 해도 도무지 믿는 눈치가 아니었다. (…중략…) 환자가 믿지 않으니 무슨 약효가 있을까 싶어 생약을 연구하고 만드는 일은 자꾸 서글퍼만 졌다. 그 대신 저녁 식사 준비는 신이 났다. (…중략…) 그의 구미에 맞는 한 그릇의 두부찌개는 누가 천 년까지 먹고 살 보화를 가지고 와서 바꾸자고 해도 거들떠도 안 볼 값진 것이었다. 남들이 십 년 후를 근심하고 백 년을 위한 계획을 세우는 동안 우리는 순간을 아까워했다. 죽음은 모든 살아 있는 것의 피할 수 없는 운명이고, 동물도 죽을 병이 들거나 상처를 입으면 괴로워하기도 하고 저희들 나름의 치료법도 있으리라. 그러나 죽음을 앞둔 시간의 아까움을 느끼고, 그 아까운 시간에 어떻게 독창적으로 살아 있음을 누리고 사랑할 것인가를 생각해야 하는 건 인간만의 비장한 업이 아닐까. (…중략…) 나는 수도 없는 검사를 거친 노련한 주치의의 진단보다 더 확실하게 그의 몸이 돌이킬 수 없는 파국을 향해 치닫고 있다는 걸 알아차렸다. 그러나 그 놈의 암이 뇌 속으로 옮아갔다는 걸 인정하는 건 너무도 무섭고 분노스러웠다. 견딜 수 없이 비참한 밤을 보내고 나서 그래도 한 가닥 희망을 품고 찾아간 병원에서 그러나 CT 촬영은 불가능했다. 노사 분규가 극도에 달했던 88년 초였다. 그가 그 동안 입원과 통원 치료를 받아오던 종합 병원도 막 그 날 아침부터 간호사를 비롯한 종업원들이 파업에 들어가 병원 업무가 마비돼 있었다. 환자들은 하릴없이 발길을 돌리면서도 한 마디씩 한탄을 하거나 욕을 했다. 이 층에선 일손을 놓고 권리를 부르짖는 근로자들의 노랫소리, 구호 소리가 우렁차게 들려왔다. 뭔가 참을 수 없는 기분에 떠밀려 나는 발길을 돌리는 대신 이층으로 뛰어올라갔다. "거기서 뭣들 하고 있어, 지금 내 남편이 지금 내 남편이 죽어 가는데, 제발 내 남편 좀 살려 줘." 이런 아우성이 목구멍까지 차오르고 있었다. ―「여덟 개의 모자로 남은 당신」(1991년 발표, 『저문 날의 삽화』, 문학과지성사, 1991년판) 중에서.

☞ 박완서의 남편 호영진은 1988년 5월 암으로 사망했다. 같은 해 8월 아들 호원태는 교통 사고로 23세에 요절했다.

가는데, 일부러 땅에다 돈을 놔야 올라간다, 상제가 나와서 이거 해야 된다…. 아, 돈이 아깝다기보다는 이렇게 엄숙함이 없이 거래가 돼서 어떻게 하나. 그럴 때 천주교 믿는 사람들이라든가, 가 봤을 때 참 아름답게 느껴지더라고요.

장 : 아….

● 그래서 장례 때문에.(웃음) 우리 시어머니 이렇게 보내 드리고 나는 조금 엄숙하게 가고 싶으니까 [개종하고]. 아, 불효가 되지 않을까 생각도 했어요. 근데 우리 남편도 그렇고 나도 그렇고 특별히 취미 생활이 있는 것도 아니니까 노부부가 둘이 같이 성당에 오는 게 참 좋아 보이더라고요. ● 교리 공부하다 보니까 내가 받은 유교적인 교육하고 성경에서 강조하는 거하고, 거의 같습니다. 왜 우리가 금과옥조라고 하잖아요. 그러니까 그렇게 거부감이 없었어요. 자비라든가, 사랑이라든가, 다 같지 않습니까. 왜 '너희 이웃 중에 가장 보잘것없는 사람한테 한 것이 나에게 한 것과 같으니라.' 그런 말 좋아하는데 다른 종교에도 많아요. 불교에도 그런 게 참 많고요. '너가 싫어하는 걸 남에게 베풀지 말라.'는 것도 『논어』에 나와요. 역지사지, 입장을 바꿔서 생각하라는 거잖아요.

이해인 수녀와 만남

장 : 천주교 하면 이해인 수녀와의 인연을 빼놓을 수 없지 않습니까. 언제 어떤 기회로 서로 만나셨습니까?

● 이해인(1945년~) 🎧(주228) 수녀는, 물론 영세받은 후에 금세 그런 일이 있은 건 아니고요, 한 7, 8년 후에 우리 남편하고 우리 아들하고, 같은 해에 그런 일이 생겼잖아. 남편이 그야말로 폐암으로 오늘내일 할 적에… 🎧(주229)이해인 수녀가 서울 명동성당에 파견 나와서 홍보물을 만드는 데서 있었어요. 저는 그 분이 거기 와 있는 것도 몰랐고 분도수녀원에 있는지도, 뭘 하는지도 모를 땐데 저한테 원고 청탁을 했어요. 근데 내가 쓸 수 없는 상황이에요. ● 나는 그 때 가톨릭이니까 저 사람이 가톨릭 수녀고 그것도 굉장히 사람들이 좋아하는 수녀님이다, 싫어서 이러이러하니 못 쓰겠다고 그럴 수 있는데도 썼어요. 써서 보내면서 (웃음) 내가 거기다가 생색을 냈어요. 사실 남편이 오늘내일 하는데 이걸 썼다. 난 수녀님을 뵙지는 못했지만 수녀님에 대한 사랑 때문에 이걸 쓴 거다. 그렇게 보냈더니 그이가 깜짝

아들의 죽음

🎧 내가 창환이 잃고 나서 친척이고 친구고 멀쩡하게 아들 잘 기른 사람들이 나한테 괜히 미안해 하는 거, 나 알아요. 아들 자랑하다가도 내 앞에서 입을 다물고, 장가 보낼 때 나한테 청첩장을 보낼까 말까 망설이고, 내가 행여 즈이들이 부러워 미움 상할까 봐 그런다는 거 알아요. 명애라고, 형님도 아시죠? 우리가 성북동 살 때 아래윗집 살면서 부추전만 부쳐도 담 너머로 나눠먹던 제 여고 동창 말예요. 걔 아들하고 창환이하고도 국민학교에서 중학교까지 동창이었다구요. 서로 사는 내막 속속들이 알고 마음이 통해 숨기는 거 없기는 형님보다 훨씬 가까웠더랬죠. (…중략…) 창환이가 그 지경 당하고 나서도 어느 친척도 명애만큼 놀라고 슬퍼하지 못했을 거예요. 내가 통곡하면 같이 통곡하고, 펄쩍펄쩍 뛰면 같이 펄쩍펄쩍 뛰고, 내가 몸져누웠을 때는 하루도 거르지 않고 온갖 죽을 다 쑤어서 날랐죠. (…중략…) 그런 명애도 즈이 아들 장가들일 때는 나한테 쉬쉬하더라니까요. (…중략…) 안에서 창숙이나 창희가 열어 줄 때가 있잖아요? 안에서 맞아 줄 사람이 있을 때가 없을 때보다 좋은 게 인지상정이련만 전 그 반대예요. 그들의 마중을 받으면 창환이의 빈자리가 왜 그렇게 크게 느껴지는지, 나도 모르게 무너져내리듯이 밖에서 꾸민 나를 포기해버리죠. 그러나 열쇠로 문을 따고 빈집에 들어섰을 때는 딴판이에요. 창환아, 에미 왔다. 그렇게 활기 넘치는 소리로 말을 걸며 들어가는 거예요. 핸드백을 내던지면서 옷을 벗으면서도 냉장고에서 찬물을 꺼내 벌컥벌컥 들이마시면서도 연방 말을 시키죠. 그럴 때는 집 구석구석이 창환이로 가득 차는 거예요. 내가 그애 안에 있다는 걸 실감하죠. 어느 쪽이 진짜 나인지 모르겠어요. 걔가, 생때 같은 내 아들이 어느 날 갑자기 없어졌다는 걸 어떻게 믿을 수가 있겠어요. 형님, 우리가 참 모진 세상도 살아냈다 싶어요. 어쩌 그리 모진 세상이 다 있었을까요? 형님, 그나저나 그 모진 세상을 다 살아내기나 한 걸까요? ―「나의 가장 나종 지니인 것」(1993년 발표, 『한 말씀만 하소서』, 1994년판) 중에서.

아들 죽음 이후의 일기 「한 말씀만 하소서」

🎧 그러거나 말거나 오늘은 88 서울 올림픽 개막식 날이다. 날씨는 쾌청하고 개막식도 잘 돼 가는 모양이다. 딸, 사위, 손자들이 텔레비전으로 그 광경을 시청하면서 연방 탄성을 지르며 즐거워하고 있다. 그런 분위기를 훼방놓지 않을 만큼 대범해야 된다는 거 인내가 아니라 고투다. / 그저 만만한 건 신이었다. 온종일 신을 죽였다. 죽이고 또 죽이고 일백 번 고쳐죽여도 죽일 여지가 남아 있는 신. 증오의 마지막 극치인 살의. 내 살의를 위해서도 당신은 있어야 돼. (…중략…) 나는 신이 생사를 관장하는 방법에 도저히 동의할 수가 없고, 특히 그 종잡을 수 없음과 순서 없음에 대해선 아무리 분노하고 비웃어도 성이 차지 않지만 또한 그런 고로 그분을 덧들이고 싶지 않았다. 나는 오직 그분만이 생사를 관장하고 있다고 신의 권위를 믿고 있었고, 불쌍하게도 깊이 공구(恐懼)하고 있었다. ― 일기 「한 말씀만 하소서」(1988년 9월 17일자, 『한 말씀만 하소서』, 솔출판사, 1994년판) 중에서.

놀라서 우리 집, 대림아파트에 왔어. 다른 수녀님을 데리고 와 갖고 미안하다고 해요. 미안하긴, 알고 그랬겠냐고요. 그러면서 남편을 위해서 기도도 해 주고. 물론 우리 남편 간 다음에도요. 그래서 인연이 된 거예요. ● 그러고 내가 아들, 잃었을 때, 너무 힘들어 갖고. 🎧(주230) 그 때는 사람들이 와서 여러 가지 위로의 말 해 주는 것도 힘들어요. 너무 힘들 때는 멀리서 기도해 주는 게 낫다고 생각해요. 잘 못 먹고 누워 있다 그러면 음식 해다 주는 사람도 있지만, 누가 온다는 게 다 사람 접대 아닙니까? 아주 힘들 때는 잘해 주는 것보다도 내버려 두는 게 좋습니다. ● 큰딸이 부산에 있었어요. 사위가 거기 대학에 있었어요. 거기 가 있는데, 부산 와 있단 소릴 듣고 그 분이 오셨어요. 그… 자기네한테 와 있으라고.

장 : 수녀원에요?

● 네. 거기에서 적절한 도움을 나에게 줬다고 생각해요. 네. 거기가 참 좋았던 게, 날 혼자 내버려 두는 거. 물론 해 주는 건 다 해 주죠. 혹시 〈엄마가 뿔났다〉 보셨어요?(웃음)

장 : 네. 봤어요, 선생님.

● 요전에 그걸 갖고 논쟁을 하는데, 그 여자가 집을 나가잖아요. 사람들이 그건 너무 심했다, 잠깐 여행을 가든지 하면 될 걸. 근데 난 전적으로 동의가 되더라고.

장 : 네, 네.

● 혼자 있음으로써 치유되는 게 있습니다. ● 난 거기서 체험을 했어요. 혼자 있으면 자꾸 기도도 할 수 있고 나에게 왜 이런 일이 닥쳤냐고 예수 그리스도를 향해서 항의도 하게 되고, 🎧(주231) 그것도 기도가 될 수도 있고. 그렇다고 해서 어떤 회답이나 기적이 있었던 건 아니에요. 여러 방송을 들어 보니까 신비 체험 많더라고요. 나는 신비 체험을 바랐지만 아무것도 없었어요.(웃음) 그렇지만 혼자 있었다는 게 참 좋았다고 생각해요. 그게 영혼의 안식이 되고. ● 그 전에 한두 달을, 남의 강요에 의하지 않고는 음식을 못 먹었어요. 남이 자꾸 먹으라고 그럴 때에 너무 안 먹으면 그러니까 애들이 뭐 해 오면 먹는 척도 하고, 그러고도 속에서 부대껴서 많이 고생도 했는데. 거기서 내 스스로 음식을 먹게 되고 또 음식의 맛도 알게 된 것도 좋은 체험이었다고 생각을 해요. 🎧(주232) ● 내가 그 아들 잃은 지 일 년 됐을 때라든가, 아들의 생일 무렵에도 거기 가서 미사도 드리고 묵었다 오고요. 또 힘들고 세상에서 숨고 싶을 때 있어요. 그럴 때 호텔 같은 데도 안 되는 겁니다. 그렇잖아요?

장 : 그 즈음이 이해인 수녀와 만날 수 있는 시간이었지만 어떻게 보면 선생님 인

🎧 (주232)

밥맛을 되찾음

📘 나는 순전히 점심을 얻어먹으려고 성당으로 올라갔다. 기도시간 내내 성무일도 소리는 듣는 둥 마는 둥 부엌 쪽에서 풍겨오는 구수한 밥 냄새와 된장국 냄새에만 정신이 팔려 있었다. 그건 어쩌면 환각일 수도 있었다. 점심에 된장국은 나오지 않았으니 말이다. 그러나 된장국보다 더 맛깔스러워 보이는 비빔밥이었다. 나는 짐승 같은 식욕을 느꼈다. (…중략…) 좀 모자라는 듯싶게 밥을 덜어다 비볐다. 기막힌 맛이었다. / 집에서는 자식들이 성화를 해서, 수녀원에서는 수녀님들이 조심스럽게 걱정을 해줘서 할 수 없이 먹는 척해 왔다고 여기고 있었다. 먹고 싶어서 먹은 게 아니라 그들을 위해서 먹어 준 거였다. 아니꼽게도 선심을 쓰듯이 먹어 준 거였다. 먹어 준다는 의무감만 없다면 죽 한 모금 입에 넣고 싶지 않을 만큼 식욕이 없던 것도 사실이었다. 참척을 겪은 에미는 그래 마땅했다. 살고 싶지 않은 게 거짓이 아닌 바에야 육체가 정신의 소망을 따라 주는 건 당연했다. 나는 이렇게 내 식욕 없음에 체면과 자존심을 걸고 있었다. 아니 희망까지 걸었다 해도 과언이 아니었다. 이렇게 아무것도 먹기 싫으니 차츰 쇠약해지면서 죽어가겠지 하는. 그리하여 나의 식욕 없음은 미구에 아들 뒤를 고통 없이 따라갈 수 있으리란 희망이었다. (…중략…) 비빔밥을 꿀같이 달게 먹고 내 방으로 도망치듯 돌아온 나는 나에게 따지듯이 물었다. '너는 이제 살고 싶으냐'고. '아니아, 절대로 아니야'라고 나는 강하게 부인했다. 그러나 저녁 기도 시간이 가까워지자 나는 다시 배가 고팠고, 주님을 만나기 위해서도 하루를 반성하기 위해서도 아닌, 단지 식욕을 채우기 위해 허위허위 성당으로 가는 언덕길을 올라갔다. 양을 자제했기 때문에 더욱 맛있는 저녁을 먹고 내려오면서 나는 내 육신과 정신의 분열이 한없이 창피하고 슬퍼서 몸둘 바를 몰랐다. 할 수 있는 말은 다만 '주여, 나를 불쌍히 여기소서.' — 일기 「한 말씀만 하소서」(1988년 10월 ×일자, 『한 말씀만 하소서』, 솔출판사, 1994년판) 중에서.

🎧 (주233)

엔도 슈사쿠(遠藤周作, 1923~1996년)

일본의 소설가. 1955년 발표한 「백인(白い人)」으로 아쿠타가와 상을 수상하고 『바다와 독약(海と毒藥)』으로 일본의 대표 문학가로서 자리를 굳혔다. 대표작으로는 17세기 일본 막부의 천주교 탄압을 소재로 한 『침묵(沈默)』과 마이니치 예술상을 수상한 마지막 장편 소설 『깊은 강』이 있다. 대표작 『침묵』은 17세기 막부 시대 일본의 천주교도 탄압을 다룬 역사 소설로 신의 존재와 그 의미에 대한 물음을 담았다. 신이 존재한다면 왜 고통받는 사람들이 존재하는가, 고통받는 민중들을 보고만 있는 신은 무기력한 존재에 불과한 것인가, 의지가 약해 종교적 신념을 지킬 수 없는 기독교인들을 신이 비난할 수 있는가 등의 주제들을 막부 시대의 역사적 사실들과 함께 진지하면서도 생동감 있게 다루었다.

생에서 가장 슬픈 시간이었네요?

● 그렇지요. 네. 내가 천주교에 입교한 지 거의 7, 8년 됐을 때라고 하지만 그 때 처음으로 아, 내가 이걸 안 믿었으면 어땠을까? 그 곳에 가서 하느님한테 대답 없는 질문도 하고요. 엔도 슈사쿠(遠藤周作, 1923~1996년)🎧(주233)란 사람이 쓴 『침묵』도 있지만, 내가 아무리 그래 봤자 우리가 정신적인 어떤 데에 도달하지 않는 한, 건강한 정신을 갖고 있을 때는 하나님의 회답이 오지 않는다고 생각을 해요. 그렇지만, 내가 그 때 주위 사람들을 힘들게 했어요. 거기 들어가 있음으로써 내가 주위 사람들한테 난동을 부리고 싶은 것을 하나님한테 했다고 생각을 해요.

장 : 아픔을, 어떻게든 털어내야 되는 거니까요.

● 울고불고 난리치고 참 주위 사람을 괴롭혔을 텐데 거기 있음으로 해서 내가 추태를 안 부리고 극복할 수 있었다고 생각을 해요. 해답을 얻진 않았지만.

장 : 그즈음 해서 선생님께서 한동안 창작을 쉬셨던 거지요?

● 네. 그러고도 한참을 쉬었습니다. 나는 약속한 거는 열심히 쓰는 사람인데, 연재 소설이라는 건 더군다나 굉장한 약속 아닙니까.

장 : 네.

● 근데 못했지요. 그리고 아주 안 할 것 같이 했는데. 미국 가서 좀 있고 그랬어요. 떨어져 있고 싶어서. 그러다가 와 갖고 결국은 다시 쓰기 시작을 했지요, 내가.

장 : 얼마 만인가요? 선생님. 다시 글을 쓰기 시작하신 게….

● 한 일 년쯤 됐을 겁니다. 돌아온 게 반 년 만이고 조금 쉬다가, 네.

『미망』 연재 재개

장 : 일 년 정도 글을 안 쓰다가 다시 쓰기 시작하면서 처음 발표한 작품은 무엇이었습니까?

● 그게 연재 소설, 『미망』.🎧(주234) ● 글을 다시 써야겠단 생각보다는, 시작한 건 끝마쳐야 된다는 거였을 것 같애요. 그 연재 소설 쓰는 동안에 아픈 남편 치다꺼리 하면서 병원에서 쓴 적도 있고 너무 지긋지긋해 갖고요, 다시 쓰기 시작했을 때 출판사에는 내가 다시 쓴다, 얘기 안 하고 잡지사에는 마무리를 한꺼번에 했습니다, 몇 백 장을. ● 분량은 조금 줄였지요. 처음 구상한 건 한 1,200매였는데 500~600

🎧 (주234)

『미망(未忘)』

1985년 『문학사상』을 통해 연재를 시작했으나 큰 아들의 교통 사고와 죽음으로 한동안 연재를 중단했다가 5년여 만인 1990년에 완성된 장편 소설로 그해 대한민국 문학상을 수상했다. 개성 시방의 한 거상 일가의 삶을 그린 가족사 소설이자 격동기였던 19세기 중반부터 20세기 중반까지 우리 민족사를 다룬 역사 소설이기도 하다. 작가의 고향을 작품의 무대로 삼아 사실적으로 묘사했는데 특히 복장이나 음식, 언어, 예의범절에 대한 표현은 작가의 체험을 바탕으로 해 매우 정확하다. 모두 8장으로 나뉘어져 있으며, 5대에 걸쳐 이야기가 전개된다. 1대는 주인공 전처만의 부친인 전서방 내외다. 이들은 상민 출신의 가난한 소작인으로서 신분의 한계와 가난으로 시대의 속박에서 벗어나지 못한다. 2대는 전처만과 홍씨 부인이다. 작품의 전반기를 장악하는 중심 인물로 개성의 거상이 되어 가문을 일으킨다. 조선의 봉건적 경제 체제의 몰락이 그려진다. 3대는 전처만의 장남과 맏며느리, 그리고 차남이다. 이들은 농업과 상업에 종사하지만 당시의 시대 상황 속에서 좌절하고 만다. 4대는 전처만의 장손녀 태임이 중심 인물이다. 태임은 양반가의 자제 이종상과 결혼한다. 소설에서 가장 강조되며 이야기를 이끌어가는 태임은 조부가 물려 준 재산으로 여러 사업을 벌이고, 독립군에게 자금을 대기도 한다. 5대는 태임과 이종상 사이의 자녀들이다. 태임이 죽으면서 가문은 쇠락한다. 산업화에 따른 대자본에 토착적 민족 상업 자본이 몰락하는 과정이다. 해방이 되고 전쟁이 나자 가족들은 희망의 상징인 인삼의 종묘를 꾸려 남으로 피난을 떠난다.

MBC에서 방영되었던 드라마화 된 「미망」.

🎧 (주235)

『미망(未忘)』 머릿말 중에서

📖 개성 개풍 지방 일대는 조선 시대부터 분단 직전까지 오랜 동안 인삼 고장과 상업의 중심지로 독자적인 번영과 독특한 문화를 외면하고 산 별종을 그릴 바에야 구태여 개성 땅을 무대로 할 필요가 없어지고 만다. 그런데 우리 집안은 몇 대째 개성 근교에 살면서 인삼 농사도 장사도 하지 않고 오로지 벼슬에만 연연해 온 좀 치사한 별종의 집안이었다. 내가 여지껏 써 온 소설의 대부분은 나의 직접적인 체험이나 가족들을 통한 간접적인 경험 또는 내 핏속에 누적되어 거의 기질화된 조상들의 경험을 바탕으로 했기 때문에 쉽게 내 이야기를 만들 수가 있었는데, 이 소설을 쓰면서는 그게 부족한 게 가장 고통스러웠다. (…중략…) 인삼 농사와 상업을 겸한 개성인 이야기를 하려니 어쩔 수 없이 가진 자들이 중심 인물이 되었고, 가진 자나 배운 자가 자신의 기득권에 연연하면서 일제에 저항한 흔적은 오늘의 어려운 현실을 사는 소위 양심적인 중산층의 최소한의 고민과 거진 같아지고 말았다. ─『미망』 완간 후 초판(1990년 9월) 서문 가운데.

🎧 (주236)

딸의 교통 사고

📖 우린 곧 응급실로 인도되었다. 아직 의식이 돌아오지 않았다고 하면서 피투성이의 한 부상자를 가리켰다. 코에서 많은 피가 흐르고 있고 이마에서 콧등에 걸쳐 도끼로 내려친 것 같은 처참한 상처가 입을 벌리고 있는 환자는 혜령이가 아니었다. 아니에요, 아니에요. 우리 딸이 아니에요. 들입다 체머리를 흔드는 내 눈앞에 흰 가운 입은 남자가 쇼핑백을 가져와 확인하라고 했다. 저 환자의 옷과 소지품입니다. 나는 그 안에서 뭐가 나올지 보고 싶지 않아 뒷걸음질 쳤다. 남자가 안의 것을 끄집어냈다. 꾸역꾸역 꾸역꾸역, 서리서리 서렸던 오장육부가 쏟아져 나오듯이 피투성이의 옷가지가 쏟아져나왔다. 한껏 멋부리던 실크 블라우스, 바람이 불 때마다 우산처럼 펴지는 모슬린 주름치마, 순백의 슬립, 그런 것들이 비록 피걸레가 됐다고는 하나 처음 보는 것은 아니었다. ─「사람의 일기」(1985년 발표, 『해산바가지』, 문학동네, 1999년판) 중에서.

매로 단축을 해서 몇 달 걸려서 한꺼번에 써 갖고 줬지요. 당신네들이 나누어서 실어도 되지만 난 이걸로 끝을 맺은 걸로 하겠다. ✊ 그 때까지만 해도 다시 글을 쓰리라고는 생각을 안 했는데 그걸 맺을라고 써 보니까 또 역시 내가 살 수 있는 방법은 글쓰기밖에 없다는 생각이 들어요.🎧(주235)

장 : 집중하시면서 슬픔도 잊을 수도 있는 거고 또 위로도 찾으실 수 있는 거니까요. 그럼『미망』쓰실 땐 정말 힘든 시기였겠네요, 선생님?

✊ 네. 그러니까 그 작품에 애착도 많고, 좀 싫은 것도 많고요.

장 : 애증의 작품.

✊ 네. 그 전에도, 우리 막내 딸이 교통 사고가 나 갖고, 안면을 몹시 다친 일이 있어요. 지금처럼 성형이 발달했을 때도 아니고, 약혼한 상태였어요. 여름에 결혼해서 같이 미국 가게 돼 있는데, 그러니 에미 맘이 어떻겠어?🎧(주236) 얼굴이 망가진 상태라 진짜, 결혼이 되나? 입원 생활을 오래 하는데 거기서도 내가 연재는 안 거르고 썼습니다. 그 때 주치의가 백세민(白世民, 1943년~)🎧(주237) 선생님이라고, 그 제자 분이 유명한 성형외과 의사예요. 조그만 손가락 잘린 것도 잇댈 수 있는 분인데, 그 분이 계시던 고대 구로병원에 입원을 했어요. 입원할 때마다 내가 1인실을 부탁을 했어요. 내가 거기서 애 옆에 놓고, 그야말로 노트북도 아니고, 백세민 선생님이 들어오면, "아휴, 여기서 또 그걸 쓰세요, 쓰세요…?" 그렇게 연재하고, 작가도 힘듭니다. 쉬운 게 아니에요.(웃음)

🎧(주237)

백세민(白世民, 1943년~)

성형외과 의사. 성형학의 불모지였던 우리 나라에 성형 의학을 도입하고 체계적으로 확립, 발전시켰으며 특히 안면 기형 시술 분야에서 세계적으로 인정받고 있다. 1988년에는 세민얼굴기형돕기회(후에 'Smile For Children'으로 개칭)를 설립하여 얼굴 기형 어린이들을 위한 의료 지원 및 연구, 전문가 양성을 지금까지 해 오고 있다. 이 조직을 통해 백세민은 지금까지 국내 5천여 명, 아시아 3천여 명 등 총 8천 명 이상의 얼굴 기형 어린이들에게 잃었던 웃음을 되찾아 주었다. 현재는 자신이 세운 세민성형외과 명예원장으로 있다.

예술사 구술 총서 〈예술인·生〉
005
박완서

제07장

글쓰기에 대한 생각과 문단의 교류

글 쓸 때 | 글이 써지지 않을 때 | 나만의 창작 방법 : 진실된 언어 찾기의 어려움 | 나만의 창작 방법 : 글쓰기의 고통과 기쁨 | 깊어지는 삶의 맛 | 페미니즘에서 휴머니즘으로 | 풀 같은 삶들 속에 흐르는 역사 | 문학상 심사와 신인의 평가 기준 | 책 읽기와 종이 책의 행복감 | 문인들과의 교류 | 문학 평론가 김윤식과 첫 작품집 | 고 박경리 선생과의 인연 | 토지문학관의 기여 | 말년의 박경리 선생 | 마음을 나누는 또래 문인들 | 시인 김용택과 곽재구

🎧 (주238)

말년의 일과

아침에 눈뜨자마자 마당에 나갔다가 이제서야 집 안에 들어왔다. 열 시 넘은 시간이다. 지치고 배도 고파서 들어온 것이지 일이 끝난 건 아니다. 마당 일은 한도 끝도 없다. 집이 교외에 있어 작은 마당을 가꾸고 있는데 꽃나무 몇 그루 심고 나머지 땅은 텃밭을 만들까 하나 농사에 사신이 없어 잔디를 심었다. 채소를 가꾸는 것보다 잔디가 훨씬 손이 덜 갈 줄 알았다. 또 이왕 단독 주택에 살 바에는 잔디밭 정도는 딸린 집에 살아야 할 것 같은, 양옥집과 푸른 잔디라는 소녀 적부터의 꿈도 한몫을 했을 것이다. 마당이 양지발라 잔디가 잘된다. 나무 심기, 전지 등 동네 마당 일을 도맡아 해주는 정원사 아저씨도 이 동네서 우리 집 잔디가 제일 예쁘다고 칭찬을 해준다. 잘한다, 잘한다 하면 더 잘하고 싶다고, 어디 경연 대회라도 나갈 것처럼 점점 잔디에 신경을 써 버릇한 게 이제는 빼놓을 수 없는 일과가 되었다. 나의 근본이 워낙 시골뜨기라 처음엔 흙장난처럼 즐겁기만 하더니 체력이 떨어질 나이라 해마다 해마다 더 힘들어진다. ― 수필 「못 가 본 길이 더 아름답다」(『못 가 본 길이 더 아름답다』, 현대문학, 2010년판) 중에서.

글 쓸 때

장 : 창작할 때는 대체로 시간을 정해 놓고 하세요? 직업적으로 하루에 원고지 열 장은 꼭 쓴다라든지, 나름의 기준을 갖고 있는 분들도 있는데요.

🌑 대개 아침 나절 많이 합니다. 내 몸을 갖고 실험해 본 적도 있는데 아침에 쓰는 거하고, 저녁에 쓰는 거하고 능률이 아침이 훨씬 납니다. 그거는 저의 경우죠. 밤 새고 쓰고 낮에는 잔다는 사람, 보면 낮에는 안 된대요. 그럴 것도 같애요. 낮에는 전화도 많이 오고. 🌑 저한테 가장 좋은 시간은, 요새라면 아침 5시서부터 9시나 10시까지, 고 때는 전화도 별로 안 오고, 머리가 가장 맑아요.

장 : 일찍 일어나시는 편이시네요?

🌑 저녁에 일찍 자니까요.

장 : 보통 몇 시쯤 주무세요?

🌑 9시에서 10시 사이에 잡니다.

장 : 생체 리듬에 가장 좋다는 시간에 맞춰서 일찍 주무시고 일찍 일어나시네요.

🌑 아마 시골 태생이라, 어려서부터 시골 사람들 해 뜨면은(웃음) 일어나고 해 지면 자잖아요. 그걸 나도 느끼는 거지요. 요새 같은 때는 일찍 깨지지만 또 겨울에는 아무튼 훤해야 깨지지, 시간으로 깨지는 건 아니더라고요. 자연이 깨어날 때 나도 깨어나는 게 좋은 것 같애요. 🎧(주238)

글이 써지지 않을 때

장 : 전업 작가를 한다는 게 직업적으로 하는 거잖아요. 영감이 안 떠오른다고 안 쓸 수 있는 건 아니지 않습니까?

🌑 네.

장 : 창작의 기복이랄까요?

🌑 그런 적 많지요. 수시로도 슬럼프에 빠진다든가, 그러지요. 정말 글 쓰는 게 뼈가 찌릿찌릿 할 정도로 싫을 적이 있습니다.

장 : 그렇다고 해도 선생님께서는 발표 작품도 많고 고르게 발표하셨잖아요?

🌑 네, 그러니까 쓰는 중간에 극도로 하기 싫고, 머리에서 쥐가 날 정도로 생각을

한다, 그럴 적에 제가 머리를 쉬는 방법은, 몸을 움직이면은 머리가 쉬어져요. 걷는다든가, 나는 요새 같은 때 마당에서 많이 움직이는데, 저 정도로 마당을 가꿀래도 뭘 많이 해야 됩니다. 필요없이 옷장을 뒤엎는다든가, 안 하던 데 청소한다든가, 일을 많이 합니다. 많이 걷는다든가, 저는 생각하는 능력이 머리에서 나오는 게 아니라 다리에서 나온다 생각한 적이 있어요.

장 : 아.

● 맥혔을 때, 많이 걷습니다. 슬슬 걷는다든가, 빨리 걷는다든가, 이랬을 때 머리가 활성화되는 걸 느낍니다. 아주 고단할 정도로 노동을 할 적에 머리가 맑아져요. 도시 생활에서 노동할 일이 별로 없잖아요.(웃음)

나만의 창작 방법 : 진실된 언어 찾기의 어려움

장 : 선생님께서 표현해 내고자 하는 삶에 대한 통찰이 단지 독서라든지 경험만으로 되는 것은 아닐 텐데요. 실제 글로 끌어내기 위한 방법이 있다면요?

● 오만한 꼬투리가 상상력이 되는 거죠. 그렇지 않아요?『나목』쓰면서도 박수근 그 분을 그대로 조사를 해서 썼다기보다도 내가 상상의 나래를 펴서 쓴 것이 내가 알기에는 더 그 분에 가까워요. 뒤로 조사를 해서 어쩌고 저쩌고 하다 보면은 '어머 이 분이 안 이런 줄 알았는데' 이런 것도 있을 거예요. 그냥 내 마음대로 상상을 했는데 그것이 더 그 분의 진실에 가까웠다고 생각을 합니다.

장 : 작은 실마리를 잡았다고 해도 그것을 글로 써 가는 과정에서 어려운 점이 있을 것 같은데요?

● 대개 뭘 쓸라고 그럴 때, 단편 하나라도 그렇습니다. 줄거리는 잡혀 있는 경우가 많아요. 그렇지만 그것을 어떻게 표현할 것인가, 될 수 있으면 아름다운 말로 표현하고 싶어요. 미사여구하고는 다르고요. ● 그것을 진실되게 할려면 진실된 언어를 찾아야 되고 그게 가장 힘들어요. 집 짓는 거하고 비슷하다고 생각을 해요. 집이라는 게 쓸모 있는 집이라야 되지 않아요? 기능적이지만 군더더기 없어야 되고, 그렇지만 미적이어야 되잖아요. 들어가 살고 싶은 집이어야 되듯, 읽고 싶게 만드는 것. 만일 인간의 내면을 파고들어 간다면 스토리에서 주는 재미가 거의 없는데, 그래도 읽게 만들려면 언어가 주는 어떤 게 있어야 된다고 생각해요. 내 머

릿속에 구성되어 있는 것을 구체적인 것으로 만들어서 남도 같은 걸 머릿속에 그릴 수 있게 만들려면, 여기 있는 것처럼 만들려면, 그림을 그려서 전달할 수 있는 것이 아니잖아요?

장 : 네.

🌑 내가 생각하는 거하고 상대방이 똑같이 느끼고, 더 더 많이 느껴도 좋지요. 그렇게 상황에 딱 맞는 언어를 찾아내는 게 가장 힘들죠.

나만의 창작 방법 : 글쓰기의 고통과 기쁨*

🌑 가끔은 글을 쓰는 일에 절망도 하지요. 그것은 아…(손을 머리에 대고 생각), 이 노릇은 이십 년을 하든 삼십 년을 하든 숙련이 안 된다는 거. 그것이 기쁨도 되고요. 그것이 창조적인 일을 하는 데 운명이라고 생각합니다. 만일 기능공이든 다른 일을 했더라면 한 오 년만 했어두요. 시다로 들어갔다가 뭐가 되구 뭐가 되구 올라가지 않습니까. 허다 못해 제가 엄마의 소원에 의해서 학교 졸업하고 선생님이 됐다면, 대학원 가고 박사가 되고 교수가 됐을지도 모르죠. 한 노트 갖고 몇 년을 울궈먹는다 그러지 않습니까. 강의 능력이 늘겠죠. 근데 증말 이 노릇은 절대로 숙련이 안 돼요. 제가 신인이었을 적에 열심히 쓰면 하루 원고지 스무 장을 썼다 그러면 십 년쯤 되면 하루 삼십 장도 쓸 수 있다든가 이런 것이 전혀 없습니다. 되려 체력이 딸리니까 지금은, 다섯 장이나 열 장만 써도 그냥 꽥, 이죠. 그리고 매번 새롭지. 매번 쓰는 고통이 똑같고. 멋모르고 쓸 때보다 꾀가 나서 더 힘들고. 아, 이 노릇은 생전 숙련이 안 되는구나. 이것이 어떤 때는 절망스러워요. 쓱 써지면 얼마나 좋을까.

🌑 젊은 여기자들이나 남자 기자들이 원고 청탁 같은 거 할 때 그런 말 많이 해요. 왜 원고 열 장이나, 간단한 원고 청탁할 적 있잖아요. 요새 시간이 없어 못하겠다고 하면, 대개 그런다구요. "아휴 선생님 같으면 그까짓 거 몇 시간이면 쓰잖아요." 야속해요. 물론 전에 쓴 걸 울궈먹는다면 그럴 수두 있겠죠. 그렇지만 제가 데뷔하고 나서 지금까지, 타작을 쓴 적이 없습니다. 제 나름으로 다 의미 있는 작업을 해왔다 생각하고, 그래도 늘 대접받는 작가일 수 있었던 건 절대로 허튼소리 해서는 안 된다는 게 있어요. 내 글이 활자로 된다는 거, 이건 말하고 다르죠. 말은 서투를

*이 꼭지는 〈박완서의 문학앨범〉에서 발췌했습니다.

추리 소설 『욕망의 응답』

자명은 알몸 위에 가운을 걸쳤다. 무서움증보다 강한 호기심이 그녀를 용기 있게 했다. 그녀는 살금살금 복도로 나갔다. 복도로 면한 육중한 문을 가진 방들이 오늘은 비어 있지 않다는 게 그녀의 용기를 북돋았다. 복도는 길고 길었다. 복도 끝에 길게 날린 창이 유일한 빛이 돼 주었지만 바로 보는 게 겁났다. 그것은 괴기 영화가 상영되기 직전의 영사막처럼 흉물스럽게 걸려 있었다. / 복도 끝은 계단이었다. 아래층으로 갈 수 있고, 삼층으로도 갈 수 있었다. 자명은 삼층으로 갈 수 있기를 바랐다. 만약 끝까지 용기만 잃지 않을 수 있다면. / 자명은 삼층으로 오르는 계단 쪽으로 꺾으려다 말고 그 자리에 얼어붙었다. 그녀의 발자국 소리말고 또 하나의 발자국 소리를 들었기 때문이다. 처음엔 그녀의 가슴속에서 나는 심장 뛰는 소리보다 훨씬 침착했기 때문에 가려서 들을 수가 있었다. 그 소리는 점점 가까워졌다. 그리고 마침내 모습을 나타내기 시작했다. 얼굴서부터 목으로 가슴으로 허리로 다리로… 마치 어둠이 밀어올린 것처럼 그 여자는 힘 안 들이고 둥실 자명의 시야로 들어왔다. —『욕망의 응답』(세계사, 1993년판) 중에서.

☞ 박완서의 작품 가운데 추리 기법을 사용한 대표적인 소설로 1979년 발표한 장편 『욕망의 응답』을 꼽을 수 있다. 1984년 『인간의 꽃』으로 제목을 바꾸었다가 1989년부터 다시 『욕망의 응답』로 출간되고 있다. 젊은 미혼모 자명이 대저택 돌집의 아홉 번째 아들 민우를 우연히 만나 갑자기 청혼을 받고 그 집에 들어가 살게 된다. 이 집에는 죽음을 앞둔 시아버지와 그를 헌신적으로 보살피는 젊고 아름다운 후처 소희 부인이 살고, 여섯 살 터울 안에 어머니가 모두 다른 아홉 명의 형제가 들락거린다. 자명은 이상스럽게 구성된 가족과 이들을 억압하는 돌집의 분위기에 뭔가 감추어진 게 있다고 느끼는데, 어느날 여덟 번째인 시누이 영우가 집 안에서 비키니 차림의 변사체로 발견되면서 아홉 형제와 소희 부인, 민우의 친모 등이 얽힌 복잡한 가족사와 음모가 서서히 밝혀진다. 급작스런 결말과 해피엔딩이 억지로 봉합한 느낌임에도 불구하고, 집이라는 한정된 공간이 자아내는 서스펜스, 박완서 특유의 묘사력과 빠른 호흡이 흥미진진하며, 전후 한국 사회의 부패상과 한 가족의 비극을 연결시켜 낸 구도 등은 고전적이고 탁월하다.

셜록 홈스(Sherlock Holmes)

영국의 추리 소설가 아서 코난 도일(Arthur Conan Doyle, 1859~1930년)이 쓴 추리 소설 '셜록 홈스 시리즈'의 주인공. 비범한 두뇌를 가졌지만 인간적 약점도 지닌 채 수많은 사건을 해결하는 캐릭터로 소설을 통해 세계에서 가장 유명하고 인기 있는 탐정의 대명사가 되었다. '셜록 홈스 시리즈'를 통해 그 때까지만 해도 불완전했던 추리 소설이 문학의 한 장르로 자리를 잡게 됐다.

『셜록 홈스』 초판본 삽화(Sidney Paget 그림).

에드거 앨런 포(Edgar Allan Poe, 1809~1849년)

미국의 소설가, 시인. 근대 탐정 소설의 형식을 구축한 작가이다. 『검은 고양이』를 비롯해 『어서 가의 몰락』, 『모르그 가의 살인』 등 그의 여러 소설이 공포 스릴러 영화로도 만들어졌다. 그가 소설 속에서 창조해낸 추리 기법과 주인공 듀팡과 같은 캐릭터가 후에 아서 코난 도일에 의해 '셜록 홈스'로 다시 태어났다.

수 있지만, 쓸 적에는 누군가라도 한 사람은 본다는 거니까요. 그야말로 아무도 안 볼 거 같은 잡지도 있지 않습니까. 그런 데 쓰는 경우라도, 돈 받고 팔지도 않는 사보니까 아무렇게나 쓰자, 절대로 그렇게 해 본 적이 없고요. 후배되는 신인들한테도 항상 당부합니다. 이까진데 누가 보냐, 그거는 너를 욕보이는 거다. ● 그러니까 아… 적어도 내가 쓸려고 하는 어떤 혼돈이 형체를 얻으면서 가장 마땅한 표현을 얻었을 적에 내 속에서 일어나는 불꽃 같은 기쁨, 그것이 없는 글은 약속이라 해도 안 씁니다. 굉장히 중요하다고 생각해요. 그것은 제가 글을 쓰는 최고의 기쁨이고 그것이 또한 독자에게 가 닿을 수 있다고 생각합니다.

깊어지는 삶의 맛

장 : 선생님께서 쓰신 작품도 많지만 그 안에 기법도 굉장히 다양하거든요. 추리 기법으로 된 작품들도 있고 내적 독백으로 된 작품도 있고요.
● 네.
장 : 그런 시도들은 어떤 동기로 하시는지요? 작품을 구상하고 나면 어떤 기법으로 쓸지도 따로 생각하시는지요? 아니면 그저 글을 쓰다 보면 기법이 자연스럽게 연결이 됩니까?
● 여성지에 연재할 때 독자들을 생각해서 추리 기법 비슷한 것 몇 번 쓴 것이 있어요. 🎧(주239) 추리 기법은 그 전부터 써 보고 싶다, 이럴 정도로 좋아했어요. 셜록 홈스(Sherlock Holmes)🎧(주240), 에드가 앨런 포(Edgar Allan Poe, 1809~1849년)🎧(주241), 고런 고급의 추리 소설을 좋아했지요. 『몬테크리스토 백작』도 처녀 때 아주 여러 번 읽은 거예요. 그런 것이 자기도 모르게 어디에 분위기로 나타나겠죠, 표절하고는 다르고요…. 밑천인 거지요. 자기는 경험을 안 한 거를 독서를 통해서 경험하는 경우가 많잖아요. 내가 체험한 거 아니면 잘 못 쓴다고 했지만 체험 그 자체는 소설이 될 수 없잖아요.
장 : 네.
● 거기다 상상력을 보태면 소설인데, 그 상상력은 어디서 나오게 되냐면 내가 읽은 것이 다 상상력을 자극하는 게 아니겠어요.
장 : 선생님께서 사실적인 소설을 많이 창작을 하셨는데, 기법을 보면 굉장히 다양

🎧 (주242)

정당화될 수 없는 폭력

"아까 말한 취직 자리 내일 가기로 했으니, 그렇게 알아라. 이력서랑 몇 가지 갖춰야 할 서류도 준비하고." / "그이 허락도 받기 전에 그러시면 어떡해요? 야단날 거예요." / "우선 네 의식이 자립하고 나서 자립 의사를 밝혀 봐. 그럼 다 잘될 거야. 자립할 수 있는 자유인을 누가 함부로 때려." / "그이는 저의 내조가 필요하댔는데… 울면서 그랬는데." / "제가 무슨 큰일을 한다고 내조석이나 필요하누?" / 나는 구태여 경멸을 감추지 않고 속시원히 말했다. / "어머, 선생님, 그이 하는 일을 그렇게 두둔하시더니 그까짓 취직 자리 하나 때문에 어쩌면 그렇게 쉽게 전향을 하세요?" / "전향을 하긴. 그 사람이 가짜라는 걸 알았기 때문이지. 생각해 봐. 소위 민중을 위한다는 친구가 여성처럼 오랜 세월 교묘하게 억압받고 수탈당한 큰 집단이 민중으로 안 보인다면 그를 어떻게 믿냐? 저는 남자의 기득권을 안 내놓으려 들면서 권력자의 기득권은 내놓으라고 외치는 것도 가짜답고, 도대체 제 계집을 종처럼 다루면서 일말의 연민도 없는 자가 민중을 사랑한다는 소리를 어떻게 믿냐. 내조도 좋지만 가짜를 내조한다는 건 너무 자존심 상하잖냐?" / "선생님, 너무해요, 그를 가짜로 몰지 마세요. 고약한 쪽으로 몰기만 하고 이날 이때까지 살아온 사람이에요." / "그래 그가 가짜인가 아닌가는 네가 정하렴. 바로 보고. 바로 보기 위해선 자립을 해. 그를 먹여살리기 위해서가 아니라 네가 그를 대등한 입장에서 바로 보기 위해 자립을 하란 말야. 그 후에 그가 진짜인가 가짜인가는 알아 봐도 늦지는 않아. 그렇지만 자립은 더 늦으면 안 된다." ―「저문 날의 삽화 2」(1987년 발표, 『저문 날의 삽화』, 문학과지성사, 1991년판) 중에서.

해서요. 기법적으로 새로움을 도전한다는 게, 어떤 이야기는 이런 식으로 쓰고 어떤 이야기는 다른 방법으로 써 볼까 따로 구상하시나 궁금했거든요.

🍂 그게… 글쎄 저절로 되는 거 아니겠어요.(웃음) 동어 반복은 하기 싫잖아요. 새롭고 싶지요. 작품 세계를 넓히고 싶지요. 제가 첫 작품집을 내고 후기에도 썼는데, 첫 작품집이니까 그 동안 억압된 여러 가지 경험도 있고 소재도 굉장히 많이 있었을 거 아니에요? 비슷한 작품을 양산해 내는 거는 재미없잖아요. 자기 능력의 한도를 보여 주는 거 같고…. 아주 다양한 내용을 썼다고 생각했는데 그 첫 작품〔집으로 낸다고〕수록된 열 몇 개를 이렇게 보니까 아주 좁은 울타리 속에서 맴돈 거 같애요. 하나의 작품집을 낼 때도 그러는데 고 다음, 고 다음엔 조금 더 상상력을 더 넓혀 보고 싶은 느낌이 있지요. 한 얘기 또 하고 또 하는 작가가 안 되고 싶지요. 경험이나 정신 세계도 나이와 함께 넓어지는 게 있잖아요. 🍂 인생에 대한 깨달음도. 거기엔 어쩔 수 없이 인생관이란 게 들어간다고 생각을 해요. 철학도 들어가고, 자기의 삶에 대해서, 자기의 연륜과 함께 깊어 가는, 자기가 맛본 인생의 맛이 들어가는 거 아니겠어요. 단맛도 있고 쓴맛도 있고… 젊었을 때는 얼마나 삶이 재미있습니까? 하루하루가 재밌고요. 그럴 때 저 늙은이들은 무슨 재미로 사나 그러잖아요. 또 살면, 나이가 들면서 저만 해도 작년 여름 다르고 올 여름 다르고요. 정말 깊이가 생겨요. 그 깊이에 대해서 말하고 싶지요. 난 깊어졌다가 아니라, 소설을 통해서 사는 그걸 말하게 된다고요. 🍂 젊음이 가면서 감각적인 것은 쇠퇴하지만… 내가 인생에 대해서 취하던 맛도, 달콤한 것, 슬픔도 이별의 슬픔, 사랑의 슬픔. 여러 가지 있겠지만, 늙으면 또 달라져요, 사실 인생이란 건 이거였구나. 같은 단맛도 일차적인 단맛이 아니라 좀 더 곰삭은 게 있지 않습니까? 또 사람과의 교감도 많지만 자연과의 교감, 또 옛날 우리 것의 소중함을 전승하고 싶지요. 요새 애들이 우리 〔것으로〕 내려오는 건 헌신짝처럼 버리잖아요. 유형의 문화재가 아니라 우리의 정신 세계의 내려옴, 그것이 살아가는 데 얼마나 힘이 되나. 🍂 또 한 집안의 할머니이자 엄마로서도 내가 작가니까 옛날 노인네하고는 다르게 늙어야 되겠다는 생각도 많이 해요. 어려서 늙은 사람 볼 적에 우린 저렇게 늙으면 안 되겠다, 했는데 앞으로의 젊은이들은 아, 늙은 것도 좋은 것이다. 늙는 것을 두려워하지 말게 하고 싶어요. 네. 추하지 않고 당당하고 깨끗하게 늙고 싶어요. 죽는 날까지 많이 쓰지는 않더라도 허접한 글을 쓰면 내가 당당할 수 없을 것 같애요.

여성의 몫

물론 우리 사회가 제도적으로 철석 같이 보장하고 있는 남녀의 기회의 불균등으로 여성은 자신의 낭비를 얼마든지 변명할 수도 있다. / 여직껏도 우리 여성은 그래 왔고, 모든 여건은 그런 변명을 도와 주는 방향으로만 흘러왔다. / 그러나 개개인에게 소중힌 긴 이디까지나 그 자신일 뿐이다. / 중요한 건 자기도 뭔가를 책임질 수 있는 인간임을 증명하는 것이지 합당한 변명으로 아무 책임도 없다는 걸 증명하는 건 아니다. / 기회의 불균등이란 사회적인 여건에만 책임을 돌릴 게 아니라 여성의 이런 무책임성이 사회적인 여건의 불공평을 가져왔을지도 모른다는 생각도 조금씩 해봐야 할 것 같다. / 여성의 고급 인력을 필요로 하는 일터가 결코 여성의 고등 교육의 기회가 늘어난 것만큼 늘어나지 않는 건 그런 일터를 이미 거쳐간 여성에게 보다 많은 책임이 있을 수도 있다. "내 아니꼽고 더러워서 직장을 옮기든지 해야지, 그 여자 아랫사람 부리기를 마치 집에서 식모 부리듯 한단 말야." / 이런 여성 고급 인력 기피 현상도 여자 밑에서야 어떻게 일할 수 있겠느냐는 남자들의 뿌리 깊은 여비(女婢) 사상일 뿐이라고만 몰아붙일 게 아니라 일리가 있는 부분은 수긍할 줄도 알아야겠다. ― 수필 「가마솥을 부끄러워하며」(『아름다운 것은 무엇을 남길까』, 세계사, 2000년판) 중에서

페미니즘에서 휴머니즘으로

장 : 학계에서는 선생님 작품을 두고 페미니스트의 페미니즘 문학이라고 이야기도 하지 않습니까? 그런 평가에 대해서 어떻게 생각을 하시는지요?

🎤 그냥 긍정적입니다. (웃음)

장 : 그러세요?

🎤 네. 이전까지 남자들이 여자를 말할 때 난 그게 항상 [불만이었어요], 여자를 대상화하지 않습니까? 여자가 주체가 돼서 느끼는 소설이 별로 없었다고 생각을 해요. 남자가 욕망하는 여자, 이상화된 여자는 대개 어머니로서의 여자고 그렇지 않으면 창녀처럼 그리는 게 유행이고요. 🎤 제가 말한 건 물론 육체적으로 다름이 있지만 공통점은 똑같이 인간이다 이거죠. 여자도 남자하고 똑같이 생각하고 그럴 수 있는 인간으로서, 감정이 좀 강하다든가, 힘이 남자보다 약한 대신 또 유연한 힘이 있고, 거친 거에 비해서 섬세하다든가, 한쪽은 강하고 한쪽은 유연하다든가요. 여성의 부드러움이나 섬세함이 남성의 강함이나 무뚝뚝함에 억압당하기 위해서 그런 거는 아니란 거죠…. 모든 인간이란 조화 아니에요? 강함과 약함의 조화. 체력의 약함이 결코 열등한 게 아니다. 항상 남자가 우세하고 여자는 열하다고, 우열을 나눌 수는 없는 거죠. 하나는 우세한 거고 하나는 거기서 못하다고, 박해라든가 가해를 정당화해서는 안 된다. 🎧(주242) 🎤 작가가 꿈꾸는 것은 결국은 행복한 세상이라고 생각해요. 누가 누구를 억압하는 상황은 행복한 사회가 아니지요. 지금은 또 겉으로는, 난 이런 말도 참 싫은데, 여성 상위 시대 이렇게 돼 있잖아요. 겉으로 보기에는 남자들이 전전긍긍하는 말이 여러 가지 있고요. 그렇다고 여성 상위가 행복한 사회는 아니라고 생각해요. 결국은 평등한 사회가 좋은 거죠. 평등으로 가는 사이. 그래야 널뛰는 데서 정말 손잡고 서로 위로하면서 사는 사회가 되겠지요.(웃음) 🎧(주243) 🎤 그러니까 페미니즘이라기보다는 나는 휴머니즘이라고 생각을 해요.(웃음) 인간이 존엄받을 수 있는 거와 마찬가지지요. 여자 남자 똑같이 인권으로서 존중받아야 된다는 거요. 차이를 부정하는 거는 아니에요. 절대로 여성도 똑같이 남성적으로 일을 해야 된다? 물론 강하게 태어나면 그럴 수도 있는 거죠. 그렇지만 차이는 될 수 있으면 살려야 된다고 생각해요. 다양성이 얼마나 중요한 겁니까?

장 : 선생님 작품에 대해서 여성 학자들과 남성 학자들이 보내는 평가가 상반되

김수영(金洙暎, 1921~1968년)

> 어느 틈에 거리에는 눈이 오고 있었다. / 나는 문득 작고한 어느 시인의 시가 생각나면서 가래침이 뱉고 싶어졌다. / "카악." / 목구멍을 크게 울렸으나 가래침은 나오지 않고 가래침은 고여 있고 가래침이 고여 있는 자리는 답답하고 아팠다. ―「세모」(1971년 발표, 『부끄러움을 가르칩니다』, 1994년판) 중에서.

시인. 서울에서 태어났다. 선린상고를 거쳐 일본 도쿄 상대(東京商大)에 입학했으나 학병 징집을 피해 귀국해 만주로 떠났다. 8·15 해방과 함께 귀국해 시작(詩作) 활동을 하기 시작했다. 초기에는 모더니스트로서 현대 문명과 도시 생활을 비판했고, 4·19 혁명을 기점으로 강렬한 현실 비판 의식과 저항 정신에 뿌리박은 참여시와 산문, 사회 비평문을 발표했다. 김수영에 대해 문학 평론가 김현은 "1930년대 이후 서정주(徐廷柱)·박목월 등에서 볼 수 있었던 재래적 서정의 틀과 김춘수(金春洙) 등에서 보이던 내면 의식 추구 경향에서 벗어나 시의 난삽성을 깊이 있게 극복할 수 있는 계기를 마련했던 공로자"라고 평했다. 김수영의 시적 탐구와 산문들은 지금까지도 한국의 수많은 문인·작가들에게 깊은 영향을 미치고 있다. 출판사 민음사에서는 1981년 '김수영문학상'을 제정해 그의 문학 정신과 업적을 기리고 있다. 시집으로 『달나라의 장난』 『거대한 뿌리』 『달의 행로를 밟을지라도』, 산문집으로 『시여, 침을 뱉어라』 『퓨리턴의 초상』 등이 있다. 2001년 금관문화훈장이 추서되었다. 구술에 나오는 김수영의 시 「풀」은 김수영의 마지막 시로 인간, 백성, 민중들의 끊임없는 생명력을 형상화한 작품이다. 서울 도봉산 기슭에 있는 김수영 시비에도 이 시가 새겨져 있다. "풀이 눕는다 / 비를 몰아오는 동풍에 나부껴 / 풀은 눕고 / 드디어 울었다 / 날이 흐려서 더 울다가 / 다시 누웠다 // 풀이 눕는다 / 바람보다도 더 빨리 눕는다 / 바람보다도 더 빨리 울고 / 바람보다 먼저 일어난다 // 날이 흐리고 풀이 눕는다 / 발목까지 / 발밑까지 눕는다 / 바람보다 늦게 누워도 / 바람보다 먼저 일어나고 / 바람보다 늦게 울어도 / 바람보다 먼저 웃는다 / 날이 흐리고 풀뿌리가 눕는다" 박완서는 평소 존경하던 시인으로 정지용과 김수영을 여러 차례 꼽은 바 있고, 몇몇 작품에도 드러난다. 1991년 출간한 산문집 『나는 왜 작은 일에만 분개하는가』는 김수영의 시 「어느 날 고궁을 나오면서」의 구절과 관련이 있다. 초기의 단편 소설 「세모」도 그렇다.

지 않습니까.

🎤 네.

장 : 여성학자들은 선생님 작품을 여성이 주체가 되는 글쓰기의 전형으로 보곤 합니다. 남성학자들의 경우 여성이 주체가 됐을지는 모르지만 큰 역사의 이야기가 개인적인 이야기로 축소되는 게 아니냐고 보기도 하는데요.

🎤 네, 그런 얘기 들었어요.

장 : 섭섭하지는 않으세요?

🎤 그다지… 좋은 평도 있고 나쁜 평도 있고, 참고할 만한 것도 있고 귀 기울일 만한 것도 있지, 어떻게 박수만 받겠습니까?(웃음)

장 : 그런 평가에 대해서 선생님, 어떻게 생각하세요?

🎤 나는 그냥 아, 소설가라고 생각합니다. 소설은 사소한 걸 쓰는 거지.(웃음) 네. 어떤 사람이 그런 말 한 것 흉내 내는 것 같지만 누가 "나는 대설가가 아니고 소설가다." 그랬던데 하다못해 문호라고 해도 사소한 거, 역사 소설이라도 그렇잖아요. 인간적인 면이라는 건 사소한 겁니다. 네.

장 : 역사 의식이 줄어들었다라는 견해에 대해서 말씀하신다면요?

🎤 나는 역사 의식은 강하다고 생각을 하는데요.(웃음)

풀 같은 삶들 속에 흐르는 역사

🎤 역사라는 것에 가장 많이 시달리고 휩쓸리고 살아남는 게 민초들이지, 사소한 생활에 간섭하면서 역사가 지나가지, 큰 권력자는 왕창 무너지거나 끄떡없거나 그렇습니다. 정말, 김수영(金洙暎, 1921~1968년)🎧⁽주²⁴⁴⁾이 말하듯이 풀처럼 눕다가 풀처럼 일어나는 게 민초들이고 항상 역사의 바람을 가장 많이 받는 게 민초들입니다.

장 : 선생님께서는 그 바람에 한 올 한 올 풀잎들이,

🎤 네.

장 : 쓰러지기도 하고,

🎤 네.

장 : 일어서기도 하듯이, 그 개인들의 삶을 들여다보는 것이 가장 역사적이라고

🎧 (주245)

자식이 남북으로 갈라진 어머니

🔖 여름에 인민군이 들어오고도 어떻게 된 게 그의 형은 숙청 대상이 안 되고 계속해서 안정된 신분을 유지했다. 그러나 사람에게는 양다리밖에 없으니까 양다리 이상은 걸칠 수가 없다는 건 자명한 이치. 석 달 만에 인민군이 후퇴할 때 그도 따라서 북으로 가버렸다. 처음엔 처자식과 노부모를 남겨놓은 단신 월북이었다. 그러나 세상은 또 한 번 뒤집혀 겨울에 인민군이 다시 서울을 점령했을 때 형이 가족을 데려가려고 나타났다. 처자식은 두말 없이 따라나섰겠지만 부모는 달랐다. 왜냐하면 인민군이 후퇴하고 서울이 수복된 동안에 막내가 국군으로 징집됐기 때문이다. 막내가 국군이 되었기 때문에 그동안 그 집 식구들이 월북자 가족으로 받아야 할 핍박을 많이 줄여 준 건 사실이지만 노부모에게는 이럴 수도 저럴 수도 없는 딜레마였다. 결국 노부부는 헤어지는 쪽을 택했다. 아버지는 큰아들네 식구를 따라 북으로 가고 어머니는 남아서 군인 나간 막내아들을 기다리기로 했다. 그런 연유로 그 남자가 넓적다리에 부상을 입고 명예 제대하여 집으로 돌아와 보니 그 큰 집에 늙은 어머니 혼자 달랑 남아 있었다. 그동안에 파파 할머니가 돼버린 어머니를 부둥켜안고 눈물을 흘리기는커녕 무슨 효도를 보려고 자기를 기다렸느냐고 드립다 구박만 했다. 저 노모만 없었으면 얼마나 자유로울까, 그 생각만 하면 숨이 막힐 것 같아서 요새도 맨날맨날 구박만 한다고 했다. 한 번 뒤집혔던 세상이 원상으로 복귀해서 미처 숨 돌릴 새 없이 다시 뒤집혔다가 또 한 번 뒤집히는 엎치락뒤치락 틈바구니에서 우리 집에서는 이런 일이 있었고 그 남자네 집에서는 그런 일이 있었던 것이다. 국가라는 큰 몸뚱이가 그런 자반 뒤집기를 하는데 성하게 남아날 수 있는 백성이 몇이나 되겠는가. 하여 우리는 서로 조금도 동정 같은 거 하지 않았다. 우리가 받은 고통은 김치하고 밥처럼 평균치의 밥상이었으니까. —「그 남자네 집」(2002년 발표, 『친절한 복희씨』, 문학과지성사, 2007년판) 중에서.

생각하시는 건가요?

● 네.

장 : 아….

● 전쟁통에 물론 가장 많이 죽은 건 남자들이었지요. 그렇지만 살아남아서 슬픔하고 같이 살아야 되는 건 여자들이에요. 나라가 찢긴 것 마찬가지로, 스스로 몸이 찢긴 게 그 때의 엄마들입니다. 자기 아들 하나가 국군 나가고 또 하나가 인민군 나가는, 그 엄마의 몸이라는 건 반으로 찢긴 거 아니겠어요. 🎧(주245) 그래도 정신 분열을 일으키지 않고 수습해서 견뎌온 게 다 엄마들이지요. 유연한 존재에는 그런 강함이 있습니다. 남자들은 죽기 아니면 살기지만.(웃음)

장 : 선생님 소설을 보면 인간을 억압하는 것 중에 한 가지가 전쟁을 비롯한 폭력이 있고, 또 한 축에 가부장제가 있고, 또 한 가지에 자본주의가 있는데요.

● 그… 자본주의하고 가부장제하고 나는 같은 거라고 생각을 해요. ● 내가 근본적으로는 굉장히 진보적인 생각을 갖고 있어요. 그러니까 문단 쪽에서는 내가 진보 쪽에 서 있다고 생각을 하는데요.

장 : 네.

● 한때 붕괴한 동독 같은 데 가 봐도 전 체제의 뒷맛이랄까, 소박함 같은 게 남아 있는 게 발랑 까진 자본주의보다 좋더라고요. 근데 북쪽 체제는 혐오스러운 것이, 사회주의라기보다는 전체주의적인 생각. 난 저쪽만큼 완고한 가부장적 사회는 없다고 생각을 해요. 왕정보다 더한 정치 제도라고 생각을 해요. 그러니까 북쪽이 사회주의라고 생각하지는 않아.(웃음)

장 : 가부장제가 여성에게도 억압이지만 남성에게도 억압일 수 있잖아요?

● 그렇지요. 네.

장 : 가부장제가 깨지지 않는 이유가 뭘까요?

● 네?

장 : 분명히 그렇게 한 축을 슬프게 한다는 걸 공감하면서도 그 공고함이 잘 깨지지 않지 않습니까?

● 왜 가부장제가 되어 왔겠어요. 남자에게 힘이 있었잖아요. 사냥해 오고 노동하는 건 남자들만이 할 수 있는 거고, 집에서 부양하는 여자는 정절도 지켜야 되고 애도 낳아서 길러야 되잖아요. 그러니까 경제권이라고 생각을 해요. ● 그래도 지금은 힘으로 하는 일은 많이 줄었잖아요. 요즘 같아서는 전쟁도 여자보고 하라고

🎧 (주246)

남편과 아내

아내는 일해서 돈을 번다는 목적 외에 일 자체를 키우려는 욕심을 부리고 있었다. 여자가 피치못할 사정으로 돈벌이 하는 것까지는 봐줄 수도 있는 문제였다. 그러나 여자에게 순수한 사업욕이 있다는 거야말로 그가 참으로 용서할 수 없는 일이있다. / 그가 용서할 수 없는 일은 그뿐이 아니었다. 아내는 집밖에서 돈벌이를 하면서도 결코 한 번도 집안일을 엉망으로 만들지 않았다. 여편네가 집에 붙박이로 들어앉아 비와 걸레와 돈지갑과 시장바구니를 번갈아 손에서 떼지 않고 부지런떨고, 잔소리하는 보통 집구석하고 별로 다르지 않게 모든 일은 예사롭게 돌아갔다. 특히 아내가 노망이 심한 송 부인을 공경하고 돌보는 모습은 아름답고 감동스럽기조차 했다. 그러면서도 아내는 한 번도 그에게 공치사하는 말을 비친 적이 없다. 말은커녕 그런 기색조차 없었다. / 여자가 집안일 외에 일을 가지면 집안일은 엉망이 되어야 옳았다. 그건 곧 여자는 집안일 외에 따로 일을 가질 능력이 없다는 증거가 되니까. 아내가 그렇지 않다는 걸 그는 용서할 수 없었다. 더군다나 공치사 한 마디 안 하다니 아내가 그런 독자적인 유능함으로 그를 모욕하고 있음이 아니랴. 고로 아내의 유능함은 일일이 비행에 해당됐다. (…중략…) 인철이 특별히 이성이 마비된 이상 성격자는 아니었다. 친구가 많지도 적지도 않았고 제자들에게 인기가 너무 많지도, 아주 없지도 않은 평범한 대인 관계를 가진 온화한 사람이었다. 참다 참다 화를 낼 때도 있었지만 더 많은 경우를 잘 참고 사는 평범하디 평범한 상식적인 남자였다. / 그러나 상대가 여자일 때 한해서 그는 얼마든지 상식적이 아닐 수도 있어진다. 하물며 상대가 아내에 있어서랴. / 여자를 상대할 때 한해서 무경우해도 된다는 건 그에게 있어서 거의 천성같이 보였지만 실은 용의주도하게 길들여진 거였다. (…중략…) 송 부인은 여러 남매를 두었고 그들이 자라 학교 다닐 때 공부 잘하는 걸 제일 좋아했지만 딸이 아들보다 좋은 성적을 받아오면 우울해했다. 바꿔 태어났더라면 하는 폭언도 서슴지 않았다. 그런 분위기에서 인철은 저절로 사내는 우월하고 계집애는 열등하다는 걸 배워갔다. 사람과 사람 사이에 통용되는 옳고 그름과 남자와 여자 사이에 통용되는 옳고 그름이 따로 있다는 것도 알게 되었다. 남자와 여자 사이에서는 무조건 남자 쪽이 칼자루를 쥐고 있었다. / 칼자루를 쥐고 있다는 건 좋은 일이었다. 애쓸 필요없이 저절로 정당할 수 있었으니까. 사람으로 태어나길 참 잘했다, 라는 의식이 싹트기 시작할 때부터 그는 그 사람 속에서 여자는 제쳐놓고 있었다. ―『살아 있는 날의 시작』(세계사, 1993년판) 중에서.

하면 할 거예요. 전쟁이라는 게 절대 있어서 안 되지만, 서로 총을 쏘지 않으니까요. 요새 여자 때리는 남자가 더 많다는 게, 남자들이 어디 가서 주먹 휘두르거나 힘쓸 데가 별로 없어요. 뭐든, 집 짓는 것을 봐도, 옛날처럼 돌을 져 나르고 시멘트를 업지 않더라고요. 레미콘 차가 와서 하는 걸 가만히 보면 저런 건 여자들도 할 수 있겠다 싶잖아요. ♣ 자본주의라는 게 돈을 가지고 그러는 거 아니겠어요? 그 돈을 쥐는 사람이 힘을 쓰는 거지요. 지금은 많이 달라지지만, 아직도 경제 금권을 쥔 게 남자잖아요. 🎧(주246)

장 : 돈이나 권력뿐만 아니라, 문단 안에서도, 남성 작가, 남성 학자라든지 남성 평론가라는 축과 여성 작가, 여성 학자가 아직도 동등하지는 않지 않습니까?

♣ 그건 잘 모르겠어요. 권력 체계에 대해서는 잘 모르겠는데, 요전에 여성 교수를 뽑을 적에 물어 보는 게, "그 여자 이뻐?"가(웃음) 제일 먼저라고 들은 것 같애요. 아직도 실력보다도…. ♣ 지금 여성으로서 안정되고 좋은 직업이라는 직업들을 실력대로 뽑다 보니까, 교수 사회는 아직도 남자가 꽤 많지만, 사법 고시라든가, 의대라든가, 남녀가 거의 비슷하게 가요. 반드시 남자일 필요가 없거든요. 여자가 섬세한 면이 많으니까 IT 산업 같은 데선 더 유리할 수도 있고요. 전에도 여자는 안 뽑진 않았지만 그렇게 많이 지원하지 않았는데 이제 거의 같아지든가, 더 많아지게 생겼어요. 좋은 대학에 남자랑 거의 비슷하게 들어가고 여자만 뽑는 대학도 좋은 대학 많고요. ♣ 그거는 타고난 자질보다도, 옛날에는 부모들이 기를 때 성취욕을 자극하면서 뒷바라지를 하는 것이 아들에게 집중됐잖아요. 여자는 어려서부터 억압을 해 왔잖아요. 너는 웬만한 데 시집이나 가라. 자기 자식이라는 생각보다 누구 줄 사람이다 해서, 요리부터 가르친다든가요. 그런 게 얼마나 중요하다는 걸 그대로 보여 준다고 생각해요. ♣ 저에 대해서도 감히 연구를 할 때 촌구석에서 태어났는데 엄마가 기대를 했다는 이야기를 하지요. 작가가 되라고 기대는 안 했어요. 그 때 엄마로선 최고의 목표를 선생님으로 세웠어요. 그런 기대를 받고 자란 애가 우리 시골에 아무도 없고 사촌 간에도 없었어요. 우리 엄마의 독특한 거지만 도시에서 자라기도 했고, 엄마가 스스로를 머리 좋고 뛰어나다고 생각한 것 같애요. 그렇지만 남편이 없으니까 바느질품 팔아서 어렵게 자식을 키우면서 여자도 뭘 해야 된다 싶었고요. ♣ 엄마가 똑똑한 분이었다고 내가 너무너무 느끼는 게, 엄마가 볼 적에 다른 직업들, 은행이라든가 여자가 뚫고 들어갈 수 있는 직업이 다 여자가 차별을 받는 거예요. 엄마가 기껏 아는 직업은 국민학교 선생님이지요. 선생님은 누

🎧 (주247)

신여성

📖 "신여성이 뭔데?" "신여성은 서울만 산다고 되는 게 아니라 공부를 많이 해야 되는 거란다. 신여성이 되면 머리도 엄마처럼 이렇게 쪽을 찌는 대신 히사시까미로 빗어야 하고, 옷도 종아리가 나오는 까만 통치마를 입고 뽀쪽구두를 신고 한도바꾸를 들고 다닌단다." (…중략…) 나는 한창 고운 물색에 현혹돼 있었기 때문에 신여성의 구색인 검정치마, 검정구두, 검정한도바꾸가 도시 마음에 들지 않았다. "신여성은 뭐 하는 건데?" (…중략…) 엄마는 더듬거리면서 말했다. "신여성이란 공부를 많이 해서 이 세상의 이치에 대해 모르는 게 없고 마음먹은 건 뭐든지 마음대로 할 수 있는 여자란다." 잔뜩 기대하고 있던 나는 신여성의 겉모양을 그려 보았을 때보다도 더 크게 실망했다. 신여성이 그렇게 시시한 걸 하는 건 줄 처음 알았다. 그러나 그거 안 하겠다고 할 용기는 나지 않았다. (…중략…) 어머니가 낯설고 바늘 끝도 안 들어가게 척박한 땅에다가 아둥바둥 말뚝을 박으시면서 나에게 제발 되어지이다라고 그렇게도 간절히 바란 신여성보다 지금 나는 너무 멋쟁이가 돼 있지 않은가. 그러나 신여성이 할 수 있는 일이라고 어머니가 생각한 것으로부터는 얼마나 얼토당토않게 못 미쳐 있는가. 엄마의 생각은 그 당시에도 당돌했지만 현재에도 역시 당돌했다. 엄마의 억지는 그뿐이 아니었다. 나로 하여금 끊임없이 근거를 심어 줌으로써 도시에서 만난 웬만한 걸 덮어놓고 무시하도록 부추기다가도 근거의 고향으로 돌아가선 서울내기 흉내를 내도록 조종했다. / 어머니가 세운 신여성이란 것이 기준이 되었던 너무 뒤떨어진 외양과 터무니없이 높은 이상과의 갈등, 점잖은 근거와 속된 허영과의 모순, 영원한 문밖 의식, 그건 아직도 나의 의식 내용이었다. 그리고 보니 나의 의식은 아직도 말뚝을 가지고 있었다. 제 아무리 멀리 벗어난 것 같아도 말뚝이 풀어 준 새끼줄 길이일 것이다. ―「엄마의 말뚝 1」(『엄마의 말뚝』, 세계사, 1994년판) 중에서.

🎧 (주248)

유종호(柳宗鎬, 1935년~)

문학 평론가. 충북 진천에서 태어나 서울대 영문과 졸업, 뉴욕 주립대 대학원을 수료하고 인하대, 이화여대 영문과 교수로 일했다. 1957년 『문학예술』을 통해 등단했다. 순수 문학과 이데올로기 비평의 대립 속에서 새로운 비평 의식을 모색한 전후 세대 비평가로 특히 서구 현대 문학의 합리적 미의식을 직접적이고 주체적으로 수용한 세대라고 할 수 있다. 문학 평론집 『비순수의 선언』 『문학과 현실』 『동시대의 시와 진실』 『사회·역사적 상상력』, 문학 개론서 『문학이란 무엇인가』 『시란 무엇인가 : 경험의 시학』 등을 냈다.

🎧 (주249)

김화영(金華榮, 1942년~)

시인, 문학 평론가. 고려대 명예 교수. 서울에서 태어나 서울대 불문과를 졸업하고 프랑스 엑상 프로방스 대학에서 박사 학위를 받았다. 1964년 『세대』와 1965년 『조선일보』를 통해 시인으로 등단해 세계의 근원적 상황 속에서 인간 존재를 조명하는 지성적 시들을 발표해 왔다. 1968년부터 황동규, 정현종, 김현 등과 '사계' '68문학' 동인으로 활동하기도 했다. 문학 평론으로 팔봉비평상을 받았고, 1999년에는 최고의 불문학 번역가에 선정되었다. 『문학 상상력의 연구』 『행복의 충격』 『바람을 담는 집』 『한국 문학의 사생활』 등의 평론집과 투르니에(Michel Tournier), 모디아노(Patrick Modiano), 그르니에(Jean Grenier), 르 클레지오(Jean-Marie Gustave Le Clézio), 카뮈(Albert Camus) 등 프랑스 문학가들의 작품들을 번역했다.

구든지 존경하고 똑같은 월급을 받는 거예요. 여자로서 존경을 받고 가족을 부양할 수 있고… 여자도 경제권이 있어야 된다는 게 엄마에게 강했던 것 같애. 그러니까 정말 열악한 환경에서도 최고의 교육을 시켰던 거예요. 🎧(주247)

장 : 네.

🖤 그런 것과 현대의 여성들을 견주어 보게 돼요. 지금은 딸이라고 차별하는 집 없습니다. 우리 애들도 공주예요.(웃음) 그렇게 공주로 자라서 뭐가 될진 모르지만.

🖤 물론 여러 가지, 남자가 더 힘이 세니까, 아직〔차이가〕있지만 기대를 똑같이 할 적에는 못할 것이 없는 사회가 됐어요. 근데 왜 제도적으로 억압을 받겠어요.

장 : 문단 내에서 여성 작가로서 활동하는 데 제약은 못 느끼시나요?

🖤 지금은 되레 여초 현상이지만, 저 때는 여성 작가가 드물고 그러니까 희소성 때문에 혹시 봐 준 게 아닌가 이런 생각도 드는데요. 그런 불평등도 좋은 건 아니지만.

장 : 요즘 문단에서는 여성 작가들이 굉장히 활발히 활동하고 있지 않습니까?

🖤 어떤 여성으로서… 남성보다 생물학적으로 다른 부분 중에는 조금 더 감성적이고 감수성의 섬세함〔이 있고〕, 그런 것을 더 많이 요구하는 게 문학 분야 아니겠어요? 조금 더 냉철해야 되는 분야, 평론은 남자들이 더 많잖아요. 여성 작가가 더 많은 것도 자연스러운 현상이라고 생각을 합니다.

장 : 너무 감수성이 넘쳐나는 시대라고 비판적으로 보시는 분들도 있잖아요.

🖤 그럴 수도 있지요. 그치만 많이 읽히고 비중을 생각할 때 거의 비슷합니다.

문학상 심사와 신인의 평가 기준

장 : 문학상 심사위원으로도 활동하시는데요, 심사할 때 다른 분들하고 공동으로 작업을 하시게 되잖아요.

🖤 네.

장 : 의견 조율은 어떻게 하시나요?

🖤 대개 그렇게 지독하게 논쟁을 하거나 이런 적은 없어요. 네…. 유종호(柳宗鎬, 1935년~)🎧(주248) 선생이나 김화영 선생(金華榮, 1942년~)🎧(주249)과 동인문학상🎧(주250) 심사할 때도, 점잖은 분들이니까. 의견이 첨예하고 대립되는 거는, 제

🎧 (주250)

동인문학상

소설가 김동인(金東仁)의 문학을 기념하기 위해 제정된 문학상. 1955년 사상계사에서 제정했으며 1979년부터는 동서문화사가, 1987년부터는 조선일보사가 주관하고 있다. 매년 10월에 일 년간 국내 주요 잡지에 발표된 중·단편소설 중 한 편을 시상한다. 주로 김동인의 자연주의 문학과 맞닿아 있는 작가들에게 상이 돌아간다. 1957년 제1회 수상자인 김성한(「바비도」)부터 2017년 김애란(「바깥은 여름」)까지 한국 현대 문학의 중추적 작가들을 배출하는 데 기여를 했으나 조선일보사가 주관하고부터 황석영, 공선옥(孔善玉), 고종석 등이 조선일보사의 보도 태도에 반대하며 수상을 거부하기도 했다.

🎧 (주251)

문학상 심사 경험

🕮 두 사람 이상의 심사위원이 응모작을 나누어 볼 때 자기에게 돌아온 글이 그저 그럴 때는 괜히 풀이 죽어서 심사에 임하게 되지만 이거야말로 당선작 감이라고 눈에 번쩍 띄는 글을 만났을 때는 절로 신바람이 나게 마련이다. 그래도 겉으로는 시침 딱 떼고 「복원」과 또 한 편을 후보작으로 함 시인 앞에 내놓았고, 함 시인도 그녀가 추려가지고 온 두 편을 나에게 내놓으며 말했다. / "수준이 고르긴 한데 뛰어난 게 없어서 애먹었어요. 선생님 보신 건 어때요?" / 그렇담 「복원」의 최우수작 당선은 떼놓은 당상이 아닌가. 나는 속으로만 빙긋 회심의 미소를 지었을 뿐 짐짓 무표정하게 함 시인이 뽑은 두 편을 빠르게 속독하기 시작했다. / "선생님 큰 거 건지셨네요." / 「복원」을 반쯤 읽다 말고 함 시인이 말했다. / "내가 건지긴. 우리가 건졌지." (…중략…) 탁월하다고까지 생각한 건 소재보다는 그의 특출한 기술 방법이었다. 그는 마치 깨진 그릇의 파편을 주워모아 원형을 재현하듯이 우직하고도 꼼꼼하게 한 지난 시대에 어떤 외진 고장에서 있었던 부정의 추악상을 본디 모양 그대로 드러내 보여 주고 있었다. 그 드러냄이 어쩌나 선명하고 여실한지 어떤 변두리에서 있었던 사건을 뛰어넘어 한 추악한 시대의 전형을 보는 느낌을 갖도록 했다. 그건 문장력 같은 것이곤 달랐다. 그런 걸 타고났거나 갈고 닦은 흔적이 조금도 없는 게 되레 그 수기의 미덕이었다. ―「복원되지 못한 것들을 위하여」(1989년 발표, 『가는비, 이슬비』, 문학동네, 1999년판) 중에서.

경험은 없어요.

장 : 문학상을 선정할 때 어떤 점을 가장 중요하게 생각하시나요?

● 그거야 사람마다 다르지요. 우선은 읽혀야 되고요, 소설이 읽히지 않으면 전 무슨 심오한 뜻이 있더라도…. 읽혀야 사람한테 다가갈 수 있는 거니까요. 그런데 이런 경우도 있어요. 술술술 재미있게 읽었어. 근데 이 작가는 이런 거 왜 썼을까? 알 수가 없는 거예요. 주제가 뚜렷해야 된다고 생각해요. 어느 자리에서나 말 잘하는 사람 있잖아요. 막 재미있게 들었는데 듣고 나서 남는 게 없는 사람 있잖아요. 건질 것이 있다는 거는 재미나 감동하고는 다르다고 생각합니다. 🎧(주251)

장 : 상마다 기준이 따로 있나요?

● 그건 다 비슷합니다. 옛날에 신인일 적에 그런 것도 해 본 적 있는데, 무슨 커피 업체에서 커피를 주제로 쓰라 그래요. 그럴 때야 커피 향에 대해서 늘어가며 재밌게 써야 되지만, 보통은 뭘 어떻게 하라는 거는 없지요. 논픽션이면 논픽션이고, 픽션이면 자유롭게 쓸 수 있는 거지 거기 제한을 두는 건 아니지요.

장 : 최근에 문학을 지망하는 예비 문학가들이 보이는 성향이랄까요. 글쓰기의 흐름 같은 게 있지 않습니까, 선생님?

● 가끔이요, 아, 이 사람이 이 나이에 이렇게 많이 알 수는 없다 싶게 잡다한 정보를 어찌고 저찌고 살을 붙여요. 자기가 경험하고 취재해서 알아냈다기보다는 인터넷을 통해서 알아낸 정보가 아닌가 싶은 걸 화려하게 늘어놨다든가. 같이 인터넷에서 교류하는 친구들은 별로 거부감이 없겠지만, 아, 저는 금세 눈에 띄어요. 경험 없이 글재주만 믿고 쓰기, 기교만 배워 갖고 쓰는 걸 별로 안 좋아하는데, 요새는 그 경험을 대신해 주는 게 인터넷의 세계가 아닌가 싶어요. 인터넷 아니라도 공부한 걸 미처 소화시키지 못하면 거북할 적이 많거든요. ● 소설이라는 게 지식이 너무 강하게 나타나면 별로 좋지 않다 싶을 적이 있는데… 이거는 단박 어디서 어떻게 짜깁기를 했다 느껴지는 게, 짜깁기한 바느질 틈새가 다 느껴지게, 으… 교묘하지 못한 거. 교묘하지 못했다는 건 그걸 겉핥기로라도 체험하고 공감하지 않았다는 거죠. 우리가 어느 나라에 가 본 거하고 가 보기 전에 정보를 얻고 가 본 것처럼 쓴 거는 다르거든요. 하지만 앞으로 제 힘으로 막을 수 없는 대세가 아닌가, 생각을 합니다.

장 : 지식 정보의 과잉 상태에서의 글쓰기를 경계하시는 것이고요.

● 또 어휘의 부족. 네, 옛날 어휘 참 좋은 어휘 많거든요. 정말 저런 성품에는 이

🎧 (주252)

세계 문학 전집

📚 패전한 일본인들이 귀국하면서 그들이 쓰던 각종 세간살이들이 거리로 쏟아져나왔는데 그중엔 책들도 많았다. 평소 보고 싶어하던 일본 유명 작가의 단행본은 물론 각국 문호의 전집, 세계 문학 전집 등이 거리거리에 산적해 어떤 물선보나노 헐값으로 손님을 불렀다. 마침내 나는 부자 친구집 서가에서 그림의 떡처럼 침 삼키며 바라보던 세계 문학 전집을 내 것으로 할 수 있었다. 마침 우리집도 도시 빈민층에서 중산층으로 발돋움했을 때라 오빠는 책벌레 동생을 위해 그런 것들을 장만해 주었고 나 스스로 사볼 수도 있었다. 그건 마치 우물 안에서 세상 밖으로 나온 것 같은 충격이요 황홀경이었다. 학교에서 재미없는 수업 시간에는 선생님 말씀은 건성으로 듣고 책상 밑에 소설책을 놓고 읽곤 했는데 그러다가 들키면 선생님은 책을 뺏어 머리를 가볍게 때리면서 공부는 안하고 이런 통속 소설만 읽으면 어떡하냐고 모욕을 주었다. 선생님이 통속 소설이라고 야단도 치고 빼앗기도 하는 건 거의가 다 일본 소설책이고, 호오, 벌써 이런 책을 읽나, 하고 조금은 신통해 하며 봐 주는 책은 러시아나 영국·미국·프랑스 등 구미 대가들의 책들이었다. 학교에서 고학년을 위한 필독서로 지정해 주는 문학 서적 역시 일본인이 만든 세계 문학 전집을 근거로 하고 있었다. ─「내 안의 언어 사대주의 엿보기」(2000년 발표, 『두부』, 창비, 2002년판) 중에서.

어휘가 아니면 안 되는, 제가 보기에는 그래요. 그런 것이 사라져 가고 어떤 외래어는 못 알아듣지요. 이건 어떤 경우에 쓰는 건가 싶어서 사전을 찾아 보면, 사전에서 나온다고 그래도 그 뜻하고는 [실제 쓰임새가] 다르지 않습니까? ● 또 약자 같은 것이… 소설적인 기법에서, 다른 쓸데없는 건 많이 늘어놓으면서 그런 식으로 줄여서 저희끼리만 쓰는 언어 표현, 어쩔 수 없는 것이긴 하지만 그래도 문학으로 접근하고, 작품다운 작품을 남길려면은 자기 또래만 읽지는 않는, 엄마 또래도 읽고(웃음) 동시대를 사는 광범위한 독자를 꿈꿔야 되지 않나.

책 읽기와 종이 책의 행복감

장 : 어리석은 질문이 될 수도 있겠는데요, 글을 쓰기를 원하는 지망생들에게 언어를 닦을 수 있는 방법을 알려 주세요, 선생님?
● 아이 그거야… 정도(正道)가 있는 건 아니라고 생각해요. 말씀 드렸죠, 저는 문학을 별로 배운 사람이 아니라고요. ● 집 짓는 데도 건축과 나와서 지을 수도 있겠고, [아닐 수도 있겠지만] 건축과 다닌 사람도 현장에 다녀야 될 것 같애요. 요새야 엉터리로 짓는 사람이야 없겠지만 옛날에 한옥은 대모도라고 해서 따라다니면서 자꾸 보면, 대모도로 끝나는 사람도 있지만 대목한테 눈이 들어 가지고 점점 올라가는 사람도 있거든요. ● 옛날에 그런 질문 물어 볼 적에 그런 말을 한 적이 있어요. 정식으로 공부해서 쓰는 사람도 있듯이, 바느질로 치자면, 바느질 학교도 있고 양재 학교도 있지만 옆에서 눈썰미가 있으면 다 되거든요. 눈썰미라는 거는 뭐라고 그래야 되나, 그냥 좋아서 책을 자꾸 읽는 사이에 생긴 안목. 아, 이 정도면 나도 쓸 수 있겠다.
장 : 천상 좋은 글을 쓰는 작가가 되기 위해서는 많이 읽고, 눈썰미를 키우는 수밖에….
● 그렇지요. 처음부터 쫙 세계 명작을 나열해 놓고 이번 방학 필독서다, 이러는 것보다 자유롭게 골라서 보다 보면, 어른 눈으로 봐서 "아, 이런 거 왜 읽니?" 이런 거라도 재미있어서 읽으면요. 저도 그렇게 읽었어요. ◐(주252) 저자도 잊어 버렸지요. 열대여섯 살 때, 지금도 애들이 일본 소설 좋아하는 거처럼, 그 전에도 일본 사람들의 그런 소설을 많이 읽었어요.

🎧 (주253)

사소설(私小說)

자신의 경험을 허구화하지 않고 그대로의 모습으로 써 나가는 소설. 1920년대부터 시작된 일본 특유의 소설 형식으로 작품 속에 '나'라는 1인칭을 사용하는 수가 많으나 그 인물이 3인칭으로 쓰어진 경우라 할지라도 작자 자신이 분명할 경우에는 사소설로 간주한다. 형식상 '나'로 쓰어진 것이라 할지라도 작자 자신의 경험을 작품화한 것이 아니라면 1인칭 소설로 불러 사소설과 구별한다. 한국 문학에서 대표적인 사소설은 1930년대의 안회남(安懷南)의 작품 「명상」「연기(煙氣)」「온실」 등이다. 이후 이봉구(李鳳九), 오영수 등도 사소설을 썼다.

🎧 (주254)

사춘기에 읽은 일본 연애 소설

📖 중학생이 되자 내 독서 경향은 동화책에서 자연스럽게 연애 소설로 옮아갔다. 당시 우리들 사춘기 소녀들이 즐겨 읽던 연애 소설은 거의가 일본 상류 사회의 서구화된 연애풍속도를 다룬 거였다. 공작이니 후작이니 하는 황족·귀족 계급의 아름다운 귀공녀와, 서양물을 먹은 세련된 귀공자가 풍광명미(風光明媚)한 휴양지나 고급 주택가를 무대로 벌이는 사랑놀음은 은근히 호색적이면서도 결국은 순결성을 옹호하게 되어 있었다. 성교육이 전무하던 때 나는 일본 연애 소설을 통해 성에 눈떴다고 해도 과언이 아니고, 내가 스스로 도덕적이라고 믿는 성에 대한 보수성 역시 그때 주입된 순결성 미화에 영향받은 바가 크다. 나의 사춘기는 태평양전쟁 말기와 겹친다. 하루하루를 살아남기가 너무도 고달팠다. 창씨개명의 수모까지 겪고 나서도 생활은 계속해서 남루해져서 기름을 짜고 난 깨나 콩의 찌꺼기까지 먹으라고 배급이 나왔다. 희망이라고는 없는 암담한 시대에 연애 소설이 위안이 됐던 건 이성에 대한 호기심, 사랑에 대한 동경, 앞날에 대한 설렘 등 사춘기 현상은 영양 부족 상태에서도 돌파구가 있어야 할 만큼 왕성했던 탓이 아니었나 싶다. (…중략…) 한 반에 몇 명 정도는 소녀 취향의 연애 소설을 많이 가지고 있게 마련이었고, 일단 학교에 가지고 오기만 하면 그 책은 표지가 나달나달해질 때까지 교실 안을 돌고돌았다. 순서를 정해 내 차례가 돌아와야만 볼 수 있었기 때문에 더욱 그런 책들이 감칠맛 있었을 것이다. ─「내 안의 언어 사대주의 엿보기」(2000년 발표, 『두부』, 창비, 2002년판) 중에서.

장 : 사소설? 🎧⁽주253⁾

🔸 그런 장르가 따로 있었어요. 소년, 소녀들에게 읽히는 여러 가지. 그 때는 약간의 달콤하고 플라토닉 같은 연애가 가미된 소설이 감미롭게 좋지요. 🎧⁽주254⁾ 다들 그거를 거쳐요. 별안간 『파우스트』를 읽어라 그러면 잘 못 읽잖아요.

장 : 네, 네.

🔸 명작이라고 하는 것 중에도 자기가 읽고 좋아지는 게 있고, 잘 안 되는 게 있어. 난 『신곡』, 『파우스트』 그런 게 잘 안 되더라고요. 나도 읽었다고 그러고 싶어도. (웃음) 근데 감미로운 것도 많이 읽다 보면, 단거 너무 먹으면 쓴거 먹고 싶듯이, 자연히 싫어져요. 🔸 요런, 혀끝에 오던 재미를 스스로 심화시키게 된다고요. 그러다가 정말 가슴으로 읽는 거를 바랄 때도 있고, 머리에 충격이 오는 거를 바라게 될 때도 생기고요. 영혼을 흔드는 것 같은 책도 있거든요. 그렇게, 그렇게 된다고요.

장 : 그런 것들이 충분하게 내면에 쌓이면 글쓰기가 수월해지는 건가요, 선생님?

🔸 좋은 독자로 남을 수도 있지요. 독자가 있어야 문학이라는 것도 지속이 되는 거죠. 왜, 우리 같은 사람은 노래를 못 불러도 듣는 건 좋아하잖아요. 듣다 보면 유행가도 점점 조금 저거하잖아요. 또 자기도 따라해 보고 싶고, 끼가 있으면 더 잘 할 수 있을 것 같고… 그런 것이 아니겠어요? 책을 읽지 않고 소양도 없이 그냥 작가가 돼야지, 하고 문창과를 가서 먼저 〔기법만〕 배워서는, 정말 좋은 작가는 될 수 없지요.

장 : 요즘에는 인터넷이 발달되어서 누구든 쉽게 작가가 될 수 있는 세상이잖아요.

🔸 항상 수요와 공급이 서로 맞물리는 거 아니겠어요? 읽는 사람이 있으면, 인터넷을 통해서 소설을 쓰잖아요. 그게 인기가 있으면 나중에 활자로 되고. 그 세곌 전 잘 이해를 못하는 거죠. 그리고 컴퓨터 쓰고 나서는 화면 앞에 오래 앉는 게 싫어요. 쓰는 동안만 거기 있다가 빨리 놓여나고 싶어.(웃음) 제가 그런 것이 있지요. 그저 책장 있는 게 행복하고. 근데 요새 애들은 다르잖아요. 그거야 어쩌겠어요.

장 : 그 자체가 하나의 세상살이의 변화인 거죠.

🔸 네, 네. 그저 제가 바라느니, 아휴, 종이 책은 소멸되지 않았으면 하는 거예요.

장 : 위기라고들 하잖아요.

🔸 네. 요새 아이들은 책을 아예 안 읽을지도 모르죠. 기계가 점점 얇아지고 책장 넘기는 느낌도 난다고 그러지만, 그거를 제가 따라갈 수 있을 것 같지는 않습니다. 나이도 있고…. 🔸 그 종이책의 행복감이라는 그거는…

🎧 (주255)

신경숙(申京淑, 1963년~)

소설가. 전북 정읍에서 태어나 정읍여중을 졸업하고 서울로 상경, 구로공단에서 일하면서 영등포여상 야간부에서 고등학교 과정을 이수하고 서울예전 문예창작과를 졸업했다. 22세 때인 1985년 『문예중앙』을 통해 문단에 나왔다. 『풍금이 있던 자리』, 『외딴 방』 등이 평단과 독자들에게 좋은 평가를 받으며 1990년대 문학의 새로운 지평을 여는 작가로 주목을 받았다. 2009년 발표한 장편소설 『엄마를 부탁해』는 한국 순수 문학 단행본 사상 최단 기간 100만 부 판매를 돌파했으며 2011년엔 영문판으로도 발행, 30개국 이상에 판권이 팔리는 등 큰 성공을 거두었다. 신경숙은 인간 내면을 향한 깊이 있는 시선, 상징과 은유가 풍부한 울림이 큰 문체, 정교하고 감동적인 서사로 작품 세계를 넓혀 왔다. 한국일보문학상, 오늘의 젊은 예술가상, 현대문학상, 만해문학상, 이상문학상 등을 수상했다.

🎧 (주256)

김영하(金英夏, 1968년~)

소설가. 경북 고령에서 태어나 연세대 경영학과 및 동대학원을 졸업했다. 1995년 문화 잡지 『리뷰』를 통해 문단 활동을 시작했고, 1996년 장편 소설 『나는 나를 파괴할 권리가 있다』로 제1회 문학동네 신인 작가상을 수상했다. 등단 직후 여러 작품들을 연이어 발표하며 1990년대와 2000년대 신세대의 도시적 감수성을 냉정한 시선, 메마른 목소리로 그려낸다는 평을 들었으며 『호출』『엘리베이터에 낀 그 남자는 어떻게 되었나』『오빠가 돌아왔다』『퀴즈쇼』『아랑은 왜』『검은 꽃』『너의 목소리가 들려』 등 장편소설과 소설집을 펴냈다. 최근에는 단편소설집 『오직 두 사람』을 펴냈다. 단편 「옥수수와 나」로 2012년도 이상문학상을, 「아이를 찾습니다」로 2015년 김유정문학상을 수상했다. 이 외에도 만해문학상, 동인문학상, 현대문학상 등을 수상했다. 김영하의 작품들은 미국·프랑스·독일·일본·이탈리아·네덜란드·터키 등 10여 개의 국가에서 번역 출간되고 있다.

🎧 (주257)

김연수(金衍洙, 1970년~)

소설가. 경북 김천에서 태어나 성균관대 영문학과를 졸업했다. 1993년 『작가세계』 여름호에 시를 발표하면서 작품 활동을 시작했으며, 이듬해 장편 소설 『가면을 가리키며 걷기』로 작가세계문학상을 수상했다. 이어 2001년에는 이상의 데드마스크에 관한 내용을 담은 『굳빠이 이상』으로 동서문학상을, 2003년에는 두 번째 단편집 『내가 아직 아이였을 때』로 동인문학상, 2005년 단편집 『나는 유령작가입니다』로 대산문학상, 2007년 「달로 간 코미디언」으로 황순원문학상, 2009년 「산책하는 이들의 다섯 가지 즐거움」으로 이상문학상을 수상했다. 등단 초기 자의식과 깊은 관계를 맺고 있는 1인칭의 세계를 천착했던 데서 나아가 근래에는 타인과의 소통의 문제, 역사와 사회에 대한 관심을 사실적으로 구현하는 문제로 관심의 지평을 넓혀가고 있다. 『세계의 끝 여자친구』『네가 누구든 얼마나 외롭든』『밤은 노래한다』 등이 이런 작품들에 속한다.

문인들과의 교류

장 : 젊은 작가들 중에, 선생님께서 보실 때 동시대 삶을 잘 반영하고 어휘도 잘 구사하는 작가를 예를 들어 주실 수 있을까요?

♣ 신경숙(1963년~) 🎧(주255) 같은 작가가 그렇지 않나 싶어요. 자주 만나지는 않아도, 지금은 아주 우수한 작가지만, 신인 시절부터 속으로 좋아했습니다. 참 정도 많고 인간성도 괜찮은 것 같애요. 내가 시골 출신이라 그런지 뭔가 시골 출신 같은 느낌이 좋아. 도시적인 멋쟁인데도 그런 게 풍겨요. 그 사람도 여러 형제 중에서 부대끼면서 살았고 부모님의 사랑 많이 받았고, 어렵게는 살았지만 그런 것 같애요. ♣ 남자들로는 김영하(金英夏, 1968년~)🎧(주256)도 좋고 김연수(金衍洙, 1970년~)🎧(주257) 이런 작가도 참 좋더라고요.

장 : 김영하 씨나 김연수 씨는 작품 경향이 선생님하고는 다르지 않습니까?

♣ 그럼요. 다른 작가가 좋지요. 김영하 작가는 내가 동의하는 부분도 있고 참 반짝거리는 문장을 써요. 막 써 갈기는 것 같아도 어떤 역사 의식 같은 것도 있고요. 김연수 같은 이도 참 문장에 공을 들이는 작가 같애요. 하나라도 허투루 쓴 문장이 없고.

장 : 문단에서 친하게 지내시는 작가, 문인들로는 어떤 분들이 있나요?

♣ 저 또래는 살아남은 애가 한말숙하고 저밖에 없고요. 이경자(李璟子, 1948년~)🎧(주258)가 조금 후배고. 요새는 서로 바쁘니깐 별로 가까이 안 지냈어도 전에는 공지영(孔枝泳, 1963년~)🎧(주259) 작가도 좋아합니다. 김형경(1960년~)🎧(주260) 또 권지예(1960년~)🎧(주261)도 숙명 후배라서 내가 속으로 많이 예뻐하고요, 정이현(1972년~),🎧(주262) 정미경(1960~2017년)🎧(주263) 같은 작가도 좋아해요. 그러고 보니까 다 여자네.

장 : 남성 문인들 중에서 가까이 지내시는 분 어떤 분이 있으세요?

♣ 가깝게 지내는 이가 김영현(1955년~)🎧(주264)…. 남성은 생각이 잘 안 나네.

문학 평론가 김윤식과 첫 작품집

장 : 남성은 상대적으로 문인들보다는 비평가 학자들하고 교류가 더 많으시지요?

🎧 (주258)

이경자(李璟子, 1948년~)

소설가. 강원도 양양에서 태어나 서라벌예대 문예창작과를 졸업하고 1973년 『서울신문』 신춘문예를 통해 문단에 나왔다. 1988년 여성 문제를 본격적으로 다룬 소설집 『절반의 실패』로 당시 사회에 큰 충격과 반향을 불러일으켰으며, 독립적 인격체로서 여성의 근원성과 여성 문제를 깊이 있게 성찰하는 작품들을 발표해 왔다. 주요 작품집으로 『할미소에서 생긴 일』 『절반의 실패』 『꼽추네 사랑』 『정(情)은 늙지도 않아』 『계화(桂花)』 『천 개의 아침』, 산문집 『딸아, 너는 절반의 실패도 하지 마라』 『남자를 묻는다』 등을 펴냈다.

🎧 (주259)

공지영(孔枝泳, 1963년~)

소설가. 서울에서 태어나 연세대 영문과를 졸업했다. 대학 시절의 학생 운동과 졸업 후의 노동 운동 경험이 바탕이 된 단편 「동트는 새벽」을 1988년 『창작과 비평』에 발표하며 작품 활동을 시작했다. 공지영은 주로 자신이 겪어 온 사회 체험이나 취재를 토대로 사회적 불평등이나 비리, 남녀의 성차별, 제도적 모순 등을 형상화하여, 이같은 상황을 비판하고 개혁하고자 하는 자신의 의지를 작품을 통해 꾸준히 표현해 오고 있다. 특히 계급 운동의 관점에서는 발견하지 못했던 여성들의 인간다운 삶의 의미에 천착하는 작품들은 많은 여성 독자들의 공감과 지지를 받으며 두터운 독자층을 형성하고 있다. 주요 작품에 장편 소설 『더 이상 아름다운 방황은 없다』 『무소의 뿔처럼 혼자서 가라』 『고등어』 『봉순이 언니』 『우리들의 행복한 시간』 『즐거운 나의 집』 『도가니』, 소설집 『인간에 대한 예의』 『존재는 눈물을 흘린다』, 산문집 『공지영의 지리산 행복학교』 『공지영의 수도원 기행』 『상처 없는 영혼』 『빗방울처럼 나는 혼자였다』 등이 있다. 21세기문학상, 한국소설문학상, 오영수문학상, 앰네스티 언론상 특별상, 이상문학상 등을 수상했다.

🎧 (주260)

김형경(金炯璟, 1960년~)

소설가, 시인. 강원도 강릉에서 태어나 경희대 국문과를 졸업하고 1983년 『문예중앙』과 1985년 『문학사상』을 통해 등단했다. 절제된 문체, 감각적이며 심리적인 묘사, 시적 리듬, 생생한 이미지 등이 작품의 특징이다. 『새들은 제 이름을 부르며 운다』 『푸른 나무의 기억』 『피리새는 피리가 없다』 등의 장편 소설과 창작집 『단종은 키가 작다』 『담배 피우는 여자』, 시집 『모든 절망은 다르다』 등을 펴냈다. 또 『사람 풍경』 『천 개의 공감』 『좋은 이별』 『만 가지 행동』 등의 심리 에세이를 내기도 했다.

🎧 (주261)

권지예(1960년~)

소설가. 경북 경주시에서 태어나 이화여대 영문과를 졸업하고 8년 동안 중학교 교사 생활 후 프랑스 파리7대학 동양학부에서 박사 학위를 받았다. 삶의 본질에 대한 집요한 탐색을 포스트모던적 기법으로 쓴 단편 소설 「뱀장어 스튜」로 이상문학상을 수상했다. 성장기의 체험을 풀어 쓴 자전 소설 『아름다운 지옥』과 『꿈꾸는 마리오네트』 『폭소』 『고요한 나날』 『사라진 마녀』 『내 가슴에 찍힌 새의 발자국』 『나무물고기』 등의 작품집과 프랑스 유학 생활 체류기 『권지예의 빠리, 빠리, 빠리』 등을 냈다.

🎧 (주262)

정이현(鄭梨賢, 1972년~)

소설가. 서울에서 태어나 2002년 단편 소설 「낭만적 사랑과 사회」로 『문학과 사회』 신인문학상을 수상하며 문단에 나왔다. 이 작품은 문학적 엄숙주의를 뒤집는 발칙하고 불온한 상상력과 독특한 언어 구성력, 신세대 로맨스의 정치·사회적 역학에 뛰어난 통찰력을 보였다는 평가를 받으며 화제를 모았다. 이어 2004년 「타인의 고독」으로 이효석문학상을, 2006년 「삼풍백화점」으로 현대문학상을 수상하며 작가적 역량을 인정받았다. 장편 소설 『달콤한 나의 도시』 『너는 모른다』, 소설집 『오늘의 거짓말』, 산문집 『풍선』 『작별』 등을 펴냈다.

🎧 (주263)

정미경(鄭美景, 1960~2017년)

소설가. 경남 마산에서 태어나 이화여대 영문과를 졸업했다. 1987년 『중앙일보』 신춘문예 희곡 부문에 「폭설」이, 2001년 『세계의문학』 소설 부문에 「비소 여인」이 당선되었다. 2002년 『장밋빛 인생』으로 오늘의 작가상, 2006년에는 '빛과 어둠의 미학을 바탕으로 삶과 존재의 허무를 황량하게 그린 보고서'란 평가를 받은 「밤이여, 나뉘어라」로 이상문학상을 수상했다. 소설집으로 『나의 피투성이 연인』 『발칸의 장미를 내게 주었네』 『내 아들의 연인』 『프랑스식 세탁소』가 있고, 장편 소설로 『장밋빛 인생』 『이상한 슬픔의 원더랜드』 『아프리카의 별』이 있다. 2017년 1월 암 투병 가운데 세상을 떠났고, 그 해 8월 유작인 장편 소설 『가수는 입을 다무네』가 출판되었다.

🎧 (주264)

김영현(金永顯, 1955년~)

소설가, 시인. 경남 창녕에서 태어나 서울대 철학과를 졸업하고 1984년 『창작과 비평 신작 소설집』에 1980년대의 폭압적 현실을 그린 「깊은 강은 멀리 흐른다」를 발표하며 등단했다. 김영현은 1970년대의 유신과 1980년대의 광주민주화운동 등 한국 현대사의 상처를 낭만적이고 서정적인 분위기로 묘사해 내는 작가로 평가받고 있다. 재수생과 운동권 대학생을 통해 1980년대의 고뇌와 사랑을 그린 『풋사랑』, 구제 금융 시대의 풍속도를 그린 세태 풍자 소설 『날아라 이 풍진 세상』, 지식인의 내면 및 민중들의 삶의 모습을 묘사한 『내 마음의 망명 정부』 등이 대표적이다. 이외에도 『폭설』 『포도나무집 풍경』 『라일락 향기』 등의 소설집과 『겨울바다』 『남해 엽서』 『천상에 저런 꽃 하나 있듯』 등의 시집을 내기도 했다. 2011년까지 실천문학사 주간으로도 일하는 등 문학과 출판을 통한 현실 참여는 그의 오랜 화두다.

🎧 (주265)

김윤식(金允植, 1936년~)

문학 평론가, 국문학자. 경남 김해에서 태어났다. 서울대 국문과와 동대학원에서 박사 학위를 받고 서울대 인문대 교수를 지냈다. 1962년 『현대문학』을 통해 평론 활동을 시작한 이래 한국 근대문학에서 근대성의 의미를 실증주의적 연구 방법으로 밝히는 데 주력했으며 특히 1920~1930년대의 근대 문학과 프롤레타리아 문학이 가지는 근대성의 의미를 밝히고자 했다. 연구 대상은 시·소설·비평 등 영역을 가리지 않았으나 1980년대 이후부터는 주로 소설을 문학사적 관점에서 분석하고 있다. 김윤식의 문학 활동 중 가장 특징적인 것은 현장 비평가로서 감각을 유지하기 위해 들이는 노력이다. 대가에서부터 갓 등단한 신인 작가의 작품에 이르기까지 샅샅이 찾아 읽고 이 작품들을 문학사 안에 자리매김하는 일을 꾸준히 해 왔다. 문학사 연구를 위해서는 문학의 변화에 대한 세밀한 감각을 유지해야 한다는 신념 때문이다. 김윤식은 엄청난 저술로도 후학들을 질리게 하고 있다. 독립적 전기 비평의 전범으로 꼽히는 『이광수와 그의 시대』를 시작으로 『안수길 연구』 『김동인 연구』 『염상섭 연구』 『이상 연구』 『임화 연구』 『박영희 연구』 『김동리와 그의 시대』 등의 평전과 『문학사방법론 서설』 『한국문학사 논고』 『한국근대문예비평사 연구』 『황홀경의 사상』 『우리 소설을 위한 변명』 『한국현대문학비평사론』 등의 비평집 등 70여 권이 넘는 책들을 냈는데 공저·편저·역서까지 포함하면 100권이 훨씬 넘는다고 한다.

🎧 (주266)

김윤식의 회고

📖 문학(또는 문학적 현상)에 그들의 관심이 쏠린 것도 이 때문. 내 강의가 문학 강의이기도 했기에 이 점이 선명히 감지되었던 것으로 회고되오. 강의 도중 뜻하지 않은 질의가 돌출하곤 했으니까. 선생이 최근에 읽은 인상 깊은 작품을 풀어 보라는 것 능능. 피할 수 없는 것은 그 때나 지금이나 내가 월평을 써왔으니까. 월평이란 그 달 그 달의 작품을 평가하는 저널리즘의 한 형식이니까. 나는 망설임도 없이 박완서의 「카메라와 워커」를 들었소. 절대로 인문사회대학을 가지 말고 이데올로기와 무관한 공과대학을 가라는 가족의 압력에 따라 공대를 나와 강원도 탄광에 쑤셔박힌 조카를 만나는 고모의 마음을 담은 이 작품을 어째서 당시의 대학생들에게 권하고 싶었을까. 두말하면 군소리. 이데올로기에 풍비박산 난 가문의 외아들이었으니까. / 문제는 그 다음에 일어났소. 강의를 끝내고 연구실에 들어와 숨을 고르고 있자니 노크 소리가 들렸소. 장본인은 여학생. 쭈뼛쭈뼛하던 그녀의 말인즉, 박완서의 딸이라는 것. 그러냐, 그래서 어쨌단 말인가, 라는 내 표정을 읽은 그녀는 새하얗게 질린 듯 서둘러 물러나지 않겠는가. 그렇다. 어쨌단 말인가. 그런데 그게 아니었소. 그로부터 달포쯤 지났을까. 어느 화창한 날 좀처럼 노크 소리 없는 내 연구실에 노크 소리가 들렸소(그 무렵 내 연구실엔 이런 쪽지가 붙어 있었다. 노크만 하고 그냥 들어올 것). 들어온 사람은 자주색 한복 차림의 중년급 여인. 박완서라 했소. 무슨 대화를 나눴는지, 서로 어떤 표정을 지었는지 기억에 없소. 『나목』을 대중 소설쯤으로 여기고 있었으니까요. 그로부터 일 년이 채 못 되어 박완서 창작집 『부끄러움을 가르칩니다』가 나왔소. 후기엔 이렇게 적혀 있소. "이렇게 빠르게 내 작품들을 한 권의 책으로 묶게 된 것은 평소 일면식도 없었던 김윤식 교수의 주선과 격려에 힘입은 바가 컸다." 라고. ― 김윤식, 「박완서와 관악산」(『기나긴 하루』, 문학동네, 2012년판) 중에서.

🎧 (주267)

「부끄러움을 가르칩니다」

📖 차츰 몸이 더워 오면서 어떤 느낌이 왔다. 아아, 그것은 부끄러움이었다. 그 느낌은 고통스럽게 왔다. 전신이 마비됐던 환자가 어떤 신비한 자극에 의해 감각이 되돌아오는 일이 있다면, 필시 이렇게 고통스럽게 돌아오리라. 그리고 이렇게 환희롭게. 나는 내 부끄러움의 통증을 감수했고, 자랑을 느꼈다. / 나는 마치 내 내부에 불이 켜진 듯이 온몸이 붉게 뜨겁게 달아오르는 걸 느꼈다. / 내 주위에는 많은 학생들이 출렁이고 그들은 학교에서 배운 것만으론 모자라 ××학원, ○○학원, △△학원 등에서 별의별 지식을 다 배웠을 거다. 그러나 아무도 부끄러움을 안 가르쳤을 거다. / 나는 각종 학원의 아크릴 간판의 밀림 사이에 '부끄러움을 가르칩니다' '부끄러움을 가르칩니다'라는 깃발을 펄러덩 펄러덩 휠휠 휘날리고 싶다. 아니, 굳이 깃발이 아니라도 좋다. 조그만 손수건이라도 팔랑팔랑 날려야 할 것 같다. '부끄러움을 가르칩니다'라고. 아아, 꼭 그래야 할 것 같다. 모처럼 돌아온 내 부끄러움이 나만의 것이어서는 안 될 것 같다. ―「부끄러움을 가르칩니다」(1974년 발표, 『부끄러움을 가르칩니다』, 한양출판, 1994년판) 중에서.

☞ 1974년 『신동아』 8월호에 발표된 박완서의 단편 소설 제목. 후에 첫 단편집의 제목이 되기도 했다. 두 번 결혼에 실패하고 세 번째 결혼을 해 고향인 서울로 다시 온 중년 여성을 화자인 '나'로 내세워 물질적 가치에 전도된 근대화의 이면을 꼬집고, 삶의 진정성을 일깨우는 작품. 남대문을 향수로 간직하고 있는 화자에게, 서울은 속물적 공간이자 위장과 가식으로 점철된 도시다. 학창 시절 유난히 부끄럼을 타던 '나'는 세 번 결혼한 것도 아무렇지 않게 말할 정도로 뻔뻔하게 변해 있다. 전쟁 중에 매춘이라도 해서 가계를 돕기를 바라던 엄마나, 남성 중심적이던 세 남편과 그의 가족, 순수를 잃고 사회에 적응한 친구들을 겪으며 그렇게 되었다. 등단 5년차인 44세 때 발표한 이 작품에서 박완서는 서울이라는 거대 도시가 상징하는 근대화의 형식성, 속물성, 소외된 인간 관계 등을 비판했다.

🌑 김윤식(金允植, 1936년~)🎧(주265) 선생님은 같이 늙어가는 형편이고요. 경기여고 때 원고 심부름 많이 했다는 우리 큰딸이 서울대 다닐 때 김윤식 선생님한테 강의를 들었어요. 제가 신인 시절이지요. 그래도 밤낮 월평에 나고 그럴 때 그 선생님이 제 무슨 작품을 다뤘나 봐요. 학교 때 그런 거 하지 않습니까? 얘가 나중에 선생님보고 그 사람, 박완서가 자기 엄마라고 그랬나 봐요.🎧(주266) 🌑 그렇게 해서 제 첫 작품집『부끄러움을 가르칩니다』🎧(주267)가 나왔어요. 저야 출판사를 알기나 아나요. 저한테 연락을 해서 한 번 가서 뵀더니 작품이 몇 개나 되냐고 물어요. 한 열 개쯤 된다고 그랬더니 "책 한 권 낼 게 되겠구만." 그러면서 일지사에다 얘길 해 주셨어요. 저는 정말 책이 어떻게 나오는지도 몰랐어. 어떻게 하면 되냐고 그랬더니 아, 그 원고 어디 어디 나왔다는 것만 가르쳐 주라더라고요. 책을 낼 적에는 제가 돈을 내야 되는 줄 알고 그럼 제가 거기다 책 내는 값을 줘야 되냐? 아, 무슨 소리냐고 출판사에서는 책을 내서 팔아야 되는데. 🌑 맨 처음에 3,000부를 찍었나 그러면서 저에게 인세를 10프로 주는데, 내가 그렇게 와, 책을 내도 돈이 나오는구나. 시인 친구들한테 책 내기가 어려워서 돈 내고 시집 낸다는 얘길 들어서 그랬는지 나는 아직 신인이니까 책을 낼려면은 내가 돈을 줘야 되나 보다 생각을 했어요. 그런데 1,000부, 2,000부지만 재판을 찍고 인세를 자꾸 주니까 내가 "어머나 이렇게 해서 돈이 생기는 것도 있구나." 그랬어요.

장 : 김윤식 선생님하고는 따님하고 연결되어서 인연을 갖게 되었군요.

🌑 많이 친하게 지냈습니다. 제가 존경하는 분이고.

장 : 다른 분은 또 어떤 분하고 교류가 있으신가요?

🌑 김화영 선생, 〔그 외는〕 별로 잘 아는 분 없어요.

고 박경리 선생과의 인연

장 : 문단에서 교류로는, 얼마 전에 작고하셔서 가슴 아픕니다만, 박경리(朴景利, 1926~2008년)🎧(주268) 선생님과의 인연을 빼놓을 수 없지 않습니까. 어떤 인연으로 만나게 되셨는지요?

🌑 처음에 출판사의 주선으로 만났습니다. 제가『휘청거리는 오후』쓰고 나서 1980년인가, 1981년인가『살아 있는 날의 시작』🎧(주269)이라고 썼어요. 그것을 전예원

🎧 (주268)

박경리(朴景利, 1926~2008년)

소설가. 경남 통영에서 태어났다. 1945년 진주여고를 졸업하고, 1950년부터 황해도 연안여자중학교에서 교사로 재직했다. 1955년 문예지『현대문학』에 단편「계산(計算)」이 추천되었고, 1956년에 단편「흑흑백백(黑黑白白)」이 추천되어 등단했다. 1969년부터 25년간 집필하여 완간된『토지』는 한국 근현대사를 배경으로 인물들 간의 갈등과 운명을 서술하면서 한국의 역사적 현실과 사회 문제 등을 깊이 있게 다루었다. 대통령 자문 새천년준비위원회 위원, 토지문화재단 창립 이사장, 한중청년학술상위원회 위원, 호암재단 이사 등을 지냈다. 1994년 유네스코 서울협회에서 '올해의 인물'로 선정되었으며, 같은 해 이화여대에서 명예 박사 학위를 받았고, 1996년에는 칠레 정부로부터 가브리엘라 미스트랄 기념 메달을 받았다. 올해의 여성상, 용재석좌교수상, 월탄문학상, 한국여류문학상 등을 수상했고 금관문화훈장에 추서되었다.

🎧 (주270)

장명수(張明秀, 1942년~)

신문인. 충남 천안에서 태어나 이화여대 신문방송학과를 졸업하고 한국일보 기자로 입사하여 주필을 거쳐 사장을 지냈다. 토지문화재단 이사와 인권에도 관심이 많아 한국인권재단과 한국장애인복지진흥회의 이사로 일하기도 했다. 삼성언론상, 한국여성지도자상을 수상하고 현재는 이화학당 이사장으로 있다.

🎧 (주269)

『살아 있는 날의 시작』

1979년부터『동아일보』에 연재한 소설로 박완서가 "그동안 문학의 도전을 안 받으면서 보호 조장돼 왔던" "남자와 여자 사이의 억압 관계"를 다루겠다고 선언하며 쓴 첫 소설이다. 이런 관심은 이후『서 있는 여자』,『그대 아직 꿈꾸고 있는가』등으로 이어졌다. 여주인공 문청희는 남편 정인철보다 먼저 전임 교수 물망에 올랐지만 남편 때문에 그 자리를 포기하고 미용 기술을 익혀 미용실과 미용 학원을 운영해 경제적 원조를 맡는다. 집 안에서도 노망든 시어머니 송 부인을 잘 모시는 효부이고 세 자식을 잘 키운 현모이지만 남편에게는 "매력 없고" "날치는" 아내다. 가정 사회학을 가르치는 교수 인철은 아내의 미용실에서 일하는 콩쥐(옥희)를 범한다. 청희는 시어머니의 죽음과 아들의 대학 입시를 치른 후 인철에게 이혼을 선언하고 집을 나온다. 이 소설은 남성과 여성을 극단적으로 적대 관계로 나누어 보편성이 떨어진다는 비판을 많이 받았으나, 반대로 "여성 자신이나 여성과 여성 사이의 문제를 통해 여성 문제"를 이야기함으로써 우리 나라 여성들이 처한 문제 상황에 대하여 보편성을 지닌 "살아 있는 여성학 교과서"(김미현)로 평가받기도 했다.

🎧 (주271)

『그 남자네 집』

첫사랑에 대한 박완서의 자전적 장편 소설. 기존에 발표했던 동명의 단편「그 남자네 집」을 기초로 2002년 새롭게 쓴 소설이다. 이루어질 수 없지만 잊을 수 없는 첫사랑의 추억을 1950년대 전후 서울의 피폐한 풍경을 배경으로 그려냈다. 현재의 나이 든 주인공이 첫사랑 '그 남자'가 살았던 동네를 찾아가면서 이야기가 시작된다. 고교 시절 어머니의 외가 쪽 친척인 그 남자네가 주인공이 사는 동네로 이사를 온다. 그로부터 몇 년 후 겨울, 전차에서 우연히 만나 서로 집안의 안부를 묻게 되면서 두 사람의 만남이 이어진다. 전쟁 중에 두 사람은 서울의 구석구석을 누비며 행복한 겨울을 보내지만, 남자는 백수였고 주인공은 다섯 식구의 밥줄이었다. 결국 주인공은 일하러 다니던 미군 부대에서 만난 은행원과 결혼을 결심하고, 그 남자에게 이별을 선언한다. 결혼 생활이 급격히 권태로워질 즈음 주인공은 그 남자의 소식을 다시 듣게 되면서 소설은 결말로 향한다.『그 남자네 집』은 작가 특유의 기지 넘치는 문장, 개성 있는 등장 인물들이 읽는 재미와 감동을 함께 선사한다. 첫사랑에 대한 감정과 전후의 피폐한 일상을 살아내야 했던 여성들의 이야기가 대비를 이루며 독자들의 많은 사랑을 받았다.

이라는 출판사에서 내면서 서문을 박경리 선생한테 받겠다고 그러더라고요. 🎤 데뷔한 지 10년에 연재 소설을 두 번이나 쓰고 저도 뜨는 작가가 됐지만 한참 신인이고, 내 생각으로는 그 분은 『토지』를 벌써 많이 연재할 때고 대선배인데. 나중에 보니까 나이는 다섯 살 차이지만, 어려워서 싫다고, 다른 동료로 하면 안 되냐 했더니 자기네가 부탁하겠대요. 그 분이 설마 그러지는 않겠지만 당신네가 부탁해 갖고 안 써 주겠다 해도 난 간접적으로 모욕감을 느끼니까 싫다고 그랬어요. 걱정 말라더니 아, 아주 흔쾌히 써 주셨다고 그러더라고요. 그래서 서문 써 주신 분하고 나하고 출판사에서 밥을 먹자고 초청을 한 거예요. 🎤 벽제 가면 갈비집이 있어. 지금은 벽제갈비라고 해서 많은데. 나도 박경리 선생도 차도 없고 그럴 때야. 전예원 사장이 정릉 어디 사실 때에요. 박경리 선생님을 모시고 우리 집을 왔어요. 저녁 때에요. 우리 한옥에 살 때인데 아, 집에 들어오시라고 했더니 그 분이 폐스럽다고 차에 계시니까 집에 있던 우리 남편하고 애들이 다 나왔어요. 존경하는 마음으로 인사를 하고 저는 차를 타고 갔지요. 그래도 정릉 사실 때 한 번도 찾아가 뵌 적도 없고 그러고 말았어요. 원주 가시고 나서 장명수(張明秀, 1942년~)🎧(주270) 사장이 거길 잘 다니니까 같이 몇 번 가고. 🎤 제가 방이동 살 적에, 아들 잃었을 적에 아무도 안 만나고 집에 있을 적에 그 분이 쳐들어오시다시피 오셨어요. 먹고살아야 된다고 좋은 고기 많이 사 오셔 가지고 각별히 위로도 해 주셨어요. 자기 집에도 오라고 그래. 아는 사람들하고 여럿이 갔는데 많이 차려놓고 절 먹이고 참 따뜻하게 해 주셨어요. 🎤 저도 토지 완간 잔치할 때 갔었고, 자주 찾아 뵙기도 했죠. 제가 여기 이사 오니까 또 오셔 가지고 돈을 주시면서 마당에 나무를 사 심으라고 하시더라고요. 그 분이 소나무를 좋아하셔요. 여기도 소나무 좀 심으라고 돈은 넉넉히 주셨는데 큰 나무 심을 데가 없어요. 그 때 산 게 조기 두 나무(손가락으로 창문 밖 화단을 가리킴)입니다. 그거 사서 심고도 남게 돈을 주셨어. 그래서 근래에 들어오는 문간에 또 한 그루 소나무를 샀습니다.

토지문학관의 기여

🎤 제가 많이 의지를 했지요. 재작년인가 제가 『그 남자네 집』🎧(주271) 쓸 때 순전히 원주 토지문학관 가서 썼습니다.

🎧 (주272)

은희경(殷熙耕, 1959년~)

소설가. 전북 고창에서 태어나 숙명여대 국문과와 연세대 대학원 국문과를 졸업했다. 1995년『동아일보』신춘문예를 통해 문단에 나와 같은 해에 장편 소설『새의 선물』로 문학동네소설상을 받았다. 은희경은 평범하거나 보잘것없는 일상을 세밀한 묘사를 통하여 생생하게 형상화해냄으로써 삶의 진실을 파헤치는 작가로 평가받는다. 1997년에 소설집『타인에게 말 걸기』로 동서문학상을, 1998년에 단편 소설「아내의 상자」로 이상문학상을, 2000년에 단편 소설「내가 살았던 집」으로 한국소설문학상을 연속해 수상하며 작가로서의 능력을 보여 줬다. 이후 한국일보문학상, 이산문학상, 동인문학상, 황순원문학상을 수상했다. 장편 소설『마지막 춤은 나와 함께』,『그것은 꿈이었을까』,『마이너리그』와 소설집『행복한 사람은 시계를 보지 않는다』,『상속』,『아름다움이 나를 멸시한다』등을 펴냈다.

🎧 (주273)

김병언(1951년~)

소설가. 대구에서 태어나 서울대 언어학과를 졸업하고 1992년『문학과 사회』를 통해 문단에 나왔다. 건설회사 직원으로 중동에서 근무한 이력을 지닌 채 주로 사회와 불화하는 하류 인생들의 이야기를 발표해 왔다. 소설집『개를 소재로 한 세 가지 슬픈 사건』,『천치의 사랑』, 장편 소설『목수(木手)의 칼』을 펴냈다. 2008년 소설집『남태평양』으로 한무숙문학상을 받았다.

🎧 (주274)

이강숙(李康淑, 1936년~)

음악인, 소설가. 경북 청도에서 태어나 서울대에서 피아노를 전공하고 미국 미시간 대학에서 음악 교육학 박사 학위를 받았다. 서울대 음악대학 교수, KBS 교향악단 총감독, 한국예술종합학교 총장을 지냈다. 65세 되던 2001년『현대문학』을 통해 등단했다. 장편 소설『피아니스트의 탄생』,『젊은 음악가의 초상』, 소설집『빈 병 교향곡』, 산문집『술과 아내, 그리고 예술』이 있으며 그 외『열린 음악의 세계』,『음악의 이해』,『한국 음악학』등의 음악 관련 책들을 펴냈다.

🎧 (주275)

윤대녕(尹大寧, 1962년~)

소설가. 충남 예산에서 태어나 단국대 불문과를 졸업했다. 1988년『대전일보』신춘문예와 1990년『문학사상』을 통해 등단했다. 윤대녕의 작품 세계는 획일적인 인간관을 거부하면서 새로운 인간의 가치를 독특한 구성과 미학적 문체를 통해 추구하는 것으로, 흔히 '존재의 시원에 대한 탐구'로 요약된다. 그의 소설들은 또 기법이 주제를 넘어서서 하나의 소설적 미학으로 자리 잡아가는 과정을 보여 준다는 점에서 1990년대 문학의 새로운 가능성을 열었다는 평가를 받는다. 창작집『은어낚시통신』,『대설주의보』,『남쪽 계단을 보라』,『누가 걸어간다』,『제비를 기르다』등과 장편 소설『옛날 영화를 보러 갔다』,『추억의 아주 먼 곳』,『달의 지평선』,『코카콜라 애인』,『사슴벌레 여자』,『눈의 여행자』,『호랑이는 왜 바다로 갔나』등을 펴냈다. 이상문학상, 현대문학상, 김유정문학상 등을 수상했다.

장 : 토지문학관에서 머물며 글을 쓰고 발표했던 작가들을 꼽으신다면요?

🎧 은희경(殷熙耕, 1959년~)🎧(주272) 씨, 장편 소설 작가 김병언(1951년~) 씨 🎧(주273). 거기서 써 갖고 한무숙문학상도 받고 그랬어요. 이강숙(李康淑, 1936년~)🎧(주274) 총장님도 글을 쓰시고. 아휴, 요새 작가들 이름을 잊어버려. 참 좋은 작가도 있는데, 누군가, 『은어낚시통신』 쓴 사람이?

장 : 윤대녕(尹大寧, 1962년~)🎧(주275)이요?

🎧 윤대녕도 있고, 아주 빠릿빠릿한 작가들도 많이 거기서 쓰지요.

장 : 거기에 들어가서 생활을 하려면 선발하는 기준이나 허용하는 기준이 있나요?

🎧 네. 물론 아주 신인은 안 되는 걸로 전 알고 있는데요. 글 쓰느라 거기 있을 필요가 있어 와서 쓴다든가, 또 책을 읽으면서 충전을 한다든가 그럴 사람들이죠. 꼭 소설 쓰는 사람만 있는 것도 아니고, 노래하는 김민기(金民基, 1951년~)🎧(주276) 씨도 와 있었고, 시 쓰는 사람도 있었고요. 외국 사람도 와서 있기도 하고. 얼마나 좋습니까? 한국의 자연도 알 수 있고 자연스럽게 여기 작가하고 교류도 할 수 있잖아요. 암만해도 젊은 사람들은 영어 더듬거리며 할 수 있고요.

장 : 그러면 거기서 자유롭게 개인 생활을 하시는 거예요?

🎧 네, 정말 혼자 있을 수 있지요. 소위 인기 작가라는 사람들은, 나도 여기 있으면, 지금도 찾아오셨잖아요? 집에 있어도 전화라든가, [시달리는데] 그럴 필요가 없잖아요. 나와서 산책할 수도 있고. 또 집에 잠깐 다녀올 수도 있고. 교통도 가까워요. 또 여성 작가들은 밥 안 해 먹는 게 너무 좋다더라고요.(웃음)

장 : 그것도 큰 일이지요.

🎧 네. 끼니 때 내려가서. 정말 그런지는 모르지만 같이 있는 사람들이, 박완서 선생님 와 있으니까 반찬이 더 좋다고 그래요. 저도 속으로 제가 와 있으면 더 신경을 써 주시나 싶기도 하고요. 🎧 참 박경리 선생한테 고마웠던 게 된장이나, 다른 데서 해 오는 것도 있지만 거기서 채소 가꾸시잖아요. 엎드려서 하세요.🎧(주277) 돼지고기만 조금 사다가, 그건 사오시겠지, 돼지 치는 건 아니니까. 거기서 상추 뜯어서, 너무나 맛있어요. 아, 이제 거기 가 있어도 그런 건 못 먹겠구나. 내가 어려서 시골 가서나 먹던 거. 그런 것들을 좋아하는 거지요. 집에서 못 먹는 돈나물 김치니, 거기서 나는 돌미나리 무쳐서 내놓으면요, 집에서는 소식하는데 밥을 더 먹게 돼요. 여름 돼서 복날이면 삼계탕도 해 주시고요. 🎧 단구동 쪽에 계실 때는 꼭 밥을 해 주셨는데 일루 가시고 나서는 일요일 날은 밥을 안 해 줘요. 밥하는 사람

🎧(주276)

김민기(金民基, 1951년~)

가수, 작곡가, 뮤지컬 기획자. 전북 익산에서 태어나 1969년 서울대 미술대학에 입학, 대학 재학 중이던 1971년 우리 나라 음반사에 한 획을 그은 앨범《김민기 1》을 냈다. 1972년 신입생 환영회에서 자신의 음반에 수록된 노래, 〈친구〉〈바람과 나〉〈아침 이슬〉 등을 부르다 경찰서로 연행되고 음반이 전량 수거되는 사건을 겪었다. 1975년에는 음반 수록곡 중 하나인 〈아침 이슬〉이 아무런 사유도 없이 금지곡으로 지정돼 1989년까지 이 노래를 부르는 것이 불법이었다. 음악 활동과 학생 운동 등으로 정상적인 대학 생활을 할 수 없었던 김민기는 입학한 지 9년만인 1977년 대학을 졸업하고 이후 작곡과 뮤지컬·공연 기획 등의 길을 걸었다. 1978년 노래극 〈공장의 불빛〉을 작사 작곡한 후 1980년대에 탄광 노동 현실을 담은 〈아빠 얼굴 예쁘네요〉〈개똥이〉 등 한국적인 어린이 노래극을 창작하는 데 힘썼다. 특히 〈지하철 1호선〉은 1994년부터 4,000회 이상 공연한 극단 학전의 대표작이 되었고, 그 기획과 연출을 맡은 김민기는 독일 연방 정부로부터 바이마르 괴테 메달을 받았다.

🎧(주277)

토지문학관과 박경리 선생

📖 제가 단골로 쓰던 문화관 삼 층 끝 방에서는 선생님의 텃밭이 빤히 내려다보였습니다. 아침 일찍 텃밭을 기다시피 엎드려 김매고 거두시는 선생님을 뵐 때마다 철이 난 것처럼 흙에서 나는 모든 것이 얼마나 소중한 우리의 생명줄인지를 깨우쳐갔지요. 선생님은 늘 말씀하셨지요. 땅처럼 후한 인심은 없다고, 뿌린 것에다 백배 천배의 이자를 붙여서 갚아 주는 게 땅의 마음이라고, 본전까지 먹고 말고 이자로 먹고 살아야 한다고. 그러니까 선생님은 밭에 엎드려 김을 매고 있는 게 아니라 경배를 하고 계셨는지도 모릅니다. 땅에 대한 경배가 곧 농사일이 아니겠습니까. 선생님은 입으로 하는 직업적인 환경 운동가가 아니라 몸으로 실천하는 천성의 농사꾼이셨습니다. 사실, 땅이 거저 이자를 붙여 줍니까. 인간의 피땀과 등골을 있는 대로 빼먹어야 거기 합당한 이자를 붙여 주는 게 땅 아니던가요. 그래서 사람들은 땅의 그런 느리고 인색한 보상에 만족하지 못하고 그까짓 땅기운을 아예 시멘트로 틀어막고 아파트를 지어 큰 이익을 남기게 되지 않았을까요. ― 수필「신원(伸寃)의 문학」(『못 가 본 길이 더 아름답다』, 현대문학, 2010년판) 중에서.

📖 그러나 그분이 아무렇지도 않게 그 일을 해내고 있다는 것은 티 안 내고 한다는 소리지 힘 안 들이고 저절로 그렇게 됐다는 뜻은 아니다. 언젠가 그댁 이층 베란다에 넣어놓은 고추를 보러 올라갔다가 난간 가득히 빨아 넣어놓은 수많은 면장갑을 보고 놀란 적이 있다. 빨았다고는 하나 흙에 쩌든 장갑들이었다. 그건 그분의 매일매일의 엄청난 노동의 흔적이었다. 그분의 작품이 재치나 관념으로 빛나는 게 아니라, 시류의 바람을 타지 않는 거목 같은 건강으로 빛나는 것은, 그분이 대작가라는 데 아무도 이의를 달 수 없음은, 엄청난 양의 정신 노동과 육체 노동과의 기막힌 균형에 있다는 것을 역력하게 들여다본 것 같았다. / 그렇게 많은 면장갑을 버려놓고도 그분의 손은 늘 투박하고 거칠다. 그 손은 대작을 쓴 손일 뿐 아니라, 찾는 이 누구에게나 후하게 대접한 손이고, 열 마리도 넘는 고양이를 손수 지은 밥으로 먹인 손이고, 밥풀 한 톨 우거지 한 줄기도 함부로 버리지 않은 손이고, 땅 파고, 씨 뿌리고, 김매고, 거두면서 흙과 깊이 깊이 교감한 손이다. ―「치악산과 면장갑」(『수정의 메아리―곁에서 본 토지 26년』, 솔출판사, 1994년판) 중에서.

들도 쉬어야 하니까. 그러면 나가서 먹자고 원주에 여기저기 많이 데려가요. 통영서 선생님 오시라고 그러면 절 〔함께〕 데려 가시고, 영덕 게 먹으러도 다니고요. 맛있는 것도 많이 보내 주시고요.

장 : 거기가 있어서 선생님도 만년의 박경리 선생하고 가깝게 계셨네요.

🌸 아, 정말 가깝게 모시지는 못했어요. 돌아가시고 나니까 그렇지. 항상 뭐 해 놨으니 와라, 왜 감자 캐 놨는데 안 가져가냐, 그러셔야 가고. 돌아가신 후에도 생전에 나 보내 주시던 생각을 하고 감자를 보내 줍니다. 그 분이 묻어 놓고 안 잡순 김치도 보내 주시고요.

장 : 박경리 선생님께서 특별히 토지문학관을 세우신 동기가 있으셨나요?

🌸 자기가 작가로서 잘 아셨던 것 같애요. 방해받지 않고 글 쓰는 공간이 얼마나 〔작가들에게 절실한지를요〕. 당신도 거기 계시면서 쓸데없는 사람이 찾아오면은 그렇게 화를 내셔요. 화를 내지 않으면 자기 일을, 〔할 수가 없는 거지요〕. 전화도 끊어 놓는다든가, 누가 괜히 와서 "선생님 뵈러 왔다"하면 내쫓을 수밖에 없잖아요. 편안하게 자기만의 공간을 확보하는 게, 글 쓸 때 얼마나 필요했겠어요. 자기가 필요했는데 못 가졌던 걸 작가들에게 나누어 주신다는 뜻으로 하셨다고 생각을 해요. 🌸 맨 처음엔 한 채 지으시고 본관에서 하다가 또 지셨잖아요. 더 지으실 생각도 있으셨어요. 처음에 빈 방도 많다가 점점 자꾸들 오겠다는 사람 많은데 이를 다 수용할 수도 없고…. 선생님이 스스로도 난 그거 하나는 참 잘했다고 생각한다고 그러셨고 저도 그렇게 생각합니다. 저도 내년에 가 있겠다고 말로는 막 그랬는데 모르겠어.

말년의 박경리 선생

장 : 저희가 박경리 선생님에 대해서 인터뷰도 보고 소설 작품도 보지만 그 분의 내밀한 이야기는 사실 접할 기회가 많지 않아서요. 그 분이 살아 오면서 가장 힘들게 생각했던 부분들은 뭐였습니까, 선생님?

🌸 역시 어머니 대해… 모시고 살았으니까…. 어머니가 딸 하나 키울 때 힘든 여러 가지 있었고. 물론 난 그 어머니가 이해되는데요. 남편은 다른 부인을 얻어서 나가서 살고, 그러면 박경리 선생의 어머니는 어떻게 하든지 따님을 아버지한테 보내

🎧 (주278)

박경리의 딸과 손자

외손자 원보를 업고 있는 박경리

소설가 박경리는 1946년 김행도(金幸道)와 결혼, 딸과 아들을 하나씩 두었다. 하지만 남편은 6·25 전쟁 당시 좌익으로 몰려 서대문형무소에서 이감되던 중 행방 불명이 되고 아들 김철수마저 전쟁의 와중에서 병들어 1956년에 잃고 딸 김영주만 남게 된다. 1946년생인 김영주는 1973년 시인 김지하와 결혼했다. 김영주와 시인 김지하가 결혼하게 된 사연은 다음과 같다. 문학 청년 시절 김지하는 당시 정릉에 있던 박경리 집에 가서 가끔 술을 얻어 마시고는 했다. 1972년 10월 유신 때는 기관원들에 쫓기던 김지하가 박경리의 집에 가 숨겨 달라고 부탁을 했지만 딸과 살던 박경리의 처지에서 거절할 수밖에 없었다. 딸 김영주는 어머니를 이해해 달라는 사과를 대신 했으며, 1년 후 수배가 풀린 김지하가 다시 찾아왔을 때 박경리는 결혼을 허락했다고 한다. 김영주는 연세대 중문과 교수로 근무하다 2000년부터 원주 토지문학관 관장으로 있다. 김영주에 따르면, 어머니 박경리가 통영에서 아무 연고도 없는 강원도 원주로 이사 오게 된 것은 오로지 원주에 살고 있던 외손자 원보를 곁에 두고 싶어서였다고 한다.

🎧 (주279)

김지하(金芝河, 1941년~)

시인, 생명 사상가. 본명은 김영일(金英一). 목포에서 태어나 서울대 미학과를 졸업했다. 재학 중인 1964년 한일 정상회담 반대 시위에 참여했다가 구속되었고 졸업 후인 1966년에 박정희 장기 집권에 반대하는 운동에 가담했다. 1969년 시 「황톳길」을 발표하며 문단에 데뷔했다. 1970년 정치인과 재벌, 관료의 부패를 질타한 시 「오적」을 발표했다가 반공법 위반으로 체포되었는데 이것이 '오적 필화 사건'이다. 1974년 민청학련 사건의 연루자로 지목되어 사형을 선고받았다. 1975년 2월 형 집행 정지로 석방되었으나 '인혁당 사건'의 진상을 밝혔다가 석방된 지 한 달만에 중앙정보부에 연행되어 무기 징역에 징역 7년형을 추가로 선고받았다. 유신 정권이 무너진 후 1980년 12월 석방되었다. 이후 생명 사상, 율려 사상을 알리는 데 힘썼다. 1991년 학생들의 분신 자살이 이어지자 『조선일보』에 「죽음의 굿판을 닷장 걷어치워라」라는 글을 썼다가 운동권의 비난을 사기도 했다. 시집으로 『황토』, 『타는 목마름으로』, 『오적』, 『애린』, 『검은 산 하얀 방』, 『중심의 괴로움』, 『화개』 등이 있고, 『밥』, 『남녘땅 뱃노래』, 『살림』, 『생명』, 『생명과 자치』, 『사상 기행』, 『예감에 가득 찬 숲그늘』, 『옛 가야에서 띄우는 겨울 편지』 등 다수의 저서를 출간했다. 아시아·아프리카 작가 회의 로터스 특별상(1975년), 국제 시인 회의 위대한 시인상(1981년), 크라이스키 인권상(1981년) 등과 이산문학상(1993년), 정지용문학상(2002년), 만해문학상(2002년), 대산문학상(2002년)등을 수상했다. 구술에 등장하는 원보와 동생은 박경리의 딸 김영주와 1973년 결혼하여 낳은 원보, 세희 두 아들을 말한다.

서 월사금 얻어 오게 하고, 어머니는 돈을 꿍쳐 갖고 있으면서도 그걸 그냥 주셨으면 좋은데 꼭 비상금으로 갖고 계셨던. 옛날 엄마들은 다 그래요. 나도 엄마 닮아서 집에 쌀 떨어지게 하는 걸, 가장 무섭게 〔여기는 습관이〕 있고요. 하지만 젊은 여고생 딸로서는 좀 그랬을 것 같애요. 난, 시어머니하고 살면 시어머니하고 갈등이 있듯이, 어머니를 모실 수밖에 없는 그 분의 인간적인 갈등이었다고 생각을 해요. ● 나중에는 자기 어머니가 그렇게 산 걸 이해하게 된다고, 자기도 어머니를 싫어했지만 닮았다는 얘길 많이 하셔요. 자기가 늙어 어머니 나이에 다다르면서 이해하게 되는 건 보통 여성이나 그렇게 걸출한 여성이나 같은 거 같애요. 그 분이 절도 하나 지으셨는데 어머니 때문에 지으신 게 아닌가 해. 어머니를 거기다 모시고, 박경리 선생도 돌아가신 다음에 거기에 〔위패를〕 모셨을 것 같애요. ● 돌아가실 무렵에 그 분이 고칠 수 없는 폐암에 걸리셨는데 치료를 안 받고 계시다는 걸 알았어요. 사람들이 아는 걸 싫어하셨기 때문에 가서 그냥 보통으로 맛있는 거 먹으러 가자… 〔그 때 그런 말씀 하시더라고요.〕 자기가 아, 어머니한테 참 못된 딸이었는데… 어머니한테 이렇게 해 드릴걸… 돌아가신 다음에 누구나 갖는 후회. 잘 했으면서도요, 사실 어머니를 혼자 모셨다는 것도 잘한 거잖아요.

장 : 그럼요.

● 후회가 돼서 그런지 꿈에 그렇게 어머니를 뵌다. 남긴 시에도 썼더라고요. 어머니 따라서 가는 얘기. 어머니를 자꾸 따라가다 보니까, 놓치셨다고 그러셔요. 놓치셨으니까 괜찮겠지.(웃음) 그랬어요.

장 : 어머니에 대한 애틋함도 있지만 당신도 딸을 그렇게 키우신 거잖아요. 그 딸과 사위에 대한 각별함이 어떨까요?

● 아이고, 말도 못하지요. 원보하고, 원보 이야기만 하다 보니까 밑의 애는 이름을 잊어버렸네. 그 둘에 대한 그 분의 애정도 말도 못하죠. 🎧(주278) ● 그 분이 왔다 갔다 하니까 따님 운전 배우게 하고도, 운전 시험 칠 때 그냥 걱정이 돼서 따라가서 지키고 보셨다고. 우리가 애들 중학교 시험 볼 때 따라가듯이요. 아, 사위가 우리 나라를 위해서 큰 일을 한 거지만 보통 엄마들은 딸 고생 안 시키기를 바라지 않겠어요. 사위에 대해서 자랑스럽기도 하고 또 딸 고생시키니까 밉기도 하고. 애증, 다 품고 가신 거죠. 엄마에 대한 감정하고도 비슷했을 것 같애. ● 김지하(金芝河, 1941년~)🎧(주279) 씨도 한국에서 둘째가라면 서러워하게 대가 센 사람이고, 장모님도 그렇고. 저는 두 사람의 관계는 잘 모릅니다. 그냥 영주 씨가 안쓰러워

🎧 (주280)

이규희(李揆姬, 1937년~)

소설가. 충남 아산에서 태어났다. 양반 집안의 셋째 딸로 태어나 성장기에 아버지가 해외로 방랑을 다니고 어머니가 시가의 살림을 도맡아 고생을 했는데 이러한 체험이 훗날 작품의 바탕이 되었다. 대전사범학교, 이화여대 국문과와 대학원을 졸업했다. 1955년『동아일보』특별 공모에 장편 소설「속솔이뜸의 댕이」가 당선되어 소설가로 등단했다. 대개 농촌 소설이라고 하면 계몽적 성격을 많이 띠던 시대에 자신의 농촌 생활 경험 속에서 발견한 건강하고 생기 있는 순우리말 표현과 농촌 사람 시각에서의 농촌 소설로서 주목받았다. 1998년『그리움이 우리를 보듬어 올 때』로 한국문학상을 수상했다. 한국여성문학가협회 이사장을 지냈다. 2010년 소설집『그 여자의 뜀박질은 끝나지 않았다』를 냈다.

🎧 (주281)

박화성(朴花城, 1904~1988년)

소설가. 목포에서 태어나, 숙명여고보를 졸업한 후 일본 니혼 여자대학교 영문과를 다니다가 중퇴하고 귀국했다. 1925년『조선문단』에「추석 전야」로 등단했다. 1932년부터 1933년까지 장편 소설「백화」를『동아일보』에 연재했는데 이는 여성 작가 최초의 신문 연재였다. 그 후『사랑』,『타오르는 별』등 많은 장편 소설을 썼다. 식민지 현실을 드러낸 초기 작품은 경향 문학적 색채가 짙고, 후기 작품은 도시의 애정담을 소재로 여성의 억압을 드러냈으나 통속 문학으로 취급되어 제대로 평가받지 못했다. 한국여성문인회 초대 회장, 예술원 회원이었고 은관문화훈장을 받았다. 2004년 전집이 나왔다. 1930년 김국진(金國鎭)과 결혼해 1남 1녀를 두었으나 이혼했고 1937년 천독근(千篤根)과 두 번째 결혼해 세 아들을 두었다. 장남이 문학 평론가 천승준(千勝俊), 차남이 소설가 천승세(千勝世), 삼남 천승걸(千勝傑) 서울대학교 명예 교수이며, 맏며느리가 소설가 이규희(李揆姬)다.

🎧 (주282)

구혜영(具彗瑛, 1931~2006년)

소설가. 강원도 춘천에서 태어나 1955년 숙명여대 국문과를 졸업하던 해『사상계』를 통해 등단했다.『한국일보』문화부 기자, 숙명여대 전임강사, 한국여류문학인회 부회장, 한국문인협회 소설 분과 위원장을 역임했다. 구혜영은 남녀의 사랑을 소재로 하여 인간의 내면에 존재하는 사랑의 욕구 속에 갇힌 인간 정신의 해방, 그리고 영혼의 구원 문제를 탐색하는 작품들을 발표했다.『안개의 초상』,『칸나의 뜰』,『언덕에 부는 바람』,『유라의 밀실』,『보리수 피리』,『고래의 노래』등의 창작집을 냈다. 한국펜문학상, 한국소설문학상, 일턴문학상 등을 수상했다.

요. 이 잘난 엄마, 저도 엄마의 딸로서, 우리 엄마는 박경리 선생님처럼 잘나지는 않았지만, 무식한 엄마보다도 잘난 엄마가 딸에게 주는 압박감이 있습니다. ✍ 그러고 너무 기대를 많이 하고 자식을 키우면요, 난 나중에 작가라도 됐으니까 망정이지요. 그 전에 평범하게 살 때 딴 사람들이 팔자 좋다고 그랬어요. 그렇지 않아요? 남편한테 사랑받고, 경제적으로도요. 그런데 엄마한테 미안해요. 엄마는 남편한테 돈 얻어 사는 여자 팔자 말고 뭔가 기대를 했거든요. ✍ 그런 데다가 영주 씨는 엄마를 좀 잊고 살 수 있는 게 아니잖아요. 따로 살면서도 밤낮 그 먼 델 왔다갔다 해야 되고. 또 집에 오면 남편이 우리처럼 〔세상 물정〕 모르는 사람이더라고요. 저는 따님을 보면 얼마나 힘들었을까, 여태까지 그런 느낌이 나요. 그래도 참 무던하고 지혜롭게 해 나가더라고요. 지금도 토지문학관 관장이니 큰 짐을 졌지요. 누가 딴 사람이 할 수도 없는 일이고요, 그래도 엄마한테 받은 물질적·정신적 유산으로 잘 해 가리라 믿습니다.

장 : 박경리 선생 돌아가시고 나서 문학상이라든지, 추모 사업은 어떻게 되나요?
✍ 할 겁니다. 그쪽에서. 전 확실한 건 모릅니다. 나중에 알 수 있겠지요.
장 : 선생님 당신께서는 그런 거에 대해서 따로 말씀을 안하셨나요?
✍ 그 분도 살아 계실 적에 하는 거 싫어하셨지요. 살아 있을 때 하는 사람도 꽤 있지 않습니까. 토지문학관도 붙이지 말라고 그래서 문화관이라고 붙이고요.
장 : 박경리 선생님 말고 선생님께서 개인적으로 마음에 두는 문인이 있다면 어떤 분이 있습니까.

마음을 나누는 또래 문인들

✍ 역시 우리가 유명 문인이 되기 전 가정이며 식구까지 다 아는 사이가 친해지는 것 같애요. 겉만 친해지는 게 아니고요. 이경자 씨, 그 이가 데뷔하기 전이었나, 후였나 고 무렵, 이 사람하고 결혼할 거다 신랑감 〔보여 주고〕, 요새 이혼했지만. 애 낳는 거도 다 보고요. 그러니까 글을 봐도 잘 썼으면 좋다, 못 썼었더라도 이런 건 안 쓰는 게 좋았을 걸 그랬어. 다른 사람 같으면 절대로 못 할 소리도 하지요. ✍ 이규희(李揆姬, 1937년~)🎧(주280) 씨. 원래 박화성(朴花城, 1904~1988년)🎧(주281) 씨가 저를 좋아하셨어요. 숙명 선배예요. 돌아가신 후에도 〔이규희 씨가〕 며

🎧 (주283)

홍윤숙(洪允淑, 1925~2015년)

시인. 황해도 연백에서 태어나 서울대 교육학과를 다니다 6·25전쟁으로 중퇴했다. 1947년『문예신보』와 1948년『신천지』를 통해 문단에 나왔으며 1958년에는『조선일보』신춘문예에 희곡이 당선되기도 하였다. 홍윤숙의 시는 초기에는 존재의 순수한 본질을 탐구하다가 점차 모순과 어둠으로 가득한 현실 세계로 인식의 지평을 넓혀 나갔다. 이 과정에서 자학이나 비애 또는 탄식의 태도를 보여 주기도 했고, 후기에는 초월과 관조의 세계를 드러내기도 했다. 시집으로『여사시집(麗史詩集)』『풍차』『장식론』『타관의 햇살』『하지제(夏至祭)』『사는 법』『태양의 건너마을』『지상의 그 십』 등을 냈다.

🎧 (주285)

「그 여자네 집」과 김용택

🔖 내가『녹색평론』에서 그 시를 처음 읽고 깜짝 놀란 것은, 이건 바로 우리 고향 마을과 곱단이와 만득이 이야기다 싶었기 때문이다. 지금은 칠순이 훨씬 넘은 장만득 씨는 아직도 문학 청년 기질을 가지고 있다. 불과 몇 년 전까지만 해도 신춘 문예 철만 되면 가슴이 울렁거린다고 했다. (…중략…) 만일 그 시가 김용택이라는 유명한 시인의 시가 아니라 처음 들어 보는 시인의 시였다면 나는 장만득 씨가 가명으로 등단을 했으리란 걸 의심치 않았을 것이다. 나는 그 시를 읽고 또 읽었다. 처음에 희미했던 영상이 마치 약물에 담근 인화지처럼 점점 선명해졌다. 숨어 있던 수줍은 아름다움까지 주체할 수가 없어서 혼자서 느릿느릿 포도주 한 병을 비웠다. ―「그 여자네 집」(『그 여자네 집』, 문학동네, 2006년판) 중에서.

☞ 1997년 발표한 단편 소설. 작중 화자인 '나'가 김용택의 시「그 여자네 집」을 읽고 고향 마을의 만득이와 곱단이를 떠올린다. 둘은 일제 강점기 때 강제 징용과 정신대 징집 등의 비극적인 역사 속에서 사랑을 이루지 못하고 헤어진다.

🎧 (주284)

김용택(金龍澤, 1948년~)

시인. 1948년 전북 임실에서 태어나 순창 농림고등학교를 나왔다. 21세 때 모교인 덕치초등학교 교사로 부임하여 2008년 정년 퇴직할 때까지 38년 동안 근무했다. 1982년 창작과비평사에서 펴낸 '21인 신작 시집'『꺼지지 않는 햇불로』에「섬진강」등의 작품을 발표하면서 문단에 나왔다. 작품 대부분이 섬진강을 배경으로 하여 창작되어 흔히 '섬진강 시인'으로 불리는 김용택은 기존에 흔히 대상화되던 자연을 삶의 중심으로 끌어들여 아름답고 절제된 우리말로 형상화해 김소월과 백석(白石)을 잇는 서정 시인으로 평가된다. 시집『섬진강』『맑은 날』『그대, 거침없는 사랑』『그 여자네 집』『나무』『연애시집』『그래서 당신』『수양버들』 등과 산문집『그리운 것들은 산 뒤에 있다』『섬진강 이야기』『인생』『아들 마음, 아버지 마음』『오래된 마을』 등을 펴냈으며, 이창동(李滄東) 감독의 영화〈시〉에 출연하기도 했다. 김수영문학상, 소월시문학상 등을 수상했다.

느님이라서 많이 그거했지요. 지금도 가장 흉허물 없이 만나고요. 그 분이 저보다 먼저 문단에 나왔습니다. 조금 어리긴 해도 「배추농사」니 농촌 소설 비슷한데 참 잘 썼어요. 그 후엔 되레, 많이 쓰질 않아요. 데뷔작이 「속솔이뜸의 댕이」라고 아주 좋은 소설입니다. 데뷔하자마자 알게 됐을 거예요. 가족 지내는 것도 알고 그 야말로 속마음까지도 얘기하게 되지요. 🎙 구혜영(具譓瑛, 1931~2006년)🎧(주282) 씨도 동갑이니까… 같이 친하게 〔지냈고요〕. 그래서 그 이가 아프다고 그럴 때 내가 참 신경이 써지더라고요. 아, 우리 동갑내기 오래 살자. 그랬는데 먼저 갔어요. 굉장히 허전하고요.

장 : 혼자 아드님, 하나만 키우고 계셨잖아요.

🎙 네, 네. 그리고 시 쓰시는 홍윤숙(洪允淑, 1925~2015년)🎧(주283) 선생님, 맨처음 유럽 여행할 때 여자는 그 분하고 둘이 가게 되어서 처음 뵈었어요. 멀리서 볼 땐 차가운 분인데 참 따뜻하게 대해 주시더라고요. 요즘 편찮으시다고 해도 찾아가 뵐려도 오지 말라고 그래서 못 가 뵈었어요.

장 : 저희도 작년에 홍윤숙 선생님 찾아뵈었는데요.

🎙 이거(예술사 구술 채록 사업) 하셨나?

장 : 부탁 드리려고 갔어요. 하시기로 했다가 마지막에 못하겠다고 하셨어요. 건강 문제 때문에요.

🎙 지금 전화도 안 받으셔요.

시인 김용택과 곽재구

장 : 다른 장르의 문인들하고 교류는 어떤지요?

🎙 내가 안다는 게, 재밌게 지내는 사람은 많아요. 다 열거할 수가 없지요.

장 : 김용택(金龍澤, 1948년~)🎧(주284) 시인하고 친분이 있다는 말씀을 들은 적이 있는데요.

🎙 내가 「그 여자네 집」〔에 대해서도 썼고요〕🎧(주285). 그 분의 시도, 산문도 좋아해요. 김용택 씨도 좋아하고 곽재구(郭在九, 1954년~)🎧(주286) 씨도 좋아 일부러가 보려고 그러는데, 대개는 〔글 쓰는 사람들이〕 고향이라든가, 자연을 찬미하면서도 타지로 나올라고 하고, 도시에서 생활을 하면서 자기 자란 곳이라든가, 부모

🎧(주287)

섬진강과 곽재구, 김용택

▶ 섬진강 일대의 오밀조밀 예쁜 마을을 기웃거리기도 하고 쉬어가기도 하는 여행에 맛을 들인 것은, 처음에 그 고장을 그런 방법으로 안내해 준 곽재구 시인 덕이다. 그 고장에서 나서 그 고장에 살고 있는 시인의 고향 사랑은 버리고 떠나고 나서 그리는 허풍과 위선이 섞이지 않은 진국스러운 것이어서 믿을 만했다. 딴 사람들하고 그 고장을 여행할 때면 나도 모르게 시인의 섬진강 사랑이 옮아붙은 것처럼 그의 흉내를 내서 열을 올리곤 했다. / 또한 만난 적은 없지만 섬진강 시인 김용택의 영향도 빼놓을 수 없다. 수려한 산천의 기가 빼어난 시인을 낳았으니 시인의 복인가? 시인으로 하여 무심한 산천이 넋과 신명을 얻었으니 산천의 영광인가? (…중략…) 푸른 들 푸른 나무들 사이로 보이는, 추수를 앞둔 논의 빛깔은 수시로 아아, 하는 감탄사가 절로 나올 만큼 아름다웠다. 우리 민족이 가장 좋아하는 빛깔이 바로 저 빛깔이 아니었을까, 싶게 그 빛깔은 단순한 심미안을 넘어 더할 나위 없이 깊은 평화와 만족감을 안겨 주었다. 우리 길을 마냥 따라오는 코스모스 또한 가을 논을 바탕색으로 하여 바라볼 수 있어서인지, 그 자태가 그렇게 간드러질 수가 없었다. — 수필「생각나면 그리운 땅 — 섬진강 유역」(『어른 노릇 사람 노릇』, 작가정신, 1998년판) 중에서.

🎧(주286)

곽재구(郭在九, 1954년~)

시인, 순천대 문예창작학과 교수. 광주에서 태어나 전남대 국문과를 졸업하고 1981년『중앙일보』신춘문예에 시「사평역에서」가 당선되어 문단에 등단했다. 곽재구는 토착적 정서를 바탕으로 사랑과 그리움을 노래하는 시인으로 알려졌다. 이 같은 정서는 거대한 폭력에 대한 분노와 그로 인해 고통 받는 민중에 대한 사랑을 노래한 초기에서부터, 인간 본래의 순수성과 사랑을 회복하려는 시도를 보여 주는 최근의 작품들까지 공통적으로 드러나는 특징이다. 시집『사평역에서』『전장포 아리랑』『서울 세노야』『참 맑은 물살』『꽃보다 먼저 마음을 주었네』, 산문집『포구기행』『예술기행—내가 사랑한 사람 내가 사랑한 세상』『우리가 사랑한 1초들』, 동화집『아기 참새 찌꾸』『낙타풀의 사랑』『세상에서 제일 맛있는 짜장면』등을 냈다. 신동엽창작기금과 동서문학상을 수상했다는 멀리 두고 그리워하는 대상으로 삼습니다. ❦ 그래도 곽재구 씨는 대학에서 가르치지만 〔김용택 씨는〕 거기 살면서 어린 것들 스승 노릇 하는 거여. 어머니가 그렇게 좋으시더라고. 나는 김용택 씨는 시를 만들 필요가 없겠구나. 어머니는 그냥 하시는 말씀이 다 시야. 그렇게 사람에 대해서 물건에 대해서 말하는 게 유머가 넘치는 분인데 지금도 아마 〔살아 계실 거예요〕. ❦ 그 쯤 살면 서울서 국회의원을 시켜 준다고 그래도 못 떠날 것 같애. 거기의 자연과 한몸이 된 것 같고, 그런 분들 덕에 그렇게 좋은 자연이 남아 있는 것 같애. 그래서 내가 섬진강 쪽을 좋아하는 것 같애요. 🎧⁽주287⁾ 김용택 씨는 서울에 거의 오신 적도 없는데도 괜히 자주 만나는 사람 같애.

장 : 네. 시인 중에는 또 어떤 분들이 좋으세요?

❦ 시집은 버리질 않고 참 많이 갖고 있고 시시때때로 꺼내 보고 그러는데 시인들 이름을 개별적으로 외지를 못하겠네.(웃음) ❦ 의사였던 그 시인도 참 좋던데, 마종기(馬鍾基, 1939년~) 🎧⁽주288⁾. 아버님 마해송(馬海松, 1905~1966년) 🎧⁽주289⁾ 씨도 동화를 참 진지하게 아름답게 썼어. 김남조(金南祚, 1927년~) 🎧⁽주290⁾ 시인도 내 좋아해. ❦ 그 분을 보면 놀라운 게, 우리보다 훨씬 위신데도 사람이 그렇게 고우셔요. 너무 아름답고 소녀적이라고 생각한 적도 있는데 아름다운 마음이 시에도 나타나는 것 같애요. 아무리 좋은 글을 남기신 분이라도 노인 될 적에 너무 힘들게 살다 보면, 좋던 용모도 다 어디로 가 버리는데, 그 분은 지금 봐도 여자다워요. 꽃다워. 야, 저런 건 참 좋은 거다, 본받고 싶어지더라고요. ❦ 그 전엔 조금 어렵게 쓰는 시가 좋았던 적도 있는데 지금은 안 그래요.

장 : 희곡이나 다른 분야의 문인들 중에서는요?

❦ 난 희곡은 잘 모르는데 전에 차범석(車凡錫, 1924~2006년) 🎧⁽주291⁾ 선생님 좋아했어요. 돌아가셨지요.

🎧 (주289)

마해송(馬海松, 1905~1966년)

아동 문학가. 경기도 개성에서 태어나 보성고보에 다니다가 동맹 퇴학을 당한 후, 1921년 일본으로 건너가 니혼 대학 예술과를 졸업했다. 니혼 대학 재학 중엔 홍난파(洪蘭坡) 등과 동경 유학생 극단 '동우회'를 조직했으며, 1923년에는 어린이 잡지 『샛별』에 우리 나라 최초의 창작 동화 「바위나리와 아기별」을 발표했다. 폐결핵으로 대학 중퇴 후 『분게이슌슈(文藝春秋)』 초대 편집장을 거쳐 1930년에 창간한 잡지 『모던니혼』이 성공을 거두면서 식민지 시대 일본에서 조선인 출신의 명사로 이름을 날렸다. 한편 이 기간 동안 색동회의 동인으로 가입해 방정환(方定煥)의 『어린이』에 항일 성향의 우화를 연재하다 일제의 탄압을 받기도 했다. 해방 무렵 돌아와 1954년에 이원수(李元壽), 강소천(姜小泉) 등과 '한국아동문학회'를 창립하고 현대 어린이 문학의 정립 과정에 많은 기여를 했다. 동화집 『홍길동』 『해송 동화집』 『토끼와 원숭이』 『떡배단배』 『모래알 고금』 등과 『편편상』 『요설록』 등의 산문집을 펴냈다. 한국문학상, 고마우신 선생님상 등을 수상했다.

🎧 (주288)

마종기(馬鐘基, 1939년~)

시인, 의사. 일본 도쿄에서 태어나 서울에서 자랐다. 아버지는 아동 문학가 마해송이며, 어머니는 우리 나라 여성으로는 최초의 서양 무용가로 활동한 박외선이다. 연세대 의과대학과 서울대 대학원 의학과를 졸업하고 1959년 『현대문학』을 통해 등단했다. 1966년 연구차 미국으로 건너가 방사선과 전문의가 되어 줄곧 미국에서 생활하면서 작품 활동을 했다. 그의 작품은 삶과 죽음을 보는 의사로서의 체험과 외국 생활의 경험을 바탕으로 인간에 대한 통찰을 아프고 쓸쓸하면서도 때론 격렬한 언어로 형상화했다는 평가를 받고 있다. 시집 『조용한 개선(凱旋)』 『두번째 겨울』 『변경의 꽃』 『안 보이는 사랑의 나라』 『그 나라 하늘빛』 『이슬의 눈』 『새들의 꿈에서는 나무 냄새가 난다』 『우리는 서로 부르고 있는 것일까』 등을 펴냈다. 한국문학작가상, 이산문학상, 동서문학상, 현대문학상 등을 수상했다.

마해송과 마종기 부자. 1965년.

🎧 (주290)

김남조(金南祚, 1927년~)

시인. 경북 대구에서 태어나 서울대 사범대학을 졸업하고 고등학교 교사, 숙명여대 교수를 지낸 후 현재 같은 대학 명예 교수로 있다. 대학 재학 시절인 1950년 『연합신문』을 통해 등단했다. 정한모(鄭漢模), 정한숙(丁漢淑), 전광용(全光鏞) 등과 교유하며, 1953년 기독교적 인간애와 윤리 의식을 바탕으로 사랑과 인생을 섬세한 언어로 형상화했다고 평가를 받은 시집 『목숨』을 냈다. 등단 초기에 형성된 이런 작품 경향은 나이가 들면서 한층 더 심화된 신앙의 경지를 보여 김남조 앞에는 '영혼과 고독, 기도의 시인'이란 수식어가 붙게 되었다. 『정념의 기』 『풍림의 음악』 『잠시, 그리고 영원히』 『김남조 시집』 등 10여 권 이상의 시집과 『먼데서 오는 새벽』 『그대들 눈부신 설목 같이』 『우리들 다시 사랑 앞에서』 등의 수필집을 펴냈다. 한국시인협회, 한국여성문학인회의 회장과 예술원 회원 등을 역임하고 한국시인협회상, 대한민국문화예술상, 예술원상, 영랑문학상, 국민훈장 모란장 등을 수상했다.

🎧 (주291)

차범석(車凡錫, 1924~2006년)

극작가이자 연극 연출가. 전남 목포에서 태어났다. 연세대 영문과를 졸업하고 1956년 『조선일보』 신춘문예를 통해 희곡 작가로 등단했다. 같은 해 김경옥(金京鈺), 최창봉(崔彰鳳), 오사량(吳史良) 등과 극단 제작극회를 창단하고 소극장 운동을 시작했으며 MBC 개국에도 참여하여 방송극 창작에 관여했다. 1962년 대표작 〈산불〉을 국립극단에서, 〈갈매기 떼〉를 극단 신협에서 공연하면서 극작가로서 위치를 굳혔다. 〈산불〉은 6·25의 비극을 부각시키고 반전을 호소한 전후 문학의 대표작으로 손꼽힌다. 1963년 김유성(金有聲), 임희재(任熙宰) 등과 극단 산하를 창단했고, 한국연극협회 이사장, 문예진흥원장, 청주대 연극영화과 교수와 예술대학장, 서울예전 극작과 교수 등을 지냈다.

예술사 구술 총서 〈예술인·生〉
005
박완서

제 08장

소설 외의 작품과 사회 활동

수필, 콩트, 동화에 관하여 | 여행 이야기 | 네팔 트레킹과 여성의 개명 | 유니세프 친선 대사 활동 | 이 땅의 흙에 감사하며 | 여성 교육의 중요성 | 원로의 사회 참여와 갈등 | 고구려역사문화보전회와 토지문화재단 | 예술원 활동

🎧 (주292)

『꼴찌에게 보내는 갈채』

1977년 4월에 출간되어 폭발적 호응을 일으켰던 박완서의 첫 산문집이다. 스스로 "매우 시사성이 강한 토막글"이라고 표현한 글들의 모음으로, 박완서로 하여금 에세이스트로서도 높은 평가를 받게 만든 책이다. 1984년에 행림출판, 1994년에 한양출판으로 판권이 넘어갔다가 출간 25주년을 맞아 다시 세계사에서 새로운 원고를 보충하여 다시 나왔다.

📖 보통으로 살아 본 사람이면 다 알 수 있는 게 이 보통으로 산다는 게 여간만 어려운 게 아니다. 어려워서 그런지 보통으로 사는 사람이 아주 부자나 아주 가난한 사람보다 수적으로도 적은 것 같다. 정상적인 사회라면 마땅히 (…중략…) 부자와 가난뱅이가 극소수여야겠고, 보통 사는 게 떳떳이 사는 거라는 줏대와 오기가 있어야겠는데 그렇지가 못하니 안타깝다. / 요새처럼 보통 사는 걸 안 알아 주고 보통 사는 게 외로운 시기도 없었던 것 같다. 붕 떠서라도 누구나 보통 이상으로 향상들을 해 간다. 그래서 보통 사는 지대(地帶)는 적막한 무인 지경이 돼 가는 느낌이다. / 오기(傲氣)로라도 끝내 보통으로 살면서 머느리도 사위도 보통으로 사는 집에서 맞아들이고 싶은데, 글쎄 그 때까지 보통으로 사는 지대의 주민들이 얼마나 남아 있게 되려는지 두고 봐야 알겠다.—「보통으로 살자」(1975년 발표, 『꼴찌에게 보내는 갈채』, 2002년판) 중에서.

🎧 (주294)

동화집 『달걀은 달걀로 갚으렴』

박완서의 첫 창작 동화집으로 1979년에 샘터사에서 나왔다. 제목이 『마지막 임금님』으로, 1997년에 『속삭임』으로 바뀌어 다시 나왔다. 처음부터 '어른을 위한 동화'라는 부제를 달았다. 박완서는 개정판 서문에서 "이 책에 각별한 애정을 가지고 있"어서 "이 책처럼 여러 번 내가 내 책을 책방에서 사서 남에게 선물한 책도 없을 겁니다."라고 썼다. 급격한 산업화와 도시와 농촌의 격차를 배경으로 한 표제작 「달걀은 달걀로 갚으렴」은 7차 교육 과정 초등학교 6학년 국어 교과서에 실렸다.

🎧 (주293)

콩트집 『이민 가는 맷돌』

📖 제목을 '나의 아름다운 이웃'으로 바꾸면서 서문에서 콩트 쓰는 맛을 방 안에 들어앉아 창호지에 바늘 구멍을 내고 바깥 세상을 엿보는 재미로 비유한 바가 있습니다. 이번에 같은 제목으로 새롭게 단장한 책이 다시 나오게 되어 별수없이 또 한 번 훑어보게 되었는데 시대에 뒤떨어진 표현이 여기저기서 눈에 거슬렸지만 일부러 고치지 않았습니다. 1970년대에 썼다는 걸 누구나 알아 주기 바란 것은, 바늘 구멍으로 내다보았음에도 불구하고 멀리, 적어도 이삼십 년은 앞을 내다보았다고 으스대고 싶은 치기 때문이라는 걸 솔직하게 고백합니다.—『나의 아름다운 이웃』(작가정신, 2002년판 서문) 중에서.

☞ 박완서의 첫 콩트집은 1981년에 심설당에서 출간한 『이민 가는 맷돌』이다. 콩트들은 주로 1970년대에 기업의 사보에서 청탁받아 쓴 것들이다. 1991년 작가정신에서 보완해 다시 내면서 제목을 『나의 아름다운 이웃』으로 바꾸었다.

🎧 (주295)

동화 작가

📖 나는 아이들을 위한 이야기꾼이다. 사람들은 나를 동화 작가라고 한다. 내가 오랫동안 꿈꿔 온 작가는 독자가 어른인가 아이인가를 의식할 필요가 없는 그냥 작가였다. 그러나 막상 작가가 되고 보니 사정이 그렇지 못했다. (…중략…) 나는 역사 소설 쓰듯이 열심히 공부해 가며 무대가 온 세계에 걸친 나의 동화를 쓰고 있었다. 그러나 공부 못지않게 중요한 건 세계의 구석구석에 대한 나의 사랑과 상상력이었다. 나와 나의 어린 독자들이 가 보지 못한 고장의 풍물과 전통과 사람들과 만날 수 있게끔 하는 건 순전히 나의 상상력이었다. 나는 또 상상력은 곧 사랑이라는 말을 곧이곧대로 믿고 있으며 그 말을 매우 사랑하는 사람이다. 내가 머릿속으로 수없이 꾸며내는 이야기 중엔 어른들에게 해주고 싶은 이야기도 적지 않았는데 나의 자격 때문에 그런 이야기는 지워버리고 오로지 아이들한테 들려 줄 이야기만 해야 된다는 게 다소 고통스럽긴 해도 나는 대체로 내 일에 만족하면서 살았다.—「어느 이야기꾼의 수령」(1984년 발표, 『꽃을 찾아서』, 창작과비평사, 1986년판) 중에서.

수필, 콩트, 동화에 관하여

장 : 중간중간에 콩트라든지 수필이라든지, 다른 장르의 작품들도 쓰시잖아요. 그런 것들을 창작하실 때는 다른 입장이 있으신가요?

🎧 내 최초의 수필집이 『꼴찌에게 보내는 갈채』🎧^(주292)였는데 그 때 서문에다, 나에게는 두 가지 욕구가 있다고 썼어요. 앞에서 박수근 선생님 얘기할 때 그랬죠, 사실보다는 허구를 보태어 더 진실에 가까워지려는 욕구가 있다고요. 그런 욕구도 있지만, 내 느낌, 어디 가서 보고 느낀 것을 그대로 정직하게 기록하고 싶은 욕구도 있는 것 같애요. 시는 안 써 봤지만 내가 발견한 어떤 느낌을 갖고 아름다운 문장을 맨들어 보고 싶다든가, 그림도 극사실적인 그림을 통과해서 추상적 그림을 그리는 사람들이 있지 않습니까? 🎧 그리고 콩트는 짧은 소설이라고도 볼 수 있어요. 장편 소설을 큰 숲에 비유한다면 아, 콩트는 같이 삶에 대해서 쓰는 거지만 아주 쬐그만 문틈으로 보는 세상이라고 그럴까. 축소해서 바라보는 거지만 거기에 삶에 콕 찌르는 뭔가가 있잖아요. 🎧^(주293)

장 : 수필이라든지, 콩트에서는 표현이 훨씬 적극적이신 것 같애요. 감싸지 않으시고 직설적으로 표현을 하시는 것 같애요.

🎧 그렇지요.

장 : 의도적으로 그렇게 하시는 건가요?

🎧 그거야 문체라는 건 제가 어쩔 수 없는 거지요. 내 목소리를 내가 어쩔 수 없는 것처럼.

장 : 동화 작품은 쓰시게 된 동기가 있으신가요? 어른들뿐만 아니라 아이들에게도 삶에 대해서 들려 주고 싶다는 건지요?

🎧 아, 사실은, 제가 동화집을 하나 내고 나서 자꾸 청탁도 들어오고 손자들도 생기고 해서 옛날 얘기 해 주는 것처럼 나이에 맞게 꾸민 동화를 쓰기도 했지만, 처음에 내가 그런 걸 쓴 것은 유신 시대, 암담했을 때예요. 1975년인가, 『여성동아』에 연재하던 것도 어느 부분이 삭제됐던 일도 있었고요. 🎧 대개 단편집을 내더라도 청탁을 받아서 문예지에 쓴 게 모여 한 권이 되는데, 그건 한 권 분량의 짧은 동화 이것저것을 내가 써 가지고 샘터사에서 냈어요. 처음에 나온 『달걀은 달걀로 갚으렴』🎧^(주294) 이 그렇게 해서 한 겁니다. 🎧 그 때는 세상을 동화적인 수법으로 풍자하고 싶었고🎧^(주295) 음… 어른도 읽어라, 이런 뜻도 있었고요. 시대에 야유를 보내

🎧 (주296)

「마지막 임금님」

📖 이 나라의 헌법은 일 조 두 줄로 되어 있습니다. / '이 나라의 백성들은 고루 행복할 권리가 있다. 단, 임금님보다는 덜 행복할 의무가 있다.' / 이것이 이 나라 헌법의 전문입니다. / 이 나라를 세운 임금님은 백성들이 고루 행복한 나라를 만들려던 당초의 큰 뜻을 이룩했기 때문에 아무런 근심도 없어야 합니다. 그러나 나라를 이룩하기 위해 갖은 고생을 다한 임금님이 백성들보다 조금이라도 더 행복하지 못하면 억울하다고 생각하는 마음이 날로 더해서, 백성들이 헌법으로 정한 의무를 한 사람이라도, 하루라도 게을리할까 봐 늘 불안합니다. / 그래서 도둑놈도 사기꾼도 없는 나라건만 많은 관리를 두어 행여 임금님보다 더 행복한 사람이 생길까 봐 감시하는 일을 맡기고 있습니다. 그러나 아직 한 사람도 임금님보다 더 행복해서 붙잡히거나 벌 받은 사람은 없습니다. 왜냐하면 감시받고 있다는 두려움과 불안감 때문에 백성들은 조금씩이나마 고루 불행했기 때문입니다. / 임금님의 또 하나의 근심은 자기가 죽은 후에 백성들이 마음 놓고 행복하면 어떡하나 하는 것이었습니다. — 동화 「마지막 임금님」(『속삭임』, 샘터사, 1997년판) 중에서.

🎧 (주298)

「옥상의 민들레꽃」

📖 우리 궁전아파트는 살기 편하고 시설이 고급이고 환경이 아름답기로 이름이 난 아파트입니다. 우리 나라에서 나는 물건은 물론 외국에서 들어온 물건까지 없는 것 없이 갖추어 놓은 슈퍼마켓도 있고, 어린이를 위한 널쩍한 놀이터도 있고, 아름다운 공원도 있고, 노인들을 위한 정자도 있고, 사람의 힘으로 만든 푸른 연못도 있습니다. / 누가 '너 어디서 사냐' 하고 물었을 때 궁전아파트에 산다고 하면 물은 사람의 얼굴은 단박 부러워하는 빛이 역력해집니다. 그리고 한숨을 쉬며 말합니다. / "참 좋겠다. 우린 언제 그런 데 살아 보누." / 그러니까 궁전아파트에 살지 않는 사람들은 궁전아파트에 사는 사람이 행복하다는 것을 아무도 의심하지 않나 봅니다. 그렇게 믿고 있는 사람들을 실망시키지 않기 위해서라도 궁전아파트에 사는 사람들은 모두모두 행복할 수밖에 없습니다. — 「옥상의 민들레꽃」(『속삭임』, 샘터사, 1997년판) 중에서.

☞ 물질 숭배와 인간 소외를 아이의 시각에서 이야기한 「옥상의 민들레꽃」은 중학교 1학년 국어 교과서에 실렸다.

🎧 (주297)

유신 시절의 억압

📖 우리는 전형적인 한옥 동네에 살고 있었는데, 지대가 높아서 조금만 더 올라가면 높은 계단이 나오고 우리는 그 윗동네를 산동네라고 했는데 언제부터인지 산동네에 마이크가 설치되고 아침부터 잘 살아 보자는 새마을 노래가 더무니없이 큰소리로 온동네를 압도했다. 새벽에 그 소리에 잠이 깨면 태양이 아무리 높게 떠도, 햇살이 아무리 눈부시게 쏟아져도 암담한, 살맛이 싹 가실 정도로 암담한 느낌에 사로잡히곤 했다. 잘 살아 보자는데 왜 그렇게 듣기가 싫었을까. 너무 고압적이고 일방적이고 반복적이고 천박스러웠기 때문이었을 것이다. 너희들이나 실컷 잘 살아라, 이런 부아가 저절로 치밀었다. / 선거 때였다. 유신 시절엔 대통령도 우리 손으로 뽑지 못했으니까 아마 국회의원이나 통일주체국민회의 대의원 선거였을 것이다. 투표를 안 하는 게 그때 우리처럼 이불 속에서 활개치는 재주밖에 없는 소심한 소시민이 할 수 있는 유일한 반정부 투쟁이었다. 우리는 여덟 식구나 되었는데 막내 빼고는 다 유권자였다. 반장은 아침부터 투표를 한 사람도 빠지지 말라고 성화를 했다. 아무 죄없는 반장의 성화를 앉아서 견딜 수 있을 것 같지 않아 우리 식구는 각각 외출을 해버렸다. 집엔 고등학생 막내와 노환 중인 시어머님만 남았다. 투표 시간이 지나서 귀가해 보니 반장의 성화와 위협적인 마이크 소리에 가물가물하는 의식 속에서도 투표를 안 하면 집에 무슨 화가 미칠까봐 잔뜩 겁을 내신 노인이 손자에게 애걸을 하다시피 하여 투표소까지 업혀 가셔서 투표를 하고 오신 뒤였다. 그때의 치떨리는 분노와 참담한 패배감을 어찌 잊을까. / 그 시대가 그렇게 살기 싫었던 것은 잘 살아 보자는 노래 때문만은 아니었다. 살얼음판 같은 세상이었다. 학생이나 근로자, 말 깨나 하는 지식인들이 툭하면 붙들려들어가 고문을 당하기도 하고 그와 비슷한 불순 세력이 되어 오라를 지거나 징역을 살거나 해직이 되었다. 딸의 고등학교 적 선생님 한 분도 무슨무슨 당 사건에 연루되어 체포되더니 어느 날 같은 죄목의 두 사람과 함께 사형에 처해졌다. (…중략…) 그 혐의가 사실이라 해도 인간의 목숨인데 어떻게 선고에서 사형이 집행되기까지가 그렇게 신속할 수 있는지 실로 눈 깜짝할 새였다. — 수필 「용서하되 잊어버리진 말자」, (『어른 노릇 사람 노릇』, 작가정신, 1998년판) 중에서.

고 싶은 마음도 있었어요. 독재자를 비웃는 내용도 있어요. 「마지막 임금님」, 독재자가 똑같은 목소리를 내게 할려는 내용이에요. 🎧⁽주296⁾ 내가 소설로 뭘 쓰기 힘들 때였어요. 아주, 아주 심할 때. 🎧⁽주297⁾

장 : 검열도 있고요.

🗣 네.

장 : 지금 동화 작품을 새롭게 구상하시는 건 없으세요?

🗣 근래에 그런 뜻 없이도 「옥상의 민들레꽃」 🎧⁽주298⁾ 이 교과서에도 실리고요. 그래서 추려낸 게 『자전거 도둑』, 동화집이 돼 갖고 많이 읽히니까 가끔 제의받기는 해요. 그래도 요새는 많이 못 쓰지요.(웃음) 저도 조금씩 일을 줄여야지요.

장 : 제가 최근에 학생들하고 기행문에 대한 수업을 하면서 텍스트로 잡았던 게 쓰신 지는 오래됐지만 「잃어버린 여행 가방」 🎧⁽주299⁾ 이라는 작품이었거든요.

🗣 네.

여행 이야기

장 : 선생님께서 다양한 곳들을 여행하셨잖아요. 그 여행담을 좀 듣고 싶은데요.

🗣 제가 아들 잃고 나서, 집에서 뜬 생활을 하게 됐어요. 문인끼리 어디 가는… 무슨 펜 대회라든가, 막내가 결혼해서 미국 가 있을 때 거기도 몇 달 있다, 와 갖고도 성지 순례를 한 달 갔어요. 나하고 모르는 사람끼리, 아무 관계도 아닌 데 그냥 섞여서요. 가슴 답답증 때문이랄까, 얼마 있으면 또 이렇게 답답하고, 그렇게 해서 많이 다녔어요. 전혀 새로운 문화에 접한다는 거 신기하기도 하지요. 일상이 거의 똑같잖아요. 그럴 적에 신선한 자극이라는 게 뭐가 있겠어요.

장 : 다녀오신 곳 중에서 가장 기억에 남는 곳이 있다면 어디세요?

🗣 처음 성지 순례 했을 때. 다른 데는 그 후에도 갔는데 거기는 또 가 보지 못하고 말았네요. 한 번 또 가 봐야지 싶은데, 버스로 스페인을 횡단할 때 그렇게 좋았어요. 우리하고 인심도 비슷한 것 같고, 농촌 모습이라든가요. 🗣 가장 충격을 준 데는 에티오피아, 유니세프 때문에 갔던 인도네시아의 쓰나미 지역이고요. 인도네시아는 정치 때문에 빈부 격차가 있긴 하지만, 우리가 목재도 많이 수입하고 자연의 혜택을 받은 나라예요. 그런데 반다 아체라는, 아체 지방의 아주 융성한 휴양

🎧 (주299)

「잃어버린 여행 가방」

🔖 나는 오랫동안 잃어버린 큰 가방 때문에 가슴앓이를 했다. 다양한 기후의 나라를 여행해야 했기 때문에 갈아입을 겉옷뿐 아니라 내복을 많이 준비해가지고 다니면서 한 번도 빨래를 하지 않았다. 만일 누가 그 가방을 연다면 더러운 속옷과 양말이 꾸역꾸역, 마치 죽은 짐승의 내장처럼 냄새를 풍기며 쏟아져나올 것이다. 루프트한자 항공이 아니었으니 경매에 부쳐 개봉하지는 않았겠지만 만일 겉모양만 보고 꽤 괜찮은 게 든 줄 알고 슬쩍 빼돌린 속 검은 사람이 개봉을 했다고 해도 창피하긴 마찬가지였다. 속 검은 사람 앞에서일수록 반듯한 내용물을 보여 주고 싶었다. 그 안에는 때 묻은 속옷말고 더 창피한 것도 들어 있었다. 파리에 들렀을 때에 슈퍼에서 봉지에 든 인스턴트 커피를 잔뜩 사서는 옷 사이사이에 끼워넣은 것이다. 그 때만 해도 국내에선 커피가 비싼 귀물이었다. 외국 갔다 오는 사람이 커피 한 봉지만 선물로 주어도 고맙고 반갑고 그랬기 때문에 나도 친지들에게 그걸 선물할 작정이었다. 지금 생각하면 얼마나 궁상맞은 선물인가. 나의 그 큰 여행 가방 안에는 1980년대 내 나라의 궁상과 나의 나태가 고스란히 들어 있었다. — 수필「잃어버린 여행 가방」(『잃어버린 여행 가방』, 실천문학사, 2005년판) 중에서.

🎧 (주300)

인도네시아 쓰나미

🔖 반다 아체 주 정부 청사와 각종 관공서와 주택가가 있던 한 도시가 완전히 궤멸한 무인지경에 이르러서는 정말이지 거기 간 걸 후회했다. 훗날 필설로 형용할 수 없다면 내가 그 곳에 뭐 하러 있었겠는가. 받아본 자료는 더 무서웠다. 방문한 날이 바로 해일이 있던 날로부터 한 달 되는 26일이었는데, 그 날까지 그 지역에서만 행방 불명을 포함한 인명 피해가 20만 명이 넘었다. 전 세계를 공포의 도가니로 몰아넣었던, 5천여 명의 희생자를 낸 9·11 생각이 났다. 매일매일 그만큼 죽는 여긴 왜 이렇게 조용한가. 20미터가 넘는 바다의 벽이 서너 번을 들어왔다 나갔다는 그 지역은 내가 보기에도 살아 있는 생명이 아직까지 묻혀 있다는 건 불가능해 보였다. 그래 그런지 폐허를 뒤지고 다니는 사람도 울부짖음도 없이 다만 괴괴하고 허허로웠다. 없어진 도시보다 거기서 살아남은 사람은 어떡하고 있을까, 그게 더 걱정이 되었다. 사람 나고 도시 났지 도시 나고 사람 난 건 아닐 테니까. 자식을 땅에 묻고도 그날 밥을 먹을 수 있는 독한 게 인간이지만, 어느 날 갑자기 부모와 자식이 사라지고 믿고 의지하던 친척이나 이웃이 온데간데 없어지고 살아오면서 낯익혀 온 모든 것을 더는 볼 수 없게 되었을 때 과연 그 현실을 받아들이고 정상적인 생활을 계속할 수 있을 것인가. 경험해 보지 않았어도 절대로 그럴 수 없다는 건 자명하다. 왜냐고 묻는다면 그건 왜 인간이냐고 묻는 것과 같다. — 수필「그래도 삶은 계속된다」(『잃어버린 여행 가방』, 실천문학사, 2005년판) 중에서.

☞ 인도네시아는 여러 차례 큰 해일 피해를 입었다. 그 중 2004년 12월 26일 오전 8시, 인도양에서 발생한 리히터 진도 9.3의 강진은 지난 100년간 지구상에 있었던 지진 가운데 세 번째로 규모가 큰 재해로 기록된다. 이 때 해안을 덮친 쓰나미로 가장 큰 피해를 본 곳이 아체 주(Banda Ache)다. 인도네시아에서 25만 명의 사망·실종자가 발생했는데, 그 중 80%에 이르는 20만 명이 아체 지역에서 희생되었다. 역사상, 지원 복구팀들이 가장 신속하게 들어온 지역 또한 아체라고 기록된 것처럼 국제 사회의 협조 속에 복구가 신속하게 이루어지기도 했다.

도시인데, 한 도시가 완전히 없어진 거예요. 지진보다 더 무서워요. 지진은 그래도 자취가 있어요.🎧⁽주300⁾🎤 몇 십 미터의 물벽이 쫙 왔다가 다시 나간답니다. 그게 세 번인가, 네 번 반복했다는데 하나도 남아 있는 게 없어요. 어떻게 그럴 수가 있나. 냄새가 나서 마스크 쓰고, 혹시 살아 있는 사람 찾고, 거기 사는 인구가 다 죽었으니까.

장 : 그 마을 살던.

🎤 마을이 아니라 도시 자체가.

장 : 다니신 곳 중에서 아주 아름다웠던 곳을 꼽는다면요?

🎤 그것도 유니세프 때문에 간 건데 몽골 지방. 겨울이 아니라 여름이라서 그런지 도와줄 필요가 있나 싶을 정도로, 아득한 초원 저 쪽에 소년이 말을 타고 우뚝 서 있는 것을 보면, 아, 공부고 뭐고 그냥 그렇게 기르고 싶지.(웃음) 개인적으론 그랬어요. 하지만 그런 애들도 학교 보내야 되니까. 🎤 빠오라고 그러는 천막 들어가 보면 아주 잘해 놨어요. 멋있는 카펫 쳐 놓고요. 그 사람들은, 사람이 귀하니까 그냥 들어오라고 해서 말 젖으로 만든 치즈, 과자 같은 거 먹이고. 여행을 했다기보다는 타임머신을 타고 옛날로 돌아간 느낌이지요.

장 : 문명화된 사회나 국가 중에서는요?

🎤 유럽에서는 네덜란드라든가, 이번에도 갔지만 벨지움, 룩셈부르크. 조그맣지만 부자 나라죠. 독일도 그렇고, 잘사는 나라는 어떻게〔얼마나〕자연을 애끼면서 사는지 몰라요.

장 : 아.

🎤 북쪽의 풍경을 봐도 그래요. 우리 고향이 개풍군이고 남쪽에서 가깝습니다. 강화도 최북단 북성리에 가면 개풍군 청교면이라고 보여요. 거기서 한 이십 리만 가면 개풍군 강동면이라고, 우리 부모님 고향이에요. 인접의 개성도 자연이 아름다워요. 송악산이니, 용수산이니. 우리 할아버지는 강화도 쪽에 친척이 많아요. 지금도 거기 박씨 친척이 꽤 있습니다.🎧⁽주301⁾ 강화도에 혼사가 있을 때 와서 건너던 나루가 아직 다 보여요. 우리 살던 바로 그 마을은 아니지만. 🎤 그런데 나중에 보니 바라다보이는 산이 그렇게 나무가 없어요. 내가 "엄마, 우리 시골에 산이 저렇게 벌거숭이냐"고 물어보기도 했어요. 지금은 뭐라고 대답할지 모르지만 거기 사는 사람들 말이 "가까우니까 간첩들이 넘어갈까 봐 아마 일부러 베었을 거예요." 산속에들 숨잖아요. 그런가 보다 했어요. 근데 북쪽 갔다 온 사람 물어 보면, 나도 금

🎧 (주301)

강화도의 고향 친척들

📖 이(李)씨가로 출가해서 잇집이라 부르는 이는 어머니의 재당질녀(再堂姪女)뻘 되는 동향의 친척이었다. 강화도에 살고 있었다. 강화도엔 일사 후퇴 때 바닷길로 피난왔다가 눌러사는 개성 개풍 쪽 사람들이 많이 살고 있었다. 집안 내의 가까운 친척끼리 한마을을 이루고 사는 데도 있었다. (…중략…) 잇집네는 강화도의 최북단, 양산면이란 데서 살았다. 그 마을에 들어가려면 검문소에서 뉘집에 무슨 볼일로 가는지를 자세히 대고도 주민등록증을 맡겨야 하는 최전방이었다. 이씨가의 종중산이라 건너로 북쪽 땅이 보였다. 섬과 육지 사이에 낀 바다는 강 너비밖에 안 돼 꼭 한강 이쪽에서 저쪽을 바라보는 정도의 거리감밖에 느껴지지 않았다. 바로 거기가 갈 수 없는 고향땅 개풍군이라고 생각하면 그 지호지간(指呼之間)은 소름이 끼쳤다. 그러나 거기가 오빠의 무덤, 어머니의 상처라고 생각하면 그 바다의 너비는 가이 없었다. 당신 딴에는 자제하느라고 하는 것 같았지만 어머니는 적어도 일 년에 두세 번은 잇집네를 다녀오고야 말았다. 그 목적이 순전히 뒷동산에 올라 그 바다와 그 바다 건너를 하염없이 바라보고자 함이라니. 지친 듯 나른한 목소리로 "에그 독종들, 에그 독종들" 하고 중얼거릴 적도 있었다. 누구더러 그러는지는 분명치 않았다. 인두겁 쓴 건 다 독해 보였는지도 모르겠다. ―「엄마의 말뚝 3」(1991년 발표, 『저문 날의 삽화』, 문학과지성사, 1991년판) 중에서.

🎧 (주302)

이근후(李根厚, 1935년~)

경북대 의대를 졸업하고 신경정신과 전문의이자 이화여대 의대 교수 등을 지냈다. 의사가 되기 전부터 꿈꿔 오던 히말라야 등반을 1982년 우연한 기회를 통해 다녀온 후 네팔의 열악한 의료 환경에 충격을 받았고, 현지 의료 봉사 활동을 30여 년 동안 이어왔다. 대한신경정신의학회 회장, 대한법정신의학회 회장 등을 지냈으며 현재 이화여대 의과대학 의학과 명예 교수로 있다. 『정신분석학』 『역동적 정신 치료』 『새로운 성치료』 『사이코 드라마』 『최신 임상정신의학』 등의 책들을 펴냈다.

강산도 가 보았지만, 관광지 빼고는 그렇게 산이 헐벗었답니다. 제일 안타까워요. 북한에서 제대로 관리를 하지 않고, 중국에 모든 권리를 다 주어서.

장 : 네.

● 또 여러 번 간 데가 네팔이지요. 거기는 산이 보존되어 있다기보다 산밖에 없는 나라니까, 층계밭을 많이 만들었어요. 아무튼 오만한 땅도 안 놀려요. 농사 지으면서 살지만 밀림 지대는 국립 공원으로 고냥 보존을 했지요.

네팔 트레킹과 여성의 개명

● 거기가 걷기가 참 좋아요. 저도 트레킹을 많이 다녔어요. 나이 거의 칠십 후엔가 갔다가 그 후에 안 간 게, 어느 만큼 가곤 못 따라가겠더라고요. 일행 보고 난 롯지에서 쉴 테니까 내려올 때 만나자고 그랬더니, 길 안내하는 가이드가 그 길로 안 내려간다는 거예요. 어떡해. 나처럼 잘 못 걷는 사람을 위해서 말이 있어요. ● 여기서도 승마라는 걸 해 보지 않는 사람이, 조랑말이라지만 타니까 생각보다 높아요. 가파른 길을 사태나지 않게 슬라이스한 돌로 깔았어요. 일행이 네 필인가, 다섯 필을 빌렸는데 두 말만 움직이고 다른 말은 안 움직여요. 가기 싫어해서. 우리 말도 길을 올라가다가 나중에 정 못 가겠으면 옆의 숲 속으로 들어가요. 숲이 우거졌으니까 [탄 사람이] 걸리잖아요. 그러니까 마부가 있어요, 소년들이에요. ● 평지에서는 경마도 하겠어요. 거기선 무서워서, 리듬에 맞춰야 되는데 힘을 주고 말에 딱 붙으니까, 가래토시가 서서 걷지도 못해. 그래서 또 타는 거예요. 요 앞에서부터는 걸어야겠다, 마음 먹어도 또 못 걷겠어. 3,000미턴지, 4,000미턴지 굉장히 높은 데까지 갔다가 내려오고 나서, 내 갈 데는 아니구나 했어요.

장 : 그러고는 안 가셨어요?

● 정치도 불안해지고요. 이제는 아주 공산 정권이 잡았나 봐요. 항상 갔을 때 조심하는 게 마오이스트들. 롯지에서 잘 때 자꾸 밤에 총소리가 심하게 나요. 절대로 관광객은 안 해친다고, 안심하라고 그러더라고요. 우리 일행이, 이대 계시다 간질 전문 병원 하시는 이근후(李根厚, 1935년~) 🎧 (주302) 선생님하고 여럿이 가서, 의사들은 진료하고요. 그 분이 좋은 일을 하니까 기자 회견을 하는데, 나도 옆에 있으라고 해서 앉았어요. 나중에 사진을 보내 줬는데 우리 뒤에 총 든 사람이 탁 찍

🎧 (주303)

원불교의 네팔 봉사 활동

1916년 소태산 박중빈(朴重彬)이 창교한 한국의 생활 종교인 원불교는 설립 이념 중의 하나인 제생의세(濟生醫世) 정신에 따라 오래 전부터 네팔, 미얀마, 인도네시아 등 동남아국가에서 의료 보건 사업을 펼쳐 왔다. 원불교 교리에 따르면 제생의세란 '살아 있는 모든 중생을 구제해 세상을 헤쳐 나가고 세상을 바꾸며 구제하는 것'으로 원불교 수행인의 궁극적 목적이다. 이같은 이념에 따라 종단 설립 대학인 원광대학교 의과대학에서는 네팔의 수도 카트만두 인근에 자리잡은 원불교 재단을 근거지로 하여 매년 여름 방학에 내·외과 및 한의과 등 양방과 한방으로 의료 봉사 활동을 펼치고 있다.

🎧 (주304)

쿠마리

네팔 네와르 족이 천 년 이상 유지해 온 풍습으로, 소녀를 살아 있는 여신으로 숭배하는 것이다. 쿠마리의 기원에는 여러 가지 설이 있으나 혈통과 서른 두 가지 조건을 충족시키는 아주 어린 여자아이를 엄격한 절차를 거쳐 뽑아 초경 전까지 신으로 모신다. 국가적으로 숭앙하며 복을 기원하기도 하고 예언을 받기도 한다. 그러나 서너 살의 아기 때 쿠마리로 뽑히면 부모와 떨어져 축제 기간을 제외하고는 일 년 내내 신전에 갇혀 지내야 하고, 초경을 시작하여 보통 신분으로 돌아온 다음에도 평탄한 생활을 하지 못하기 때문에 아동 학대라는 국제 사회의 비난 여론도 적지 않다.

혀 있더라고. 어머나, 이런 것도 다 있었네, 마오이스튼지 정부군인지도 모르겠는데 무서운 관료 같았어요.

장 : 그러면 그 쪽은 선생님께는 새로운 경험이었지만 그 사람들의 삶이란….

● 너무너무 사람들이, 옛날 우리 고향의 농부들 같아요. 트레킹하면서 민가 들여다보면 우리 시골 부엌 같애. 흙바닥에 아무것도 없어요. 지금 부엌에 얼마나 기구가 많습니까. 우리도 시골에 살 때 부뚜막하고, 솥뚜껑만 잔치 때 미리 엎어 놓고, 그래도 잔치 때믄 거기서 온갖 음식이 다 나와. 프라이팬도 없었어요. 지금 생각하면 너무 신기해. 아, 맷돌로 갈아서 부치지만 맷돌은 광에 있지, 부엌에 있는 것도 아니지. 우리와 비슷한 점이 많고요. ● 나는 우리 나라도 그렇고 그런 나라 사람들이 문명화되는 과정을 지켜보는 것도 좋아요. 거기 농촌이라는 게 농가가 조금씩 조금씩 흩어져 있고 한참을 가야지 마을이 나와요. 그 사람들은 워낙 다녀 버릇해서 건강해서 그렇지, 차가 다닐 수도 없죠. 우리가 트레킹하다 보면, 그런 마을에서 사는 엄마들이, 학교로 아이를 보낼라고 아침 일찍 [준비하는 거 볼 수 있어요]. 아이들 옷 빨래해 입히고 학교 보내기 얼마나 수고스러울까. 아들애는 심상하게 보이는데 딸애를 학교 보내려고 교복을 깨끗이 입히고 하얀 양말을 요렇게 딱 접어 신기고요. 가방을 메인 걸 보면, 이 나라의 앞길을 개척할 거는 저런 세대다, 너무너무 기분이 좋은 거죠.

장 : 네.

● 우리 나라 원불교에서도 많이 돕고 있지만(주303), 남녀 차별도 심하고, 대개 옛날 종교가 그렇지 않습니까? 벗어나게 할 몽매한 게 많아요. 쿠마리(주304) 제도도 그렇고. 어린애를 데려다가 신전에다 놔 두고, 여신 같이 받들게 하는 네와르 족 풍속이요. 그런 미신적인 걸 타파하고 여성 교육을 시키는 걸 보면 엄마들이 깼다는 걸 느끼잖아. 그런 데서 내 페미니즘이 싹튼 것 같애요. 여자들을 잘 교육시킴으로써 나라에 미래가 있는 것 같고 여자를 억압하는 나라는 발달을 못해요. 우리 나라도 이렇게 급속히 발달한 게 다 여성 인력이 보태졌기 때문입니다.

장 : 1960년대 이후에 학교 교육이 활성화되고 나서, 여권 신장이라든가, 여성 운동이 가능해질 수 있었지요.

● 네, 물론 의료 활동하는 것도 좋지만 조그만 학교 지은 데도 꽤 있어요. 그렇지 않으면 포카라라든가 대도시에 학교 보내야 하니까.

(주305)

유니세프 한국위원회

국제 연합 아동 기금(United Nations Children's Fund)은 1946년 12월 11일에 설립되었다. 설립 당시 이름은 '국제 연합 국제 아동 긴급 기금(United Nations International Children's Emergency Fund, UNICEF)'이었으나, 1953년 현재 이름으로 바뀌었다. 예전 이름의 약자인 유니세프(UNICEF)로 널리 알려져 있다. 1950년부터 1993년까지 우리 나라 어린이 복지를 돕던 주한 유니세프 대표부가 한국에서 공식 철수하고 1994년 1월 한국위원회가 설립되었다. 이는 유니세프 내에서 도움을 받던 나라가 주는 나라로 발전한 첫 번째 사례였다. 유니세프의 주된 임무도 한국의 빈민 아동 구호에서 개발 도상국의 어린이 지원으로 바뀌었다.

유니세프 친선 대사 활동

장 : 선생님께서 맡고 계신 유니세프🎧⁽주305⁾ 친선 대사 활동 때문에 이 면담을 하루 앞당겨서 하기도 했는데요. 친선 대사로서는 어떤 일을 하시는지요.

🙍 재난 지역에 가 보는 일 많이 했지요. 에티오피아니, 몽골이니 인도네시아, 얘기도 듣고 보고 와서 기회 있을 때마다 홍보를 하는 거지요. 북쪽도 많이 돕습니다.

🙍 우리 나라에서도 여러 가지 일을 합니다. 모유 먹이기 운동도 많은 성과를 거뒀고요. 제가 제일 기뻤던 거는, 자세한 연도는 잊어 버렸는데 10년 전쯤까지는 우리 나라도 유니세프의 도움을 받는 나라였습니다. 유니세프의 도움이 얼마나 절실했든가는, 제가 전후에 결혼해 갖고 애 낳아 기를 때도 그랬어요. 우리 집 아이들이 직접 도움을 받아야 할 정도는 아니지만, 그 때만 해도 학교를 통해서 보리, 옥수수빵 급식, 공평하게 얻어먹기도 하고…. 특히나 전후에 지금은 생각을 못할 전염병이 돌 때예요. 꼭 맞춰야 할 예방 주사가 비쌀 때, 어려운 애까지 시킬 수 있었던 것도, 유니세프의 도움을 많이 받았습니다. 지금도 유니세프 도움을 받는 나라가 아프리카에 수두룩하지요. 그러다가 우리 나라가 도움을 주는 나라가 됐어요. 🙍 처음에는 친선 대사가 아니었고 유니세프에 여러 가지 위원회가 있어요. 사립 학교 교장 클럽도 있고, 문화 예술인 클럽이라는 게 있었어요. 참여해 달라고 해서, 이름 걸어 놓는 거죠, 뭐. 아마 친선 대사는 처음에는 안성기 씨랑 저랑 둘이었던 것 같애. 인기인 이름을 걸어놨다는 걸로 사람들에게 인식을 주는 거죠. 🙍 음… 지금은 거의 그렇지 않지만 우리가 첨으로 돕는 나라가 됐을 때만 해도 가끔 반발이 있어요. 우리 나라에도 얼마나 어려운 애들이 많은데 외국을 돕느냐고요. 사실 그렇게 말하면서 우리 나라의 어려운 분들을 안 돕는 사람들도 많아요.(웃음) 그럴 적에도 저에게 도움을 청해요. 왜 우리가 가정에서도 그렇잖아요. 어려운 사정을 밖에 얘기 안 하고 안에서 어떻게든지 해결하려고 하죠. 그렇지만 난 어린이 문제에 있어서만은 국제아동기금이거든요. 집에서도, 어떤 집이서든지 자식이 굶어 죽게 됐을 때는 나가서 도움 청하는 게 옳다고 생각해요. 우리 나라도 그 때 만일 외부의 도움이 없었다면 어떻게 됐을까? 🙍 지금 북쪽 같은 데는 폐쇄 사회니까 더 어렵잖아요. 자존심인지 뭔지 도와 줄 적에도 정치적으로 고려를 해 가며 준다고 그랬다 안 받는다 그랬다. 어린이 문제에서는 그거는 옳다고 생각을 안 해요. 그래서 보람을 느끼고 했습니다.

(주306)

이청준(李淸俊, 1939~2008년)

이청준은 문단 연령으로는 선배지만 살아낸 햇수로 치면 한참 후배이고, 마음으로는 스승이다. 그가 나에게 스승인 까닭은 한 권의 책 『별을 보여드립니다』(일지사) 때문이다. 이 책은 1971년에 나온 이청준의 첫 번째 창작집이다. 마침 내가 장편 『나목』으로 등단한 직후였다. 나에 대한 심사평은 호평도 있었지만 이 작가는 등단작이 마지막 작품이 될 수도 있을 것 같다는 우려도 있었다. 습작기를 거치지 않은 나에게 그 소리는 뼈아팠다. '여성지를 통해 나온 나에게 과연 문예지에서도 원고 청탁을 해줄까', '청탁이 들어온다고 해도 거기 응할 만한가' 하는 불안과 이왕 등단이라는 걸 했으니 일 년에 한두 편 정도는 문예지에 단편을 발표할 수 있는 작가가 됐으면 하는 욕망 사이에서 갈등할 때였다. / 그 때 내 손에 들어온 것이 그의 빼어난 단편이 무려 20편이나 수록된 중후하고 품격 있는 책 『별을 보여드립니다』였다. '훌륭한 단편이라는 건 바로 이런 거로구나' 이렇게 스스로 깨쳐 가며, 감동도 하고 감탄도 해 가며 이 책을 읽고 또 읽었다. 그가 초대해 준 세계에 들어가서 배회하는 사이에 개인적인 욕망으로 인한 불안감은, 그 때까지 주부로서의 편안한 일상을 지켜 준 담 밖의 세상에 대한 눈뜸과 불안감으로 이어졌다. 『별을 보여드립니다』와 거의 동시에 읽게 된 『소문의 벽』은 다 치유된 줄 알았던 나의 정신적인 상처까지 건드리면서 나를 소름 돋게 했다. ― 수필 「그는 담 밖 세상을 눈뜨게 해 준 스승」(『못 가 본 길이 더 아름답다』, 현대문학, 2010년판) 중에서.

[채록 연구자가 다음과 같이 부기했다. ☞ "당시에는 정확하게 이청준 선생의 이름을 듣지 못해서 가까운 분이 돌아가신 것으로 알았다. 구술 채록을 끝내고 돌아가는 길에 확인하고는 박완서 선생님께 위로의 말씀과 공감을 표현하지 못한 일이 두고두고 죄송했다."]

전남 장흥에서 태어나, 서울대 독문과를 졸업했다. 1965년 단편 「퇴원」이 『사상계』에 당선되어 등단한 후 40여 년간 수많은 작품들을 남겼다. 대표작으로 장편소설 『당신들의 천국』 『낮은 데로 임하소서』 『이제 우리들의 잔을』 『축제』 등이 있다. 한양대와 순천대에서 후학 양성에 힘을 쏟은 한편 대한민국 예술원 회원을 지냈다. 2008년 7월, 지병으로 타계하여 고향 장흥에 안장되었다. 동인문학상, 대한민국문화예술상, 대한민국문학상, 한국일보 창작문학상, 이상문학상, 이산문학상, 21세기문학상, 대산문학상, 인촌상, 호암상 등을 수상했으며, 금관문화훈장이 추서되었다. 몇몇 작품은 임권택 감독의 〈서편제〉, 이창동 감독의 〈밀양〉 등으로 영화화되기도 했다.

장 : 재난 상황의 나라에 가실 때 전염병이나 풍토병에 두려움은 없으셨어요?

🎤 (웃음) 네.

장 : 잠자리나 의료도 제대로 마련되어 있지 않을 테잖아요, 선생님?

🎤 아휴, 그건 국제 기구니까 도움을 받고 괜찮은 데서 잡니다. 그렇지만 우리도 거기서 병도 나고 그랬어요. 아디스아바반지, 수도에서는 괜찮아. 빈부 격차가 있어요. 호텔은 아주 잘 돼 있고 풀장도 있어요. 거기 에티오피아 사람들도 드나들어요. 우리는 외국 사람인데도 그런 좋은 데서 자는 거에 가책을 느끼는데. 〔호텔 밖엔〕 그냥 노는 애들 있잖아요. 일자리 없는 아이들이 집에 있지 않고 길에 괜히 나와서 돌아댕기고요. 그러면 도둑질도 하게 되고 그럽니다. 우리도 전후에 본 거예요. 🎤 수도를 떠나서 재난 지역 가면은 자연 재해라는 게 얼마나 무섭다는 걸 느끼게 되죠. 예전에 우리가 학교 댕길 때 거기가 숲의 나라라고 배웠어요. 그런 나라가 점점 북쪽서부터 사막화되어 오는데, 서 있는 나무는 전부 고사목이에요. 그건 위정자의 잘못이라기보다는 어쩔 수가 없죠. 🎤 몇 년째 비가 안 내려 갖고 풀포기도 바람이 불면 후 날아갈 정도로 다 메마르고…. 물이 너무너무 귀해서 유니세프에서 우물을 파 주지요. 보통 우물 파는 거로는 안 돼. 무슨 석유 채취할 때처럼 깊이 해요. 그리고 마을이 없죠. 어디 푸르스름한 데가 있어서 가 보면 선인장은 그래도 자라나 봐요. 선인장이 막 싫더라고요.(전화벨 울림, 잠시 전화 받음.)

🎤 나 있다 밥 안 먹을게.

장 : 왜요?

🎤 이청준(李淸俊, 1939~2008년) 🎧(주306) 선생님이 돌아가셨다네.

장 : 아….

🎤 아, 내가 참 좋아하는 분이고 그런데. 〔전화가 또〕 올 것 같애요. 내가 저 안에서 수화기를 내려 놓으면 전화가 안 올 거야. 그죠? 그런가? 어떻게 하면 안 올까? (잠시 중단)

이 땅의 흙에 감사하며

장 : 재난 지역의 위기를 직접 보고 나면, 글로 쓰시기도 하지만 또 실제 생활에나 생각에도 변화가 있나요?

🎧 (주307)

우리 흙과 씨앗의 생명력

🌱 나의 노역이 고되지는 건 꽃밭에서 일년초들이 싹트고 잔디도 하루가 다르게 푸르러지는 바로 5월 요즘 같은 계절이다. 클로버들은 잔디 사이에 그들만의 질기고 치밀한 그물망을 만들고 민들레, 냉이, 새금풀, 질경이를 비롯해서 이름도 알 수 없는 온갖 잡초들이 하룻밤 새에도 5센티미터 10센티미터씩 자라서 여봐란 듯이 하얀 꽃을 피우기도 한다. 그 연약하고 보잘것없는 것들에게 악착같이 싸움을 거는 자신이 때로는 민망하고 한심하지만 내 마당을 내가 원하는 밑그림대로 관리하고 싶은 욕망을 어쩔 수가 없다. 잔디 사이에서 고개를 들고 싹트는 풀의 종류는 해마다 늘어나고 다양해진다. (…중략…) 내 끝없는 노동에 맥이 빠지면서 '내가 졌다' 있지도 않은 백기를 들고 마당에 벌렁 드러누워 버릴 적도 있다. 잔디밭에 등을 대고 누우면 부드럽고 편안하고 흙 속 저 깊은 곳에서 뭔가가 꿈지럭대는 것 같은 탄력이 느껴진다. 살아 있는 것들만이 낼 수 있는 이런 기척은 흙에서 오는 걸까, 씨앗들로부터 오는 것일까. 아니 둘 다일 것 같다. 흙과 씨는 분리해서 생각할 수 없을 적이 많다. 씨를 품은 흙의 기척은 부드럽고 따숩다. 내 몸이 그 안으로 스밀 생각을 하면 죽음조차 무섭지 않아진다. / 흙은 아무거나 받아들이기만 하는 것이 아니다. 조그만 틈만 있어도 흙은 푸른 생명력을 토해내고 만다. 대문에서 집 현관문까지는 경사가 져 있어서 돌계단을 깔았는데 집 지은 지 십 년이 넘는 동안에 돌과 돌 사이의 이음새를 바른 시멘트가 떨어져 나간 데가 생겼다. 그 사이에서도 풀이 나기 시작했다. 처음 돋은 풀들은 연약한 외떡잎 풀이더니 해마다 그 종이 다양해져서 쌍떡잎 식물도 돋아나고 작지만 꽃까지 피는 것도 생기면서 돌이 점점 삐딱하게 기울기 시작했다. 사실 그 사이에서 돋아난 푸른 것들이란 자세히 눈여겨보지 않으면 보이지도 않을 정도로 미소한 것들이다. 그렇지만 생명 있는 것들의 힘은 비록 영양 실조에 걸렸을망정 큰 돌을 움직이는 괴력이 되기도 한다. 생명 있는 곳엔 바람의 형태로든 먼지의 형태로든 흙이 모여들어 씨앗과 합력한다. 돌계단의 이음새가 점점 더 넓어져서 안전을 위협하게 되자 금년에 집을 손보면서 돌을 바로잡고 틈을 시멘트로 빈틈 없이 바르도록 했다. 이 땅의 산야를 사통오달 굴을 뚫고 길을 내느라 단단히 포장한 아스팔트 길 밑의 흙속에는 얼마나 많은 씨들이, 흙의 입자만큼이나 무수한 씨들이 백 년 후건 천 년 후건 싹틀 날만 기다리고 잠지 못하고 있을까. — 수필「못 가 본 길이 더 아름답다」(『못 가 본 길이 더 아름답다』, 현대문학, 2010년판) 중에서.

🎧 (주308)

에티오피아의 난민 캠프

🌱 나는 부끄럽게도 내가 만약 어떤 불가피한 사정에 의해 일행과 떨어져 그 난민촌에 혼자 남아 하룻밤을 지내야 하는 일이 생긴다면 차라리 죽는 게 나을 거라는 생각을 했다. 아무한테도 그런 생각을 드러내지 않았건만 스스로 부끄러웠던 것은 '국경 없는 의사회'의 젊은 벨기에 의사의 의연한 태도 때문인지도 모르겠다. 그는 어떤 가치관을 가지고 거기서 일하게 됐냐는 우리의 질문에, 여기엔 도움을 필요로 하는 어려움이 있고 자기가 할 수 있는 일이 있기 때문에 있을 뿐이라고 대답했다. 나는 어리석게도 자유 의사에 의해서 그 일을 하고 있느냐는 질문을 했고, 그는 또 그렇다고만 간단히 대답했다. 세상에, 자유 의사에 의하지 않고 누가 거기 있을 수 있단 말인가. 그 의사의 안내로 말기 결핵 환자를 수용하고 있는 캠프에 갔을 때의 생각도 났다. 환자들이 기침을 할 때는 고개를 돌리라는 주의 사항을 듣고 지레 겁이 나서 안 들어가려고 했다. 그러나 문가에 누워 있던 환자가 웃으면서 들어오라고 손짓을 했다. 골격의 표본이 옻칠을 하고 누워 있는 것처럼 살점이 하나도 안 남은 노인의 미소와 손짓은 차마 거역할 수 없을 만큼 처절했다. 나는 비실비실 웃으며 그에게 다가갔고, 그게 내 위선의 한계였다. — 수필「그래도 삶은 계속된다」(『잃어버린 여행 가방』, 실천문학사, 2005년판) 중에서.

● 그렇지요. 실제 생활에서도 늘 느끼는 게 자연에 대한 고마움이죠. 그 풀 한 포기 안 나는 그런 델 갈 때면, 우리는 유니세프 차를 타고 가는데 앞차하고 뒤차하고 사이가 조금만 떨어져도 완전히 앞차가 안 보여요. 메마른 땅 먼지 때문에. ● 그런 녹색이 없는 땅에서 일하다가 여기 와서 아파트 현관 정문 들어가는데, 여름인지, 봄인지 한참 왕성할 때예요. 현관에 깔아 놓은 보도 블럭 사이마다 다 풀이 나와서,(웃음) 우리 나라는 흙만 있으면 그냥 돌로 된 조런 데 사이에서도 뭐가 나오잖아요. 어떤 때는 지겨와요. 마당에서 원치 않는 게 너무 나오니까.(웃음) 거짓말 안 보태고 엎드려서 왜, 예전에 고국에 돌아와서 땅에다 키스한다는 말, 정말 이 땅에다가 입을 맞추고 싶었다니까. 이 땅의 흙은 뭐든지 생산을 하는구나. 🎧(주307) ● 아프리카에는 그 나라 말고도 사막화되는 나라 많고요, 케냐는 지금도 자연이 좋은가 봐요. 하지만 소말리아, 접경 지역 난민들도 자연 재해로 오는 거고요. 난민촌에서 아이가 실제 굶어 죽은 걸 봤어. 애가 굶어 죽는데도 속수무책인 거예요. 천막에 사람들이 모여 갖고, 부모들이 울지는 않아도 멍하고요. 제가 화장실이 없어서 어디 다리 밑 같은 데로 갔는데 아무것도 없는 거기에 사람들이 다 와서 일을 봤나 봐. 그런 게 쫙 있는 데서 일을 보면서, 아휴 만일 나더러 돌아가지 않고 여기서 살라면 누가 먹을 걸 잘 줘도 죽는 게 낫겠다,(웃음) 그럴 지경이더라고요. 🎧(주308) ● 감동스러운 일도 많았어요. 우리가 유럽 잘사는 나라의 백인들에 대한 인식이 있잖아요. 위생적일 것 같고, 향락적일 것 같고. 근데 국경 없는 의사회 🎧(주309) 그 사람들 너무너무 괜찮은 의사들이에요. 그 사람들도 의사 공부 힘들었을 테고, 더 높은 걸 원할 수도 있을 텐데….

장 : 네.

● 소말리아 난민들. 금세 피난 온 애들은 왜, 사진에서 보시죠? 배가 이렇게, 진짜로 그래요. 바로 뭘 먹이면 안 된답니다. 잘못된대요. 그런 애는 들어도 가뿐해요. 맨 처음 뭐부터 먹이고 그런 걸 그 의사들이 하죠. 전염병 안 돌게 하는 일도 하고, 아이들하고 천막치기도 하고, 그것이 기독교 정신이 아닌가 해요. 성당에 다니는 것도 아니라고 해요. 유럽에 가 보면 성당이 다 닫혀 있지요. 아니 관광 명소죠. 근데 자기보다 못사는 사람에 대한 박애 정신이나, 도네이션은 생활화돼 있잖아요. ● 우리가 왜 어려서부터 유교나 불교를 집에서 종교 의식으로 교육받은 건 아니잖아요. 그렇지만 생활 속에 있기 때문에 내가 천주교 영세를 받았더라도 아이들을 가르친다든가 할 때 유교적인 거, 불교적인 게 더 많아요. 그냥 가정 교육

🎧 (주309)

국경 없는 의사회(Doctors Without Borders, Medecins Sans Frontieres)

응급 구호를 요하는 지역과 전쟁 피해 지역에서의 기본적인 치료, 수술, 병원과 진료소의 복구, 영양 보급 및 공중 위생 프로그램 운영, 의료 요원 교육 등을 위해 설립된 국제 민간 의료 구호 단체로 약칭은 MSF. 1968년 나이지리아 내전에 파견되어 기아로 숨져가는 현지인들의 참상을 목격했던 프랑스 의사들과 1970년 방글라데시 대홍수에 자원 봉사로 구호 활동에 참여했던 의사들이 뜻을 모아 만들었다. '국경 없는'이란 이름은 전쟁 또는 자연 재해가 일어났을 때 MSF는 정치적으로 피해 국가의 영토나 주권을 무시하는 일이 있더라도 인도주의라는 대의에서 인명 구출을 우선으로 한다는 활동 목표에서 나왔다. 국가간 협정의 틀에 묶여 있는 국제적십자사의 한계를 넘기 위해 만들어진 이 단체의 가장 큰 특징은 어떠한 정부나 이념 단체로부터도 도움이나 영향력을 받지 않는 순수 민간 자원 봉사 기구라는 것으로 오직 인류애에 헌신한다는 사명감 하나로 국경과 이념, 종교, 인종의 벽을 넘어 활동해 왔다. 국경 없는 의사회가 줄곧 정치적 중립성을 지키며 인도적 의료 봉사 활동에만 전념할 수 있는 것은 개별 정부의 직접 지원과 군수 산업체 등의 지원은 받지 않고 대부분 개인 기부금으로 운영되는 재정의 독립성과 자율성에서 비롯된다. 1972년 니카라과의 지진 피해 구호 활동을 시작으로 1975년 베트남 전쟁, 1990년 걸프 전쟁에서의 난민 구호 및 이라크, 르완다 등 세계 주요 분쟁 지역에서 인도적 활동을 꾸준히 펼쳐온 공로로 1999년 노벨평화상을 받았다. 스위스 제네바에 본부를 두고 있으며 우리 나라를 비롯한 세계 20여 국가에 사무소를 두고 있다.

🎧 (주310)

남자의 애 보기

> 오냐, 오냐, 괜찮다. 착하지 할아버지하고 놀자. 우리 아기 착하지. 고작 이런 말로 얼러 봤지만 아기는 그의 가슴을 밀치면서 더욱 힘들게 악을 썼다. 금세 아기 목은 쉬고 얼굴은 눈물과 콧물 범벅이 되었디. 맹빔 씨는 신삼이 버쩍 났다. (…중략…) 하룻밤 새에 머리가 하얗게 센다는 옛날 이야기 속에 나오는 짧고도 긴 고난의 시간을 연상하고 치를 떨었다. 어떻게 해서 이 지경이 됐는지 너무 창졸간에 당한 일이라 악몽에 시달리고 있는 게 아닌가 싶다고 했다. 울어서 죽는 법은 없다는 말을 어디서 들은 것도 같았으나 아기는 정말 울어도 너무 울었다. 어느 순간 숨이 꼴깍 넘어가는 게 아닌가 싶게 온몸의 힘을 다해 울고 있었다. 가만히만 있을 수 없어 안고 흔들면서 집안을 몇 바퀴 돌았건만 울음의 기세는 조금도 꺾이지 않았다. 시계를 보니 겨우 오 분이 지나서 열두 시 십 분 전이었다. 울 때는 그저 젖으로 틀어막던 예전 육아법과 함께 우유 먹을 시간이 열두 시라고 일러 주던 딸의 말이 생각났다. 열두 시까지는 아직 십 분이 남았지만 십 분 상관으로 큰일이야 나랴 싶었다. 무작정 울어대는 입을 틀어막을 게 생각났다는 것만으로도 살 것 같았다. (…중략…) 아이는 울컥 목이 메게 우유를 토해내고 나서 더 다급하게 울기 시작했다. 다시 우유 꼭지를 물리려 해도 막무가내였다. 혹시 급한 병이 난 게 아닌가 싶어 가슴이 덜컥 내려앉았다. 머리를 짚어 보니 식은땀이 쪽 흐르는 게 열은 없는 듯했지만 너무 차가운 것도 겁이 났다. 둥개둥개 흔들면서 집안을 뱅글뱅글 돌았다. 흔들 동안만 조금 울음을 그쳤다가 조금만 덜 흔들어도 악을 썼다. 팔이 떨어져나가는 것 같았다. 가슴까지 담이 든 것처럼 결렸다. 겨우 열두 시 오 분이었다. 먹는 건 막무가내니 흔드는 것말고는 달리 재간이 없었다. 국회의원한테 애보기나 하라는 엉터리 같은 발상을 제일 먼저 한 건 만화가일까? 신문 기자일까? 흔해 빠진 칼럼니스트일까? 아무튼 지옥에나 떨어지라는 악담이 저절로 나왔다. ―「애보기가 쉽다고?」(1985년 발표, 『꽃을 찾아서』, 창작과비평사, 1986년판) 중에서.

이었기 때문에요. 그런 게 아닌가 싶어요.

여성 교육의 중요성

🔊 유니세프에서는 엄마들 일깨우는 교육도 꽤 합니다. 엄마들이 어떻게 부업을 할 수 있나, 어떻게 위생적으로 먹일 수 있나, 모자 보건이죠. 에티오피아도 물이 그렇게 귀해요. 우리처럼 플라스틱 통이라도 있으면 좋아…, 여자들이 무거운 통을 뒤에 메고 물을 길러 다니는 데 온종일 걸린대요. 남자가 길면 좋을 텐데(웃음), 그 여자들 계몽도 하고 학용품도 도와 주는 거죠. 저하고 맞는 것 같아요.

장 : 학생 신분이었을 때는 교육받을 기회가 많지만, 실제 엄마가 되었을 때는 교육받을 수 있는 기회가 거의 없지 않습니까, 선생님? 시스템요.

🔊 난 잘은 모르는데 교수 사회도 새 교수를 임명할 적에, 자기들 힘들게 되어 놓고, 먼저 된 여성이 여성을 반대해서 안 되는 경우도 있더라고요. 자질 안 되는데 여성이니까 끌어 주라는 게 아니에요. 몇이서 심사할 적에, 아, 저 여자는 실력은 있는데 어쨌다, 드러나지 않는 뒤를 들추기 때문에 여성 전임자가 없는 게 되레 임용에 편한 적이 있다고 들은 적이 있고요. 그건 딴 데도 전문직의 직장에서 얼마든지 있을 수 있는 일 같아요. 먼저 진출한 여성이 서로 도와 주면 좋겠어요. 🔊 또 여성이 애를 기르면서도 일을 할 수 있도록 탁아소를 둔다든가요. 저는 고 전에도 그런 칼럼 많이 했어요. 교수들이 먼저 해라. 선구적인 제안이었어요. 지금은 많이 이루어졌지만. 특히 여교수가 많은 학교에서 그러면 일석이조, 삼조가 된다. 친정 엄마한테 대개 부탁하더라고요. 친정 엄마 없는 사람은 어떻게 하냐.🎧(주310) 좋은 엄마가 있어서 교수 됐다는 거보다는, 여자 대학에 유아 교육과도 있잖아요, 고용 창출도 되고요. 아침에 애를 거기다 맡기면 점심 시간에 와서 보면 아이들도 좋고요. 그 때 벌써 외국에는 애를 데리고 출근하는 사람도 가끔 있고 그럴 때예요. 다 클 때까지 그러라는 게 아니잖아요. 아주 어렸을 때 수유하는 거라도요. 🔊 그런 사회적인 발언의 욕구가 있지요. 지식인이랄까, 사회에서 어른으로서 할 말이 있잖아요. 사회에 어른이 없으면 안 되거든요.(웃음)

장 : 말씀하시는 게 잘 안 되는 이유 중에 한 가지가 우리 사회에 내적인 부분과 공적인 업무를 분리하는 사고가 있지 않습니까. 학교 근처라고 해도 탁아방에 아

🎧 (주311)

쇠고기 파동

2008년 4월 18일, 한국과 미국은 쇠고기 협상 타결을 통해 미국산 쇠고기를 단계적으로 개방하기로 합의했다. 이전에 광우병 논란으로 미국산 쇠고기 수입을 금지했으나 협상 후 6월부터 사실상 아무런 규제 없는 전면 개방이 승인된 것이다. 게다가 협상은 광우병 발병 가능성이 높은 30개월 이상의 쇠고기까지 수입을 허용해 이에 대한 국민들의 공포는 극대화되었다. 정부는 광우병에 대한 우려가 과장되었다고 설명했고 여러 후속 대책들을 마련하려 했으나 반대 여론은 극심했다. 전국적으로 미국산 쇠고기 수입을 반대하는 대규모의 촛불 집회가 열렸고, 이에 대해 대통령이 대국민 사과를 하는 등 정부는 막대한 사회적 비용을 내며 문제를 수습해야 했다. 하지만 이후 미국과의 협상 내용엔 변화가 없고, 미국산 쇠고기는 여전히 대부분의 국민들에게 불편한 선택이다.

이를 데리고 오는 것에 굉장히 거부감이 있거든요. 쉽게 깨지지 않는 것 같아요.
● 대학에 얼마나 건물이 많아. 아이고, 쓸데없는 건물도 많이 지어 놓고, 초등학교도 그렇잖습니까? 학교 안에 [교실에서] 조금 떨어진 데 둬도, 요샌 학생도 많이 줄고요. 그 전에는 의무적으로 간호 선생이 있지 않습니까? 보모 선생도 얼마든지 있을 수 있지요. 남자 선생이 애를 데려와도 될 일이라고 나는 생각을 해요. 자기의 와이프가 챙길 수 없을 수도 있고, 와이프가 없는 선생도 있을 것 같애.(웃음)

원로의 사회 참여와 갈등

장 : 존경하고 따르고 싶은데 어른들께서 점잖게 물러나 계시는 것 같기도 해요. 선생님도 그러시지만 사회에서 원로나 지도층이 해야 될 사회적 역할이란 뭘까요?
● 글쎄, 자기의 경험이 아직도 유효한 부분이 많습니다. 저는 쇠고기 파동 🎧 (주311) 있을 적에도… 왜 처음 할 적에는 귀여웠잖아요, 참, 축제 분위기 같고 저런 방법으로 정부의 하는 일에 제동을 가할 수도 있겠구나, 정부의 반성을 촉구할 수 있구나. 근데 그것이 과도한 욕구가 될 적이 있어요. 방송에서 비쳐 주는 거 볼 때, 저건 아이들의 욕구가 아니라 어떤, 급진적인…[성향이 있어요]. ● 나는 항상 진보적인 입장을 취해 왔고, 노무현 막 탄핵받을 때도 그것까지는 안 했으면 좋겠다 했지만…. 우리 늙은 사람은 이게 있어요. 그 전에 부정 선거도 많이 겪었고 해서, 자유로운 선거에 의해서 정권이 바뀌고, 지금처럼 나가서 데모도 하고 발언할 수도 있는 게 고마운 거예요. 그런데 그 욕구가 지나치면 우리 같은 사람은 걱정이 되는 거예요. 떠엎으려는, 혁명까지 가려는 [느낌요]. 독재 시대, 6·25 때 겪은 게 있잖아요. 근데 요샌 있잖아요, 보수 꼴통이라고. ● 두려워서 말을 못하는 거예요. 난 양쪽 날개를 나눈다는 말이 참 옳은 말 같애요. 오른쪽일 때는 너무 왼쪽 날개를 치라고 그러고 [하는데] 음, 양쪽이 다 발언하고 [하면 좋겠어요]. 집안에서도 노인네에게 귀 기울이면 들을 게 많아요. 마찬가지로 노인들로서는 거기 가서 데모를 한다는 게 얼마나 굉장한 용기예요? 진보적인 신문 같은 데서 그렇게 몰아붙이면 안 되지요.

🎧 (주312)

이이화(李離和, 1936년~)

역사학자. 주역의 대가인 야산 이달(李達)의 아들로 대구에서 태어났다. 1945년부터 아버지를 따라 대둔산에 들어가 한학을 공부하다가, 16살 때 가출하여 고학으로 광주고등학교를 졸업하고 서울 서라벌예대 문예창작과에 들어갔다. 김주영, 천승세, 이근배 등과 어울리던 문학 청년이었다가 한국학에 매력을 느껴 중퇴했다. 관학적 사학계에서 눈길을 돌리지 않았던 민족사, 민중사를 복원하고, 오늘의 관점에서 역사 인물을 재평가하고자 했으며, 쉬운 문체로 역사의 대중화에 공헌했다. 민족문화추진회, 서울대 규장각 등에 봉직하고, 역사문제연구소 소장, 『역사비평』 편집인, 서원대 석좌 교수를 지냈다. 동학농민전쟁 100주년 사업을 주도했다. 현재 동학농민혁명기념재단과 고구려역사문화보전회 이사장을 맡고 있다. 22권의 방대한 분량으로 저술해 낸 우리 나라 통사『한국사 이야기』를 비롯해『동학농민전쟁 인물열전』, 『이야기 한국 인물사』등 수많은 저서가 있다. 만화, 그림책 등 어린이와 청소년을 위한 한국사 책을 계속해서 쓰고 있다.

📖 이이화 선생이 화곡동 주공아파트 살 때『뿌리 깊은 나무』에 다니던 딸애가 다리를 놔주어 그에게 한문을 배우러 다닌 적이 있다. (…중략…) 그 때 교재는『소학(小學)』이었는데 오십을 지척에 둔 나이에 소학을 배운다는 부끄러움도 잊은 채 공부 재미와 선생이 만들어내는 독특한 분위기에 푹 빠졌던 것 같다. / 내가 보문동에서 잠실 장미아파트로 이사 간 지 얼마 안 되어 이 선생 댁도 같은 단지로 이사를 오게 되어 피차 생활의 변화로 중단되었던 한문 공부가 다시 이어졌다. 장미아파트 시절의 교재는『맹자(孟子)』였다. 초등학교에서 중학교로 진학한 것처럼 으쓱한 기분이었다. 그러나 이 선생의 잠실 생활은 오래 가지 않았다. 지금 살고 있는 구리의 아치울마을에다 땅을 사 집 짓고 이사를 하게 되었다. (…중략…) 선생을 아치울까지 따라다니면서 한문 공부 한 보람이 있었다면 그 마을에 반해서 나도 집을 한 채 장만한 일이 아닌가 싶다. (…중략…) 지금처럼 중국 여행이 자유로워지기 전인 1991년, 그와 함께 중국을 여행한 적이 있다. 그 때도 그는 가족을 위해 작은 선물 하나 살 줄 모르면서 부인이 애써 마련해 준 용돈의 태반을 조선족 학술 단체에다 털어 놓고 돌아왔다. 조금 더 생색을 내면서 줄 수도 있는데 그는 결코 그러지 않았다. 그와 함께 압록강 유람선을 탔을 때였다. 유람선이 신의주에 최대한으로 가까이 가서 강변으로 소풍 나온 북한 사람들과 지호지간이 됐을 때였다. 그가 뱃전에 엎드려 흐느끼기 시작했다. 그는 아주 작고 마른 사람이다. 고향이 북한도 아닌 그의 깡마른 어깨가 복받치는 오열로 걷잡을 수 없이 요동치는 걸 보면서 고향을 북한에 둔 나는 표정 관리도 제대로 되지 않아 머쓱해질 수밖에 없었다. 그는 이름 없는 백성들이 영문도 모르는 채 삼지 사방으로 찢기는 분단의 고통을 온몸으로 체험하며 견딜 수 없어 하고 있었다. 그건 바로 그의 역사하는 태도가 아닐까. ― 수필「평범한 기인」(『호미』, 열림원, 2007년판) 중에서.

고구려역사문화보전회와 토지문화재단

장 : 선생님께서 고구려역사문화보전회에도 적을 두고 계신데요.

🯄 그건 여기 사니까. 이이화(李離和, 1936년~)🎧(주312) 선생님이 여기 사시고. 🯄 이런 지방 소도시에서도 자꾸 뭘 할려고 그러잖아요. 여기다 무슨 공장을 유치하고 학교 유치하고 그래서 자연을 파괴하는 건 싫습니다. 저 위에 고구려 유적이 있답니다. 저도 가 봤어요. 고려성터라고 고구려가 여기까지 내려와서 최후까지 싸운 터전이고, 여기서 나온 문화재가 많아요.🎧(주313) 옛날에 싸웠던 기구들이요. 지금은 서울대 박물관에 보존이 돼 있습니다. 전시회 할 때 가 봤는데, 제가 연변에서 가는 어디…서 본 고구려 문화 유산하고 너무 비슷해요. 온돌의 자취도 있습니다. 🯄 구리시에서 그걸 보존할려는 거지요. 여기 아차산에 많으니까요. 제가 다른 거는 도와 줄 수 없지만 거기 찬동한다는 뜻으로 고문 정도는 좋은 거 같애요. 어디다 박물관이라도 만들려면 돈이 많이 들 테니까요.

장 : 그런 활동에 찬성한다는 의미로 직함을 수락하신 거네요.

🯄 그렇지요. 내가 적극적으로 도울 만큼은 아는 게 없어요.

장 : 그 밖에 선생님께서 하시는 대외 활동은 어떤 게 있나요?

🯄 거 말고는 없는데.

장 : 직함으로는 없더라도 개인적으로 활동하시는 것이 있으신지요?

🯄 그거야 토지문화재단 내가 이사지요.(웃음)

장 : 네. 토지문화재단에서는 이사로서 어떤 일을 하시는가요?

🯄 아휴, 앞으로 제가 어떤 역할을 해야 될지는 모르겠어요. 전에는 박경리 선생님 이사장님이었고 그 분이 거기 사시면서 다 하니까요. 그냥 일 년에 한 번 이사회에 가면, 원주시, 서울의 문화 예술 기관, 그런 데서 도움을 주고 또 그 자체 내에서도 세미나 할 때 약간의 수입, 이런 걸 갖고 거기 와서 글쓰기 사람들 완전히 거저로 해 주니까, 모자란 건 선생님이 인세를 털으셨어요. 집 지을 때도 그렇고 직원들도 있으니까요. 어떻게 사재가 들어가고 어떻게 원조〔받았는지〕 운영에 대해서죠. 저는 선생님이 옆에 앉아 있으면 힘이 돼 하시니까 했던 거지요.

🎧 (주313)

아차산성

서울 광진구와 구리시에 걸쳐 있는 아차산은 예로부터 한강과 서울 일대를 차지하기 위한 전략적 요충지였다. 475년에 고구려의 장수왕이 백제의 개로왕을 죽인 아단성(阿旦城)이 아차산성의 옛 이름으로 여겨진다. 이로써 고구려는 한강 이남까지 점령할 수 있었다. 온달 장군이 신라군에 죽임을 당한 곳도 아단성이다. 1998년부터 아차산성의 제4보루부터 각각의 보루들이 발굴, 조사되었고 성벽과 온돌, 집수 시설을 비롯해 고구려 관직명이 새겨진 토기와 철제 갑옷 등 고구려군의 주둔 흔적이 확인되었다. 이 때 수습된 유물들은 서울대학교 박물관에 보관되어 있고, 아차산성은 2004년 사적 제455호로 지정되었다.

🎧 (주314)

권옥연(權玉淵, 1923~2011년)

함남 함흥에서 태어났다. 도쿄와 파리에서 수학하고, 《국전》과 《살롱 도톤느(Salon d'Automne)》 등의 국내외 공모전에서 여러 차례 수상했다. 1950년대 파리 유학을 계기로 풍경, 인물 작업에서 추상 작업으로 전환했다. 기호의 이미지화, 한국적인 이미지 등을 추구했다. 1983년 대한민국 예술원 회원으로 추대되고, 1986년 예술원상을 수상했다. 무대 미술가 이병복이 부인이다. (☞ 미술 작가 500인 da-arts.knaa.or.kr/blog/kwonokyoun.do 참조).

🎧 (주315)

이준(李俊, 1919년~)

경남 남해 출생으로 일본 다이헤이요 미술학교에서 수학했다. 1953년 제2회 대한민국미술대전 대통령상을 수상한 이래 국전이 없어질 때까지 한 해도 거르지 않고 출품하는 등 주로 아카데믹한 미술전에서 활약했다. 1955년부터 이화여대 미술대학 교수를 지냈다. 1957년에 창작미술협회에 참가하면서 추상 작품을 발표하기 시작했고, 기하적으로 분할한 화면을 서정적 색감으로 채운 색면 회화 작업을 꾸준히 했다. 1988년 서울 올림픽 세계 현대 미술제 운영 위원장을 맡는 등 국가적 규모의 여러 미술 행사를 이끌었고, 2003년부터 2007년까지 예술원장을 지냈다. 은관문화훈장을 수훈했다.

🎧 (주316)

김수용(金洙容, 1929년~)

경기도 안성에서 태어났다. 안성농업학교와 서울교육대를 졸업했다. 1958년 영화 〈공처가〉로 감독으로 데뷔한 뒤, 신상옥, 유현목 등과 함께 1960년대 한국 영화 전성기를 이끈 감독으로 평가받는다. 고영남 감독(총 111편)에 이어 두 번째로 많은 작품을 연출했다. 오영수 원작의 〈갯마을〉, 김승옥 원작의 〈안개〉, 차범석 원작의 〈산불〉, 김유정 원작의 〈봄봄〉, 박경리 원작의 〈토지〉 등 문학 작품들을 뛰어난 영상미로 영화화했다. 그 외 이만희 감독 작품을 리메이크한 〈만추〉(김혜자 주연)와 〈어느 여배우의 고백〉 등의 작품이 있다. 〈안개〉로 1967년 대종상 감독상과 아시아 영화제 감독상을 받았고, 이후 여러 영화제에서 수상했다. 영상물 등급 위원회의 초대 위원장을 지냈다.

예술원 활동

장 : 예술원 회원이시기도 한데요, 예술원 회원으로서는 어떤 일을 하시나요?

● 그것이… 제가 되고 나서 보니까 좀 모호해요. 대개 현역으로 일하는 분보다도 많은 것들을 이룩한 분들이시더라고요. 편찮으신 분도 많고요. 한 번도 못 뵌 분도 있어요. 병석에 있어서 못 나오신다든가 해서요. ● 문인으로서의 위상을 지킨다든가, 존엄성을 지켜야 한다는 문제 같은 게 있겠지요. 한 가지 발언을 하더라도 신중을 기해서 책임 있는 말을 해야 하고요. 문학이면 문학 발전을 위해서 뭔가를 하고, 문학의 위신을 지켜야 되는 게 아닌가. 문단이 속화돼 가는 경향도 있는데, 자기 글이 잘 안 읽히더라도 중심을 잡는 일을… 상업적인 걸 조금 자제하고 그래야 하지 생각을 합니다. ● 회원들끼리는 자주 만나는 편이죠. 물론 친목회는 아니고. 새로운 회원을 뽑을 때, 사업을 할 때, 문집을 간행하거나 상을 줄 때도요. 거의 분과끼리 모입니다.

장 : 다른 분과 분들 중에 가깝게 교류하시는 분들도 있습니까?

● 다른 분야 분들은 전체 회의가 있을 적에 보죠. 대개 전체 회의는 여러 분과에서 큰 상을 준다, 또 신입 회원을 뽑아서 인준할 때요. 다른 분야 회원은 잘 모르겠는데, 동창이었던 이경숙이 음악 분과에 있고, 제가 좋아하는 화가들, 권옥연(權玉淵, 1923~2011년) ●(주314) 선생, 이준(李俊, 1919년~) ●(주315) 씨, 그런 분들 뵈면 반갑죠. 영상 분과는 지금도 아마 김수용(金洙容, 1929년~) ●(주316) 감독이 회장인 것 같애. 자연히 뵐 기회가 생기게 되지요. 학술원은 또 따로 있으니까요.

장 : 문단의 어른으로서 새내기 문학가들과의 만남도 가지시나요?

● 저는 거의 안 나가서 모르겠네요.

장 : 지금까지 선생님께서 출생에서부터 현재까지 말씀을 해 주셨습니다. 부족한 부분 제가 충분하게 이끌어내지 못해서 죄송합니다. 긴 시간 동안 감사합니다.

● 이상한 건 다 들어내세요.

예술사 구술 총서 〈예술인·生〉
005
박완서

제09장

집으로 더듬어 보는 작품의 궤적

이상향을 상실함 | 얼굴의 집에서 숫자의 집으로 | 되찾은 꽃밭 | 무너진 고가 | 대문을 똑바로 마주하며 | 서울의 한옥 | 새끼를 깔 둥지 | 그 남자네 집

(014)

숙명여고에 갓 입학했을 때, 아직은 앳된 얼굴. 1944년.

최성실 : 예술위원회 오다 보니까 감나무가 참 많아요. 결실의 계절에 한국 문학의 한 획을 긋고 계신 박완서 선생님 모시는 자리를 마련하게 되어서 저 스스로도 영광스럽습니다. 선생님께서 개인적으로 영상 기록을 남기는 작업이기도 하지만 여러분도 같이 호응하면서 듣다 보면 올 가을에 뿌듯한 마음의 여유로움이 생기시지 않을까 합니다.

🌸 저는 제 육성을 남겨 놓고 싶다고 하길래, 제 작품 중에서 스스로 생각해도 문장을 참 잘 썼다 하는 것을 주최 측에서 골라 줘서 제가 육성으로 낭독만 하는 건 줄 알았어요. 그런데 그것이 아니고 제 작품 세계를 대강 더듬어 가야 될 것 같구, 저보고 선택을 하라는 거예요. 그래서 이것을 내가 회심의 명문을 선택하는 것보다는 제 작품 세계의 특징이랄까, 이런 것을 짚어 가는 것이 옳을 것 같으다. 🌸 근래에 제가 『그 남자네 집』이라는 책도 냈구, 또 『그 여자네 집』두 있고, 저에게는 집의 이미지가 많아요. 『나목』에도 그런 것이 나오고, 『그 많던 싱아는 누가 다 먹었을까』는 거의 자전적인 소설인데, 제 정신 속엔 저를 거쳐 간 문화적 충격 같은 게 아직도 잔재로 남아 있습니다. 제가 세 권의 책을 선택을 했는데, 제가 이 책이 나온 순서와는 다르게, 제 삶을 더듬어 가는 궤적을 급하게나마 뽑았어요.

이상향을 상실함

🌸 저는 아주 시골 구석에〔서 난〕 전형적인 농경민의 딸입니다. 우리 할머니 같으면, 한 오백 년 전에도 비슷하게 살았을, 모든 의식주를 그 마을 안에서 해결할 수 있는 데로 시집 오셔서 거기서 사시다가 거기서 돌아가셨어요. 저는 거기를 이어받아 가지고 여덟 살까지 살다 돌연 도시로 왔어요. 그 충격은 지금까지도 남아 있습니다. 그래서 제일 처음에는 도시로 나왔을 때의 놀라움, 그것이 비교적 유년기의 추억 중에 강하게 남아 있습니다. 🌸 우리 집에서 개성까지는 고개가 한 네 개가 있어요. 근데 맨 마지막 고개를 농바위고개라 그래서 가장 큰 고갭니다. 고개 정상에 올르면 발 아래로 개성이라는 도시가 펼쳐집니다. 그 때 충격을 쓴 겁니다.

🔷 발 아래 생전 처음 보는 풍경이 펼쳐졌다. 말로만 듣던 송도였다. 나는 탄성을 질렀다. 은빛으로 빛나는 아름다운 도시였다. 길도 집도 왜 그렇게 새하얗게만

🎧 (수317)

고향으로부터 도시로, 그 실낙원의 기록

📖 『엄마의 말뚝 1』에서 박적골이 차지하는 비중은 크다. '나'에게 있어 '박적골'은 "꿈의 고장이요, 기억 속의 낙원"이기 때문이다. '나'는 어머니의 강요에 의해 피동적으로 도시에 끌려 오기 때문에 고향 상실에서 오는 충격은 너무나 엄청나다. 그래서 이 소설은 '나'의 실낙원의 기록이 된다. 박적골은 그녀에게 있어 어머니의 자궁과 같은 곳이다. 한 번 떠나면 다시 돌아가는 일이 불가능한 영원한 복지(福地)…. 그래서 그 곳을 향한 갈망의 씨는 평생 버리지 못한다. 그러나 그것은 어디까지나 주인공의 의식의 내면에서 일어나는 갈망일 뿐 씨는 다시는 고향을 되찾지 못하고 마는 것이다. 박적골 다음에 나오는 지명은 '송도'이다. 송도는 박적골과 서울의 중간에 위치하고 있는 통과 지점이다. 지리적으로는 고향과 서울의 중간에 자리하고 있지만, 주인공의 의식 속에서 송도는 서울과 동질성을 지니는 고장으로 분류된다. 서울과 송도는 모두 '대처'인 것이다. ― 강인숙, 『박완서 소설에 나타난 도시와 모성』 중에서.

📷 (015)

결혼식 기념 사진. 1953년.

서울 소공동의 고급 중국 음식점 아서원을 빌려 한 결혼식은 당시로서는 피로연을 곁들인 호화판이었다.

보이던지. 나중에 안 것이지만 송도고보, 호수돈여고를 비롯한 신식의 큰 건물들은 모두 화강암으로 지었고 토질도 사질이어서 길이나 바위가 유난히 흰 게 개성 지방의 특징이었다. 사람이 저렇게도 살 수 있는 거로구나. 나는 벌린 입을 못 다물고 그 인공적인 정연함과 정결함에 오직 황홀한 눈길을 보냈다. 그 때였다. 네모난 건물 한귀퉁이에서 눈부신 불덩이 같은 게 이글거리는 게 내 눈을 쏘았다. 여태껏 내가 본 어떤 빛하고도 달랐다. 불길이 치솟지는 않았지만 불길보다 더 강렬한 빛이었다. 나는 두려워하면서 엄마에게 매달렸다. 엄마는 바보처럼 굴지 말라고, 저건 유리창에 햇빛이 비친 거라고 말했다. 그리고 보니 해하고 뭐하고 부딪혀 박살이 난 것 같은 빛이었다. 엄마는 내가 유리창을 못 알아듣자 송도나 서울 같은 대처에서는 집집마다 유리로 들창을 만든다고 했다. 박적골 집에도 유리로 만든 게 있긴 있었다. 어른들은 정종병이라고 했는데 유리로 된 투명한 병을 툇마루 밑에다 두고 석유 초롱에서 석유를 조금씩 덜어다 두는 데 썼다. 그렇게 비치는 걸로 들창을 만드는 집에서 사람이 살다니 신기하고도 불안했다. 아까 송도를 보고 처음 느낀 황홀감도 반은 실은 불안감이었다. 나는 농바위고개 위에 서 있는 게 아니라 전혀 이질적인 두 세계의 경계에 서 있는 것처럼 느꼈다. 미지의 세계에 덮어놓고 이끌리면서 한편 뒷걸음질 치고 싶었다. 가슴이 두근대는 소리가 들리는 것 같았다. 그것은 내 마음 속에서 평화와 조화가 깨지는 소리였고 순응하던 삶에서 투쟁하는 삶으로 가는 갈림길에서 본능적으로 감지한 두려움이었다. 🎧(주317)

🌑 이게 제가 대처라는 걸 처음 보면서, 그 송도라는 아름다운 도시를, 아, 이렇게도 사는구나 그리고 놀라워했던 거예요. 그런데 엄마하고 기차를 타고 서울에 와서 정착한 집은 아주 빈민굴이었어요. 그건 다 생략하겠습니다. 그 무악재고개 밑이라고 했는데 현저동, 서울 외곽의 변두리에서, 거기서두 셋집에 살 때의 놀라움이 고 다음에 나옵니다. 제가 서울에 와서 가장 괴로웠던 거는, 여기 제가 생략하고 읽겠지만, 아까 조화가 깨졌다고 그랬는데요. 제가 지금까지도 이상향으로 생각하는 박적골의 삶이라는 거는 자연에 의지해서 살고 서로 아주 자연 친화적인 동시에 그냥 자연에서 나는 걸로 뭐든 다 해결할 수 있었고 돈이라는 것도 몰랐고요. 제가 도시에 와서 제일 놀란 건 사람이 사는데 빈민이 사는 데가 있고 부자가 사는 데가 있다는 거, 또 번지수가 있어야 집을 찾는다는 게 가장 놀라웠습니다.

(016)

결혼한 그 해, 충신동 집에서 시어머니와 함께. 1950년대 중반.

(017)

큰딸 원숙을 안고. 1954년.

얼굴의 집에서 숫자의 집으로

❧ 그 때 그게 지금까지도 저한테 [남아 있는데] 서울에 오니까 숫잘 외워야 되는 게 많아요. 저는 밖에 나갔다 돌아오면 내 집을 잊어버릴 수도 있다는 걸 이해를 못 했어요. 시골은 집마다 다 표정이라는 게 있고 우체부도 다 그냥 오지, 마치 엄 말 보면 엄마라고 알고 이웃집 사람을 보면 아는 것처럼, 사람처럼 그렇지. 집을 번지수가 있어야 찾는다는 거, 똑같은 집이 누구네 집인지 모르게 다닥다닥 붙어 있다는 걸 이해를 할 수가 없었고, 그게 계속해서 저에게 아주 굉장한 스트레스를 줬어요. 그게 제게 남아서 지금까지도 숫자에 대한 스트레스가 많아요. ❧ 우리 어머니는 빈민굴에 살면서도 또 좋은 핵교를 보내고 싶어서 부자 동네로 저를 옮기고, 그럼 그 집 주소도 알아야 되고, 이 집 주소도 알아야 되고. 번지수도 몇 번지에 몇 호, 또 학교도 몇 학년 몇 반 몇 번. 이런 게, 아 저는 나중에 공부도 잘했고 수학을 못한 것도 아닌데, 그 수를 외우는 게 지금도 잘 안 됩니다. 어려서 너무 스트레스를 받았어요. 여섯 자리나 되는 데다가 다른 주소를 헷갈릴 거 같아 늘 조마조마하구, 내 집을 잊어 버리면 어떻게 하나, 사람이 집을 잊어버릴 수 있는 세계로 벨안간 던져졌다는 게 저에게는 굉장한 충격이었고, 그런 것이 제 다른 소설에서도 집과 동네를 묘사하는 데 많이 나옵니다. 그래서 내 소설에서 집의 변천사를 다뤄 보기로 하고 주로 집과, 동네에 관해서 골라서 읽는 것으로 정했습니다.

❧ 줄기차게 우리를 따라오던 네 줄의 전찻길이 끊긴 지점에서 엄마는 골목으로 접어들었고 골목은 꼭 곧 깎아내린 듯한 층층다리로 변했다. 집들도 층층다리처럼 비탈에 다닥다닥 붙어 있어서 곧 쏟아져내릴 것 같은 이상한 동네였다. 층층다리 양쪽도 다 그런 집들이었다. 집집마다 널빤지로 된 일각 대문은 있으나 마나 하게 살림살이를 거리로 발랑 드러내고 있었다. 오줌과 밥풀과 우거지가 한데 썩은 시궁창 물까지 층층다리 양쪽 가장자리에 파인 데를 흥건히 적시고 있었다. 사람들이 겨우 비비고 지날 만한 실 같은 골목을 한참이나 더 꼬불대며 오르다가 다시 첫 번째 층층다리보다 더 불규칙하고 가파른 오르막길을 만나고 그 중간에 비켜선 층층대 위 초가집 앞에서 엄마는 비로소 걸음을 멈추었다. 그 동네에서 초가집은 드물었다. 그 초가집이나마 우리 집이 아니었다. 엄마는 그 집 문간방에 세 들어 살고 있었다. 작은 쪽마루가 달린 문간방은 옹색하고 을씨

신혼 시절 남편과 함께. 1950년대.

년스러웠다. 사슴, 거북, 불로초 따위를 울긋불긋 원색적으로 그린 종이로 싸 발라 놓은 반닫이가 유일한 세간이었다. 우리집 여자들은 들일을 안 하니까 옷장에 걸레질 칠 시간이 많아서 그랬겠지만 시골 집 윗목의 장롱들은 유난히 반질반질했다. 할머니가 시집오실 때 해 가지고 오셨다는 삼층장은 백동 장식이 떨어져 나가 문짝을 건성으로 붙여 놓았건만도 나뭇결은 깊고 은은한 윤기를 지니고 있었다. 장롱이 있는 윗방 한귀퉁이에 있는 배가 부르고 목이 긴 촛병은 또 얼마나 보기에 좋았던가. 불투명한 청회색 병에 너무 오래 초만 담아 놓아 독한 신 기운이 배어나와 얼룩이 진 게 자연스러운 무늬처럼 보였다. 뒤란의 터주 자리와 함께 윗방의 촛병은 나에게 신령한 그 무엇이었다. 약주술이나 막걸리 같은 게 남으면 거기다 부어서 초를 만드는 것 같았는데 작은 나방이 날아 나올 때도 있었다. 할머니는 우리 집 초맛이 동네에서 제일 간다고 그 촛병을 아주 소중하게 여겼지만 누가 초를 좀 달라고 하면 우리 촛맛이 따라가면 어떡하냐고 안 주셨다. 아주 엄숙하게 그렇게 말하셨기 때문에 인심이 나쁘다는 생각은 안 들고 그 안에 신비한 힘이 깃들여 있는 것처럼 여기게 했다. 모가지가 긴 촛병과 나뭇결이 고운 장롱과 이 조화롭던 윗방을 잃어버린 낙원의 한 장면처럼 가슴 뭉클하게 떠올렸다. 천 년을 내려온 것처럼 안정된 구도에 익숙해진 나의 심미안에 조악한 원색으로 처바른 반닫이는 너무도 생급스러웠다.

되찾은 꽃밭

● 이제 그런 셋방에 살다가 엄마가 굉장히 무리를 해 갖고 처음 집을 장만했을 때 얘깁니다. 우리 어머니란 분이 현명하셨는지 암튼 거기서 이렇게 아주 쪼끄만 집을 장만했는데도, 제가 너무 시골 집에 연연해서 저에게 아주 어렵게 꽃밭을 만들어 주셨어요. 그런 얘깁니다. 고 다음은 좀 길 것 같은데, 서울에서 어머니가 처음 장만한 집이고 저도 학년도 좀 오르고 그랬을 땝니다.

● 마당이 괴불처럼 세모였기 때문이다. 우리는 다 같이 그 집에 만족했고 또한 사랑했다. 오빠는 건넌방을 혼자 쓸 수 있었고 문간방은 세를 주었다. 기역 자 집의 양끝인 건넌방과 대문간을 직선으로 이으면 마당이 삼각형이 된다. 집이 들

(019) (020)

충신동 시절. 1953~1961**년.**

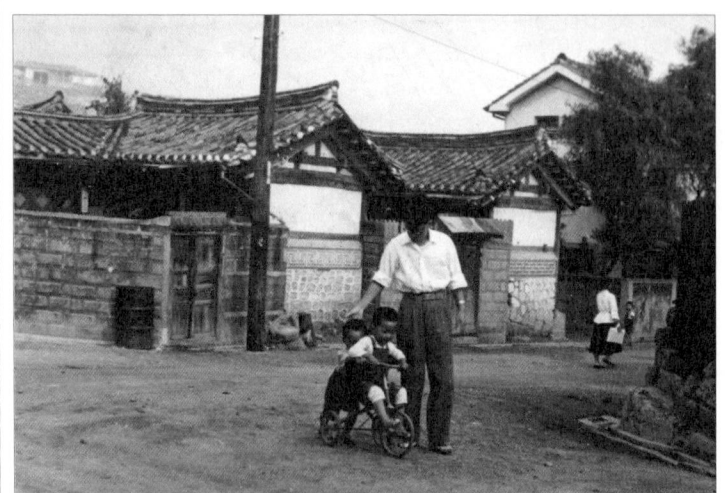

남편은 결혼식뿐만 아니라 신접 살림에도 최고의 정성을 들였다. 서울시 종로구 충신동 62번지의 1. 이 18평짜리 한옥은 전후 당시의 허다한 무허가 집들 사이에서 제법 말쑥했다. 그 집에서 1961년까지 살았고, 네 딸을 낳았다.

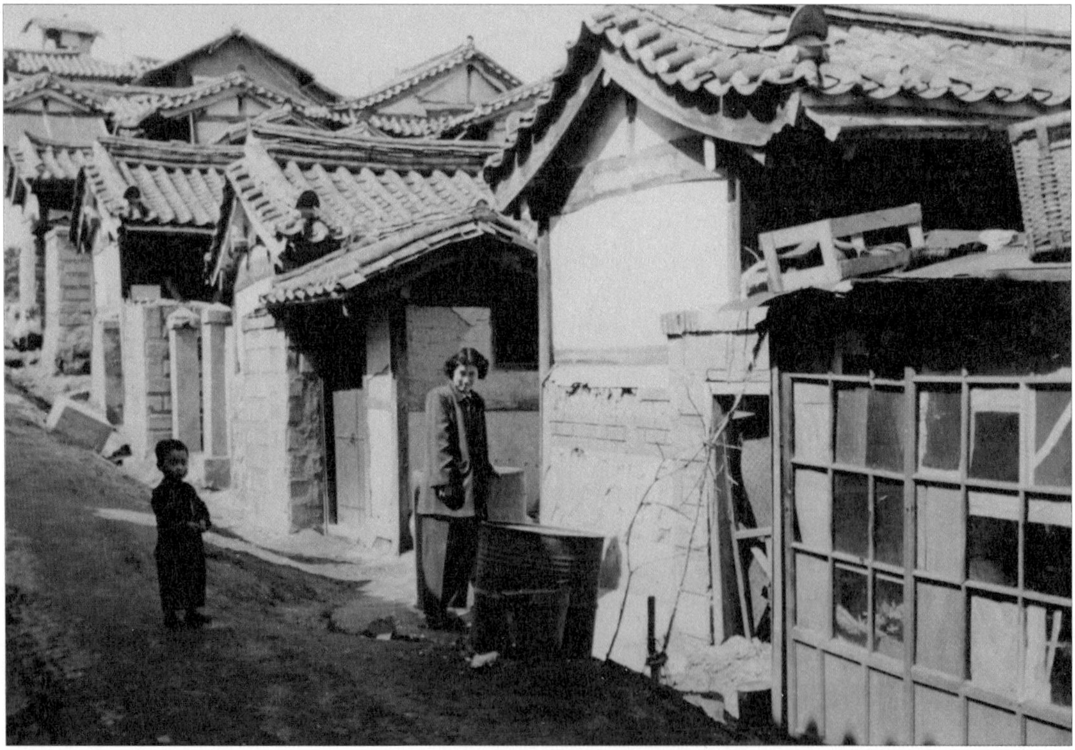

어앉지 않은 삼각형의 한쪽 벽은 높은 축대고 축대 밑은 아랫집 뒤끝이었다. 엄마는 축대 밑에 있는 집에 양해를 구하고는 우리 마당을 추녀처럼 그 뒤란으로 내몰았다. 그리고 늘어난 마당을 꽃밭으로 만들었다. 밑에 집에선 뒤꼍에 지붕이 생겼다고 좋아했고 나는 꽃밭을 가질 수 있어서 좋았다. 나무로 기둥을 세우고 널빤지를 깔고 흙을 부운 꽃밭에서도 분꽃과 금잔화가 어찌나 잘 피었는지 볼 만했다. 가을에 고사도 푸짐하게 지내 이웃과 넉넉히 나누어 먹었다. 세 살던 집보다 더 꼭대기였지만 엄마는 이사 간 동네를 마음에 들어 했다. 나가 놀지 말라는 소리도 안 했다. 엄마가 진저리를 치면서 싫어한 것은 안집 사람과 안집에 사는 방법이었지 동네 사람 다는 아니었나 보다. 괴불 마당 집 바로 앞집은 구장 집이었는데 집도 반듯하고 화초를 많이 길렀다. 특히 옥잠화가 여러 분이어서 꽃이 피어날 어스름녘이면 감미로운 향기가 우리 집까지 끼쳐 왔다. 골목이 좁고 다들 대문을 열어 놓고 살 때였으니까. 우리는 그 집을 구장집이라 부르지 않고 옥잠화집이라고 불렀다. 그 집엔 나보다 두 살 위인 언니도 있어서 옥잠화 알뿌리를 몇 번이나 우리에게 찢어 주었지만 우리 집에선 그게 잘 되지 않았다. 우리 다음 집은 일각대문집이라고 불렀다. 엄마는 옥잠화집하고도 일각대문집하고도 친했다. 방세도 들어오고 오빠가 월급도 많이 타 와 엄마는 삯바느질을 덜했다. 오빠 몰래 엄마의 솜씨를 꼭 원하는 사람한테만 해 주는 것 같았다. 오빠의 효성이 지극해서 엄마가 남의 바느질을 하는 것만 보면 슬픈 얼굴로 골을 냈다. 내 집에서 산다는 것과 월급을 타서 한 달을 살게 하고 식구끼리 화목한 것이 얼마나 좋은 건지 어린 마음에도 느껴졌다. 비록 현저동은 못 면했지만 정신적으로나 물질적으로나 도시 생활에 적응하고 조화를 이루기 시작한 시기였다. 방학을 하기가 무섭게 시골로 내려간 건 전과 다름 없었다. 귀향을 앞두고는 가슴이 설레고 방학 내내 서울서 밖에 지낼 수 없는 서울내기를 참 안됐다고 여기는 것도 여전했다. 그러나 시골에 눌러 앉아 살래면 못살 것 같았다. 침침한 등잔불이 제일 갑갑했다. 개학해서 서울로 돌아올 때면 대낮 같은 전깃불이 반가워 고향의 싱그러운 풀 냄새를 맡을 때 못지않은 기쁨을 맛보았다. 취직한 오빠는 방학 동안 서울에 혼자 남아 숙부네서 출퇴근을 했다. 숙부는 험한 고생 끝에 남대문 통에 자기 가게를 가질 만큼 돈을 모았다. 그래서 우리가 집 살 때도 적지 않은 돈을 돌려 줄 수가 있었던 것이다. 생선 도매상에 다닐 때의 연줄인지 숙부와 처음 시작한 장사는 얼음 장사였다. 깨끗한 식료품상이 밀집한 상

(021)

도봉산 계곡 피서. 1950년대 후반.

큰딸 원숙과 함께. 당시엔 산에 놀러갈 때에도 한복을 입었다.

가에서 숙부네 얼음 가게는 늘 바쁘고 활기에 넘쳤다. 숙부네를 놀러 갈 수 있었던 것도 서울 생활의 즐거움 중의 하나였다. 숙부네는 그 때까지도 아이가 없어 우리 남매에 대한 애정이 극진했다. 방학 해서 시골 갈 때도 먼저 숙부한테 통신문을 보이고 칭찬도 받고 기차에서 먹을 것도 듬뿍 받았다. 내 성적은 삼사학년이 될 때까지 중간에서도 약간 처지는 편이었다. 그러나 숙부 또한 국어 산수만 잘하면 창가나 체조는 못 할수록 좋다는 엄마의 통신문 보는 법을 무조건 따랐기 때문에 조금도 기죽을 필요는 없었다.

● 아마 제가 서울 와서도, 지금은 서울에 여러 사투리 섞여 사는데, 옛날 서울 토박이들은요, 문안이라는 중심이 있구요, 문안이라는 중심에 양반들이 쓴 말, 종로 거리의 주민들이 쓰는 말, 개성 출신인 우리는 잘 몰라도 우리 어머니는 서울 근교 사람이라 그걸 의식해요. 또 우리 어머니는 변두리에 사니까 집에 대한 독특한 게 더 있어요. 셋방을 살면 안집 애가 있잖아요. 안집 애한테 매를 맞아도 대항을 못 하잖아요. 그러니까 안집 애하구 놀지 말아라. 안집 애하구 싸운 게 계기가 되어서 무리를 해서 집을 삽니다. 집이라는 게 지금 아파트 이상으로 중요한 것이지요.

무너진 고가

●『나목』이 제 처녀작인데요.『나목』의 남자 주인공이 옥희도 씨라고 나오는데 그 분이 박수근 화백이지요. 그 분하고 저하고 미군 PX에서 같이 일한 적이 있어요. 아주 저 이후에 행복한 시길 보내다가 제가 대학 들어가던 해에 6·25가 났습니다. 거기에 6·25 때 상처받은 영혼, 또 그 정신적인 억압이 있어요. 옥희도 씨 말고 또 한 주인공이, 오빠를 쪼끔 변형시킨 건데요. ● 전쟁 때 항상 남자가 중요하죠. 남자를 어떻게 하면 살리나. 6·25가 끝나갈 무렵, 그러니까 한참 폭격이 심할 때 집 안에다 두질 않고 다락에다 숨겨요. 바깥의 행랑채 큰 집이 나옵니다. 아주 몇 대로 내려오는 서울의 옛날 양반 집. 가문 큰 집에 행랑채니까 좀 동떨어지죠. 그런데 박격포탄이 행랑채를 맞어서 집이 반쯤 이지러져요. 그 이지러진 모습과 그 때의 충격으로 굉장히 정신적인 힘듦을 겪는 여주인공의 상처 받은 마음의 풍경을 동일시했어요. 이 애는 PX를 댕기는데 집에 올 적에 무서움증을 탑니다. 고

📷(022) 📷(023) 📷(024)

신설동(보문동) 시절. 1961~1981년.

1961년 봄, 결혼 후 계속 살았던 충신동 집에서 이사해 신설동으로 옮겨왔다. 유난히 햇빛이 잘 들던 그 집에서 아들 원대가 태어났고, 소설을 쓰기 시작해 작가로 데뷔하기도 했다.

1970년 말, 신설동 집 마루에서 가족들과 함께 단란한 시간을 보내고 있다. 왼쪽부터 사녀, 장남, 삼녀, 남편, 박완서 선생, 큰사위, 차녀, 장녀.

1970년 말, 왼쪽부터 장녀, 삼녀, 차녀, 박완서 선생, 사녀.

치지도 못하고 피란도 못 가고 거기 있는. 그런 여자가 어떻게 해서 치유되나, 처음에는 집을 제대로 못 우러르는, 이 작품에서도 굉장히 집이 밀접합니다. ● 여기 출입문이라고 되어 있는 건, 이제 PX 출입문입니다.

● 출입문이 면한 뒷골목은 외등 하나 없고 단 하나 맞은 편 냄비우동 집의 희미한 유리문이 오히려 주위의 어둠을 한층 칠흑으로 만들고 있었다. 나는 종종걸음으로 어두운 모퉁이를 재빨리 벗어나 환한 상가로 나섰다. PX를 중심으로 갑자기 발달한 미군 상대의 잡다한 선물 가게들, 사단이나 군단의 마크를 수놓은 빨갛고 노란 인조 머플러, 담뱃대, 소쿠리, 놋그릇. 별로 신기할 것도 없는 그런 가게 앞에서 나는 기웃거리며 될 수 있는 대로 늑장을 부리다가 어두운 모퉁이에서 숨이 가쁘도록 뜀박질을 했다. 그러나 번화가인 충무로조차도 어두운 모퉁이 불빛이 없이 우뚝 선 거대한 괴물 같은 건물들 천지였다. 주인 없는 집이 아니면 중앙우체국처럼 다 타 버리고 윗구멍이 뻥 뚫린 채 벽만 서 있는 집들, 이런 어두운 모퉁이에서 나는 문득문득 무서움을 탔다. 어둡다는 생각에 아직도 전쟁 중이라는 생각이 겹쳐 오면 양키들 말마따나 "갓뎀 양구, 갓뎀 철원, 문산." 그런 곳이 지금 내가 있는 곳에서 너무도 가까운 것 같아 나는 진저리를 치며 무서워했다. 나는 그런 곳에서 좀 더 멀리 있고 싶었다. 적어도 대구나 부산쯤. 전쟁에서 멀고 집집마다 불빛이 있고 거리마다 사람이 넘치는 곳에 있고 싶었다. 나의 빨랐다 느렸다 하는 걸음은 을지로를 지나 화신 앞에서부터는 줄창 뜀박질이 되고 말았다. 외등이라든가 구멍가게라든가 그런 아무런 표적도 없는 죽은 듯이 어두운 비슷한 조선 기와집 사이로 미로처럼 꼬불탕한 골목길을 무섭다는 생각에 가위 눌리면서 달음박질쳤다. 드디어 집이 가까워지면서 어둠만이 보이던 나의 눈에 별이 박힌 부연 하늘이 들어오고 그 부연 하늘을 이고 서서 한쪽이 보기 싫게 일그러진 채인 우리 집의 지붕이 이상하리만큼 선명하게 보인다. 그러면 내 무서움증은 드디어 절정에 달해 금세 심장이 멎을 것 같아진다. "엄마, 엄마." 나는 빗장이 부러져라 하고 어머니가 문을 열 때까지 계속해서 흔들어댄다. "나간다, 나가. 웬 수선일까." 딸의 다급함에 도무지 아랑곳없는 느리고 가라앉은 어머니의 음성이 들리고 삐걱하고 대문이 둔중하게 열렸다. "엄마두 참, 불 좀 켜 놓으시래두 그래요." "안채고 바깥채고 온통 전깃값은 뭘로 당하려구." "내가 돈 벌지 않우?" "그래, 그래. 내일부터는 골목이 환하도록 방마

(025)

아들 원태의 유치원 시절. 1969년.

다 전깃불을 켜 놓으마." 그러나 나는 그것을 믿지는 않는다. 우리 모녀는 거의 매일 이와 똑같은 대화를 되풀이하고 있으니까. 나는 어머니의 손을 잡고 긴 대문간을 지나 중문을 넘고 해묵은 오동나무가 한 그루 서 있는 마당으로 들어섰다. 그래도 안채는 보이지 않고 돌담이 가로막혀 있다. 돌담에 달린 쪽문을 들어서야 휑하니 넓은 앞마당이 나오게 돼 있었다. 오동나무가 서 있는 뜰은 중정이라고나 불러야 할지. 집을 지은 선조가 무슨 멋으로 그렇게 설계했는지 짐작할 수 없는 쓸모 없는 여백이었다. 나는 이 중정에서 다시 한 번 행랑채의 이지러진 한쪽을 돌아보고 쫓기듯이 쪽문을 지나 어머니의 손을 놓고 단 하나 불이 켜진 안방으로 뛰어들게 마련이었다.

🗣 애는 아주 상처가 많죠. 오빠를 거기 가서 피해 있으라고 한 게 애가 주도를 해서 그랬어요. 그래서 오빠가 죽은 것이 자기 때문인가, 이런 가책이 있죠. 또 하나는 이 집을 이렇게 굉장한 집으로 그린 건, 아주 오래 내려오는 양반가에서 아들이라는 게 굉장히 중요하죠. 아버지는 6·25 전에 돌아갔지만, 그런 것을 나타내는 거예요. 소위 전통 있는 집, 근거가 있는 집. 자기가 거기 숨어 있으라고 해서 오빠가 거기서 죽은 것에 항상 죄의식을 느끼구요. 또 하난 엄마에 대한 원망이 많아요. 오빠가 그렇게 되고 나서 엄마가 거의 실신 상태에 있다가 깨어나서 자기 아들은 죽고 딸 하나만 살아남은 걸 보고 엄마가 아이구, 세상에, 하늘도 무심하시지, 왜 아들 다 데려가고 저거 하나만 남았나, 이것이 애로서는 아주 섭섭하고, 그래서 앤 엄마한테 극진히 효도를 할라고 그래도 엄마는(손사래를 침). 그렇다구 갤 구박하는 것은 아니고 전혀 사는 데 뜻이 없지요. 이런 엄마하고 같이 살지요. 끝에 개가 어떤 계기에 의해서(손을 가슴팍에 대며) 자기도 존중해야 되겠다, 자신이 중요하다는 거, 그런 걸 느끼면서 비로소 그 이지러진 자기 집을 똑바로 바라보는 내용이 나옵니다. 앞에서 읽은 건 아주 초입이죠, 이제 어떤 계기로 애가 좀 강해지고 나서 다시 그 골목을 들어서는 거예요, 그 대비를 시키려고 했습니다.

대문을 똑바로 마주하며

🗣 나는 서서히 긴 골목을 걸어 들어갔다. 똑바로 지붕을 우러르며 자세와 호흡을

📷(026) 📷(027)

『나목』 수상식장에서. 1970년.

(왼쪽) 잡지 『여성동아』에 처녀작 『나목』이 당선되어 수상하던 날이다. 왼쪽부터 어머니, 박완서, 시어머니, 시숙모, 이웃 할머니. (오른쪽) 같은 날 남편과 함께.

📷(028)

어머니와 화곡동 친정집에서. 1970년대 중반.

어머니가 뭔가를 가리켜서 함께 보고, 웃다.

흐트러지지 않고 태연히 대문 앞에 섰다. 동향 대문인 고가는 기왓장이 서리를 함빡 인 채 아침의 양광 속에 숙연했다. 서리 덮인 고가는 비할 데 없이 아름다웠다. 나는 달아난 한쪽 지붕의 기왓장과 진흙덩이와 부서진 서까래 조각이 너덜너덜 달린 보기 싫은 구멍을 눈 하나 까딱 안 하고 똑바로 보았다. 나 때문이었을까? 망설이며 물었다. 나 때문이었을까? 좀 더 대담하게 그 문제와 대결했다. 내가 전전긍긍 두려워한 건 실은 부서진 지붕이 아니라 바로 오빠들의 죽음이 꼭 나 때문일 것 같은 가책이었다. 오빠들을 행랑방 벽장에 감추자는 생각을 해 낸 것이 바로 나였으니까. 나는 오빠들의 죽음이 나 때문이라는 생각이 미치도록 두려워서 그 생각을 몰아낸 대신 헐어진 고가라는 새로운 우상을 외경으로 섬겼던 것이다. 순전히 내가 서둘러서 그 관 속 같은 골방 속에 그들을 밀어 넣지만 않았던들 그 속에서 벌어진 처참한 일이 아무리 충격적이었대도 헐어진 지붕 앞에서 허구한 날 그렇게 떨지는 않았을 게다. 비록 한쪽 날개를 잃었어도 남은 추녀는 여전히 하늘을 향해 우아한 호를 그리고 담장의 사괴 속은 오랜 연륜과 전화에도 불구하고 품위 있고 고고했다. 아름다운 고가, 나의 아버지가 차남이었으면서도 할아버지가 분재하실 때 딴 것을 다 마다하고 왜 이 고가를 상속받으셨는지 알 것 같았다. 다시 한 번 나 때문이었을까? 나는 내가 던진 질문의 화살에서 여유 있게 비켜났다. 나 때문이기도 했지만 전쟁 때문이기도 했고 어쩌면 그럴 팔자일지도 모른다. 나는 내 허물을 딴 핑계들과 더불어 나누어 갖기를, 나아가서는 내가 지은 허물만큼 그 동안 나도 충분히 괴로워했다고 믿고 싶었다. 우상 앞에서 한껏 우매하고 위축됐던 나는 진상 앞에서 좀 더 여유 있고 교활했다. 나는 오빠들의 죽음에 나 말고 좀 더 딴 핑계를 대기로 했다. 그리고 나에게 좀 더 관대하기로. 관대하다는 것은 얼마나 큰 미덕일까. 나는 진상을 지닌 고가를 비로소 연민과 애정으로 바라봤다. 오랜만에 고가를 고가로서만 바라봤다. 고가로부터 놓여나 자유로워진 나는 밝은 아침 햇살에서 설불리 봄을 느끼기까지 하고 있었다. 그러나 나는 대문을 두드리지는 않았다. 나는 돌아섰다.

🐾 어머니는 딸을 외면해도 애는 어머니한테 잘 보일라고 하고 아들을 잃고 혼수 상태에 빠져서 누워 있을 때 굉장한 간호를 해요. 그런데 어머니가 눈을 뜨고 제일 첨에 한 소리가 어떻게 해서 너만 살아 남았냐. 애는 상처를 입어요. 항상 오빠 땜에 괴로워하면서도 자기 존재에 대해서 어머니가 저주를 내린 것처럼 느끼고. 그

(029)

큰딸 원숙의 서울대 졸업식에서. 1976년.

리고 애의 PX 생활이 자세히 나오죠. 그 화가가 나오고, 그 화가 땜에 구제받는 거 같은 느낌도 나죠. 소녀는 어머니에게서 그런 외상을 입었어도 속에서는 아주 싱싱한 생명력, 삶을 사랑하는 마음, 살고 싶은 마음이 폭발하죠. 맛있는 것도 먹고 싶고 고운 것도 입고 싶은데 같이 사는 엄마는 전혀 반응을 안 하고. 그러다가 괜히 여기서 그 화가를 사랑하는 감정을 갖는데, 그것도 아버지한테 못 받은 사랑을 여기서 구한다든가요. 아버지는 애를 막 사랑했죠. 그러나 그 아버지는 전쟁 나기 전에 죽었고. 엄마는 전혀 기대를 안 하고. 아무도 자기를 챙겨 주는 사람이 없고, 저건 뭐 땜에 살아 남았나, 이 정도니까 애도 막나가고 싶은 생각이 나는 거예요. 그러나 화가에게 거부 받고, 그리고 화가한테는 아주 아름다운 부인이 있고. 어떤 멋있는 미군이 이끄는 데로 갔다가 그 사람하고 관계를 맺으려 그러다가, 거기는 맨 그런 분위기니까, 문득 자기가 얼마나 소중하다는 걸, 이렇게 막 내던질 수 없다는 걸 별안간 깨닫는 거예요. 그리고 자기가 의식적으로 잊었던 기억을 되찾아요. 왜 그런 거 있잖아요? 아주 핏빛 기억을 잊으려고 하는 거. 그 미군도 나쁜 사람은 아닌데 그냥 분출하는 생명력을 어쩌지 못해서 그런 거고요. 엄마가 그러든 말든. 그러니까 그런 미군하고 하룻밤을 보냈지만 자기를 지키고 집으로 들어오면서 그 고가를 어떻게 바라봤는지, 그 여자의 의식의 변화와 집을 연결시킨 거죠.

최 : 선생님께서도 말씀하셨지만 어머니의 것, 미군의 것, 화가의 것, 그런 것의 인정이 아니라 자기 스스로를 인정해 가는 과정 속에서, 기억을 통해 치유하는 과정이 있었다는 것. 회상이나 기억이 지금 자기의 정체성을 만들기도 하지만 한편으로는 새로워지기도 하잖아요. 시간이 지난 다음에 회상을 하면 나를 갉아 먹은 상처가 한편으로는 치유를 해 주는 창조적인 기억으로 되살아나는 것이오. 이제 경아는 다시 집을 통해서 뭔가를 해낼 수 있는 인물로 성장한 것 같습니다. 다음에는 어떤 작품을 다루시려는지요?

서울의 한옥

● 근래에 나온 『그 남자네 집』입니다. 어디 동네를 갔다가 다 변했는데 그 남자네 집만 남아 있는 걸 보고요. 그 남자네 집도 유서 깊은 고가이면서 잘 되어 있는 사랑채가 있고 정원이 있고, 그런 한옥이 드뭅니다. 저는 동네를 그리는 데 좀 치밀

웃음. 1970년대 말.

보문동 집에서 사진가 김종구가 찍다. 박완서 선생이 마음에 들어해 서재에 오랫동안 걸려 있었고, 결국 영정 사진이 되기도 하였다.

한 편인데요. 이거는 거의 돈암동 동네. ● 사랑하는 남자를 버리고 딴 남자하고 결혼하는 게 나오는데, 사랑했을 때 생각하면 너무너무 절절했는데 어떻게 그걸 버릴 수 있었는가를 회상하는 대목만 읽겠어요. 이해를 못하실지도 모르지만 6·25 후에 우리의 결혼 풍습두 이기적으로 바뀌고, 그 때도 집이 그렇게 중요했습니다. 6·25 후에는 집이 있다, 이건 굉장한 신랑감이에요. 그런데두 굉장한 집을 가진 남자한테로 안 갔어요. 그거는 물려 받은 집이고, 전쟁 때 모든 것이 파괴되는 걸을 보고 나니까 물려 받은 재산이 중요한 게 아닌 거예요. 『나목』에 나오는 고가처럼, 홍예문 있는 집이라는 표현이 많이 나오는데, 사랑채가 있고, 음악 감상하는 방이 있고. 그렇지만 몇 개월 연하의 이 남자는 꿈꾸는 남자, 맨날 시나 읽고 엄마가 광주리 장사 해서 벌어 오는 돈을 착취해 갖구 여자한테 잘해 주는 것을 보면 연애는 하지만 결혼을 할 수는 없었어요. 전쟁의 모든 폐허에서 생활력이 생긴 여자가 선택한 건 쪼끄맣지만 자기 힘으로 집을 마련한 남자예요. 물론 자기가 경제력이 있으면 안 그랬겠지만, 사랑보다는 집을 선택한 걸, 후회를 하면서도 담담하게 돌이켜보는 거예요. ● 그러니까 『나목』의 집이랑 『그 남자네 집』이 같은 집을 모델로 한 겁니다. 두 집이 비슷해요.

최 : 시간이 많이 지났지만 그럼에도 불구하고 영원히 남아 있는 공간 중에 하나가 그 남자의 집일 것 같습니다. 선생님의 육성으로 들어 보겠습니다.

새끼를 깔 둥지

● 그 남자네 집 바깥마당의 무성한 나무가 보리수에 틀림이 없다는 생각이 들자 도망치듯이 그 집 앞을 벗어났다. 그러나 멀리 가지는 못하고 지금은 땅 밑을 흐르는 안감냇가를 중심으로 그 동네를 돌고 또 돌았다. 그 남자의 부음을 들은 지 얼마 안 되고 나는 아직 살아 있다. 앞으로 그 남자보다 십 년 이상 아니 몇십 년을 더 살지도 모른다. 그 남자의 중년도 노년도 생각나지 않는다. 나에게 그가 영원히 아름다운 청년인 것처럼 그에게 나도 영원히 구슬 같은 처녀일 것이다. 우리는 그 때 플라토닉의 맹목적 신도였다. 우리가 신봉한 플라토닉은 실은 임신의 공포일 따름인 것을. ● 어디선가 연탄불 냄새가 났다. 휴전이 되고 연탄불은 급속히 확산돼 내 결혼 생활은 연탄불과의 투쟁의 역사라고 해도 과언이 아

문인 해외 시찰 여행에서. 1982년.

(위) 인도에서. (아래) 같은 여행 중 파리 교외에서 왼쪽부터 박연희, 김홍신, 박완서 선생, 이호철, 유재용.

니었다. 방마다 장작 불을 때던 집에 처음으로 연탄 아궁이를 만들었을 때는 세상에 이런 세상도 있구나 싶게 편리했다. 단독 주택에 살다가 아파트로 이사갈 때 못지 않은 생활의 변혁을 가져왔다. 새로 숯불을 피우지 않아도 24시간 집에 불이 있다는 건 살림살이의 일대 혁신이었다. 장작밖에 모르고 살던 늙은이들은 요새 젊은 것들은 팔자도 늘어졌다고 연탄 때문에 샘을 다 냈다. 연탄이 지겨워진 건 더 편리한 프로판 가스가 보급되고 나서고, 살인 가스로 저주받기 시작한 것은 주거 환경이 중앙 난방식 아파트로 변하면서부터였다. 이용 가치 있는 게 사라지려면 꼭 고약한 냄새를 풍기는 건 인간의 경우만이 아닌 것 같다. 그러나 지금 끼쳐 오는 냄새는 그런 지겨운 냄새가 아니라 카바이트 냄새도 섞인 그리운 냄새였다. 나는 부유하듯 다리에 힘을 빼고 그 냄새에 이끌렸다. 연탄갈비라는 간판을 붙인 집에서 연탄 화덕을 추녀 끝에 나란히 내 놓고 불이 괄해지기를 기다리고 있었다. 복고풍이 마침내 연탄 불에까지 이르른 모양이다. 가게 안은 어둑해 보였다. 옛날 집 대문처럼 해닳은 널빤지 문을 열고 들어갔다. 바닥에 비질을 하고 있던 남자가 다섯 시가 지나야 저녁 영업을 한다고 일러 주었다. 실내 어디에도 카바이트 간데라는 보이지 않았다. 그럼 연탄 냄새에 섞여 있던 그 싱그러운 향기는 어디서 온 것일까. 냄새에도 오래된 가구 같은 골동의 향기가 섞여 있던 것일까. 아무 데나 앉아서 좀 쉬고 싶었지만 청소를 하고 있는 남자의 표정이 하도 시큰둥해 말도 못 붙여 보고 돌아 나왔다. 세종로의 은행나무 못지 않게 곱게 물든 그 동네 은행나무가 표표히 잎을 떨구고 있었다. 같이 걸을 사람이 없는 내 꼴이 청승맞아 어디에라도 들어가고 싶었다. 아늑함이 그리웠다. 부드러움도. 옛날 다방은 찾아지지 않았다. 선택의 여지 없이 내부가 훤히 들여다보이는 커피숍 문을 밀었다. 창가에 앉았다. 안에서 본 은행잎 지는 거리는 청승이 거짓말처럼 사라지고 아름다운 애니메이션 화면처럼 동화적이었다. 그 거리를 오가는 젊은이들의 발랄하고 거침없는 몸짓 때문일 것이다. 그 애들과 나와의 거리가 연령 차가 아니라 엽전과 양놈이라는 종족의 차이만큼이나 아득하게 느껴졌다. ❧ 그 때는 왜 그랬을까? 후회는 아닐 것이다. 아무리 되짚어 곰곰이 생각해 봐도 결론은 늘 그럴 수밖에 없었다, 라고 나오니까. 문제는 후회가 아니라 못 잊는다는 데 있다. 아마가 잊기가 아까워서 못 잊을 것이다. 요새 나는 시간이 날 때마다 쓰던 물건을 정리하는 버릇이 생겼다. 간편한 붙박이장 때문에 큰 가구는 없어진 지 오래지만 옷가지나 일용 잡화도 당장 쓸

(033)

손주와 함께. 1980년대 후반.

아들을 잃은 작가는 부산의 큰딸네로 내려가 한동안 지낸다.

것 아니면 됐다 써야지 하고 아껴두는 법이 없다. 왕창 덜어내서 서랍 속이 허룩해지면 마치 마음을 비운 것처럼 개운해진다. 다들 한때는 아끼던 것들이다. 비싸게 주고 샀기 때문에 망설여지는 것도 있다. 그런 건 미리 필요한 사람에게 준다. 내가 죽은 후에 내가 아끼던 것들이 한꺼번에 무더기로 버려지는 게 싫은 것이다. 아끼기 때문에 내 마음대로 하고 싶은 거. 이건 욕심 중에도 대단한 욕심이다. 아직도 차마 못 버리고 간직하고 있는 게 있다면, 그건 나만 아는 비밀을 간직한 물건들이다. 그건 물건이라기보다는 낡은 기념 사진이나 몇 자 안 되는 편지, 유리 반지, 은반지, 은노리개, 돌멩이, 이국의 식당의 컵받침이나 냅킨 따위 지극히 사소한 것들이다. 그러나 그런 것들은 내 마음 속에 숨은 비밀을 일깨워준 것들이다. 어떻게 내 안에 그런 것들이 있다는 걸 알았겠는가. 떨림 때문이었을 것이다. 솜털의 떨림 같기도 운명의 떨림 같기도 한 자신에게도 설명할 수 없는 어떤 것. 그것을 비밀이라고밖에 말할 수가 없는 것이다. 비밀이라고 해서 부끄럽거나 부도덕한 것하고는 다르다. 내 마음의 밑바닥에서 솜털이 일어서는 것 같은 떨림은 절대로 남에게 설명할 수도 없거니와 누구하고 공유할 수도 없는 것이다. 그래서 나는 비밀이야말로 내가 무덤까지 가지고 갈 만한 가치가 있다고 믿나 보다. ☗ 그 때 왜 그랬는지, 티브이로 내셔널 지오그래픽을 보다가 오랫동안 궁금했던 것의 해답을 얻은 것처럼 느낀 적이 있는데 그것도 거기 정말 정답이 있어서라기보다는 줄곧 답을 구하는 마음이 있었기 때문일 것이다. 거기서 보여 준 건 새들이 짝을 구하는 방법이었다. 주로 수컷이 노래로, 몸짓으로, 깃털로, 암컷의 환심을 사려는 온갖 노력을 다하는 건 다 아는 사실이니까 그저 그렇고. 가장 흥미 있었던 것은 자기가 지어 놓은 집으로 암컷의 환심을 사려는 새였다. 그런 새가 있다는 건 처음 알았다. 수컷은 청청한 잎이 달린 단단한 가지를 물어다가 견고하고 네모난 집을 짓고, 드나들 수 있는 홍예문도 내고, 빨갛고 노란 꽃가지를 물어다가 실내 장식까지 하는 것이었다. 암놈은 요기조기 집 구경을 하고 나서 그 중 가장 마음에 드는 집을 골라잡기만 하면 짝짓기가 이루어진다. ☗ 그래 그 때 난 새대가리였구나. ☗ 그게 내가 벼락치듯이 깨달은 정답이었다. 나는 작아도 좋으니 하자 없이 탄탄하고 안전한 집에서 알콩달콩 새끼 까고 살고 싶었다. 그 남자네 집도, 우리 집도 사방이 비 새고 금 가 조만간 무너져 내릴 집이었다. 도저히 새끼를 깔 수 없는 만신창이의 집, 아직 태어나지 않은 내 새끼를 위해 그런 집은 버릴 수밖에 없었던 것이다.

📷(034) 📷(035)

부산 태종대 여행. 1987년.

이 때가 남편과의 마지막 여행이었다.

정답이 나오면 비밀은 없어진다. 나는 그렇게 초라해지고 싶지 않다. 인생이 살 만한 건 정답이 없기 때문일 것을.

그 남자네 집

뭐니뭐니해도 가장 돈 안 드는 사치는 그 남자네 집 사랑채에 있었다. 홍예문이 달린 사랑채는 니은(ㄴ) 자 구조로 되어 있었다. 안채의 기역(ㄱ) 자 구조와 맞물리면 미음(ㅁ)자가 되지만 맞물리지 않고 넉넉한 공간을 두고 띄워 놓았기 때문에 서로 독립적이었다. 사랑채엔 따로 사랑마당이 딸렸을 뿐 아니라 대문을 거치지 않고도 외부와 소통할 수 있는 홍예문이 있었다. 사랑마당을 바라볼 수 있는 툇마루가 딸린 큰 방은 그의 아버지와 형이 공유하던 서재고, 큰방에서 안채를 향해 꺾여진 작은 방은 그의 형이 처자식과 따로 홀로 취미 생활을 즐기던 방이라고 했다. 형의 취미는 음악 감상이었을까. 그 방엔 당시 드문 전축이 있었고 빼곡하게 꽂은 음반이 두 벽의 천장까지 닿아 있었다. 내 귀는 클래식에는 전혀 훈련이 돼 있지 않았다. 그것 때문에 나는 은근히 그에게 열등감을 느끼고 있었고 그것을 눈치챈 그는 나에게 최대한으로 친절하려고 애썼다. 그러나 이래도 귀에 기별이 안 가고 배기나 보자고 위협이나 할 듯이 들려 준 베토벤의 9번 교향곡을 듣고도 너무 시끄럽다, 어머니 깨시겠어, 라고 소음 취급을 하자 어처구니 없어 하는 표정이 보였다. 그렇다고 아주 단념한 건 아니었다. 고등학교 음악 시간에 귀에 익은 들장미, 라르고, 보리수 같은 가곡을 들려 주기 시작했다. 그는 음반을 조심조심 마치 애무하듯이 다루었다. 그는 전축이 돌아가는 동안 다음에 걸 음반을 골라서 호호 살짝 입김을 불어 넣기도 하고 작은 브러쉬로 닦아 내기도 했다. 그 브러쉬는 원래는 음반 청소용이 아니라 화장할 때나 쓰는 것일 수도 있었다. 서양 여자의 속눈썹을 연상시키는 정교하고 섬세한 브러쉬였다. 부드러울 것도 같고 빳빳할 것도 같은 그 솔에 닿으면 전류가 통할 것 같은 기분이 들곤 했다. 음반을 어루만지고 싶어서 그러는지, 먼지를 닦으려고 그러는지, 분간이 안 되는 그의 골똘하고도 탐미적인 손놀림 때문일 것이다. 그는 또 내가 이름을 알 리 없는 외국 테너의 기름진 미성도 애무하듯이 가만가만 관능적인 허밍을 넣으면서 들었다. 소리가 허밍인지 허밍이 소리인지 잘 구

📷 (036)　📷 (037)

다시 찾은 서울 현저동. 1992년.

박완서 선생이 어린 시절을 보냈던 그 곳은 이제 모든 것들이 바뀌어 옛 흔적을 찾기 힘들다.

별이 안 됐다. 촉각과 청각이 서로 녹아들면서 아슬아슬한 도취의 순간을 만들어 냈다. 그가 가장 자주 틀어 주는 음반은 보리수였다. 내가 뜻을 알고 듣는 유일한 가곡이기 때문일 것이다. 암 부룬넨 홀 덴 토레 다 스테트 아인 린덴바움, 이히 트러임트 인 자이넴 샤텐 소 멘헨 쉬센 트라움—그 가사는 우리가 고3 때 배운 독일어 교과서에 나오는 시였다. 그 가사에다 그가 허밍을 넣는 걸 듣고 있으면 나는 온몸의 솜털이 곤두서는 것 같았다. 그 시절부터 우리는 얼마나 멀리 와 있나. 그 시절이 우리에게 정말 있기나 있었을까. 여긴 어딘가. 그건 일종의 위기 의식이었다. 안채에 있는 그의 어머니의 존재가 신경이 쓰이는 건, 음악 소리가 클 때보다 조용할 때, 대화가 끊기고 어색하고도 터질 듯이 부푼 침묵이 우리 사이를 압박해 올 때가 오히려 더할 수도 있었다. 🌀 5월이 되자 사랑 마당에서 온갖 꽃들이 피어났다. 그렇게 여러 가지 꽃나무가 있는 줄은 몰랐다. 향기 짙은 흰 라일락을 비롯해서 보랏빛 아이리스, 불꽃 같은 연산홍, 간드러지게 요염한 유도화, 홍등가의 등불 같은 석류꽃, 숨가쁜 치자꽃, 그런 것들이 차례로 붙어난 열정—화냥기처럼 걷잡을 수 없이 분출했다. 이사하고 나서 조성한 정원이어서 그 남자도 이렇게 꽃이 잘 핀 것은 처음 본다고 했다. 그런 꽃들이 분출시킨 참을 수 없는 힘은 남아돌아 주춧돌과 문짝까지 흔들어대는 듯 오래된 조선 기와집이 포효하는 배처럼 출렁댔다. 우리는 서로 부둥켜안고 싶은 만큼 위기 의식을 느꼈다. 돈이 안 드는 사치는 이렇게 위험했다.

(여기 저기서 웃음과 탄성 터져나오며)

최 : 아… 선생님!(웃음)

예술사 구술 총서 〈예술인·生〉

005

박완서

제10장

딸 호원숙의 참고 구술

어머니로서의 모습 | 노동의 존중 | 데뷔 전의 박완서 | 살았던 집과 장소들 | 담낭 제거, 처음 한 큰 수술과 혈액형 | 투병 생활, 마지막 기억들 | 돌아가신 후

🎧 (주318)

호원숙(扈源淑, 1954년~)

서울에서 태어나 경기여고와 서울대학교 국어교육과를 졸업했다. 중학교 교사를 하다 『뿌리깊은 나무』에서 편집 기자로 일했고, 이후 주부로 지내며 글을 썼다. 현재 박완서 기념 사업을 하며 경운박물관 운영 위원으로 있다. 저서로 『큰 나무 사이로 걸어가니 내 키가 커졌다』가 있고, 『글 쓰는 노년은 아름답다』를 엮었다. 어머니 박완서에 관한 『모든 것에 따뜻함이 숨어 있다』 등의 책을 함께 썼다.

박완서 선생에 대하여 구술 중인 장녀 호원숙 씨.

📷 (038) 📷 (039)

박경리 선생과 함께. 1991년. 1999년.

(위) 1999년, 아천동 집을 방문한 박경리 선생과 이야기를 나누고 수줍게 웃고 있다. (아래) 1991년, 박경리 선생의 원주 집 마당에서.

📷 (040)

이산문학상 수상 후 문인들과 함께. 1991년.

심세중(이하 심) : 호원숙 선생님, 안녕하세요? 박완서 선생님께서 구술에서 많은 내용을 밀도 있게 말씀해 주셨고, 선생님의 전 생애를 잘 구술해 주셔서, 읽으면서 여러 가지로 마음에 남았어요. 개인적으로도 그렇고 앞으로 이 책의 독자들도 그러리라는 생각이 듭니다. 🎧(주318)

호원숙(이하 호) : 어머니께서는 이게 자료로 남는다는 것을 인식하시고, 책이나 그 동안의 인터뷰에서는 안 했던 얘기들을 포괄적으로 하셨으리라 생각해요. 여러 가지 잡지라든가 신문에서는 하지 않았던 얘기, 자료적으로도 중요한 얘기를 분명히 하셨으리라 봐요.

심 : 네. 많은 말씀을 해 주셔서 선생님의 책을 읽어 가는 데도 도움이 됐어요. 구술을 풀어 읽고 편집을 하는 과정에서 선생님의 작품들을 다시 읽으니 다른 게 보이기도 하고 각별했습니다.

호 : 네.

어머니로서의 모습

심 : 박완서 선생님 작품을 읽다 보면 교육에 대한 부분이 많이 나오는데요, 학군을 옮기는 이야기나, 데뷔하기 전까지는 어머니의 모습에 충실하려고 노력을 하신 것으로 아는데 어렸을 때 본 어머니로서의 박완서 선생님에 대해 기억되는 점이 있다면요.

호 : 네에…. 저희 어머니가 학군을 옮겼죠.(웃음) 저희는 그러진 않았어요. 저는 학군을 옮긴 게 아니라 이사를 갔는데도 원래 다니던 학교를 그냥 다녔어요. 국민학교 2학년 때부터 버스 타고 전차 타고 학교를 다녔어요. 제가 좀 빠릿빠릿하지 못한 게 있어서, 새로운 데 적응을 잘 못할까 봐 먼저 살던 동네에서 다니던 학교를 그냥 졸업을 했어요. 저는 굉장히 멀리 다녔죠.

심 : 거기가 돈암동 때인가요?

호 : 아니, 저희가 충신동에 살다가 보문동으로 이사를 갔는데 충신동에 살던 그 국민학교에 그냥 다녔어요. 저만 그런 거죠. 저희 어머니가 학군을 옮기는 식의 극성을 부리진 않으셨지만, 저희는 공부하는 게 모든 생활의 중심이었어요.

심 : 선생님이 분위기를 그렇게 조성하신 건가요?

📷 (041)

손녀와 함께. 1993년.

인형을 업은 손녀와 함께 그림책을 들여다본다. 선생이 제일 좋아했던 사진이다.

🎧 (주319)

합승

서울 시내의 경우 1950년대 초부터 합승 택시가 운행되었다. 1957년에는 24개 노선에 9백여 대가 운행되었으며, 차량도 점차 대형화하여 1960년에는 9인승이 11인승으로 바뀌었다가 다시 16인승의 마이크로 버스가 나타났다. 당시 합승 택시가 차지하는 운송 비율은 매우 높아서 1960년엔 3천여 대가 운행되었으며, 차체가 작아서 대형 버스가 들어가지 못하는 비교적 좁은 도로에서도 운행이 가능하였기 때문에 많은 사람들이 이용했다.

📷 (042)

자택의 서재에서. 2002년.

선생은 비교적 일찍부터 워드프로세서나 컴퓨터로 작업을 해 왔다.

호 : 그렇죠. 아이들이 줄줄이 있으니까. 자식들을 다 교육을 제대로 시켜야 된다는 것이 우리가 어릴 때 어머니의 가장 큰 목표였어요. 그런데 저는 맏이니까 좀 더 철저하게 교육을 시키셨죠. 특히 우리 어머니는 제게 엄청나게 심부름을 많이 시키셨어요. 그 때 어린애로서는 도저히 할 수 없는, 옛날엔 은행 온라인도 없잖아요. 아버지한테 돈을 갖다 주거나 갖고 오거나 하는 걸 아주 어릴 때부터 내가 했어요. 그 때 합승🎧(주319)이라는, 여러분은 아마 모를 거예요. 봉고차 같은 건데 당시 합승이라고 불렀어요. 어린애가 그런 차를 타고 다니면서 돈을 들고 지금 신세계백화점 자리에 있던 옛날 동화백화점 그런 데를 가는 일인데, 우리 어머니는 아무렇지도 않게 심부름을 시키셨어요.

이지은(이하 이) : 몇 학년 때요?

호 : 국민학교 때는 물론이고 가기도 전부터(웃음)… 했어요. 나중에 동아일보사도 엄청나게 원고 심부름 다녔어요. 발이 닳도록 드나들었어요. 왜냐면 어머니가 방송 원고까지 쓰셨으니까요. 원고 마감 시간에 맞춰야 했고 또 그걸 누구한테도 보이지 않고요. 제가 어린 마음에 엄마 원고를 먼저 본다는 것은… 굉장히 발칙스러운 일이라고 생각했어요. 절대로 내가 먼저 보지를 않았어요. 내가 미리 보면, 신비한 기운이 날아갈까 봐, 부정 탈까 봐요.(웃음)

심 : 원고 시간은 잘 맞춰서 쓰셨나요?

호 : 아유, 그 때는 시간에 맞춰서 쓰지 않으면 기사가 나가질 못하니까요. 어떤 때는 원고를 처음에 화가한테 갖다 줘야 돼요. 삽화를 먼저 그리느라고요. 어머니는 시간은 다 맞췄어요. 나중에 팩스 나오고 했을 때는 좀 수월하게 됐지만….

심 : 공부하기를 원하실 때 박완서 선생님께서 자식들에게 중요하게 말씀하신 가치는 무엇이었나요?

호 : 학문적이라기보다는 어떤 문(文)의 가치, 글의 가치, 그런 것들을 굉장히 중요하게 생각했죠. 특별히 강요하신 건 없으셨어요. 그게 저희가 제일 감사하는 거죠. 기본적으로 사람이 되게 하려고 공부를 시킨 거지, 뭐가 될지는 너희 자신들이 알아서 해라, 직접 말로는 안 하셨지만요. 아무튼 굉장히 자유가 많았어요. 좋은 학교에 가게 하려고 노력은 많이 하셨지만, 그 이상은 없었고, 전공 선택이라든가 배우자 선택이라든가 모든 걸 저희 자유 의사에 맡기셨어요. 자유였기 때문에 도리어 더 어려웠어요.

(043)

서울대학교 명예 문학 박사 학위 수여식. 2006년.

1950년 6월에 입학해 채 한 달도 다니지 못한 학교였다. 이 날 답사에서 작가는 찬란했던 그 해 5월과 고통스러운 6월을 회상했다.

(044)

마당 가꾸기. 2006년.

아직 찬 기운이 가시지 않은 초봄 어느 날. 아침나절 한두 시간 마당일 하는 것이 일상이었다.

노동의 존중

심 : 집안 분위기는 어땠나요?

호 : 아, 화기애애했죠. 굉장히 자유로웠고, 또 밝았고요.

심 : 그 시대의 가부장적인 사회 분위기에서는 흔치 않았을 듯한데요.

호 : 그 땐 잘 몰랐죠.(웃음) 다른 집안은 어떤지, 나중에야 알았죠. 아, 우리 같은 집은 참 드물었다 생각됐죠. 친구들이 많이 부러워했어요. 저희 어머니는 제 생일 때 친구들을 초대해 생일상을 차려 주셨거든요. 저만 아니라 동생들도 원하면 친구들 다 부르게 해서 생일 파티를 해 주시곤 했죠. 꽤 커서도 그렇게 해 주셨어요. 친구들 불러서 그렇게 하기가 어려운 시대였잖아요. 저희 아버지는 가부장적인 건 아니었고요. 아버지는 그냥 어머니가 차려 주는 맛있는 저녁 상, 그거 하나면 되었어요. 아버지는 저희한테 어머니보다 더 강요를 안 하셨고, 그냥 우리 바라보면 뭐든 이뻐하기만 하셨어요. 왜냐면 모든 걸 어머니에게 맡겼기 때문에요. 무조건 우리 엄마의 생각과 모든 걸 절대 믿고, 절대 사랑한 사람이기 때문에 아버지가 엄마한테 불만을 표한 걸 들어 본 적이 없어요. 그 대신 어머니는 아버지를 왕처럼 대하셨어요. 사실 요즘의 여성들은 상상을 못할 정도죠. 우리 어머니는 우리 아버지를 위해서 저녁 밥상을 항상 술상을 차려서 꼭 부엌에서 이렇게 손수 들고 나오셨어요. 일하는 사람이 있을 때나 없을 때나 손수 차려 와서 같이 식사를 하셨어요. 우리 아버지는 그거 이상을 바라진 않으셨지만 왕처럼 사셨어요. 지금 옛날 생각하면 아아, 그런 시절이 있었을까? 그런데 진짜 있었던 일이고, 아버지 살아 계실 때까지 어머니가 아버지를 위해서 모든 것을 최우선으로 했어요. 저희 아버지는 어머니가 글 쓰는 걸 방해하진 않으셨고, 그 영역에 마음을 두지 않고 건드리지 않았어요. 단지 맛있는 저녁상, 만약 그걸 안 해 드렸으면 또 모르지만요.(웃음) 또 어머니는 저희한테도 엄청나게 정성을 기울이셨어요. 뭐라나, 페미니즘하는 사람들이 우리 어머니를 굉장한 페미니스트로 보기도 하는 것 같던데 실제로 가까이서 보면 안 그렇단 말이에요. 어머니는 남자든지 여자든지 인간의 존엄성 면에서는 인정하지만, 할 일도 안 하면서 자기 주장만 하는 걸 싫어하셔요. 그리고 노동 안 하는 거 너무 싫어하시고. 일하지 않으면 먹지도 말라, 그 주의셨어요. 노는 걸 못 봐요. 노는 걸 못 봐서 일하는 사람도 매일 못 부르셨어요. '매일 부르면 내가 할 일이 없잖니.' 사람이 정말 필요할 때도 있잖아요. 그런데도 일주일에 한 번만

📷 (045)

후배 소설가들과 중국 방문. 2007년.

왼쪽부터 김인숙, 은희경, 박완서 선생, 신경숙.

📷 (046)

환하게 웃다. 2007년대 후반.

노년의 그늘도 그 특유의 해맑은 웃음은 어쩌지 못했다.

부르시는 거야. 그거조차도 힘들어 하셔요. 야박해서가 아니라, 일하는 것이 뭔가 허술하면 자신이 괴로우신 거야. 그럴 땐 그냥 말없이 나가 버리셔요. 일에 대해서는 일종의 완벽주의죠. 그렇지만 일을 하는 사람에 대해서는 귀천을 따지지 않으셨어요. 어떤 일은 대단한 일이고, 어떤 일은 하찮은 일이라고 가리지 않으시고, 어떤 일이든지 열심히 하면 다 존중하셨어요.

데뷔 전의 박완서

심 : 데뷔를 하시기 전에도 박완서 선생님께서 글을 쓰고 싶어 하신다든가, 하는 걸 느껴 보신 적이 있으셨나요?

호 : 네, 원래 데뷔하시기 전에 작품을 하나 쓰셨는데, 음… 그건 저하고 어머니만 알고 있는 거고요. 습작은 안 하셨고 일기도 안 쓰셨고, 『나목』을 쓰실 때는 대학 노트에다가 초고라고 그러나? 메모처럼 쓰시고 원고지에다 옮기셨던 거 같아요. 제가 대학 노트에다 쓰신 거는 알고 있는데 원고를 어떻게 쓰셨는지 그 현장을 본 적은 없어요. 제가 없을 때 쓰셨는지. 그 대학 노트를 항상 들고 다니셨어요. 『나목』을 쓰실 때는 제가 알기로… 그렇게 오랫동안 쓰신 건 아니에요. 한 3~4개월? 물론 미리 계획이 되어 있었는지는 모르겠지만요. 집안 식구들 있는 데서 '내가 그 사람에 대해서 글을 써 보고 싶다, 쓰겠다.' 그러셨어요. 그러면서 박수근 화백 얘기를 계속 하셨어요.

심 : 가족들이 응원해 주셨나요?

호 : 그런 건 거의 없고요, 그냥 엄마는 언젠가는 뭘 하리라, 항상 그런 생각을 했어요. 우리 어머니는 가정 주부지만, 문학계에 친구가 있는 것도 아니고 그런 모임에 나가는 것도 아니지만, 그런 걸 하리라는 걸 얼마쯤 예상하고 있었고, 막상 하셨을 때는 아, 올 것이 왔구나, 그렇게 생각했어요. 그 전에도 어머니는 그야말로 백여 편의 시를 외우셨고, 또 많은 책을 읽으셨어요. 고전은 다 읽으셨고, 항상 『현대문학』, 『사상계』, 그런 책들이 곁에 있었어요.

심 : 다섯 명을 키우면서 어려운 일이었을 텐데요.

호 : 그것이 저희 어머니한테는 자연스러운 생활 리듬이었어요. 그렇다고 하루 종일 책을 보고 있는 건 아니고, 잠깐잠깐 보시는 거죠. 한때는 그런 것조차 못 보는

(047) (048)

이해인 수녀와 함께. 1990년. 2008년.

우연한 기회를 통해 알게 된 이해인 수녀와는 친자매 이상의 우정을 쌓아 왔다.

시기도 있었죠. 너무 일이 많고 젖먹이도 있고, 그럴 때 말예요. 문학 잡지조차 못 보시는 때도 많았어요.

심 : 한스러워 한 적은 없으셨나요?

호 : 전혀 없어요. 우리 어머니는 전혀, 끝까지 신세 한탄 같은 걸 하신 적이 없어요. 자신의 상황에 대한 넋두리나 비관적인 얘기는 들어 본 적이 없어요.

심 : 근데 글에서는 시니컬하게 드러나곤 하잖아요.

호 : 그건 작가로서 내면적인 거겠죠. 실제로 생활에서는 굉장히 밝으셨고, 또 아주 현명하셨어요. 우리 친척이라든가 주변 사람들 중에서는 세상을 모르는 분들이 많았어요. 한글도 모르는 할머니들. 근데 그런 분들에게 항상 해결사, 길잡이가 되어 주셨죠. '저 며느리한테 가면 모든 거를 해 준다.' 어머니는 별별 거 다 해주셨어요. 공부 못하는 조카들, 여기저기 온갖 곳을 수소문해 이런 데 가면 좋겠다, 학교에 넣어 주기도 하고.(웃음) 그런 생활의 상담자, 해결사가 되기도 했죠.

심 : 『나목』 쓰실 때 사용하던 노트는 남아 있나요?

호 : 없어요. 우리 어머니, 엄청나게 버리셔서 제가 한 번은 쓰레기통에서 주워 온 것도 있어요. 『미망』의 초고, 아니 초고라기보다 작가 노트 같은 건데 그냥 버리셨더라고요. 그거는 좀 귀중한 거였어요. 왜냐면 『미망』을 처음 쓰실 때 작품의 얼개가 그려져 있죠. 가족 관계 같은 걸 적은 메몬데 상당히 내용이 많더라고요. 같이 살던 때였기 때문에 제가 주워 와서, 지금은 숙대 여성문학관에 있어요.(웃음)

심 : 글을 쓰시고 나서부터는 선생님의 글 쓰는 시간의 습관이나 규칙이 있었습니까. 혹은 느껴진 변화가 있었어요?

호 : 저희 어머니가 물론 글을 쓰는 사람으로는 급격하게 바뀌었지만 생활 면에서는 그리 많이 바뀌지 않으셨어요. 그런데 연재 소설을 쓰시기 시작한 때부터는 좀 힘들어 하셨죠. 제가 알기로는 신문 연재를 하면서 잡지 연재를 하셨는데, 맞아요, 1976년에 『휘청거리는 오후』하고 『도시의 흉년』을 동시에 연재를 하셨어요. 『휘청거리는 오후』가 『동아일보』고, 『도시의 흉년』이 『문학사상』에 한 거죠. 마감을 하기는 하시는데 빨리 못 쓰셔서 아카데미하우스 가서 쓰시기도 하고…. 그 때 힘드셨던 것 같아요. 아카데미하우스를 좋아하셨어요. 저희가 도시락도 싸다가 아버지하고 같이 가져다 드리고. 그래도 작가라고 해서 어디 며칠씩 칩거하는 일은 생각을 못하셨어요. 그런 일은 거의 없어요. 기껏해야 하루예요. 우리 어머니가 집을 떠난다는 거, 우리 가족으로서는 상상을 못했어요. 뭘 하시더라도 집에 계셨으

(049)

손자와 함께. 2009년.

추석에 구리시 공원에서 열린 코스모스 축제를 찾았다. 듬직한 손자에 살짝 기대어.

니까.(웃음) 어머니가 해외에 처음 나가신 게 1982년 프랑스, 인도 가셨을 때예요.

심 : 밤에 쓰셨나요?

호 : 밤에도 쓰시고, 새벽에도 쓰시고. 집중력이 굉장하셨으니까. 그래도 거의 잠을 못 주무셔 가지고 아주 힘들어 하셨어요. 그래도 그 때는 아이들이 거의 다 대학에 가고, 고등학생이고 했으니까. 저희 어머니는 어렸을 때 세게 했지, 중학교, 고등학교만 가고 나면 관심 안 기울이셨어요. 놀아도 그냥 놔두시더라구요. 저희는 거의 자유로웠어요.

심 : 문인들과 교류라든가 하는 것은요?

호 : 그 무렵에는 거의 없으셨던 것 같아요. 문단과 교류를 한다는 것은 거의 불가능했죠. 말년엔 종종 나가셨지만 그 때는 신문에 인터뷰를 하는 일도 많지 않았죠. 밖으로 나갈 시간이 없으셨어요. 글 쓰는 사람들이나 신문 기자, 문학지 기자들이 찾아오기도 했지만.

심 : 글을 쓴다는 것으로 가족들을 괴롭히는 기억은 없네요.

호 : 전혀 없어요, 전혀. 도리어 가족들이 어떻게 하면 어머니가 글을 잘 쓰시게 할 수 있을까, 그런 노력을 많이 했죠. 왜냐면 할머니가 계셨기 때문에. 할머니가 망령이 드시면서 어머니가 글 쓰시는 걸 방해를, 아니 방해를 한 게 아니라, 모르면서 그러신 거죠. 엄마의 보살핌을 엄청 필요로 하셨어요. 다른 가족들은 어떻게 하면 엄마가 글을 잘 쓰시게 할 수 있을까, 그런 걸 찾아 도와 드렸죠. 그 때는 책상도 없었어요. 서재도 없었어요. 모든 걸 안방의 조그만 상 하나에서 쓰셨어요. 1970년대에는 소반, 거기서 딱 쓰시고 그 이상의 공간에서 쓰신 적이 없었어요. 그 때는 육필로 썼으니까, 원고지에 만년필로 쓰셨던 것 같기도 하고. 자료도 늘어놓은 게 없었고, 음악을 듣는다느니 파지를 콱콱 던지느니 이런 것도 없고, 깔끔하셨어요.

살았던 집과 장소들

심 : 선생님께서 사시면서 여러 번 이사를 했는데요.

호 : 결혼한 후로는 여러 번은 아니에요. 우리 어머니가 80년을 사셨는데, 결혼을 1953년에 하셨으니 결혼해서 거의 60년을 사신 거잖아요. 그 동안이면 그렇게 많이 한 게 아니죠. 조그마한 한옥에서 조금 큰 한옥으로 이사했고, 할머니가 돌아가

📷 (050)

아치울 자택.

경기도 구리시 아천동에 위치한 아치울마을은 박완서 선생이 1998년부터 살았던 곳이다. 제2의 고향이라며 유난히 아치울에 애착을 가지고 있던 선생은 『두부』 등의 작품을 통해 이 곳의 자연과 사람들에 대한 이야기를 나누었다.

📷 (051)

노랗게 익은 살구를 맛보다. 2009년.

살구가 열려 떨어지면, 주워다 잼을 만들어 이웃과 친구들과 함께 나누었다.

시고 나서 한옥에서 아파트로 옮겼는데, 그 아파트가 또 좁아져서 조금 큰 아파트로 옮겼고, 그 아파트에서는 오래 사셨죠. 대림아파트. 그 다음이 이 집으로 오신 거죠. 그러니 이사 많이 안 하신 편이죠.

심 : 아파트에서의 생활은 불편해 하시지 않았는지요?

호 : 심플하게 잘 사셨어요. 자잘한 꽃들 기르시면서 사셨고요. 크게 달라지진 않았는데 대림아파트에서 사실 때 우리 아버지하고 동생이 돌아가는… 불행을 맞았기 때문에 그 때는 아파트라서라기보다는 그냥 힘들었죠. 그 이후에 혼자서 한 10년을 사셨거든요? 동생이 이웃에서 살면서 저녁을 갖고 와서 드시는 그런 생활을 하셨어요. 거기서도 글을 많이 쓰셨죠. 제가 한 번은 어떤 집에서 사실 때 어떤 작품을 쓰셨나를 정리해 봤어요. 각각 사시던 집마다 고루 작품을 많이 쓰셨어요. 보문동에서도 많이 쓰셨고요. 1970년에 데뷔를 해서 1981년까지 살았으니까 10년을 보문동에서 쓰신 거죠. 그 다음에 아파트에서 거의 20년을 사셨는데, 이 곳으로 오시기 전에도 많이 쓰셨죠.

심 : 구리로 이사 온 배경을 말씀하실 때, 고향 같았다고 나오잖아요. 이 곳을 좋아하셨나요?

호 : 그럼요. 좋아하셨죠. 어머니께서 꿈꾸던 생활이었어요. 말하자면. 사실 이 집을 가진 지는 더 오래됐거든요. 근데 엄두를 못 내 가지고 금세 이사를 안 오시고 갖고만 있다가, 이 집을 지어서 온 거죠. 집을 지을 당시에 거의 70세 가까우셨으니, 과연 새 생활을 잘 하실 수 있을까, 그런 생각이 들었죠. 근데 충분히 잘 하셨고, 굉장히 건강하게 사셨어요. 걸어 나가서 지하철 타고 영화도 보시고 전시회도 가시고, 그런 생활을 하셨으니까.

심 : 평소에 즐겨하시던 것 좀 말씀해 주세요.

호 : 정원 가꾸기는 저희 어머니가 정말 옛날부터 좋아하시던 거예요. 상황이 안 되더라도, 조그만 한옥에 있을 때 하다못해 요만한 화분부터 시작해 한옥에도 마당 가득 화초를 가꾸셨어요. 사루비아, 포도나무, 장미, 또 봄이 오면 각종 봄꽃들도 가꾸셨고 아파트에 사실 때도 아프리칸 바이올렛, 그냥 아파트에서 자랄 수 있는 식물들을 키우셨죠. 음악 듣는 것도 좋아하셨는데 우리가 '엄마, 이 음악 좋아' 그러면 같이 들으셨어요. 팝송 같은 것도 우리가 좋아하면 같이 좋아해 주시고 그러셨어요.

심 : 구술에서 하루 일과 말씀하신 걸 보면, 저녁에 일찍 취침해 새벽에 일찍 일어

아천동(아치울마을) 집에서 손녀가 찍어 준 사진. 2009년.

나시고, 글은 주로 새벽에 쓰시고, 낮에는 바쁘게 보내신다. 생각이 안 날 때는 정원 가꾸거나 집안 일 하시고, 그러고도 시간이 남으면 산책하신다고 말씀하셨는데 이런 일과는 말년까지 큰 변화가 없으셨는지요?

호 : 네, 거의 그렇게 보내셨죠. 하지만 어머니는 규칙적인 생활은 안 하셨어요(웃음). 나이 드실수록 규칙적으로 생활하시는 분들 많잖아요. 저희 어머니는 그렇지는 않았어요. 시간을 그야말로 백 프로 이상 쓰시고, 게으른 적은 없었지만, 꼭 몇 시에 일어난다, 밥은 몇 시에 먹는다, 그러지는 않으셨어요. 항상 융통성 있게 하셨고, 글 마감 시간이 되면 글을 쓰지만 안 쓰시는 날도 있고요. 매일 몇 장을 쓴다, 그런 규칙이라는 건 없었어요. 저는 그 점이 어머니에 대해 가장 좋아하는 부분이에요. 굉장히 집중력이 좋지만 어디에도 매이지 않고 사셨다는 거 말이에요. 정말 마감에 쫓겨 가지고 어쩔 수가 없을 때는 전화를 안 받기도 하시지만, 그 때도 전화기가 울리면 이렇게 보시고서는 집안 식구면 급한 일일 수도 있으니까 받아서 '야, 지금 급하다' 그러고 끊으시지, 글 때문에 남의 전화를 안 받으시고 그런 일은 못봤어요. 이런 경우는 있죠, 전화 잘못 받았다가 그 사람 때문에 한 시간 이상 통화하느라 일 못했다(웃음)…. 식사도 젊은 사람 때에 맞춰서 같이 드시고… 음식은 가리지 않고 다 좋아하셨어요. 음식 버리는 거 싫어하시니까 아껴서 끝까지 다 드시곤 했어요.

심 : 말년에는 사람들이 많이 와서 귀찮았을 법도 한데요. 공인으로서의 삶이 많았으니까요.

호 : 저희 어머닌 '날 필요로 해서 온 건데, 날 저렇게 필요로 할 때, 내 몸을 다 써주리라' 하는 그런 마음이었어요. '그래도 나쁜 사람이 그렇게 많지 않았다', 언제나 이렇게 얘기하셨어요. 물론 귀찮은 일도 있죠. 뜻하지 않게 얽히는 일도 있고, 좋은 사람인 줄 알았는데 나중에는 이용하려고 하는, 그런 것 때문에 힘드신 건 있으셨죠. 하지만 인연을 소중히 생각하셔서 옛날부터 알던 사람들에겐 늘 잘 대해 주셨어요.

심 : 여행을 가장 마지막으로 다녀오신 게 언제인가요?

호 : 음… 9월 11일인가, 2010년. 여권을 보니 마지막 비행기 표가 끼어 있더라구요. 남경, 무슨 문학 번역 회의였을 거예요. 9월 9일 날 가서 11일 날 돌아오셨나 봐요. 9월 11일이 생신날이셨어요. 그래서 생신 파티를 하고. 팔순이셨어요. 저기 사진 있죠? 그 때 가족 파티 하고 찍은 사진이에요. 그 때도 굉장히 건강하셨어요.

(053)

손녀의 졸업식. 2010년.

숙명여대 여성문학관에 있는 작가의 친필 원고 앞에서 가족들과 기념 사진을 찍었다.

다른 문인들도 가고 그랬는데 생신 때문에 먼저 돌아오신 거예요. (여권을 뒤적이며) 여기 짐표까지 있네요.(웃음) 9월 11일.

담낭 제거, 처음 한 큰 수술과 혈액형

심 : 그런 무렵에 어떻게 해서 병이 난 걸 아시게 됐는지요? 그리고 알고 나서 선생님 반응이 어떠셨는지요? 구술에서는 안 나오는 내용이어서 기록이 필요할 것 같습니다.

호 : 네, 어머니는 주치의가 있으셨고요, 정기 검진에서 발견됐어요. 이상한 게 발견되니까 좀 더 촬영을 해야 된다, 그렇게 해서 담낭암이라는 걸 아시게 됐어요. 그걸 알고 바로 수술을 하셔야 되는 상황이었는데 한 일주일쯤 연기가 됐어요. 저희 어머니가 드시는 약 중에서 아스피린이 있었는데 그 아스피린 약 기운이 몸 안에서 다 빠지고 나서 수술을 해야 된다고 해서 수술 날짜가 일주일쯤 연기된 거예요. 그렇게 수술로 담낭을 제거했고 또 간도 많은 부분을 제거했어요. 평생 입원도, 수술이라는 것도 처음으로 하신 거였어요. 혈액형도 그 때서야 처음 제대로 알게 되셨어요. 저희 어머니가 일제 시대 때 혈액형을 검사하셨대요. B형으로 알고 계셨어요. 그래서 저희는 B형으로 알고 맨날 엄마는 성격이 B형이라고, B형의 성격에 대해 얘기하고, 우리 아이는, 나도 B형인데 할머니가 B형이라 우린 잘 맞아, 이랬는데, 그게 아니라 A형이셨어요.(웃음) 저희 아버지도 A형이셨는데 동생들은 A형, 나는 O형인데, 그러니까 자식들은 A형 아니면 O형….(웃음) 너무 당황을 했어요. B형인 줄 알았는데 A형이니까, 아유, 다시 검사하자.(다들 웃음) 이건 보통 큰 수술이 아니니까. 아무튼 A형이셨어요. 그래서 A형의 성격으로 바뀌셨어요.(다들 웃음)

심 : 발병한 걸 아셨을 땐 이미 암이 많이 진행된 상태셨나요?

호 : 그렇죠, 그러니까 담낭을 그냥 떼어냈죠. 그 동안은 못 느끼셨어요. 그렇지만 돌아가시기 얼마 전부터는 굉장히 힘들어 하셨어요. 여러 가지로 지쳐하셨어요. 나이 드셨는데 너무 과도한 스케줄, 강연, 원고, 그런 게 통제가 안 되어서요. 제가 나중에 많이 후회를 했어요. 억지로라도 통제를 해 드렸어야 했던 게 아니었나… 하고요.

📷(054) 📷(055)

즐거운 한때. 2010년.

구리 아치울 자택에서 딸들과 손녀와 함께 즐거운 시간을 보내고 있다.

투병 생활, 마지막 기억들

호 : 수술 끝나고도 빨리는 못 오셨고, 돌아온 다음 통원 치료를 한 2개월 정도 하시다가 나중에는 한 달 가까이 다시 병원에 계시다가 집에 오셔서 돌아가셨어요. 회복은 잘 되었어요. 저희 어머니가 돌아가신 건 암 때문이라고 알려져 있는데, 물론 암이라는 수술을 하고 약해져서 그렇겠지만 암으로 돌아가신 게 아니라 심장마비로 돌아가셨어요. 담낭암 때문에 병상에 누우신 과정에서 돌아가신 거긴 하죠. 10월달에 수술을 하셨는데, 1월 22일 돌아가셨으니 3개월 정도 투병 생활을 하신 거죠. 투병 생활은 담담하셨어요. 항암 치료하러 다니시면서도 다른 사람들도 암에 걸린 사람이 많고, 나 혼자 걸린 것도 아닌데 하는, 그런 마음이셨어요. 의사는 물론이고 간호사들이나 병상에서 씻겨 드리거나 발마사지를 해 주시는 사람들한테 항상 고마워하셨어요. 이건 우리 어머니만의 성격이랄까 그런 건데, 어떤 일이 닥쳐도 이거는 나만 겪는 것이 아니다, 하시는 게 있어요. 또 내가 왜 병에 걸렸나, 억울해 하시는 것이 아니라 담담해 하셨어요.

심 : 마지막이라고 인식을 하셨나요?

호 : 저는 모르겠어요. 두 가지라고 생각해요. 이렇게 해서 마지막이 될 수도 있다, 그렇지만 또 회복돼서 잘 지낼 수도 있다, 이렇게 생각하셨던 것 같아요.

이 : 어머니는 담담해 하셨다지만 선생님은 기분이 어떠셨어요.

호 : 후우… (크게 숨을 내뱉으며) 저는 진짜… 너무… 너무 슬펐죠. 저는 여행 중이었어요. 사실은 어머니랑 같이 가기로 했었는데, 이상하게 같이 가고 싶었는데, 어머닌 자신이 없어 하시더라구요. 검진은 여행 전날 같이 가서 했어요. 그렇게 검사를 하시고는 끝까지 나도 갈까? 망설이기도 하셨어요. 원래는 같이 크로아티아를 가기로 한 건데 저 혼자 갔어요. 여행 중간에 연락을 받은 거예요. 돌아오라고 하더라구요. 마음이 너무 아팠죠. 왜냐하면, 음… 수술한다고 그러는데… 저희 어머니가 진짜… 찢어지는 아픔을 겪은 분이기 때문에… 애간장이 끊어진다고 하잖아요. 그런 걸 겪은 분인데 진짜 애간장을 그렇게 수술해야 한 거니까요. 좋은 면도 있었어요. 돌아가실 때까지 형제들도, 모든 다른 딸들도 모두 어머니를 위해서 좋았던 시간이기도 했어요. 가족끼리 굉장히 밀착된 시간을 갖게 된 거죠. 왜냐면 저희 어머니는… 피부로 가깝진 않았어요. 어머니가 살갗으로 가까운 걸 필요로 하지 않으셨어요. 근데 몸을 가깝게 하게 되고요…. 딸들도 어머니에 대해 새로

퇴원 후 자택에서. 2010년.

담낭 제거 수술을 받은 후 집으로 돌아와 신문을 펼쳤다. 세상을 뜨기 직전까지 그렇게 매일 신문을 읽었다.

생각하게 되고 어머니도 딸들에 대해서 아, 쟤네들의 몰랐던 면을 알게 되었구나, 그런 것 같아요. 어머니가 작품을 하시느라 너무 바쁘고 말년에는 문학이나 그와 관련된 바깥 생활에 집중하시다 보니 저희들 하나하나에 대한 걸 잘 못 느끼고 계셨던 거예요. 그러다가 가족들끼리 의미 있는 시간을 갖게 된 거죠. 아, 이 시간도 나에게 필요한 시간이구나, 어머니가 그렇게 생각하시는 것 같았어요. 한 3개월 동안은 글을 못 쓰셨죠. 거의 보지도 못하시고요. 제가 엄마가 쓰고 싶으시면 내가 옆에서 구술이라도 받겠다고 하니 괜찮다, 그러시더라고요. 그렇게까지야, 그런 표정이셨어요. 대신 책이나 신문, 시집 같은 것들을 열심히 읽어 드렸어요. 좋아하셨어요. 내가 쓴 글도 읽어 드리면서 막 울기도 했죠(웃음). 왜냐면 내가 써 놓은 글을, 우리 어머닌 잘 안 보시고 그랬는데, 그 때서야 어머니가 그거 어디서 볼 수 있니? 찾으시더라구요.

돌아가신 후

심: 박완서 선생님과 관련된 것으로 앞으로 어떤 걸 준비하고 계신지요?
호: 글쎄요. 어머니는 기념 사업이라든가, 그런 거를 원하지 않으셨어요. 그런 걸로 사람들을 불러 모으고 귀찮게 하는 것을 좋아하지 않으셨어요. 나는 그냥 책으로 남겠다, 그 얘기는 꼭 하셨거든요. 이 집도 그냥 나보고 살아라, 하셨기 때문에 언제까지가 될지 모르겠지만, 그냥 살고 있는 거고⋯. 어머니 돌아가신 지 얼마 안 됐고 어머니가 쓰셨던 책들이라든가 그냥 자연스럽게 되는 거라고 생각하고 있어요.
이: 선생님께 어머니란 어떤 존재이신지?
호: 그냥 어머니죠, 뭐.(웃음) 엄마고, 음⋯ 저는 엄마를 사랑했고, 또 존경했고, 또 엄마로서뿐만 아니라 문학이란 세계를 가르쳐 주신 분이고, 또 삶의 태도를 가르쳐 주셨죠. 어디에 안주하지 않고 항상 앞으로 나아가고, 겸손하고⋯. 저희 어머니는 어머니이자 스승이셨죠. 또 굉장히 창조적인 걸 좋아하셨어요. 남들이 아무리 좋다 해도, 그걸 그대로 얘기하고 싶어 하지 않고, 독창적인 걸 아주 좋아하셨죠. 저는 어머니랑 많은 시간을 같이 보냈고, 비슷한 책을 많이 읽었고, 같이 살림을 한 적도 있고, 또 나의 아이들이나 가족을 위해서도 어머니가 굉장히 많은 사랑

서울대학교 명예 박사 학위를 받은 날.

자택 서재에 남겨진 자료들에서 찾은 서울대 명예 박사 학위를 받을 때(2006년)의 사진. 뒷줄 가운데에 문학 평론가 김윤식 교수가 함께 했다.

을 베풀어 주셨고요. 정리하다 보게 된 건데, 어머니가, 무슨 여성 잡지에서 인터뷰를 하면서, 서로 매력을 얘기해 보라는 질문이 있었는데, 아, 맏딸은, 나중에 내가 죽고 난 다음에 형제들하고도 우애 있게 지내 줄 것 같아 그것이 안심이 된다, 그렇게 말씀하신 걸 보았어요. 저는 그 때 같은 자리에 있었는데도 잊어버렸지요. 저희 어머니는 형제가 없으셨으니까 형제들끼리 잘 지내는 걸 부러워하셨어요.

이 : 사람들이 이 곳을 자주 찾아오나요?

호 : 네, 많이 찾아와요. 저한테 개인적으로 얘기해서 오는 경우도 있고, 도서관을 통해서 오는 경우도 있고요. 버스를 타고 단체로 오기도 하고, 강연을 요청하기도 하고…. 그런 분들을 보면 어머니가, 어머니 문학이 계속 살아있다는 거, 내가 살아 있는 동안은 그것을 위해 노력해야 된다는 걸 느끼죠. 그렇지만 나는 또 나이기 때문에(웃음). 요즘도 어머니에 대해서 내가 해야 할 역할들이 많아서 좀 압박감을 느끼다가, 오늘 아침엔 아, 나는 박완서가 아니야(웃음), 나는 나야. 내가 너무 우리 어머니의 눈높이에 맞춰서 꼭 그렇게는 안 해도 돼, 그렇게 다짐하고 나서 명랑성을 회복했어요(웃음).

심 : 일주기는 어떻게 준비를 하시는지요?

호 : 일주기는 저희 집에서 하기로 했고요. 그냥 미사와, 전통적인 제사로요. 저희 어머니가 거의 평생을 시아버지, 시어머니 제사를 모셨고 또 아버지 제사를 모셨어요. 그래서 저희도 아들이 없지만 어머니 제사를 모시기로 했어요. 동생들과 함께 가족을 중심으로 해서요. 전번에 어머니가 돌아가시고 나서 첫 생신도 이 집에서 그런 식으로 했어요. 생신날이니 제사는 안 했지만요. 외부 손님들을 일부러 부르거나 공식적으로 하지는 않을 거예요. 어머니가 그런 걸 부담스러워 하고 싶어 하셨어요. 가족이 하는 건 심플하잖아요.(웃음)

심 : 오랜 시간 말씀해 주셔서 감사합니다.

예술사 구술 총서 〈예술인·生〉
005
박완서

에필로그

채록 후기 — 삶을 증언하는 이야기꾼의 기억 : 장미영 | 도판 목록 | 각주 목록 | 박완서 약력 | 저서 목록

채록 후기

삶을 증언하는 이야기꾼의 기억

장미영

원로 문인 박완서 선생의 『그 많던 싱아는 누가 다 먹었을까』를 읽으며 작가가 뛰놀았던 그 시골을 동경하고 '싱아'에 대해서 찾아보았던 기억이 있다. 또 작가가 낯선 서울에서 생활했던 현저동 산동네 골목길을 떠올리며 그 골목길에 개성 사람 특유의 남에게 쉽게 굴하지 않고 아무렇지도 않은 듯 꼿꼿이 그 곳의 주인이 되었을 작가를 떠올려 보기도 했었다.

현대 문학 중 소설을 전공한 연구자에게 원로 문인 박완서 선생의 구술을 채록하는 사업은 설렘과 동시에 부담감을 배로 느껴야 하는 고된 작업이었다. 우리 나라 대표 원로 문인이자, 예술원 회원이기도 한 박완서 선생이 구술 채록 대상자라는 사실은 부담스러운 일이었다. 이미 여러 작품을 통해 자신의 삶의 경험을 드러냈고, 다양한 매체에 공개된 인터뷰 자료는 박완서 선생에 대한 새로운 사실을 이끌어낼 수 있을까 하는 걱정스러움으로 이어졌다.

이러한 걱정은 박완서 선생과의 예비 면담 전부터 현실화되었다. 예비 면담을 하기 위해 몇 차례 전화를 드렸을 때 자신이 대상자로 적당한지 고민하셨고 수락을 하셨지만 내내 걱정스러워 하셨다. 구술 대상자인 박완서 선생과 채록 연구자인 본인은 그 점에서 충분히 공감하고 있었다. 그럼에도 불구하고 의미 있는 연구가 될 수 있도록 구술자는 연구자의 질문에 최대한 구체적이고 솔직하게 답변해 주셨으며, 잘못 알려진 사실에 대해서도 적극적으로 바로 잡아 주셨다. 대표적인 예가 출생일이 알려진 것과 다르다는 것을 지적하고 바로 잡아 주신 것이다. 당시 혼란했던 시대 상황은 출생 기록의 오류를 통해서도 확인할 수 있었다.

박완서 선생의 초기 작품부터 현재에 이르기까지 각 작품에는 시대의 고통과 내면의 갈등이 역사의 변동과 함께 전개되고 있다. 특히 시대 상황이 여성에게 미치는 영향 관계를 직접적으로 대상화하고 있다. 이로써 역사의 주변인으로 남아 있던 여성들의 삶을 구체화하고 일상에서 빚어진 격동의 편린들을 확인할 수 있었다. 박완서 선생 개인에게 벌어졌던 불행한 가족사는 우리 민족의 비극적 삶과 크게 다르지 않았다. 문단 데뷔 전 전업 주부로 가정 생활에 충실했던 선생의 이력은 평범한 여성의 삶을 더욱 구체적으로 확인할 수 있었다. 이로써 동시대의 남성들의 기록과 차별화되는 사료적 가치를 획득할 수 있게 되고, 당대 문학을 연구함에 있어 사실에 근접한 자료의 토대를 마련해 줄 것으로 기대하며 구술 채록 사업을 진행하였다.

예비 면담 때 연구자는 구술자와 편안한 관계를 유지하기 위해 이 사업의 취지와 목적을 정확하게 알려 드리면서 사소하게 보일지 모르는 일조차도 의미 있는 자료가 될 수 있음을 알려 드렸다. 거창한 사건과 업적만이 대상이 되는 것이 아니라 구술자 전 생애가 대상이 되고, 구술자의 기억에 의해 재현되는 역사의 순간들 또한 자료가 된다는 것 또한 말씀 드렸다. 또한 구술자의 부담을 덜어 주기 위해 각 회 차를 준비하기 전에 면담 주제와 관련된 질문 사항을 알려 드리고 부담스러운 질문이 있는지 확인하였다. 다행히 크게 숨기거나 피하고 싶은 질문은 없다고 하셔서 진행 과정에 어려움은 없었다. 다만 사고로 일찍 세상을 떠난 아들에 관한 이야기는 지금도 기억만으로도 고통스럽다고 하셔서 따로 질문하지 않았다. 이 점을 제외하고는 생각보다 솔직하고 적극적으로 말씀해 주셔서 별다른 어려움 없이 진행되었다.

박완서 선생의 기본 자료를 검토하는 가운데 구술자의 작품과 자전적 체험이 깊이 관련되었음을 다시 확인할 수 있었다. 구술 채록 과정에서 자기만의 경험을 증언하고 싶은 욕망이 있었다는 말씀을 통해 구술자의 기억이 갖는 역사적 의미, 문학적 의미를 되짚어 보았다.

개인의 기억이 갖는 역사적 의미는 작가의 문학 세계를 이해하는 실마리이자, 역사의 구체성을 확인할 수 있는 기회를 제공하게 될 것이다. 이러한 측면에서 연구자에게 소설가 박완서 선생과의 만남은 걱정과 설렘을 동시에 안겨 주었다.

구술 면담이 진행되는 동안 구술자는 80세에 가까운 고령임에도 불구하고 과거의 일들을 정확하게 기억하고 있었으며 이야기도 아주 구체적으로 들려 주었다. 구술자 가족에게 있었던 가슴 아픈 일들은 전쟁이라는 극한 상황과 연결되어 개인의 일이 아닌 역사의 일부분으로 재현되었다. 연구자는 구술자의 기억을 최대한 이끌어 내기 위해 도움이 될 만한 보조적 자료들이나 상황에 대한 언급을 거드는 정도로 하고 구술자의 이야기를 듣는 형식을 취하였다. 구술자는 자연스럽게 한 가지 사실을 실마리 삼아 세부적인 이야기를 들려 주었다.

첫 번째 면담 때는 출생부터 유년기를 보냈던 개성에서의 생활과 학창 시절 추억에 관한 이야기를 듣게 되었다. 자료에 의하면 출생 연월일이 1931년 10월 20일로 되어 있는데 사실은 1931년 9월 15일로, 호적이 잘못되어 있노라고 이번 기회에 정정하게 되어 다행이라는 말씀을 하셨다. 중간에 호적을 바로 잡을 기회가 있었지만 모든 서류를 다 정리해야 한다는 번거로움 때문에 그냥 지내왔노라고 하셨다.

유년기를 보낸 개성에 대한 기억은 일찍 아버지를 여읜 손녀에 대한 할아버지의 각별한 사랑을 받았던 시절로 기억되고 있었다. 어이없이 돌아가신 아버지에 대한 기억은 어머니에게 가장으로서의 역할로 이어지고, 어머니의 교육열 덕분에 시작된 서울살이와 여학교 시절 담임 선생이었던 박노갑 선생, 소설가 한말숙 선생을 비롯한 친구들에 대한 추억은 모범생이었을 것 같은 기대와 달리 능동적이고 문학 소녀로서의 즐거운 추억이 배어 있었다. 그러나 해방 정국의 혼란상과 사회주의 활동을 했던 오빠에 대한 기억은 역사의 소용돌이에 피해자로서의 어려움을 엿볼 수 있었다.

두 번째 면담의 주제는 전쟁에 관한 기억이 주를 이루었다. 전쟁으로 인한 혼란상은 물론 해방 후 사회주의 활동을 하던 오빠가 강제로 북으로 끌려갔다가 돌아온 후 일상에 적응하지 못하고 힘들어 했던 일과 전쟁 중 오빠가 어이없이 입은 총상 때문에 어머니와 겪었던 고통을 들을 수 있었다. 오빠의 영향으로 구술자 자신도 사회주의에 대해 긍정적으로 생각했으나 실상은 오빠의 황폐화된 인생과, 개인의 삶을 훼손시키는 그들의 이념에 실망하였던 일도 들을 수 있었다. 이 때 구술자는 자신의 행동을 미화하려거나, 숨기려 하지 않고 아주 구체적으로 기억해 내고 솔직하게 이야기를 해주었다. 또한 전쟁기에 서울에 남아서 겪었던 경험담은 전쟁기의 또 다른 일면을 알 수 있었던 기회였다. 전장이 아닌 후방에서 일어났던 전쟁의 잔인함은 개인의 일상을 파괴하고 무력화시키고 있었다. 이에 대한 박완서 선생의 기억은 구체적이고 생생한 체험의 재현이었다.

세 번째 면담 때는 구술자가 미군 PX에 취직이 되어 근무했던 이야기를 중심으로 진행되었다. 구술자는 생계를 위해 어쩔 수 없는 선택이었음에도 불구하고 미군 부대에서 일하는 것을 부끄럽게 생각했다고 한다. 당시 일반인의 인식의 한 단면을 짐작할 수 있게 해 주었다. 그러나 그 곳에서 만난 박수근 화백을 계기로 그 곳에서의 생활과 박수근 화백에 대해 증언하고 싶은 욕망이 글쓰기로 이어졌다는 사실도 알 수 있었다. 박수근 화백에 대한 기억은 『나목』으로 탄생되었으며, 당시로는 꽤 큰 당선금 50만 원을 받았을 때의 기쁨은 자신도 할 수 있다는 자부심을 느끼게 해 준 일이었다고 한다. 평범한 가정 주부로 지내다가 40세에 문단에 데뷔한 후 겪었던 에피소드도 구술자의 숨은 면모를 발견할 수 있는 기회가 되었다.

네 번째 면담 때는 문단 데뷔 후 폭넓은 문단 활동과 창작 활동에 관한 이야기를 들었다. 습작기를 따로 거치지 않은 구술자는 등단 후 1년 동안이 습작기에 해당된다고 할 만큼 작품을 쓰고 다듬었다고 한다. 작품에 드러나는 다양한 사회 문제들은 구술자 개인 경험은 물론 당대의 보편적 현상으로 볼 수 있다. 산업화 사회로의 이행기를 거치는 동안 벌어진 수많은 문제점들은 작품 속에 변주되어 나타나고 있다. 구술자에 대한 문학적 평가에 대한 구술자의 태도는 예상한 것보다 열려 있었으며, 페미니스트라고 불리는 것에 대해 거부하지 않았다. 그러나 페미니스트보다 휴머니스트로 불리기를 기대하였다. 구술자와의 면담을 통해 연구자도 여성을 우위에 두고 있다기보다 인간에 대한 따뜻한 시선과 태도에 더 가깝다는 것을 느꼈다.

문인들과의 교류도 한 장르에 국한되지 않고 폭넓게 이루어지고 있었으며 연령에 제약을 두지도 않았다. 작고하신 박경리 선생과의 인연과 이해인 수녀와의 만남 등에 관한 이야기도 들을 수 있었다. 서로의 슬픔을 공감하고 이해해 주었던 만남은 연구자에게도 만남의 소중함을 일깨워 주었다.

다섯 번째 면담 때는 소설가로서의 활동 외에 대외 활동 관련 이야기를 나누었다. 유니세프 친선 대사로서 세계 각국을 다니며 나누고 있는 봉사 활동은 노블레스 오블리주의 실천이라 할 수 있다. 개인의 이익을 위한 단체가 아닌 공공의 이익을 도모하는 단체에 기꺼이 동참하고 힘을 더하려고 하시는 선생의 소박한 진심이야말로 고귀한 사랑의 실천이 아닐까 한다. 지구 곳곳에서 벌어지는 재난과 불행은 그들만의 문제가 아닌 인류가 함께 풀어가야 할 과제임을 확인할 수 있었다. 그들과 고통을 나누고 함께하는 일이 쉬운 것은 아니지만 인간으로서 의무라고 생각하셨다. 구술자는 담담하게 본인의 생각과 의미를 말씀하는 가운데 여성 교육의 중요성을 새삼 강조하였다.

소설가 박완서 선생과의 구술 채록 과정은 한편의 대하소설을 집필하는 것처럼 흥미진진한 여정이었다. 군데군데 빠진 이야기가 보인다면 그것은 전적으로 연구자의 책임이다.

박완서 선생은 우리 나라 대표 소설가이자 대중적 인기도 누린 작가이다. 선생에 대한 구술 채록은 많은 부담을 안고 시작되었다. 그러나 채록 과정에서 느낀 점은 구술로 진행되다 보니 준비된 이야기에만 답변하는 데는 한계가 있었고, 솔직한 이야기를 나누게 되었다. 자전적 사실을 이야기할 때 구술자는 의도적이건 무의식적이건 간에 미화하거나 본인에게 유리하게 이야기하기 쉽다. 그러나 박완서 선생의 경우 과감할 정도로 당시의 상황과 기억들을 솔직하게 말씀해 주셔서 오히려 연구자가 당황하기도 하였다.

박완서 선생의 자전적 사실과 작품과의 연관성은 알고 있었으나 구체적으로 어떻게 작품화되었는지에 대한 단서는 부족했다. 그러나 이번 구술 채록 내용에서 이러한 사실에 대한 실마리는 찾을 수 있었기를 기대한다. 역사 의식 혹은 사회 의식이 부족하다는 평가에 대해서도 거대 담론의 입장에서가 아닌 미시 담론의 차원에서 살펴본다면 좀 더 긍정적인 평가가 나올 수 있으리라 생각한다.

인간 누구나 가지고 있는 콤플렉스를 콤플렉스로 받아들이면 장애가 되지만 그것을 극복했을 때 콤플렉스는 삶의 원동력이 된다는 말씀이 잊히지 않는다. 오래도록 귀한 삶의 체험들을 증언해 주시길 기대한 연구자의 바람과 달리 선생은 지병인 담낭암 투병 중 2011년 1월 22일 향년 80세의 나이로 별세하셨다.

잠깐 안면이 있는 사람들도 선생과의 친분을 앞세우며 찾아와서 작가로서 작업에 몰두하기 어려운 점이 있다고 하신 말씀이 마음에 걸려 멀리서 조용히 선생의 안부와 활동을 지켜보던 연구자로서는 제대로 인사도 드리지 못한 채 이별을 하게 되어 말할 수 없는 슬픔과 송구스러움에 한동안 마음이 무거웠다.

고 박완서 선생님과의 귀한 만남은 삶에 대한 고마움을 깨달을 수 있는 기회였다. 이제는 자유롭게 생전에 그렇게 그리워하시던 박적골도 다녀오셨으리라…. 이 세상에서 받은 아픔 다 놓으시고 좋은 세상 가셨기를 기원한다. 〔2012년 1월〕

장미영 | 한성대 국어국문학과를 졸업하고 숙명여대 대학원 국어국문학과에서 「박경리 소설 연구—갈등 양상을 중심으로」로 박사 학위를 받았다. 숙명여대, 한성대 등에서 현대 문학과 글쓰기 관련 강의를 하며, 논술 지도사를 양성하고 있다. 논문으로 「여성 자기 서사의 서사적 특성 연구」「불모의 시대를 건너는 예술가와 예술의 자기 소외」 외 다수가 있다. 『백지 공포증이 있는 대학생을 위한 글쓰기』『이공계 글쓰기』(공저) 등 글쓰기에 대한 책을 여럿 썼다.

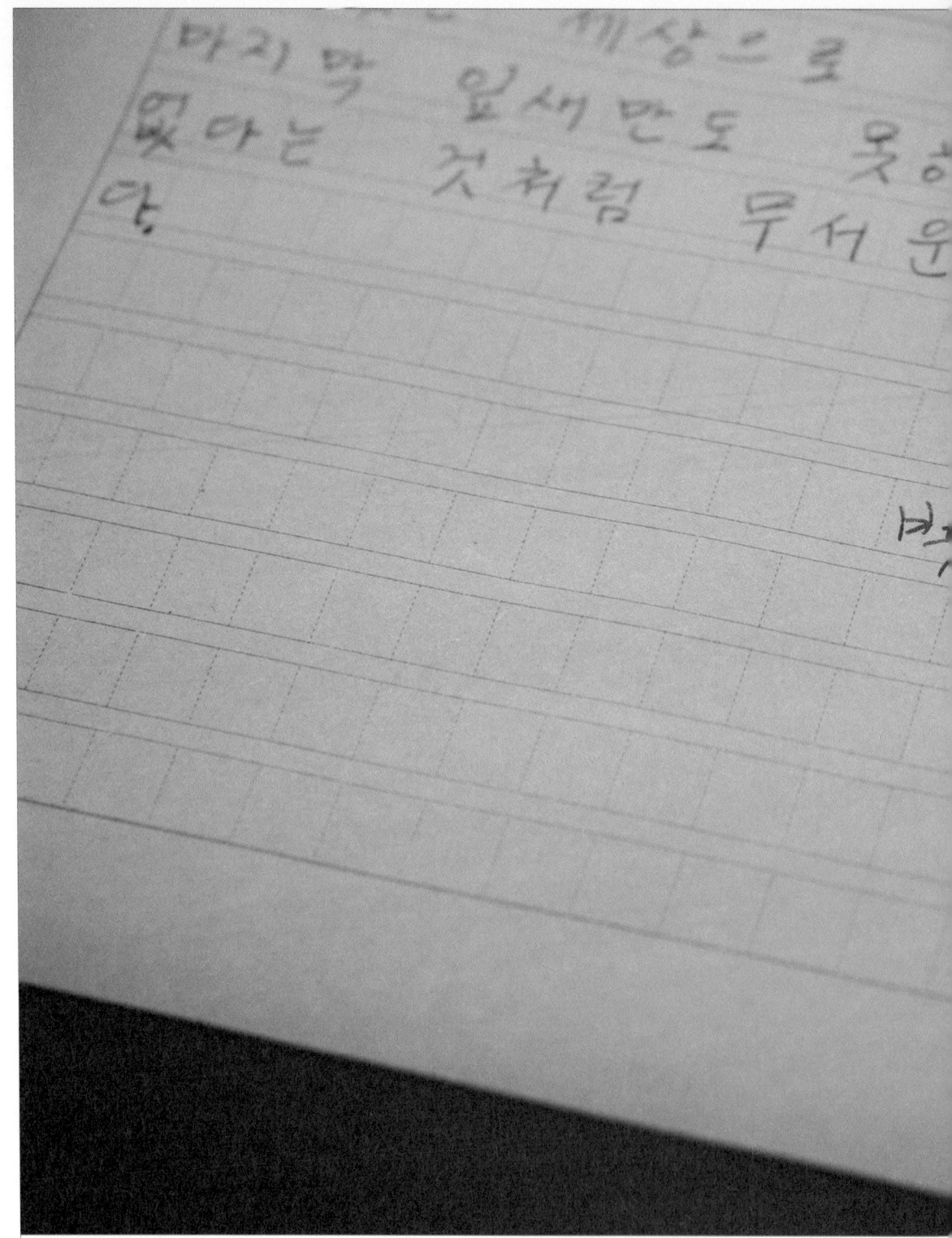

(058) 박완서 선생의 육필 원고. 구리 인창도서관 박완서 자료실에 소장되어 있다.

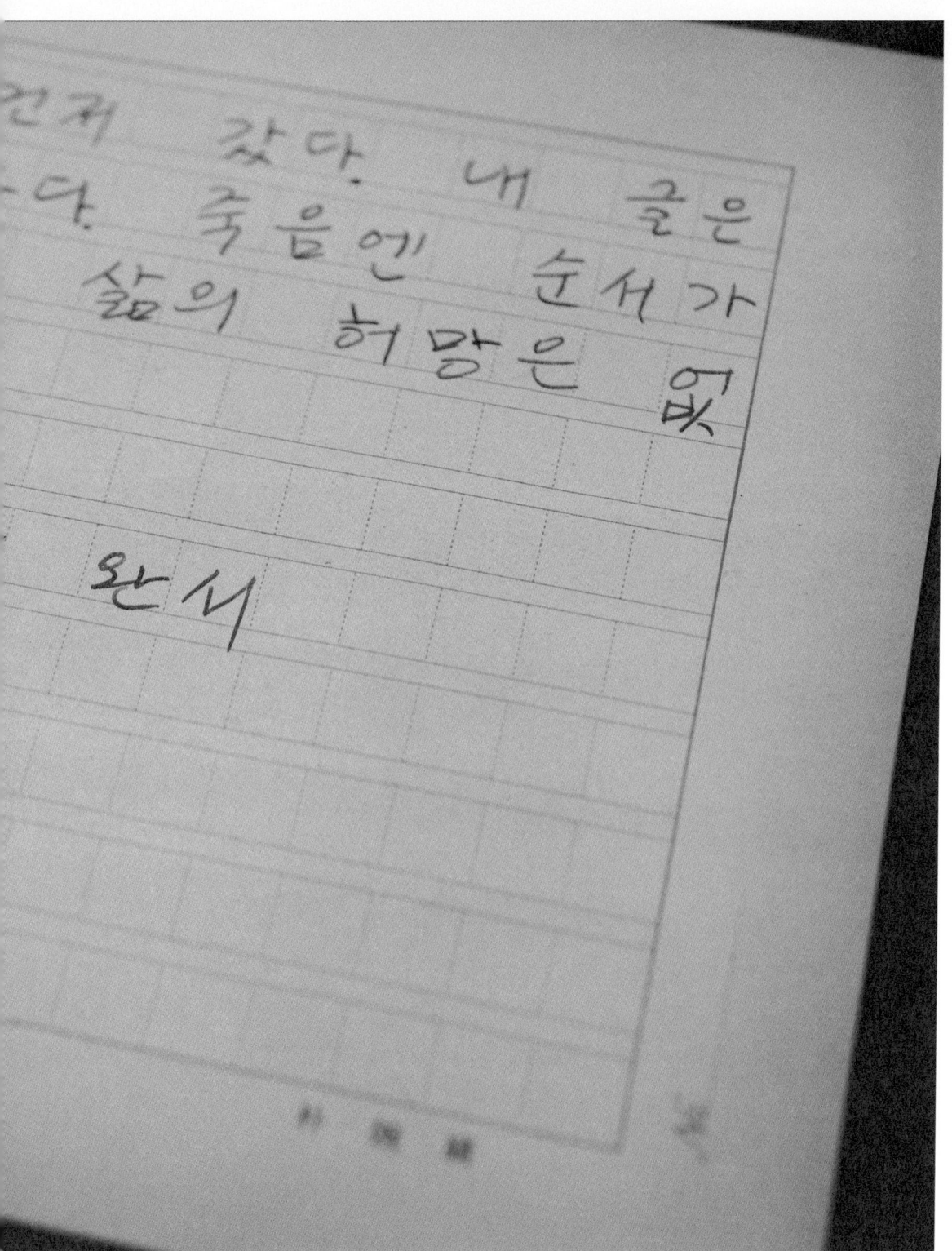

화보

- (001) 아치울의 가을, 손수 가꾼 뜰에서 곱게 핀 꽃을 보며. 2008년.
- (002) 시어머니와 큰딸과 더불어 나들이 다녀오는 길, 충신동 골목에서.
- (003) 큰딸 원숙과 함께, 충신동 자택에서.
- (004) 부산에서 손자들과 함께. 1980년대.
- (005) 작가의 환한 웃음 뒤에 금관문화훈장이 보인다. 2003년에 은관문화훈장을 받았고, 사후(2011년)에 금관문화훈장이 주어졌다.

프롤로그

- (006) 아치울 자택의 서재 창가에서. 2008년.
- (007) 아치울 자택의 정원을 돌볼 때 쓰던 도구들. 호미도 보인다. 2011년 겨울.
- (008) 아치울 자택의 서재, 우편함. 2011년.
- (009) 아치울 자택의 지하 서재. 오른쪽에 화가 박항률 선생의 원화도 보인다. 이 공간은 지금은 딸 호원숙 선생이 주로 쓰고 있으며 박완서 선생이 생전에 냈던 거의 모든 책들이 빽빽이 들어찬 서가가 있다. 2011년.
- (010) 여러 나라 언어로 번역 출간된 박완서 선생의 저서들, 아치울 자택에서. 2011년.
- (011) 2012년 1월 19일과 20일, 돌아가시기 이틀 전 남긴 마지막 일기. 딸 호원숙 선생이 펼쳐 보여 주셨다.

제04장 PX 시절의 만남

- (012) 데뷔작 『나목』의 배경, 미8군 PX 근무 시절. 1951년.

제05장 결혼 생활과 등단

- (013) 『나목』 초판본. 아치울 자택에서 평소 쓰던 소반 위에 놓고, 2011년.

제09장 집으로 더듬어 보는 작품의 궤적

- (014) 숙명여고에 갓 입학했을 때, 아직은 앳된 얼굴. 1944년.
- (015) 결혼식 기념 사진. 1953년.
- (016) 결혼한 그 해, 충신동 집에서 시어머니와 함께. 1950년대 중반.
- (017) 큰딸 원숙을 안고. 1954년.
- (018) 신혼 시절 남편과 함께. 1950년대.
- (019) (020) 충신동 시절. 1953~1961년.
- (021) 도봉산 계곡 피서. 1950년대 후반.
- (022) (023) (024) 신설동(보문동) 시절. 1961~1981년.
- (025) 아들 원태의 유치원 시절. 1969년.
- (026) (027) 『나목』 수상식장에서. 1970년.
- (028) 어머니와 화곡동 친정집에서. 1970년대 중반.
- (029) 큰딸 원숙의 서울대 졸업식에서. 1976년.
- (030) 웃음. 1970년대 말.
- (031) (032) 문인 해외 시찰 여행에서. 1982년.
- (033) 손주와 함께. 1980년대 후반.
- (034) (035) 부산 태종대 여행. 1987년.
- (036) (037) 다시 찾은 서울 현저동. 1992년.

제10장 딸 호원숙의 참고 구술

- (038) (039) 박경리 선생과 함께. 1991. 1999년.
- (040) 이산문학상 수상 후 문인들과 함께. 1991년.
- (041) 손녀와 함께. 1993년.
- (042) 자택의 서재에서. 2002년.
- (043) 서울대학교 명예 문학 박사 학위 수여식. 2006년.
- (044) 마당 가꾸기. 2006년.
- (045) 후배 소설가들과 중국 방문. 2007년.
- (046) 환하게 웃다. 2007년대 후반.
- (047) (048) 이해인 수녀와 함께. 1990. 2008년.
- (049) 손자와 함께. 2009년.
- (050) 아치울 자택.
- (051) 노랗게 익은 살구를 맛보다. 2009년.
- (052) 아천동(아치울마을) 집에서 손자가 찍어 준 사진. 2009년.
- (053) 손녀의 졸업식. 2010년.
- (054) (055) 즐거운 한때. 2010년.
- (056) 퇴원 후 자택에서. 2010년.
- (057) 서울대학교 명예 박사 학위를 받은 날.

에필로그

- (058) 박완서 선생의 육필 원고. 구리 인창도서관 박완서 자료실에 소장되어 있다.

제01장 박적골에서 현저동으로

- (주001) 개풍과 송도 — 034쪽
- (주002) 🔖 개성 사람, 송도 사람 — 034쪽
- (주003) 🔖 박적골 — 036쪽
- (주004) 🔖 아치울로 이사한 일 — 036쪽
- (주005) 🔖 고향 마을의 개울 — 036쪽
- (주006) 싱아(Aconogonum polymorphum) — 038쪽
- (주007) 『그 많던 싱아는 누가 다 먹었을까』 — 038쪽
- (주008) 🔖 자연의 주전부리 — 038쪽
- (주009) 🔖 홍씨 집성촌과 할아버지의 서당 — 040쪽
- (주010) 🔖 할아버지에 대한 기억 — 040쪽
- (주011) 숙명, 진명 등, 근대기 여학교의 출현 — 042쪽
- (주012) 🔖 아버지의 죽음 — 042쪽
- (주013) 🔖 삯바느질 — 044쪽
- (주014) 현저동(峴底洞) — 044쪽
- (주015) 🔖 현저동의 인상 — 044쪽
- (주016) 🔖 초등학교 입학 — 046쪽
- (주017) 🔖 사직동 가정 방문 — 046쪽

제02장 숙명여고의 문학 소녀들

- (주018) 고종 황제 인산 — 050쪽
- (주019) 🔖 몸뻬(もんぺ) — 050쪽
- (주020) 🔖 봉안전(奉安殿)과 최경례(最敬禮) — 052쪽
- (주021) 황국 신민 서사(皇國臣民誓詞) — 052쪽
- (주022) 🔖 문화 정치와 산미 증산 계획 — 052쪽
- (주023) 🔖 공출과 배급 — 054쪽
- (주024) 🔖 몸에 쌀을 숨겨 오는 일 — 054쪽
- (주025) 공출(供出) — 054쪽
- (주026) 🔖 일제 강점기의 배급 정책 — 055쪽
- (주027) 🔖 호수돈여고 — 055쪽
- (주028) 🔖 식량 공출 — 056쪽
- (주029) 🔖 쌀가마니 괴담 — 056쪽
- (주030) 🔖 정신대 징집 — 058쪽
- (주031) 🔖 전시 노력 동원 — 058쪽
- (주032) 🔖 운모 작업 — 060쪽
- (주033) 소개령(疏開令) — 060쪽
- (주034) 🔖 삼팔선의 형성 — 060쪽
- (주035) 🔖 태극기의 유래와 변천 — 062쪽
- (주036) 🔖 개성 지도 — 062쪽
- (주037) 경의선(京義線) — 062쪽
- (주038) 🔖 해방 직후의 개성 — 064쪽
- (주039) 귀축미영(鬼畜米英) — 064쪽
- (주040) 🔖 개성의 삼팔선 — 064쪽
- (주041) 🔖 미군의 사탕과 개성 사람 — 065쪽
- (주042) 🔖 다와이 — 065쪽
- (주043) 🔖 야다리 — 066쪽
- (주044) 🔖 서울 가는 경의선 열차 — 068쪽
- (주045) 한말숙(韓末淑, 1931년~) — 070쪽
- (주046) 한무숙(韓戊淑, 1918~1993년) — 070쪽
- (주047) 한말숙의 부친과 오빠 — 070쪽
- (주048) 『국제신보』 — 072쪽
- (주049) 🔖 벨벳 치마 — 072쪽
- (주050) 박명성(朴明星, 1932년~) — 074쪽

- (주051) 김양식(金良植, 1931년~) — 074쪽
- (주052) 박노갑(朴魯甲, 1905~1951년) — 076쪽
- (주053) 🔖 박노갑 선생님과 관련된 묘사 — 076쪽
- (주054) 귀스타프 플로베르(Gustave Flaubert, 1821~1880년)와 일물일어(一物一語) — 078쪽
- (주055) 황성모(黃性模, 1926~1992년) — 078쪽
- (주056) 종로서관 — 080쪽
- (주057) 🔖 종로서적에 대한 기억 — 080쪽
- (주058) 이경숙(李慶淑, 1931년~) — 074쪽
- (주059) 아쿠타가와 류노스케(芥川龍之介, 1892~1927년) — 082쪽
- (주060) 「라쇼몽(羅生門)」(1915년) — 082쪽
- (주061) 도스토예프스키(Fyodor Mikhailovich Dostoevskii, 1821~1881년) — 083쪽
- (주062) 『제인 에어(Jane Eyre)』(1847년) — 083쪽
- (주063) 브론테 자매들 — 084쪽
- (주064) 『폭풍의 언덕(Wuthering Heights)』(1847년) — 083쪽
- (주065) 이상(李箱, 1910~1937년) — 084쪽
- (주066) 김유정(金裕貞, 1908~1937년) — 085쪽
- (주067) 문남식(文南植, 1906~1997년) — 085쪽
- (주068) 🔖 박완서의 재학기 숙명여고 교장 — 085쪽
- (주069) 공민(公民) 시간 — 086쪽
- (주070) 박순천(朴順天, 1898~1983년) — 086쪽
- (주071) 🔖 해방 공간의 집회 장소, 남산과 동대문운동장(서울운동장) — 086쪽
- (주072) 메이데이(May-day, 노동절) — 088쪽
- (주073) 🔖 민청(民靑, 민주 청년 동맹) — 088쪽
- (주074) 🔖 근로인민당과 여운형(呂運亨, 1886~1947년) — 090쪽
- (주075) 🔖 좌익 사상 — 090쪽
- (주076) 🔖 토지 개혁 — 092쪽
- (주077) 최승희(崔承喜, 1911~1969년?) — 092쪽
- (주078) 🔖 국민보도연맹(國民保導聯盟) — 092쪽
- (주079) 🔖 돈암동 집 — 094쪽
- (주080) 🔖 오빠의 전향 — 094쪽
- (주081) 🔖 오빠의 결혼 — 094쪽

제03장 전쟁

- (주082) 🔖 숙명여고 졸업 — 098쪽
- (주083) 🔖 서울대 동숭동 캠퍼스 — 098쪽
- (주084) 🔖 나라 고사(奈良高師) — 100쪽
- (주085) 🔖 탈옥한 사상범들과 맥주 파티 — 101쪽
- (주086) 🔖 동네 사람들의 변화 — 101쪽
- (주087) 인민위원회(人民委員會) — 101쪽
- (주088) 🔖 인민군 점령 직후 서울대의 수업 — 102쪽
- (주089) 🔖 등교 공작 — 102쪽
- (주090) 🔖 인민군 점령 중 서울대의 풍경 — 102쪽
- (주091) 🔖 돌아오지 않은 오빠 — 104쪽
- (주092) 🔖 미아리고개의 남북자 행렬 — 104쪽
- (주093) 🔖 미아리고개 — 104쪽
- (주094) 🔖 가족의 해체 — 106쪽
- (주095) 🔖 생계의 책임 — 106쪽
- (주096) 🔖 학생 대상 선전 선동 — 106쪽
- (주097) 낙동강 전투 — 108쪽
- (주098) 인천상륙작전 — 108쪽
- (주099) 🔖 기총 소사와 올케의 출산 — 110쪽

(주100) 🔊 갓난 둘째 조카	110쪽	
(주101) 9·28 수복	110쪽	
(주102) 🔊 다락에 숨겨 준 사촌	112쪽	
(주103) 🔊 수수풀죽	112쪽	
(주104) 🔊 물물교환	112쪽	
(주105) 뉴똥 치마	112쪽	
(주106) 🔊 숙명여고 우등상 은수저	114쪽	
(주107) 제2국민병	114쪽	
(주108) 따발총	116쪽	
(주109) 🔊 수복 후의 서울	116쪽	
(주110) 학도호국대(학도호국단, 學徒護國團)	116쪽	
(주111) 환도 후의 학생 심사와 등록증 발급	116쪽	
(주112) 1·4 후퇴	118쪽	
(주113) 시민증과 도민증	118쪽	
(주114) 🔊 오발 사고와 오빠의 부상	120쪽	
(주115) 🔊 오빠를 데리고 현저동으로 피신	120쪽	
(주116) 🔊 피난 가지 못한 이들의 서울살이	122쪽	
(주117) 6·25 전쟁 체험을 다룬 소설들	122쪽	
(주118) 국가보위부(국가안전보위부)	122쪽	
(주119) 🔊 보위부 군관	122쪽	
(주120) 🔊 임진강만 건너지 말자는 약속	124쪽	
(주121) 🔊 교하로 피난	124쪽	
(주122) 🔊 낙하산 부대	126쪽	
(주123) 🔊 돈암동 집으로 귀가	126쪽	
(주124) 🔊 오빠의 죽음	128쪽	
(주125) 🔊 숙부의 죽음	128쪽	
(주126) 🔊 오빠의 됨됨이	130쪽	
(주127) 🔊 이웃의 고발	130쪽	
(주128) 청년단	132쪽	
(주129) 🔊 빨갱이 혐의	132쪽	

제04장 PX 시절의 만남

(주130) 🔊 PX(Post Exchange)	136쪽	
(주131) 🔊 미제 물건	136쪽	
(주132) 🔊 가다마이	138쪽	
(주133) 🔊 씨레이션(C-ration)	138쪽	
(주134) 8군	138쪽	
(주135) 🔊 동화백화점(東和百貨店)	140쪽	
(주136) 🔊 블랙마켓(black market, 暗市場)	140쪽	
(주137) 🔊 영어로 겪은 곤욕	142쪽	
(주138) 🔊 보루바꾸	142쪽	
(주139) PX걸	142쪽	
(주140) 🔊 동화백화점의 건물주	144쪽	
(주141) 🔊 대학생 가방	144쪽	
(주142) 🔊 박수근(朴壽根, 1914~1965년)	144쪽	
(주143) 🔊 파자마부의 인조견 스카프	146쪽	
(주144) 🔊 초상화부의 미군 호객	146쪽	
(주145) 🔊 초상화부 화가들을 얕잡아봄	148쪽	
(주146) 🔊《선전(鮮展)》	150쪽	
(주147) 🔊 박수근을 만남	150쪽	
(주148) 🔊 석란희(石蘭姬, 1939년~)	150쪽	
(주149) MP(Millitary Police)	154쪽	
(주150) 🔊 청소부들의 밀반출	154쪽	
(주151) 🔊 파티에서 처음 먹어 본 콜라와 팝콘	154쪽	

(주152) 🔊 동대문시장	156쪽	
(주153) 🔊 올케의 개업	156쪽	

제05장 결혼 생활과 등단

(주154) 🔊 충신동 집	160쪽	
(주155) 🔊 작은 한옥집의 신접 살림	160쪽	
(주156) 🔊 박완서의 자녀	160쪽	
(주157) 🔊 집에 식모를 두던 시절	162쪽	
(주158) 🔊 출산을 대하는 시어머니의 모습	162쪽	
(주159) 🔊 시어머니의 망령	164쪽	
(주160) 🔊 조카의 첫 소풍	164쪽	
(주161) 🔊 딸의 엄마, 아들의 엄마	166쪽	
(주162) 🔊 사위는 백년손	166쪽	
(주163) 🔊 보문동(신설동) 집	168쪽	
(주164) 🔊 자모회	168쪽	
(주165) 🔊 장보기	168쪽	
(주166) 『여성동아(女性東亞)』	170쪽	
(주167) 『여원(女院)』	170쪽	
(주168) 🔊 최일남(崔一男, 1932년~)	170쪽	
(주169) 『샘터』	172쪽	
(주170) 『슈후노토모〔主婦之友(주부지우)〕』	172쪽	
(주171) 『후진코론〔婦人公論(부인공론)〕』 『주오코론〔中央公論(중앙공론)〕』	172쪽	
(주172) 🔊 안락한 함정	172쪽	
(주173) 신문회관	174쪽	
(주174) 반도화랑	174쪽	
(주175) 현대화랑 사장 박명자	174쪽	
(주176) 🔊 박수근과 아내	174쪽	
(주177) 🔊 증언의 욕구	176쪽	
(주178) 🔊 이중섭(李仲燮, 1916~1956년)	176쪽	
(주179) 🔊 전쟁기 예술가의 두 가지 모습	176쪽	
(주180) 『신동아(新東亞)』	178쪽	
(주181) 🔊 화가의 모욕	178쪽	
(주182) 🔊 옥희도, 박수근	178쪽	
(주183) 『나목(裸木)』	180쪽	
(주184) 🔊 화가의 아내	180쪽	
(주185) 🔊 통일미(統一米)	182쪽	
(주186) 🔊 안정된 소시민의 생활	182쪽	
(주187) 🔊 남편의 귀갓길	182쪽	
(주188) 🔊 홍성원(洪盛原, 1937~2008년)	184쪽	
(주189) 🔊 대우 워드프로세서	184쪽	
(주190) 🔊 임채정(林采正, 1941년~)	188쪽	
(주191) 🔊 PX의 고기 처분	188쪽	
(주192) 🔊 물건이 흔한 나라, 미국	188쪽	
(주193) 『그 산이 정말 거기 있었을까』	190쪽	
(주194) 🔊 시대적 고통과 중압감	190쪽	
(주195) 🔊 복수심에서 사랑으로	190쪽	

제06장 등단 후 작품 활동

(주196) 『현대문학(現代文學)』	194쪽	
(주197) 『문학사상(文學思想)』	194쪽	
(주198) 『월간문학(月刊文學)』	194쪽	

(주199)	박영준(朴榮濬, 1911~1976년)	194쪽	
(주200)	김우종(金宇鍾, 1929년~)	194쪽	
(주201)	가화(嘉禾)다방	196쪽	
(주202)	이문구(李文求, 1941~2003년)	196쪽	
(주203)	「어떤 나들이」	196쪽	
(주204)	1970년대 작가군	198쪽	
(주205)	최인호(崔仁浩, 1945년~)	198쪽	
(주206)	송영(宋榮, 1940년~)	198쪽	
(주207)	황석영(黃晳暎, 1943년~)	199쪽	
(주208)	조해일(趙海一, 1941년~)	199쪽	
(주209)	조선작(趙善作, 1940년~)	199쪽	
(주210)	박완서의 초기작 제목과 발표 매체	200쪽	
(주211)	신문 월평	200쪽	
(주212)	『목마른 계절』	200쪽	
(주213)	『휘청거리는 오후』	200쪽	
(주214)	유신 시대	202쪽	
(주215)	「새마을운동」	202쪽	
(주216)	「1970년대 노동 운동」	204쪽	
(주217)	『휘청거리는 오후』, 허성 씨의 자살	206쪽	
(주218)	남편의 사업 체험	206쪽	
(주219)	안톤 체호프(Anton Pavlovich Chekhov, 1860~1904년)	208쪽	
(주220)	손창섭(孫昌涉, 1922~2010년)	208쪽	
(주221)	이범선(李範宣, 1920~1981년)	208쪽	
(주222)	하근찬(河瑾燦, 1931~2007년)	208쪽	
(주223)	오유권(吳有權, 1928~1999년)	209쪽	
(주224)	오영수(吳永壽, 1914~1974년)	209쪽	
(주225)	강신재(康信哉, 1924~2001년)	209쪽	
(주226)	「가톨릭 신자가 되기까지」	210쪽	
(주227)	「어머니와 불교」	210쪽	
(주228)	이해인(李海仁, 1945년~)	212쪽	
(주229)	「남편의 발병과 죽음」	212쪽	
(주230)	「아들의 죽음」	214쪽	
(주231)	「아들 죽음 이후의 일기 「한 말씀만 하소서」	214쪽	
(주232)	「밥맛을 되찾음」	216쪽	
(주233)	엔도 슈사쿠(遠藤周作, 1923~1996년)	216쪽	
(주234)	『미망(未忘)』	218쪽	
(주235)	『미망(未忘)』 머릿말 중에서	218쪽	
(주236)	「딸의 교통 사고」	218쪽	
(주237)	백세민(白世民, 1943년~)	219쪽	

제07장 글쓰기에 대한 생각과 문단의 교류

(주238)	「말년의 일과」	222쪽
(주239)	추리 소설『욕망의 응달』	226쪽
(주240)	셜록 홈스(Sherlock Holmes)	226쪽
(주241)	에드거 앨런 포(Edgar Allan Poe, 1809~1849년)	226쪽
(주242)	「정당화될 수 없는 폭력」	228쪽
(주243)	「여성의 몫」	230쪽
(주244)	김수영(金洙暎, 1921~1968년)	232쪽
(주245)	「자식이 남북으로 갈라진 어머니」	234쪽
(주246)	「남편과 아내」	236쪽
(주247)	「신여성」	238쪽
(주248)	유종호(柳宗鎬, 1935년~)	238쪽
(주249)	김화영(金華榮, 1942년~)	238쪽
(주250)	동인문학상	240쪽

(주251)	「문학상 심사 경험」	240쪽
(주252)	「세계 문학 전집」	242쪽
(주253)	사소설(私小說)	244쪽
(주254)	「사춘기에 읽은 일본 연애 소설」	244쪽
(주255)	신경숙(申京淑, 1963년~)	246쪽
(주256)	김영하(金英夏, 1968년~)	246쪽
(주257)	김연수(金衍洙, 1970년~)	246쪽
(주258)	이경자(李璟子, 1948년~)	248쪽
(주259)	공지영(孔枝泳, 1963년~)	248쪽
(주260)	김형경(金炯璟, 1960년~)	248쪽
(주261)	권지예(1960년~)	248쪽
(주262)	정이현(鄭梨賢, 1972년~)	249쪽
(주263)	정미경(鄭美景, 1960~2017년)	249쪽
(주264)	김영현(金永顯, 1955년~)	249쪽
(주265)	김윤식(金允植, 1936년~)	249쪽
(주266)	「김윤식의 회고」	250쪽
(주267)	「부끄러움을 가르칩니다」	250쪽
(주268)	박경리(朴景利, 1926~2008년)	252쪽
(주269)	『살아 있는 날의 시작』	252쪽
(주270)	장명수(張明秀, 1942년~)	252쪽
(주271)	『그 남자네 집』	252쪽
(주272)	은희경(殷熙耕, 1959년~)	254쪽
(주273)	김병언(1951년~)	254쪽
(주274)	이강숙(李康淑, 1936년~)	254쪽
(주275)	윤대녕(尹大寧, 1962년~)	254쪽
(주276)	김민기(金民基, 1951년~)	256쪽
(주277)	「토지문학관과 박경리 선생」	256쪽
(주278)	「박경리의 딸과 손자」	258쪽
(주279)	김지하(金芝河, 1941년~)	258쪽
(주280)	이규희(李揆姬, 1937년~)	260쪽
(주281)	박화성(朴花城, 1904~1988년)	260쪽
(주282)	구혜영(具彗瑛, 1931~2006년)	260쪽
(주283)	홍윤숙(洪允淑, 1925~2015년)	262쪽
(주284)	김용택(金龍澤, 1948년~)	262쪽
(주285)	「그 여자네 집」과 김용택	262쪽
(주286)	곽재구(郭在九, 1954년~)	264쪽
(주287)	「섬진강과 곽재구, 김용택」	264쪽
(주288)	마종기(馬鍾基, 1939년~)	266쪽
(주289)	마해송(馬海松, 1905~1966년)	266쪽
(주290)	김남조(金南祚, 1927년~)	267쪽
(주291)	차범석(車凡錫, 1924~2006년)	267쪽

제08장 소설 외의 작품과 사회 활동

(주292)	『꼴찌에게 보내는 갈채』	270쪽
(주293)	콩트집『이민 가는 맷돌』	270쪽
(주294)	동화집『달걀은 달걀로 갚으렴』	270쪽
(주295)	「동화 작가」	270쪽
(주296)	「마지막 임금님」	272쪽
(주297)	「유신 시절의 억압」	272쪽
(주298)	「옥상의 민들레꽃」	272쪽
(주299)	「잃어버린 여행 가방」	274쪽
(주300)	「인도네시아 쓰나미」	274쪽
(주301)	「강화도의 고향 친척들」	276쪽
(주302)	이근후(李根厚, 1935년~)	276쪽

- (주303) 원불교의 네팔 봉사 활동   278쪽
- (주304) 쿠마리   278쪽
- (주305) 유니세프 한국위원회   280쪽
- (주306) 이청준(李淸俊, 1939~2008년)   282쪽
- (주307) 우리 흙과 씨앗의 생명력   284쪽
- (주308) 에티오피아의 난민 캠프   284쪽
- (주309) 국경 없는 의사회(Doctors Without Borders, Medecins Sans Frontieres)   286쪽
- (주310) 남자의 애 보기   286쪽
- (주311) 쇠고기 파동   288쪽
- (주312) 이이화(李離和, 1936년~)   290쪽
- (주313) 아차산성   292쪽
- (주314) 권옥연(權玉淵, 1923~2011년)   292쪽
- (주315) 이준(李俊, 1919년~)   292쪽
- (주316) 김수용(金洙容, 1929년~)   292쪽

제09장 집으로 더듬어 보는 작품의 궤적

- (주317) 고향으로부터 도시로, 그 실낙원의 기록   298쪽

제10장 딸 호원숙의 참고 구술

- (주318) 호원숙(扈源淑, 1954년~)   328쪽
- (주319) 합승   330쪽

박완서(朴婉緖, 1931.9.15.~2011.1.21.)

소설가. 경기도 개풍에서 태어났다. 숙명여고를 졸업하고 서울대 국문과에 입학했으나 6·25 전쟁 발발로 학업을 중단했다. 마흔 살이던 1970년 『여성동아』 장편 소설 공모에 「나목(裸木)」이 당선되어 등단했다. 그 뒤 『휘청거리는 오후』 『그 많던 싱아는 누가 다 먹었을까』 『아주 오래된 농담』 등의 장편 소설, 『엄마의 말뚝』 『저문 날의 삽화』 『너무도 쓸쓸한 당신』 『그 남자네 집』 등의 소설집, 『꼴찌에게 보내는 갈채』 『나는 왜 작은 일에만 분개하는가』 『못 가 본 길이 아름답다』 등의 산문집을 내며 말년까지 엄청난 필력으로 왕성한 작품 활동을 하였다. 평생 자신이 직접 겪은 경험을 토대로 일제 말의 개성과 서울, 전쟁, 분단의 비극과 그 안에서 일그러지고 상처받은 사람들의 초상을 증언하듯 묘사했다. 또한 경제 성장과 산업화에 따른 도시 문명 사회의 형성, 그 안에서의 허위적이고 물신주의적인 삶, 무기력한 소시민의 일상, 자본주의와 가부장제에 억눌린 여성 현실, 죽음과의 대면과 극복 등 한국 사회의 시대별 세태를 집요하게 다루었다. 한국문학작가상(1980년), 이상문학상(1981년), 이산문학상(1991년), 현대문학상(1993년), 동인문학상(1994년), 대산문학상(1997년), 만해문학상(1999년), 황순원문학상(2001년) 등을 수상했고 문화예술인으로서는 처음으로 졸업하지 못했던 모교 서울대에서 명예 박사 학위(2006년)를 받았다. 등단 41주년을 맞은 지난 2011년 담낭암으로 투병하다가 세상을 떠났다. 금관문화훈장을 추서받았다.

연보

* 연보는 2012년 세계사에서 간행된 〈박완서 소설 전집 결정판〉(22권)의 작가 연보를 주로 참고하여 정리했다.

1931년 9월 15일 경기도 개풍군 묵송리 박적골에서 출생. 가족은 아버지 박영노(朴泳魯), 어머니 홍기숙(洪己宿), 위로 열 살 위인 오빠 박종서(朴鐘緖).

1934년 (4세) 아버지 별세. 어머니는 오빠만 데리고 서울로 떠남. 조부모와 숙부모 밑에서 어린 시절을 보냄.

1938년 (8세) 서울로 와서 살게 됨. 매동국민학교 입학.

1944년 (14세) 숙명여고 입학.

1945년 (15세) 소개령 때문에 개성으로 이사, 호수돈여고로 전학. 고향에서 해방을 맞음. 서울로 와 학교를 계속 다님. 여중 5학년 때 담임을 맡은 소설가 박노갑 선생에게서 많은 영향을 받음.

1950년 (20세) 서울대학교 문리대 국어국문학과 입학. 6·25 전쟁으로 학교에 다닌 기간은 며칠 되지 않음.

1951년 (21세) 전쟁 기간 중에 오빠와 숙부가 죽고 대가족의 생계를 책임지게 됨. 미8군 PX(동화백화점, 지금의 신세계백화점 자리)의 초상화부에서 근무. 그 곳에서 박수근 화백을 알게 됨.

1953년 (23세) 4월 21일 호영진(扈榮鎭)과 결혼. 1남 4녀의 자녀를 둠. (1954년 원숙, 1955년 원순, 1958년 원경, 1960년 원균, 1963년 원태 태어남)

1970년 (40세) 「나목」으로 『여성동아』 여류 장편 소설 모집에 당선. 첫 책 『나목』(동아일보사) 출간

1971년 (41세) 「한발기」 연재(『여성동아』 1971년 7월호~1972년 11월호. 단행본에 실린 「5월」 부분이 빠져 있음. 1978년에 『목마른 계절』로 출간됨). 「세모」(『여성동아』 4월호), 「어떤 나들이」(『월간문학』 9월호)

1972년 (42세) 「세상에서 제일 무거운 틀니」(『현대문학』 8월호)

1973년 (43세) 「부처님 근처」(『현대문학』 7월호), 「지렁이 울음소리」(『신동아』 7월호), 「주말농장」(『문학사상』 10월호)

1974년 (44세) 「맏사위」(『서울평론』 1월호), 「연인들」(『월간문학』 3월호), 「이별의 김포공항」(『문학사상』 4월호), 「어느 시시한 사내 이야기」(『세대』 5월호), 「닮은 방들」(『월간중앙』 6월호), 「부끄러움을 가르칩니다」(『신동아』 8월호), 「재수굿」(『문학사상』 12월호)

1975년 (45세) 「도시의 흉년」 연재(『문학사상』 1975년 12월호~1979년 7월호). 「카메라와 워커」(『한국문학』 2월호), 「도둑맞은 가난」(『세대』 4월호), 「서글픈 순방」(『주간조선』 6월호), 「겨울 나들이」(『문학사상』 9월호), 「저렇게 많이!」(『소설문예』 9월호)

1976년 (46세) 첫 창작집 『부끄러움을 가르칩니다』(일지사) 출간. 「휘청거리는 오후」 연재(『동아일보』 1976년 1월 1일~1976년 12월 30일). 「어떤 야만」(『뿌리깊은 나무』 5월호), 「배반의 여름」(『세계의 문학』 가을호), 「조그만 체험기」(『창작과비평』 겨울호), 「포말의 집」(『한국문학』 10월호)

1977년 (47세) 『휘청거리는 오후 1, 2』(창작과비평사) 출간. 열화당의 〈신예작가 신작소설선〉 중에 중편집 『창밖은 봄』 출간. 첫 산문집 『꼴찌에게 보내는 갈채』(평민사), 두 번째 산문집 『혼자 부르는 합창』(진문출판사) 출간. 「흑과부」(『신동아』 2월호), 「돌아온 땅」(『세대』 4월호, 「더위 먹은 버스」라는 제목으로 소설집 『배반의 여름』(1978년)에 수록), 「상」(『현대문학』

4월호),「꼭두각시의 꿈」(『수정』 1977년),「꿈을 찍는 사진사」(『한국문학』 6월호),「여인들」(『세계의 문학』 여름호,「그 살벌했던 날의 할미꽃」(『문예중앙』 겨울호),『도시의 흉년 1, 2』(문학사상사) 출간.

1978년 (48세) 『목마른 계절』(수문서관) 출간(『여성동아』 1971년 7월호~1972년 11월호,「한발기」라는 제목으로 연재). 단편집『배반의 여름』(창작과비평사) 출간.「욕망의 응달」연재(『여성동아』 1978년 8월호~1979년 11월호),「낙토(樂土)의 아이들」(『한국문학』 1월호),「집보기는 그렇게 끝났다」(『세계의 문학』 가을호),「꿈과 같이」(『창작과비평』 여름호),「공항에서 만난 사람」(『문학과지성』 가을호)

1979년 (49세) 『도시의 흉년 3』(문학사상사) 출간.『욕망의 응달』(수문서관) 출간(이후 1984년 같은 출판사에서『인간의 꽃』이라는 제목으로 다시 나온 뒤 절판. 1989년 다시 원제대로 우리문학사에서 재출간되었으나 타계 전 작가의 요청으로 〈박완서 소설전집 결정판〉(세계사) 목록에서 제외함). 창작동화집『달걀은 달걀로 갚으렴』(샘터사) 출간(같은 해『마지막 임금님』이라는 제목으로도 출간됨).『꿈을 찍는 사진사』(열화당) 출간(1977년 펴냈던『창밖은 봄』과 동일한 작품을 묶음).「살아 있는 날의 시작」연재(『동아일보』 1979년 10월 2일~1980년 5월 30일).「내가 놓친 화랑」(『문예중앙』 봄호),「황혼」(『뿌리깊은 나무』 3월호),「우리들의 부자(富者)」(『신동아』 8월호),「추적자」(『문학사상』 10월호)

1980년 (50세)「그 가을의 사흘 동안」으로 제7회 한국문학 작가상 수상.『동아일보』에 연재했던『살아 있는 날의 시작』(전예원) 출간.「오만과 몽상」연재(『한국문학』 1980년 12월호~1982년 3월호).「그 가을의 사흘 동안」(『한국문학』 6월호),「엄마의 말뚝 1」(『문학사상』 9월호),「육복(六福)」(『소설문학』 11월호),「침묵과 실어」(『세계의 문학』 겨울호),「옥상의 민들레꽃」(『실천문학』 창간호)

1981년 (51세)「엄마의 말뚝 2」로 제5회 이상문학상 수상. 20년 동안 살던 보문동 한옥을 떠나 잠실의 아파트로 이사. 오늘의 작가 총서『나목·도둑맞은 가난』(민음사) 출간. 소설집『이민 가는 맷돌』(심설당) 출간.「천변풍경」(『문예중앙』 봄호),「엄마의 말뚝 2」(『문학사상』 8월호),「쥬디 할머니」(『소설문학』 10월호),「꽃 지고 잎 피고」(퍼어리스 사보『아미(Ami)』),「로얄 박스」(『현대문학』 12월호).「도둑맞은 가난」이 일본에서「盜まれた貧しさ」라는 제목으로『韓国現代文学13人集』(古山高麗雄 편)에 수록 출간(新潮社).

1982년 (52세) 10월과 11월, 문화공보부 주최 문인 해외연수에 참가, 유럽과 인도를 다녀옴(김치수, 염재만, 이호철, 홍윤숙, 김영옥, 유재용, 김승옥, 박연희, 김홍신 등 참가).『오만과 몽상』(한국문학사) 출간(1985년 고려원에서 재출간). 단편집『엄마의 말뚝』(일월서각) 출간(첫 창작집 이후 발표된 소설을 묶음). 산문집『살아 있는 날의 소망』(학원사) 출간.「그해 겨울은 따뜻했네」연재(『한국일보』 1982년 1월 5일~1983년 1월 15일).「떠도는 결혼」연재(『주부생활』 1982년 4월호~1983년 11월호).「유실」(『문학사상』 5월호),「무중(霧中)」(『세계의 문학』 여름호)

1983년 (53세)『그해 겨울은 따뜻했네』(민음사) 출간(『한국일보』에 연재한 동명의 소설).「그의 외롭고 쓸쓸한 밤」(『문학사상』 3월호),「아저씨의 훈장」(『현대문학』 5월호),「무서운 아이들」(『한국문학』 7월호),「소묘」(『소설문학』 8월호).「그 살벌했던 날의 할미꽃」이 영국 런던에서「A Pasque—Flower on That Bleak Day」라는 제목으로, 중단편 소설집『The Rainy Spell and Other Korean Stories』(서지문 역)에 수록 출간(Onyx Press).

1984년 (54세) 7월 1일 영세 받음. 그 해 창간된 잡지『2000년』에 1984년 5월부터 12월까지 연재한 풍자 소설「서울 사람들」이 단행본『서울 사람들』(글수레)로 출간.『인간의 꽃』(수문서관) 출간(1979년에 출간된『욕망의 응달』을 제목을 바꿔 재출간함).「재이산」(『여성문학』 1월호),「울음소리」(『문학사상』 2월호),「저녁의 해후」(『현대문학』 3월호),「어느 이야기꾼의 수렁」(『문예중앙』 여름호),「움딸」(『학원』 9월호),「지 알고 내 알고 하늘이 알건만」(『창비 84 신작 소설집—지 알고 내 알고 하늘이 알건만』)

1985년 (55세) 방이동 아파트로 이사함. 11월 무렵 일본 '국제기금' 재단의 초청으로 홀로 일본 여행.『서 있는 여자』(학원사) 출간(『주부생활』에 연재했던「떠도는 결혼」과 같은 작품). 〈베스트셀러 소설 선집 7〉『나목』(중앙일보사) 출간. 단편 선집『그 가을의 사흘 동안』(나남) 출간. 한국문학사에서 나왔던 장편『오만과 몽상』(고려원) 재출간. 자선 에세이집『지금은 행복한 시간인가』(자유문학사) 출간. 대하 장편 소설「미망(未忘)」연재 시작(『문학사상』 3월호).「해산바가지」(『세계의 문학』 여름호),「초대」(『문학사상』 10월호),「애보기가 쉽다고?」(『동서문학』 12월호),「사람의 일기」(『창비 85 신작소설집—슬픈 해후』),「저물녘의 황홀」(『문학과지성사 신작소설집—숨은 손가락』)
1986년 (56세) 창작집 『꽃을 찾아서』(창작과비평사) 출간(1982년에서 1986년 사이에 창작한 중단편 수록). 산문집 『서 있는 여자의 갈등』(나남) 출간. 「비애의 장」(『현대문학』 2월호), 「꽃을 찾아서」(『한국문학』 8월호)
1987년 (57세) 단편 선집 『그 살벌했던 날의 할미꽃』(심지출판사) 출간. 『이상문학상 수상 작가 대표작품집 6—박완서』(문학세계사) 출간. 「저문 날의 삽화 1」(『여성동아문집—분노의 메아리』, 전예원), 「저문 날의 삽화 2」(『또 하나의 문화 4호 : 여성 해방의 문학』), 「저문 날의 삽화 3」(『현대문학』 6월호), 「저문 날의 삽화 4」(『창비 1987』, 부정기 간행물)
1988년 (58세) 남편(5월)과 아들(8월)이 연이어 세상을 떠남. 서울을 떠나 부산 분도수녀원에서 지냄. 미국 여행을 다녀옴. 10월부터 이듬해 4월까지 『문학사상』에 연재하던 「미망」을 중단함. 「저문 날의 삽화 5」(『소설문학』 1월호)
1989년 (59세) 단행본 『그대 아직도 꿈꾸고 있는가』(삼진기획) 출간. 『서 있는 여자』(작가정신) 재출간(1985년 학원사에서 출간됐던 『서 있는 여자』 재출간). 「그대 아직도 꿈꾸고 있는가」 연재(『여성신문』 제11호(2월 17일)~제34호(7월 28일)). 1988년 10월부터 연재 중단됐던 「미망」 다시 연재 시작(『문학사상』 5월호). 「복원되지 못한 것들을 위하여」(『창작과비평』 여름호), 「가(家)」(『현대문학』 11월호). 「그 살벌했던 날의 할미꽃」이 프랑스에서 『Une Vieille Anémone, Un Jour Lugubre』라는 제목으로 『Une Fille Nommée Deuxième Garçon』(최윤, Patrick Maurus 역)에 수록 출간(Le Méridien Editeur).
1990년 (60세) 『미망』으로 대한민국문학상 우수상 수상. 해외 성지 순례를 다녀옴. 『문학사상』 5월호로 완결된 『미망 1, 2, 3』(문학사상사)이 단행본으로 출간. 산문집 『나는 왜 작은 일에만 분개하는가』(햇빛출판사) 출간. 참척의 고통을 겪으면서 기록한 일기인 「한 말씀만 하소서」 연재(가톨릭 잡지 『생활성서』 1990년 9월호~1991년 9월호)
1991년 (61세) 『미망』으로 제3회 이상문학상 수상. 회갑 기념 단편 소설집 『저문 날의 삽화』(문학과지성사) 출간. 콩트집 『나의 아름다운 이웃』(작가정신) 출간(1981년에 출간된 『이민 가는 맷돌』(심설당)에 실린 작품을 재출간). 「여덟 개의 모자로 남은 당신」(『여성동아

문집—여덟 개의 모자로 남은 당신』, 정민), 「엄마의 말뚝 3」(『작가세계』, 봄호, 「박완서 특집」), 「우황청심환」(『창작과비평』 여름호). 「엄마의 말뚝 1」이 영역되어 출간(유영난 역, 『번역이란 무엇인가』, 태학사)
1992년 (62세) '소설로 그린 자화상'이라는 표제로 『그 많던 싱아는 누가 다 먹었을까』(웅진출판) 출간. 『박완서 문학 앨범』(웅진출판) 출간. 동화집 『산과 나무를 위한 사랑법』(샘터사) 출간(1979년 샘터사에서 냈던 동화들을 모음). 「오동의 숨은 소리여」(『현대소설』, 봄호). 『서 있는 여자』가 일본에서 『結婚』(中野宣子 역)이라는 제목으로 출간(學藝書林).
1993년 (63세) 제19회 중앙문화대상(예술 부문) 수상. 「꿈꾸는 인큐베이터」로 제38회 현대문학상 수상. 제38회 현대문학상 수상소설집 『꿈꾸는 인큐베이터』(현대문학) 출간. 『박완서 문학상 수상 작품집』(훈민정음) 출간(「그 가을의 사흘 동안」 「엄마의 말뚝 2」 「꿈꾸는 인큐베이터」 수록). 〈박완서 소설 전집〉(세계사) 『휘청거리는 오후』(소설 전집 1), 『도시의 흉년』(소설 전집 2, 3), 『휘청거리는 오후』(소설 전집 4), 『욕망의 응달』(소설 전집 5) 출간. 「꿈꾸는 인큐베이터」(『현대문학』 1월호), 「티타임의 모녀」(『창작과비평』 여름호), 「나의 가장 나종 지니인 것」(『상상』 창간호(가을호)). 「엄마의 말뚝 1」이 프랑스〈Lettres coréennes〉시리즈 중 『Le piquet de ma mère』(강고배, Hélène Lebrun 역)라는 제목으로 출간(Actes Sud). 「겨울 나들이」가 미국에서 「Winter Outing」이라는 제목으로 『Land of Exile』(Marshall R. Pihl 역)에 수록 출간(M. E. Sharpe)
1994년 (64세) 「나의 가장 나종 지니인 것」으로 제25회 동인문학상 수상. 『제25회 동인문학상 수상작품집—나의 가장 나종 지니인 것』(조선일보사) 출간. 신작 소설집 『한 말씀만 하소서』(솔) 출간(일기와 『저문 날의 삽화』 이후의 소설을 묶음). 전작 동화 『부숭이의 땅 힘』(한양출판) 출간. 첫 창작집 『부끄러움을 가르칩니다』(한양출판) 재출간. 1977년에 출간한 첫 수필집 『꼴찌에게 보내는 갈채』(한양출판) 재출간(일부 재수록). 〈박완서 소설 전집〉(세계사) 『목마른 계절』(소설 전집 6), 『엄마의 말뚝』(소설 전집 7), 『오만과 몽상』(소설 전집 8), 『그해 겨울은 따뜻했네』(소설 전집 9) 출간. 「가는 비, 이슬비」(『한국문학』 3·4월 합본호). 『그대 아직 꿈꾸고 있는가』가 독일에서 『Das Familienregister』(Helga Picht 역)이라는 제목으로 출간(Verlag Volk & Welt).

1995년 (65세) 「환각의 나비」로 제1회 한무숙문학상 수상. 『그 산이 정말 거기 있었을까』(웅진출판) 출간. 단편 선집 『여덟 개의 모자로 남은 당신』(삼성) 문고판 출간. 산문집 『한 길 사람 속』(작가정신) 출간. 〈박완서 소설 전집〉(세계사) 『나목』(소설 전집 10), 『서 있는 여자』(소설 전집 11) 출간. 「마른 꽃」(『문학사상』 1월호), 「환각의 나비」(『문학동네』 봄호). 『나목』이 미국 코넬 대학교 출판부에서 『The Naked Tree』(유영난 역)라는 제목으로 출간(Cornel University). 「더위 먹은 버스」 「꿈꾸는 인큐베이터」 「티타임의 모녀」 단편 세 편이 독일에서 『Die Trämende Brutmaschine: 꿈꾸는 인큐베이터』(채운정, Rainer Werning 역)라는 제목으로 출간(Secolo). 「티타임의 모녀」가 일본에서 「ティータイムの母娘」(岸井紀子 역)이라는 제목으로 〈韓国女性作家作品集(한국여성작가작품집)〉 중 『冬の幻』(朝鮮文学研究會 역)에 수록 출간(韓日カルチャーセンター図書出版室). 「세모」 「주말농장」이 중국에서 「岁暮」 「周末农场」라는 제목으로 『韩国女作家作品选(한국여작가작품선)』에 수록 출간(社会科学文献出版社).

1996년 (66세) 단편 선집 『울음소리』(솔) 출간. 수필집 『우리를 두렵게 하는 것들』(자유문화사) 출간. 〈박완서 소설 전집〉(세계사) 『미망』(소설 전집 12, 13) 출간. 「참을 수 없는 비밀」(『창작과비평』 겨울호).

1997년 (67세) 『그 산이 정말 거기 있었을까』로 제5회 대산문학상 수상. 티베트·네팔 기행기 『모독』(학고재) 출간. 동화집 『속삭임』(샘터사) 출간. 「길고 재미없는 영화가 끝나갈 때」(『라쁠륨』 봄호), 「그 여자네 집」(『여성동아 문고—13월의 사랑』, 예감), 「너무도 쓸쓸한 당신」(『문학동네』 겨울호). 「닮은 방들」이 미국에서 「Identical Apartment」라는 제목으로 『WAYFARER』(Bruce Fulton, Ju-Chan Fulton 편역)에 수록 출간(Women In Translation).

1998년 (68세) 구리시 아천동으로 이사함. 보관문화훈장(문화관광부) 수상. 단편 소설집 『너무도 쓸쓸한 당신』(창작과비평사) 출간. 산문집 『어른 노릇 사람 노릇』(작가정신) 출간. 그림 동화 『이게 뭐니 알아맞혀 볼래?』(미세기) 출간(1998년으로 되어 있는 자료도 많음). 「꽃잎 속의 가시」(『작가세계』 봄호), 「공놀이하는 여자」(『당대비평』 여름호), 「J-1 비자」(『창작과비평』 겨울호).

1999년 (69세) 『너무도 쓸쓸한 당신』으로 제14회 만해문학상 수상. 묵상집 『님이여, 그 숲을 떠나지 마오』(여백) 출간. 에세이 선집 『작은 마음이 아름다운 세상을 만든다』(미래사) 출간. 단편동화집 『자전거 도둑』(다림) 출간(첫 동화집 『달걀은 달걀로 갚으렴』에서 여섯 편을 선별해 실음). 「아주 오래된 농담」 연재 시작(『실천문학』 겨울호). 〈단편소설 전집〉(전 5권, 문학동네) 『어떤 나들이』(단편소설 전집 1), 『조그만 체험기』(단편소설 전집 2), 『아저씨의 훈장』(단편소설 전집 3), 『해산바가지』(단편소설 전집 4), 『가는 비 이슬비』(단편소설 전집 5) 출간. 단편 아홉 편이 미국에서 『My Very Last Possession』(전경자 외 역)라는 제목으로 출간(M. E. Sharpe). 「저문 날의 삽화」 「그 가을의 사흘 동안」 「도둑맞은 가난」 「엄마의 말뚝 1, 2, 3」 단편 여섯 편이 미국에서 『A SKETCH OF THE FADING SUN』(이현재 역)이라는 제목으로 출간(White Pine Press). 『그 많던 싱아는 누가 다 먹었을까』가 일본에서 『新女性を生きよ』(朴福美 역)라는 제목으로 출간(梨の木舍). 「어느 이야기꾼의 수렁」이 독일에서 「Im Sumpf steckengeblieben」이라는 제목으로 『Am Ende der Zeit』(Helga Picht, Heidi Kang 편)에 수록 출간(Pendragon).

2000년 (70세) 제14회 인촌상 수상(문학 부문). 9월 '2000 서울 국제 문학 포럼'에서 「포스트 식민지저 상황에서의 글쓰기」 발표. 등단 30주년 기념, 산문 선집 『아름다운 것은 무엇을 남길까』(세계사), 『박완서 문학 30년 기념 비평집: 박완서 문학 길찾기』(세계사) 출간. 「아주 오래된 농담」(『실천문학』 가을호) 연재를 마친 후 단행본 『아주 오래된 농담』(실천문학사) 출간.

2001년 (71세) 「그리움을 위하여」로 제1회 황순원문학상 수상. 장편 동화 『부숭이는 힘이 세다』(계림북스쿨) 출간(『부숭이의 땅힘』(1994년)을 손보아 이름을 바꾸어 출간). 「그리움을 위하여」(『현대문학』 2월호), 「또 한해가 저물어 가는데」(『우리 시대의 여성작가 15인 신작소설집—진실 혹은 두려움』, 동아일보사). 「그 가을의 사흘 동안」을 영역한 『Three Days in That Autumn』(유숙희 역)이 지문당의 〈The Portable Library of Korean Literature〉 시리즈 여덟 번째 책으로 출간.

2002년 (72세) 산문집 『꼴찌에게 보내는 갈채』(세계사) 개정 증보판 출간(「내가 걸어온 길」 등이 추가됨). 소설 모음집 『저문 날의 삽화』(문학과지성사) 개정판 출간. 〈박완서 소설 전집〉(세계사) 개정판 출간(전14권, 장정을 새로 함). 산문집 『두부』(창작과비평사) 출간. 자전적 동화 『옛날의 사금파리』(그림 우승우,

열림원) 출간. 『우리 시대의 소설가 박완서를 찾아서』(웅진닷컴) 발간(『박완서 문학 앨범』(1992년)의 개정증보판). 「아치울 이야기」(『여성작가 16인 신작 소설집—피스타치오 나무 아래서 잠든다』, 동아일보사), 「그 남자네 집」(『문학과사회』 여름호). 「나의 가장 나종 지니인 것」이 독일에서 『Das Allerwichtigste in meinem Leben Erzälung』이라는 제목으로 『Wintervision』(김희열, Achim Neitzert 역)에 수록 출간(Haag+Herchen). 「엄마의 말뚝」이 일본에서 「母さんの杭」라는 제목으로 『現代韓国短篇選(현대한국단편선)』下(三枝壽勝 역)에 수록 출간(岩波書店).

2003년 (73세) 산문집(콩트집) 『나의 아름다운 이웃』(작가정신) 개정판 출간. 첫 동화집 『달걀은 달걀로 갚으렴』에 수록되었던 「옥상의 민들레꽃」을 만화로 구성한 『옥상의 민들레꽃』(그림 강용숭, 이가서)이 〈만화로 보는 한국문학 대표작선 003〉으로 출간. 김남조·김후란·박완서·전옥주·한말숙 5인 에세이집 『세월의 향기』(솔과 학) 출간. 〈박완서 소설 전집〉(세계사) 『휘청거리는 오후』(소설 전집 1), 『욕망의 응달』(소설 전집 5), 『목마른 계절』(소설 전집 6), 『서 있는 여자』(소설전집 11) 개정판 출간. 「마흔아홉 살」(『문학동네』 봄호), 「후남아, 밥 먹어라」(『창작과비평』 여름호). 『그 산이 정말 거기 있었을까』가 에스파냐 트로타 출판사의 〈한국 문학 시리즈〉 중 첫 책으로 『Aquella montaña tan lejana』(김혜정, Francisco Javier Martaín Ortíz 역)라는 제목으로 출간(Trotta).

2004년 (74세) 『현대문학』 창간 50주년을 기념한 장편 소설 『그 남자네 집』(현대문학사) 출간(2002년 『문학과사회』에 발표한 동명 단편을 기초로 한 작품). 일기 『한 말씀만 하소서: 자식을 잃은 참척의 고통과 슬픔, 그 절절한 내면 일기』(판화 한지예, 세계사) 재출간. 〈그림, 소설을 읽다〉(전5권) 시리즈 첫 권으로 『나목에 핀 꽃』(그림 박항률, 랜덤하우스중앙) 출간. 1997년에 펴낸 첫 동화집에 수록되었던 여섯 편에, 최근에 쓴 동화 「보시니 참 좋았다」 「아빠의 선생님이 오시는 날」을 새로 더해, 동화집 『보시니 참 좋았다』(그림 김점선, 이가서) 출간. 〈박완서 소설 전집〉(세계사) 『꿈엔들 잊힐리야』(박완서 소설 전집 12, 13, 14) 출간(장편소설 『미망』(소설 전집 12, 13)의 일부 내용을 수정·보완한 후 표지 장정과 본문 디자인을 바꾸어 출간). 청소년판 『그 많던 싱아는 누가 다 먹었을까』(그림 강전희, 웅진닷컴) 출간. 「해산바가지」가 일본에서 「出産パガヂ」라는 제목으로 『韓国女性作家短編選(한국여성작가단편선)』(朴杓礼 역)에 수록 출간(穗高書店).

2005년 (75세) 12편의 기행 산문을 모은 기행 산문집 『잃어버린 여행가방』(실천문학사) 출간(1997년 학고재에서 출간했던 『모독』 포함). 『그 산이 정말 거기 있었을까』 『그 많던 싱아는 누가 다 먹었을까』(웅진지식하우스) 양장본으로 재출간. 만화 『그 많던 싱아는 누가 다 먹었을까 1, 2』(그림 김광성, 세계사) 출간 (어린이를 위해 만화로 재구성). 〈다시 읽는 한국문학〉 시리즈 『다시 읽는 박완서—엄마의 말뚝』(그림 이승원, 맑은소리, 다시 읽는 한국문학 21) 출간. 〈20세기 한국소설〉 시리즈 『박완서』(창작과비평사, 20세기 한국소설 35) 출간(「조그만 체험기」 「그 가을의 사흘 동안」 「엄마의 말뚝 2」 「해산바가지」 「나의 가장 나종 지니인 것」 등 수록). 「거저나 마찬가지」(『문학과사회』 봄호), 「촛불 밝힌 식탁」(『박완서 외 여성작가 17인 신작소설—촛불 밝힌 식탁』, 동아일보사). 『그 많던 싱아는 누가 다 먹었을까』가 대만에서 『那麼多的草葉哪裡去了?』(安金連 역)라는 제목으로 출간(大塊文化). 『그 많던 싱아는 누가 다 먹었을까』가 태국에서 출간(TPA Press).

2006년 (76세) 5월 17일 서울대학교 명예 문학 박사 학위 수여. 제16회 호암상 예술상 수상. 묵상집 『옳고도 아름다운 당신』(시냇가에 심은 나무) 출간(1996년부터 1998년까지 가톨릭 『서울주보』의 '말씀의 이삭'에 발표한 94편의 에세이를 모은 『님이여, 그 숲을 떠나지 마오』의 개정판). 문학상 수상작을 모아 『환각의 나비』(푸르메) 출간(「그 가을의 사흘 동안」 「엄마의 말뚝」 「꿈꾸는 인큐베이터」 「나의 가장 나종 지니인 것」 「환각의 나비」 등 수록). 1999년 출간된 〈박완서 단편소설 전집〉(전5권, 문학동네)에, 1998년에 출간된 『너무도 쓸쓸한 당신』(창작과비평사)을 추가하여, 개정판 〈박완서 단편소설 전집〉(전6권, 문학동네) 출간(『부끄러움을 가르칩니다』(단편소설 전집 1), 『배반의 여름』(단편소설 전집 2), 『그의 외롭고 쓸쓸한 밤』(단편소설 전집 3), 『저녁의 해후』(단편소설 전집 4), 『나의 가장 나종 지니인 것』(단편소설 전집 5), 『그 여자네 집』(단편소설 전집 6)). 「대범한 밥상」(『현대문학』 2006년 1월호), 「친절한 복희씨」(『창작과비평』 봄호), 「그래도 해피 엔드」(《문학관》 가을, 한국현대문학관), 「궁합」 「달나라의 꿈」(『저 마누라를 어쩌지』, 정음). 「마른 꽃」이 한영 대역본으로 『Weathered Blossom』(유영난 역)이라는 제목으로 출간(한림). 『너무도 쓸쓸한 당신』이 중국에서 『孤獨的你』(朴善姬, 何彤梅 역)라는 제목으로 출간(上海译文出版社). 「엄마의 말뚝 1, 2, 3」이 프랑스에서 『Les Piquets de ma mère』(Patrick Maurus, 문시연 역)라는 제목으로 완역 출간(Actes Sud). 「배반의 여름」이 멕시코에서 「Traición en Verano」라는 제목으로 『Por la escalera del arco iris』(정권태, 유희명, Raúl Aceves, Jorge Orendáin 역)에 수록 출간(ARLEQUíN).

2007년 (77세) 산문집 『호미』(열림원) 출간. 소설집 『친절한 복희씨』(문학과지성사)에서 출간. 이해인, 이인호와 함께 대담집 『대화』(샘터) 출간. 청소년판 『엄마의 말뚝』(열림원) 출간. 〈다시 읽는 한국문학〉 시리즈 『다시 읽는 박완서—엄마의 말뚝 2·3』(그림 이수정, 맑은소리, 다시 읽는 한국문학 22) 출간. 〈교과서 한국문학〉 시리즈 박완서 편으로, 제1권 『옥상의 민들레꽃』(방민호 엮음, 휴이넘)을 시작으로 총 10권 발간. 중국 인민문학출판사의 〈韓國文學叢書(한국문학총서)〉 중 『그 남자네 집』이 『那个男孩的家』(王策宇, 金好淑 역)라는 제목으로 출간(人民文學出版社). 『나목』이 중국에서 『裸木』(김연란 역)이라는 제목으로 출간(上海译文出版社).

2008년 (78세) 『꼴찌에게 보내는 갈채』(세계사) 문고판 출간. 산문집 『옳고도 아름다운 당신』(열림원) 재출간. 〈박완서 소설 전집〉(세계사) 『그 많던 싱아는 누가 다 먹었을까』(박완서 소설 전집 16), 『그 산이 정말 거기 있었을까』(박완서 소설 전집 17) 출간. 2월부터 12월까지 『현대문학』에 '박완서 연재 에세이' 연재(총8회). 「땅 집에서 살아요」(『우리 시대 대표 여성작가 12인 단편 작품집—소설가의 집』, 중앙북스). 멕시코 〈Colección de Literatura Coreana〉 시리즈 중 『그대 아직도 꿈꾸고 있는가』가 『¿Seguirá soñando?』(전진재, Vilma Patricia Pulgarín Duque 역)라는 제목으로 출간(Librisite).

2009년 (79세) 이야기 모음집 『세 가지 소원』(그림 전효진, 마음산책) 출간(1970년 초부터 청탁받아 써 둔 짧은 이야기를 모음). 1998년 출간한 산문집 『어른 노릇 사람 노릇』(작가정신) 재출간(장정과 표지 디자인을 새롭게 함). 중국 상해역문출판사의 〈韓國現當代文學精選(한국현당대문학정선)〉 시리즈 중 『아주 오래된 농담』이 『非常久遠的玩笑』(金泰成 역)라는 제목으로 출간(上海译文出版社). 같은 출판사에서 〈韓國当代文学作家精品系列(한국당대문학작가정품계열)〉이라는 시리즈 중 『휘청거리는 오후』가 『蹒跚的吾后』(李貞嬌, 李茸 역)라는 제목으로 출간(上海译文出版社). 미국 컬럼비아 대학교 출판부의 〈Weatherhead books on Asia〉 시리즈 중 『그 많던 싱아는 누가 다 먹었을까』가 『Who Ate Up All The Shinga?』(유영난, Stephen J. Epstein 역)이라는 제목으로 출간(Columbia University Press). 「조그만 체험기」 「그 가을의 사흘 동안」이 브라질에서 각각 「A pequena expeiência」 「Três dias daquele outono」라는 제목으로 『Contos Contemporâneos Coreanos』(임윤정 역)에 수록 출간(Landy).

2010년 (80세) 산문집 『못 가본 길이 더 아름답다』(현대문학) 출간(2002년 2월 『현대문학』에 발표한 에세이 「구형예찬」을 비롯하여 2008년 2월부터 12월까지 이 잡지에 연재한 '박완서 연재 에세이'와 그 동안 쓴 짧은 글 등을 모음). 「석양을 등에 지고 그림자를 밟다」(『현대문학』 2월호), 「엄마의 초상」(『가족, 당신이 고맙습니다』, 중앙북스).

2011년 (81세) 1월 22일 오전 6시 17분, 담낭암으로 투병하다 세상을 떠남. 사인은 폐렴. 1월 24일, 금관문화훈장 추서. 1월 25일, 경기도. 용인시 모현면 오산리 천주교 서울대교구 공원묘지에 안장됨. 4월, 『모든 것에 따뜻함이 숨어 있다: 박완서 문학 앨범』(웅진지식하우스), 관악 초청 강연록 『박완서: 문학의 뿌리를 말하다』(서울대학교 출판문화원), 그림 동화책 『아가 마중: 참으로 놀랍고 아름다운 일』(그림 김재홍, 한울림) 출간. 「그 가을의 사흘 동안」이 프랑스에서 『Trois jours en automne』(Benjamin Joinau, 이정순 역)라는 제목으로 출간(Atelier des Cahiers). 「친절한 복희씨」가 일본에서 「親切な福姬さん」(渡辺直紀 역)이라는 제목으로 〈아시아 단편 베스트 셀렉션〉 중 『天國の風』에 수록 출간(新潮社). 「부끄러움을 가르칩니다」가 미국에서 「We Teach Shame!」이라는 제목으로 『Waxen Wings』(Bruce Fulton 편)에 수록 출간(Koryo Press).

2012년 1월 22일(1주기) 그 간에 출간된 장편 소설을 모아 〈박완서 소설 전집 결정판〉(세계사) 출간(생전에 직접 원고를 손보다가 타계 후에는 유족과 기획 위원들이 작업을 최종 마무리함).

* 제목과 출판사가 바뀐 동일 작품의 출판 목록을 모두 수록했다. 번역본은 제외한 국내 출간물만 실었다. 박완서의 작품이 수록된 모음집은 너무 많아 2012년 현재 구할 수 있는 것들을 위주로 했다. 교과서, 참고서등은 제외했다.

장편 소설 〔전집 제외한 초판〕

- 『나목』, 동아일보사, 1970년.
- 『도시의 흉년 1, 2』, 문학사상사, 1977년.
- 『휘청거리는 오후 1, 2』, 창작과 비평사, 1977년.
- 『목마른 계절』, 수문서관, 1978년.
- 『도시의 흉년 3』 문학사상사, 1979년.
- 『욕망의 응답』, 수문서관, 1979년.
- 『살아있는 날의 시작』, 전예원, 1980년.
- 『오만과 몽상』, 한국문학사, 1982년.
- 『그해 겨울은 따뜻했네』, 민음사, 1983년.
- 『인간의 꽃』, 수문서관, 1984년. (『욕망의 응답』의 개정판)
- 『서 있는 여자』, 학원사, 1985년.
- 『또 하나의 별을 노래하자』, 문학사상사, 1985년. (아래 『구름이 흘러간 자리』와 함께 『도시의 흉년 1, 2, 3』의 개정판)
- 『구름이 흘러간 자리』, 문학사상사, 1985년.
- 『그대 아직도 꿈꾸고 있는가』, 삼진기획, 1989년.
- 『미망 1, 2, 3』, 문학사상사, 1990년.
- 『그 많던 싱아는 누가 다 먹었을까』, 웅진출판, 1992년.
- 『그 산이 정말 거기 있었을까』, 웅진출판, 1995년.
- 『아주 오래된 농담』, 실천문학사, 2000년.
- 『그 남자네 집』, 현대문학, 2004년.

단편 소설집과 콩트집

- 『부끄러움을 가르칩니다』, 일지사, 1976년. (수록작 ☞ 어떤 나들이; 세상에서 제일 무거운 틀니; 부처님 근처; 지렁이 울음 소리; 주말농장; 맏사위; 연인들; 이별의 김포공항; 어느 시시한 사내 이야기; 닮은 방들; 재수굿; 카메라와 워커; 도둑맞은 가난; 서글픈 순방; 겨울 나들이; 저렇게 많이!; 다이아몬드)
- 『창밖은 봄』, 열화당, 1977년. (수록작 ☞ 창 밖은 봄; 꿈을 찍는 사진사; 꼭두각시의 꿈)
- 『배반의 여름』, 창작과비평사, 1978년. (수록작 ☞ 겨울나들이; 저렇게 많이!; 어떤 야만; 포말의 여름; 조그만 체험기; 흑과 부; 돌아온 땅; 상(賞); 꼭두각시의 꿈; 여인들; 그 살벌했던 날의 할미꽃; 낙토의 아이들; 집 보기는 그렇게 끝났다; 꿈과 같이; 공항에서 만난 사람)
- 『박완서 선집』, 어문각, 1978년. (수록작 ☞ 나목; 꿈을 찍는 사진사; 닮은 방들; 어떤 나들이; 세상에서 제일 무거운 틀니; 세모; 부끄러움을 가르칩니다; 상(賞); 겨울 나

들이; 어느 시시한 사내 이야기; 재수굿; 카메라와 워커)
- 『**꿈을 찍는 사진사**』, 열화당, 1979년.
- 『**세상에서 가장 무거운 틀니**』, 삼중당, 1979년. (수록작 ☞ 세모; 세상에서 제일 무거운 틀니; 부처님 근처; 주말농장; 연인들; 이별의 김포공항; 닮은 방들; 재수굿; 카메라와 워커; 어떤 야만; 흑과부; 창 밖의 봄)
- 『**이민 가는 맷돌**』, 심설당, 1981년. (수록작 ☞ 옛날의 사금파리; 아직 끝나지 않은 음모; 마른 꽃잎의 추억)
- 『**도둑맞은 가난**』, 민음사, 1981년.
- 『**엄마의 말뚝**』, 일월서각, 1982년.
- 『**그 가을의 사흘 동안 : 그림소설**』, 우석, 1983년.
- 『**서울 사람들**』, 글수레, 1984년. (수록작 ☞ 서울 사람들; 쥬디 할머니; 소묘; 꽃피고 잎피고; 그의 외롭고 쓸쓸한 밤; 궁합; 땅집에서 살아요; 늦어도 12월까지는; 서른아홉 살, 가을; 겨울 속 연인들; 노을과 양떼; 끊어진 목걸이; 꿈은 사라지고; 권태; 어떤 폭군; 고부간의 갈등; 어떤 소나기; 그대에게 쓴 잔을; 성공 물려줘; 나의 아름다운 이웃)
- 『**꽃을 찾아서**』, 창작사, 1986년. (수록작 ☞ 꽃을 찾아서; 재이산; 아저씨의 훈장; 저녁의 해후; 비애의 장; 어느 이야기꾼의 수렁; 해산바가지; 울음소리; 애보기가 쉽다고?; 무서운 아이들; 저물 녘의 하늘; 그의 외롭고 쓸쓸한 밤; 지 알고 내 알고 하늘이 알건만)
- 『**사람의 일기**』, 심지, 1987년.
- 『**이상문학상 수상작가 대표작품선 6 : 침묵과 실어**』, 문학사상사, 1987년. (수록작 ☞ 세상에서 제일 무거운 틀니; 주말농장; 도둑맞은 가난; 겨울 나들이; 창 밖의 봄; 포말의 집; 여인들; 낙토의 아이들; 집보기는 그렇게 끝났다; 천변풍경; 추적자; 침묵과 실어; 황혼; 엄마의 말뚝 2)
- 『**그 살벌했던 날의 할미꽃**』, 심지, 1988년.
- 『**유실**』, 고려원, 1988년.
- 『**저문 날의 삽화**』, 문학과지성사, 1991년. (수록작 ☞ 로열박스; 지중; 소묘; 초대; 저문 날의 삽화 1; 저문 날의 삽화 2; 저문 날의 삽화 3; 저문 날의 삽화 4; 저문 날의 삽화 5; 복원되지 못한 것들을 위하여; 가(家); 우황청심환; 엄마의 말뚝 3; 여덟 개의 모자로 남은 당신)
- 『**나의 아름다운 이웃**』, 작가정신, 1991년. (『이민 가는 맷돌』의 개정판)
- 『**박완서 문학상 수상 작품집**』, 훈민정음, 1993년. (수록작 ☞ 그 가을의 사흘 동안; 엄마의 말뚝; 꿈꾸는 인큐베이터)
- 『**복원되지 못한 것들을 위하여**』, 동아출판사, 1995년. (수록작 ☞ 세상에서 제일 무거운 틀니; 부처님 근처; 지렁이 울음소리; 이별의 김포공항; 부끄러움을 가르칩니다; 카메라와 워커; 도둑맞은 가난; 겨울 나들이; 조그만 체험기; 꿈을 찍는 사진사; 그 가을의 사흘 동안; 엄마의 말뚝 2; 지 알고 내 알고 하늘이 알건만; 해산바가지; 저문 날의 삽화 3; 우황청심환; 꿈꾸는 인큐베이터; 나의 가장 나종 지니인 것)
- 『**여덟 개의 모자로 남은 당신**』, 삼성, 1995년.
- 『**울음소리**』, 솔, 1996년.
- 『**너무도 쓸쓸한 당신**』, 창작과비평사, 1998년. (수록작 ☞ 마른 꽃; 환각의 나비; 참을 수 없는 비밀; 길고 재미없는 영화가 끝나갈 때; 너무도 쓸쓸한 당신; 그 여자네 집; 꽃잎 속의 가시; 공놀이하는 여자; J-1 비자; 콩트—나의 웬수덩어리)
- 『**그 여자네 집**』, 문학동네, 2006년. (『너무도 쓸쓸한 당신』의 개정판)
- 『**환각의 나비**』, 푸르메, 2006년. (수록작 ☞ 그 가을의 사흘 동안; 엄마의 말뚝 2; 꿈꾸는 인큐베이터; 나의 가장 나종 지니인 것; 환각의 나비)
- 『**친절한 복희씨**』, 문학과지성사, 2007년. (수록작 ☞ 그리움을 위하여; 그 남자네 집; 마흔아홉 살; 후남아, 밥 먹어라; 거저나 마찬가지; 촛불 밝힌 식탁; 대범한 밥상; 친절한 복희씨; 그래도 해피 엔드)
- 『**기나긴 하루**』, 문학동네, 2012년. (수록작 ☞ 석양을 등에 지고 그림자를 밟다; 빨갱이 바이러스; 갱년기의 기나긴 하루; 카메라와 워커; 나의 가장 나종 지니인 것; 닮은 방들)
- 『**부처님 근처**』, 가교출판, 2012년.

일기, 에세이 모음집

- 『**꼴찌에게 보내는 갈채**』, 평민사, 1977년. (수록작 ☞ 머리털 좀 길어봤자; 노상방뇨와 비로드 치마; 난 단박 잘 살테야; 꼴찌에게 보내는 갈채; 항아리를 고르던 손; 주말농장, 오기로 산다; 추한 나이테가 싫다; 봄에의 열망; 어리석음의 미학; 짧았던 서울의 휴가; 그까짓 거 내버려 두자; 답답하다는 아이들; 비정; 참 비싼 레텔도 다 있다; 여성의 손이여 바빠져라; 잘했다 참 잘했다; 보통으로 살자; 겨울 이야기; 지붕 밑의 남녀평등; 여성의 인간화; 쑥스러운 고백; 여권운동의 허상; 시골뜨기 서울뜨기; 겨울 산책; 우리동네; 내가 싫어하는 여자; 고추와 만추국; 도시 아이들; 내 어린 날의 설날, 그 훈훈한 삶; 여자와 맥주; 여자와 남자; 여자와 춤; 틈; 어떤 탈출; 노인; 그때가 가을이었으면; 사랑을 무게로 안 느끼게; 코고는 소리를 들으며)

저서 목록

- 『**혼자 부르는 합창**』, 진문출판사 1977년. (수록작 ☞ 40대의 비 오는 날; 버스 속에서; 말의 타락; 저울질; 그러니까 「피카소」 아니냐; 세모의 감회에 젖어; 생활 정도라는 것; 칠전팔기의 참뜻; 게으름뱅이의 변; 어떤 무화; 와우아파트식 남성; 여성의 적은 여성인가; 자유의 환상; 여가와 여자; 삼대쯤은 한 집에서; 따сь고 부드러운 약손이 되어; 애들아 날 좀 도와 주렴; 연애 반 중매 반; 중년여인의 허기증; 나의 20대; 암울한 시기에 만난 사람들; 아물지 않는 상흔; 송도의 야다리; 나의 만년필; 아아 그 황홀한 단풍; 오대산의 비경; 바캉스 가나마나; 떳떳한 가난뱅이; 어떤 결혼식; 연탄과 그믐달; 후진 고장; 대마초와 현실도피; 어느 날 밤에 생긴 일; 어떤 속임수; 양극단; 가난뱅이; 연애; 젊은이들; 표어; 잘사는 애기; 판지; 운수 좋은 날; 알몸이 날개; 자선 냄비; 위빈이라는 것; 정직이라는 것; 허공에 뜬 편지 1; 허공에 뜬 편지 2)

- 『**여자와 남자가 있는 풍경**』, 한길사, 1978년. (수록작 ☞ 작은 손을 위한 나의 소망; 소록도의 새 소리; 은행나무와 대머리; 꿈; 자연으로 혼자 떠나라; 회엘레 잔치의 회상; 한겨울의 출분; 삶의 가을과 계절의 가을의 만남; 작가의 슬픔; 자유인에 대하여; 열 다섯 살의 8월 15일; 다시 6월에 전쟁과 평화를 생각한다; 우리를 두렵게 하는 것들; 이름에 대하여; 예전 맛 신식 맛; 효도관광; 누구를 위한 축제인가; 어느 여성 근로자와의 이야기; 어느 우울한 아침; 건망증의 시대에 살면서; 여자와 남자; 여자를 자유롭게 하는 것; 인간적인 그리고 인간적인; 남자가 남자다울 때; 최근에 만난 빛나는 남성; 어머니의 이야기; 꿈이 낭만의 억압받던 시절; 식구와 인구; 요새 엄마; 5월과 후레자식; 「여자가 더 좋아」에 대하여; 자선과 위선의 사이; 딸애와 자가용 합승; 번데기; 말의 폭력; 장미의 기억; 겨울 바다; 잔디를 심으며)

- 『**살아있는 날의 소망**』, 주우, 1982년. (수록작 ☞ 꼴찌에게 보내는 마음; 눈치; 아름다운 것들은 무엇을 남길까; 나의 여고 시절; 얻은 것과 잃은 것; 사랑의 입김; 3대 쯤은 한집에서; 게으름뱅이의 변; 병상을 지키며; 어머니의 신심; 반할 만한 사람; 상업주의 결혼; 미운 정만도 못한 것; 7월의 뜨락에서; 세탁기와 빨래; 넉넉하다는 말의 소중함; 가깝고도 요원한 관계; 미니 감나무의 월동; 솔잎에 깃든 정취; 친절이란 오고 가는 것; 진정한 사랑과 불행한 사랑; 사랑의 개발; 오늘의 젊은 세대에게; 뛰어난 이야기꾼이고 싶다; 땅의 아내가 되기 위하여; 가마솥을 부끄러워하며; 광주리장수와 봇짐장수; 살아 있는 날의 소망; 딸과 사위의 십팔금 반지; 수많은 믿음의 교감; 민들레와 더불어; 할머니와 베보자기; 설이 봄과 함께 왔으면; 언제 다시 고향에 돌아가리; 탈선 야외놀이; 추악한 시민; 자연과 인간의 행복; 작은 손이 단죄될 때; 기사와 의사; 추석 유감; 이웃 사랑; 과학문명의 공로; 약속이 못 미더운 나라; 남자를 위해 만들어지는 여성; 여성과 노동; 참으로 어려운 일; 여자답기 전에 사람답게; 스스로 안목 높이는 독서를; 친절부터 준비하자; 겨울 문턱에 서서; 일요일 아침에; 우리들의 실향; 어학교육에도 중용을; 슬픈 웃음거리; 상청하탁; 세상인가; 신영순 교사의 죽음; 우리에게 국회가 있는가; 쉰살의 문턱에서; 민들레꽃을 선물받은 날; 종이배에서 호화여객선까지; 나의 만년필; 40대의 비오는 날; 버스 속에서; 바캉스 가나마나; 어떤 속임수; 어느 날 밤에 생긴 일)

- 『**지금은 행복한 시간인가**』, 자유문학사, 1985년. (수록작 ☞ 화창한 세상; 소문과 법도; 잃어버린 우리 동네; 눈치꾸러기들; 전동차 안의 지혜; 어떤 양극단; 불망을 위하여; 세모의 호수가에서; 말과 대화; 고약한 말버릇; 귀엽지 않은 어른들; 어린이들이 믿을 수 있는 나라; 고독과 극기; 바보상자가 가장 바보스러울 때; 두 개의 평화시장; 금붕어와 시인; 전정한 뿌리; 산업사회의 육아; 습관성 건망증; 이 풍요한 시대의 보릿고개; 시집살이 처가살이; 중년의 경이; 제복 이후; 말의 신축성; 인색한 마음; 자꾸만 이사가고 싶은 집; 청복; 열린 마음; 또마야, 너는 세상의 아름다움이며 기쁨이란다; 삶의 뿌리; 가정; 그 잔인한 여름에 핀 칸나; 아름다운 얼굴과 목소리; 목초원이 된 과수원; 요강과 냉장고; 사람 노릇; 어떤 고가; 비 개인 날; 성직자에게 바라는 것; 어머니는 뛰어난 이야깃군; 특혜보다는 당연한 권리를; 지금은 행복한 시간인가; 우정; 작은 손을 위한 나의 소망; 소록도의 새소리; 은행나무와 대머리; 자연으로 혼자 떠나라; 회엘레 잔치의 회상; 한 겨울의 출분; 삶의 가을과 계절의 가을의 만남; 작가의 슬픔; 자유인에 대하여; 예전 맛 신식 맛; 효도관광; 어느 여성 근로자와의 이야기; 아이들; 나는 왜 작은 일에만 분개하는가; 보통사람; 소멸과 생성의 수수께끼; 앓아 누운 산; 친절도 절약?; 팁에 대해)

- 『**우리를 두렵게 하는 것들**』, 자유문학사, 1986년. (수록작 ☞ 우리를 두렵게 하는 것들; 이름에 대하여; 건망증의 시대에 살면서; 도시 아이들; 남자가 남자다울 때; 어머니의 이야기; 늦은 곡예사; 까만 손톱; 슬픈 웃음거리; 여성과 노동; 어느 선생님에게; 생을 엄숙하게 그리고 즐겁게; 보통으로 살자; 꼴찌에게 보내는 마음; 오기로 산다; 진정한 사랑과 불행한 사랑; 언제 다시 고향에 돌아가리; 자선과 위선의 사이; 인간적인 그리고 인간적인; 여자를 자유롭게 하는 것; 여자와 남자; 그 길엔 가을이 오고 있었다; 꼴찌에게 보내는 갈채)

- 『서 있는 여자의 갈등』, 나남, 1986년. (수록작 ☞ 성차별을 주제로 한 자서전; 서 있는 여자의 갈등; 어떤 폭력; 서울내기 시골뜨기; 이멜다의 구두)
- 『보통으로 산다』, 학원사, 1986년. (수록작 ☞ 보통으로 산다; 꼴찌에게 보내는 갈채; 40대의 비오는 날; 버스 속에서; 수많은 믿음의 교감; 넉넉하다는 말의 소중함; 약속이 못 미더운 나라; 자연으로 혼자 떠나라; 어떤 탈출; 광주리 장수와 봇짐 장수; 여자답기 전에 사람답게; 쑥스러운 고백; 남자를 위해 만들어지는 여성; 여성과 노동; 자유인에 대하여; 남자 구경; 여자와 남자; 농부의 아내; 고추와 만두국(晩秋菊); 예전 맛 신식 맛; 주말 농장; 항아리를 고르던 손; 게으름뱅이의 변; 짧았던 서울의 휴가; 그때가 가을이었으면살아 있는 날의 소망; 내 어린 날의 설날, 그 훈훈한 삶; 추석 유감; 인제 다시 고향에 돌아가리; 할머니와 베보자기; 나의 여고 시절; 회엘레 잔치의 회상; 열 다섯 살의 8월 15일; 도시 아이들; 슬픈 웃음거리; 진정한 사랑과 불행한 사랑; 사랑의 개발; 효도 관광; 누구를 위한 축제인가; 시골뜨기 서울뜨기; 십팔금 반지)
- 『나는 왜 작은 일에만 분개하는가』, 햇빛출판사, 1990년. (수록작 ☞ 고모님 보세요; 보시기에 좋았더라; 천사의 선물; 말의 권위; 머리로 그려본 만화; 어떤 부활; 뿌리냐 지분이냐; 민주화에 거는 첫번째 꿈; 어미의 5월; 이데올로기가 무엇이기에; 마침내 '그것'마저 못 믿다니; 먹어도 먹어도 배고픈 아귀; 광복절에; 다시는 내걸고 싶지 않은 얼굴; 짓밟힌 얼굴; 관심의 절제; 여름의 한가운데서; 돈이 안 아까운 일; 바로 보기; 함께 기쁜 날; 편견에 대하여; 나는 왜 작은 일에만 분개하는가; 책 가난 고금; 잘 돼야 할텐데; 만추 여행; 도시의 메밀꽃; 안 바보 선언; 시골 꽃 서울 꽃; 새해 소망; 종가 며느리; 외손자와 방앗공이; 자상한 마음과 큰 손; 시집 장가 보내기; 오랜만의 눈물; 신식 노인의 비애; 우울한 배추 풍년; 미경험 세대; 베란다에서; 나와 어머니; 5월의 한가운데서; 출가 외인; 그가 외롭게 보이던 날; 어떤 횡재; 지금은 영광 뒤의 고난을 봐야 할 때; 바람 묻은 손수건; 나의 크리스마스; 장난감 삼대; 달 구경; 분당을 거쳐 그 산까지; 바람 속의 아이야; 정다운 '독설가'; 유쾌한 부조화; 어떤 구두닦이 부부; 한자 공부; 사랑합니다; 세대차; 한여름낮의 꿈; 쓸쓸한 과수원 길; 요건 몰랐지?; 하고 싶은 일, 해야할 일; 고교 졸업반; 10원짜리; 유쾌한 오해; 아지랑이 아물아물; 봄의 문턱에서; 봄 단장; 올여름에는; 여름 코스모스; 얼마 안 남은 날들; 송어횟집; 우산; 전화 없는 날; 버릴까 말까; 불타는 나무; 재수 나쁜 날; 보고 싶은 얼굴; 타임 머신을 타고 간 여행; 망태 할아버지; 울밑에 선 봉선화; 개떡; 없는 진 코흘리개; 연과 널; 옛날 보리; 상추를 씻으며; 유자 나무; 고무신 유감)
- 『한 말씀만 하소서』, 솔, 1994년. (수록작 ☞ 한 말씀만 하소서; 나의 가장 나종 지니인 것; 가는 비, 이슬비; 티 타임의 모녀; 꿈꾸는 인큐베이터; 오동의 숨은 소리여)
- 『한 길 사람 속』, 작가정신, 1995년. (수록작 ☞ 한 길 사람 속; 쓰레기 더미를 바라보면서; 귀하고 그리운 ~다운 이; 올 추석이 아름다웠던 까닭; 요즘 노인들; 녹색의 경이; 흙다리를 생각하며; 옛날 물, 요새 물; 토요일 오후의 고행; 부르라고 지어준 이름; 신선놀음; 50년대 서울 거리; 예술 없는 여행; 몽마르트르 언덕과 몽파르나스 묘지; 이런 저런 낯설음들; 천재의 고향; 아아, 그건 부끄러움 때문이었다; 뱃속까지 시리던 뒤셀도르프의 추위; 비에 젖은 유도화, 그리고 로렐라이; 특별한 별자리 밑에서 태어난 거인; 네카 강변에 나부끼는 두루마기 자락; 마침내 국경을 넘다; 사람은 가도 사랑은 영원한가; 이제 그만 헤어질 때; 부드러운 여행; 하늘에서와 같이; 내가 꿈꾸는 선물; 전망 좋은 방; 나의 어머니; 여자만 출가외인인가; 남자도 해방돼야 하는 까닭; 내 식으로 먹기; 서태지와 아이들; 잘 가라, 5월의 풍경들이여; 환청으로 소나기 소리를 들으며; 고궁에서; 아아, 가을인가봐; 하늘에서와 같이; 시인의 묘지; 치악산과 면장갑; 소설 나부랭이, 책 나부랭이; 책 읽는 소년; 재미로 또는 오기로 읽은 책들; 신경숙 씨 보세요; 내가 잃은 동산; 남도 기행; 면죄부; 쓰고도 슬픈 커피 맛)
- 『모독』, 학고재, 1997년. (티베트와 네팔 기행기)
- 『어른 노릇 사람 노릇』, 작가정신, 1998년. (수록집 ☞ 그들은 지금 어디에; 운명적 이중성; 아름다운 미수연; 용서하되 잊어버리진 말자; 충신과 친구; 그들은 지금 어디에; 소를 잃어도 외양간은 고쳐야; 지금 우리의 심정; 넉넉해지기; 수의 유감; 말이 먼절까? 병이 먼절까?; 아무것도 안 달라진 여름; 내가 꿈꾸는 죽음; 나의 문학과 고향의 의미; 미망을 위한 변명; 내가 꿈꾸는 나의 죽음; 시골집에서; 야다리와 구름다리; 나의 어머니; 종이와 활자의 참을수 없는 가벼움; 나의 웬수 덩어리; 진드기의 시간; 생각나면 그리운 땅 섬진강 유역; 박수근 삼십주기전을 보고; 어린 것의 손을 잡고; 요원한 간극; 상전들; 나는 나쁜 사람일까? 좋은 사람일까?; 생각을 바꾸니; 잔소리꾼 할머니가 손녀에게; 되돌아온 말; 교감; 공감의 즐거움; 집 없는 아이; 귀뚜라미 소리를 반기며; 아들의 부모 노릇)
- 『님이여, 그 숲을 떠나지 마오』, 여백, 1999년. (묵상집)
- 『아름다운 것은 무엇을 남길까』, 세계사, 2000년. (수록작 ☞ 항아리를 고르던 손; 수많은 믿음의 교감; 이웃 사

랑; 까만 손톱; 노상 방뇨와 비로드 치마; 화로를 인 여인; 꼴찌에게 보내는 갈채; 소멸과 생성의 수수께끼; 청복; 나의 크리스마스; 내 어린 날의 설날; 그 혼혼한 삶; 우리들의 실향; 땅의 아내가 되기 위하여; 언제 다시 고향에 돌아가리; 2박 3일의 남도기행; 한겨울의 출분; 바캉스 가나마나; 자연으로 혼자 떠나라; 아름다운 것은 무엇을 남길까; 깨달음의 향기; 사랑의 입김; 어머니는 뛰어난 이야기꾼; 여자와 남자; 말 가난; 베란다에서; 버스 속에서; 가마솥을 부끄러워하며; 작은 손을 위한 나의 소망; 살아 있는 날의 소망)

- 『두부』, 창작과 비평사, 2002년. (수록작 ☞ 가족; 두부; 옛날; 노년; 마음 붙일 곳; 구형 예찬; 흔들리지 않는 전체; 트럭 아저씨; 봄의 환(幻); 사소한 그러나 잊을 수 없는 일; 가을의 예감; 검은 나비의 매혹; 유년의 꽃; 노을이 아름다운 까닭; 아차산; 죽은 새를 위하여; 아치울 통신; 개성사람 이야기; 내 안의 언어사대주의 엿보기; 놓여나기 위해, 가벼워지기 위해; 사로잡힌 영혼; 그는 그 잔혹한 시대를 어떻게 살아냈나; 모두모두 새가 되었네)

- 『잃어버린 여행가방』, 실천문학사, 2005년. (수록작 ☞ 자연은 위대한 영혼을 낳고; 타임머신을 타고 간 여행; 생각하면 그리운 땅; 만추 여행; 잃어버린 여행가방; 그 자리에 내가 있다는 감동; 아, 참 좋은 울음터로구나; 상해와의 인연; 숨 쉬지 않는 땅; 그래도 삶은 계속된다; 모독; 신들의 도시)

- 『옳고도 아름다운 당신』, 시냇가에심은나무, 2006년. (묵상집)

- 『호미』, 열림원, 2007년. (수록작 ☞ 꽃과 나무에게 말 걸기; 돌이켜보니 자연이 한 일은 다 옳았다; 다 지나간다; 만추; 꽃 출석부 1; 꽃 출석부 2; 시작과 종말; 호미 예찬; 흙길 예찬; 산이여 나무여; 접시꽃 그대; 입시 추위; 두 친구; 우리가 서로에게 구인이 된다면; 내 생애에서 가장 긴 8월; 그리운 침묵; 도대체 난 어떤 인간일까; 좋은 일 하기의 어려움; 야무진 꿈; 운수 안 좋은 날; 냉동 고구마; 노망이려니 하고 듣소; 말의 힘; 내가 넘은 38선; 한심한 피서법; 상투 튼 진보; 공중에 붕 뜬 길; 초여름 망필; 딸의 아빠; 아들의 엄마; 멈출 수는 없네; 감개무량; 그는 누구인가; 음식 이야기; 내 소설 속의 식민지 시대; 그가 나를 돌아보았네; 내가 문을 열어주마; 우리 엄마의 초상; 엄마의 마지막 유머; 평범한 기인; 중신아비; 복 많은 사람; 김상옥 선생님을 기리며; 이문구 선생을 보내며; 딸에게 보내는 편지)

- 『못 가본 길이 더 아름답다』, 현대문학, 2010년. (수록작 ☞ 못 가본 길이 더 아름답다; 내 식의 귀향; 유년의 뜰; 흐르는 강가에서; 나는 다만 바퀴 없는 이들의 편이다; 아아, 남대문; 식사의 기쁨; 노인, 최신 영화를 보러 가다; 친절한 나르시시스트들; 빈집에서 생긴 일; 내 생애의 밑줄; 야다리 밑에서 주워 온 아이; 구형예찬; 꿈이지만 현실, 진실이지만 거짓인 세계—존 코널리『잃어버린 것들의 책』; 누군가를 기다리는 밥상이 덜 쓸쓸한 법이지—문태준 시집 『그늘의 발달』; 증손자 볼 나이… 난, 지금도 엄마가 필요해—신경숙『엄마를 부탁해』; 사람을 부르고 동행을 부추기는 제주도 흙길—서명숙『놀멍 쉬멍 걸으멍 : 제주 걷기 여행』; 지도 밖의 땅… 그들은 왜 봉천으로 갔는가—김연수『밤은 노래한다』; 돈만 아는 세상, 괘짜 기인들을 만나다—정민『18세기 조선 지식인의 발견』; 검손한 서향이 가슴에 번지네—최순우『무량수전 배흘림기둥에 기대서서』; 시의 가시에 찔려 정신이 번쩍 나고 싶을 때—『어느 가슴엔들 시가 꽃피지 않으랴 : 애송시 100편』; 맛있고 몸에 좋은 것만 찾는 세상 얄밉다—공선옥『행복한 만찬』; 그는 담 밖 세상을 눈뜨게 해준 스승—이청준『별을 보여드립니다』; 지루한 여름날을 넘기는 법—조나 레러『프루스트는 신경과학자였다』; 죽기 전, 완벽하게 정직한 삶 살고 싶다—박경리 유고시집『버리고 갈 것만 남아서 참 홀가분하다』; 반 고흐의 손이기도 했다, 감자를 먹는 저 손… 정직한 노동을 한 저 손은—빈센트 반 고흐『반 고흐, 영혼의 편지』; 천진한 얼굴을 가지신 아담한 노신사—김수환 추기경 선종; 신원의 문학 - 박경리 선생 추모; 보석처럼 빛나던 나무와 여인—박수근 화백 추모)

동화

- 『**달걀은 달걀로 갚으렴**』, 샘터사, 1979년. (수록작 ☞ 참으로 놀랍고 아름다운 일; 앓는 산; 시인의 꿈; 자전거 도둑; 달걀은 달걀로 갚으렴; 옥상의 민들레 꽃; 찌랍디다; 마지막 임금님; 굴비 한번 쳐다보고; 다이아몬드; 쟁이들만 사는 동네)
- 『**마지막 임금님**』, 샘터, 1980년. (『달걀은 달걀로 갚으렴』의 개정판)
- 『**7년 동안의 잠**』, 동아출판공사, 1982년.
- 『**쟁이들만 사는 동네**』, 샘터, 1986년.
- 『**새엄마와 의붓딸**』, 일신각, 1987년. (『콩쥐팥쥐전』 각색)
- 『**산과 나무를 위한 사랑법**』, 샘터사, 1992년. (수록작 ☞ 옛날의 사금파리; 산과 나무를 위한 사랑법)
- 『**부숭이의 땅힘**』, 한양출판, 1994년.
- 『**속삭임**』, 샘터, 1997년. (『달걀은 달걀로 갚으렴』, 『마지

막 임금님』의 개정판)
- 『이게 뭔지 알아맞혀 볼래?』, 미세기, 1997년.
- 『7년 동안의 잠』, 금성출판사, 1997년.
- 『자전거 도둑』, 다림, 2000년. (수록작 ☞ 자전거 도둑; 달걀은 달걀로 갚으렴; 시인의 꿈; 옥상의 민들레 꽃; 할머니는 우리 편; 마지막 임금님)
- 『할머니는 우리 편』, 한솔교육, 2001년.
- 『부숭이는 힘이 세다』, 계림북스쿨, 2002년. (『부숭이의 땅힘』의 개정판)
- 『옛날의 사금파리』, 열림원, 2002년. (수록작 ☞ 옛날의 사금파리; 참으로 놀랍고 아름다운 일; 산과 나무를 위한 사랑법; 쟁이들만 사는 동네; 다이아몬드)
- 『보시니 참 좋았다』, 이가서, 2004년. (수록작 ☞ 찌랍디다; 보시니 참 좋았다; 쟁이들만 사는 동네; 굴비 한 번 쳐다보고; 다이아몬드; 산과 나무를 위한 사랑법; 아빠의 선생님이 오시는 날; 참으로 놀랍고 아름다운 일)
- 『세 가지 소원 : 작가가 아끼는 이야기 모음』, 마음산책, 2009년. (수록작 ☞ 큰 네모와 작은 네모; 세 가지 소원; 참으로 놀랍고 아름다운 일; 다이아몬드; 아빠의 선생님이 오시는 날; 산과 나무를 위한 사랑법; 쟁이들만 사는 동네; 보시니 참 좋았다; 찌랍디다; 굴비 한 번 쳐다보고)
- 『아가 마중 : 참으로 놀랍고 아름다운 일』, 한울림, 2011년.
- 『시인의 꿈』, 맑은창, 2011년. (수록작 ☞ 시인의 꿈; 그 여자네 집; 배반의 여름; 자전거 도둑)
- 『굴비 한 번 쳐다보고』, 가교출판, 2012년.

작품 수록집

- 『여류 단편 대표작 12선』, 동아일보사, 1967년. (수록작 ☞ 주말농장)
- 『주말 꽁트 여행』, 청람문화사, 1977년. (수록작 ☞ 어머니; 아파트 부부; 열쇠 소년)
- 『포켓에서 사랑을 : 여류문인 콩트 20인선』, 청조사, 1977년. (수록작 ☞ 어떤 유린)
- 『내 마음의 헛소리 : 10인 작가 수필집』, 한국문화사, 1978년.
- 『한국여류명수필선』, 계원출판사, 1978년. (수록작 ☞ 고추와 만주국)
- 『사랑과 우정의 세계』, 시사영어사, 1981년. (수록작 ☞ 인간회복과 사랑 회복)
- 『5대 문학상 수상작품집』, 소설문학사, 1981년. (수상작 ☞ 그 가을의 사흘동안)
- 『제5회 이상문학상 수상작품집』, 문학사상사출판부, 1981년. (수상작 ☞ 엄마의 말뚝 2)
- 『7대 문학상 수상작품집』, 금우당, 1981년. (수록작 ☞ 엄마의 말뚝 2)
- 『자유를 그리는 마음 : 693인의 독자가 뽑은 한국명작단편소설 15선집』, 삼일서적, 1983년. (수록작 ☞ 부끄러움을 가르칩니다.)
- 『내일의 한국 작가 1』, 홍성사, 1983년. (수록작 ☞ 유실)
- 『우리 앞에 한 줄기 빛』, 기린원, 1984년. (수록작 ☞ 이 찬란한 봄; 소멸과 생성의 수수께끼; 시집살이, 처가살이; 황금만능의 병; 보릿고개; 친절도 절약?; 상표를 입다; 어려운 아이 기르기; 중년고개; 팁에 대해; 하늘 무서운 일)
- 『자유로운 여성』, 열음사, 1984년. (수록작 ☞ 쇼핑을 하면서 느낀 몇 가지; 지금은 충분히 행복한 시간인가; 예절; 어떤 텃세; 달러와 농민; 하늘 무서운 일)
- 『사랑으로 오는 낮은 목소리』, 학원사, 1984년. (수록작 ☞ 어느 선생님에게; 생을 엄숙하게 그리고 즐겁게)
- 『누구를 위하여 사랑하는가』, 학원사, 1985년. (수록작 ☞ 사랑을 시작한 어느 선생님에게; 가장 아름다운 한 쌍을 위하여)
- 『분노의 메아리 : 여성동이 장편소설 당선작가 신작소설집 10』, 전예원, 1987년. (수록작 ☞ 저문 날의 삽화)
- 『울타리를 넘어서 : 여성문학인 25인 테마 에세이 모음』, 공동체, 1987년. (수록작 ☞ 고향—그러나 다시는 고향에 돌아가지 못했다)
- 『사랑 그보다』, 삼한출판사, 1987년. (수록작 ☞ 내가 싫어하는 여자)
- 『고수』, 오상출판사, 1988년. (수록작 ☞ 겨울 나들이)
- 『한국 아동문학 대표작선집 20』, 웅진출판, 1988년. (수록작 ☞ 옥상의 민들레꽃)
- 『각하 아저씨 정신 차리세요』, 동광출판사, 1988년. (수록작 ☞ 어떤 역사의식)
- 『시간의 날개』, 백양출판사, 1988년. (수록작 ☞ 꿈을 찍는 사진사)
- 『이상문학상 수상작품집 13』, 문학사상사, 1989년. (수상작가우수작 ☞ 복원되지 못한 것들을 위하여)
- 『유리 파수꾼』, 동녘, 1989년. (수록작 ☞ 흑과부)
- 『길을 묻는 여성을 위한 인생론 : 오늘의 지성 20인 에세이』, 여원출판국, 1989년. (수록작 ☞ 항아리를 고르던 손; 어리석음의 미학; 내가 싫어하는 여자; 여자와 맥주)
- 『제35회 현대문학상 수상소설집』, 현대문학, 1990년. (수록작 ☞ 가(家))
- 『희망사항』, 문학세계사, 1990년. (수록작 ☞ 남자가 남

저서 목록

- 『가을에 만난 사람』, 제삼기획, 1990년. (수록작 ☞ 남자가 남자다울 때; 은행나무와 대머리; 삶의 가을과 계절의 가을의 만남; 항아리를 고르던 손; 도시의 아이들; 어머니의 이야기)
- 『한국 수상록 26』, 금성출판사, 1990년. (수록작 ☞ 어머니의 이야기; 회엘레 잔치의 회상; 고추와 만추국; 삶의 가을과 계절의 가을의 만남; 40대의 비오는 날; 한 겨울의 출분; 작은 손을.위한 나의 소망; 소록도의 새소리; 아내를 뒤따라 죽은 남자; 작가의 슬픔: 자유인에 대하여; 효도관광)
- 『큰 바다는 모두 여자를 닮았다』, 지성의 샘, 1991년. (수록작 ☞ 엄마의 말뚝 3)
- 『여덟 개의 모자로 남은 당신』, 정민, 1991년. (수록작 ☞ 여덟 개의 모자로 남은 당신)
- 『위기의 남자 1』, 동광출판사, 1991년. (수록작 ☞ 유실)
- 『4대 문학상 수상작가 대표작 : 복원되지 못한 것들을 위하여』, 도도산업, 1991년. (수록작 ☞ 복원되지 못한 것들을 위하여; 재이산; 쥬디 할머니)
- 『절망을 건너는 법』, 국민서관, 1991년. (수록작 ☞ 여덟개의 모자로 남은 당신)
- 『우리시대의 한국문학 17』, 계몽사, 1991년. (수록작 ☞ 유실; 재이산)
- 『4대 문학상 대상작가 대표작 : 티 타임의 모녀』, 외길사, 1993년. (수상작 : 티타임의 모녀)
- 『여성 그대 이름은 : 여성문제 콩트, 만평집』, 한국여성개발원, 1993년. (수록작 ☞ 동상이몽)
- 『이런 남자라면 가슴이 설렌다』, 동화출판사, 1993년. (수록작 ☞ 가장 화려했던 시기)
- 『어두운 기억의 저편』, 문학사상사, 1993년. (수록작 ☞ 울음소리)
- 『에센스 한국 단편 문학 10』, 한양, 1993년. (수록작 ☞ 엄마의 말뚝; 저문 날의 삽화)
- 『제38회 현대문학상 수상소설집』, 현대문학, 1993년. (수상작 ☞ 꿈꾸는 인큐베이터)
- 『제39회 현대문학상 수상소설집』, 현대문학, 1994년. (수록작 ☞ 나의 가장 나종 지니인 것)
- 『4대 문학상 수상작가 대표작』, 작가정신, 1994년. (수록작 ☞ 오동의 숨은 소리여; 우황청심환; 저문 날의 삽화 3)
- 『동인문학상 : 제25회 수상작품집』, 조선일보사, 1994년. (수상작 ☞ 나의 가장 나종 지니인 것)
- 『수정의 메아리 : 곁에서 본 『토지』 26년』, 솔, 1994년. (수록작 ☞ 치악산과 면장갑)
- 『깊고 푸른 밤』, 문학사상사, 1994년. (수록작 ☞ 유실)
- 『지금 사라지는 남자』, 동광출판사, 1995년. (수록작 ☞ 유실)
- 『1996 현장비평가가 뽑은 올해의 좋은 소설』, 현대문학, 1996년. (수록작 ☞ 환각의 나비)
- 『제40회 현대문학상 수상소설집』, 현대문학, 1995년. (수록작 ☞ 마른 꽃)
- 『가는 비 이슬비』, 성바오로, 1996년. (수록작 ☞ 티 타임의 모녀; 가는비, 이슬비)
- 『제42회 현대문학상 수상소설집』, 현대문학, 1997년. (수록작 ☞ 참을 수 없는 비밀)
- 『탈냉전시대의 문학』, 고려원, 1997년. (수상작 ☞ 환각의 나비)
- 『한·독 단편소설선』, 을지문화사, 1997년. (수록작 ☞ 더 위먹은 버스; 조그만 체험기)
- 『그 살벌했던 날의 할미꽃』, 이레, 1997년. (수록작 ☞ 그 살벌했던 날의 할미꽃)
- 『한국 3대 문학상 수상소설집 4』, 가람기획, 1998년. (수록작 ☞ 엄마의 말뚝 2)
- 『한국 3대 문학상 수상소설집 7』, 가람기획, 1998년. (수록작 ☞ 꿈꾸는 인큐베이터)
- 『제43회 현대문학상 수상소설집』, 현대문학, 1998년. (수록작 ☞ 길고 재미없는 영화가 끝나갈 때)
- 『제2회 '21세기문학상' 수상작품집』, 현대문학, 1998년. (수록작 ☞ 꽃잎 속의 가시)
- 『'98 올해의 문제소설』, 신원문화사, 1998년. (수록작 ☞ 너무도 쓸쓸한 당신)
- 『무진기행』, 가람기획, 1999년. (수록작 ☞ 엄마의 말뚝)
- 『작은 마음이 아름다운 세상을 만든다』, 미래사, 1999년. (수록작 ☞ 세상에서 가장 듣기 좋은 소리)
- 『인생 상담 듣는 여자』, 바다출판사, 2000년. (수록작 ☞ 어느 여름날의 악몽)
- 『태교를 위한 소설』, 프리미엄북스, 2000년. (수록작 ☞ 엄마의 말뚝 2)
- 『보미야, 꽃다지에게 물어 보렴』, 생활성서사, 2000년. (수록작 ☞ 보시니 참 좋았다)
- 『2001 현장비평가가 뽑은 올해의 좋은 소설』, 현대문학, 2001년. (수록작 ☞ 그리움을 위하여)
- 『진실 혹은 두려움 : 우리시대의 여성작가 15인 신작소설집』, 동아일보사, 2001년. (수록작 ☞ 또 한 해가 저물어 가는데)
- 『내가 처음 읽는 페미니즘 소설』, 청동거울, 2002년. (수록작 ☞ 카메라와 워커)

- 『피스타치오 나무 아래서 잠들다 : 우리시대의 여성작가 16인 신작소설집』, 동아일보사, 2002년. (수록작 ☞ 아치울 이야기)
- 『제48회 현대문학상 수상소설집』, 현대문학, 2003년. (수록작 ☞ 그 남자네 집)
- 『세월의 향기』, 술과 학, 2003년. (수록작 ☞ 곤두선 골목, 바퀴 달린 골목; 괜찮다, 괜찮아; 내가 받은 사랑, 갚아야 할 사랑)
- 『2003 현장비평가가 뽑은 올해의 좋은 소설』, 현대문학, 2003년. (수록작 ☞ 마흔아홉 살)
- 『십삼월의 사랑』, 예감, 2004년. (수록작 ☞ 그 여자네 집)
- 『이 한 장의 사진』, 샘터사, 2004년. (수록작 ☞ 손녀에게 써준 동화책)
- 『2005 현장비평가가 뽑은 올해의 좋은 소설』, 현대문학, 2005년. (수록작 ☞ 거저나 마찬가지)
- 『촛불 밝힌식탁 : 박완서 외 여성작가 17인 신작소설』, 동아일보사, 2005년. (수록작 ☞ 촛불 밝힌 식탁)
- 『제52회 현대문학상 수상소설집』, 현대문학, 2007년. (수록작 ☞ 대범한 밥상)
- 『대화 : 삶의 여백에 담은 깊은 지혜의 울림』, 샘터, 2007년.
- 『여성동아 장편소설 공모 당선작가 소설선』, 동아일보사, 2007년. (수록작 ☞ 그래도 해피엔드)
- 『제55회 현대문학상 수상소설집』, 현대문학, 2010년. (수록작 ☞ 빨갱이 바이러스)
- 『반성 : 되돌아보고 나를 찾다』, 더숲, 2010년. (수록작 ☞ 좋은 일 하기의 어려움)

박완서 전집

- 『박완서』, 삼성출판사, 1984년.
- 『박완서』, 동아, 1987년.
- 『박완서 소설전집』, 세계사, 1993년.
- 『박완서 단편 소설 전집』, 문학동네, 1999년.
- 『박완서 소설 전집』, 창작과비평사, 1999년.
- 『박완서 소설 전집 1~14』, 세계사, 2002~2004년.
- 『박완서 베스트 컬렉션』, 세계사, 2002년.
- 『박완서』, 창작과비평사, 2005년.
- 『박완서 소설 전집』, 문학동네, 2006년.
- 『박완서 단편 소설 전집 1 : **부끄러움을 가르칩니다**』, 문학동네, 2006년. (수록작 ☞ 세모; 어떤 나들이; 세상에서 제일 무거운 틀니; 부처님 근처; 지렁이 울음소리; 주말 농장; 맏사위; 연인들; 이별의 김포공항; 어느 시시한 사내 이야기; 닮은 방들; 부끄러움을 가르칩니다; 재수굿; 카메라와 워커; 도둑맞은 가난; 서글픈 순방)
- 『박완서 단편 소설 전집 2 : **배반의 여름**』, 문학동네, 2006년. (수록작 ☞ 겨울 나들이; 저렇게 많이!; 어떤 야만; 포말의 집; 배반의 여름; 조그만 체험기; 흑과부; 돌아온 땅; 상(賞); 꼭두각시의 꿈; 여인들; 그 살벌했던 날의 할미꽃; 낙토의 아이들; 집 보기는 그렇게 끝났다; 꿈과 같이; 공항에서 만난 사람)
- 『박완서 단편 소설 전집 3 : **그의 외롭고 쓸쓸한 밤**』, 문학동네, 2006년. (수록작 ☞ 내가 놓친 화합; 황혼; 추적자; 아직 끝나지 않은 음모 1; 아직 끝나지 않은 음모 2; 아직 끝나지 않은 음모 3; 육복; 침묵과 실어; 천변풍경; 쥬디 할머니; 꽃 지고 잎 피고; 로열박스; 무중; 그의 외롭고 쓸쓸한 밤; 아저씨의 훈장; 무서운 아이들; 소묘)
- 『박완서 단편 소설 전집 4 : **저녁의 해후**』, 문학동네, 2006년. (수록작 ☞ 재이산; 울음소리; 어느 이야기꾼의 수렁; 움딸; 지 알고 내 알고 하늘이 알건만; 해산바가지; 초대; 애 보기가 쉽다고?; 사람의 일기; 저물녘의 황홀; 비애의 장; 꽃을 찾아서)
- 『박완서 단편 소설 전집 5 : **나의 가장 나종 지니인 것**』, 문학동네, 2006년. (수록작 ☞ 저문 날의 삽화 1; 저문 날의 삽화 2; 저문 날의 삽화 3; 저문 날의 삽화 4; 저문 날의 삽화 5; 복원되지 못한 것들을 위하여; 가(家); 우황청심환; 여덟 개의 모자로 남은 당신; 오동의 숨은 소리여; 티타임의 모녀; 나의 가장 나종 지니인 것; 가는 비, 이슬비)
- 『박완서 단편 소설 전집 6 : **그 여자네 집**』, 문학동네, 2006년. (수록작 ☞ 마른 꽃; 환각의 나비; 참을 수 없는 비밀; 길고 재미없는 영화가 끝나갈 때; 너무도 쓸쓸한 당신; 그 여자네 집; 꽃잎 속의 가시; 공놀이하는 여자; J-1비자; 나의 웬수덩어리)
- 『박완서 소설 전집 결정판 1~22』, 세계사, 2012년. (수록작 ☞ 1권 나목; 2권 목마른 계절; 3권 도시의 흉년 1; 4권 도시의 흉년 2; 5권 도시의 흉년 3; 6권 휘청거리는 오후 1; 7권 휘청거리는 오후 2; 8권 살아 있는 날의 시작; 9권 오만과 몽상 1; 10권 오만과 몽상 2; 11권 엄마의 말뚝; 12권 그해 겨울은 따뜻했네 1; 13권 그해 겨울은 따뜻했네 2; 14권 서 있는 여자; 15권 미망 1; 16권 미망 2; 17권 미망 3; 18권 그대 아직도 꿈꾸고 있는가; 19권 그 많던 싱아는 누가 다 먹었을까; 20권 그 산이 정말 거기 있었을까; 21권 아주 오래된 농담; 22권 그 남자네 집)

그 외 일반 전집류

- 『한국단편문학대전집 20』, 동화출판공사, 1976년.
- 『한국현대문학전집 36』, 삼성출판사, 1978년. (수록작 ☞ 이별의 김포공항; 카메라와 워커; 서글픈 순방; 포말의 집; 조그만 체험기; 여인들; 그 살벌했던 날의 할미꽃; 창 밖은 봄; 여자와 남자; 은행나무와 대머리)
- 『한국대표작가 12인선』, 중앙일보 동양방송, 1979년. (수록작 ☞ 포말의 집)
- 『신한국문제작가선집 6』, 어문각, 1978년. (수록작 ☞ 나목; 꿈을 찍는 사진사; 닮은 방들; 어떤 나들이; 세상에서 제일 무거운 틀니; 세모; 부끄러움을 가르칩니다; 겨울 나들이; 어느 시시한 사내 이야기; 재수굿; 카메라와 워커)
- 『한국문학대전집 30』, 태극출판사, 1979년.
- 『신현대한국단편문학전집 51』, 금성출판사, 1981년. (수록작 ☞ 우리들의 부자; 흑과부; 어떤 야만)
- 『재미있는 어린이 한국전래동화 12 : 왕비가 된 심청』, 어문각, 1981년.
- 『한국문학대전집 33』, 태극출판사, 1982년. (수록작 ☞ 세모)
- 『제3세대 한국문학 17 : 박완서』, 삼성출판사, 1983년.
- 『현대의 한국문학 제9권』, 범한출판사, 1985년. (수록작 ☞ 휘청거리는 오후)
- 『한국현대문학전집 31』, 삼성출판사, 1985년. (수록작 ☞ 목마른 계절; 엄마의 말뚝; 그 가을의 사흘 동안; 조그만 체험기; 아저씨의 훈장; 천변풍경)
- 『베스트셀러 소설선집 7』 중앙일보사, 1985년. (수록작 : 나목)
- 『한국문학전집 34』, 삼성출판사, 1986년.
- 『한국문학전집 34』, 삼성출판사, 1992년.
- 『정통한국문학대계 32』, 어문각, 1994년. (수록작 ☞ 우리들의 부자; 꿈과 같이; 어떤 야만; 흑과부; 배반의 여름; 쥬디 할머니; 무중; 엄마의 말뚝)
- 『20세기 한국소설 35』, 리베르, 2005년. (수록작 ☞ 조그만 체험기; 그 가을의 사흘 동안; 엄마의 말뚝 2; 해산바가지; 나의 가장 나종 지니인 것)

기타

- 『**박완서 문학앨범 : 행복한 예술가의 초상**』 웅진출판, 1992년.
- 『**박완서 문학앨범 2 : 행복한 예술가의 초상** (개정판)』, 웅진출판, 1995년.
- 『**박완서 문학 30년 기념 비평집―박완서 문학 길 찾기**』, 세계사, 2000년.
- 『우리 시대의 소설가 박완서를 찾아서 (개정판)』, 웅진닷컴, 2002년.
- 『**나목에 핀 꽃**』, 랜덤하우스중앙, 2004년. (수록작 ☞ 나목; 부끄러움을 가르칩니다; 목마른 계절; 도시의 흉년; 오만과 몽상; 저녁의 해후; 저물녘의 황홀; 해산바가지; 저 문날의 삽화 5; 미망; 여덟 개의 모자로 남은 당신; 그 많던 싱아는 누가 다 먹었을까; 그 산이 정말 거기 있었을까)
- 『**박완서 문학앨범 : 모든 것에 따뜻함이 숨어 있다** (개정판)』, 웅진지식하우스, 2011년.
- 『**박완서 : 문학의 뿌리를 말하다**』, 서울대학교 출판문화원, 2011년.

소설가

藝術人·生

박완서
朴婉緒

1931
~
2011

한국문화예술위원회 예술자료원
수류산방

예술사 구술 총서 〈예술인 · 生〉 005
박완서朴婉緖 | 못가본 길이 더 아름답다

구술 | **박완서**
채록 연구 | **장미영** (2008년)
기획 | **한국문화예술위원회 예술자료원** (舊 국립예술자료원)
책임 | **신일수**
진행 | **정영순**
주소 | 서울 서초구 남부순환로 2406 한국문화예술위원회 예술자료원
전화 | 02 760 4734, 팩스 | 02 760 4747
archive.arko.or.kr

초판   1쇄 : 2012년 1월 15일 펴냄
수정판 2쇄 : 2018년 1월 15일 펴냄

프로듀싱 | **박상일**
박완서 전작 완독 후 책임 구성 | **심세중**
편집 | **심세중, 민소연, 김지혜**
디자인과 레이아웃 포맷 | **박상일 + 朴宰成**
디자인 | **변우석, 송우리**
연구 | **김영진, 양다솜**
사진 | **이승무** (아이잔상)

수류산방 樹流山房 Suryusanbang
등록 | 2004년 11월 5일 (제300-2004-173호)
주소 | 서울 종로구 팔판동 128번지 2층
전화 | 02 735 1085, 팩스 | 02 735 1083
프로듀서 | 박상일
발행인 및 편집장 | 심세중
크리에이티브 디렉터 | 朴宰成
이사 | 김범수(편집), 박승희(마케팅), 최문석(연구)
편집팀 | 전윤혜
디자인팀 | 장한별, 김형만
사진팀 | 이지웅
출력 · 인쇄 | 코리아프린테크 (031 932 3570)

값 29,000원
ISBN 978-89-91555-55-6 03810
Printed in Korea, 2012, 2018
ⓒ 한국문화예술위원회 예술자료원, 2012

* 이 책은 2008년에 연구하고 한국문화예술위원회 예술자료원에서 시행하여 2009년에 발행한 '한국 근현대 예술 구술 채록 연구 시리즈' 108 박완서 편을 바탕으로 했습니다.